Key to 1:250 000 Maps, atlas pages 2-1

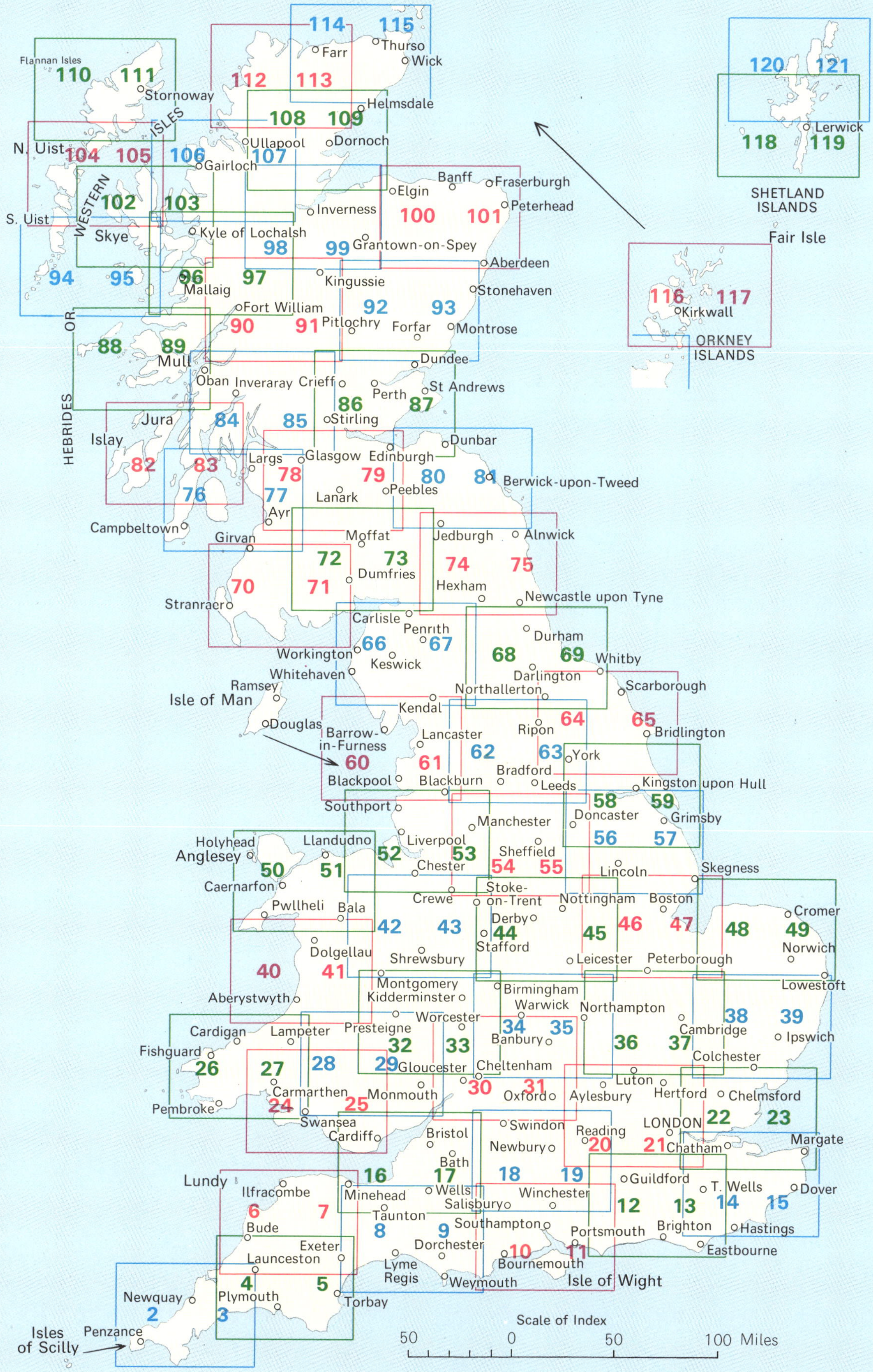

ORDNANCE SURVEY
ROAD ATLAS
OF GREAT BRITAIN

ORDNANCE SURVEY
ROAD ATLAS
OF GREAT BRITAIN

NEW REVISED EDITION

Temple Press

First published 1983 by

Ordnance Survey and Temple Press
Romsey Road   an imprint of the Hamlyn Publishing
Maybush   Group Limited
Southampton   now a Division of The Octopus Publishing Group
SO9 4DH   Michelin House, 81 Fulham Road
                   London SW3 6RB

Copyright © Crown Copyright 1983, 1985, 1988, 1989
Town plans on pages 142 to 149 based on George Philip cartography
© 1988, 1989 George Philip Limited, London
Ferry port maps Copyright © Ordnance Survey and The Hamlyn
Publishing Group Limited 1987, 1989

Fourth edition 1990
First impression 1990

All rights reserved. No part of this publication may be
reproduced, stored in a retrieval system or transmitted in any
form or by any means, electronic, mechanical, photocopying,
recording or otherwise, without the permission of the
Publishers and the copyright owner.

The representation in this atlas of a road is no evidence of
the existence of a right of way.

ISBN 0 600 56795 8
(Ordnance Survey ISBN 0 319 00210 1)

Printed in Italy

Contents

Front endpaper:
Distances between Principal Towns
Key to 1:250 000 Maps on pages 2 – 121

VII Motorways and Major Routes

VIII Route Planning Maps

XIV Limited Interchange Motorway Junctions

XV Information for Motorists

XVI National Parks, Forest Parks and Long Distance Paths

1 Legend to 1:250 000 Scale Maps

2 Ordnance Survey 1:250 000 Scale Maps
For key see front endpaper

122 Routes into London

123 Central London

131 Street Index to Central London Maps

135 Town Centre Maps

Birmingham, Bristol, Cardiff, Edinburgh, Glasgow, Leeds Liverpool, Manchester, Newcastle, Norwich, Nottingham Sheffield

142 Town Plans

Aberdeen, Bath, Blackpool, Bournemouth, Bradford Brighton, Cambridge, Canterbury, Cheltenham, Chester Coventry, Croydon, Derby, Dundee, Durham, Exeter Gloucester, Hull, Leicester, Middlesbrough, Milton Keynes Oxford, Peterborough, Plymouth, Portsmouth, Reading Salisbury, Shrewsbury, Southampton, Stratford-upon-Avon, Swansea, York

150 Ferry Ports

Dover, Folkestone, Fishguard, Harwich and Felixstowe Heysham, Holyhead, Liverpool, Newhaven, Oban Plymouth, Poole, Portsmouth, Ramsgate, Sheerness Stranraer

154 Index to 1:250 000 Scale Maps

Back endpaper
Road Signs

Motorways and Major Routes

NORTH SEA
THE WASH
STRAIT OF DOVER
HANNEL
ISLE OF WIGHT
See page 122 for Routes into London
LONDON
Sheffield
Barnsley
Doncaster
Brigg
Rotherham
Bawtry
Gainsborough
Market Rasen
Louth
Mablethorpe
Glossop
Buxton
Chesterfield
Worksop
Lincoln
Horncastle
Skegness
Mansfield
Newark-on-Trent
Matlock
Leek
Ripley
Ashbourne
Nottingham
Sleaford
Boston
Hunstanton
Wells-next-the-Sea
Cromer
Derby
Grantham
Fakenham
North Walsham
Uttoxeter
Burton upon Trent
Spalding
King's Lynn
Rugeley
Ashby-de-la-Zouch
Loughborough
Melton Mowbray
East Dereham
Caister-on-Sea
Lichfield
Brownhills
Oakham
Stamford
Wisbech
Swaffham
Norwich
Great Yarmouth
Yarmouth Roads
Acle
Tamworth
Leicester
Peterborough
Downham Market
Wymondham
Walsall
Nuneaton
Hinckley
March
Lowestoft
Market Harborough
Corby
Oundle
Bungay
Beccles
Birmingham
Coventry
Rugby
Chatteris
Thrapston
Kettering
Thetford
Diss
Ely
Bromsgrove
Redditch
Warwick
Royal Leamington Spa
Northampton
Wellingborough
Huntingdon
Bury St Edmunds
Saxmundham
Newmarket
Stowmarket
Aldeburgh
Daventry
St Neots
Cambridge
Stratford-upon-Avon
Evesham
Towcester
Bedford
Ipswich
Orford Ness
Haverhill
Sudbury
Banbury
Brackley
Royston
Milton Keynes
Felixstowe
Harwich
The Naze
Buckingham
Stevenage
Halstead
Stow-on-the-Wold
Chipping Norton
Great Dunmow
Braintree
Colchester
Cheltenham
Bicester
Dunstable
Luton
Bishop's Stortford
Clacton-on-Sea
Woodstock
Aylesbury
Harlow
Witney
Oxford
St Albans
Hertford
Chelmsford
Thame
Potters Bar
Epping
Cirencester
High Wycombe
Watford
Abingdon
Amersham
Brentwood
Basildon
Southend-on-Sea
Swindon
Wantage
Henley-on-Thames
Maidenhead
Slough
Dartford Tunnel
Tilbury
Heathrow Airport
Reading
Gravesend
Sheerness
Herne Bay
Margate
North Foreland
Dartford
Chatham
Sittingbourne
Ramsgate
Marlborough
Hungerford
Newbury
Wokingham
Bracknell
Croydon
Esher
Orpington
Camberley
Woking
Sandwich
Deal
The Downs
Basingstoke
Guildford
Dorking
Reigate
Sevenoaks
Maidstone
Canterbury
Andover
Farnham
Gatwick Airport
Royal Tunbridge Wells
South Foreland
Ashford
Dover
Godalming
Crawley
East Grinstead
Stockbridge
Alton
Tenterden
Haslemere
Folkestone
Winchester
Billingshurst
Horsham
New Romney
Romsey
Petersfield
Haywards Heath
Heathfield
Rye
Lydd
Dungeness
Southampton
Midhurst
Hailsham
Arundel
Worthing
Lewes
Hastings
Bexhill
Ringwood
Fareham
Chichester
Brighton
Eastbourne
Lymington
Portsmouth
Bognor Regis
Newhaven
Beachy Head
Bournemouth
Cowes
Ryde
Selsey Bill
Yarmouth
The Needles
Swanage
Ventnor
St Catherine's Point
Legend
Motorway with junction
Autoroute avec échangeur
Autobahn mit Anschlußstelle
Motorway junction with limited interchange
Echangeur à possibilités d'intercirculation restreintes
Autobahnanschlußstelle mit begrenztem Richtungswechsel
Motorway under construction
Autoroute en construction
Autobahn im Bau
Primary routes
Itinéraires principaux
Durchgangsstrassen
Other roads
Autres routes
Sonstige Strassen
Exeter
Primary route destinations
Destinations d'itinéraire principal
Durchgangsstrasse Bestimmungsorte
Short ferry routes for vehicles
Les corte traversées en bac pour les véhicules
Kurze Fährstrecken für Kraftfahrzeuge
Scale 1:1 375 000 or about one inch to 22 miles
Miles 20 0 20 40 60
Kilometres 20 0 20 40 60 80 100

Restricted Motorway Junctions

Junction	Direction of travel	Direction of travel
M1	**Southbound**	**Northbound**
46	No access	
45	No exit	No access
44	No access	No exit
35A	No exit	No access
19	No exit	No access
17	No exit	No access
7	No access	No exit
4	No access	No exit
2	No access	No exit
M2	**Eastbound**	**Westbound**
1	No access from A2 westbound	No exit to A2 eastbound
M3	**Eastbound**	**Westbound**
8	No access from A33 southbound	
L	No access	No exit
M4	**Eastbound**	**Westbound**
46	No exit	No access
41	No access	No exit
39	No access; no exit	No exit
38		No access
29	No exit	No access from A48(M)
2	No exit or access from A4 westbound	No exit or access from A4 eastbound
1	No exit to A4 westbound	No access from A4 eastbound
M5	**Southbound**	**Northbound**
L	No exit; access from M42 only	No access; exit to M42 only
10	No access	No exit
12	No exit	No access
29	No exit	
M6	**Southbound**	**Northbound**
30	No access	No exit
25	No exit	No access
24	No access	No exit
20	No direct access from M56 eastbound	No direct exit to M56 eastbound
10A	No exit	No access
5	No exit	No access
4A	No access; exit to M42 only	No exit; access from M42 southbound only
M11	**Southbound**	**Northbound**
14	No access from A1307 or A45 eastbound	No exit to A1307 or A45 westbound
13	No exit	No access
9	No exit	No access
5	No exit	No access
4	No access; no exit to A406 eastbound	No exit; no access from A406 westbound
M20	**Eastbound**	**Westbound**
2	No access	No exit
3	No exit	
8	No exit to A20 westbound	No access from A20 eastbound
M25	**Eastbound**	**Westbound**
5	No access to M26 from A21	No exit to A21 from M26
9 (Central)	No access; no exit	
9 (North)		No access; no exit
19	No access	No exit
M25	**Southbound**	**Northbound**
31	No exit	

Junction	Direction of travel	Direction of travel
M27	**Eastbound**	**Westbound**
4 (West)	No access	No exit
4 (East)	No exit	No access
10	No exit	No access
M40	**Eastbound**	**Westbound**
7	No exit	
3	No exit	No access
M42	**Southbound**	**Northbound**
1	No access	No exit
7	Access from M6 only; no exit	Exit to M6 West only; no access
7A	No access; no exit	Exit to M6 East only; no access
8	Exit to M6 only; no access	Access to M6 only; no exit
M53	**Southbound**	**Northbound**
11	No access	No exit
M56	**Eastbound**	**Westbound**
15	No exit	No access
9	No direct access	No direct exit to M6 southbound
8	No access; no exit	No exit
7		No access
4	No exit	No access
2	No exit	No access
1	No exit to A34 southbound or M63 westbound	No access from A34 southbound or M63 westbound; no exit to M63
M57	**Southbound**	**Northbound**
3	No access	No exit
5	No access	No exit
M58	**Eastbound**	**Westbound**
1	No exit	No access
M61	**Southbound**	**Northbound**
L	No exit	No access
3		No access
2	No exit to A580 westbound	No access from A580 westbound
M62	**Eastbound**	**Westbound**
14	No exit to A580; no access from A580 westbound	No exit to A580 eastbound; no access from A580
15	No exit	No access
23	No access	No exit
M63	**Southbound**	**Northbound**
6	No access	No exit
7	No exit	
9	No exit to B5103 northbound; no access from A5103 northbound	
10	No exit to M56 or to A34 northbound	No exit to A34 northbound; no access from M56
11	No access	No exit
13	No exit	No access
L	No access	
M65	**Eastbound**	**Westbound**
9	No access	No exit
11	No exit	No access
M66	**Southbound**	**Northbound**
1	No exit	No access

Junction	Direction of travel	Direction of travel
M67	**Eastbound**	**Westbound**
1	No access	No exit
2	No exit	No access
M69	**Southbound**	**Northbound**
2	No access	No exit
M180	**Eastbound**	**Westbound**
1	No access	No exit
A3(M)	**Southbound**	**Northbound**
L	Junction with unclassified road, no exit	Junction with unclassified road, no access
M8	**Eastbound**	**Westbound**
25	No access from A739 northbound	No access from A739 northbound
23	No exit	No access
22	No exit	No access
21	No access	No exit
20	No exit	No access
18		No access
16	No exit	No access
14	No access	No exit
9	No access	No exit
8		No access from A8 eastbound, A89 eastbound or M73 southbound
M9	**Eastbound**	**Westbound**
8	No exit	No access from M876 northbound
6	No access	No exit
3	No exit	No access
2	No access	No exit
1	No exit	No access
M73	**Southbound**	**Northbound**
3	No access from A80 northbound	No exit to A80 southbound
2	No access from A89; no exit to M8 (Junction 8) or A89	No exit to A89; no access from M8 (Junction 8) or A89
M74	**Southbound**	**Northbound**
7	No access	No exit
9	No access	No exit; no access
10	No exit	
11	No access	No exit
12	Exit to A74 only, end of motorway	Access from A74 only
M80	**Southbound**	**Northbound**
5	No exit	No access
M90	**Southbound**	**Northbound**
10	No exit to A912	No access from A912
8	No exit	No access
7	No access	No exit
M876	**Eastbound**	**Westbound**
2	No access	No exit
A1(M)	**Southbound**	**Northbound**
	Junction with A69, no exit; junction with A66(M), no exit; junction with A6129, no access; no exit to A1 northbound	Junction with A69, no access; junction with A66(M), no access from A66(M); junction with A6129, no exit
5	No exit; no access	No exit
3	No access	

INFORMATION FOR MOTORISTS

NATIONAL RADIO INFORMATION

B.B.C. National Radio gives frequent road and weather information.
The frequencies used are:-

	kHz/metres	V.H.F.(MHz)
Radio 1	M.W. 1053/285	
	1089/275	
(Bournemouth)	1485/202	
(Merseyside)	1107/271	98·2-98·8
(Available in some areas, National Coverage Due in 1992)		
Radio 2	M.W. 693/433	88-90·2
	909/330	88-90·2
(Cardigan Bay)	990/303	88-90·2
Radio 4	L.W. 198/1515	92·4-94·6
(Blaenplwyf)	198/1515	104·0
(Aberdeen)	M.W. 1449/207	92·4-94·6
(Carlisle)	1485/202	92·4-94·6
(London)	720/417	92·4-94·6
(Plymouth)	774/388	92·4-94·6
(Redruth)	756/397	92·4-94·6
(Tyneside)	603/498	92·4-94·6
Radio Scotland	810/370	92·4-94·7
(NW Scotland)	810/370	97·6-99·8
(Radio Solway)	585/513	
(Radio Aberdeen)	990/303	
Radio Wales	882/340	
(Radio Clwyd)	657/457	
(Mid Wales)	1125/267	
(Radio Gwent)		95·1-95·9
Radio Cymru		92·4-94·6
(South Wales)		96·8

WEATHER FORECASTS

National..0898 500400

Regions:-

Greater London	0898 500401
Kent, Surrey and Sussex	0898 500402
Dorset, Hampshire & I. O. W.	0898 500403
Devon and Cornwall	0898 500404
Wilts, Gloucs, Avon and Somerset	0898 500405
Berks, Bucks and Oxon	0898 500406
Beds, Herts and Essex	0898 500407
Norfolk, Suffolk and Cambridge	0898 500408
West, Mid and South Glam and Gwent	0898 500409
Salop, Herefs and Worcs	0898 500410
Central Midlands	0898 500411
East Midlands	0898 500412
Lincs and Humberside	0898 500413
Dyfed and Powys	0898 500414
Gwynedd and Clwyd	0898 500415
NW England	0898 500416
W and S Yorkshire and Yorkshire Dales	0898 500417
NE England	0898 500418
Cumbria and Lake District	0898 500419
SW Scotland	0898 500420
W Central Scotland	0898 500421
Edinburgh, S Fife, Lothian and Borders	0898 500422
E Central Scotland	0898 500423
Grampian and E Highlands	0898 500424
NW Scotland	0898 500425
Caithness, Orkney, Shetland	0898 500426

WEATHER CENTRES

For personal advice call the Meteorological Office

Aberdeen	0224 210574
Birmingham	021-782 4747
Bristol	0272 279298
Cardiff	0222 397020
Glasgow	041-248 3451
Kirkwall	0856 3802
Leeds	0532 451990
London	01-836 4311
Manchester	061-477 1060
Newcastle	091-232 6453
Norwich	0603 660779
Nottingham	0602 384092
Plymouth	0752 402534
Southampton	0703 228844
Sullom Voe	0806 242069

B.B.C. LOCAL RADIO

Local radio stations giving road and weather reports

	M.W. kHz/metres	V.H.F (MHz)
1 Radio Bedford	630/476	95·5
(North Beds)	1161/258	103·8
2 Radio Bristol	1548/194 - 1323/227	95·5
(Bath)		104·6
(Bristol)		94·9
(Somerset Sound)	1323/227	
3 Radio Cambridgeshire	1026/292	96·0
(Peterborough)	1449/207	95·7
4 Radio Cleveland	1548/194	95·0
(Whitby)	1548/194	95·8
5 Radio Cornwall (Mid & West)	630/476	103·9
(North & East)	657/457	95·2
(Isles of Scilly)		96·0
6 Radio Cumbria (North)	756/397	95·6
(West)	1458/206	
7 Radio Derby	1116/269	94·2
(Sutton Coldfield)	1116/269	104·5
(Stanton Moor)	1116/269	95·3
8 Radio Devon (North)	801/376	103·4
(Exeter)	990/303	95·8
(Plymouth)	855/351	103·4
(Torbay)	1458/206	103·4
(Okehampton)		96·0
9 Radio Essex	765/392	103·5
(South East)	1530/196	95·3
(North East)	729/412	103·5
10 Radio Furness (South Cumbria)	837/358	96·1
(Kendal)		95·2
(Windermere)		104·2
11 Radio Gloucestershire	603/498	104·7
(Stroud & area)		95·0
12 Radio Hereford & Worcester		
(Hereford)	819/366	94·7
(Worcester)	738/406	104·0
13 Radio Humberside	1485/202	95·9
14 Radio Kent		96·7-104·2
(Hoo)	1035/290	
(Littlebourne)	774/388	
(Rusthall)	1602/187	
15 Radio Lancashire	855/351 -1557/193	
(Central & West)		103·9
(East)		95·5
(North)		104·5
16 Radio Leeds (Farnley)	774/388	92·4
(Wharfedale)	774/388	95·3
17 Radio Leicester	837/358	95·1
18 Radio Lincolnshire	1368/219	94·9
19 Radio London	1458/206	94·9
20 Radio Manchester	1458/206	95·1
21 Radio Merseyside	1485/206	95·8
22 Radio Newcastle (Chatton)	1458/206	96·0
(Pontop Pike)	1458/206	95·4
(Fernham)	1458/206	104·4
23 Radio Norfolk (East)	855/351	95·1
(West)	873/344	104·4
24 Radio Northampton	1107/271	104·2
(Geddington)	1107/271	103·6
25 Radio Nottingham	1521/197	103·8
	1584/189	95·5
26 Radio Oxford	1485/202	95·2
27 Radio Sheffield	1035/290	88·6
(Holme Moss)	1035/290	104·1
28 Radio Shropshire	756/397	96·0
(Ludlow)	1584/189	95·0
29 Radio Solent	999/300	96·1
(Bournemouth)	1359/221	96·1
30 Radio Stoke-on-Trent	1503/200	94·6
31 Radio Sussex (Central & South)	1485/202	95·3
(Crawley & North)	1161/258	104·5
(East)	1368/219	104·0
32 Radio Wiltshire Sound (North)	1368/219	103·6
(West)	1332/225	104·3
(Salisbury)		103·5
33 Radio W. M. (West Midlands)	1458/206	95·6
(Sedgeley)	828/362	95·6
34 Radio York (Central)	666/450	103·7
(East Coast)	1260/238	95·5
(North & NW)	666/450	104·3

ISLE OF MAN
35 Manx Radio	1368/219	96·9
	1368/219	89·0

LOCAL RADIO INFORMATION

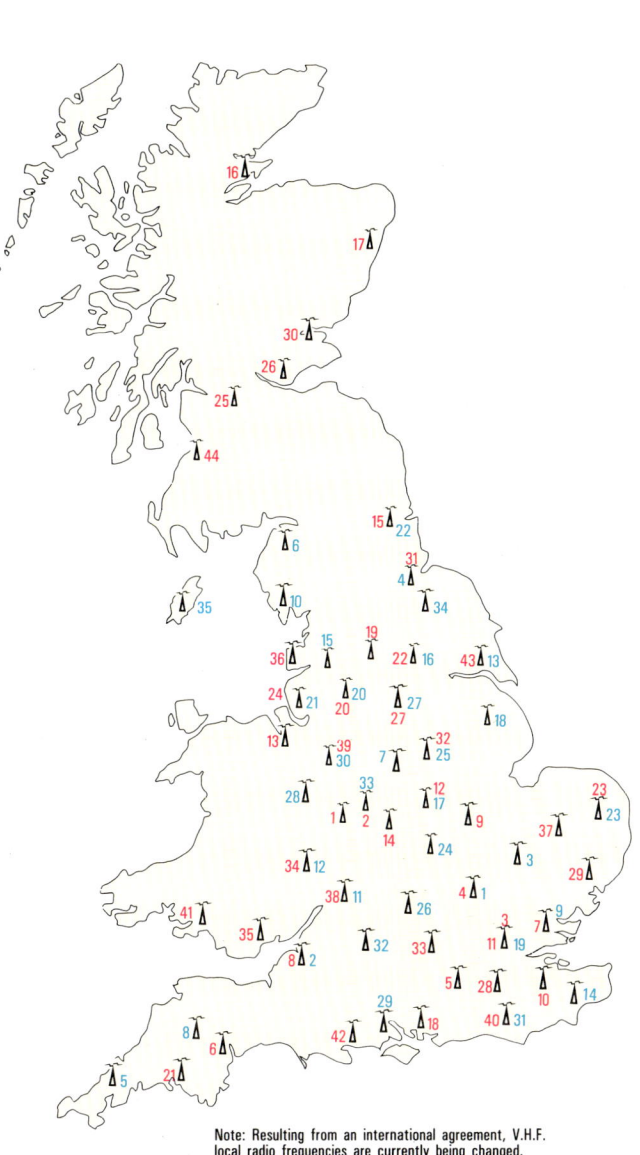

Note: Resulting from an international agreement, V.H.F. local radio frequencies are currently being changed.

INDEPENDENT LOCAL RADIO

Local radio stations giving road and weather reports

	M.W. kHz/metres	V.H.F. (MHz)
1 Beacon Radio (Wolverhampton & Black Country)	990/303	97·2
(Shrewsbury & Telford)	990/303	103·1
2 B.R.M.B Radio (Birmingham)	1152/261	96·4
3 Capitol Radio (London)	1548/194	95·8
4 Chiltern Radio (Luton)	828/362	97·6
(Bedford)	792/378	96·9
(Northampton)	1557/193	96·6
5 County Sound Radio (Guildford)	1476/203	96·4
6 Devon Air Radio (Exeter)	666/450	97·0
(Torbay)	954/314	96·4
7 Essex Radio (Southend)	1431/210	96·3
(Chelmsford)	1359/220	102·6
8 G.W.R. (Bath)		103·0
(Bristol)	1260/238	96·3
(Swindon)	1161/258	97·2
(West Wiltshire)	936/321	102·2
9 Hereward Radio (Peterborough)	1332/225	102·7
10 Invicta Radio (Maidstone & Medway)	1242/242	103·1
(Ashford)	603/497	96·1
(Canterbury)	603/497	102·8
(Dover)	603/497	97·0
(Thanet)	603/497	95·9
11 London Broadcasting Company	1152/261	97·3
12 Leicester Sound	1260/238	103·2
13 Marcher Sound (Wrexham & Deeside)	1260/238	103·4
14 Mercia Sound (Coventry)	1359/220	97·0
15 Metro Radio (Tyne & Wear)	1152/261	97·1
(Fenham)		103·0
16 Moray Firth Radio (Inverness)	1107/271	97·4
17 North Sound Radio (Aberdeen)	1035/290	96·9
18 Ocean Sound (Portsmouth)	1170/257	97·5
(Southampton)	1557/193	103·2
(Winchester)		96·7
19 Pennine Radio (Bradford)	1278/235	97·5
(Huddersfield & Halifax)	1530/196	102·5
20 Piccadilly Radio (Manchester)	1152/261	103·0
21 Plymouth Sound (Tavistock)	1152/261	96·6
(Plympton)	1152/261	97·0
22 Radio Aire (Leeds)	828/362	96·3
23 Radio Broadland (Great Yarmouth & Norwich)	1152/260	102·4
24 Radio City (Liverpool)	1548/194	96·7
25 Radio Clyde (Glasgow)	1152/261	102·5
26 Radio Forth (Edinburgh)	1548/194	97·3
27 Radio Hallam (Sheffield)	1548/194	97·4
(Rotherham)	1548/194	96·1
(Barnsley)	1305/230	102·9
(Doncaster)	990/303	103·4
28 Radio Mercury (Reigate & Crawley)	1521/197	102·7
(Horsham)	1521/197	97·5
29 Radio Orwell (Ipswich)	1170/257	97·1
30 Radio Tay (Dundee)	1161/258	102·8
(Perth)	1584/189	96·4
31 Radio Tees (Teeside)	1170/257	96·6
32 Radio Trent (Nottingham)	999/301	96·2
(Derby)	945/317	102·8
33 Radio 210 (Reading)	1431/210	97·0
(Basingstoke & Andover)	1431/210	102·9
34 Radio Wyvern (Hereford)	954/314	97·6
(Worcester)	1530/196	102·8
35 Red Dragon Radio (Cardiff)	1359/221	103·2
(Newport)	1305/230	97·4
36 Red Rose Radio (Preston & Blackpool)	999/301	97·4
37 Saxon Radio (Bury St Edmunds)	1251/240	96·4
38 Severn Sound (Gloucester & Cheltenham)	774/388	102·4
(Stroud)		103·0
39 Signal Radio (Stoke-on-Trent)	1170/257	102·6
40 Southern Sound (Brighton)	1323/227	103·5
(Newhaven)		96·9
(Heathfield)		102·4
(Hastings)		97·5
41 Swansea Sound	1170/257	96·4
42 Two Counties Radio (Bournemouth)	828/362	97·2
43 Viking Radio (Humberside)	1161/258	96·9
44 West Sound (Ayr)	1035/290	96·7
(Girvan)	1035/290	97·5

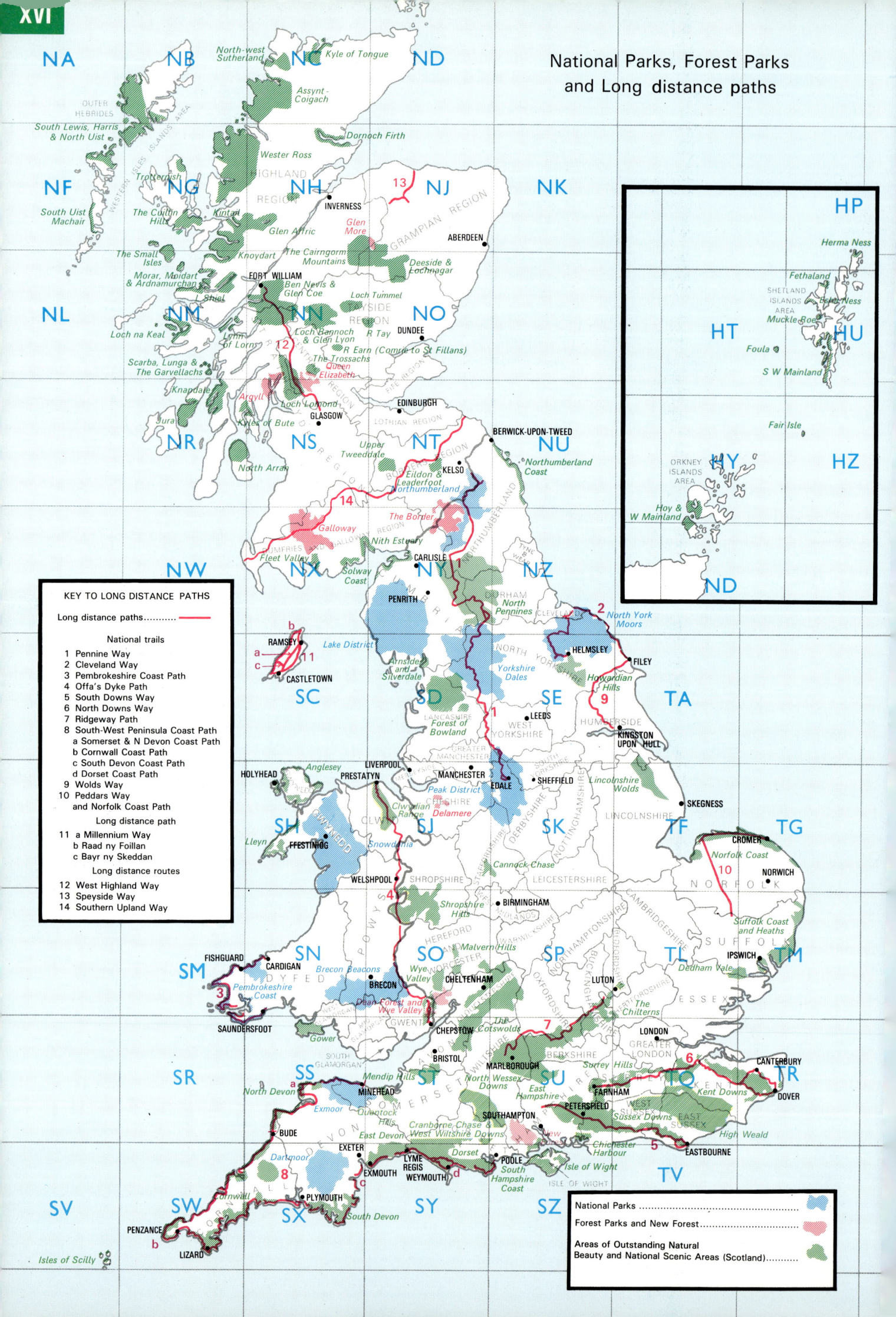

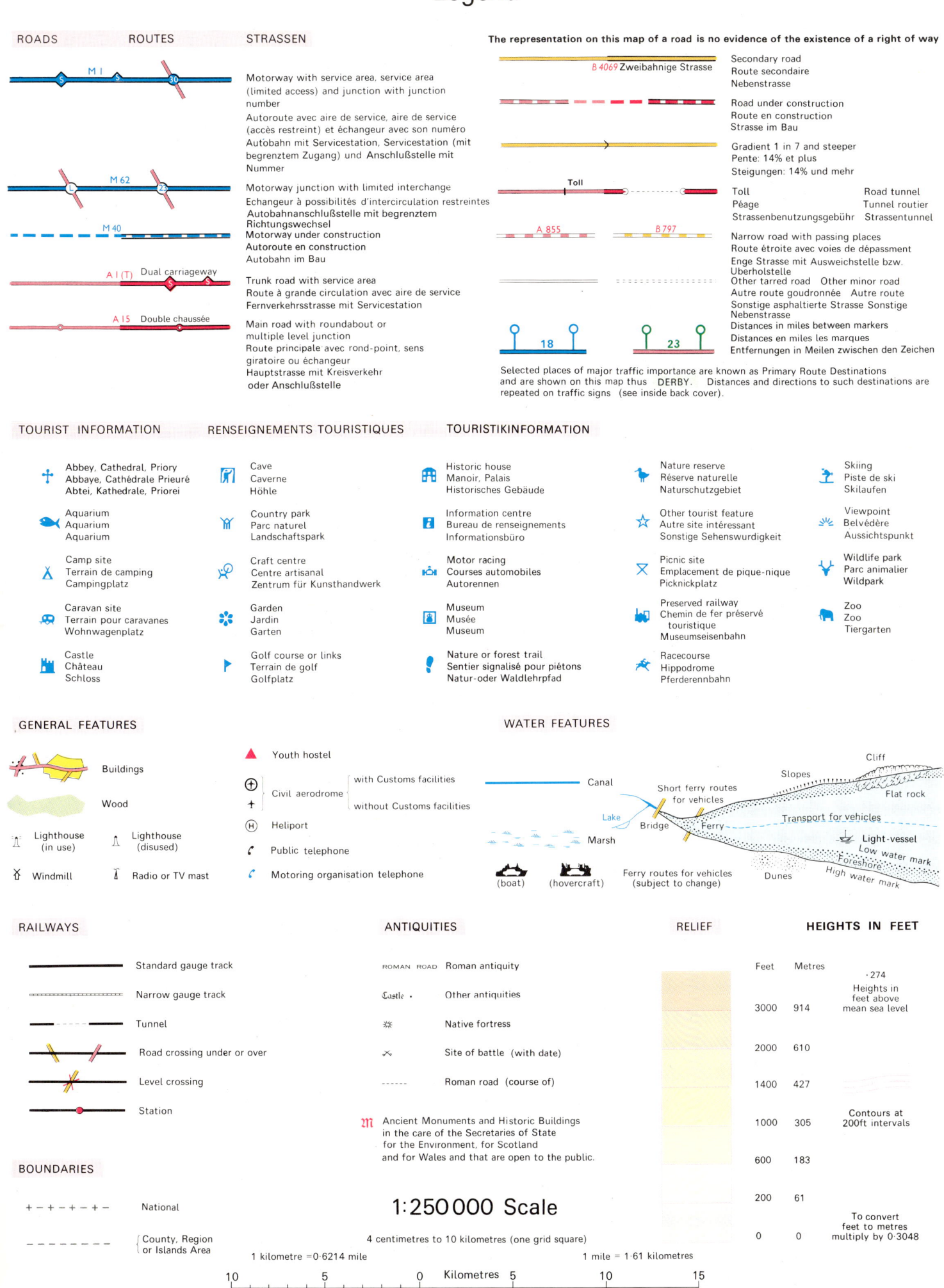

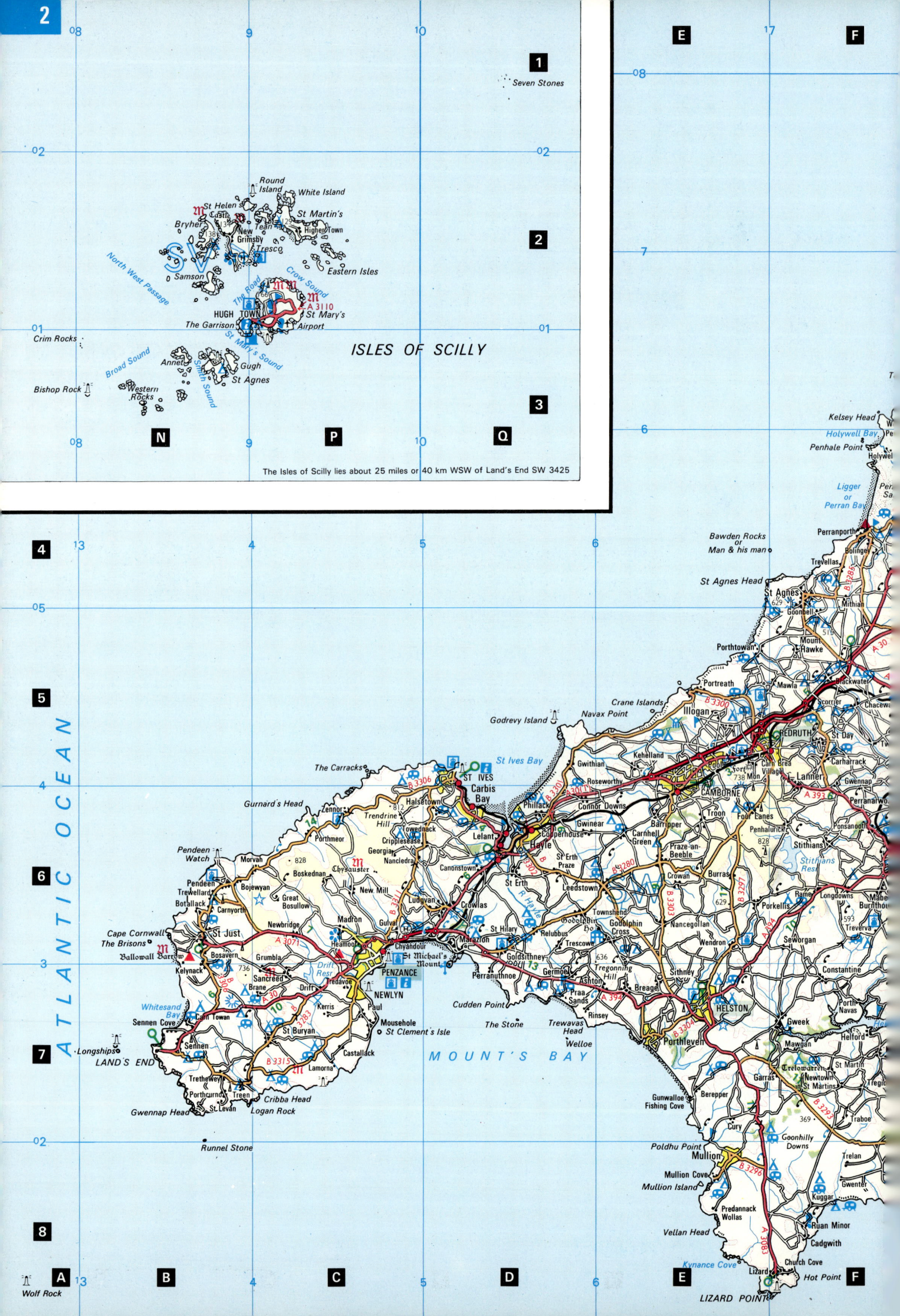

HIGH WYCOMBE
BEACONSFIELD
MARLOW
MAIDENHEAD
WINDSOR
HENLEY-ON-THAMES
WALLINGFORD
Didcot
Goring
Pangbourne
READING
Wokingham
BRACKNELL
NEWBURY
THATCHAM
Aldermaston
Tadley
Kingsclere
Sandhurst
CAMBERLEY
FRIMLEY
FARNBOROUGH
FLEET
ALDERSHOT
FARNHAM
BASINGSTOKE
Overton
Whitchurch
ALTON
New Alresford
WINCHESTER
Haslemere
Hindhead
Grayshott
Liphook
Petersfield
Twyford
Lodsworth
Ridge Way
ROMAN ROAD
NORTH DOWNS
SU
CHILTERN HILLS
Windsor Forest
Bramshill Plantation
Caesar's Camp
Longwood Warren
Micheldever Wood

35
36
31
19
12
SP
SU
AYLESBURY
LEIGHTON BUZZARD
DUNSTABLE
TRING
BERKHAMSTED
HEMEL HEMPSTEAD
WENDOVER
PRINCES RISBOROUGH
THAME
CHESHAM
AMERSHAM
CHORLEYWOOD
WATFORD
RICKMANSWORTH
HIGH WYCOMBE
BEACONSFIELD
GERRARDS CROSS
UXBRIDGE
HILLINGDON
MARLOW
MAIDENHEAD
SLOUGH
WINDSOR
WEST DRAYTON
STAINES
EGHAM
ASHFORD
SUNBURY
CHERTSEY
WEYBRIDGE
WALLINGFORD
HENLEY-ON-THAMES
READING
WOKINGHAM
BRACKNELL
CAMBERLEY
FRIMLEY
FARNBOROUGH
FLEET
WOKING
BASINGSTOKE
NORTHWOOD
Haddenham
Long Crendon
Chinnor
Stokenchurch
Watlington
Wargrave
Twyford
Crowthorne
Sandhurst
Yateley
Ascot
Sunningdale
Virginia Water
Bagshot
Windlesham
Chobham
Burnham
Denham
Langley
Datchet
Pangbourne
Goring
Tilehurst
Woodley
Mortimer
Tadley
WINDSOR GREAT PARK
CHILTERN HUNDREDS
VALE OF AYLESBURY
CHILTERN HILLS

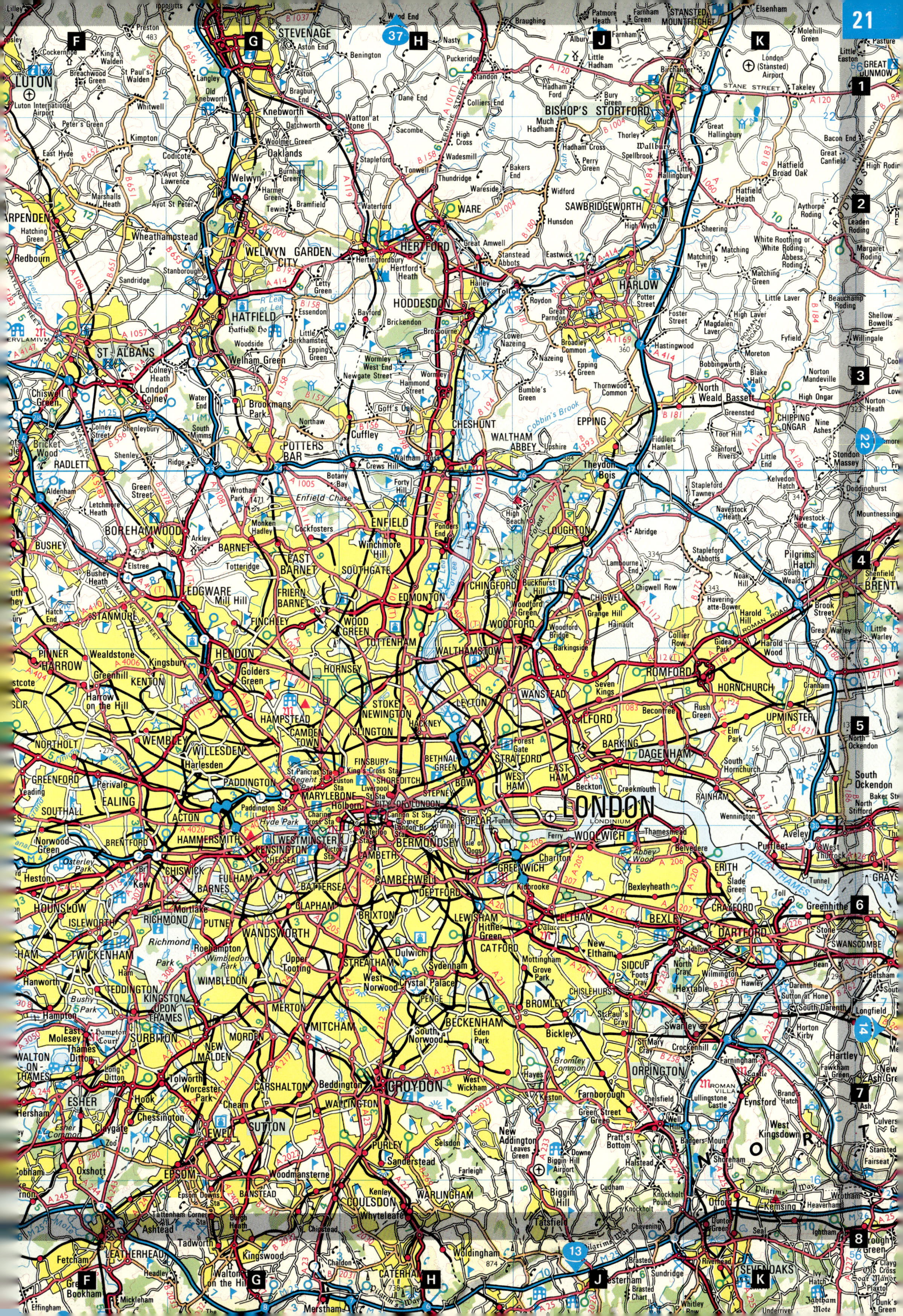

A
B
C
D
E
F
1
2
3
4
5
6
7
8
BRAINTREE
Coggeshall
Kelvedon
WITHAM
Tiptree
GREAT DUNMOW
STANSTED MOUNTFITCHET
London (Stansted) Airport
HARLOW
CHELMSFORD
Great Baddow
Galleywood
MALDON
Heybridge
Danbury
Writtle
CHIPPING ONGAR
EPPING
North Weald Bassett
BRENTWOOD
BILLERICAY
WICKFORD
RAYLEIGH
Hockley
Ashingdon
Rochford
Southend Airport
SOUTHEND-ON-SEA
Shoeburyness
BASILDON
Laindon
SOUTH BENFLEET
Hadleigh
CANVEY ISLAND
Stanford-le-Hope
Corringham
ROMFORD
HORNCHURCH
UPMINSTER
DAGENHAM
LONDON
WOOLWICH
Bexleyheath
ERITH
CRAYFORD
DARTFORD
SIDCUP
Swanley
ORPINGTON
GRAYS
TILBURY
Purfleet
South Ockendon
NORTHFLEET
GRAVESEND
ROCHESTER
CHATHAM
GILLINGHAM
SITTINGBOURNE
Isle of Grain
Kingsnorth
River Medway
Mayland
Burnham
Canewdon
Yantlet Dredged Channel
SHEERNESS to Vlissingen (Flushing)
NORTH DOWNS
Due to open Late 1990

NORTH SEA
COLCHESTER
CAMVLODVNVM
WIVENHOE
BRIGHTLINGSEA
CLACTON-ON-SEA
WALTON-ON-THE-NAZE
FRINTON-ON-SEA
The Naze
Holland-on-Sea
Kirby Cross
Thorpe-le-Soken
Great Holland
Little Clacton
Great Clacton
St Osyth
Jaywick
Colne Point
St Osyth Marsh
MERSEA ISLAND
WEST MERSEA
East Mersea
Mersea Flats
Virley Channel
The Nass
Tumulus
Great Wigborough
Peldon
Abberton
Langenhoe
Layer de la Haye
Rowhedge
Fingringhoe
Alresford
Thorrington
Elmstead Market
Frating Green
Great Bentley
Aingers Green
Weeley
Weeley Heath
Tendring
Little Bentley
Beaumont
Stones Green
Great Oakley
Little Oakley
Wix
Horsley Cross
Horsleycross Street
Bradfield
Ardleigh
Little Bromley
Great Bromley
Crockleford Heath
Mile End
Old Heath
Blackheath
Kirby-le-Soken
Horsey Island
Hamford Water
Rough Tower
Sunk
Gunfleet Sand
Barrow Deep
Sunk Sand
Buxey Sand
Dengie Flat
Ray Sand
Foulness Sands
Foulness Point
Holliwell Point
Midbarrow
Tongue
MAPLIN SANDS
FOULNESS ISLAND
Churchend
Courtsend
River Crouch
Bradwell Waterside
Bradwell-on-Sea
Sales Point
St Peter's Flat
Tillingham
Dengie
Asheldham
Montsale
Deal Hall
Havengore Island
SHEPPEY
Warden Point
Warden
Leysdown on Sea
Isle of Harty
Shell Ness
The Swale
Seasalter
WHITSTABLE
Swalecliffe
Chestfield
HERNE BAY
REGVLBIVM
Reculver
Beltinge
Hillborough
Herne
Broomfield
Herne Common
St Nicholas at Wade
Sarre
Marshside
Chislet
Upstreet
West Stourmouth
East Stourmouth
River Stour
Grove
Westbere
Sturry
Fordwich
Stodmarsh
Hersden
Wickhambreaux
Preston
Elmstone
Westmarsh
Hoaden
Ash
Great Stonar
Sandwich Bay
Sandwich Flats
Pegwell Bay
Cliffs End
Minster
Monkton
Manston Airport
Acol
Birchington
Westgate on Sea
MARGATE
South Channel
Long Nose Spit
Foreness Point
White Ness
NORTH FORELAND
BROADSTAIRS
St Peter's
RAMSGATE
North Goodwin
RAMSGATE to Dunkirk 2½ hrs
Goodwin Sands
THE SMALL DOWNS
FAVERSHAM
Goodnestone
Graveney
Uplees
Oare
Luddenham Court
Ospringe
Sheldwich
Selling
Chartham Hatch
Harbledown
Boughton Street
Hernhill
Dargate
Dunkirk
Yorkletts
Honey Hill
Blean
Rough Common
Tyler Hill
Broad Oak
Hales Place
CANTERBURY
DVROVERNVM
Littlebourne
Ickham
Wingham
Ash
Marshborough
Woodnesborough
Staple
Toll
Zoo
RVTVPIAE
TM
TR

24

F
G
H
J
K
L
28
29
16
1
2
3
4
5
6
7
8
LLANDOVERY
BRECON
BRECON BEACONS
MOUNTAIN
FFOREST FAWR
Talgarth
Crickhowell
Abergavenny
Ystradgynlais
Glyn Neath
Hirwaun
MERTHYR TYDFIL
TREDEGAR
EBBW VALE
BRYNMAWR
NANTYGLO
BLAINA
RHYMNEY
New Tredegar
ABERTILLERY
ABERDARE
Aberfan
Mountain Ash
NEATH
Resolven
Glyncorrwg
TREHERBERT
TREORCHY
RHONDDA
Tylorstown
PORTH
TONYPANDY
PONTYPRIDD
Gilfach Goch
MAESTEG
Baglan
Cwmafan
Margam
Pyle
BRIDGEND
PORTHCAWL
Pencoed
Llantrisant
Caerphilly
BARGOED
BLACKWOOD
NEWBRIDGE
Crumlin
Pontywaun
RISCA
Ystrad Mynach
BEDWAS
CARDIFF
PENARTH
BARRY
COWBRIDGE
Llantwit Major
St Athan
Rhoose
Sully
Lavernock Point
Sully Island
Breaksea Point
Nash Point
St Donats
Ewenny
Ogmore-by-Sea
Southerndown
Tusker Rock
Porthkerry
Barry Island
Llangorse Lake
Talybont Resr
Pontsticill Resr
Llwyn-on Resr
Cantref Resr
Beacons Resr
Ystradfellte Resr
Usk Resr
Vale of Neath
Margam Burrows
Kenfig Burrows

ST GEORGE'S CHANNEL
ST BRIDES BAY
FISHGUARD to Rosslare..............3½ hrs
STRUMBLE HEAD
DINAS HEAD
Cardigan Island
Cemaes Head
Pwllygranant
St Dogmaels
Moylgrove
Trwyn y Bwa
Newport Bay
Newport
Nevern
Felindre Farchog
Eglwyswrw
Crosswell
Brynberian
MYNYDD PRESELI
Foel Eryr
Foel Cwmcerwyn
Mynachlog-ddu
Rosebush
Maenclochog
Llangolman
Efailwen
Carregwastad Point
Pen Caer
Tresinwen
Pen Brush
Llanwnda
GOODWICK
Harbour
Fishguard Bay
FISHGUARD
Llanychaer
Dinas Cross
Mynydd Melyn
Mynydd Carningli
Pontfaen
Penbwchdy
Manorowen
St Nicholas
Panteg
Scleddau
Granston
Ynys Deullyn
Abercastle
Mathry
Trecwn
Jordanston
Penclegyr
Porthgain
Trevine
Llanrhian
Abereiddy
Carreg-gwylan-fach
Berea
Croes-goch
Square and Compass
Castlemorris
Letterston
Puncheston
Castlebythe
Little Newcastle
Tufton
Henry's Moat
Pellechwen
ST DAVID'S HEAD
Treleddyd-fawr
Tretio
Treglemais
Carnhedryn
Treffynnon
Whitesand Bay or Porth-mawr
River Alun
River Solva
Bishops and Clerks
Rhosson
Cath
St David's
Whitchurch
Middle Mill
Solva
Llandeloy
Hayscastle
Hayscastle Cross
Welsh Hook
Wolf's Castle
Ambleston
Rinaston
Wallis
Llys-y-frân Resr
New Moat
Ramsey Island
Ramsey Sound
Green Scar
Penycwm
Newgale
Dudwell Mt
Wolfsdale
Leweston
Treffgarne
Spittal
Scolton
Walton East
Penffordd
Llanycefn
Roch
Camrose
Keeston
Simpson Cross
Nolton Haven
Nolton
Ricketts Head
Pelcomb Cross
Western Cleddau
Clarbeston Road
Clarbeston
Bletherston
Llandissilio
Clunderwen
Llanfallteg
Crundale
Wiston
Gelli
Bethesda
Llawhaden
Robeston Wathen
Druidston
Lambston
Portfield Gate
HAVERFORDWEST
Haroldston West
Merlin's Bridge
Uzmaston
Conaston Bridge
NARBERTH
Crinow
Llanddewi Velfrey
Lampeter Velfrey
Stack Rocks
Broad Haven
Little Haven
Walton West
Talbenny
Walwyn's Castle
Boulston
Freystrop
Minwear
Templeton
Skomer Island
Wooltack Point
Tower Point
St Brides
Hasguard
Tiers Cross
Johnston
Hook
Landshipping
Martletwy
Ludchurch
Marloes
Robeston Cross
Oil Refinery
Herbrandston
Steynton
Rosemarket
Llangwm
Hill Mountain
Yerbeston
Reynalton
Loveston
Thomas Chapel
Kilgetty
Begelly
BROAD SOUND
Gateholm Island
St Ishmael
MILFORD HAVEN
Houghton
Lawrenny
Cresswell Quay
Cresselly
Jeffreyston
Saundersfoot Station
Dale
Dale Point
Waterston
Llanstadwell
NEYLAND
Burton
Carew
Carew Newton
East Williamston
Saundersfoot
Skokholm Island
Toll
Milton
Redberth
Monkstone Point
St Ann's Head
Angle
Angle Bay
Pembroke Dock
Power Sta
Pwllcrochan
Cosheston
Carew Cheriton
New Hedges
Sheep Island
Rhoscrowther
PEMBROKE
Palace
Lamphey
St Florence
Gumfreston
TENBY
Freshwater West
Hundleton
Penally
Hodgeston
Jameston
Castlemartin
St Twynnells
Freshwater East
Manorbier
Lydstep
Giltar Point
Caldey Sound
Caldey Island
Warren
St Petrox
Trewent Point
Linney Head
Stackpole
Old Castle Head
Chapel Point
Crow Rock
Toes
The Wash
Bosherston
Stackpole Head
ST GOVAN'S HEAD
SM
SR

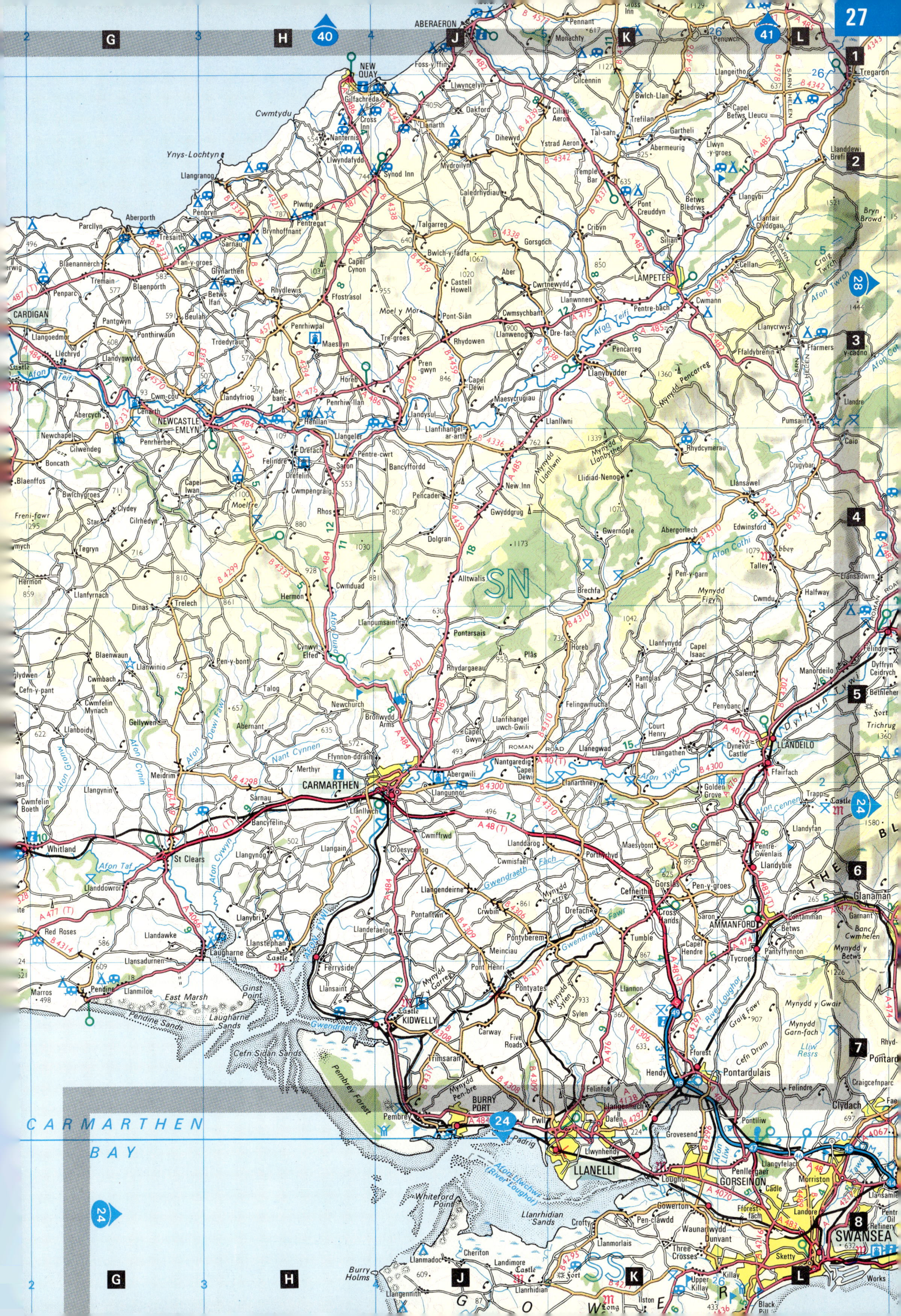

ABERAERON
NEW QUAY
Cwmtydu
Ynys-Lochtyn
Llangranog
Penbryn
Aberporth
Parcllyn
Tresaith
Sarnau
Brynhoffnant
Pentregat
Plwmp
Synod Inn
Mydroilyn
Llanarth
Gilfachreda
Cross Inn
Nanternis
Llwyndafydd
Foss-y-ffin
Llwyncelyn
Oakford
Dihewyd
Cilcennin
Ciliau-Aeron
Ystrad Aeron
Talsarn
Trefilan
Bwlch-Llan
Temple Bar
Llangeitho
Penuwch
Tregaron
Pennant
Monachty
Capel Betws Lleucu
Gartheli
Abermeurig
Llwyn-y-groes
Llanddewi Brefi
Llangybi
Betws Bledrws
Pont Creuddyn
Silian
Cribyn
Gorsgoch
Talgarreg
Caledrhydiau
Bwlch-y-fadfa
Capel Cynon
Castell Howell
Aber
Cwrtnewydd
LAMPETER
Cellan
Llanfair Clydogau
Cwmann
Pentre-bach
Llanwnnen
Cwmsychbant
Llanwenog
Dre-fach
Pencarreg
Llanybydder
Llanycrwys
Ffarmers
Ffaldybrenin
Mynydd Pencarreg
Pumsaint
Caio
Crugybar
Rhydcymerau
Mynydd Llanbyther
Llidiad-Nenog
Gwernogle
Abergorlech
Llansawel
Edwinsford
Talley
Abbey
Cwmdu
Halfway
Afon Cothi
Pen-y-garn
Mynydd Figyn
Brechfa
Capel Isaac
Llanfynydd
Pantglas Hall
Salem
Manordeilo
Penybanc
Court Henry
Llangathen
Dynevor Castle
LLANDEILO
Ffairfach
Golden Grove
Trapp
Castle
Carmel
Llandyfan
Pentre-Gwenlais
Llandybie
Pen-y-groes
Gorslas
Cefneithin
Cross Hands
Tumble
Capel Hendre
Saron
AMMANFORD
Glanaman
Garnant
Betws
Tycroes
Pantyffynnon
Mynydd y Gwair
Mynydd Garn-fach
Llanedi
Hendy
Pontardulais
Fforest
Cefn Drum
Felindre
Craigcefnparc
Clydach
CARDIGAN
Penparc
Llangoedmor
Llechryd
Tremain
Blaenannerch
Blaenporth
Tan-y-groes
Glynarthen
Betws Ifan
Rhydlewis
Beulah
Pontgwyn
Ponthirwaun
Penrhiwpal
Maesllyn
Troedyraur
Coed-y-bryn
Llandygwydd
Cwm-cou
Cenarth
NEWCASTLE EMLYN
Abercych
Newchapel
Cilwendeg
Penrherber
Boncath
Blaenffos
Bwlchygroes
Clydey
Cilrhedyn
Star
Tegryn
Freni-fawr
Capel Iwan
Moelfre
Llandyfriog
Aber-banc
Horeb
Penrhiw-llan
Henllan
Llangeler
Drefach
Felindre
Drefelin
Cwmpengraig
Saron
Rhos
Pentre-cwrt
Llandysul
Llanfihangel-ar-arth
Capel Dewi
Pren-gwyn
Tre-groes
Rhydowen
Pont-Siân
Moel y Mor
Ffostrasol
Maesycrugiau
Llanllwni
Mynydd Llanllwni
New Inn
Gwyddgrug
Bancyffordd
Pencader
Dolgran
Alltwalis
Llanpumsaint
Pontarsais
Cwmduad
Cynwyl Elfed
Hermon
Trelech
Dinas
Llanfyrnach
Blaenwaun
Llanwinio
Cwmbach
Cwmfelin Mynach
Gellywen
Pen-y-bont
Talog
Abernant
Newchurch
Bronwydd Arms
Rhydargaeau
Plâs
Llanfihangel uwch-Gwili
Capel Gwyn
Nantgaredig
Felingwmuchaf
Llanegwad
Abergwili
Ffynnon-ddrain
Merthyr
Nant Cynnen
CARMARTHEN
Llangunnor
Llanarthney
Llangynin
Meidrim
Sarnau
Bancyfelin
Llanllwch
Cwmffrwd
Croesyceiliog
Llanddarog
Porthyrhyd
Cwmisfael
Maesybont
Llangain
Llangynog
St Clears
Whitland
Afon Taf
Llanddowror
Red Roses
Llandawke
Llanybri
Llanstephan
Laugharne
Llansadurnen
Pendine
Marros
Llanmiloe
East Marsh
Pendine Sands
Laugharne Sands
Ginst Point
Cefn Sidan Sands
Ferryside
Llansaint
KIDWELLY
Llandyfaelog
Llangendeirne
Pontantwn
Crwbin
Mynydd Cerrig
Drefach
Pontyberem
Meinciau
Pont Henri
Pontyates
Mynydd Sylen
Sylen
Llannon
Carway
Five Roads
Trimsaran
Mynydd Garreg
Mynydd Pen-bre
BURRY PORT
Pembrey
Pembrey Forest
Pwll
Felinfoel
Llangennech
Dafen
LLANELLI
Llwynhendy
Bynea
Loughor
Grovesend
Gorseinon
Pontlliw
Penllergaer
Llangyfelach
Morriston
Cadle
Fforest-fach
Landore
SWANSEA
Sketty
Dunvant
Waunarlwydd
Killay
Upper Killay
Three Crosses
Gowerton
Pen-clawdd
Crofty
Llanmorlais
Llanrhidian Sands
Whiteford Point
Afon Llwchwr (River Loughor)
Cheriton
Landimore
Llanmadoc
Llanrhidian
Llangennith
Burry Holms
Fort
Black Pill
Works
CARMARTHEN BAY
Afon Teifi
Afon Tywi
Afon Gwili
Afon Aeron
Afon Duad
Afon Cynin
Afon Dewi Fawr
Afon Cywyn
Afon Gronw
Gwendraeth Fach
Gwendraeth Fawr
Afon Cennen
Afon Llan
River Loughor
Dyffryn Tywi
Bethlehem
Trichrug
Garn-fach
Mynydd y Betws
Llw Resrs
SN
SS
G
H
J
K
L
40
41
28
24

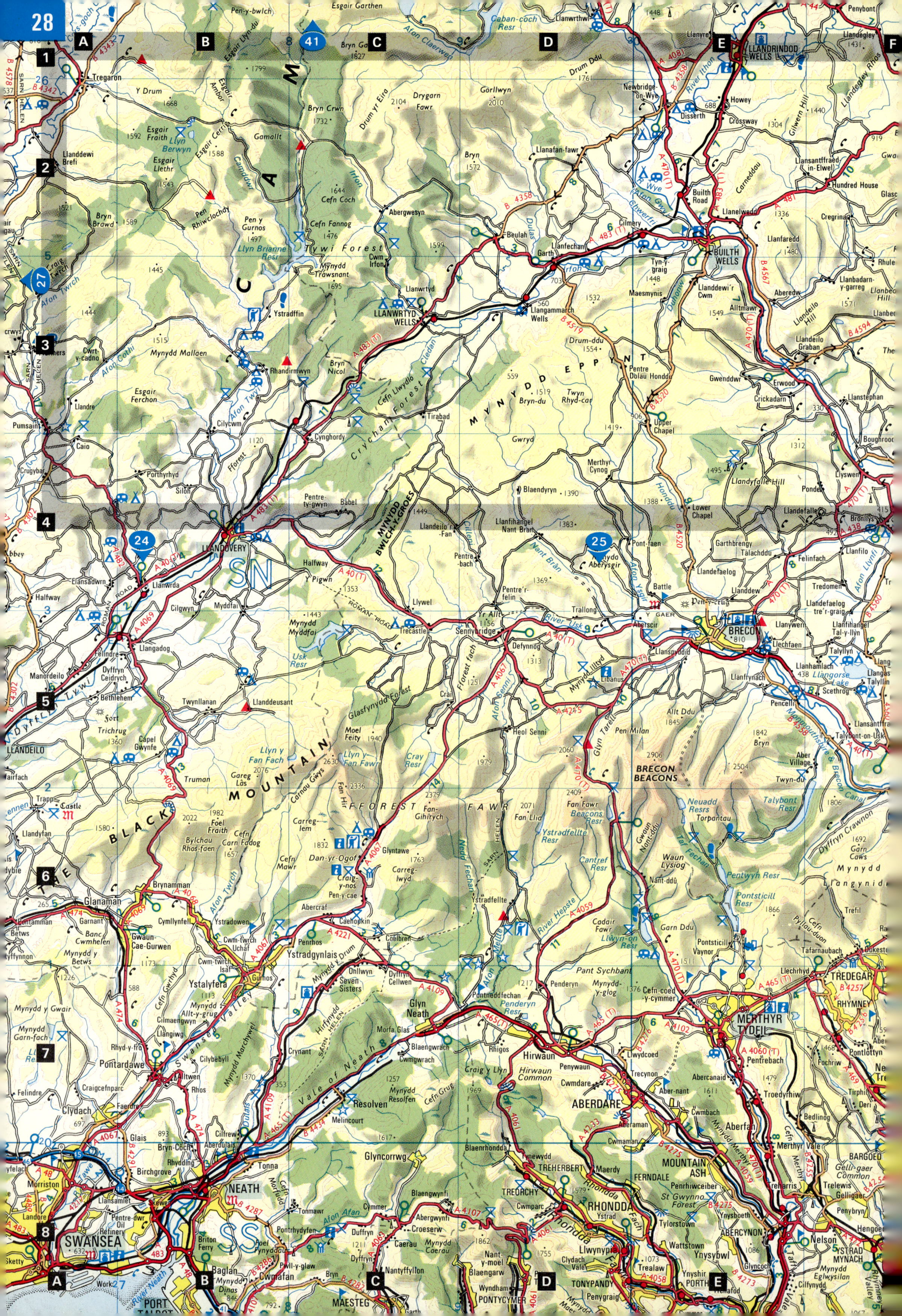
A
B
C
D
E
F
1
2
3
4
5
6
7
8
Tregaron
Y Drum
Esgair Garthen
Pen-y-bwlch
Esgair Llyn-du
Bryn Garw
Caban-coch Resr
Afon Claerwen
Llanwrthwl
LLANDRINDOD WELLS
Llandegley
Penybont
Drum Ddu
Newbridge-on-Wye
Disserth
Howey
Crossway
Llanddewi Brefi
Esgair Fraith
Llyn Berwyn
Esgair Llethr
Esgair Cerrig
Gamallt
Bryn Crwn
Drum yr Eira
Drygarn Fawr
Gorllwyn
Llanafan-fawr
Llansantffraed-in-Elwel
Hundred House
Bryn Brawd
Pen Rhiwclochdy
Pen y Gurnos
Cefn Coch
Cefn Fannog
Llyn Brianne Resr
Tywi Forest
Abergwesyn
Cwm Irfon
Beulah
Garth
Llanfechain
Cilmery
Builth Road
BUILTH WELLS
Llanelwedd
Cregrina
Llanfaredd
Mynydd Trawsnant
Ystradffin
Llanwrtyd
LLANWRTYD WELLS
Llangammarch Wells
Maesmynis
Tyn-y-graig
Llanddewi'r Cwm
Alltmawr
Aberedw
Llandeilo Hill
Llandeilo Graban
Cwrt-y-cadno
Afon Cothi
Mynydd Mallaen
Rhandirmwyn
Bryn Nicol
Cefn Llwydlo
Crychan Forest
Drum-ddu
MYNYDD EPPYNT
Pentre Dolau Honddu
Gwenddwr
Erwood
Crickadarn
Llanstephan
Esgair Ferchon
Llandre
Pumsaint
Caio
Cilycwm
Afon Tywi
Cynghordy
Tirabad
Bryn-du
Twyn Rhyd-car
Upper Chapel
Gwaryd
Merthyr Cynog
Llandyfalle Hill
Boughrood
Llyswen
Porthyrhyd
Ffores
Siloh
Pentre-ty-gwyn
Babel
MYNYDD BWLCH-Y-GROES
Llandeilo'r-Fan
Llanfihangel Nant Bran
Blaendyryn
Lower Chapel
Llandefalle
Bronllys
Garthbrengy
Talachddu
Llandefaelog
Felinfach
Llanfilo
LLANDOVERY
Llansadwrn
Llanwrda
Halfway
Y Pigwn
Pentre-bach
Pentre'r-felin
Aberysgir
Pont-faen
Battle
Pen-y-crug
Tredomen
Llanfihangel Tal-y-llyn
Myddfai
Cilgwyn
Mynydd Myddfai
Usk Resr
Trecastle
Llywel
Yr Allt
Sennybridge
Trallong
Aberscir
Y GAER
BRECON
Llanspyddid
Llanywern
Llechfaen
Llanhamlach
Llangorse Lake
Talyllyn
Llangadog
Manordeilo
Dyffryn Ceidrych
Bethlehem
Twynllanan
Llanddeusant
Glasfynydd Forest
Forest fach
Defynnog
Mynydd Illtyd
Libanus
Llanfrynach
Pencelli
Scethrog
LLANDEILO
Trichrug
Capel Gwynfe
Llyn y Fan Fach
Llyn y Fan Fawr
Moel Feity
Cray Resr
Heol Senni
Allt Ddu
Pen Milan
BRECON BEACONS
Bryn
Aber Village
Talybont-on-Usk
Llansantffraed
Twyn-du
Trapp
Castle
Truman
Gareg Las
Carnau Gwys
BLACK MOUNTAIN
Fan Hir
FFOREST FAWR
Fan-Gihirych
Fan Llia
Fan Fawr
Beacons Resr
Neuadd Resrs
Torpantau
Talybont Resr
Llandyfan
Foel Fraith
Bylchau Rhos-faen
Cefn Carn Fadog
Cefn Mawr
Carreg-lem
Dan-yr-Ogof
Craig-y-nos
Pen-y-cae
Glyntawe
Carreg-lwyd
Ystradfellte Resr
Cantref Resr
Gwaun Nant-ddu
Waun Lysiog
Nant-ddu
Pentwyn Resr
Pontsticill Resr
Dyffryn Crawnon
Garn Caws
Mynydd Llangynidr
Glanaman
Brynamman
Garnant
Cymllynfell
Gwaun-Cae-Gurwen
Banc Cwmhelen
Betws
Mynydd y Betws
Ystradowen
Cwm-twrch Uchaf
Penrhos
Abercraf
Caehopkin
Coelbren
Ystradfellte
River Hepste
Cadair Fawr
Llwyn-on Resr
Garn Ddu
Pontsticill
Vaynor
Trefil
Tafarnaubach
TREDEGAR
RHYMNEY
Ystalyfera
Gurnos
Ystradgynlais
Onllwyn
Seven Sisters
Dyffryn Cellwen
Pontneddfechan
Penderyn Resr
Penderyn
Mynydd-y-glog
Pant Sychbant
Cefn-coed-y-cymmer
MERTHYR TYDFIL
Pentrebach
Mynydd y Gwair
Mynydd Garn-fach
Pontardawe
Rhyd-y-fro
Mynydd Allt-y-grug
Cilmaengwyn
Swansea Valley
Glyn Neath
Morfa Glas
Blaengwrach
Cwmgwrach
Rhigos
Hirwaun
Hirwaun Common
Penywaun
Cwmdare
Trecynon
Llwydcoed
Abernant
Abercanaid
Troedyrhiw
Clydach
Craigcefnparc
Felindre
Cilybebyll
Alltwen
Rhos
Mynydd Marchywel
Crynant
Vale of Neath
Resolven
Mynydd Resolfen
Cefn Grug
Craig y Llyn
ABERDARE
Aberaman
Cwmaman
Cwmbach
Aberfan
Bedlinog
Merthyr Vale
BARGOED
Glais
Bryn-Coch
Birchgrove
Cilfrew
Aberdulais
Tonna
Glyncorrwg
Blaenrhondda
Tynewydd
TREHERBERT
Maerdy
MOUNTAIN ASH
Penrhiwceiber
FERNDALE
Treharris
Trelewis
Gelligaer
Morriston
Llansamlet
NEATH
Tonmawr
Blaengwynfi
Cymmer
Abergwynfi
Croeserw
TREORCHY
Cwmparc
RHONDDA
Ystrad
Llwynypia
St Gwynno Forest
Tylorstown
Ynysboeth
ABERCYNON
Nelson
Penybryn
SWANSEA
Landore
Skewen
Briton Ferry
Baglan
Cwmafan
Duffryn
Caerau
Mynydd Caerau
Nantyffyllon
Nant-y-moel
Blaengarw
Clydach Vale
TONYPANDY
Penygraig
Trealaw
Wattstown
Ynysybwl
YSTRAD MYNACH
PORT TALBOT
MAESTEG
PONTYCYMER
PORTH
SN
SS

LEOMINSTER
Bromyard
KINGTON
HAY-ON-WYE
HEREFORD
ROSS-ON-WYE
MONMOUTH
ABERGAVENNY
CHEPSTOW
PONTYPOOL
CWMBRAN
ABERTILLERY
BLAENAVON
NANTYGLO
EBBW VALE
BLAINA
BRYNMAWR
BLACKWOOD
NEWBRIDGE
CRUMLIN
RISCA
CAERLEON
Crickhowell
Coleford
Cinderford
Mitcheldean
Lydney
Usk
Pontrilas
Weobley
THE BLACK MOUNTAINS
FOREST OF DEAN
River Wye
River Monnow
River Usk
River Lugg
River Arrow
River Frome
Tidal Reservoir
Lydney Sand
Oldbury Sands
Chepstow Park Wood
Tintern Abbey
A 49
A 40
A 465
A 44
A 438
A 4103
A 466
A 48
A 4042
A 417
G
H
J
K
L
1
2
3
4
5
6
7
8
16
17
25
30
32
33

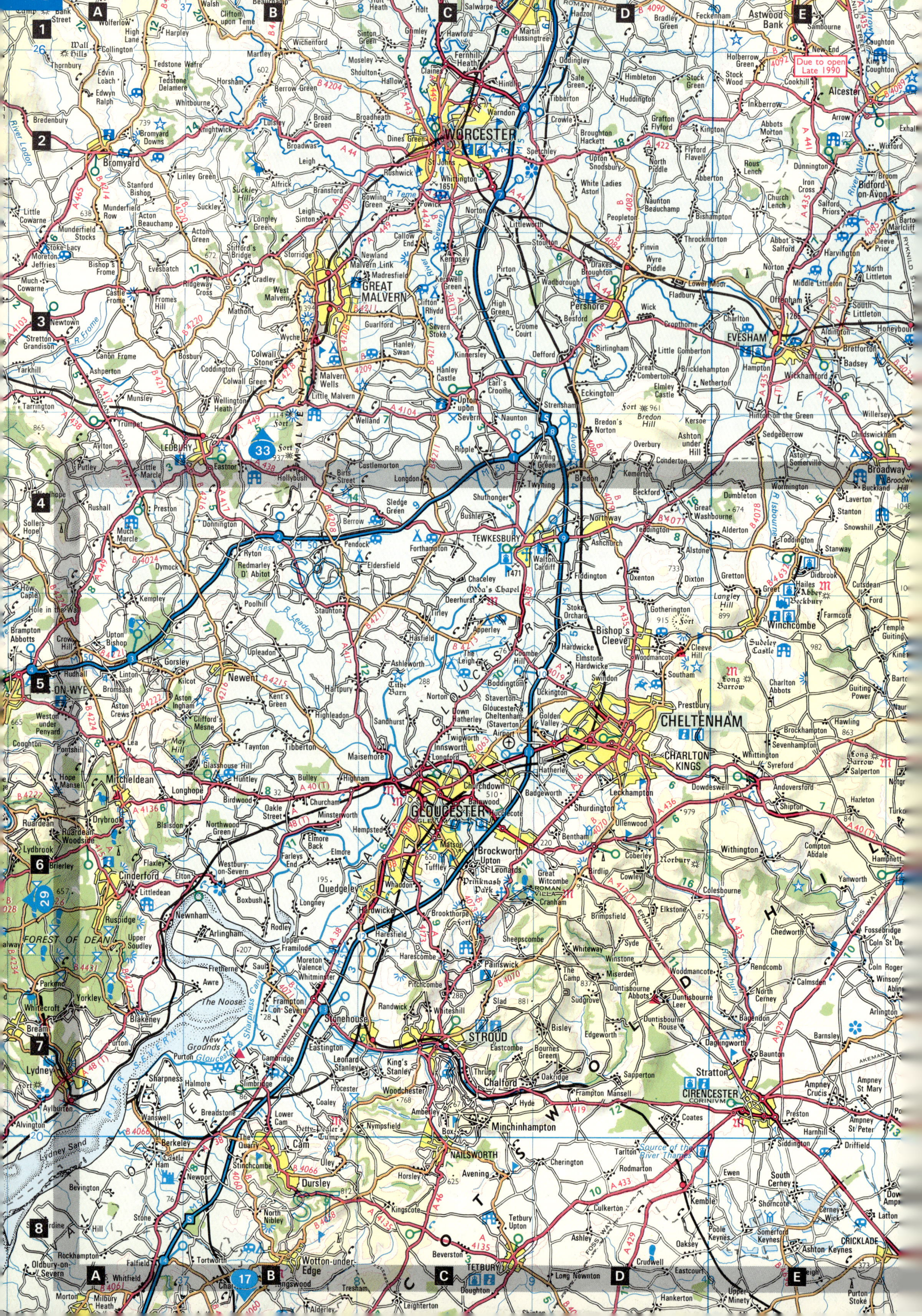

31

NEWTOWN
BISHOP'S CASTLE
Clun Forest
Clun
KNIGHTON
Radnor Forest
PRESTEIGNE
KINGTON
LUDLOW
LEOMINSTER
HAY-ON-WYE
HEREFORD
THE BLACK MOUNTAINS
Talgarth
Craven Arms
Church Stretton
Golden Valley
River Wye
R Lugg
River Teme
River Monnow
Offa's Dyke
Llandrindod Wells
SO

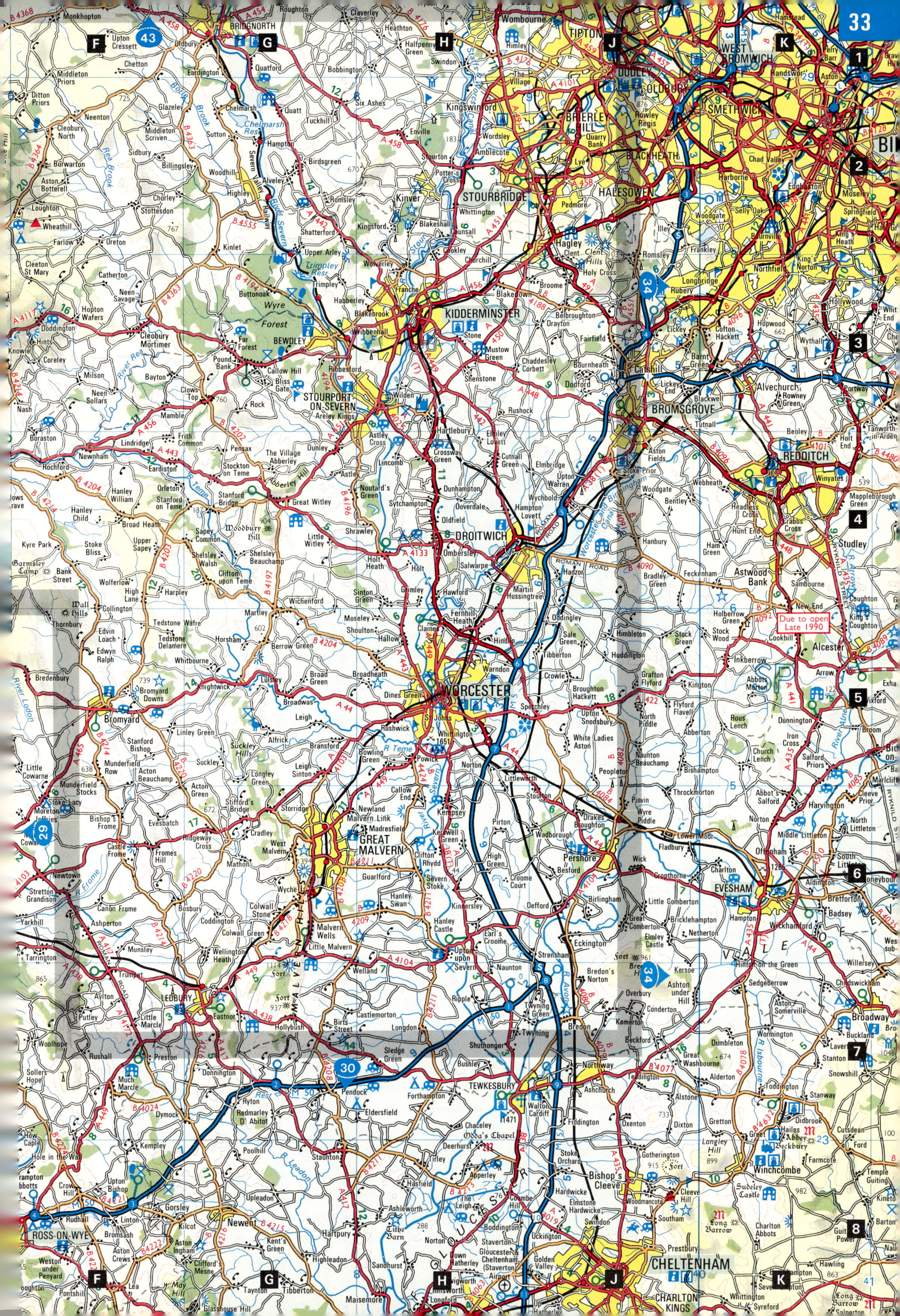

34

MARKET HARBOROUGH
CORBY
LUTTERWORTH
DESBOROUGH
ROTHWELL
KETTERING
RUGBY
BURTON LATIMER
Finedon
WELLINGBOROUGH
DAVENTRY
NORTHAMPTON
Irchester
Wollaston
Earls Barton
Towcester
Olney
NEWPORT PAGNELL
MILTON KEYNES
BRACKLEY
BUCKINGHAM
Winslow
BICESTER
LEIGHTON BUZZARD
Middleton Cheney
Husbands Bosworth
Naseby
Weedon Bec
Bugbrooke
Roade
Stony Stratford
Woburn Sands
Potterspury
WHITTLEWOOD FOREST
YARDLEY CHASE
Salcey Forest
Due to open Late 1991
Due to open Late 1990
Grand Union Canal
Oxford Canal
WATLING STREET
AKEMAN STREET
R. Great Ouse
R. Nene
R. Avon
Pitsford Resr
Hollowell Resr
Ravensthorpe Resr
Sulby Resr
Stanford Resr
Naseby Field
ARBURY HILL
SP
M1
M 45
A 45
A 43 (T)
A 5 (T)
A 421
A 422
A 428
A 508
A 6 (T)
G
H
J
K
L
1
2
3
4
5
6
7
8
36
45
31
20

36

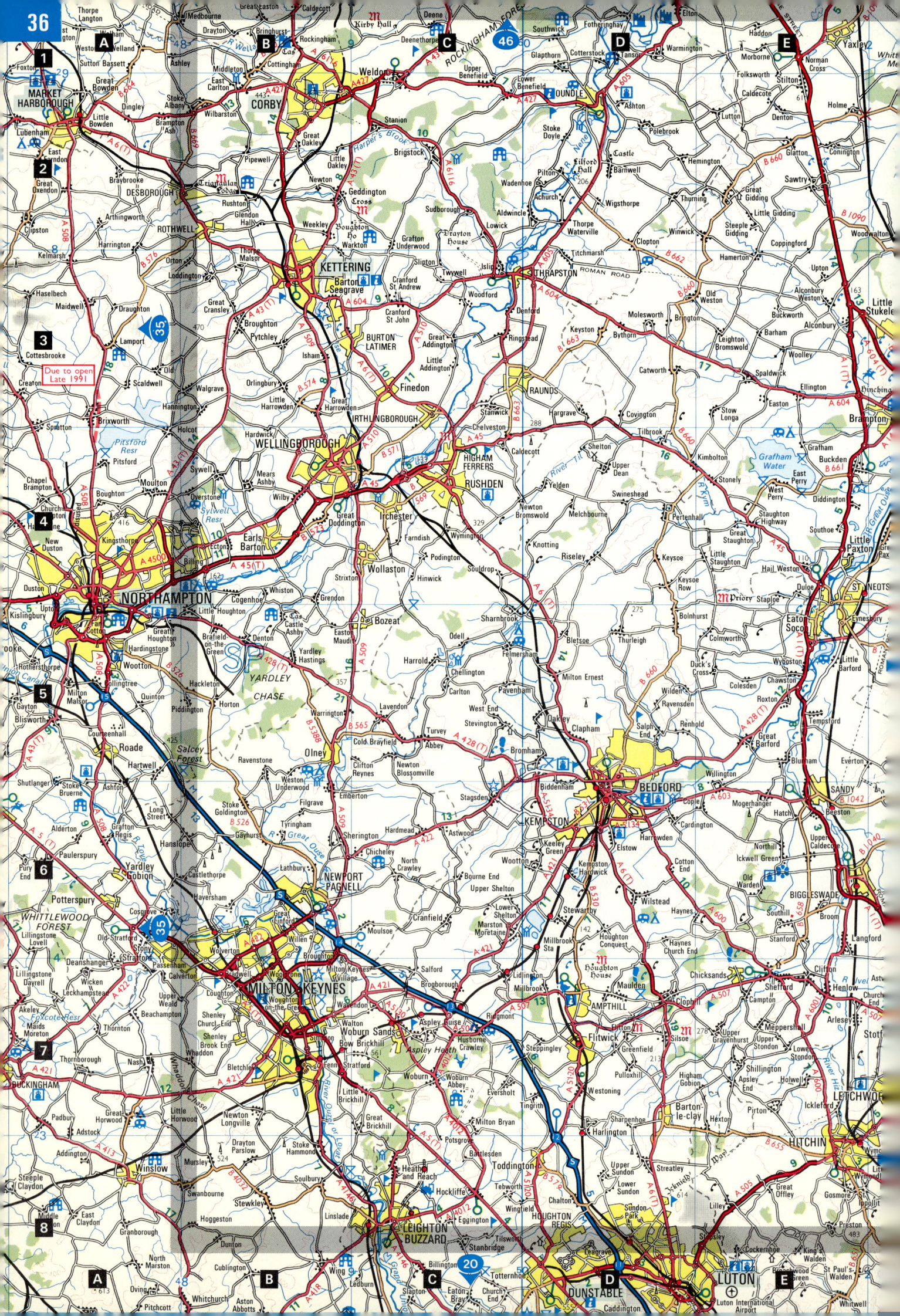

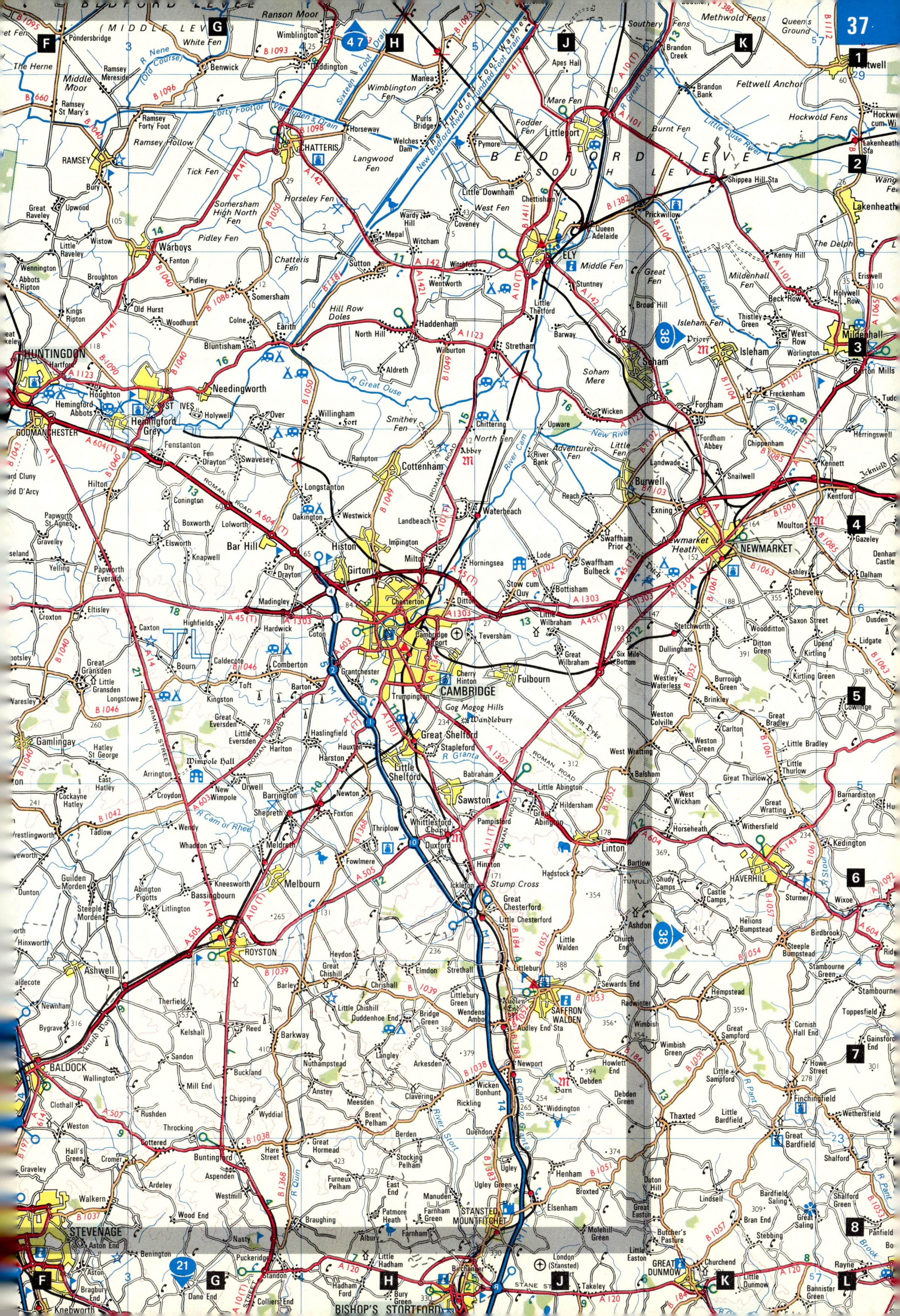

BEDFORD LEVEL
MIDDLE LEVEL
Ransom Moor
Pondersbridge
White Fen
Wimblington
Doddington
Benwick
The Herne
Middle Moor
Ramsey Mereside
Ramsey St Mary's
Ramsey Forty Foot
Ramsey Hollow
RAMSEY
Bury
Upwood
Great Raveley
Little Raveley
Wistow
Warboys
Fenton
Pidley
Wennington
Abbots Ripton
Kings Ripton
Broughton
Old Hurst
Woodhurst
Somersham
Colne
Earith
Bluntisham
Needingworth
Holywell
HUNTINGDON
Hartford
Houghton
Hemingford Abbots
Hemingford Grey
ST IVES
GODMANCHESTER
Fenstanton
Fen Drayton
Swavesey
Over
Willingham
Hilton
Conington
Papworth St Agnes
Graveley
Papworth Everard
Yelling
Elsworth
Boxworth
Knapwell
Lolworth
Bar Hill
Dry Drayton
Madingley
Longstanton
Oakington
Westwick
Histon
Girton
Impington
Milton
Landbeach
Waterbeach
Rampton
Cottenham
Chatteris
CHATTERIS
Forty Foot or Vermuden's Drain
Tick Fen
Somersham High North Fen
Horseley Fen
Pidley Fen
Chatteris Fen
Sutton
Hill Row Doles
North Hill
Aldreth
Haddenham
Wilburton
Stretham
Mepal
Witcham
Wardy Hill
Coveney
Witchford
Wentworth
Little Downham
West Fen
Chettisham
ELY
Queen Adelaide
Middle Fen
Stuntney
Little Thetford
Barway
Soham
Soham Mere
Wicken
Fordham
Isleham
Isleham Fen
Priory
Manea
Wimblington Fen
Purls Bridge
Welches Dam
Langwood Fen
Horseway
Pymore
Fodder Fen
Littleport
Mare Fen
Apes Hall
Southery
Methwold Fens
Queen's Ground
Brandon Creek
Brandon Bank
Feltwell Anchor
Hockwold Fens
Hockwold cum Wilton
Feltwell
Lakenheath Sta
Lakenheath
Shippea Hill Sta
Burnt Fen
Prickwillow
Great Fen
Broad Hill
Mildenhall Fen
Kenny Hill
Beck Row
Holywell Row
Thistley Green
West Row
Worlington
Mildenhall
Eriswell
The Delph
Barton Mills
Freckenham
Chippenham
Fordham Abbey
Kennett
Snailwell
Kentford
Landwade
Burwell
Exning
Newmarket Heath
NEWMARKET
Moulton
Gazeley
Dalham
Denham Castle
Ashley
Cheveley
Saxon Street
Ousden
Woodditton
Ditton Green
Upend
Kirtling
Kirtling Green
Lidgate
Cowlinge
Stetchworth
Dullingham
Six Mile Bottom
Westley Waterless
Burrough Green
Brinkley
Weston Colville
Great Bradley
Carlton
Little Bradley
Weston Green
West Wratting
Balsham
Great Thurlow
Little Thurlow
West Wickham
Great Wratting
Barnardiston
Withersfield
Horseheath
Kedington
HAVERHILL
Sturmer
Wixoe
Shudy Camps
Castle Camps
Helions Bumpstead
Steeple Bumpstead
Birdbrook
Stambourne Green
Stambourne
Linton
Bartlow
Hadstock
Ashdon
Church End
Little Walden
Hildersham
Little Abington
Great Abington
Pampisford
Babraham
Sawston
Whittlesford
Duxford
Hinxton
Ickleton
Stump Cross
Great Chesterford
Little Chesterford
Littlebury
Audley End
SAFFRON WALDEN
Sewards End
Radwinter
Wimbish
Wimbish Green
Hempstead
Great Sampford
Little Sampford
Cornish Hall End
Toppesfield
Gainsford End
Howe Street
Finchingfield
Wethersfield
Great Bardfield
Little Bardfield
Shalford
Thaxted
Debden
Debden Green
Howlett End
Widdington
Newport
Wendens Ambo
Littlebury Green
Arkesden
Wicken Bonhunt
Rickling
Clavering
Quendon
Ugley
Ugley Green
Henham
Broxted
Elsenham
Lindsell
Dutton Hill
Great Easton
Bardfield Saling
Great Saling
Shalford Green
Stebbing
Bran End
Butcher's Pasture
Little Easton
GREAT DUNMOW
Churchend
Little Dunmow
Panfield
Rayne
Bannister Green
Takeley
London (Stansted)
STANSTED MOUNTFITCHET
Birchanger
BISHOP'S STORTFORD
Bury Green
Hadham Ford
Little Hadham
Albury
Farnham
Farnham Green
Manuden
Patmore Heath
Furneux Pelham
Stocking Pelham
East End
Berden
Brent Pelham
Meesden
Anstey
Nuthampstead
Langley
Duddenhoe End
Little Chishill
Great Chishill
Chrishall
Elmdon
Strethall
Heydon
Barley
Barkway
Reed
Buckland
Chipping
Wyddial
Buntingford
Aspenden
Westmill
Hare Street
Great Hormead
Braughing
Standon
Puckeridge
Colliers End
Nasty
Cottered
Throcking
Rushden
Sandon
Kelshall
Therfield
ROYSTON
Melbourn
Meldreth
Fowlmere
Thriplow
Newton
Foxton
Shepreth
Barrington
Orwell
Harston
Hauxton
Little Shelford
Great Shelford
Stapleford
Trumpington
Grantchester
CAMBRIDGE
Chesterton
Cherry Hinton
Fulbourn
Teversham
Cambridge Airport
Fen Ditton
Horningsea
Stow cum Quy
Lode
Bottisham
Little Wilbraham
Great Wilbraham
Swaffham Bulbeck
Swaffham Prior
Reach
Adventurers Fen
Upware
Chittering
North Fen
Denny Abbey
Smithey Fen
Gog Magog Hills
Wandlebury
Fleam Dyke
Barton
Coton
Comberton
Toft
Kingston
Caldecote
Bourn
Hardwick
Highfields
Caxton
Eltisley
Croxton
Great Gransden
Little Gransden
Longstowe
Great Eversden
Little Eversden
Haslingfield
Harlton
Wimpole Hall
New Wimpole
Arrington
Croydon
Hatley St George
East Hatley
Cockayne Hatley
Gamlingay
Tadlow
Wendy
Whaddon
Kneesworth
Bassingbourn
Abington Pigotts
Litlington
Steeple Morden
Guilden Morden
Dunton
Hinxworth
Ashwell
Newnham
Bygrave
BALDOCK
Wallington
Clothall
Weston
Hall's Green
Cromer
Ardeley
Graveley
Walkern
Wood End
STEVENAGE
Aston End
Aston
Benington
Bragbury End
Knebworth
Dane End
Roman Road
Icknield Way
Ermine Street
R Great Ouse
R Cam or Rhee
R Granta
River Cam
New River
Little Ouse River
R Nene (Old Course)
Sixteen Foot Drain
The Hundred Foot Washes
New Bedford River or Hundred Foot Drain
R Lark
R Kennett
R Stort
R Pant
R Quin
TL

A
B
C
D
E
F
1
2
3
4
5
6
7
8
48
37
22
TL
Southery
Methwold Fens
Brandon Creek
Feltwell
Feltwell Anchor
Hockwold Fens
Hockwold cum Wilton
Mundford
Grime's Graves
Weeting
Santon Downham
Brandon
Brandon Park
Lakenheath Sta
Shippea Hill Sta
Wangford Fen
Wangford Warren
Lakenheath
Lakenheath Warren
Thetford Warren
THETFORD
Croxton
Wretham
Great Hockham
Harling Road Sta
Larling
Eccles Road
Wilby
Quidenham
East Harling
Kenninghall
Bridgham
Brettenham
Rushford
North Lopham
South Lopham
Fersfield
Garboldisham
Gasthorpe
Bressingham
Burnt Fen
Prickwillow
Queen Adelaide
Middle Fen
Great Fen
Mildenhall Fen
Kenny Hill
The Delph
Eriswell
Holywell Row
Beck Row
Thistley Green
West Row
Isleham Fen
Isleham
Mildenhall
Worlington
Barton Mills
Elveden
Barnham
Euston
Coney Weston
Hopton
Market Weston
Thelnetham
Little Fakenham
Honington
Sapiston
Bardwell
Ixworth Thorpe
Stanton
Hepworth
Rickinghall
Botesdale
Wattisfield
Walsham Le Willows
Soham
Soham Mere
Wicken
Fordham
Freckenham
Tuddenham
Icklingham
Herringswell
Cavenham
Lackford
West Stow
Culford
Ingham
Ampton
Great Livermere
Troston
Ixworth
Langham
Four Ashes
Badwell Ash
Great Ashfield
Finningham
Westhorpe
Wyverstone
Wyverstone Street
Chippenham
Fordham Abbey
Kennett
Snailwell
Landwade
Burwell
Exning
Flempton
Hengrave
Timworth Green
Fornham All Saints
Fornham St Martin
Great Barton
Pakenham
Stowlangtoft
Hunston
Stanton Street
Norton
Bacton
Earl's Green
Swaffham Prior
Swaffham Bulbeck
Newmarket Heath
NEWMARKET
Moulton
Kentford
Gazeley
Higham
Risby
Westley
BURY ST EDMUNDS
Barrow
Great Saxham
Little Saxham
Denham Castle
Dalham
Denham
Ashley
Cheveley
Horringer
Ickworth House
Chevington
Dunstall Green
Blackthorpe
Rushbrooke
Thurston
Tostock
Beyton
Elmswell
Woolpit
Wetherden
Haughley
Haughley Green
Kingshall Street
Hessett
Drinkstone
Drinkstone Green
Rougham Green
Bradfield St George
Little Welnetham
Great Welnetham
Sicklesmere
Harleston
Stowupland
STOWMARKET
Great Finborough
Combs
Combs Ford
Stetchworth
Woodditton
Saxon Street
Ditton Green
Dullingham
Upend
Kirtling
Kirtling Green
Ousden
Lidgate
Hargrave
Hawstead
Whepstead
Bradfield St Clare
Bradfield Combust
Felsham
Gedding
Rattlesden
Poystreet Green
Buxhall
Depden
Depden Green
Chedburgh
Rede
Westley Waterless
Burrough Green
Brinkley
Cowlinge
Wickhambrook
Clopton Green
Wickham Street
Denston
Stansfield
Hawkedon
Brockley Green
Lawshall
Cockfield
Great Green
Thorpe Green
Thorpe Morieux
Brettenham
High Street Green
Battisford Tye
Ringshall
Barking
Weston Colville
Carlton
Great Bradley
Little Bradley
Weston Green
West Wratting
Balsham
Great Thurlow
Little Thurlow
Stradishall
Hartest
Shimpling Street
Shimpling
Boxted
Alpheton
Preston St Mary
Hitcham
Cross Green
Charles Tye
Wattisham
Kettlebaston
Bildeston
Great Bricett
Nedging Tye
Ringshall Stocks
Offton
West Wickham
Great Wratting
Barnardiston
Hundon
Poslingford
Stanstead
Bridge Street
Lavenham
Brent Eleigh
Monks Eleigh
Chelsworth
Semer
Naughton
Whatfield
Elmsett
Aldham
Linton
Horseheath
Withersfield
HAVERHILL
Kedington
Chilton Street
Cavendish
Clare
Glemsford
Kentwell Hall
Long Melford
Acton
Little Waldingfield
Great Waldingfield
Milden
Lindsey
Chapel
Kersey
HADLEIGH
Bartlow
Shudy Camps
Castle Camps
Helions Bumpstead
Sturmer
Wixoe
Stoke by Clare
Ashen
Ovington
Foxearth
Belchamp St Paul
Belchamp Otten
Belchamp Walter
Borley
SUDBURY
Bulmer
Great Cornard
Edwardstone
Groton
Newton
Boxford
Layham
Ashdon
Church End
Steeple Bumpstead
Birdbrook
Ridgewell
Stambourne
Stambourne Green
Little Yeldham
Great Yeldham
Middleton
Sewards End
Hempstead
Radwinter
Wimbish
Wimbish Green
Great Sampford
Little Sampford
Cornish Hall End
Toppesfield
Gainsford End
Castle Hedingham
Great Maplestead
Little Maplestead
Gestingthorpe
Bulmer Tye
Great Henny
Twinstead
Wickham St Paul
Lamarsh
Alphamstone
Assington
Leavenheath
Polstead
Stoke-by-Nayland
Nayland
Raydon
Holton St Mary
Great Wenham
Thorington Street
Stratford St Mary
Higham
East Bergholt
Howlett End
Debden
Debden Green
Howe Street
Finchingfield
Sible Hedingham
Pebmarsh
Bures
Mount Bures
Little Horkesley
Great Horkesley
Boxted
Langham
Langham Hall
Wormingford
Ardleigh
Thaxted
Little Bardfield
Great Bardfield
Wethersfield
Blackmore End
Shalford
Beazley End
HALSTEAD
Gosfield
Colne Engaine
Wakes Colne
Chappel
Earls Colne
Fordham
West Bergholt
Mile End
Broxted
Duton Hill
Great Easton
Lindsell
Bardfield Saling
Great Saling
Shalford Green
High Garrett
Greenstead Green
Bocking Churchstreet
Great Tey
Fordstreet
Aldham
Eight Ash Green
COLCHESTER
Crockleford Heath
Butcher's Pasture
Stebbing
Bran End
Little Easton
Panfield
Stisted
Bocking
BRAINTREE
Stanway
Marks Tey
Lexden
Beacon End
GREAT DUNMOW
Little Dunmow
Churchend
Rayne
Bradwell
Coggeshall
Copford
Copford Green
Shrub End
Old Heath
Takeley
Bannister Green
Feering
Easthorpe
Birch
Blackheath
Rowhedge
Fingringhoe

39
NORTH SEA
LOWESTOFT
Kessingland
SOUTHWOLD
Walberswick
Dunwich
Sizewell
Thorpeness
ALDEBURGH
Aldeburgh Bay
Orford
Orford Ness
Shipwash
Hollesley Bay
Rough Tower
Sunk
The Naze
WALTON-ON-THE-NAZE
FELIXSTOWE
HARWICH
IPSWICH
WOODBRIDGE
FRAMLINGHAM
SAXMUNDHAM
LEISTON
HALESWORTH
BUNGAY
BECCLES
HARLESTON
DISS
EYE
WICKHAM MARKET
Rendlesham Forest
Tunstall Forest
RIVER STOUR
R. Orwell
Kirby Cross
Thorpe le-Soken
Mistley
Capel St Mary
FELIXSTOWE to
Zeebrugge 5-8 hrs
HARWICH to
Esbjerg 17 hrs
Hook of Holland 7 hrs
Gothenburg 24 hrs
Hamburg 20 hrs
Hirtshals 26 hrs

40

Map of Cardigan Bay coast (Wales)

CARDIGAN BAY

Locations visible on the map:

North coast (Llŷn Peninsula):
- Ty-hen, Bryncroes, Botwnnog, Nanhoron, Llanbedrog, Trwyn Llanbedrog
- Rhydlios, Rhoshirwaun, Llawr Dref, Llangian, Abersoch, St Tudwal's Road
- Braich Anelog, Capel Carmel, Castell Odo, Rhiw, Bwlchtocyn, Sarn Bach
- Braich y Pwll, Llwchmynydd, Aberdaron, Pen y Cil, Ynys Gwylan-fawr, Cilan Uchaf, St Tudwal's Islands, Trwyn yr Wylfa, Trwyn Cilan
- Uwchmynydd
- Bardsey Sound, Bardsey Island (Ynys Enlli) 548
- Porth Neigwl or Hell's Mouth

East coast (from north to south):
- Castell, Llanfair, Llandanwg, Pen-sarn, Llanbedr
- Morfa Dyffryn, Coed Ystumgwern, Llanenddwyn, Burial Cha, Dyffryn Ardudwy, Tal-y-bont
- BARMOUTH, The Bar, Barmouth Bay, Fairbourne
- Llwyngwril, Llangelynnin, Rhoslefain, Llanfendigaid, Aber Dysynni, TYWYN, Caeth, Aber
- Aberdovey Bar, Ynyslas
- Borth, Upper Borth, Llangorwen
- ABERYSTWYTH, The Bar, Pen Dinas, Penparcau, Rhydyfelin, Llanfarian
- Blaenplwyf, Rhadma, Llanddeiniol
- Carreg Ti-pw, Llanrhystud, Llansantffraed, Llanon, Rhyd-Rosser
- Nebo, Bethania, Aberarth, ABERAERON, Ffos-y-ffin, Pennant, Mongachty
- NEW QUAY, Gilfachreda, Llwyncelyn, Cilcennin, Bwlch-Llan

Grid: A B C D E / 1 2 3 4 5 6 7

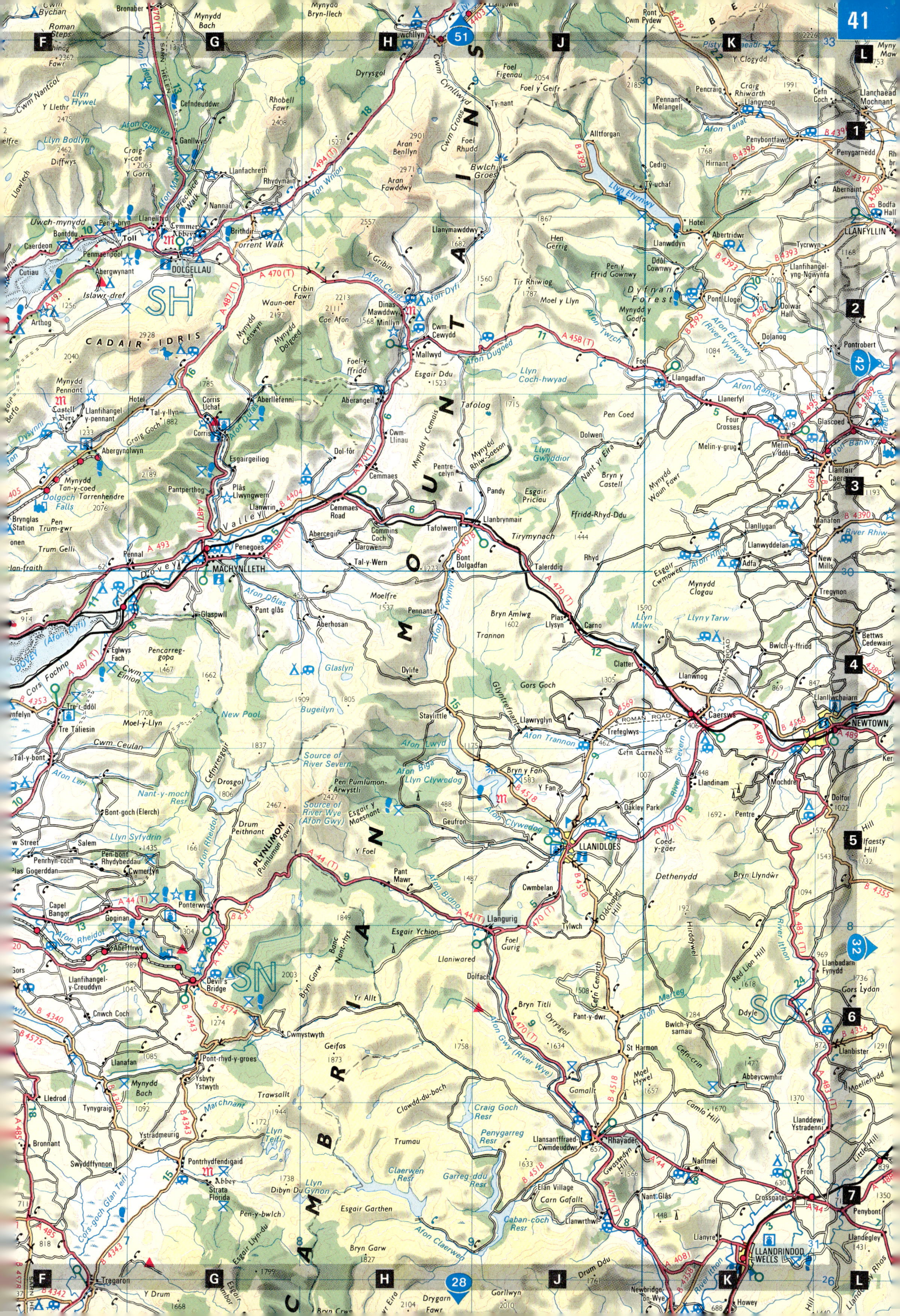

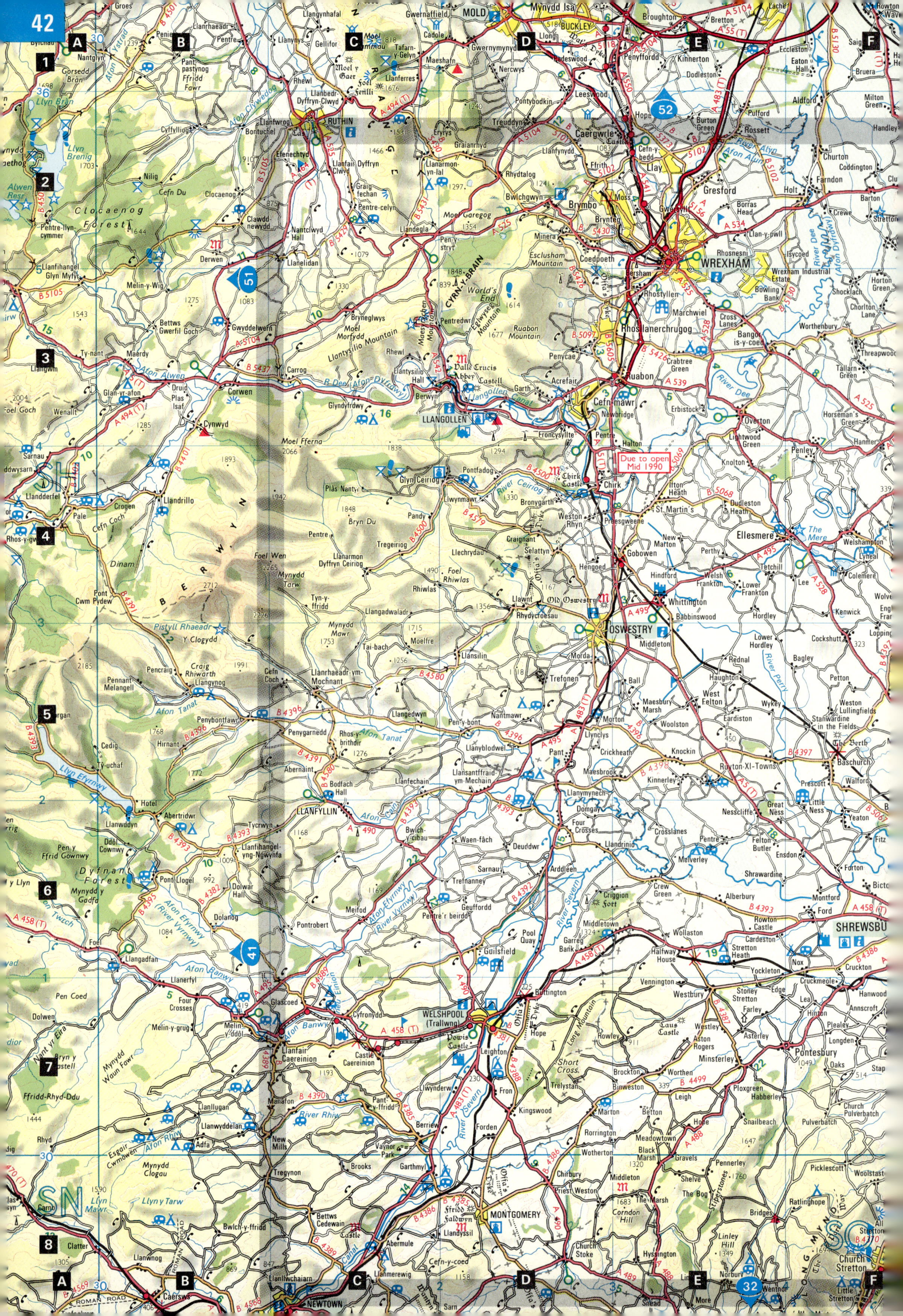
MOLD
Mynydd Isa
BUCKLEY
Broughton
RUTHIN
Caergwrle
Gresford
WREXHAM
Ruabon
Cefn-mawr
LLANGOLLEN
Corwen
Cynwyd
Chirk
Due to open Mid 1990
Ellesmere
Whittington
OSWESTRY
Llanrhaeadr-ym-Mochnant
LLANFYLLIN
Llyn Efyrnwy
Llanwddyn
Meifod
Guilsfield
Welshpool
WELSHPOOL (Trallwng)
Llanfair Caereinion
Montgomery
MONTGOMERY
NEWTOWN
Caersws
SHREWSBU
Pontesbury
Minsterley
Church Stretton
Llyn Brenig
Clocaenog Forest
Dyfnant Forest
Moel Fferna
Foel Wen
Long Mountain
SH
SJ
SN
SO
51
52
41
32

CONGLETON
SANDBACH
Elworth
CREWE
Haslington
ALSAGER
KIDSGROVE
BIDDULPH
LEEK
NANTWICH
Shavington
Audley
Brown Edge
Endon
Cheddleton
Tunstall
Burslem
Hanley
STOKE-ON-TRENT
NEWCASTLE UNDER-LYME
Fenton
Longton
Keele
Madeley
MALPAS
WHITCHURCH
Audlem
Woore
Barlaston
Stone
MARKET DRAYTON
Eccleshall
STAFFORD
Wem
Shawbury
NEWPORT
Gnosall
Penkridge
Wellington
TELFORD
Shifnal
Codsall
WOLVERHAMPTON
WILLENHALL
DARLASTON
BILSTON
COSELEY
SEDGLEY
TIPTON
WEDNESFIELD
MUCH WENLOCK
Broseley
Iron-Bridge
Albrighton
Brewood
Bayston Hill
Wombourne
Hednesford
G
H
J
K
L
1
2
3
4
5
6
7
8

44

A
B
C
D
E
1
2
3
4
5
6
7
8
Ossington
Kersall
Caunton
Norwell
Bathley
Winkburn
Hockerton
North Muskham
South Muskham
Holme
Cromwell
Carlton on Trent
Besthorpe
South Scarle
Collingham
Swinderby
Thurlby
Brough
Norton Disney
Aubourn
Bassingham
Hykeham
River Witham
Harmston
Coleby
Waddington
Boothby Graffoe
Navenby
Wellingore
Welbourn
Carlton-le-Moorland
Stapleford
Winthorpe
Langford
NEWARK-ON-TRENT
Kelham
Upton
Averham
Staythorpe
Rolleston
Fiskerton
Farndon
Hawton
Balderton
Coddington
Beckingham
Barnby in the Willows
Brant Broughton
Stragglethorpe
Leadenham
Fulbeck
Fenton
Stubton
Claypole
Dry Doddington
Westborough
Brandon
Caythorpe
Hough-on-the-Hill
Normanton
Carlton Scroop
Hougham
Marston
Foston
Long Bennington
Staunton in the Vale
Kilvington
Alverton
Orston
Thoroton
Flawborough
Hawksworth
Screveton
Car Colston
Scarrington
Aslockton
Whatton
Bingham
Elton
Bottesford
Sedgebrook
Allington
Barrowby
Muston
Redmile
Granby
Sutton
Barkestone-le-Vale
Plungar
Langar
Colston Bassett
VALE OF BELVOIR
Belvoir
Castle
Woolsthorpe
Denton
Harlaxton
Harston
Knipton
Knipton Resr
Stathern
Harby
Hose
Eaton
Branston
Eastwell
Croxton Kerrial
Croxton Park
Long Clawson
Goadby Marwood
Saltby
Waltham on the Wolds
Nether Broughton
Holwell
Scalford
Ab Kettleby
Wartnaby
Stonesby
Sproxton
Skillington
Saxelbye
Asfordby Hill
Asfordby
MELTON MOWBRAY
Thorpe Arnold
Freeby
Saxby
Wymondham
Edmondthorpe
Stapleford
Burton Lazars
Kirby Bellars
Great Dalby
Little Dalby
Whissendine
Teigh
Market Overton
Barrow
Ashwell
Thistleton
Greetham
Cottesmore
Ashby Folville
Thorpe Satchville
Burrough on the Hill
Pickwell
Somerby
Langham
Barleythorpe
Cold Overton
Knossington
OAKHAM
VALE OF CATMOSE
Burley
Exton
Whitwell
Upper Hambleton
Rutland Water
Egleton
Braunston
Brooke
Owston
Marefield
Lowesby
Twyford
Cold Newton
Quenby Hall
Tilton on the Hill
Halstead
Billesdon
Skeffington
Launde Abbey
Loddington
River Chater
Manton
Lyndon
Edith Weston
North Luffenham
South Luffenham
Ridlington
Preston
Wing
Pilton
Ayston
Belton
Tugby
Allexton
Wardley
UPPINGHAM
Glaston
Morcott
Barrowden
Bisbrooke
Seaton
Harringworth
Stockerton
Stoke Dry
Lyddington
Thorpe by Water
East Norton
Rolleston
Goadby
Noseley
Illston on the Hill
Galby
Hallaton
Horninghold
Glooston
Cranoe
Shangton
Langton
Church Langton
Stonton Wyville
Slawston
Blaston
Medbourne
East Langton
Welham
Great Easton
Bringhurst
Caldecott
Rockingham
Gretton
Kirby Hall
Eyebrook Resr
Deenethorpe
Grantham
Great Gonerby
Belton House
Belton
Barkston
Syston
Honington
Ancaster
Wilsford
Londonthorpe
Welby
Oasby
Heydour
Kelby
Culverthorpe
Aisby
Braceby
Sapperton
Ropsley
Old Somerby
Boothby Pagnell
Great Ponton
Stoke Rochford
Easton
Ingoldsby
Bitchfield
Bassingthorpe
Burton-le-Coggles
Irnham
Corby Glen
Colsterworth
Buckminster
Stainby
Manor House
North Witham
Sewstern
Gunby
Coston
Garthorpe
South Witham
Swayfield
Castle Bytham
Clipsham
Stretton
Pickworth
Little Bytham
Creeton
Swinstead
Grimsthorpe
Witham on the Hill
Carlby
Essendine
Ryhall
Tickencote
Little Casterton
Great Casterton
Empingham
Tinwell
Ketton
STAMFORD
Burghley Ho
Easton on the Hill
Collyweston
Wittering
Duddington
Tixover
Wakerley
King's Cliffe
Laxton
Blatherwycke
Bulwick
Apethorpe
Woodnewton
Fotheringhay
Southwick
Nassington
Yarwell
Wansford
Thornhaugh
Stibbington
Sibson
Water Newton
Chesterton
Alwalton
Orton Longueville
Elton
Haddon
Yaxley
Castor
Ailsworth
Upton
Sutton
Marholm
Southorpe
Ufford
Barnack
Bainton
Helpston
Glinton
Etton
Maxey
Werrington
Peakirk
Northborough
Deeping Gate
Deeping St James
MARKET DEEPING
West Deeping
Tallington
Barholm
Uffington
Belmesthorpe
Greatford
Braceborough
Wilsthorpe
Baston
Langtoft
Manthorpe
Toft
Thurlby
Northorpe
BOURNE
Dyke
Morton
Edenham
Hanthorpe
Haconby
Stainfield
Bulby
Dunsby
Kirkby Underwood
Rippingale
Keisby
Lenton
Aslackby
Pointon
Folkingham
Pickworth
Walcot
Newton
Haceby
Dembleby
Aunsby
Osbournby
Swarby
Asgarby
Silk Willoughby
Quarrington
SLEAFORD
Holdingham
Leasingham
Rauceby
Rauceby Sta
RAF College
Cranwell
Ruskington
Evedon
Kirkby la Thorpe
Ewerby
Howell
Heckington
East Heckington
Hale
Great Hale
Burton Pedwardine
Helpringham
Scredington
Threekingham
Swaton
Horbling
Billingborough
Bridge End
Dowsby
Casswell's Bridge
Pinchbeck West
Twenty
Pode Hole
Deeping Fen
North Drove Drain
South Forty Foot Drain
Cross Drain
Anwick
Dorrington
Digby
Ashby de la Launde
Rowston
Kirkby Green
Scopwick
Blankney
Metheringham
Dunston
Nocton
Martin
Martin Dales
Timberland
Timberland Delph
Walcott
Billinghay
North Kyme
South Kyme
South Kyme Fen
Tattershall Bridge
Tattershall
Dogdyke
Chapel Hill
WOODHALL SPA
Sots Hole
Temple Bruer
ERMINE STREET
FOSS WAY
ROMAN ROAD
KING STREET
CAR DYKE
A1(T)
A46(T)
A52
A52(T)
A607
A15
A17(T)
A153
A151
A16(T)
A6121
A606
A47(T)
A43(T)
A6003
A605
A612
A616
A617
A6097
A6047
B1176
B6403
B1397
B1394
B1191
B1202
B1429
B1209
B1443
B676
B668
B664
B671
45
56
36
SK

SKEGNESS
Wainfleet All Saints
Wainfleet Sand
Friskney
Friskney Flats
East Fen
West Fen
Coningsby
Stickney
Sibsey
Old Leake
Wrangle
Leverton
Benington
Butterwick
Freiston
BOSTON
Kirton
Fosdyke
BOSTON DEEPS
LYNN DEEPS
Long Sand
THE WASH
Roger Sand
Toft Sand
Black Buoy Sand
Gat Sand
Mare Tail
Old South
Old Lynn Channel
Seal Sand
Peter Black Sand
Bulldog Sand
Breast Sand
HUNSTANTON
Heacham
Snettisham
Dersingham
Sandringham
Castle Rising
South Wootton
KING'S LYNN
Terrington Marsh
Terrington St Clement
Holbeach Marsh
Gedney Marsh
HOLBEACH
Long Sutton
Sutton Bridge
Pinchbeck
SPALDING
Whaplode
Moulton
Weston
Crowland
Thorney
Tydd St Giles
Walpole St Andrew
Walpole St Peter
WISBECH
Emneth
Outwell
Upwell
Marshland Fen
Stow Bardolph
DOWNHAM MARKET
Denver
MARCH
WHITTLESEY
PETERBOROUGH
BEDFORD LEVEL
MIDDLE LEVEL
River Witham
River Welland
River Nene
Great Ouse
River Wissey
Twenty Foot River
Sixteen Foot Drain
South Holland Main Drain
Hilgay
Southery
Methwold
Fincham
Narborough
Grimston
Gayton
Middleton
Shouldham
Wereham
Stoke Ferry
TF
TL

NORTH SEA
BRANCASTER ROADS
Brancaster Bay
Holkham Bay
Blakeney Point
THE WASH
LYNN DEEPS
Seal Sand
Peter Black Sand
Bulldog Sand
HUNSTANTON
Heacham
Snettisham
Dersingham
Sandringham
Wolferton
West Newton
Castle Rising
North Wootton
South Wootton
Gaywood
KING'S LYNN
West Lynn
Tilney All Saints
Clenchwarton
Holme next the Sea
Thornham
Titchwell
Brancaster
Burnham Deepdale
Burnham Norton
Burnham Market
Burnham Overy Staithe
Burnham Overy Town
Burnham Thorpe
Holkham
WELLS-NEXT-THE-SEA
Salt Marshes
Stiffkey
Morston
Blakeney
Cley next the Sea
Newgate
Wiveton
Glandford
Cockthorpe
Langham
Warham
Binham
Westgate
Priory
Saxlingham
Field Dalling
Letheringsett
Bale
Lower Green
Hindringham
Sharrington
Brinton
Thornage
Gunthorpe
Briningham
Stody
Thursford
Barney
Swanton Novers
Melton Constable
Fulmodeston
Hindolveston
Wood Norton
Stibbard
Guist
Foulsham
Themelthorpe
Twyford
Bintree
Foxley
Bawdeswell
Billingford
Worthing
Mill Street
Swanton Morley
Lyng
Elsing
Hoe
Woodgate
North Tuddenham
EAST DEREHAM
Toftwood
Westfield
Yaxham
Clint Green
Whinburgh
Garvestone
Runhall
Thuxton
Reymerston
Southburgh
Hardingham
Hackford
Hingham
Deopham
Deopham Green
Cranworth
Woodrising
Carbrooke
Ovington
Scoulton
WATTON
Griston
Caston
Stow Bedon
Rockland St Peter
Rockland All Saints
Little Ellingham
Great Ellingham
Breckles
Shropham
Great Hockham
Thompson
Merton
Ringstead
Sedgeford
Docking
Stanhoe
North Creake
South Creake
Waterden
Abbey
Wighton
Fort
Great Walsingham
Little Walsingham
Houghton St Giles
East Barsham
North Barsham
West Barsham
Great Snoring
Little Snoring
Kettlestone
Sculthorpe
Dunton
FAKENHAM
Hempton
Little Ryburgh
Great Ryburgh
Fring
Bircham Newton
Bircham Tofts
Great Bircham
Barmer
Bagthorpe
Syderstone
Tattersett
Shereford
Tatterford
Toftrees
Colkirk
Oxwick
Helhoughton
East Rudham
West Rudham
New Houghton
Harpley
Shernborne
Ingoldisthorpe
Southgate
Anmer
Flitcham
Hillington
Congham
Roydon
Grimston
Pott Row
Little Massingham
Great Massingham
Weasenham St Peter
Weasenham All Saints
West Raynham
East Raynham
South Raynham
Whissonsett
Horningtoft
Gateley
Brisley
North Elmham
Cathedral
Wellingham
Tittleshall
Stanfield
Mileham
Great Dunham
Beeston
Bittering
Longham
Gressenhall
Beetley
East Bilney
Wendling
Scarning
Daffy Green
Shipdham
Bradenham
Letton Hall
Massingham Heath
Rougham
West Lexham
East Lexham
Litcham
Newton
Castle Acre
Priory
Castle
South Acre
West Acre
Great Palgrave
Little Dunham
Great Fransham
Little Fransham
Sporle
Necton
Holme Hale
SWAFFHAM
North Pickenham
South Pickenham
Ashill
Saham Toney
Little Cressingham
Great Cressingham
Hilborough
Cockley Cley
Beachamwell
Beachamwell Warren
Gooderstone
Ashwicken
Gayton
Gayton Thorpe
East Winch
Middleton
West Winch
East Walton
West Bilney
Pentney
Narborough
Blackborough End
North Runcton
Setchey
Saddle Bow
Wiggenhall St Germans
Wiggenhall St Mary the Virgin
Wiggenhall St Mary Magdalen
Tottenhill
Watlington
Runcton Holme
South Runcton
Wormegay
Marham
Shouldham
Shouldham Thorpe
Wallington Hall
Stowbridge
Stow Bardolph
Fincham
Barton Bendish
Stradsett
Crimplesham
Wimbotsham
DOWNHAM MARKET
Bexwell
Denver
Boughton
Wereham
Oxborough
Hall
West Dereham
Stoke Ferry
Wretton
Whittington
Foulden
Northwold
Methwold
Methwold Hythe
Cranwich
Ickburgh
Mundford
Bodney
Fordham
Hilgay
Ten Mile Bank
Southery
Southery Fens
Methwold Fens
Queen's Ground
Brandon
Nordelph
River Nar
River Wissey
Babingley River
Great Ouse
River Wensum
Devil's Dyke
PEDDARS WAY
ROMAN ROAD
TF
TL
A 149
A 148
A 1078
A 47(T)
A 10
A 134
A 1122
A 1065
A 1075
A 1067
A 1077
B 1153
B 1155
B 1355
B 1454
B 1105
B 1388
B 1156
B 1354
B 1110
B 1146
B 1145
B 1147
B 1135
B 1108
B 1106
B 1112
B 1160
B 1386
B 1439
B 1440
B 1077
47
38
A B C D E F
1 2 3 4 5 6 7 8
56 7 8 9 60

49

HOLYHEAD to
Dun Laoghaire 3½ hrs
Dublin 3¼ hrs
A
B
C
D
E
1
2
3
4
5
6
7
8
A N G L E S E Y
HOLYHEAD BAY
HOLYHEAD
Holyhead Mountain
North Stack
South Stack
Salt Island
Standing Stones
Penrhyn Mawr
Trearddur
Four Mile Bridge
Rhoscolyn
Valley Airport
Rhosneigr
Cymyran Bay
Church Bay
The Skerries
West Mouse
Carmel Head
Wylfa Power Station
Cemlyn Bay
Cemaes Bay
Cemaes
Middle Mouse
Llanbadrig
Porthllechog
Bull Bay
AMLWCH
Amlwch Port
Point Lynas
Parys Mountain
Pengorffwysfa
Penysarn
Ynys Dulas
Dulas
Dulas Bay
City Dulas
Moelfre
Marian-glas
Benllech
Red Wharf Bay
Llyn Alaw
Llanerchymedd
Llangefni
Cefni Resr
Malltraeth
Malltraeth Sands
Malltraeth Bay
Aberffraw
Bodorgan
Newborough Warren
Llanddwyn Island
Abermenai Point
Dwyran
Menai Strait
Llanfairpwllgwyngyll
MENAI BRIDGE
BANGOR
Beaumaris
Llangoed
Pentraeth
Vaynol Hall
Y Felinheli
CAERNARFON
Castle
Pont-rug
Llanrug
Bethel
Llanberis
Llyn Padarn
Deiniolen
Dinorwig
Waunfawr
Betws Garmon
Moel Eilio
Llyn Cwellyn
SNOWDON
SH
Rhyd-Ddu
Beddgelert
Pass of Aberglaslyn
Moel Hebog
Nantlle
Llyn Nantlle Uchaf
Talysarn
Penygroes
Groeslon
Llandwrog
Bontnewydd
Llanfaglan
Dinas Dinlle
The Bar
C A E R N A R F O N
B A Y
Pontllyfni
Trwyn Maen Dylan
Clynnog fawr
Llanllyfni
Garnedd-goch
Llyn Cwm Dulyn
Bwlch Mawr
Gyrn Ddu
Trefor
Yr Eifl
Tre'r Ceiri
Llanaelhaearn
Trwyn y Gorlech
Llithfaen
Carreg Ddu
Porth Dinllaen
Morfa Nefyn
Nefyn
Pistyll
Edern
Garn Boduan
Porth Ysgaig
Tudweiliog
Llandudwen
Dinas
Carn Fadryn
Porth Colmon
Penrhyn Colmon
Penrhyn Mawr
Porthor
Bryncroes
Sarn Meyllteyrn
Botwnnog
Nanhoron
L L Y N
P E N I N S U L A
Rhydlios
Rhoshirwaun
Aberdaron
Braich Anelog
Braich y Pwll
Uwchmynydd
Ynys Gwylan-fawr
Bardsey Sound
Pen y Cil
Porth Neigwl or Hell's Mouth
Llanengan
Abersoch
Sarn Bach
Bwlchtocyn
Cilan Uchaf
Trwyn Cilan
Trwyn yr Wylfa
St Tudwal's Islands
St Tudwal's Road
Llanbedrog
Trwyn Llanbedrog
Y Gamlas
PWLLHELI
Carreg yr Imbill
Penrhos
Efailnewydd
Abererch
Pen-ychain
Chwilog
Llanystumdwy
CRICCIETH
Castle
Pentrefelin
PORTHMADOG
Morfa Bychan
Borth-y-Gest
Tremadog
Minffordd
Portmeirion
Traeth Bach
Tremadog Bay
Morfa Harlech
Harlech
Llandanwg
Llanbedr
Morfa Dyffryn
Llanenddwyn
Llanfihangel-y-pennant
Llyn Cwmystradllyn
Moel-ddu
Golan
Dolbenmaen
Garndolbenmaen
Bryncir
Pant Glas
Llangybi
Llanarmon
Rhoslan
Penmorfa
Prenteg
40

F
G
H
J
K
Great Ormes Head
(Pen-y-Gogarth)
LLANDUDNO
Little Ormes Head
Penrhyn Bay
Rhôs-on-Sea
Puffin Island
Penmon
CONWY
BAY
Conwy Sands
Deganwy
COLWYN BAY
Abergele Roads
Old Colwyn
Llysfaen
Llanddulas
Kinmel Bay
Towyn
Pensarn
ABERGELE
RHYL
PRESTATYN
Gronant
Gwaenysgor
Meliden
Dyserth
Rhuddlan
Trelawnyd
Moel Hiraddug
Talacre
Point of Ayr
West Hoyle Bank
Welsh Channel
Mostyn
Llanasa
Trelogan
Whitford
Gop Hill
Dutchman Bank
Penmaen Swatch
PENMAENMAWR
Lavan Sands
(Traeth Lafan)
LLANFAIRFECHAN
Dwygyfylchi
CONWY
Castle
Llansanffraid Glan Conwy
Henryd
Mochdre
Bryn-y-maen
Llanelian-yn-Rhôs
Rhyd-y-foel
Gwrych Castle
St George
Bodelwyddan
St Asaph
(Llanelwy)
Pengwern
Cwm
Rhuallt
Tremeirchion
Caerwys
Pentrefelin
Dolwen
Betws-yn-Rhôs
Dawn
Trofarth
Moelfre Uchaf
Moelfre Isaf
Mynydd Bodrochwyn
Glascoed
Bont-newydd
Lannerch Hall
Trefnant
Bodfari
Roewen
Tal y Fan
Ty'n-y-groes
Tal-y-cafn
Graig
Eglwysbach
Gell
Llanfair Talhaiarn
Llannefydd
Cefn Berain
Henllan
DENBIGH
Castle
Vale of Clwyd
Llangwyfan
Llandyrnog
Llangynhafal
Gellifor
Penycloddiau
Aber Falls
Moel Wnion
Drum
FOEL-FRAS
Llanbedr-y-cennin
Tal-y-Bont
Dolgarrog
BETHESDA
Drosgl
Llangernyw
Mwdwl Eithin
Rhos-y-mawn
Llansannan
Tan-y-fron
Gorsedd Brân
Nantglyn
Groes
Peniel
Llanrhaeadr
Pentre
Dulyn Resr
Llyn Eigiau Resr
CARNEDD LLEWELYN
Ffynnon Llugwy Resr
CARNEDD DAFYDD
Pen Llithrig y Wrach
Llyn Cowlyd Resr
Llyn Crafnant Resr
Trefriw
Llanddoged
Pandy Tudur
Pentre-tafarn-y-fedw
LLANRWST
Melin-y-coed
Gwytherin
Bylchau
Bryn Trillyn
Llyn Brân
Pant-pastynog
Ffridd Fawr
Rhewl
Llanbedr-Dyffryn-Clwyd
RUTHIN
Llyn Ogwen
Afon Llugwy
GLYDER FAWR
GLYDER FACH
Capel Curig
Pont Cyfyng
Swallow Falls
BETWS-Y-COED
Llyn Elsi Resr
Oaklands
Moel Seisiog
Aled Isaf Resr
Moel Llyn
Llyn Aled
Mynydd Hiraethog
Llyn Brenig
Cyffylliog
Bontuchel
Efenechtyd
Llanberis
Carnedd Moel-siabod
Mynydd Cribau
Capel Garmon
Nebo
Llyn Alwen
Alwen Resr
Nilig
Cefn Du
Clocaenog
Clawdd-newydd
Llyn Llydaw
Llyn Dinas
Dolwyddelan
Castle
Pont-y-pant
Pentre-bont
Fairy Glen
Conwy Falls
Glan-Conwy
Hafod-Dinbych
Pentrefoelas
Rhydlydan
Cefn-brith
Pentre-llyn-cymmer
Clocaenog Forest
Nantclwyd Hall
Derwen
Llanelidan
Plas Gwynant
Penmachno
Glasfryn
Cerrigydrudion
Llanfihangel Glyn Myfyr
Melin-y-Wig
Moel Penamnen
Ysbyty Ifan
Garn Prys
Ty Mawr Cwm
Afon Ceirw
Bettws Gwerfil Goch
Gwyddelwern
Cnicht
Rhiwbryfdir
BLAENAU FFESTINIOG
Glanaber Terrace
Pen y Bedw
Llyn Conwy
Afon Conwy
Moelwyn Mawr
Tanygrisiau
Tanygrisiau Resr
Gylchedd
Carnedd y Filiast
Gellioedd
Llangwm
Ty-nant
Maerdy
Afon Alwen
Druid
Plas Isaf
Corwen
Carrog
Rhyd
Maentwrog
FFESTINIOG
Migneint
Carnedd Iago
Arenig Fach
Llyn Celyn
Glan-yr-afon
Foel Goch
Wenallt
Glan-yr-afon
Cynwyd
Moel Fferna
Penrhyndeudraeth
Gellilydan
Craig Gyfynys
Graig Wen
Craig y Hyrddod
Arenig Fawr
Llyn Arenig-Fawr
Frongoch
Sarnau
Cefn-ddwysarn
Rhiwlas
Llanderfel
Llandrillo
Llyn Trawsfynydd
Trawsfynydd
Cwm Prysor
Moel Llyfnant
BALA
Llanfor
Llanycil
Rhos-y-gwaliau
Pale
Crogen
Cefn Coch
Moel Ysgyfarnogod
Craig Ddrwg
Moel y Feidiog
Afon Lliw
Llyn Tegid or Bala Lake
Llangower
Dinam
BERWYN
Foel Wen
Mynydd Tarw
Tyn-y-ffridd
Cwm Bychan
Roman Steps
Rhinog Fawr
Bronaber
Mynydd Bach
Mynydd Bryn-llech
Llanuwchllyn
Pont Cwm Pydew
Pistyll Rhaeadr
Y Clogydd
Cwm Nantcol
Llyn Hywel
Y Llethr
Cefndeuddwr
Rhobell Fawr
Dyrysgol
Foel Figenau
Foel y Geifr
Ty-nant
Pencraig
Craig Rhiwarth
Llangynog
Pennant Melangell
Cefn Coch
Llanrhaeadr-ym-Mochnant
Afon Gamlan
Llyn Bodlyn
Diffwys
Craig y-cae
Y Garn
Ganllwyd
Llanfachreth
Aran Benllyn
Cwm Croes
Foel Rhudd
Bwlch Groes
Alltforgan
Afon Tanat
Penybontfawr
Hirnant
Cedig
Llangynog
Llanfyllin
SNOWDONIA
SJ
52
42
41
L

LIVERPOOL BAY
LIVERPOOL to
Belfast 9 hrs
Seasonal
Dun Loaghaire 8½ hrs
Douglas 4 hrs
51
42
SOUTHPORT
Birkdale
Ainsdale
Formby Hills
Freshfield
FORMBY
Great Altcar
ORMSKIRK
Aughton
Lydiate
Hightown
Ince Blundell
MAGHULL
Thornton
CROSBY CHANNEL
Great Burbo Bank
Hall Road
Blundellsands
CROSBY
Great Crosby
LITHERLAND
KIRKBY
Waterloo
Seaforth
BOOTLE
Knowsley
New Brighton
WALLASEY
East Hoyle Bank
Mockbeggar Wharf
Moreton
HOYLAKE
West Derby
LIVERPOOL
HUYTON-WITH-ROBY
BIRKENHEAD
Childwall
Woolton
West Hoyle Bank
Welsh Channel
Point of Ayr
West Kirby
Grange
Caldy
Thurstaston
Irby
Pensby
HESWALL
Dawpool Bank
Barnston
Storeton
BEBINGTON
Bromborough
Garston
Liverpool Airport
Speke
Halewood
Eastham
Eastham Sands
RIVER MERSEY
Talacre
Mostyn Bank
Ffynnongroyw
PRESTATYN
RHYL
Meliden
Gronant
Gwespyr
Llanasa
Kinmel Bay
Towyn
ABERGELE
Rhuddlan
Dyserth
Trelogan
Mostyn
Glan-y-don
Holywell Bank
Gayton Sands
Parkgate
NESTON
Willaston
ELLESMERE PORT
Whitford
Downing
Greenfield
Bagillt Bank
Bagillt
HOLYWELL
Carmel
Gorsedd
Pen-y-Cefn
Brynford
Milwr
FLINT
St Asaph (Llanelwy)
Bodelwyddan
Pengwern
Lowther College
St George
Tremeirchion
Caerwys
Babell
Ysceifiog
Halkyn Mountain
Halkyn
Rhes-y-cae
Pentre Halkyn
White Sands
Burton
Puddington
Shotwick
Ledsham
Capenhurst
Backford
Mollington
Saughall
Sealand
Trefnant
Bont-newydd
Nannerch
Rhosesmor
Northop
CONNAH'S QUAY
Northop Hall
Queensferry
Shotton
Mancot
Hawarden
Blacon
CHESTER
Sandycroft
Handbridge
Hoole
DENBIGH
Henllan
Llandyrnog
Llangwyfan
Moel Llys-y-coed
Rhydymwyn
Cilcain
MOLD
Gwernaffield
Mynydd Isa
BUCKLEY
Broughton
Bretton
Eccleston
Eaton Hall
Groes
Peniel
Nantglyn
Llanrhaeadr
Pentre
Llangynhafal
Gellifor
Moel Famau
Tafarn-y-Gelyn
Llanferres
Maeshafn
Gwernymynydd
Nercwys
Padeswood
Penyffordd
Kinnerton
Dodleston
Leeswood
Pontybodkin
Hope
Burton Green
Pulford
Rossett
Treuddyn
Caergwrle
Llanfynydd
Ffrith
Cefn-y-bedd
Llay
Gresford
Churton
Coddington
Farndon
Holt
Barton
Crewe
Bylchau
Gorsedd Brân
Llyn Brân
Llyn Brenig
Alwen Reservoir
Clocaenog Forest
Cyffylliog
Bontuchel
Llanbedr-Dyffryn-Clwyd
RUTHIN
Efenechtyd
Llanfair Dyffryn Clwyd
Graig-fechan
Pentre-celyn
Llanarmon-yn-Iâl
Rhydtalog
Bwlchgwyn
Brymbo
Moel Garegog
Llandegla
Minera
Esclusham Mountain
Coedpoeth
Gwersyllt
Borras Head
Rhosnesni
WREXHAM
Nilig
Cefn Du
Clocaenog
Clawdd-newydd
Nantclwyd Hall
Derwen
Llanelidan
Dee Estuary (Afon Dyfrdwy)

G
H
J
K
L
1
2
3
4
5
6
7
8
61
62
54
43
DARWEN
RAWTENSTALL
BACUP
WHITWORTH
CHORLEY
Anglezarke Moor
RAMSBOTTOM
LITTLEBOROUGH
ROCHDALE
HORWICH
BOLTON
BURY
STANDISH
HEYWOOD
MILNROW
SHAW
SKELMERSDALE
WIGAN
FARNWORTH
RADCLIFFE
MIDDLETON
ROYTON
OLDHAM
WESTHOUGHTON
HINDLEY
ATHERTON
KEARSLEY
WHITEFIELD
PRESTWICH
CHADDERTON
INCE-IN-MAKERFIELD
TYLDESLEY
FAILSWORTH
LEIGH
SWINTON
MANCHESTER
ASHTON-UNDER-LYNE
STALYBRIDGE
ASHTON-IN-MAKERFIELD
ECCLES
SALFORD
DROYLSDEN
MOSSLEY
GOLBORNE
DUKINFIELD
ST HELENS
HAYDOCK
Culcheth
Chat Moss
URMSTON
STRETFORD
DENTON
HYDE
NEWTON-LE-WILLOWS
IRLAM
PRESCOT
SALE
BOMILEY
WARRINGTON
Partington
STOCKPORT
MARPLE
ALTRINCHAM
HALE
CHEADLE
CHEADLE HULME
HAZEL GROVE
BRAMHALL
LYMM
WIDNES
RUNCORN
Manchester International Airport
WILMSLOW
FRODSHAM
KNUTSFORD
ALDERLEY EDGE
BOLLINGTON
NORTHWICH
MACCLESFIELD
Barnton
Weaverham
Hartford
Cuddington
Goostrey
Holmes Chapel
WINSFORD
MIDDLEWICH
CONGLETON
SANDBACH
BIDDULPH
CREWE
ALSAGER
KIDSGROVE
LEEK
NANTWICH
Shavington

RAWTENSTALL
BACUP
SOWERBY BRIDGE
BRIGHOUSE
LIVERSEDGE
HECKMONDWIKE
SD
WHITWORTH
RAMSBOTTOM
ROCHDALE
LITTLEBOROUGH
RIPPONDEN
HUDDERSFIELD
MIRFIELD
SLAITHWAITE
MILNROW
BURY
HEYWOOD
SHAW
ROYTON
Marsden
MELTHAM
Honley
HOLMFIRTH
RADCLIFFE
MIDDLETON
OLDHAM
FARNWORTH
KEARSLEY
WHITEFIELD
PRESTWICH
CHADDERTON
Saddleworth Moor
Black Hill
FAILSWORTH
MOSSLEY
SWINTON
ECCLES
MANCHESTER
ASHTON-UNDER-LYNE
STALYBRIDGE
SALFORD
DROYLSDEN
DUKINFIELD
Bleaklow Hill
HOWDEN MOORS
URMSTON
STRETFORD
DENTON
HYDE
Hadfield
GLOSSOP
Partington
SALE
STOCKPORT
ROMILEY
MARPLE
ALTRINCHAM
CHEADLE
GATLEY
CHEADLE HULME
BRAMHALL
HAZEL GROVE
HIGH PEAK
Kinder Scout
Manchester International Airport
WILMSLOW
WHALEY BRIDGE
Chapel-en-le-Frith
KNUTSFORD
Mobberley
ALDERLEY EDGE
BOLLINGTON
Prestbury
MACCLESFIELD
BUXTON
SJ
Goostrey
Holmes Chapel
MIDDLEWICH
CONGLETON
SANDBACH
ALSAGER
BIDDULPH
LEEK
CREWE
Haslington
KIDSGROVE
Tunstall
Tissington
Ashford in the Water
BAKEWELL
Monyash
Hartington
A B C D E
1 2 3 4 5 6 7 8
53
62
44

DEWSBURY
WAKEFIELD
NORMANTON
FEATHERSTONE
PONTEFRACT
KNOTTINGLEY
Eggborough
Snaith
Rawcliffe
OSSETT
HORBURY
Middlestown
Hemsworth
South Elmsall
Askern
Thorne
Moorends
Stainforth
Hatfield
ROYSTON
BARNSLEY
Grimethorpe
Cudworth
Darfield
ADWICK LE STREET
BENTLEY
DONCASTER
Armthorpe
Hatfield Moors
PENISTONE
WORSBROUGH
WOMBWELL
Brampton
WATH UPON DEARNE
MEXBOROUGH
CONISBROUGH
Warmsworth
Rossington
STOCKSBRIDGE
HOYLAND NETHER
SWINTON
RAWMARSH
Chapeltown
Ecclesfield
ROTHERHAM
MALTBY
Tickhill
Bawtry
Harworth
SHEFFIELD
Wickersley
Dinnington
Carlton in Lindrick
EAST RETFORD
WORKSOP
Killamarsh
Harthill
DRONFIELD
Eckington
Staveley
CHESTERFIELD
BOLSOVER
Clowne
Creswell
Ollerton
Edwinstowe
SHIREBROOK
Warsop
MANSFIELD WOODHOUSE
MANSFIELD
Clipstone
SUTTON IN ASHFIELD
KIRKBY IN ASHFIELD
MATLOCK
ALFRETON
RIPLEY
SOUTHWELL
Ravenshead
Rainworth
Blidworth
River Don
River Went
River Rother
River Trent
River Idle
River Meden
River Maun
River Poulter
River Torne
Stainforth & Keadby Canal
Chesterfield Canal
Aire & Calder Navigation
Welbeck Abbey
Roche Abbey
Hardwick Hall
Clumber Park
Thoresby Hall
Sherwood Forest
F
G
H
J
K
L
1
2
3
4
5
6
7
8

GOOLE
BARTON-UPON-HUMBER
Thorne
Moorends
Thorne Waste or Moors
Crowle
Stainforth
Hatfield
Hatfield Chase
Hatfield Moors
SCUNTHORPE
Due to open Mid 1990
BRIGG
Broughton
ISLE OF AXHOLME
Epworth
DONCASTER
Armthorpe
Bessacarr
Cantley
Rossington
Bawtry
Tickhill
Harworth
Misterton
Gringley on the Hill
GAINSBOROUGH
Kirton in Lindsey
Blyton
Hemswell
Harpswell
Blyth
Carlton in Lindrick
WORKSOP
EAST RETFORD
Sturton le Steeple
Saxilby
LINCOLN
Nettleham
Skellingthorpe
North Hykeham
Waddington
Bracebridge Heath
Washingborough
Tuxford
East Markham
Ollerton
Edwinstowe
Warsop
Clipstone
Bilsthorpe
Collingham
NEWARK ON TRENT
SOUTHWELL
Balderton
Metheringham
Navenby
Wellingore
Leadenham
SE
SK
55
58
45
46

RIVER HUMBER
Paull Holme Sands
Cherry Cobb Sands
Foulholme Sands
Sunk Island
Sunk Island Sands
Patrington
Holmpton
Out Newton
Welwick
Skeffling
Easington
Kilnsea
SPURN HEAD
MOUTH OF THE HUMBER
Bull
Spurn
Humber
KINGSTON UPON HULL to
Rotterdam (Europoort)..........14 hrs
Zeebrugge..........14½-15 hrs
Goxhill
East Halton
Oil Refinery
Killingholme
Immingham
Habrough
Stallingborough
Brocklesby
Kirmington
Healing
Keelby
Great Coates
GRIMSBY
CLEETHORPES
Great Limber
Aylesby
Riby
Laceby
Bradley
Scartho
Humberston
Irby Upon Humber
Barnoldby le Beck
New Waltham
Holton le Clay
Waltham
Swallow
Cabourne
Beelsby
Brigsley
Ashby cum Fenby
Tetney Lock
Tetney
North Cotes
Cuxwold
Hatcliffe
Grainsby
Marshchapel
Donna Nook
Nettleton
Rothwell
East Ravendale
North Thoresby
Fulstow
Covenham Res
Grainthorpe
North Somercotes
Thoresway
Thorganby
Swinhope
Wold Newton
Ludborough
Covenham St Bartholomew
Covenham St Mary
Conisholme
South Somercotes
Saltfleet
NORTH SEA
Normanby le Wold
Claxby
Stainton le Vale
Binbrook
Utterby
Kirmond le Mire
North Ormsby
Yarburgh
Skidbrooke
Walesby
Fotherby
Alvingham
Saltfleetby St Clement
Saltfleetby All Saints
North Elkington
Tealby
Kelstern
Cockerington
Saltfleetby St Peter
MARKET RASEN
Ludford
South Elkington
Keddington
Theddlethorpe St Helen
North Willingham
Welton le Wold
LOUTH
Stewton
Grimoldby
Theddlethorpe All Saints
Gas Terminal
Sixhills
Linwood
Legsby
Burgh on Bain
Manby
Little Carlton
Legbourne
Great Carlton
MABLETHORPE
Hainton
South Willingham
Raithby
Little Cawthorpe
Gayton le Marsh
Trusthorpe
West Torrington
East Torrington
Donington on Bain
Tathwell
South Reston
Withern
Strubby
Thorpe
Sutton on Sea
Sandilands
East Barkwith
Benniworth
Haugham
Muckton
Authorpe
Maltby le Marsh
Holton cum Beckering
Market Stainton
Beesby
Markby
Fulnetby
Rand
Sotby
Goulceby
Scamblesby
Burwell
Belleau
Aby
Saleby
Sea Bank
Wragby
Panton
Ruckland
Bilsby
Huttoft
Anderby Creek
Hatton
Great Sturton
ROMAN ROAD
Swaby
South Thoresby
ALFORD
Langton by Wragby
Belchford
Tetford
Farlesthorpe
Anderby
Mumby
Hemingby
South Ormsby
Driby
Authorpe Row
Baumber
Fulletby
Salmonby
Brinkhill
Well
Cumberworth
Chapel St Leonards
Stainfield
Minting
West Ashby
Somersby
Ulceby
Claxby
Hogsthorpe
Gautby
Wispington
River Bain
Greetham
Harrington
Willoughby
Edlington
Hagworthingham
Aswardby
Langton
Sloothby
Bardney
Bucknall
Thimbleby
High Toynton
HORNCASTLE
Sausthorpe
Skendleby
Partney
Ingoldmells
Ingoldmells Point
Horsington
Langton
Thornton
Lusby
Scremby
Welton le Marsh
Addlethorpe
Skegness (Ingoldmells) Aerodrome
Southrey
Mareham on the Hill
Hameringham
Mavis Enderby
Raithby
Candlesby
Orby
Orby Marsh
Stixwould
Asgarby
Hareby
Hundleby
SPILSBY
Ashby by Partney
Halton Holegate
Winthorpe
Seathorne
Dalderby
Old Bolingbroke
Great Steeping
Burgh le Marsh
Bratoft
Sots Hole
Moorby
Castle
Irby in the Marsh
WOODHALL SPA
Wood Enderby
Roughton
Miningsby
Keal
Toynton All Saints
SKEGNESS
Haltham
Firsby
Dales Head Dyke
Kirkby on Bain
Toynton Fen Side
Toynton St Peter
Little Steeping
Steeping River
Martin Dales
Mareham le Fen
East Kirkby
Keal Cotes
Thorpe St Peter
Croft
Seacroft
Croft Marsh
Revesby
Thorpe Fendykes
Martin
Timberland Delph
Tumby
Stickford
Havenhouse Sta
Tattershall Thorpe
Timberland
Tattershall
Coningsby
New Bolingbroke
Wainfleet Bank
Wainfleet All Saints
Gibraltar
Castle
Tumby Woodside
New Leake
Eastville
Wainfleet Sand
Walcott
Tattershall Bridge
Stickney
Midville
East Fen
Friskney
Dogdyke
Carrington
Lade Bank
Billinghay
Scrub Hill
New York
Chapel Hill
West Fen
Northlands
Leake Commonside
North Kyme
Wildmore Fen
Friskney Flats
Gipsey Bridge
Frithville
Sibsey
Old Leake
Wrangle
DEEPS
River

YORK
Huntington
New Earswick
Heslington
Fulford
Dunnington
Stamford Bridge
Pocklington
Wilberforce
Bishopthorpe
Naburn
Crockey Hill
Deighton
Escrick
Stillingfleet
Kelfield
Riccall
Cawood
Wistow
Barlby
SELBY
Brayton
Thorpe Willoughby
Osgodby
Cliffe
Hemingbrough
Barlow
Camblesforth
Drax
Carlton
Snaith
Rawcliffe
Cowick
Gowdall
Great Heck
Pollington
Balne
Fenwick
Sykehouse
Fishlake
Moorends
Thorne
Thorne Waste or Moors
Stainforth
Hatfield
Dunscroft
Hatfield Woodhouse
Hatfield Moors
Hatfield Chase
Kirk Sandall
Armthorpe
DONCASTER
Cantley
Bessacarr
Branton
Auckley
Blaxton
Finningley
New Rossington
Tickhill
Harworth
Bircotes
Bawtry
Misson
Austerfield
Scaftworth
Everton
Gringley on the Hill
Wiseton
Beckingham
Clayworth
North Wheatley
Saundby
Mattersey
Ranskill
Blyth
Torworth
Langold
Oldcotes
GAINSBOROUGH
Morton
Walkerith
Walkeringham
Misterton
West Stockwith
East Stockwith
Wildsworth
Graizelound
Haxey
Westwoodside
Owston Ferry
East Ferry
Low Burnham
Epworth
ISLE OF AXHOLME
Belton
Sandtoft
Westgate
Crowle
Eastoft
Luddington
Garthorpe
Fockerby
Adlingfleet
Swinefleet
Reedness
GOOLE
Goole Fields
Marshland
Whitgift
Ousefleet
Saltmarshe
Laxton
Hook
Airmyn
Howden
Kilpin
Balkholme
Eastrington
Gilberdyke
Newport
Staddlethorpe
Walling Fen
Sandholme
Portington
Bubwith
Breighton
Wressle
Newsholme
Barmby on the Marsh
Asselby
Holme-on-Spalding-Moor
Market Weighton
Shiptonthorpe
Everingham
Seaton Ross
Melbourne
Thornton
Sutton upon Derwent
Elvington
Wheldrake
Thorganby
Skipwith
North Duffield
Foggathorpe
Spaldington
Bursea
North Cave
South Cave
Brough
Elloughton
Welton
North Ferriby
Swanland
Kirk Ella
Anlaby
HESSLE
Humber Bridge
BARTON-UPON-HUMBER
Barrow upon Humber
South Ferriby
Horkstow
Saxby All Saints
Bonby
Worlaby
Elsham
Wrawby
BRIGG
Broughton
Scawby
SCUNTHORPE
Ashby
Bottesford
Yaddlethorpe
Brumby
Crosby
Gunness
Burringham
Keadby
Althorpe
Amcotts
Flixborough
Burton upon Stather
Thealby
Coleby
Winterton
Winteringham
West Halton
Alkborough
Whitton
Roxby
Risby
Appleby
Santon
Messingham
Scotter
Scotton
Manton
Hibaldstow
Redbourne
Kirton in Lindsey
Gainsthorpe Village
Northorpe
Laughton
Blyton
Pilham
Aisby
Corringham
Springthorpe
Heapham
Upton
Lea
Grayingham
Blyborough
Willoughton
Hemswell
Harpswell
Glentworth
Fillingham
Waddingham
Snitterby
Bishop Norton
Glentham
Normanby by Spital
Owmby-by-Spital
Newton by Toft
West Rasen
Middle Rasen
Kirkby
North Owersby
Thornton le Moor
South Kelsey
North Kelsey
Moortown
Holton le Moor
Howsham
Cadney
Searby
Bigby
Barnetby le Wold
Melton Ross
Kingsforth
Burnham
Thornton Curtis
BEVERLEY
Molescroft
Bishop Burton
Walkington
COTTINGHAM
Willerby
Little Weighton
Riplingham
Skidby
Bentley
High Hunsley
North Newbald
Sancton
North Cliffe
South Cliffe
Hotham
Goodmanham
Cherry Burton
Etton
Leconfield
Scorborough
Arram
Beswick
Kilnwick
Lockington
Lund
Holme on the Wolds
South Dalton
Middleton-on-the-Wolds
Bainton
North Dalton
Huggate
Tibthorpe
Kirkburn
Wetwang
Fridaythorpe
Garton-on-the-Wolds
GREAT DRIFFIELD
Nafferton
Wansford
Skerne
Hutton Cranswick
Watton
Rotsea
Brigham
Bishop Wilton
Great Givendale
Millington
Meltonby
Yapham
Nunburnholme
Burnby
Londesborough
Hayton
Bielby
Warter
Allerthorpe
Newton upon Derwent
Bolton
Fangfoss
Full Sutton
High Catton
Low Catton
Gate Helmsley
Upper Helmsley
Sand Hutton
Buttercrambe
Bugthorpe
Youlthorpe
Kexby
Holtby
Murton
Warthill
Stockton on the Forest
Earswick
Towthorpe
Skelton
Rawcliffe Bridge
Laytham
Ellerton
Aughton
Harlthorpe
Willitoft
Gunby
East Cottingwith
Ellerker
Brantingham
Broomfleet
Faxfleet
Blacktoft
Yokefleet
Read's I.
Hensall
Temple Hirst
Hirst Courtney
Chapel Haddlesey
Burn
Long Drax
South Duffield
Lund
Toll
THE WOLDS
SE
River Ouse
River Derwent
River Foulness
River Trent
River Don
River Aire
River Went
River Torne
River Idle
River Hull
Pocklington Canal
Selby Canal
Dutch River
Stainforth & Keadby Canal
Southfield Resr
Old River Ancholme
New River Ancholme
Land Drain
Weir Dike
South Channel
ERMINE STREET
ROMAN ROAD
Due to open Mid 1990
63
64
55
56

NORTH SEA
RIVER HUMBER
MOUTH OF THE HUMBER
SPURN HEAD
KINGSTON UPON HULL
HORNSEA
WITHERNSEA
GRIMSBY
CLEETHORPES
MARKET RASEN
Hornsea Mere
Immingham
Humberston
Lissett
Great Kelk
Ulrome
Skipsea
Beeford
North Frodingham
Dunnington
Atwick
Brandesburton
Seaton
Sigglesthorne
Catwick
Leven
Rolston
Mappleton
Goxhill
Great Hatfield
Rise
Long Riston
Withernwick
Meaux
New Ellerby
South Skirlaugh
West Newton
Aldbrough
Old Ellerby
Burton Constable
Swine
Coniston
Flinton
Garton
Ganstead
Sproatley
Humbleton
Sutton on Hull
Bilton
Lelley
Owstwick
Elstronwick
Tunstall
Preston
Burton Pidsea
Roos
Marfleet
Waxholme
Hedon
Burstwick
Rimswell
Halsham
Thorngumbald
Paull
Keyingham
Ottringham
Hollym
Winestead
Holmpton
East Halton Skitter
Paull Holme Sands
Foulholme Sands
Cherry Cobb Sands
Salthaugh Grange
Patrington
Out Newton
Welwick
Skeffling
Easington
Sunk Island
The Old Hall
Sunk Island Sands
Kilnsea
East Halton
Oil Refinery
Killingholme
Habrough
Stallingborough
Healing
Great Coates
Kirmington
Brocklesby
Keelby
Great Limber
Aylesby
Riby
Laceby
Bradley
Scartho
Irby Upon Humber
Barnoldby le Beck
New Waltham
Holton le Clay
Waltham
Swallow
Cabourne
Beelsby
Brigsley
Ashby cum Fenby
Tetney Lock
Tetney
North Cotes
Cuxwold
Hatcliffe
Nettleton
Rothwell
Grainsby
Marshchapel
Donna Nook
East Ravendale
North Thoresby
Fulstow
Grainthorpe
North Somercotes
Thoresway
Thorganby
Wold Newton
Covenham Resr
Swinhope
Normanby le Wold
Claxby
Stainton le Vale
Binbrook
Ludborough
Covenham St Bartholomew
Covenham St Mary
South Somercotes
Saltfleet
Utterby
Skidbrooke
Kirmond le Mire
North Ormsby
Yarburgh
Walesby
Fotherby
Alvingham
Saltfleetby St Clement
Tealby
North Elkington
Kelstern
Cockerington
Saltfleetby All Saints
Ludford
Keddington
Saltfleetby St Peter
Theddlethorpe St Helen
Gas Terminal
North Willingham
Welton le Wold
South Elkington
Stewton
Grimoldby
Manby
Little
Sixhills
Linwood
Burgh
Humber
Bull
Spurn
KINGSTON UPON HULL to
Rotterdam (Europoort) 14 hrs
Zeebrugge 14½-15 hrs

IRISH SEA
66
Corney
Prior Park
Broughton Mills
Tarn Bay
Selker Bay
Hycemoor
Bootle Sta
Bootle
Bootle Fell
Duddon Bridge
Broughton in Furness
Annaside
Black Combe
Whitbeck
The Green
Hallthwaites
Foxfield
Grizebeck
Green Road Sta
The Hill
Kirkby-in-Furness
Beck Side
Whicham
Silecroft
Kirksanton
MILLOM
Soutergate
Haverigg
Duddon Sands
Askam in Furness
Ireleth
Pennington
Lindal in Furness
DALTON-IN-FURNESS
Stainton with Adgarley
Newton
BARROW-IN-FURNESS
North Scale
Vickerstown
Tummer Hill Scar
Leece
Biggar
Rampside
Roa Island
Sheep Island
Piel Island
Foulney Island
Isle of Walney
South End
Piel Bar
52
POINT OF AYRE
Rue Point
The Ayres
Cranstal
The Lhen
Bride
Andreas
Shellag Point
Jurby West
Jurby East
Jurby Head
Ballasalla
Civil War Fort
St Judes
Regaby
Sandygate
Dhoor
The Cronk
The Curragh's
Sulby
RAMSEY BAY
RAMSEY
Churchtown
Port e Vullen
Orrisdale Head
Ballaugh
Glen Auldyn
Maughold
Maughold Head
Ravensdale
North Barrule
Ballajora
Port Mooar
Michael
Kirk Michael
Slieau Dhoo
Clagh Ouyr
Corrany
Cashtal yn Ard
Ballacarnane Beg
Barregarrow
Druidale
SNAEFELL
Port Cornaa
Lady Port
Gob y Deigan
Shoughlaige-e-Caine
Dhoon
Knocksharirie
Cronk-y-Voddy
Bulgham Bay
King Orry's Grave
St Patrick's Isle
Castle
PEEL
Ballagyr
Lambfell Moar
Colden
Laxey
Laxey Head
Contrary Head
Patrick
Ballig
Slieau Ruy
Baldwin
Ballacannell
Laxey Bay
St John's
ISLE OF MAN
Baldrine
Clay Head
Glenmaye
Hillberry
Dalby Point
Crosby
Glen Vine
Union Mills
Onchan
Dalby
Foxdale
Garth
Port Groudle
Onchan Head
Niarbyl Bay
Eairy
DOUGLAS
Douglas Bay
South Barrule
Braaid
Close Clark
Douglas Head
Stroin Vuigh
St Mark's
Newtown
Quine's Hill
Ballamodha
Lingague
Ronague
Port Soderick
Little Ness
Fleshwick Bay
Bradda
Ballabeg
Ballasalla
Santon Head
Bradda Head
Port Erin
Colby
Isle of Man (Ronaldsway) Airport
The Howe
Derbyhaven
Cregneish
CASTLETOWN
Port St Mary
St Michael's Island
Castle
Calf of Man
Langness
SPANISH HEAD
Dreswick Point
Chicken Rock
DOUGLAS to
Heysham 4 hrs
Fleetwood 3 hrs
Seasonal
Liverpool 4 hrs
Stranraer 4¾ hrs
Belfast 4¾ hrs
Dublin 4¾ hrs
The Isle of Man lies about 36 miles or 58 km W of Tarn Bay SD 0790

G
H
J
K
L
67
1
2
3
4
5
6
7
62
29
53
SD
HEYSHAM to
Douglas 4 hrs
MORECAMBE
BAY
MORECAMBE
HEYSHAM
LANCASTER
CARNFORTH
Bolton-le-Sands
Hest Bank
Silverdale
Arnside
Milnthorpe
GRANGE-OVER-SANDS
KIRKBY LONSDALE
Ingleton
High Bentham
Slaidburn
FLEETWOOD
CLEVELEYS
THORNTON
POULTON-LE-FYLDE
BLACKPOOL
LYTHAM ST ANNE'S
KIRKHAM
PRESTON
FULWOOD
BAMBER BRIDGE
LEYLAND
BLACKBURN
DARWEN
OSWALDTWISTLE
CLAYTON-LE-MOORS
GREAT HARWOOD
CLITHEROE
HASLINGDEN
ACCRINGT
LONGRIDGE
Garstang
Galgate
Preesall
Knott End-on-Sea
Warton
FRECKLETON
Whalley
Ribchester
B O W L A N D
F O R E S T
WHERNSIDE
Ward's Stone
Bleasdale Moors
RIVER RIBBLE

THE PENNINES
Garsdale
Rise Hill
Cowgill
Stone House
Wold Fell
Widdale Fell
Dodd Fell
Gayle Moor
Gayle
Hawes
Appersett
Sedbusk
Askrigg
Bainbridge
Burtersett
Countersett
Semer Water
Carpley Green
Marsett
Stalling Busk
Thornton Rust
Aysgarth
Thoralby
Newbiggin
West Burton
Penhill
Castle Bolton
Redmire
Preston-under-Scar
Leyburn
Wensley
Middleham
Harmby
Spennithorne
Finghall
West Witton
Agglethorpe
Melmerby
Carlton
Coverham
Caldbergh
East Witton
Thornton Steward
Jervaulx Abbey
River Cover
River Ure
Ellingstring
High Ellington
Fearby
Healey
Masham
Swinton
Ilton
Harland Hill
Carlton Moor
Walden
Walden Head
West Scrafton
Colsterdale Moor
Colsterdale
Horsehouse
Bradley
Hindlethwaite Moor
Woodale
Great How
Masham Moor
Leighton Resr
Roundhill Resr
Little Whernside
Scar House Resr
Angram Resr
Middlesmoor
Lofthouse
Stean
Hambleton Hill
Greygarth
Dallowgill Moor
Ramsgill
Stean Moor
Riggs Moor
How Stean Beck
Nidderdale
Great Whernside
Kettlewell
Conistone Moor
Grassington Moor
Hebden Moor
Gouthwaite Resr
Heathfield Moor
Wath
Pateley Moor
Pateley Bridge
Bewerley
Wilsill
Glasshouses
Greenhow Hill
Grimwith Resr
Oughtershaw
Beckermonds
Middle Tongue
Langstrothdale Chase
Cragdale Moor
Kidstones
Bishopdale
Cray
Buckden
Buckden Pike
Cover Head Bents
Hubberholme
Starbotton
Arncliffe
Litton
Littondale
Halton Gill
Foxup
Plover Hill
Pen-y-ghent
Horton Moor
New Houses
Horton in Ribblesdale
Moughton
Darnbrook Fell
Fountains Fell
Hawkswick
Kilnsey
Conistone
Grassington
Threshfield
Linton
Hebden
Thorpe
Burnsall
Appletreewick
Cracoe
Rylstone
River Wharfe
Pock Stones Moor
Barden Fell
Barden Resrs
Earl Seat
Brown Bank Head
West End
Thruscross Resr
Thornthwaite
Dacre Banks
Dacre
Summerbridge
Cam Fell
Blea Moor
Ribble Head
Sike Moor
High Birkwith
Scales Moor
Chapel-le-Dale
Simon Fell
Selside
Whernside
Deepdale
Ingleton
Newby Moss
Newby
Ingleborough
Clapham
Austwick
Wharfe
Helwith Bridge
Stainforth
Feizor
Lawkland
Stackhouse
Giggleswick
Settle
Langcliffe
Malham Tarn
Kirkby Fell
Malham
Hanlith
Kirkby Malham
Airton
Calton
Winterburn Resr
Winterburn
Hetton
Bordley
River Wenning
Keasden
Eldroth
Burn Moor Fell
Wham
Catlow Fell
Black Hill
Mearbeck
Rathmell
Long Gill
Long Preston
Otterburn
Hellifield
Ribblesdale
Gisburn Forest
Tosside
Wigglesworth
River Ribble
Halton West
Bell Busk
Flasby
Eshton
Coniston Cold
Gargrave
Embsay Moor
Embsay Resr
Embsay
Halton East
Bolton Abbey
Bolton Priory
Beamsley
Langbar
Round Hill
March Ghyll Resr
Swinsty Resr
Fewston Resr
Fewston
Timble
Jack Hill
Stocks Resr
Slaidburn
Easington Fell
Holden
Bolton-by-Bowland
Paythorne
Nappa
Newsholme
West Marton
East Marton
Bank Newton
Broughton
Thorlby
Skipton
Carleton
Draughton
Chelker Resr
Addingham
Middleton
Ilkley
Denton
Askwith
Weston
Farnley
Horton
Gisburn
Bracewell
Barnoldswick
Thornton-in-Craven
Earby
Elslack
Low Bradley
Cononley
Kildwick
Silsden
Airedale
Rombalds Moor
Ilkley Moor
Burley in Wharfedale
Menston
Sawley
Grindleton
West Bradford
Waddington
Rimington
Downham
Salterforth
Weets Hill
Kelbrook
Lothersdale
Glusburn
Sutton-in-Craven
Steeton
Keighley
Utley
Riddlesden
East Morton
Hawksworth
Guiseley
Yeadon
Chatburn
Worston
Clitheroe
Pendle Hill
Whitemoor Resr
Foulridge
Cowling
Laneshaw Bridge
Laycock
Eldwick
Baildon
Bingley
Shipley
Low Moor
Great Mitton
Pendleton
Churn Clough Resr
Newchurch in Pendle
Barley
Roughlee
Blacko
Colne
Trawden
Keighley Moor
Oakworth
Harden
Cullingworth
Wilsden
Barrow
Wiswell
Sabden
Whalley
The Forest of Pendle
Barrowford
Wheatley Lane
Fence
Higham
Nelson
Brierfield
The Forest of Trawden
Boulsworth Hill
Haworth
Haworth Moor
Oxenhope
Denholme
Thornton
Calverley
Bradford
Billington
Langho
Read
Gawthorpe Hall
Padiham
Harle Syke
Swinden Resr
Walshaw Dean Resrs
Wadsworth Moor
Thornton Moor Resr
Warley Moor Resr
Clayton
Great Harwood
Simonstone
Altham
Burnley
Worsthorne
Hurstwood Resr
Widdop Resr
Hebden Water
Clayton-le-Moors
Rishton
Church
Accrington
Oswaldtwistle
Hapton
Huncoat
Towneley Hall
Mereclough
Gorple Resrs
Heptonstall Moor
Pecket Well
Slack
Queensbury
Buttershaw
Birkenshaw
Oakenshaw
Hameldon Hill
Walk Mill
Holme Chapel
Clowbridge Resr
Dunnockshaw
Love Clough
Deerplay Moor
Head of Moor
Heptonstall
Mytholm
Hebden Bridge
Illingworth
Ovenden
Shelf
Northowram
Wyke
Baxenden
Rising Bridge
Haslingden
Haslingden Grane
Crawshawbooth
Forest of Rossendale
Water
Weir
Cornholme
Lydgate
Eastwood
Midgley
Luddenden
Wainstalls
Mytholmroyd
Halifax
Hipperholme
Cleckheaton
Liversedge
Heckmondwike
Rawtenstall
Bacup
Britannia
Stacksteads
Clough Foot
Todmorden
Mankinholes
Walsden
Gorpley Resr
Withens Clough Resr
Cragg Vale
Sowerby
Sowerby Bridge
Greetland
Southowram
Brighouse
Elland
Rastrick
Hoddlesden
Ogden Resr
Helmshore
Waterfoot
Shawforth
Warland Resr
Lumb
Edenfield
Cowm Resr
Whitworth
Watergrove Resr
Summit
Soyland Moor
Ripponden
Mill Bank
Barkisland
Stainland
Holywell Green
Mirfield
Crowthorn School
Entwistle

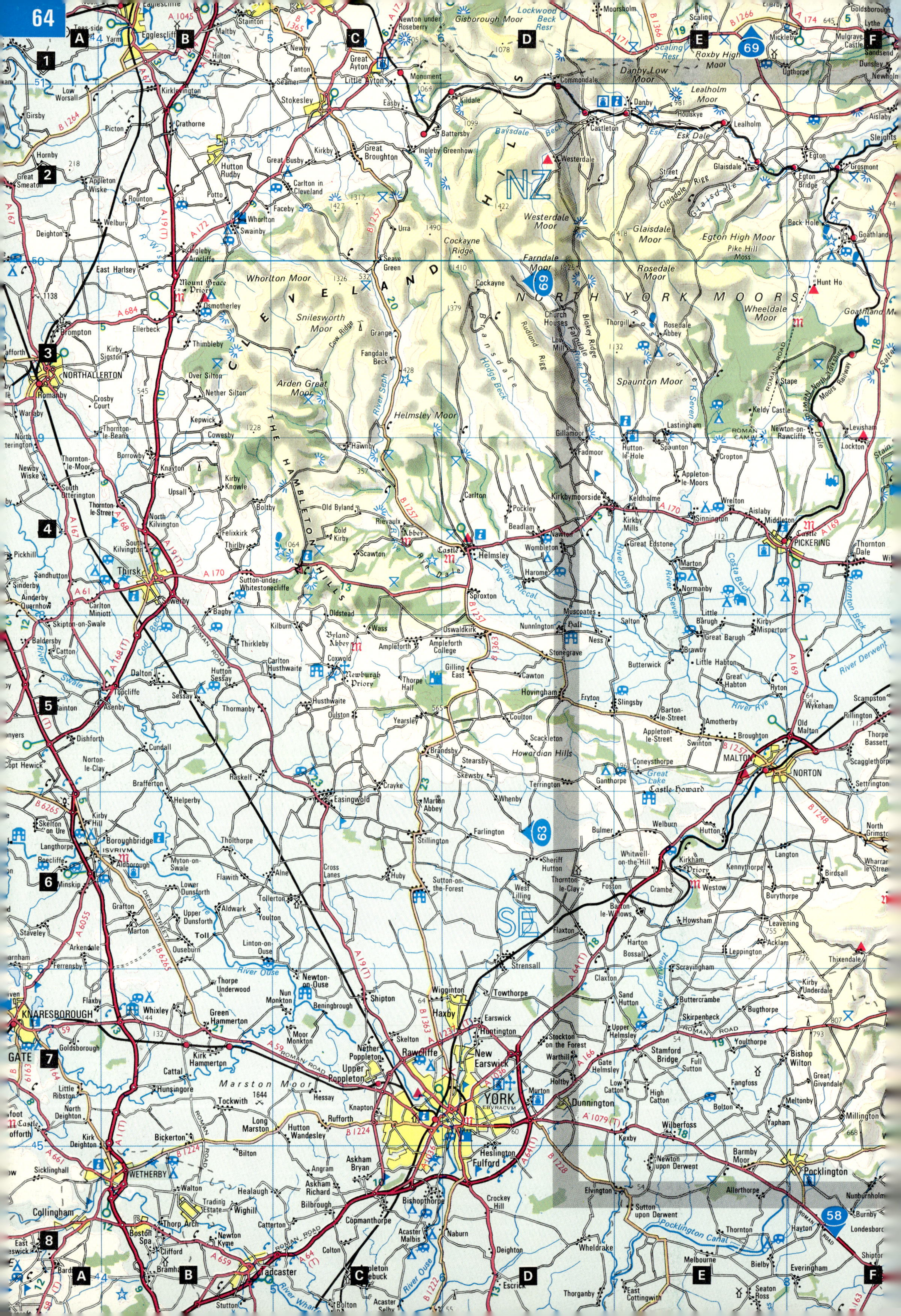
A
B
C
D
E
F
1
2
3
4
5
6
7
8
Yarm
Eaglescliffe
Maltby
Hilton
Stainton
Newton under Roseberry
Gisborough Moor
Lockwood Beck Resr
Moorsholm
Scaling Resr
Roxby High Moor
Mickleby
Goldsborough
Lythe
Mulgrave Castle
Sandsend
Great Ayton
Little Ayton
Monument
Commondale
Danby Low Moor
Danby
Lealholm Moor
Lealholm
Ugthorpe
Dunsley
Newholm
Aislaby
Sleights
Grosmont
Egton
Egton Bridge
Glaisdale
Castleton
Esk Dale
Westerdale
Kildale
Battersby
Baysdale
Ingleby Greenhow
Easby
Stokesley
Kirklevington
Crathorne
Picton
Girsby
Low Worsall
Hornby
Great Smeaton
Appleton Wiske
Rounton
Welbury
Deighton
East Harlsey
Hutton Rudby
Potto
Great Busby
Kirkby
Great Broughton
Carlton in Cleveland
Faceby
Whorlton
Swainby
Ingleby Arncliffe
Mount Grace Priory
Osmotherley
Whorlton Moor
Urra
Cockayne Ridge
Westerdale Moor
Glaisdale Moor
Egton High Moor
Pike Hill Moss
Beck Hole
Goathland
Farndale Moor
Rosedale Moor
Hunt Ho
NZ
HILLS
CLEVELAND
NORTH YORK MOORS
Wheeldale Moor
Goathland Moor
Cockayne
Church Houses
Low Mill
Blakey Ridge
Rudland Rigg
Bransdale
Hodge Beck
Thorgill
Rosedale Abbey
Rosedale
Spaunton Moor
Stape
Keldy Castle
Newton-on-Rawcliffe
Levisham
Lockton
Snilesworth Moor
Cow Ridge
Grange
Fangdale Beck
Arden Great Moor
River Seph
Helmsley Moor
Brompton
NORTHALLERTON
Romanby
Crosby Court
Kirby Sigston
Ellerbeck
Thimbleby
Over Silton
Nether Silton
Warlaby
Kepwick
Cowesby
Thornton-le-Beans
Borrowby
Newby Wiske
Thornton-le-Moor
South Otterington
Knayton
Upsall
Kirby Knowle
Boltby
Hawnby
Gillamoor
Fadmoor
Hutton-le-Hole
Spaunton
Lastingham
Cropton
Appleton-le-Moors
Wrelton
Aislaby
Middleton
Sinnington
PICKERING
Keldholme
Kirkbymoorside
Kirkby Mills
Great Edstone
Carlton
Pockley
Beadlam
Nawton
Wombleton
Harome
Helmsley
Castle
Rievaulx Abbey
Old Byland
Cold Kirby
Scawton
Thirlby
Felixkirk
North Kilvington
South Kilvington
Thornton-le-Street
Thirsk
Sowerby
Sutton-under-Whitestonecliffe
THE HAMBLETON HILLS
Pickhill
Sandhutton
Sinderby
Ainderby Quernhow
Carlton Miniott
Skipton-on-Swale
Baldersby
Catton
Bagby
Kilburn
Oldstead
Wass
Byland Abbey
Ampleforth
Oswaldkirk
Ampleforth College
Gilling East
Sproxton
Nunnington
Muscoates
Ness
Salton
Marton
Normanby
Little Barugh
Great Barugh
Kirby Misperton
Brawby
Little Habton
Great Habton
Butterwick
Ryton
Thornton Dale
Stonegrave
Cawton
Hovingham
Fryton
Slingsby
Barton-le-Street
Amotherby
Swinton
Appleton-le-Street
Broughton
Old Malton
Wykeham
Scampston
Rillington
Thorpe Bassett
Scagglethorpe
Settrington
MALTON
NORTON
Coneysthorpe
Castle Howard
Great Lake
Ganthorpe
Terrington
Howardian Hills
Scackleton
Coulton
Yearsley
Brandsby
Stearsby
Skewsby
Thirkleby
Carlton Husthwaite
Coxwold
Newburgh Priory
Thorpe Hall
Husthwaite
Oulston
Hutton Sessay
Sessay
Dalton
Topcliffe
Asenby
Rainton
Dishforth
Cundall
Norton-le-Clay
Brafferton
Thormanby
Raskelf
Easingwold
Crayke
Marton Abbey
Whenby
Farlington
Stillington
Helperby
Kirby Hill
Boroughbridge
Aldborough
Langthorpe
Myton-on-Swale
Tholthorpe
Flawith
Alne
Cross Lanes
Huby
Sutton-on-the-Forest
Sheriff Hutton
Thornton-le-Clay
West Lilling
Foston
Bulmer
Welburn
Whitwell-on-the-Hill
Kirkham Priory
Westow
Crambe
Hutton
Langton
Kennythorpe
Burythorpe
Birdsall
North Grimston
Wharram le Street
Skelton on Ure
Roecliffe
Minskip
Grafton
Marton
Lower Dunsforth
Upper Dunsforth
Aldwark
Youlton
Tollerton
Linton-on-Ouse
Newton-on-Ouse
Staveley
Arkendale
Ferrensby
Flaxby
KNARESBOROUGH
Whixley
Green Hammerton
Thorpe Underwood
Nun Monkton
Beningbrough
Shipton
Wigginton
Haxby
Towthorpe
Strensall
Flaxton
Barton-le-Willows
Howsham
Harton
Bossall
Leavening
Acklam
Leppington
Thixendale
Scrayingham
Claxton
Sand Hutton
Buttercrambe
Kirby Underdale
Bugthorpe
Skirpenbeck
Youlthorpe
Bishop Wilton
Great Givendale
Earswick
Huntington
Stockton on the Forest
Warthill
Gate Helmsley
Upper Helmsley
Stamford Bridge
Full Sutton
Holtby
Low Catton
High Catton
Fangfoss
Bolton
Meltonby
Yapham
Millington
Skelton
Nether Poppleton
Upper Poppleton
Rawcliffe
New Earswick
YORK
EBVRACVM
Murton
Dunnington
Kexby
Wilberfoss
Newton upon Derwent
Barmby Moor
Pocklington
Kirk Hammerton
Cattal
Hunsingore
Goldsborough
Little Ribston
North Deighton
Marston Moor
Tockwith
Long Marston
Hessay
Hutton Wandesley
Rufforth
Knapton
Heslington
Fulford
Bickerton
Kirk Deighton
Bilton
Angram
Askham Bryan
Askham Richard
Bilbrough
Bishopthorpe
Crockey Hill
Elvington
Sutton upon Derwent
Allerthorpe
Nunburnholme
Burnby
Londesborough
Sicklinghall
WETHERBY
Walton
Healaugh
Wighill
Trading Estate
Thorp Arch
Boston Spa
Clifford
Bramham
Newton Kyme
Catterton
Copmanthorpe
Acaster Malbis
Naburn
Deighton
Wheldrake
Thornton
Hayton
Bielby
Everingham
Melbourne
Seaton Ross
Shiptor
Collingham
East Keswick
Bardsey
Tadcaster
Colton
Appleton Roebuck
Bolton Percy
Acaster Selby
Stutton
Escrick
Thorganby
East Cottingwith
Pocklington Canal
River Ouse
River Derwent
River Swale
River Rye
River Wharfe
Marston Moor
SE
ROMAN ROAD
DERE STREET
69
63
58

NORTH SEA
Saltwick Bay
Abbey
WHITBY
Stainsacre
Sneaton
Hawsker
Sneatonthorpe
Raw
Fylingthorpe
Ness Point or North Cheek
Robin Hood's Bay
Old Peak or South Cheek
Ravenscar
Fylingdales Moor
Burn Howe Rigg
Staintondale
Harwood Dale
Cloughton Newlands
Cloughton Wyke
Cloughton
Cromer Point
Burniston
Silpho
Langdale End
Toll
Hackness
SCALBY
Scalby Ness Rocks
Castle
Everley
SCARBOROUGH
Black Rocks
Osgodby
Cayton Bay
The Wyke
Ayton
Hutton Buscel
Sawdon
Irton
Eastfield
Seamer
Cayton
Lebberston
Gristhorpe
FILEY
Filey Bay
Ebberston
Snainton
Wykeham
Brompton
R. Hertford
Flixton
Folkton
Yedingham
THE CARRS
Willerby
Staxton
Muston
Holiday Camp
Ganton
Sherburn
Hunmanby
East Heslerton
West Heslerton
Reighton Sands
Fordon
Reighton
Speeton
Crab Rocks
Wintringham
Wold Newton
Burton Fleming
Bempton
Holiday Camp
Danes Dyke
FLAMBOROUGH HEAD
Foxholes
Willy Howe
Grindale
Flamborough
Butterwick
Helperthorpe
Weaverthorpe
Thwing
Gypsey Race
Sewerby
West Lutton
Boynton
Duggleby Howe
Kirby Grindalythe
Langtoft
Rudston
BRIDLINGTON
Hilderthorpe
ROMAN ROAD
Carnaby
Sledmere
Kilham
Haisthorpe
BRIDLINGTON BAY
THE WOLDS
Hall
Burton Agnes
Harpham
Ruston Parva
TA
Fraisthorpe
Lowthorpe
Gransmoor
Barmston
Garton-on-the-Wolds
Wetwang
Nafferton
Lissett
GREAT DRIFFIELD
Wansford
Kelk Beck
Great Kelk
Ulrome
Foston on the Wolds
Old Howe
Castle
Skipsea
Tibthorpe
Kirkburn
Skerne
Beeford
Canal
Brigham
North Frodingham
North Dalton
Bainton
Hutton Cranswick
Rotsea
Dunnington
Hempholme
Bewholme
Middleton-on-the-Wolds
Watton
Atwick
Kilnwick
Watton Beck
HORNSEA
Lund
Beswick
Burshill
Holme on the Wolds
Lockington
Brandesburton
Seaton
Hornsea Mere
Aike
River Hull
South Dalton
Scorborough
Canal
Catwick
Sigglesthorne
Rolston
Arram
Leven
Goxhill
Mappleton
Etton
Goodmanham
Leconfield
Routh
Great Hatfield
Cherry Burton
Tickton
Long Riston
Rise
A 171
A 165
A 170
A 1039
A 64 (T)
A 166
A 164
A 163
A 1035
B 1416
B 1258
B 1249
B 1229
B 1259
B 1255
B 1254
B 1253
B 1252
B 1251
B 1248
B 1242
B 1244
B 1246
59
G
H
J
K
L
1
2
3
4
5
6
7
8

A
B
C
D
E
F
1
2
3
4
5
6
7
8
29
30
72
73
71
60
Caulkerbush
Southerness
Southerness Point
Mersehead Sands
Rockcliffe
Castlehill Point
Hestan Island
SOLWAY FIRTH
Silloth
Skinburness
Lees Scar Lighthouse
Beckfoot
Pelutho
Abbeytown
Mawbray
Dubmill Point
Westnewton
Allonby
Allonby Bay
Hayton
Aspatria
Prospect
Allerby
Crosscanonby
Crosby
MARYPORT
Dearham
Gilcrux
Plumbland
Tallentire
Moota Hill
Bridekirk
Dovenby
Flimby
Broughton Moor
Broughton
Seaton
Camerton
Papcastle
COCKERMOUTH
Brigham
Embleton
WORKINGTON
Great Clifton
Greysouthen
Eaglesfield
Moss Bay
Harrington
Winscales
Deanscales
Branthwaite
Dean
Distington
Ullock
Pardshaw
Mockerkin
Lowca
Gilgarran
Pica
Moresby
Parton
WHITEHAVEN
Moresby Parks
Asby
Arlecdon
Lamplugh
Loweswater
Loweswater Fell
Murton Fell
Kirkland
Frizington
Saltom Bay
Sandwith
St Bees Head
Rottington
St Bees
CLEATOR MOOR
Cleator
EGREMONT
Ennerdale Bridge
Ennerdale Water
Grike
Lank Rigg
Great Borne
Red Pike
High Stile
Pillar
Scoat Fell
Ennerdale Fell
Caw Fell
Haycock
Seatallan
COPELAND FOREST
Haile
Nethertown
Beckermet
Braystones
Calder Bridge
Sellafield Sta
Gosforth
Seascale
Nether Wasdale
Wast Water
The Screes
Burnmoor Tarn
Santon Bridge
Outward Bound Mountain School
Beckfoot
Boot
Eskdale
Eskdale Green
Holmrook
Drigg
Kokoarrah
Ravenglass
Muncaster Castle
Woodend
Ulpha Fell
Whitfell
Waberthwaite
Corney
Prior Park
Stoneside Hill
Tarn Bay
Selker Bay
Hycemoor
Bootle Sta
Bootle
Bootle Fell
Black Combe
Annaside
Duddon Bridge
Broughton in Furness
Broughton Mills
Dunnerdale
Stickle Pike
Hall Dunnerdale
Seathwaite
Harter Fell
Hardknott Pass
Cockley Beck
Wrynose Pass
FURNESS FELLS
Levers Water
Seathwaite Tarn
THE OLD MAN OF CONISTON
Coniston
Bowmanstead
Torver
Coniston Water
GRIZEDALE FOREST
Grizedale
Satterthwaite
Hawkshead
Water Yeat
Blawith
Woodland Fell
Oxen Park
Colton
Spark Bridge
Lowick
Grizebeck
Foxfield
Newby
Rusland
Finsthwaite
Wasdale Head
Lingmell
Scafell Pike
SCA FELL
Great Gable
Great End
Glaramara
Esk Hause
Bow Fell
Stake Pass
Langdale Pikes
Dungeon Ghyll
Chapel Stile
Elterwater
Little Langdale
Hay Stacks
Seathwaite
Honister Pass
Borrowdale Fells
Rosthwaite
Watendlath
Buttermere
Buttermere Fell
Grasmoor
Newlands Hause
Derwent Fells
Causey Pike
Little Town
Grange
Grisedale Pike
Whinlatter Pass
Lorton
Lord's Seat
Thornthwaite
Braithwaite
KESWICK
Derwent Water
Latrigg
Stone Circle
Threlkeld
Great Dodd
High Seat
Legburthwaite
Thirlmere
HELVELLYN
Wythburn Fells
Ullscarf
Dunmail Rise
Seat Sandal
Rydal
Grasmere
Easedale Tarn
Stickle Tarn
High White Stones
CUMBRIAN MOUNTAINS
SKIDDAW FOREST
SKIDDAW
Saddleback or Blencathra
Scales
Mosedale
Great Calva
Knott
High Pike
Bassenthwaite
Bassenthwaite Lake
Dubwath
Binsey
Bewaldeth
Sunderland
Blindcrake
Bothel
Torpenhow
Whitrigg
Ireby
Uldale
Caldbeck
Hesket Newmarket
Fell Side
Branthwaite
Nether Row
Boltongate
Mealsgate
Blennerhasset
Westward
Rosley
Welton
Raughton
Wigton
Red Dial
Waverton
Bromfield
Langrigg
Blencogo
Dundraw
Lessonhall
Dalston
Thursby
West Curthwaite
Baldwinholme
Wiggonby
Aikton
Great Orton
Little Orton
Kirkbampton
Thurstonfield
Moorhouse
Kirkbride
Newton Arlosh
Wedholme Flow
Whitrigg
Kirkandrews on Eden
CUMBRIA

G
H
J
K
L
1
2
3
4
5
6
7
8
Carlisle
Wetheral
Great Corby
Cumwhitton
Cotehill
Hayton
Talkin
Castle Carrock
Tindale Fells
Forest Head
Cold Fell
King's Forest of Geltsdale
Geltsdale Middle
Glendue Fell
Halton Lea Gate
Knarsdale
Slaggyford
Whitfield Moor
Ninebanks
Allendale Town
Hexhamshire Common
Sinderhope
Allendale Common
Green Hill
Carr Shield
Allenheads
Alston
Bayles
Leadgate
Middle Fell
Nenthead
Coalcleugh
Garrigill
Gilderdale Forest
Watch Hill
Croglin
Newbiggin
Cumrew
Armathwaite
Ainstable
Aiketgate
Low Hesket
High Hesket
Southwaite
Wreay
Ruckcroft
Staffield
Kirkoswald
Renwick
Scale Houses
Lazonby
Glassonby
Gamblesby
Melmerby
Melmerby Fell
Great Salkeld
Plumpton
Plumpton Head
Hutton End
Unthank
Skelton
Lamonby
Calthwaite
Ivegill
Catterlen
Blencow
Newton Reigny
Greystoke
Johnby
Little Salkeld
Hunsonby
Winskill
Langwathby
Edenhall
Ousby
Skirwith
Townhead
Kirkland
Blencarn
Culgaith
Cross Fell
Milburn Forest
Knock Fell
Dufton Fell
Alston Moor
Round Hill
Burnhope Seat
Ireshope Moor
Three Pikes
Harwood
Langdon Common
Langdon Beck
Viewing Hill
Widdybank Fell
Cauldron Snout
Cronkley Fell
Forest-in-Teesdale
High Force
Cow Green Resr
Penrith
Eamont Bridge
Clifton
Stainton
Newbiggin
Dacre
Penruddock
Hutton
Berrier
Tirril
Pooley Bridge
Askham
Helton
Lowther
Hackthorpe
Whale
Melkinthorpe
Cliburn
Great Strickland
Morland
Little Strickland
King's Meaburn
Newby
Bampton
Rosgill
Shap
Keld
Temple Sowerby
Kirkby Thore
Newbiggin
Milburn
Knock
Dufton
Long Marton
Brampton
Appleby-in-Westmorland
Bolton
Crackenthorpe
Colby
Murton
Hilton
Murton Fell
Mickle Fell
Lune Forest
Warcop Fell
Dow Crag
Stainmore Common
Hoff
Great Ormside
Sandford
Warcop
Drybeck
Maulds Meaburn
Crosby Ravensworth
Great Asby
Bleatarn
Great Musgrave
Brough
Brough Sowerby
Helbeck
North Stainmore
South Stainmore
Kaber
Barras
Winton
Hartley
Kirkby Stephen
Nateby
Soulby
Waitby
Smardale
Crosby Garrett
Little Asby
Nettle Hill
Winton Fell
Nine Standards Rigg
Ullswater
Howtown
Sandwick
Martindale
Martindale Common
Loadpot Hill
Brampton Common
Beda Fell
Dale Head
Haweswater Resr
Ralfland Forest
Hartsop
Brothers Water
High Street
Mardale Common
Wet Sleddale Resr
Gatescarth Pass
Harter Fell
Kentmere Resr
Shap Fells
Kirkstone Pass
Hardendale
Oddendale
Crosby Ravensworth Fell
Orton
Raisbeck
Sunbiggin
Kelleth
Newbiggin-on-Lune
Ash Fell
Ravenstonedale
Greenholme
Tebay
Gaisgill
Bretherdale Head
Borrowdale
Whinfell Beacon
Sadgill
Kentmere
Longsleddale
Troutbeck
Windermere
Bowness-on-Windermere
Staveley
Ings
Garnett Bridge
Selside
Watchgate
Patton Bridge
Grayrigg
Lowgill
Beck Foot
Langdale Fell
Ravenstonedale Common
Howgill Fells
The Calf
Brant Fell
West Fell
Adamthwaite
Low Dovengill
Fell End
Uldale Ho
West Baugh Fell
Baugh Fell
East Baugh Fell
Grisedale
Garsdale Head
Cautley
Mallerstang Common
Outhgill
Birkdale Common
Angram Common
Abbotside Common
Great Shunner Fell
Mossdale Moor
Appersett
Hawes
Kendal
Burneside
Meal Bank
Lambrigg Fell
Fisher Tarn Resr
Firbank
Sedbergh
Millthrop
Killington Resr
Oxenholme
New Hutton
Old Hutton
Killington
Natland
Crook
Winster
Underbarrow
Crosthwaite
Brigsteer
Bowland Bridge
Cartmel Fell
The Howe
Levens
Middleton
Gawthrop
Dent
Rise Hill
Garsdale
Stone House
Calf Top
Widdale Fell
Dodd Fell
Stavely-in-Cartmel
Witherslack Hall
74
69
61
62

Allendale Town
Hexhamshire Common
Allendale Common
Slaley Forest
Blanchland Moor
Derwent Resr
Muggleswick Common
Allenheads
Stanhope Common
Wolsingham Park Moor
Stanhope
Wolsingham
Frosterley
Westgate
Eastgate
St John's Chapel
Ireshope Moor
Chapelfell Top
Westernhope Moor
Snowhope Hill
Bollihope Common
Newbiggin Common
Middleton Common
Pikeston Fell
Hamsterley Forest
Eggleston Common
Woodland Fell
Middleton in-Teesdale
Mickleton
Eggleston
Romaldkirk
Grassholme Resr
Selset Resr
Hunderthwaite Moor
Hury Resr
Blackton Resr
Balderhead Resr
Cotherstone Moor
Cotherstone
Lartington
Startforth
Barnard Castle
Bowes
Stainmore Common
Bowes Moor
Stainmore Forest
Scargill High Moor
The Stang
Barningham Moor
Kexwith Moor
Hurst Moor
Sleightholme Moor
Arkengarthdale Moor
Rogan's Seat
Great Pinseat
Melbecks Moor
Stonesdale Moor
Keld
Angram Common
Swaledale
Reeth
Fremington
Grinton
Gunnerside
Feetham
Muker
Thwaite
Great Shunner Fell
Abbotside Common
Askrigg Common
East Bolton Moor
Redmire Moor
Castle Bolton
Redmire
Preston-under-Scar
Leyburn
Wensley
Hawes
Gayle
Bainbridge
Aysgarth
Wensleydale
West Burton
West Witton
Middleham
Semer Water
Dodd Fell
Consett
Stanley
Burnopfield
Chester-le-Street
Lanchester
Tow Law
Crook
Willington
Spennymoor
Durham
Brandon
Bishop Auckland
Shildon
Newton Aycliffe
West Auckland
Evenwood
Cockfield
Raby Castle
Staindrop
Gainford
Winston
Piercebridge
Darlington
Greta Bridge
Newsham
Ravensworth
Gilling West
Scotch Corner
Middleton Tyas
Richmond
Catterick Garrison
Catterick Bridge
Catterick
Hipswell Moor
Bedale
Leeming
Thornton Steward
Jervaulx Abbey
Croft-on-Tees
Hurworth-on-Tees
A 66(T)
A 67
A 68
A 688
A 689
A 690
A 691
A 692
A 693
A 6108
A 6136
A 684
A1(M)
A1(T)
B 6278
B 6277
B 6276
B 6282
B 6274
B 6275
B 6270
B 6296
B 6279
NY
SD
THE PENNINES
74
75
67
62

NORTH SEA

NORTH CHANNEL
CAIRNRYAN to
Larne 2-2½ hrs
STRANRAER to
Larne 2¼ hrs
Douglas 4 hrs
Ailsa Craig
Castle
Matthew's Port
Dowhill
Dipple
Ladybank
Dalquharran Castle
Dailly
Kilkerran
Killochan Castle
Maxwellston
Hadyard Hill
Old Dailly
Penkill
Penwhapple Resr
GIRVAN
Saugh Hill
Woodland Bay
Byne Hill
Mull of Miljoan
Dalquhairn
Glenalla Fell
Garleffin Fell
Linfern Loch
Black Hill
Tormitchell
Barr
CHANGUE PLANTATION
Eldrick Hill
CARRICK FOREST
Kennedy's Pass
Grey Hill
Auchensoul
Pinmore
River Stinchar
Polmaddie Hill
Rig of the Shalloch
Currarie
Merkland
Cairn Hill
Lendalfoot
Knockdaw Hill
Mid Hill
Knockinlochie
Tarfessock
Greensides
Pinwherry
Bellamore
Pindonnan Craigs
Bennane Head
Colmonell
Standard
Loch Moan
Kirriereoch
Knockdolian Castle
Pinwherry Hill
Black Clauchrie
Garwall Hill
MERRICK
BALLANTRAE BAY
Knockdhu
Duisk River
Palgowan
Ballantrae
Glen Tig
Water of Tig
Barrhill
Cosses
Balkissock
Shiel Hill
Laggan
GLENTROOL FOREST
Glencaird Hill
Glen Trool Lodge
Downan Point
Glenapp Castle
Corwar Ho
Beneraird
Strawarren Fell
Currarie Port
Drumlamford Loch
Glentrool Village
Carlock Hill
Milljoan Hill
Chirmorrie
Drumlamford Ho
Loch Dornal
Bargrennan
Penderry Hill
Water of App
High Murdonochee
Craig Airie Fell
Loch Maberry
Loch Ochiltree
Milleur Point
Glen App
Loch Derry
Polbae
Corsewall Point
Barnhills
Finnarts Bay
Jamieson Point
Mid Moile
Stab Hill
Standing Stones
Knowe
North Cairn
South Cairn
Penwhirn Resr
Main Water of Luce
Quarter Fell
Urrall Fell
Dounan Bay
Knockcoid
Cairn Point
Cairnryan
Kirkcolm
Lamb Hill
Cross Water of Luce
Eldrig Fell
Loch Connell
Wig
Artfield Fell
Carseriggan
Challoch
NEWTON STEWART
Portobello
Ervie
Braid Fell
Balmurrie
GALLOWAY
LOCH RYAN
Slouchnawen Bay
Knockneen
Leswalt
Cairnscarrow
New Luce
Loch Heron
Benfield
Lochnaw Castle
Innermessan
Loch Ronald
Drumphail
Bught Fell
Tarf Water
Barraer Fell
Lochinch Castle
Glenstockadale
White Loch
Black Loch
Craig Fell
Gleniron Fell
Kirkcowan
High Moor of Killiemore
STRANRAER
Aird
Castle Kennedy
Water of Luce
Carscreugh
Broadsea Bay
Soulseat Loch
Challoch Hill
Dunragit
Abbey
Dergoals
Dernaglar Loch
Carsegowan
Craigenlee Fell
Lochans
Genoch Mains
Castle of Park
Knock Moss
Torhousemuir Stone Circle
Black Head
Cairn Pat
Glenluce
Bladnoch
Torrs Warren
Whitefield Loch
Portpatrick
Dunskey Castle
Bean Hill
Luce Sands
Milton
Castle Loch
Machrum Loch
Port of Spittal Bay
Stoneykirk
Craignarget Hill
Doon of May
Sandhead
Mochrum Fell
Whauphill
Cairngarroch Bay
Cairngarroch
Chapel Finian
Barrachan
Money Head
Lake Cottage
Meikle Float
Elrig
Mote of Druchtag
Float Bay
Hole Stone Bay
Milton Point
Mochrum
Drumtroddan
Chapel Rossan Bay
Ardwell
Port William
Ardwell Point
Monreith Mains
Logan Mains
Balgowan Point
LUCE BAY
Fell of Barhullion
Mull of Logan
Monreith
Port Nessock or Port Logan Bay
Terally Point
Barsalloch Point
Monreith Bay
Cairnywellan Head
Port Logan
Point of Cairndoon
Clanyard Bay
Kilstay Bay
Clanyard
Kirkmaiden
Drummore
Laggantalluch Head
Cailiness Point
Damnaglaur
Port Castle
Crammag Head
Maryport
Maryport Bay
Scares
Cairngaan
Port Kemin
MULL OF GALLOWAY

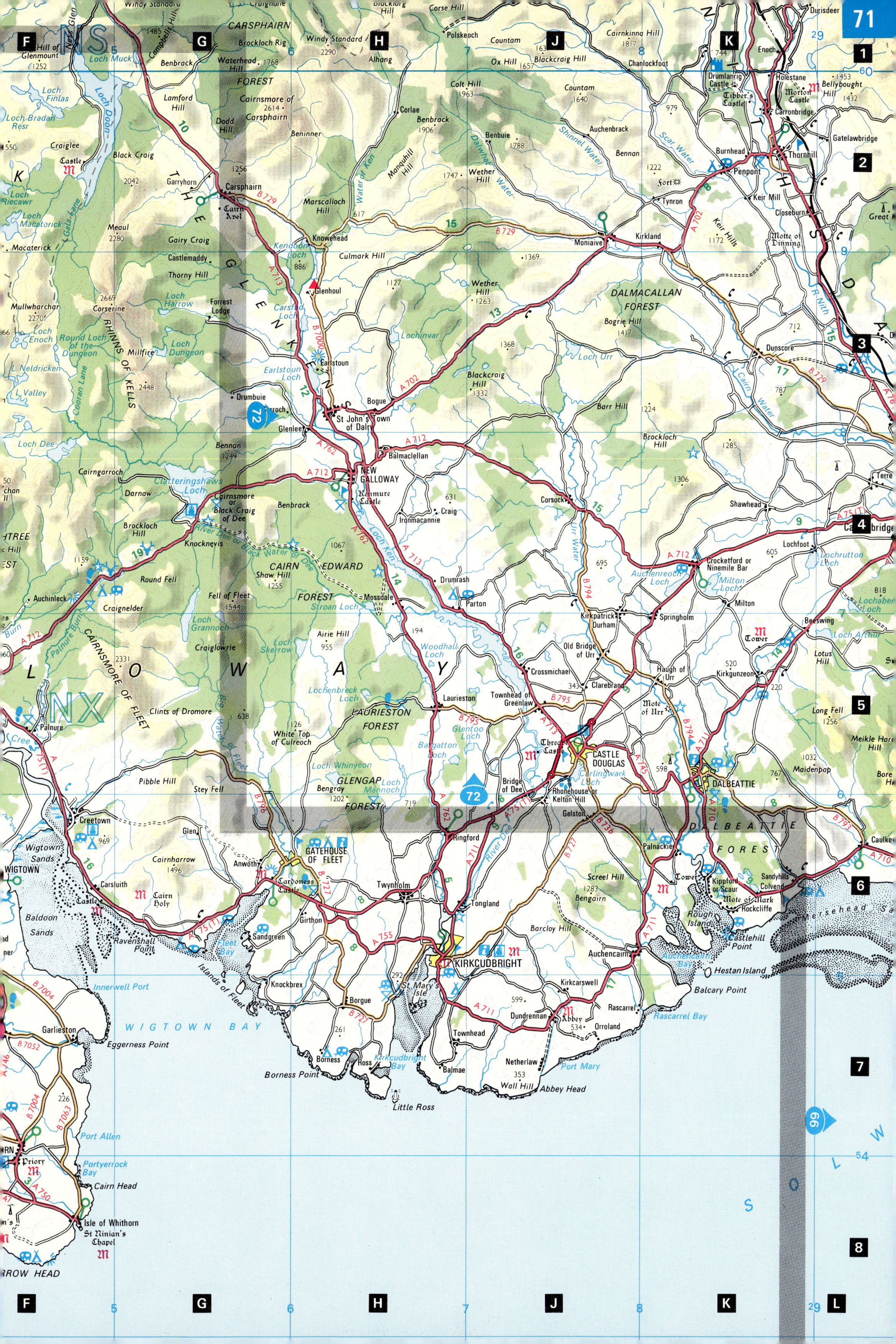
F
G
H
J
K
L
1
2
3
4
5
6
7
8
NS
NX
Hill of Glenmount
Loch Muck
Benbrack
Campbell's Hill
Windy Standard
CARSPHAIRN
Brockloch Rig
Waterhead Hill
FOREST
Cairnsmore of Carsphairn
Windy Standard
Alhang
Polskeoch
Corse Hill
Countam
Ox Hill
Blackcraig Hill
Cairnkinna Hill
Chanlockfoot
Durisdeer
Drumlanrig Castle
Tibber's Castle
Enoch
Holestane
Morton Castle
Bellybought Hill
Carronbridge
Gatelawbridge
Thornhill
Penpont
Burnhead
Keir Mill
Closeburn
Motte of Dinning
Great
Loch Finlas
Loch Bradan Resr
Loch Doon
Lamford Hill
Dodd Hill
Craiglee
Castle
Black Craig
Garryhorn
Carsphairn
Cairn Avel
Corlae
Benbrack
Manquhill Hill
Benbuie
Wether Hill
Dalwhat Water
Countam
Auchenbrack
Shinnel Water
Bennan
Scar Water
Fort
Tynron
Moniaive
Kirkland
Keir Hills
Loch Riecawr
Loch Macaterick
Macaterick
Gala Lane
Meaul
Gairy Craig
Castlemaddy
Thorny Hill
Marscalloch Hill
Knowehead
Kendoon Loch
Water of Ken
Culmark Hill
Glenhoul
Wether Hill
DALMACALLAN FOREST
Bogrie Hill
Mullwharchar
Corserine
Loch Harrow
Forrest Lodge
Carsfad Loch
Loch Enoch
Round Loch of the Dungeon
RHINNS OF KELLS
Millfire
Loch Dungeon
Lochinvar
Blackcraig Hill
Loch Urr
Dunscore
Cairn Water
L. Neldricken
L. Valley
Cooran Lane
Earlstoun Loch
Earlstoun
Drumbuie
Bogue
St John's Town of Dalry
Glenlee
Barr Hill
Brockloch Hill
Loch Dee
Bennan
Balmaclellan
NEW GALLOWAY
Kenmure Castle
Ironmacannie
Craig
Corsock
Shawhead
Cairngarroch
Clatteringshaws Loch
Darnow
Cairnsmore or Black Craig of Dee
Benbrack
Brockloch Hill
Knocknevis
River Dee or Black Water of Dee
CAIRN EDWARD
Shaw Hill
FOREST
Loch Ken
Drumrash
Parton
Urr Water
Crocketford or Ninemile Bar
Lochfoot
Lochrutton Loch
Milton Loch
Auchenreoch Loch
Milton
Round Fell
Auchinleck
Craignelder
Fell of Fleet
Loch Grannoch
Stroan Loch
Mossdale
Kirkpatrick Durham
Springholm
Tower
Beeswing
Lochaber Loch
Loch Arthur
Lotus Hill
Airie Hill
Loch Skerrow
Craiglowrie
Woodhall Loch
Crossmichael
Old Bridge of Urr
Haugh of Urr
Kirkgunzeon
CAIRNSMORE OF FLEET
GALLOWAY
Lochenbreck Loch
Laurieston
Townhead of Greenlaw
Clarebrand
Mote of Urr
Long Fell
Meikle Hare Hill
Clints of Dromore
White Top of Culreoch
LAURIESTON FOREST
Glentoo Loch
Bargatton Loch
Threave Castle
CASTLE DOUGLAS
Carlingwark Loch
DALBEATTIE
Maidenpap
Palnure
Cree
Pibble Hill
Stey Fell
Loch Whinyeon
GLENGAP FOREST
Bengray
Loch Mannoch
Bridge of Dee
Rhonehouse or Kelton Hill
Gelston
Creetown
Wigtown Sands
WIGTOWN
Glen
Cairnharrow
GATEHOUSE OF FLEET
Anwoth
Cardoness Castle
Ringford
Twynholm
Tongland
Screel Hill
Bengairn
Palnackie
DALBEATTIE FOREST
Caulkerbush
Carsluith
Cairn Holy
Baldoon Sands
Ravenshall Point
Sandgreen
Girthon
Islands of Fleet
Fleet Bay
KIRKCUDBRIGHT
St Mary's Isle
Barcloy Hill
Auchencairn
Auchencairn Bay
Kippford or Scaur
Mote of Mark
Rockcliffe
Colvend
Sandyhills
Rough Island
Castlehill Point
Hestan Island
Merseahead Sands
Innerwell Port
Knockbrex
Borgue
Kirkcarswell
Dundrennan
Abbey
Rascarrel
Rascarrel Bay
Balcary Point
Orroland
Garlieston
WIGTOWN BAY
Eggerness Point
Borness
Ross
Borness Point
Kirkcudbright Bay
Townhead
Balmae
Little Ross
Netherlaw
Wall Hill
Port Mary
Abbey Head
Port Allen
Priory
Portyerrock Bay
Cairn Head
Isle of Whithorn
St Ninian's Chapel
SOLWAY
BURROW HEAD

72

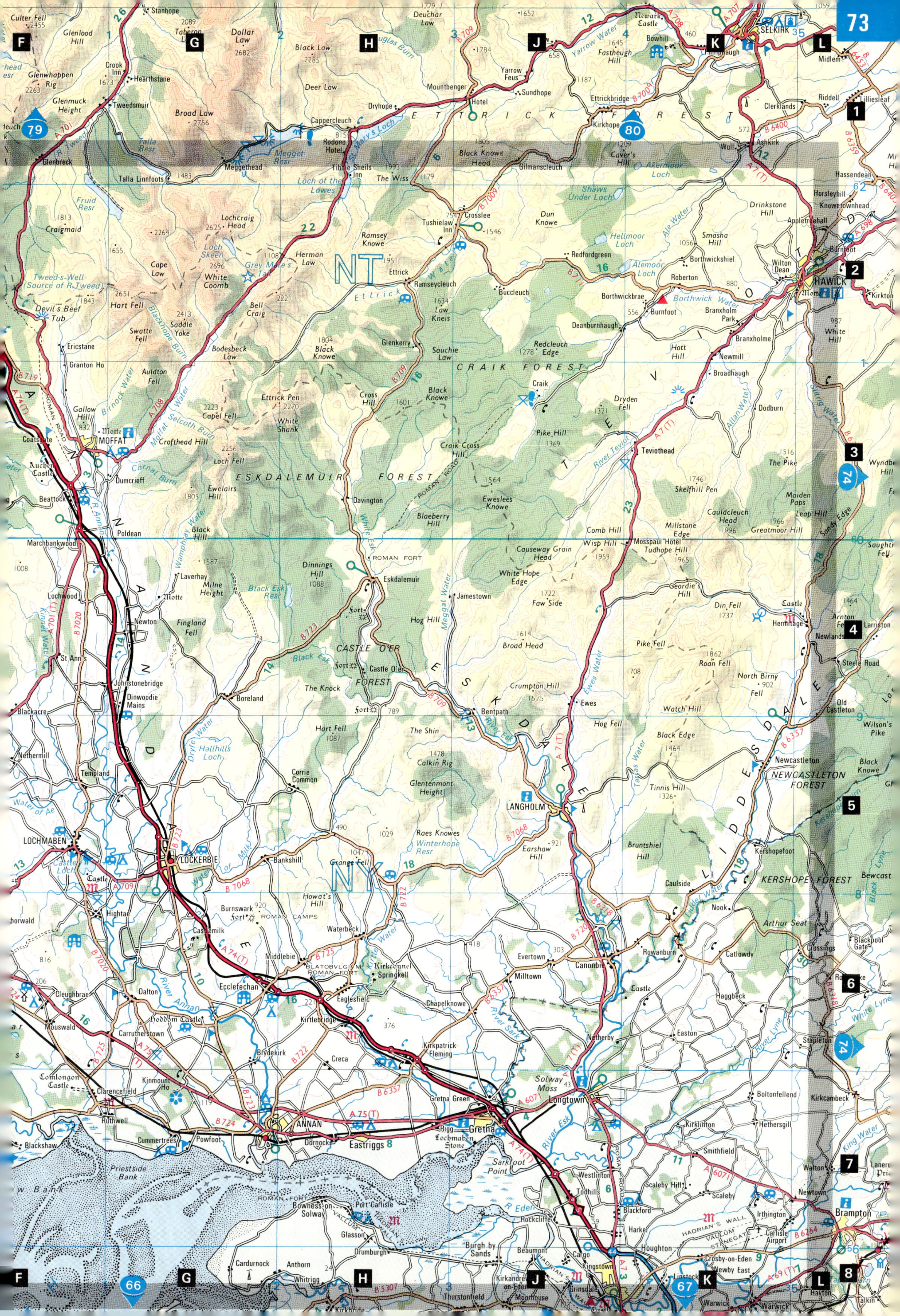

SELKIRK
HAWICK
MOFFAT
LOCKERBIE
LOCHMABEN
LANGHOLM
ANNAN
Gretna
Longtown
Brampton
Eastriggs
Ecclefechan
Canonbie
Newcastleton
NEWCASTLETON FOREST
KERSHOPE FOREST
CRAIK FOREST
ESKDALEMUIR FOREST
E T T R I C K F O R E S T
ESKDALE
LIDDESDALE
TEVIOTDALE
CASTLE O'ER FOREST
NT
NY
Tweedsmuir
Talla Resr
Megget Resr
St Mary's Loch
Loch of the Lowes
Ettrick
Eskdalemuir
Teviothead
Craik
Ettrickbridge
Ashkirk
Branxholme
Bentpath
Solway Moss
Sark
Rockcliffe
Bowness-on-Solway
Port Carlisle
Priestside Bank
Burgh by Sands
Carlisle Airport
Hadrian's Wall
Tweed's Well (Source of R. Tweed)
Devil's Beef Tub
Grey Mare's Tail
79
80
74
66
67
F
G
H
J
K
L
1
2
3
4
5
6
7
8

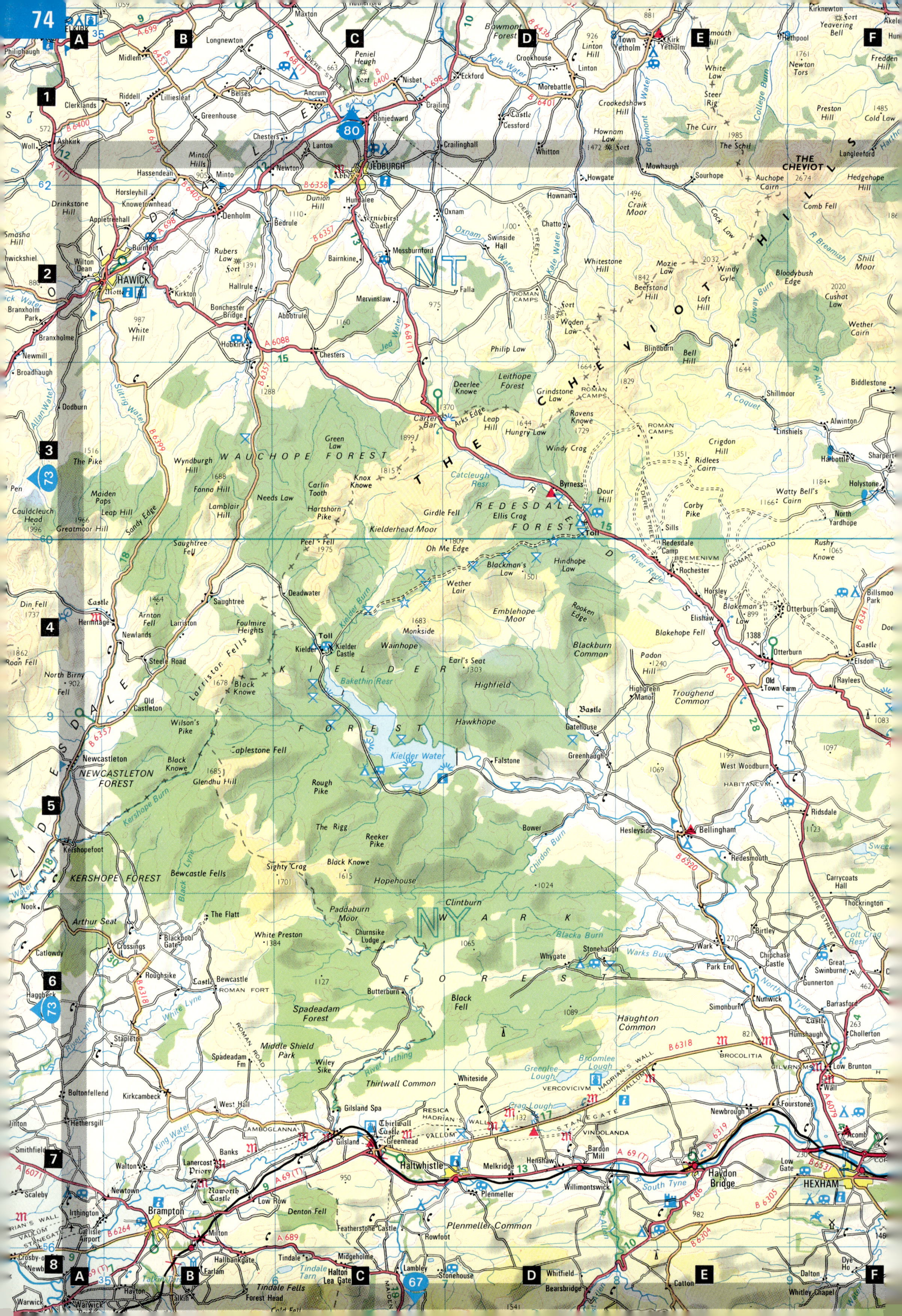
HAWICK
JEDBURGH
Newcastleton
NEWCASTLETON FOREST
KERSHOPE FOREST
WAUCHOPE FOREST
KIELDER FOREST
Kielder Water
Bakethin Resr
Catcleugh Resr
REDESDALE FOREST
THE CHEVIOT HILLS
THE CHEVIOT
NORTHUMBERLAND NATIONAL PARK
Bellingham
Otterburn
Rochester
Byrness
Carter Bar
Kielder
Falstone
Haltwhistle
Haydon Bridge
HEXHAM
Brampton
Bewcastle
Gilsland
Spadeadam Forest
Wark
Elsdon
Denholm
Minto
Ancrum
Crailing
Morebattle
Yetholm
Town Yetholm
Kirk Yetholm
Alwinton
Harbottle
Holystone
Chollerton
Acomb
Fourstones
Greenhead
Lanercost Priory
Naworth Castle
Plenmeller Common
Thirlwall Common
Haughton Common
Hadrian's Wall
River Rede
River Coquet
North Tyne
South Tyne
A 68
A 68 (T)
A 69 (T)
A 6088
A 698
A 7
B 6357
B 6318
B 6320
B 6342
80
73
67

NEWCASTLE UPON TYNE to	⛴
Seasonal	
Esbjerg	18½–21 hrs
Bergen	20–27 hrs
Gothenburg	25–27½ hrs
Stavanger	17–20½ hrs

KENNACRAIG to
Port Askaig .... 2¾ hrs
Port Ellen .... 2 hrs

84
85
G
H
J
K
L
1
2
3
4
5
6
7
70
71
72
78
Innellan
Wemyss Bay
Inverkip
Power Sta
Kilmacolm
Bishopton
Clydebank
Bearsden
Renfrew
Glasgow Airport
Paisley
Govan
Pollokshields
Linwood
Kilbarchan
Johnstone
Elderslie
Barrhead
Neilston
Newton Mearns
Eaglesham
Port Bannatyne
Rothesay
Toward Point
Skelmorlie
Largs
Great Cumbrae Island
Millport
Little Cumbrae Island
Fairlie
Kilbirnie
Lochwinnoch
Beith
Dalry
Dunlop
Stewarton
West Kilbride
Seamill
Ardrossan
Saltcoats
Stevenston
Kilwinning
Irvine
Irvine Bay
Kilmarnock
Kilmaurs
Hurlford
Galston
Newmilns
Darvel
Riccarton
Dundonald
Barassie
Troon
Lady Isle
Monkton
Prestwick
Prestwick Airport
Tarbolton
Mauchline
Catrine
Mossblown
Annbank
Ayr
Heads of Ayr
Drongan
Auchinleck
Cumnock
Culzean Bay
Maybole
Maidenhead Bay
Kirkoswald
Maidens
Turnberry Bay
Crosshill
Patna
Dalmellington
Straiton
Firth of Clyde
Cunninghame
Kyle
Carrick
Carsphairn
NS

HELENSBURGH
GREENOCK
PORT GLASGOW
DUMBARTON
KILPATRICK HILLS
CAMPSIE FELLS
Kilsyth Hills
KILSYTH
Carron Valley Forest
Carron Valley Resr
MILNGAVIE
BEARSDEN
CLYDEBANK
KIRKINTILLOCH
Bishopbriggs
GLASGOW
PAISLEY
RENFREW
Glasgow Airport
COATBRIDGE
AIRDRIE
RUTHERGLEN
Johnstone
Elderslie
Linwood
Kilbarchan
Kilmacolm
Bridge of Weir
BARRHEAD
Newton Mearns
EAST KILBRIDE
HAMILTON
MOTHERWELL
Bellshill
Uddingston
Bothwell
Blantyre
Larkhall
Strathaven
Eaglesham
Neilston
Lochwinnoch
Beith
Dalry
Kilbirnie
KILWINNING
IRVINE
Irvine Bay
Stewarton
KILMARNOCK
Kilmaurs
Riccarton
Hurlford
Galston
Newmilns
Darvel
GREENHOLM
Whitelee Forest
Troon
Barassie
Prestwick
Prestwick Airport
Monkton
AYR
Alloway
Tarbolton
Mauchline
Catrine
Auchinleck
CUMNOCK
Ochiltree
Drongan
Mossblown
Annbank
Sorn
Airds Moss
Muirkirk
Kype Muir
Glenmuirshaw
Logan
Lugar
NS

Kincardine
Valleyfield
DUNFERMLINE
Pettycur
BURNTISLAND
Culross
Torry Bay
Crossford
Charlestown
Limekilns
Rosyth
INVERKEITHING
Dalgety Bay
Aberdour
Inchkeith
Inchcolm
Oxcars
Inchmickery
Stenhousemuir
Larbert
GRANGEMOUTH
BO'NESS
Grangepans
Carriden
Muirhouses
Blackness
FALKIRK
Camelon
Bonnybridge
High Bonnybridge
Greenhill
Glen Village
Redding
Brightons
Reddingmuirhead
Shieldhill
Maddiston
California
LINLITHGOW
Linlithgow Bridge
Philpstoun
Old Philpstoun
Champany
Hopetoun
Forth Road Bridge
North Queensferry
QUEENSFERRY
Inch Garvie
Forth Br
Dalmeny
Newton
Dundas Castle
Barnbougle Castle
Cramond Island
Cramond
Granton
Black Rocks
Leith
EDINBURGH
Portobello
Jawcraig
Slamannan
Avonbridge
Binniehill
Limerigg
Standburn
Westfield
Torphichen
Bridgend
Winchburgh
Ecclesmachan
Kirkliston
Newbridge
Edinburgh Airport
Ingliston
Gogar
Ratho Station
Ratho
Uphall
Broxburn
Dechmont
Uphall Station
Corstorphine
Cramond Bridge
Duddingston
Arthur's Seat
Craigmillar
Morningside
Craiglockhart
Colinton
Liberton
Danderhall
Gilmerton
Hermiston
Juniper Green
Currie
Balerno
Bonnington
Longriggend
Caldercruix
Hillend Resr
Black Loch
Lilly Loch
ARMADALE
BATHGATE
Boghall
Blackridge
Westrigg
Whiteside
Deans
LIVINGSTON
Livingston Village
East Calder
Oakbank
Kirknewton
Wilkieston
Seafield
Dedridge
Bellsquarry
Polbeth
Blackburn
East Whitburn
WHITBURN
Harthill
Eastfield
Forrestfield
Forrestburn Resr
Roughrigg Resr
Kirk of Shotts
Salsburgh
Stoneyburn
Longridge
Addiewell
West Calder
Fauldhouse
Stane
Shotts
Dykehead
Hartwood
Greenburn
Breich
Harlaw Resr
Threipmuir Resr
Glencorse Resr
Loganlea Resr
Bavelaw Castle
Black Hill
Scald Law
Allermuir Hill
Woodhouselee
Straiton
Loanhead
Bilston
Roslin
Rosewell
Milton Bridge
Auchendinny
PENICUIK
Silverburn
Carrington
Kaimes
Fairmilehead
Braid Hills
Morton Resr
Harperrig Resr
Crosswood Resr
Cobbinshaw Resr
Bore Stane
North Esk Resr
The Mount
Baddinsgill Resr
Carlops
Newhall
Auchencorth Moss
Leadburn
Howgate
Edgelaw Resr
PENTLAND HILLS
Hendreys Course
Woolfords Cottages
Tarbrax
Auchengray
Rootpark
Allanton
Bonkle
Newmains
Wishaw
Auchter Water
Bogside
Hare Hill
Forth
Springfield Resr
White Craig
Byrehope Mount
West Water Resr
Bleak Law
Mendick Hill
West Linton
Cowdenburn
Waterheads
Portmore Loch
Carluke
Yieldshields
Braehead
West Mains
Roadmeetings
Kilncadzow
Braidwood
Crossford
Cartland
Carstairs
Carstairs Junction
Carnwath
Newbigging
Dunsyre
Black Mount
Walston
Dolphinton
Romannobridge
Halmyre Mains
Wether Law
Mountain Cross
Blyth Bridge
Drochil Castle
Castlecraig
Cairlzie Hill
Eddleston
Milkieston Rings
Blackhope Scar
MOOR
Dunslair Heights
Hazelbank
Nemphlar
Mouse Water
Auchenheath
Kirkfieldbank
LANARK
New Lanark
Havenstruther
Pettinain
South Medwin
Libberton
Elsrickle
Candy Mill
Ewe Hill
Broughton Heights
Black Meldon
White Meldon
Neidpath Castle
PEEBLES
Glentress Forest
Glentress
Black Law
Hawksland
Shieldhill
Quothquan
BIGGAR
Skirling
Trahenna Hill
Hallyne
Kirkton Manor
Cademuir Hill
Kings Muir
Cardrona
Cardrona Forest
Broken Cross Muir
Coalburn
Braehead
Douglas Water
Thankerton
Rigside
Howgate Hill
Tinto
Tinto Hills
Symington
Goseland Hill
Broughton
Tinnis Castle
Bellspool
Stobo
Whitelaw Hill
Happendon
Uddington
Coulter
Snaip Hill
Common Law
Drumelzier
Finglen Rig
Posso
Preston Law
Hundleshope Heights
Stob Law
Glen Ho
Douglas
Scaur Hill
Newton
Dungavel Hill
Wiston
Lamington
Roberton Law
Backstone Hill
Startup Hill
Broad Hill
Culter Fell
Blakehope Head
Stanhope
Pykestone Hill
Horse Hope Hill
Dun Rig
Taberon Law
Dollar Law
Pagie Hill
Auchensaugh Hill
Middle Muir
Roberton
Glenlood Hill
Culter Waterhead Resr
Glenwhappen Rig
Duncangill Head
Crook Inn
Hearthstane
Black Law
Douglas Burn
Deuchar Law
Blake Muir
Crawfordjohn
Abington
Tewsgill Hill
Drake Law
Camps Water
Culter Cleuch Shank
Camps Resr
Glenmuck Height
Tweedsmuir
Broad Law
Talla Resr
Deer Law
Cappercleuch
Rodono Hotel
Dryhope
Megget Resr
Meggethead
Tibbie Sheils Inn
St Mary's Loch
The Wiss
Black Knowe Head
Common Hill
Kirkton
Crawford
Glenbreck
Talla Linnfoots
Loch of the Lowes
White Hill
Lowther Hills
Rake Law
Wellgrain Dod
Elvanfoot
Clyde Law
Fruid Resr
Craigmaid
Lochcraig Head
Herman Law
Ramsey Knowe
Tushielaw Inn
Crosslee
Wedder Dod
Leadhills
Roman Camp
Tweed's Well (Source of R Tweed)
Cape Law
White Coomb
Grey Mare's Tail
Ettrick
Ramseycleuch

A
B
C
D
E
F
1
2
3
4
5
6
7
8
FIRTH OF FORTH
Inchkeith
Eyebroughy
Fidra
NORTH BERWICK
Craigleith
Castle
Bass Rock
Tantallon Castle
St Baldred's Boat
87
Gullane Bay
Dirleton
Castle
Gullane
Berwick Law
Auldhame
Scoughall
Kingston
Whitekirk
St Baldred's Cradle
Aberlady Bay
Aberlady
Tyne Mouth
Drem
Peffer Burn
Tyninghame
Castle
DUNBAR
Gosford Bay
Gosford Ho
Spittal
Ballencrieff
Fort
Athelstaneford
Preston
West Barns
Broxburn
Barns Ness
Black Rocks
Leith
EDINBURGH
COCKENZIE AND PORT SETON
Seton Ho
Longniddry
Garleton Hills
EAST LINTON
Traprain
Skateraw
Power Station
Thorntonloch
PRESTONPANS
Portobello
1745
Elvingston
Huntington
HADDINGTON
Tyne
Hailes Castle
Traprain Law
Luggate Burn
Pitcox
Spott
Brunt Hill
Stenton
Halls
Dry Burn
Innerwick
Castle
Palace
Arthur's Seat
Duddingston
MUSSELBURGH
TRANENT
Gladsmuir
Inveresk
Wallyford
Macmerry
New Winton
Samuelston
Whitelaw Hill
Papple
Garvald
Cocklaw Hill
Cockburnspath
Oldhamstocks
Craigmillar Castle
Danderhall
Elphinstone
Ormiston
New Town
Bolton
Whitecraig
Braid Hills
Gilmerton
Millerhill
Pencaitland
East Saltoun
West Saltoun
Gifford
Carfrae
Dunbar Common
Fort
Bransly Hill
Kaimes
Straiton
LOANHEAD
DALKEITH
Cousland
Yester Ho
Yester Castle
Danskine
Monynut Edge
Heart Law
Ecclaw
Eskbank
BONNYRIGG AND LASSWADE
Mayfield
Oxenford Castle
Peaston Bank
Peaston
Gilchriston
Longyester
Fort
Spartleton Edge
Bothwell Water
Monynut Water
Bilston
Polton
Roslin
Castle
Rosewell
Newtongrange
Newlandrig
Pathhead
Forts
Fort
Fort
Whiteadder Resr
Cranshaws
Abbey St Bathans
Arniston Engine
Gorebridge
Crichton
Castle
Fala Dam
Fala
Humbie
Blegbie
Hopes Resr
Lammer Law
Meikle Says Law
Faseny Water
Cranshaws Hill
Ellemford
Carrington
Castle
North Middleton
Tynehead
Soutra Mains
LAMMERMUIR
Crib Law
Hunt Law
Cairn
Temple
Middleton
Fala Moor
Blythe Edge
Dye Water
Longformacus
Edgelaw Resr
Rosebery Resr
Falahill
Gilston
Soonhope Burn
Hogs Law
Watch Water Resr
LAMMER
Twinlaw Cairns
Dirrington Great Law
Dirrington Little Law
Gladhouse Resr
Torfichen Hill
MOORFOOT HILLS
Heriot
Forts
Oxton
Hotel
Forts
Scoured Rig
Gavinton
Portmore Loch
Collie Law
Fort
Leader Water
Edgarhope Wood
Hare Faulds
Blythe
NT
Westruther
Polwarth
Halliburton
Hule Moss
Fogo
Dun Law
Fountainhall
Gala Water
Thirlestane Castle
LAUDER
LAUDERDALE
Thirlestane
Houndslow
Blackhope Scar
Ladyside Height
Torquhan
Lauder Common
Greenlaw
Lugate Water
Killochyett
Stow
Eden Water
Dunslair Heights
Whitehope Law
Windlestraw Law
Nether Blainslie
Legerwood
Gordon
Tower
Glentress Forest
Black Law
Great Law
Broch
Hume
Lambden
PEEBLES
Glentress
Priesthope Hill
Caddon Water
Bowland
William Law
Langshaw
Fans
Mellerstain Ho
Sweethope Hill
Stichill
Blackhaugh
Knowes Hill
Broch
Buckholm
Earlston
Nenthorn
Ednam
Cardrona
Lee Pen
Walkerburn
Meigle Hill
GALASHIELS
Fort
Redpath
Smailholm
Hendersyde Park
Cardrona Forest
INNERLEITHEN
Elibank and Traquair Forest
Clovenfords
Caddonfoot
Lowood
Gattonside
Tower
Wallace's Hill
Traquair House
Traquair
Ashiestiel Hill
Boleside
Abbotsford
Abbey
Newstead
Bemersyde
Floors Castle
Abbey
KELSO
Maxwellheugh
Glen Ho
Kirkhouse
Minch Moor
Yair Hill Forest
Fort
MELROSE
Eildon Hills
Newtown St Boswells
Clintmains
Dryburgh Abbey
Makerstoun
Trows
Cauldshiels Hill
St Boswells
Roxburgh
Broomy Law
Lindean
Bowden
Rutherford
Heiton
Blake Muir
Broadmeadows
Linglie Hill
Deuchar Law
Newark Castle
SELKIRK
Maxton
Bowmont Forest
Yarrow
Bowhill
Philiphaugh
Yarrow Water
Fastheugh Hill
Longnewton
Midlem
Peniel Heugh
Fort
Crookshouse
Kale Water
Yarrow Feus
Nisbet
Eckford
Mountbenger
Hotel
Sundhope
Ettrickbridge
Riddell
Lilliesleaf
Belses
Ancrum
Crailing
Castle
Cessford
Morebattle
ETTRICK FOREST
Kirkhope
Clerklands
Greenhouse
Bonjedward
Crailinghall
Black Knowe Head
Cavers Hill
Ashkirk
Woll
Chesters
Minto Hills
Lanton
Whitton
Gilmanscleuch
Akermoor Loch
Hassendean
Minto
Newton
JEDBURGH
The Wiss
Shaws Under Loch
73
Drinkstone Hill
Horsleyhill
Knowetownhead
Dunion Hill
Hundalee
74
Crosslee
Tushielaw Inn
Dun Knowe
Hellmoor Loch
Ale Water
Appletreehall
Denholm
Bedrule
Ferniehirst Castle
Oxnam
Swinside Hall
Chatt
Smasha Hill
Redfordgreen
Borthwickshiel
Burnfoot
Rubers Law
Fort
Bairnkine
Mossburnford
Ettrick
Ramseycleuch
Alemoor Loch
Roberton
Wilton Dean
HAWICK
Hallrule
Kale Water
79
Gleneae Burn

NORTH SEA
ST ABB'S HEAD
Siccar Point
Wheat Stack
Fast Castle
Telegraph Hill
Coldingham Bay
St Abbs
Coldingham
Buss Craig
EYEMOUTH
Burnmouth
Ayton
Reston
Grantshouse
Houndwood
Auchencrow
Lamberton Beach
Lamberton
Halidon Hill
BERWICK-UPON-TWEED
Tweedmouth
Spittal
East Ord
Redshin Cove
Chirnside
Foulden
Paxton
Hutton
Allanton
Blackadder
Whitsome
Swinton
Ladykirk
Norham
Horncliffe
Scremerston
Cheswick Black Rocks
Cheswick
Goswick
Haggerston Castle
Beal
Emmanuel Head
HOLY ISLAND
Lindisfarne
Holy Island Sands
Priory
Castle Point
Guile Point
FARNE ISLANDS
Staple Sound
Inner Sound
Budle Bay
Bamburgh
Seahouses
North Sunderland
Beadnell
Beadnell Bay
Snook Point
St Mary's or Newton Haven
Embleton Bay
Embleton
Dunstanburgh Castle
Craster
Howick
Howick Haven
Longhoughton
Boulmer
COLDSTREAM
Cornhill-on-Tweed
Wark
Learmouth
Branxton
Flodden
Ford
Etal
Crookham
Duddo
Lowick
Kyloe
Fenwick
Buckton
Elwick
Ross
Belford
Detchant
Holburn
Easington
Waren Mill
Budle
Spindlestone
Bradford
Lucker
Adderstone
Warenford
Ellingham
Chathill
Preston
Brunton
Christon Bank
Rennington
Rock
South Charlton
North Charlton
Doddington
Horton
Weetwood Hall
Wooler
Humbleton
Akeld
Kirknewton
Yeavering Bell
Chatton
Chillingham Castle
Hepburn
Lilburn Tower
East Lilburn
Old Bewick
Cateran Hill
Middleton Hall
Haugh Head
Earle
Fredden Hill
Newton Tors
Preston Hill
Cold Law
Langlee Crags
Langleeford
Hedgehope Hill
THE CHEVIOT
Auchope Cairn
Sourhope
Mowhaugh
Town Yetholm
Kirk Yetholm
Coldsmouth Hill
White Law
Steer Rig
The Curr
The Schil
Comb Fell
Dunmoor Hill
Bloodybush Edge
Windy Gyle
Ilderton
Roddam
Wooperton
Rosedon
Brandon
Powburn
Glanton Pike
Glanton
Beanley
Titlington
Shawdon Hall
Eglingham
New Bewick
Harehope
West Ditchburn
Middle Moor
Newham
Swinhoe
West Fleetham
Newstead
Tower
Hazelrigg
Nesbit
Fenton
Milfield
Kimmerston
Kilham
Lanton
Coupland
Downham
Pressen
Mindrum
Pawston
Shotton
Hoselaw Loch
Carham
Birgham
Lennel
Simprim
Leitholm
Castle Heaton
Pallinsburn Ho
Barmoor Castle
Bowsden
Berrington
Felkington
Grindon
Shoreswood
Shoresdean
Thornton
Murton
West Allerdean
Ancroft
Haydon Dean
Longridge Towers
Loanend
Fishwick
New Horndean
Edrom
Chirnsidebridge
Linthill
Preston
Marygold
Horseley Hill
Cairncross
Lumsdaine
Meikle Black Law
Cross Law
Coldingham Moor
Northfield
Clappers
Kyloe Hills
NU
Blackadder Water
Whiteadder Water
R. Tweed
Eye Water
Ale Water
Leet Water
River Till
R Glen
Harthope Burn
College Burn
Bowmont Water
R Breamish
Hulne Park
Denwick
Littlehoughton
Newton-by-the-Sea
High Newton
Newham Hall
Elford
Mousen
Burton
Belshill
Warenton
Greendykes
Fowberry Tower
Outchester
Middleton
Cheviot Hills
MERSE
A1(T)
A697
A698
A1107
B6438
B6355
B6437
B6460
B6461
B6470
B6354
B6353
B6525
B6352
B6351
B6348
B6349
B6346
B6341
B1340
B1342
B1339
A6105
A6112
A6112
75
81

88
76
INNER HEBRIDES
Dubh Artach
COLONSAY
COLONSAY to Oban 2¼ hrs
Port na Cuilce
Rubh' a' Geodha
Balnahard
Kiloran Bay
Carnan Eoin
Cailleach Uragaig
Port Ceann a' Gharraidh
Beinn Bhreac
Kiloran
An Rubha
Kilchattan
Scalasaig
Port a' Bhàta
Port an Obain
Loch Staosnaig
Eilean a' Chladaich
Ardskenish
Garvard
Rubha Dubh
Meall an Arbhair
Dubh Eilean
Priory
Eilean Treadhrach
ORONSAY
Eilean nan Ròn
Eilean Ghaoideamal
Caolas Mòr
Ceann Riobha
JURA
Rubha na h-Uamha-sàile
Corpach Bay
Beinn Bhreac
Allt an Tairbh
Shian Bay
Rainberg Mòr
Shian River
Loch Righ Mòr
Crub
Rubh' an t-Sàilein
Rubh' a' Chrois-aoinidh
Loch Tarbert
Cnoc an Ime
Lagg
Rubh' Aird na Sgitheich
Allt na Gile
Glen Batrick
Beinn Bhreac
Loch Lesgamaill
Loch an Aircill
Beinn an Oir
PAPS OF JURA
Port Doir' a' Chrorain
Loch a' Chnuic Bhric
JURA FOREST
Corran R
An Dùnan
Inver Cottage
Gleann Astaile
Knockrome
Leargybreck
Loch na Mile
Abhainn Gleann Tùbharnadeal
Glas Bheinn
Feolin Ferry
Keils
Small Isles
Craighouse
Gleann Ulibh
Brat Bheinn
Port na Birlinne
Na Cùiltean
Cabrach
Jura Ho
Glas Eilean
Am Fraoch Eilean
Claig Castle
Brosdale Island
Rubha na Tràille
NR
Post Rocks
RUBH' A' MHAIL
Rubha Bholsa
Sgarbh Breac
Sgairail
Sgòrbh Dubh
Loch Sgmigeadail
Bachlaig
SOUND OF ISLAY
Nave Island
Ardnave Point
Eilean Beag
Gortantaoid Point
Gortantaoid
Bunnahabhainn
Ardnave
Carraig Bhàn
Killinallan
Giur-bheinn
Beinn Bhreac
Tòn Mhòr
An Clachan
Sanaigmore
Kilnave
Loch Gruinart
Caol Ila
Port Askaig
Braigo
Rubha Lamanais
Ballinaby
Carnduncan
Gruinart
Craigens
Loch Finlaggan
Castle
Keills
Saligo Bay
Loch Gorm
Abhainn Ghlas
River Drolsay
Loch Cam
Ballygrant
Loch Ballygrant
Kilmeny
Coul Point
Foreland Ho
Eskrish
Beinn Dubh
Machir Bay
Kilchoman
Cnoc Dubh
Blackrock
Islay Ho
R Sorn
Dun Bhruichlinn
Daill
Carraig Dubh
Bridgend
Conisby
Bruichladdich
Kilchiaran
ISLAY
Kilchiaran Bay
Bowmore
Dun Nosebridge
McArthur's Head
Tormisdale
Mulindry
Port Charlotte
Kilennan R
Glas Bheinn
Rubha Ghlamraidh
Gartbreck
Cairn
Lossit Point
Lossit
Beinn Tart a' Mhill
LOCH INDAAL
R Laggan
Beinn Bhan
Beinn Bheigier
Carraig Mhòr
Lossit Bay
Nereabolls
Laggan
Laggan Point
Port Mòr na Carraig
Duich R
Gleann Leora
Claggain River
RHINNS OF ISLAY
Duich Lots
Beinn Uraraidh
Ardtalla
Rubha na Faing
Port Gleann na Gaoidh
Claggain Bay
Ellister
LAGGAN BAY
Loch Beinn Uraraidh
Portnahaven
Port Wemyss
Glenegedale R
Loch Leathann an Sgorra
Cnoc Mòr na Claigin
Aros Bay
Orsay
RHINNS POINT
Islay (Port Ellen) Aerodrome
Glenegedale
Kintour
Kildalton Cross
Ardmore Point
Knockangle Point
Allt nan Airighean
Ardmore
Beinn Sholum
Eilean Craobhach
Hotel
Eilean a' Chùirn
Port Alsaig
Kintra
Leorin
Eilean Bhride
Rubha Mòr
Kildalton House
Slugaide Glas
Cornabus
Ardbeg
Rubha na Gainmhich
Maol Buidhe
Cragabus
Port Ellen
Lagavulin
Eilean Imersay
Dùn Mòr Ghil
Glenastle
Dunyvaig Castle
Laphroaig
THE OA
Carraig Fhada
Texa
Lower Killeyan
Risabus
Loch Kinnabus
Inerval
MULL OF OA
Beinn Mhòr
Rubha na Mèise Bàine
Port an Eas
Rubha nan Leacan
A 846
A 847
A 870
A 871
A 869
B 8016
B 8017
B 8018
1½ hrs
2¼ hrs
A B C D E
1 2 3 4 5 6 7 8

F
G
H
J
K
L
1
2
3
4
5
6
7
8
89
84
76
NM
NS
SCARBA
Lunga
Shuna
Toberonochy
Gulf of Corryvreckan
Whirlpool
Rubha Righinn
Glentrosdale Bay
Kinuachdrachd
Kinuachdrachd Harbour
JURA
SOUND OF JURA
Lussagiven
Lussa Point
Ardlussa
Ardlussa Bay
Gob Dubh
Tayvallich
Achnamara
Kilmichael of Inverlussa
Keills
Keillmore
Loch na Cille
New Ulva
Taynish
LOCH SWEEN
Castle Sween
Kilmory
Kilmory Bay
Point of Knap
Port Cill Maluaig
Druimdrishaig
Ormsary
Baile Boidheach
LOCH CAOLISPORT
Ellary
Clachbreck
Achahoish
Lochead
Crinan
Bellanoch
Kilmahumaig
Moine Mhór
Cairnbaan
Crinan Canal
Kilmartin
Poltalloch
Slockavullin
Kilmichael Glassary
Bridgend
LOCHGILPHEAD
Kilmory Castle
Ardrishaig
Castleton
Port Ann
Loch Gilp
Inverneill
Erines
KNAPDALE
Stonefield Castle Hotel
Tarbert
West Tarbert
West Loch Tarbert
Kennacraig
Whitehouse
Kilchamaig
Dunmore
Kilberry
Kilberry Head
Cretshengan
Millers Bay
Ardpatrick
Ardpatrick Point
Port Mór
Loch Stornoway
Clachan
Ronachan
Dunskeig Bay
KINTYRE
Glenreasdell Mains
Skipness
Skipness Point
Claonaig
Claonaig Bay
Crossaig
Cour Bay
Cour
Sunadale
Grogport
Carradale
Torrisdale
Tayinloan
Killean
Beacharr
A' Chleit
Muasdale
Bellochantuy
Bellochroy
Rhunahaorine
GIGHA
Ardminish
Gigalum Island
Cara Island
Eilean Garbh
Tarbert
Druimyeon Bay
East Tarbert Bay
An Dubh-sgeir
Port Mór
Gamhna Gigha
Rubh a' Chàirn Bhàin
KILBRANNAN SOUND
LOCH FYNE
Otter Ferry
Ballimore
Kilfinan
Kilfinan Bay
Port Leathan
Auchalick Bay
Ardmarnock Bay
Kames
Tighnabruaich
Millhouse
Portavadie
Ardlamont Point
Ardlamont Bay
Kilbride Bay
Asgog Bay
KYLES OF BUTE
Colintraive
Altgaltraig
LOCH STRIVEN
Glendaruel
Clachan of Glendaruel
Glendaruel Forest
Auchenbreck
Dunans
Strathlachlan Forest
Castle Lachlan
Lachlan Bay
Newton
Strachur
Strachur Bay
Creggans
Furnace
Auchindrain
Inveraray
Dalchenna
Minard
Minard Castle
Tullochgorm
Crarae
Asknish
Lochgair
Ederline
Ford
Cuilfail
Eredine
Forest
Loch Awe
ARGYLL
Glen Shira
St Catherines
Glenbranter
Glen Branter Forest
Glen Massan
Balliemore
Glen Lean
Clachaig
Knockdow
Strone Point
Toward
Toward Point
Castle Toward
ISLAND OF BUTE
Port Bannatyne
Kames Bay
St Colmac
Kildavanan
Ettrick Bay
Rothesay Bay
ROTHESAY
Ascog
Kerrycroy
Scoulag Point
Mountstuart
St Ninian's Point
Inchmarnock
Straad
Quien Hill
Loch Quien
Kingarth
Kilchattan Bay
Dunagoil Bay
Garroch Head
Stravanan Bay
Ardscalpsie Point
Scalpsie Bay
Bruchag Point
GREAT CUMBRAE ISLAND
SOUND OF BUTE
Millstone Point
Cock of Arran
Rubha Creagan Dubha
Lochranza
Catacol
Catacol Bay
Rubha Airigh Bheirg
Thundergay
Pirnmill
Whitefarland Point
Imachar
Balliekine
Dougarie Point
North Glen Sannox
Sannox
Sannox Bay
Glen Sannox
Corrie
GOATFELL
Merkland Point
Glen Rosa
Brodick
Brodick Bay
ISLAND OF ARRAN
Glen Iorsa
Caisteal Abhail
Beinn Tarsuinn
Beinn Bharrain

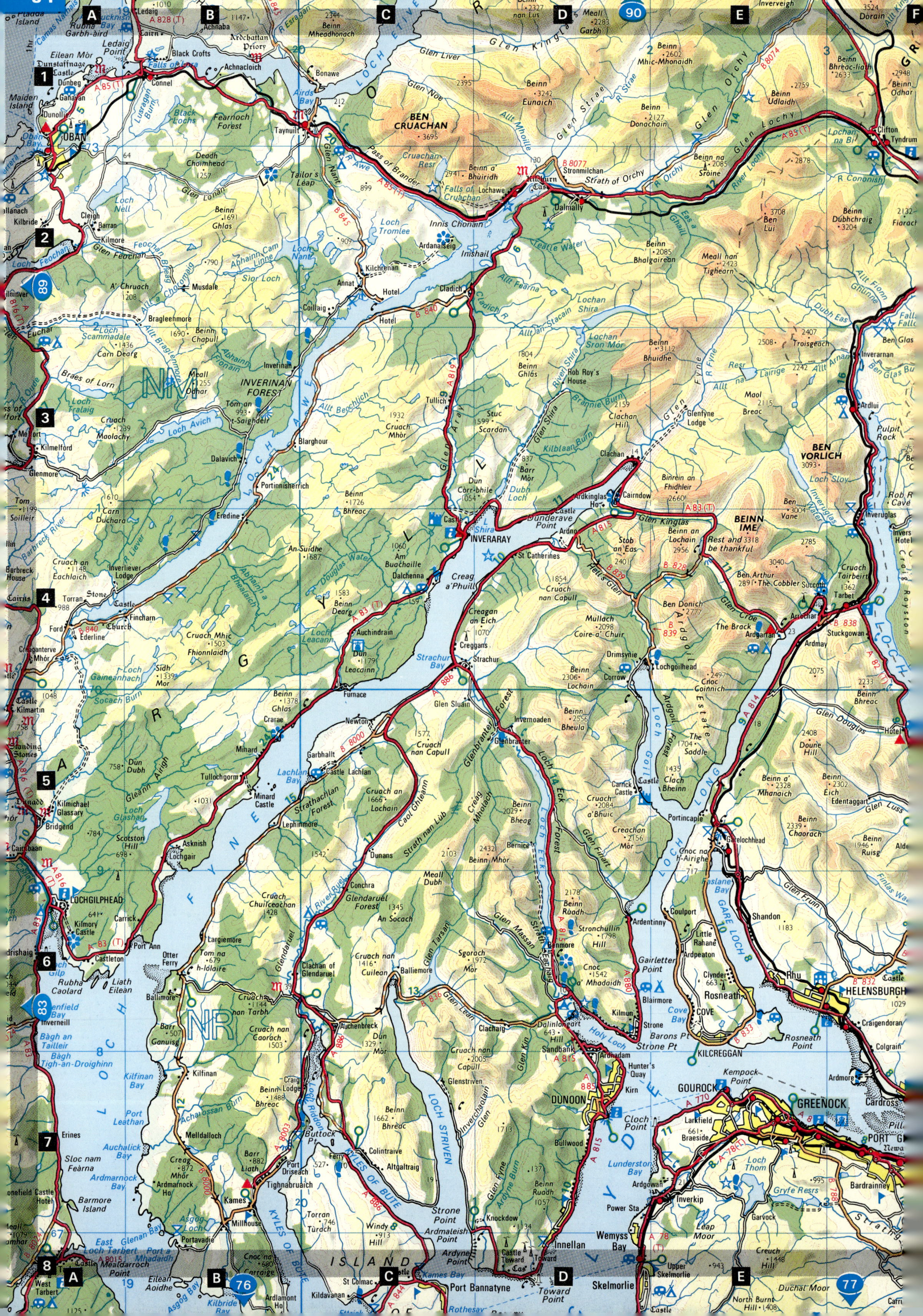

CALLANDER
STIRLING
DUNBLANE
DOUNE
KILLIN
CLYDEBANK
BEARSDEN
MILNGAVIE
KIRKINTILLOCH
CUMBERNAULD
DUMBARTON
COATBRIDGE
KILSYTH
LOCH EARN
LOCH KATRINE
BEN VORLICH
BEN LEDI
BEN VENUE
BEN MORE
CAMPSIE FELLS
KILPATRICK HILLS
Due to open Mid 1991
NN
NS

86

F
G
H
J
K
1
2
3
4
5
6
7
8
DUNDEE
Tay Road Bridge
Toll
Broughty Ferry
MONIFIETH
CARNOUSTIE
Barry Links
BUDDON NESS
Abertay
TAYPORT
NEWPORT ON TAY
Woodhaven
Wormit
Tay Bridge
FIRTH OF TAY
TENTSMUIR FOREST
Invergowrie
Longforgan
Kingoodie
Dog Bank
Carthagena Bank
Errol
Balmerino Abbey
Kirkton
Gauldry
Leuchars
Earlsball
Eden Mouth
Guardbridge
ST ANDREWS BAY
ST ANDREWS
Kinkell Ness
Buddo Ness
Babbet Ness
North Carr
Cambo Ness
Carr Brigs
Tullybothy Craigs
FIFE NESS
Balcomie
CRAIL
West Ness
Kingsbarns
Boarhills
Dunino
Stravithie
Strathkinness
Kincaple
Dairsie or Osnaburgh
CUPAR
Kemback
Pitscottie
Ceres
Denhead
Cameron Resr
Largoward
Peat Inn
Radernie
Lathones
Carnbee
Kellie Law
Arncroach
KILRENNY
ANSTRUTHER
PITTENWEEM
ST MONANCE
Abercrombie
Kilconquhar
Colinsburgh
ELIE
EARLSFERRY
Chapel Ness
Sauchar Point
Ruddons Point
LARGO BAY
Lower Largo
Lundin Links
LEVEN
METHIL
BUCKHAVEN
Kennoway
Largo Law
Isle of May
Priory
NEWBURGH
Lindores
Lindores Loch
Auchtermuchty
FALKLAND
Freuchie
LADYBANK
Kingskettle
Springfield
Pitlessie
Kettlebridge
Howe of Fife
Lomond Hills
MARKINCH
LESLIE
GLENROTHES
Kinglassie
Thornton
Coaltown of Balgonie
Windygates
East Wemyss
West Wemyss
Macduff's Castle
Dysart
KIRKCALDY
Linktown
Auchtertool
Auchterderran
Cluny
Cardenden
Lochgelly
Due to open Mid 1990
Seafield Tower
KINGHORN
Pettycur
BURNTISLAND
Inchkeith
Oxcars
Inchmickery
Cramond Island
FIRTH OF FORTH
NORTH SEA
EDINBURGH
Leith
Granton
Portobello
MUSSELBURGH
Inveresk
Wallyford
PRESTONPANS
COCKENZIE AND PORT SETON
TRANENT
Longniddry
Gosford Bay
Aberlady Bay
Aberlady
Gullane Bay
Gullane
Dirleton
Eyebroughy
Fidra
NORTH BERWICK
Craigleith
Bass Rock
Tantallon Castle
St Baldred's Boat
Scoughall
Whitekirk
St Baldred's Cradle
Tyne Mouth
DUNBAR
East Linton
HADDINGTON
Athelstaneford
Garleton Hills
Gladsmuir
Elphinstone
Ormiston
Pencaitland
KEITH
Dalkeith
BONNYRIGG
Gilmerton
Colinton
Craiglockhart
Dunbar Common
Whiteadder Water
Stenton
Traprain Law
Spott
Pitcox
Halls
Bolton
Samuelston
Garvald

INNER HEBRIDES
COLL
TIREE
94
82
Cairns of Coll
Eag na Maoile
Eilean Mór
Rubha Mór
Rubh' a Bhinnein
Bousd
Sorisdale
B 8072
Cliad Bay
Gallanach
Arnabost
Rubha Hogh
Grishipoll
Ballyhaugh
Ben Hogh
340
Loch Cliad
B 8071
239
Bagh Feisdlum
Hogh Bay
Arinagour
Rubha a' Ghraineig
Totronald
B 8070
Feall Bay
Port Mine
Arileod
Acha
Breachacha Castle
Castle
Friesland
Port na h-Eathar
Loch Eatharna
Eilean Ornsay
Calgary Point
Crossapol Bay
Gunna
Caolas Bàn
Port a' Mhurain
Soa
Loch Breachacha
Rubha Fasachd
1 hr
Urvaig
Vaul Bay
Salum
Caolas
Rubha Dubh
Rubha Port Bhiosd
Balephetrish Bay
Vaul
B 8069
Ruaig
Hough Skerries
Hough Bay
Clachan Mór
Balevullin
Rubha Nead a' Gheòidh
Gott Bay
Soa
Rubha Chràiginis
Kenovay
Tiree Airport
B 8068
B 8065
Rubha na Ceann Charraige
Kilkenneth
Moss
Scarinish
Heanish
Middleton
Heylipol
Port Mór
Barrapol
Crossapol
Rubha Tràigh an Dùin
Port Bharrapol
B 8065
HYNISH BAY
Balephuil
B 8067
Balemartine
Mannal
Carnan Mór
462
Rinn Thorbhais
Balephuil Bay
Hynish
B 8066
Port Snoig
Point of Ardnamurchan
Sanna
An Acairseid
Quinish Point
Rubha an Aird
Caliach Point
Mornish
Port nam Partan
544
Calgary
Rubha nan Oirean
Calgary Bay
Treshnish Point
Ensay
Carn Mor
1122
Haunn
708
Cruachan Odhar
839
Rubh' a' Chaoil
Kilninian
Burg
Cairn na Burgh Beg
Rubh' an t-Suibhein
Fanmore
Fladda
Treshnish Isles
LOCH TUATH
337
Lunga
Eilean Dioghlum
Rubha na Sròine
Gometra
509
Beinne Creagach
1026
ULVA
Maisgeir
Bac Mór or Dutchman's Cap
Bac Beag
Eilean na Creiche
Little Colonsay
201
Staffa
Fingal's Cave
Erisgeir
Sgeir na Faoilinn
Rubha na h-Uamha
Réidh Eilean
Eilean Annraidh
Rubha nan Cearc
Garbh Phort
IONA
333
Abbey
Baile Mór
Sound of Iona
Creich
Aridhglas
265
Eorabus
Loch na Làthaich
Fionnphort
Loch Poit na h-I
Stac an Aoineidh
Fidden
Beinn a' 369
Bunessan
Eilean na h-Aon Chaorach
Ghlinne Mhóir
L. Assapol
ROSS OF MULL
Greave
Erraid
246
Soa Island
Eilean nam Muc
Ardalanish
Uisken
Ardchiavaig
Beinn a' Chaol-airigh
411
Eilean a' Chalmain
Ardalanish Bay
Rubha nam Maol Móra
Rubh' Ardalanish
Torran Rocks
West Reef
Sgeir Dhoirbh

95
96
83
84
90
77
71
F
G
H
J
K
L
1
2
3
4
5
6
7
8
NM
MOIDART
ARDNAMURCHAN
SUNART
MORVERN
KINGAIRLOCH
AROS
ISLAND OF MULL
BROLASS
LISMORE
KERRERA
SEIL
LUING
SCARBA
LOCH SUNART
SOUND OF MULL
FIRTH OF LORN
LOCH NA KEAL
LOCH SCRIDAIN
LOCH SHIEL
Loch Linnhe
Glen Tarbert
Glen Hurich
Loch Moidart
Kentra Bay
Smirisary
Glenuig
Sgurr Dhomhnuill Mòr
Rubh' Aird an Fheidh
Eilean Shona
Rubha Aird Druimnich
Farquhar's Point
Ockle Point
Ockle
Rubha Carrach
Fascadale
Port Bàn
Kilmory
Sanna
Achnaha
Achosnich
Sonachan Hotel
Branault
Meall nan Con
Beinn Bhreac
Leac Shoilleir
Loch Mudle
Beinn na Seilg
Ormsaigmore
Kilchoan
Castle
Kilchoan Bay
Sròn Bheag
Ben Hiant
Maclean's Nose
Glenbeg
Ardslignish
Glenborrodale
Risga
Carna
Meall nan Each
Ben Laga
Salen
Acharacle
Moss
Ardshealach
Dalnabreck
Dalelia
Polloch
Loch Doilet
Resipole
Beinn Resipol
Scotstown
Strontian
Strontian River
Anaheilt
Ardery
Ceol na Mara
Laudale Ho
Liddesdale
Ardnastang
Ardmolich
River Moidart
Shielfoot
Kinlochmoidart
Cùl Doirlinn
Newton of Ardtoe
Kentra
Inverlochy
Sgurr Ghiubhsachain
Scamodale
Sgorr an Tarmachain
Beinn Mheadhoin
Sgurr Dhomhnuill
Garbh Bheinn
Glencripesdale Burn
Meall an Damhain
Beinn nam Beathrach
Beinn Iadain
Lochuisge
Loch Uisge
Kingairloch Ho
Creach Bheinn
Fuar Bheinn
Beinn na Cille
Kilmalieu
Camas Chil-Mhalieu
River Tarbert
Rubha na h-Airde Uinnsinn
Ceanna Mòr
Loch a' Choire
Beinn Mheadhoin
Gleann Dubh
Beinn Chlaonleud
Allt Beitheach
Beinn na h-Uamha
Sithean na Raplaich
Loch Arienas
Acharn
Claggan
Larachbeg
Gleann Geal
Ardtornish
Rannoch River
Loch Tearnait
Loch nan Clach
Beinn a' Chaisil
Glensanda
Port a' Chaisteil
An Stuadh
Eilean Loch Oscair
Glais Bheinn
An Sleaghach
Garbh Shlios
Camas Gorm
Eignaig
Lochaline
Ardtornish Point
Inninmore Bay
Rubha an Ridire
Oronsay
Drimnin House
Drimnin
Beinn Bhuidhe
Glenmorven Cottage
Rhemore
Killundine
Fiunary
Savary
Ardmore Point
Ardmore Bay
Bloody Bay
Auliston Point
Rubha nan Gall
Mishnish
Tobermory
Calve Island
'S Airde Beinn
Achnadrish
Cruachan Druim na Croise
Speinne Mòr
Lettermore
Loch Frisa
Salen Forest
Aros River
Ardnacross
Aros Mains Castle
Glenaros Ho
Rubha Mòr
Salen
Pennygown
Fishnish Bay
Corrynachenchy
Garmony
Gruline
Killiechronan
Beinn na Drise
Ballygown
Lagganulva
Oskamull
Kellan
Killiemor
Ulva House
Eorsa
Samalan Island
Knock
Loch Bà
Glen Clachaig
Glen Cannel
River Forsa
Beinn Bhuidhe
Beinn Chreagach Mhòr
Tomsléibhe
Dùn da Ghaoithe
Beinn Talaidh
Sgurr Dearg
Scallastle
Scallastle Bay
Craignure
Craignure Bay
Torosay Castle
Duart Bay
Duart Point
Castle
Lochdon
Grass Point
Derryguaig
Balnahard
Coirc Bheinn
Ben More
Corra-bheinn
Glen More
Lussa R
Strathcoil
Loch Sguabain
Loch Airdeglais
Creach Beinn
Carn
Glen Seilisdeir
Beinn na Sreine
Ardmeanach
Aird of Kinloch
Coladoir R
Tavool Ho
Kilfinichen Bay
Loch Spelve
Croggan
Port nan Crullach
Bach Island
Dubh Sgeir
Ben Buie
Loch Fuaran
Creach Bheinn Lodge
Kinlochspelve
Lochbuie
Stone Circle
Loch Uisg
Laggan Lodge
Laggan Deer Forest
Drùim Fada
Rubh' Aoineadh Mhèinis
Port na Muice Duibhe
Frank Lockwood's Island
Pennycross
Beinn na Croise
Leidle River
Torrans
Beach R
Cruachan Min
Beinn Chreagach
Carsaig
Carsaig Bay
Rubha Dubh
Loch Buie
Tòn Tire
Aoineadh Mòr
Malcolm's Point
Rubha nam' Bràithrean
Fada
Ardmucknish Bay
Rubha Garbh-àird
Eilean Mòr
Dunstaffnage Castle
Dunbeg
Ledaig Point
Connel
Maiden Island
Dunollie
Oban
Ganavan
Black Lochs
Lusragan Burn
Eilean nan Caorach
Shuna Island
Castle
Port Appin
Appin House
Port Ramsay
Eriska
North Shian
South Shian
Barcaldine Castle
Park
Benderloch
Ledaig
Lochnell Ho
Clachan
Broch
Eilean Dubh
Ardnacroish
Lynn of Lorn
Bernera Island
Achinduin
Barr Mòr
Kilcheran
Eilean Dubh
Creag Island
Pladda Island
Loch Fiart
Rubha Fiart
Eilean Musdile
OBAN to
Lochboisdale 7½ hrs
Castlebay..7½ hrs
Colonsay......2 hrs
Balliemore
Carn Breugach
Gallanach
Kilbride
Rubha Seanach
Ardentallan Ho
Minard Point
Sound of Kerrera
Cleigh
Barran
Kilmore
Glen Feochan
Loch Feochan
Loch Nell
A' Chruach
Bragleenmore
Loch Scammadale
Càrn Dearg
Kilninver
Raera
Eilean Dùin
Ardencaple Ho
Clachan
Clachan Seil
Meall a' Chaise
Insh Island
Sound of Insh
Easdale
Balvicar
Ardmaddy Castle
Cruach Raray
Pass of Melfort
An Còire
Melfort
Kilmelford
Loch Melfort
Glenmore
Dun Crutagain
Cullipool
Fladda
Belnahua
Dubh-fhèith
Garbh Eileach
Garvellachs
Eilean Dubh Mòr
Eileach an Naoimh
Chapel
Lunga
Guirasdeal
Sound of Luing
Toberonochy
Shuna Sound
Druim na Dubh Ghlaic
Shuna
Arduaine Point
Arduaine
Garraron
Barravullin
Tom Soilleir
Barbreck River
Barbreck House
Cruach an Eachlaich
Càrn Dubhchoire
Inverliever Lodge
Loch Avich
Torran
Stone
Fincharn
Sgeir nan Gabhar
Rubha nam Faoilean
Kilmory Lodge
Ban Rubha
Aird Luing
Shuna Point
Lunga (Hotel)
Soroba Hill
Ardfern
Cruach Scarba
Eilean Mhic Chrion
Cairill
Ardfern
A 861
A 884
A 848
A 849
A 828
A 85
A 816
B 8007
B 8043
B 8044
B 8073
B 8035
B 849
B 844
B 8003
B 882
2 hrs
1 hr

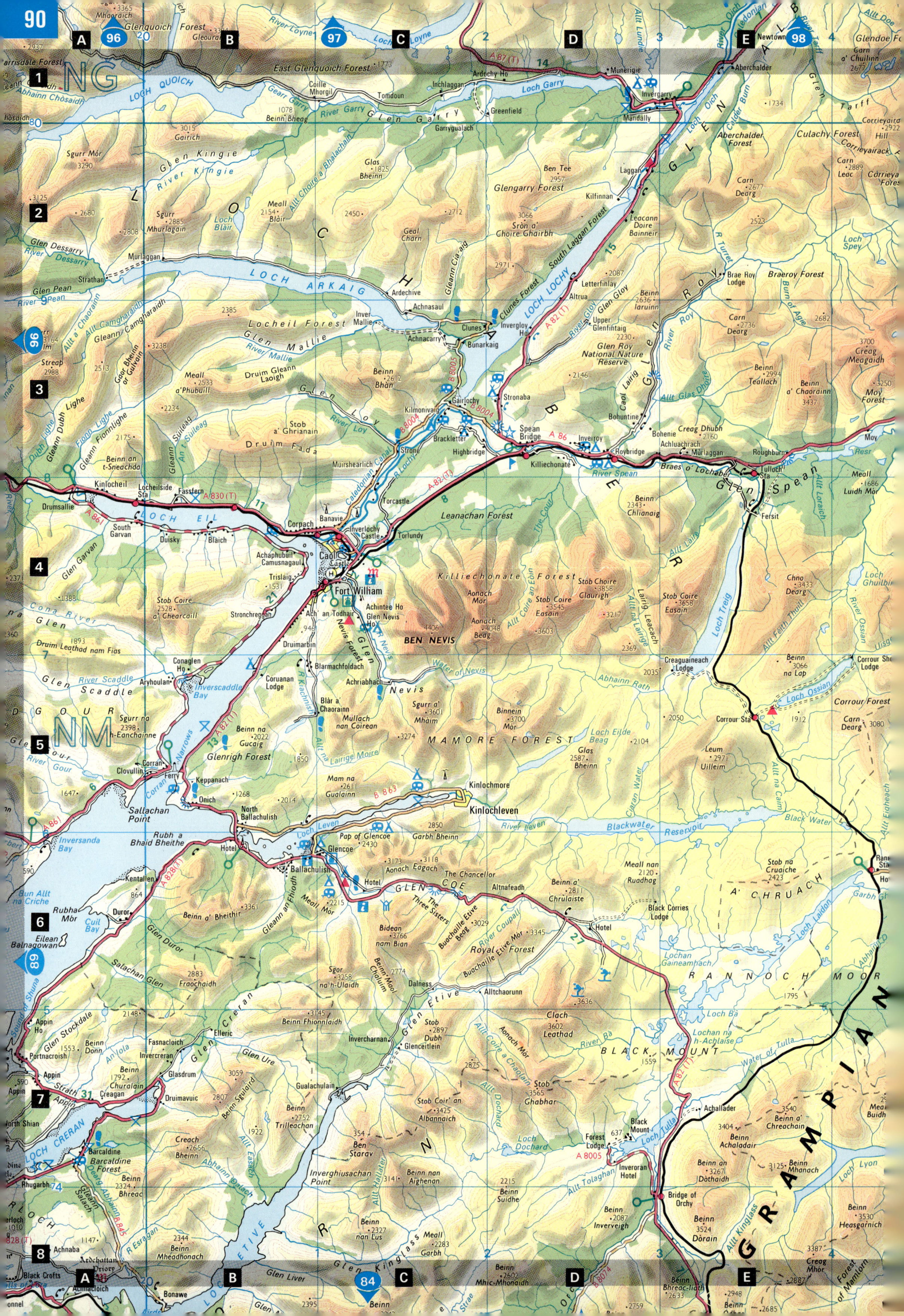

96
97
98
89
84
NG
NM
East Glenquoich Forest
Loch Quoich
Abhainn Chosaidh
Glen Garry
River Garry
Loch Garry
Tomdoun
Inchlaggan
Ardochy Ho
Greenfield
Garrygualach
Munerigie
Invergarry
Mandally
Aberchalder
Aberchalder Forest
Culachy Forest
Corrieyairack Hill
Glen Kingie
River Kingie
Sgurr Mòr
Gairich
Sgurr Mhurlagain
Meall Blàir
Loch Blàir
Glas Bheinn
Geal Charn
Ben Tee
Glengarry Forest
Sròn a' Choire Ghairbh
Kilfinnan
Laggan
Leacann Doire Bainneir
South Laggan Forest
Loch Lochy
Glen Dessarry
River Dessarry
Murlaggan
Strathan
Loch Arkaig
Glen Pean
River Pean
Achnasaul
Ardechive
Clunes Forest
Clunes
Invergloy Ho
Letterfinlay
Glen Gloy
Upper Glenfintaig
Glen Roy National Nature Reserve
Glen Roy
River Roy
Brae Roy Lodge
Braeroy Forest
Burn of Agie
Loch Spey
Carn Dearg
Creag Meagaidh
Moy Forest
Locheil Forest
Inver Mallie
Glen Mallie
River Mallie
Druim Glenn Laoigh
Achnacarry
Bunarkaig
Gleann Camgharaidh
Gaor Bheinn or Gulvain
Streap
Meall a' Phubuill
Beinn Bhàn
Glen Loy
River Loy
Kilmonivaig
Gairlochy
Stronaba
Spean Bridge
Highbridge
Brackletter
Strone
Muirshearlich
Caledonian Canal
River Lochy
Druim Fada
Stob a' Ghrianain
Gleann Dubh Lighe
Gleann Fionnlighe
Gleann Suileag
Beinn an t-Sneachda
Invertoy
Roybridge
Bohenie
Achluachrach
Murlaggan
Roughburn
Creag Dhubh
Bohuntine
Allt Glas Dhoire
Tulloch Sta
Braes o' Lochaber
Glen Spean
River Spean
Fersit
Meall Luidh Mòr
Kinlocheil
Locheilside Sta
Fassfern
Drumsallie
Loch Eil
South Garvan
Duisky
Blaich
Corpach
Banavie
Inverlochy Castle
Caol
Torlundy
Torcastle
Leanachan Forest
Killiechonate
Glen Garvan
Achaphubuil
Camusnagaul
Trislaig
Fort William
Achintee Ho
Glen Nevis Ho
Killiechonate Forest
Aonach Mòr
Aonach Beag
Ben Nevis
Stob Coire Claurigh
Stob Coire Easain
Stob Coire an Easain
Lairig Leacach
Loch Treig
Chno Dearg
Stob a' Chearcaill
Cona River
Glen
Druim Leathad nam Fias
Stronchreggan
Ach' an Todhair
Druimarbin
Nevis Forest
Glen Nevis
Water of Nevis
Blarmachfoldach
Achriabhach
Conaglen Ho
Aryhoulan
Inverscaddle Bay
Coruanan Lodge
Glen Scaddle
River Scaddle
Gour
Sgurr na h-Eanchainne
Beinn na Gucaig
Glenrigh Forest
Blàr a' Chaorainn
Mullach nan Coirean
Sgurr a' Mhaim
Binnein Mòr
Mamore Forest
Loch Eilde Beag
Glas Bheinn
Abhainn Rath
Creaguaineach Lodge
Loch Ossian
Corrour Forest
Corrour Sta
Carn Dearg
Leum Uilleim
Beinn na Lap
Corrour Shooting Lodge
River Gour
Clovullin
Corran
Corran Narrows
Ardgour
Ferry
Keppanach
Onich
Sallachan Point
North Ballachulish
Mam na Gualainn
Kinlochmore
Kinlochleven
River Leven
Blackwater Reservoir
Black Water
Rubh a' Bhaid Bheithe
Inversanda Bay
Loch Leven
Pap of Glencoe
Garbh Bheinn
Glencoe
Ballachulish
Hotel
Aonach Eagach
The Chancellor
Altnafeadh
Beinn a' Chrùlaiste
Meall nan Ruadhag
Stob na Cruaiche
A' Chruach
Black Corries Lodge
Kentallen
Rubha Mòr
Duror
Cuil Bay
Eilean Balnagowan
Beinn a' Bheithir
Meall Mòr
Gleann an Fhiodh
Glen Coe
The Three Sisters
Buachaille Etive Beag
Buachaille Etive Mòr
Royal Forest
Bidean nam Bian
Beinn Maol Chaluim
Kingshouse Hotel
Lochan Gaineamhach
Rannoch Moor
Glen Duror
Salachan Glen
Fraochaidh
Sgor na h-Ulaidh
Dalness
Alltchaorunn
Glen Etive
Loch Laidon
Sound of Shuna
Appin Ho
Glen Stockdale
Portnacroish
Beinn Donn
Fasnacloich
Invercreran
Elleric
Glen Creran
Glen Ure
Beinn Fhionnlaidh
Invercharnan
Stob Dubh
Glenceitlein
Clach Leathad
Aonach Mòr
Black Mount
River Bà
Loch Bà
Lochan na h-Achlaise
Water of Tulla
Appin
Beinn Churalain
Creagan
Glasdrum
Druimavuic
Beinn Sgulaird
Gualachulain
Stob Ghabhar
Allt Coire Ghabhar
Stob Coir' an Albannaich
Achallader
Beinn a' Chreachain
Beinn Achaladair
Beinn Mhanach
Strath Appin
Loch Creran
Barcaldine
Barcaldine Forest
Creach Bheinn
Beinn Trilleachan
Ben Starav
Loch Dochard
Forest Lodge
Black Mount
Loch Tulla
Inveroran Hotel
Allt Tolaghan
Beinn an Dòthaidh
Grampian
Rhugarbh
Beinn Bhreac
Inverghiusachan Point
Beinn nan Aighenan
Beinn Suidhe
Bridge of Orchy
Beinn Inverveigh
Beinn Dòrain
Allt Kinglass
Loch Lyon
Achnaba
Ardchattan Priory
Black Crofts
Achnacloich
Bonawe
Beinn Mheadhonach
Beinn nan Lus
Meall Garbh
Glen Kinglass
Glen Liver
Loch Etive
Beinn Mhic-Mhonaidh
Beinn Bhreac-liath
Creag Mhòr
Forest of Mamlorn
Beinn Heasgarnich
A 87 (T)
A 82 (T)
A 830 (T)
A 86
A 861
A 828 (T)
A 8005
B 8004
B 8005
B 863
B 8074
B 845

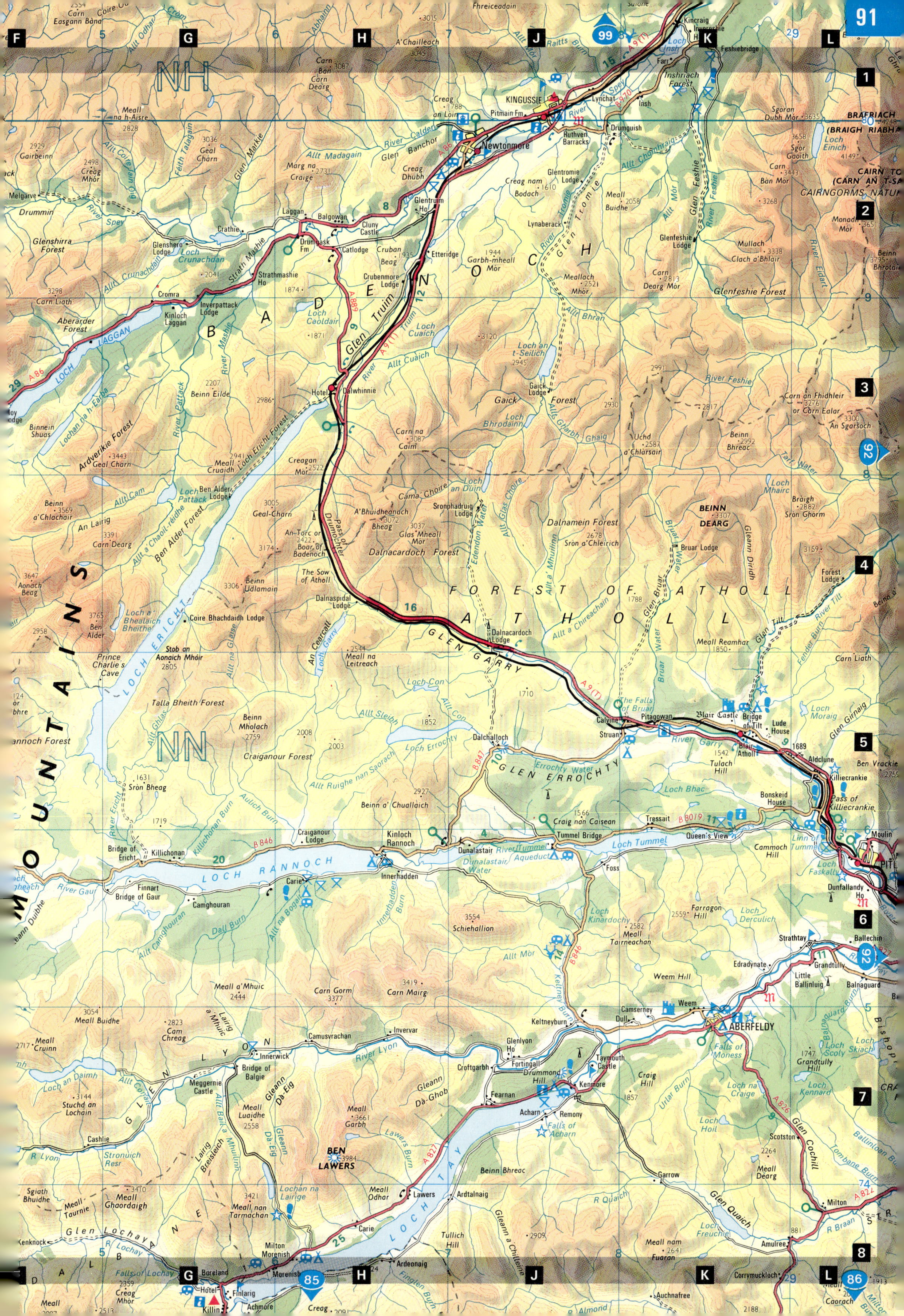

GRAMPIAN MOUNTAINS
CAIRNGORM MOUNTAINS
BRAEMAR
FOREST OF MAR
NH
NN
CAIRN GORM
BEN MACDUI (BEINN MACDUIBH)
BEN AVON
BEINN A'BHUIRD
Braemar
Ballochbuie Forest
Balmoral Castle
Crathie
BALLATER
Bridge of Gairn
Balmoral Forest
LOCHNAGAR
Loch Muick
Glen Muick
Glen Clova
GLEN CLOVA
GLEN PROSEN
AN SOCACH
GLAS MAOL
Cairnwell
Devil's Elbow
Spittal of Glenshee
Glen Shee
Glen Isla
Kirkton of Glenisla
Backwater Reservoir
FOREST OF ALYTH
STRATHARDLE
Kirkmichael
Bridge of Cally
PITLOCHRY
Moulin
Ballinluig
Forest of Clunie
Blackcraig Forest
Cochrage Muir
BLAIRGOWRIE
RATTRAY
ALYTH
KIRRIEMUIR
Glamis
COUPAR ANGUS
Meigle
STRATHMORE
SIDLAW HILLS
Dunkeld
Birnam
CRAIGVINEAN FOREST
STRATHBRAAN
STRATH TAY
R Tay
R Isla
Caputh
Lunan Burn
Glen Brerachan
Mount Blair
Lair of Aldararie
Glendoll Lodge
Clova
Hill of Alyth
Dykehead
Cortachy
Bishopric
Trochry
Newtyle
Ardler
Burrelton
Lundie
Kettins
Pitcur
Dundee
Glenshee
86
87
91
99
100

G
H
J
K
L
1
2
3
4
5
6
7
8
NORTH SEA
HILL OF FARE
Midmar Forest
Banchory
Aboyne
River Dee
Peterculter
Cults
Stonehaven
Garron Point
Dunnottar Castle
Thornyhive Bay
Crawton Bay
Braidon Bay
Todhead Point
Kinneff
Inverbervie
Little John's Haven
Bervie Bay
Gourdon
Doolie Ness
Johnshaven
Milton Ness
St Cyrus
Laurencekirk
HOWE OF THE MEARNS
Fettercairn
Edzell
Brechin
Montrose
Montrose Basin
Scurdie Ness
Ferryden
Long Craig
Fishtown of Usan
Boddin Point
Lunan Bay
Redcastle
Inverkeilor
Lang Craig
Red Head
Prail Castle
Meg's Craig
The Deil's Heid
Arbroath
St Vigeans
Forfar
Letham
Friockheim
Carnoustie
East Haven
Glen Esk
Durris Forest
Fetteresso Forest
Drumtochty Forest
Forest of Birse
Blackhall Forest
Portlethen
Newtonhill
Muchalls
Findon Ness
Hare Ness
Cove Bay
Nigg
Drumlithie
Auchenblae
Fordoun
Marykirk
Hillside
Kirkhill
Dun
Bridge of Dun
Montreathmont Forest
Carmyllie
Colliston
Monikie
Hill of Wirren
Mount Battock
Tarfside
Cairn-mon-earn
Clachnaben
Torphins
Lumphanan
Tarland
Kincardine O'Neil
Potarch
Strachan
Crathes
Drumoak
Echt
Kingswells
101
87

94

OUTER HEBRIDES – South Uist, Eriskay, Barra, Vatersay, Mingulay, Berneray

South Uist
- West Gerinish
- Stilligarry
- Loch Bee
- Lochcarnan
- Sandwick
- Caltinish
- Glas-eileanan
- Luirsay Dubh
- Lochskipport
- Loch Skipport
- Ornish Island
- Howmore
- Loch Druidibeg
- Acairseid Falaich
- Mol a' Tuath
- Verran Island
- Snishival
- HECLA 1988
- Usinish
- Rubha Rossel
- Rubh' Aird-mhicheil
- Stoneybridge
- BEINN MHOR 2033
- Glen Corodale
- Rubha Bhilidh
- Ormiclate Castle
- Loch Ollay
- 1723
- Buail a' Ghoill
- Prince's Cave
- Rubha Ardvule
- Loch Kildonan
- Calvay
- Rubha Hellisdale
- Sheaval 730
- Rubha Bolum
- Mingary
- Loch Eynort
- 822
- Loch Snigisclett
- Gleann Mòr
- Askernish House
- Layaval
- Stulaval 1228
- Stuley
- 412
- Loch Stulaval
- Daliburgh
- Triuirebheinn 1168
- Rubha na Creige Mòire
- Crossdougal
- Lochboisdale
- Kilpheder
- 902
- **LOCHBOISDALE to Oban .... 7½ hrs**
- Boisdale
- Loch Boisdale
- Calvay
- Orosay
- Rubha Meall na Hoe
- South Lochboisdale
- Easaval
- Garrynamonie
- NF
- Smerclate
- Kilbride
- Roneval 356
- Rubha na h-Ordaig
- Pollachar
- Ludag
- 661
- Ferry
- Sound of Eriskay
- Sgeir a' Mhill

Eriskay
- Lingay
- Balla
- Ben Scrien 610
- Hartamul
- ERISKAY

Barra area
- Fiaray
- Hornish
- Sound of Fiaray
- Scurrival Point
- 291
- Eilean Dallaig
- Fuday
- 403
- Eoligary 338
- Rubha nan Eun
- Stack Islands
- Orosay Mhòr
- Sound of Fuday
- Greanamul
- Greian Head
- 311
- Gighay
- Cleat
- Ben Cliad 680
- Sgeir Liath
- Traigh Mhòr
- 242
- Hellisay
- Cuier
- Sound of Hellisay
- Borve Point
- Bruernish
- 352
- Flodday
- Balnabodach
- North Bay
- Borve
- 309
- Fuiay
- Hotel
- Tangasdale
- Heaval
- Earsary
- Bruernish Point
- Doirlinn Head
- 1260
- Ben Tangaval 1090
- A 888
- BARRA
- Sound of Vatersay
- Brevig
- **CASTLEBAY to Oban .... 7½ hrs**
- Kisimul Castle
- Castlebay
- 2 hrs
- Caolis
- Rubha Mòr
- Biruaslum
- Heishival Mòr 624
- Uinessan
- VATERSAY
- Vatersay Bay
- Vatersay 279
- 327
- Muldoanich 504
- Sound of Sandray
- Flodday
- Cairn Galtar 678
- Sandray
- Lingay 269
- Greanamul
- Sound of Pabbay
- NL
- Pabbay 561
- Rosinish
- Heiskers
- Sound of Mingulay
- MINGULAY 735
- Mingulay Bay
- Càrnan 896
- Sound of Berneray
- Berneray 628
- Barra Head

Outer Hebrides • Atlantic Ocean • Sea of the Hebrides or Western Isles

INNER HEBRIDES
LAND OF SKYE
MINGINISH
NG
NM
HEALABHAL MHOR 1538
Macleod's Tables
HEALABHAL BHEAG 1601
Ramasaig
Hoe Point
The Hoe
Ben Connan
Beinn na Boineid 1207
Ben Idrigill
Am Bi-bogha Beag
Am Bi-bogha Mòr
An Dubh Sgeir
Ollisdal Geo
Flossnan
Macleod's Maidens
IDRIGILL POINT
Roag
Vatten
Harlosh
Loch Bharcasaig
Loch Caroy
Harlosh Point
Harlosh Island
LOCH BRACADALE
Wiay
Ose
River Ose
Colbost Point
Tarner Island
Bracadale
Broch
Struan
Ullinish
Oronsay
Coillore
Ardtreck Point
Portnalong
Fiskavaig
Fernilea
Gob na h-Oa
Rubha nan Clach
McFarlane's Rock
Loch Harport
Carbost
Arnaval 1210
Gleann Oraid
Talisker
Talisker Bay
Merkadale
Drynoch
River Drynoch
Broch
Beinn nan Cuithean
Beinn Bhreac 1468
Eynort
Eynort R.
Glen Brittle Forest
Grula
Stac a Mheadais
Loch Eynort
An Dubh-sgeir
Stac an Tuill
1428
Geodha Daraich
Bualintur
Glenbrittle House
River Brittle
Glen Brittle
Loch Brittle
Rubh' an Dùnain
Cairn
Dun
Ghlinne Bhig 682
Glengrasco
Loch Connan
Ben Duagrich
Loch Duagrich
Tungadal River
Mugeary
Glenmore
Beinn na Greine 1367
Stroc-bheinn 1300
Roineval
1442
Meall an Fhuarain
Glen Varragill
Varragill River
Portree
Torvaig
Cave
Sgeir Mhòr
Rubha na h-Airde Glaise
Udairn
Penifiler
Ben Tianavaig 1355
Camastianavaig
Tianavaig Bay
Conordan
Ollach
Gedintailor
The Braes
Ben Lee 1456
Peinchorran
Balmeanach
Balachairn
Holoman Bay
Oskaig
Raasay Ho.
Clachan
Narrows of Raasay
Balmeanach Ferry
Rubh' an Torra Mhòir
Loch Sligachan
Sconser
GLAMAIG 2542
Sligachan Hotel
Glen Sligachan
River Sligachan
Beinn Bhreac
Sgurr nan Gillean 3167
Marsco 2414
Loch Ainort
Luib
Glas Bheinn
Beinn na Crò
Garbh-bheinn 2649
BLA BHEINN 3046
Loch na Crèitheach
Strathaird
Camasunary
Kirkibost
Kilmarie
Dùn Ringill
Loch Slapin
Ben Meabost 1128
Rubha Suisnish
Beinn a' Bhràgaid 1507
Sgurr a' Ghreadaidh 3197
CUILLIN HILLS
Harta Corrie
Sgurr Alasdair 3257
Loch Coruisk
Sgurr nan Eag 3037
Sgurr na Stri 1623
Ceann na Beinne 736
SOAY SOUND
Ulfhart Point
Loch Scavaig
Beinn Bhreac 464
An Dubh-Iaimhrig
Leac nam Faoileann
307
Mol-chlach
SOAY
Na Gamhnaichean
Port na Cullaidh
Elgol
Prince Charles's Cave
Glasnakille
Dùn Grugaig
Rubha na h-Easgainne
Eilean na h-Airde
Tarskavaig Point
Rubha Langanes
Iorcail
CANNA
Chill
Carn a' Ghaill
Ceann 426
Garrisdale Point
Creag-airighe
Canna Harbour
Sanday
An Stéidh
Humla
Oigh-sgeir
SOUND OF CANNA
Guirdil Bay
Rubha Shamhnan Insir
Kilmory
Kilmory Glen
Camas Pliasgaig
Mullach Mòr 997
913
1273
A' Bhrìdeanach
Sgorr Mhòr
Kinloch Glen
Kinloch Castle
Loch Scresort
Rubha na Roinne
Orval 1874
Rubha Port na Caranean
Schooner Point
Sgorr Reidh
Hallival
RHUM
Harris
Glen Harris
Askival 2663
Ainshval 2552
Ruinsival
Rubha Sgorr an t-Snidhe
Sgurr nan Gillean
Sgeir a' Mhàim-ard
Sròn na h-Iolaire
Rubha nam Meirleach
SOUND OF RHUM
Eilean Thuilm
Bay of Laig
Cleadale
Rubha nan Tri Chlach
Rubha an Fhasaidh
EIGG
An Sgurr 1292
Kildonnan
Rubha na Crannaig
Sgeir Eskernish
Galmisdale
Eilean Chathastail
SOUND OF EIGG
Gòdag
Eilean nan Each
Beinn Airein 452
MUCK
Port Mòr
Dubh Sgeir
Inver
Rubha Charn nan Cearc
Geur Rubha
Point of Sleat
Rubha Aird Druimnich
102
103
96
89
G
H
J
K
L
1
2
3
4
5
6
7
8

ISLAND OF RAASAY
INNER SOUND
Applecross
Kyle of Lochalsh
Kyleakin
Plockton
LOCH CARRON
Strathcarron
Attadale
Lochcarron
Stromeferry
Achmore
Broadford
Scalpay
SCALPAY
CROWLIN ISLANDS
Pabay
LOCH ALSH
Balmacara
Dornie
LOCH DUICH
Ratagan
Shiel Bridge
Morvich
FIVE SISTERS
GLEN SHIEL
Glenshiel Forest
Kintail Forest
Inverinate Forest
Glenelg
Bernera
Glenelg Bay
BEINN SGRITHEALL
LOCH HOURN
Arnisdale
Corran
Kinlochhourn Forest
Kinloch Hourn
SOUND OF SLEAT
Armadale
Armadale Bay
Ardvasar
Isleornsay
Tarskavaig
Point of Sleat
KNOYDART
Inverie
Inverie Bay
LOCH NEVIS
Mallaig
Morar
NORTH MORAR
LOCH MORAR
SOUTH MORAR
Arisaig
Lochailort
Glenfinnan
LOCH SHIEL
LOCH EIL
Kinlocheil
Glenuig
SOUND OF ARISAIG
Eilean Shona
LOCH QUOICH
Glen Dessarry
BLA BHEINN
Elgol
Torrin
NG
NM

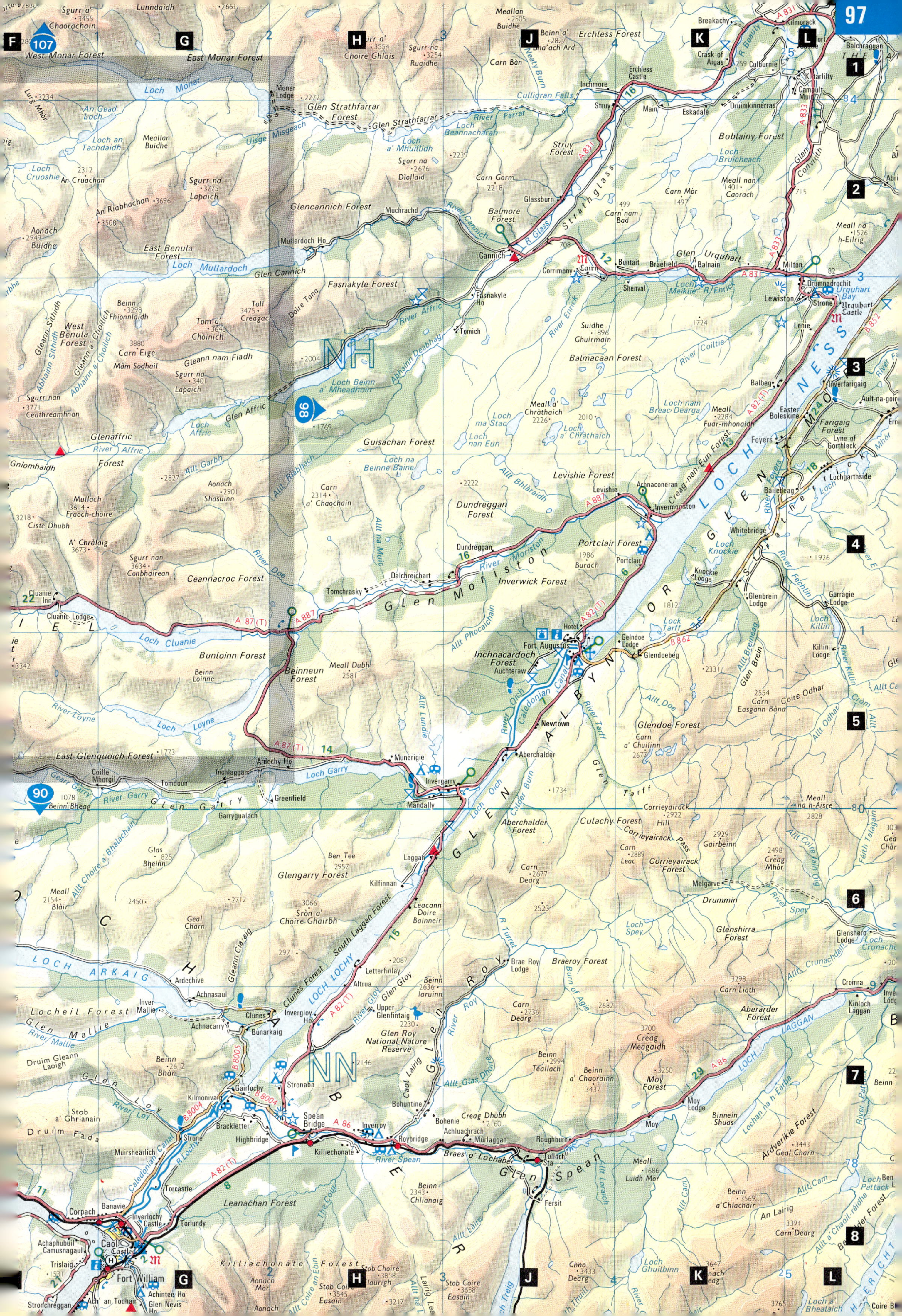
West Monar Forest
East Monar Forest
Loch Monar
Monar Lodge
Glen Strathfarrar Forest
Glen Strathfarrar
Uisge Misgeach
An Gead Loch
Loch an Tachdaidh
Meallan Buidhe
Loch Cruoshie
An Cruachan
Sgurr na Lapaich
An Riabhachan
Aonach Buidhe
East Benula Forest
Loch Mullardoch
Mullardoch Ho
Glen Cannich
Glencannich Forest
Muchrachd
Fasnakyle Forest
Toll Creagach
Beinn Fhionnlaidh
Tom a' Choinich
Carn Eige
Màm Sodhail
Gleann nam Fiadh
Sgurr na Lapaich
West Benula Forest
Gleann Sithidh
Abhainn Sithidh
Gleann a' Choilich
Abhainn a' Choilich
Sgurr nan Ceathreamhnan
Glenaffric Forest
Gniomhaidh
River Affric
Loch Affric
Glen Affric
Loch Beinn a' Mheadhoin
NH
Allt Garbh
Aonach Shasuinn
Mullach Fraoch-choire
Ciste Dhubh
A' Chràlaig
Sgurr nan Conbhairean
Ceannacroc Forest
River Doe
Cluanie Inn
Cluanie Lodge
Loch Cluanie
Bunloinn Forest
Beinn Loinne
Beinneun Forest
Meall Dubh
River Loyne
Loch Loyne
East Glenquoich Forest
Coille Mhorgil
Tomdoun
Inchlaggan
Ardochy Ho
Loch Garry
Greenfield
Beinn Bheag
River Garry
Glen Garry
Garrygualach
Glas Bheinn
Meall Blàir
Ben Tee
Glengarry Forest
Sròn a' Choire Ghairbh
Geal Charn
Gleann Cia-aig
Loch Arkaig
Ardechive
Achnasaul
Clunes
Achnacarry
Bunarkaig
Locheil Forest
Glen Mallie
River Mallie
Inver Mallie
Druim Gleann Laoigh
Beinn Bhàn
Glen Loy
River Loy
Stob a' Ghrianain
Druim Fada
Muirshearlich
Gairlochy
Kilmonivaig
Stronaba
Spean Bridge
Highbridge
Brackletter
Strone
Caledonian Canal
Torcastle
Leanachan Forest
Banavie
Corpach
Inverlochy Castle
Torlundy
Achaphubuil
Camusnagaul
Trislaig
Caol
Fort William
Achintee Ho
Ben Nevis
Stronchreggan
Killiechonate Forest
Aonach Mòr
Stob Coire Easain
Stob Choire Claurigh
Sgurr a' Chaorachain
Lunndaidh
Sgurr na Ruaidhe
Meallan Buidhe
Beinn a' Bha'ach Ard
Erchless Forest
Carn Bàn
Culligran Falls
Erchless Castle
Inchmore
Struy
Struy Forest
River Farrar
Loch Beannacharan
Loch a' Mhuilidh
Sgorr na Diollaid
Carn Gorm
Glassburn
Strathglass
Balmore Forest
River Cannich
River Glass
Cannich
Corrimony
Cairn
Buntait
Braefield
Glen Urquhart
Balnain
Carn Mòr
Carn 'nam Bad
Breakachy
Kilmorack
Beauly
Crask of Aigas
Culburnie
Kiltarlity
Camault Muir
Eskadale
Main
Druimkinnerras
Boblainy Forest
Loch Bruicheach
Meall nan Caorach
Glen Convinth
Meall na h-Eilrig
Milton
Drumnadrochit
Lewiston
Strone
Urquhart Bay
Urquhart Castle
Lenie
Loch Meiklie
River Enrick
Shenval
Fasnakyle Ho
Tomich
River Affric
Abhainn Deabhag
Suidhe Ghuirmain
Balmacaan Forest
River Coiltie
Loch nam Breac Dearga
Meall Fuar-mhonaidh
Meall a' Chrathaich
Loch ma Stac
Loch nan Eun
Loch a' Chràthaich
Guisachan Forest
Loch na Beinne Baine
Allt Riabhach
Carn a' Chaochain
Dundreggan Forest
Allt Bhlàraidh
Levishie Forest
Levishie
Achnaconeran
Invermoriston
Creag nan Eun Forest
Dundreggan
Dalchreichart
Tomchrasky
Glen Moriston
River Moriston
Portclair Forest
Burach
Portclair
Inverwick Forest
Allt na Muic
Allt Phocaichain
Inchnacardoch Forest
Auchteraw
Fort Augustus
Hotel
Allt Lundie
River Oich
Newtown
Aberchalder
Munerigie
Invergarry
Mandally
Laggan
Kilfinnan
Leacann Doire Bainneir
South Laggan Forest
Loch Lochy
Clunes Forest
Letterfinlay
Altrua
Invergloy Ho
River Gloy
Glen Gloy
Upper Glenfintaig
Beinn Iaruinn
Glen Roy National Nature Reserve
Caol Lairig
Bohuntine
Bohenie
Creag Dhubh
Achluachrach
Murlaggan
Inverroy
Roybridge
River Spean
Braes o' Lochaber
Glen Spean
Tulloch Sta
Roughburn
Fersit
Beinn Chlianaig
Allt Laire
Glen Roy
River Roy
River Turret
Brae Roy Lodge
Braeroy Forest
Burn of Agie
Carn Dearg
Beinn Teallach
Beinn a' Chaorainn
Creag Meagaidh
Moy Forest
Moy Lodge
Moy
Binnein Shuas
Allt Loraich
Allt Cam
Meall Luidh Mòr
Beinn a'Chlachair
Loch Ghuilbinn
Chno Dearg
Loch Ness
Glen Albyn
Foyers
Inverfarigaig
Farigaig Forest
Lyne of Gorthleck
Ault-na-goire
Easter Boleskine
Balbeg
Lochgarthside
Bailebeag
River Foyers
Stratherrick
Whitebridge
Loch Knockie
Knockie Lodge
Glenbrein Lodge
River Fechlin
Garragie Lodge
Loch Killin
Killin Lodge
Loch Tarff
Glendoebeg
Geindoe Lodge
Allt Breineag
Glen Brein
Carn Easgann Bàna
Coire Odhar
Allt Odhar
Allt Doe
Glendoe Forest
Carn a' Chuilinn
River Tarff
Glen Tarff
Corrieyairack Hill
Culachy Forest
Aberchalder Forest
Carn Leac
Corrieyairack Pass
Corrieyairack Forest
Gairbeinn
Creag Mhòr
Melgarve
Drummin
River Spey
Loch Spey
Glenshirra Forest
Glenshero Lodge
Carn Liath
Aberarder Forest
Kinloch Laggan
Cromra
Loch Laggan
Lochan na h-Earba
Ardverikie Forest
Geal Charn
An Lairig
Carn Dearg
Meall na h-Aisre
Feith Talagain
Geal Chàr
Allt Crunachdain
Glenshero
Garva
Loch Crunachan
NN
A 831
A 833
A 82 (T)
A 87 (T)
A 887
A 86
B 852
B 862
B 8004
B 8005
M240
107
98
90

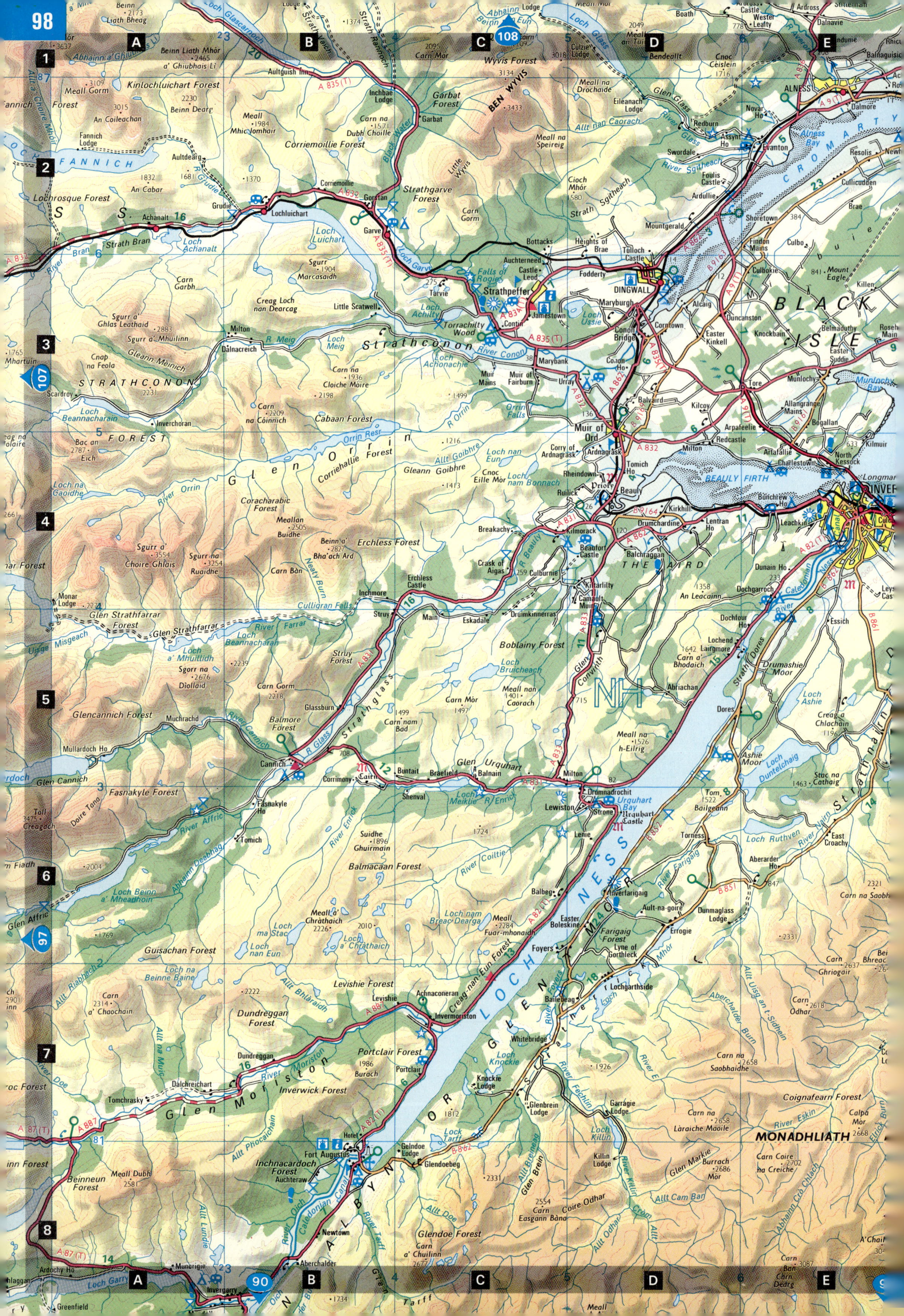
A
B
C
D
E
1
2
3
4
5
6
7
8
108
107
97
90
BEN WYVIS
Wyvis Forest
Kinlochluichart Forest
Corriemoillie Forest
Garbat Forest
Strathgarve Forest
Loch Fannich
Lochrosque Forest
Strath Bran
Loch Achanalt
Loch Luichart
Achanalt
Lochluichart
Garve
Loch Garve
Strathpeffer
Falls of Rogie
Castle Leod
Jamestown
Contin
DINGWALL
Tulloch Castle
Maryburgh
Conon Bridge
ALNESS
Evanton
CROMARTY FIRTH
Glen Glass
Strath Sgitheach
BLACK ISLE
Culbokie
Tore
Munlochy Bay
Avoch
North Kessock
Charlestown
BEAULY FIRTH
INVERNESS
Muir of Ord
Beauly
Priory
Kirkhill
Lentran
Bunchrew
THE AIRD
Strathconon
STRATHCONON FOREST
Loch Meig
Milton
Scatwell
Loch Achonachie
Marybank
Torrachilty Wood
River Conon
Orrin Falls
Glen Orrin
Corriehallie Forest
Gleann Goibhre
Orrin Reservoir
Loch nam Bonnach
Erchless Forest
Erchless Castle
Struy
Glen Strathfarrar
Glen Strathfarrar Forest
Loch Beannacharan
Culligran Falls
Kilmorack
Kiltarlity
Beaufort Castle
Crask of Aigas
Eskadale
Boblainy Forest
Loch Bruicheach
Glen Convinth
Abriachan
Dochgarroch
Caledonian Canal
Loch Ashie
Dores
NH
Glencannich Forest
Muchrachd
Mullardoch Ho
Glen Cannich
Cannich
Strathglass
Glassburn
Balmore Forest
Corrimony
Cairn
Glen Urquhart
Balnain
Buntait
Shenval
Loch Meiklie
Milton
Drumnadrochit
Urquhart Bay
Urquhart Castle
Lewiston
Strone
Fasnakyle Forest
Fasnakyle Ho
Tomich
River Affric
Loch Beinn a' Mheadhoin
Glen Affric
Balmacaan Forest
Loch Ness
LOCH NESS
Meall Fuar-mhonaidh
Loch nam Breac Dearga
Easter Boleskine
Foyers
Inverfarigaig
Ault-na-goire
Errogie
Farigaig Forest
Dunmaglass Lodge
Loch Ruthven
Torness
Aberarder Ho
Strathnairn
Loch Duntelchaig
Stratherrick
Lochgarthside
Whitebridge
Loch Knockie
Knockie Lodge
Glenbrein Lodge
Gargaig Lodge
Loch Killin
Killin Lodge
MONADHLIATH
Guisachan Forest
Levishie Forest
Levishie
Invermoriston
Achnaconeran
Dundreggan Forest
Dundreggan
Portclair Forest
Portclair
Glen Moriston
Inverwick Forest
Dalchreichart
Tomchrasky
Fort Augustus
Inchnacardoch Forest
Auchteraw
Glendoe Lodge
Glendoebeg
Glendoe Forest
Caledonian Canal
Beinneun Forest
Aberchalder
Newtown
Invergarry
Munerigie
Ardochy Ho
Loch Garry
Greenfield
Coignafearn Forest
Glen Markie
GLEN ALBYN OR GLEN MOR

109
92
100
F
G
H
J
K
MORAY FIRTH
BURGHEAD BAY
INVERGORDON
CROMARTY
Cromarty Bay
Nigg Bay
Sands of Nigg
Dunskeath Ness
Sutors of Cromarty
Port an Righ
Kilmuir
Tarbat Ho
Chapelhill
Pitcalnie
Nigg
King's Cave
Balnapaling
Castlecraig
North Sutor
Blue Head
Mc Farquhar's Cave
Newton
Jemimaville
Udale Bay
Muirton
Upper Ethie
Balmungie
Rosemarkie
Rosemarkie Bay
FORTROSE
Chanonry Point
Fort George
Ardersier
Whiteness Head
Culbin Forest
NAIRN
Tradespark
Auldearn
Kintessack
Cloddymoss
Dyke
Brodie Castle
Kincorth Ho
Moy Ho
FORRES
Sueno's Stone
Findhorn
Findhorn Bay
Kinloss
Grange Hall
Springfield
Hempriggs
Coltfield
Alves
BURGHEAD
Cummingstown
Roseisle
Hopeman
Duffus
Gordonstoun
Duffus Castle
Covesea Skerries
Newton
Quarrywood
Miltonduff
Pittendreich
Paddockhaugh
Thornhill
Pluscarden Priory
Heldon Hill
Barnhill
Pluscarden
Black Burn
Hill of the Wangie
Kellas
Califer
Rafford
Blervie Castle
Altyre Ho
Altyre Woods
Newtyle Forest
Branchill
Dallas
Meikle Hill
Cairn Uish
Pikey Hill
Glenlatterach Resr
Leanoch Burn
Carn na Cailliche
Elchies
Archiestown
Mill Buie
Hill of Tomechole
Loch Dallas
River Lossie
Drumine Forest
Darnaway Forest
Conicavel
Whitemire
Boghole Fm
Milton
Muckle Burn
River Findhorn
Lethen
Laiken Forest
Geddes Ho
Regoul
Rosefield
Piperhill
Culchairy
Mid Urchany
Cawdor
Clephanton
Littlemill
Relugas
Redburn
Ardclach
Ferness
Beachans
River Divie
Newlands Leanas Wood
Kilravock Castle
Easter Galcantray
Kirkton of Barevan
Mains of Clunas
Clunas Resr
Croy
Cantraywood
Cantraydoune
Assich Forest
Dalcross
Culloden Forest
Culloden Muir 1746
Clava Cairns
Newlands
Balloch
Inverness (Dalcross)
Milton of Gollanfield
Gollanfield
Muir of the Clans
Fisherton
Alturlie Point
Castle Stuart
Newton
Tornagrain
Easter Muckovie
Saddle Hill
Allt Dearg
Riereach Burn
Carn a' Chrasgie
Carn Sgumain
Glenferness Ho
Dulsie
Knock of Braemoray
Dorback Burn
Aitnoch
Hill of Aitnoch
Carn Kitty
Larig Hill
NJ
STRATHSPEY
Burn of Tulchan
Allt a' Gheallaidh
House of Daviot
Daviot
Beinn Bhuidhe Mhòr
Streens
River Findhorn
Rhilean Burn
Leonach Burn
Tomlachan Burn
Carn nan Tri-tighearnan
Beinn Bhreac
Moy Burn
Meall Mòr
Moy Hall
Loch Moy
Meall a' Bhreacraibh
Ruthven
Carn na h-Easgainn
Carn an t-Sean-liathanaich
Lochindorb
Lochindorb Lodge
Carn Ruigh Chorrach
Carn na Loine
Glenmore Loch
Upper Derraid
Auchnagallin
Lettoch
Advie
Bridge of Avon
Cairnacay
Belleheiglash
Marypark
Knockando
Upper Knockando
Cardow
Carron
Inverbrough
Balvraid
Tomatin
Carn a' Choire Mhòir
Carn Glas-choire
Creag Liath
Camerory
Cottartown
Dellefure
Mains of Dalvey
Cromdale
Haughs of Cromdale
HILLS OF CROMDALE
Drumin
Glenlivet
Strath Avon
River Avon
Carn Liath
Carn Daimh
Knockandhu
Beinn Bhreac
Findhorn Bridge
Kyllachy Ho
Glen Kyllachy
Corrievorrie
Strathdearn
Dalmigavie Lodge
Glen Mazeran
Carn nam Bain-tighearna
Slochd
Duthil Burn
Achnahannet
Duthil
R. Dulnain
Beinn Mhòr
Glenbeg
GRANTOWN-ON-SPEY
Craggan
Dulnain Bridge
Speybridge
Skye of Curr
Creagan a' Chaise
Carrbridge
Carn Phris Mhòir
Carn Dubh 'Ic an Deoir
Dalmigavie
River Dulnain
Drumuillie
Cullachie
Nethy Bridge
Sliemore
Sgòr Gaoithe
Bridge of Brown
Burn of Brown
Fodderletter
Tomintoul
Milton
Conglass Water
Blairnamarrow
Kinveachy
Boat of Garten
East Croftmore
Abernethy Forest
Loch Garten
Tore Hill
Dell Lodge
Lettoch
Baddoch
Tom an t-Suidhe Mhòir
Dorback Lodge
Dorback Burn
Braes of Abernethy
Carn Meadhonach
Carn na Farraidh
Water of Ailnack
Eil
Carn Sleamhuinn
Allt Lorgy
Beinn Ghuilbin
Aviélochan
Granish
River Spey
Auchgourish
Aundorach
Tulloch
Forest Lodge
River Nethy
Cnoc Fraing
Carn Coire na h-Easgainn
Geal-charn Mòr
Craigellachie
Aviemore
Coylumbridge
Meall a' Bhuachaille
Carn Bheadhair
Geal Charn
Water of Caiplich
Chaochan Altinn
Craig Veann
Burn of Loin
Big Garvoun
The Queen's Forest
Glenmore Lodge
Loch Morlich
Glen More
River Luineag
Loch Alvie
Alvie
Inverdruie
The Polchar
Rothiemurchus
Stac na h-Iolaire
Carn na Feannaige
AINS
Carn an Fhreiceadain
An Suidhe
Castle Hill
Carn Eilrig
Bynack More
GLEN AVON
The Bruach
Forest of Glenavon
Kincraig
Inverescie
Feshiebridge
Loch Insh
Insh
Insh Fm
Raitts Burn
Allt Mòr
KINGUSSIE
Lynchat
Pitmain Fm
CAIRN GORM
CAIRNGORM
Shelter Stone
Loch Avon
Beinn a' Chaorainn
Stob an t-Sluichd
BEN AVON
BRAERIACH
Sgoran
Loch Builg

Covesea Skerries
Halliman Skerries
LOSSIEMOUTH
Hopeman
Duffus
Gordonstoun
Boar's Head Rock
SPEY BAY
PORTKNOCKIE
FINDOCHTY
Cullen Bay
Logie Head
Redhythe Point
Sandend Bay
PORTSOY
Boyne Bay
Knock
BUCKIE
CULLEN
Sandend
Whitehills
Spey Bay
Kingston
Portgordon
Rathven
Bin of Cullen
Lintmill
Durn Hill
Fordyce
Boyndie
Lochhill
Garmouth
Leuchars Ho
Loch Spynie
ELGIN
Quarrywood
Pittendreich
Urquhart
Lhanbryde
Muir of Lochs
Mosstodloch
Bogmoor
Auchenhalrig
Slackhead
Cairnfield Ho
Drybridge
Shiel Muir
Milton
Kirktown of Deskford
Mid Culbeuchly
Miltonduff
Moss of Barmuckity
Clochan
Broadley
Craibstone
Toux
Oldtown of Ord
Paddockhaugh
Fochabers
Whiteash Hill Wood
Longmorn
Thornhill
Blackhills
Whitewreath
Dipple
Ordiquish
Millstone Hill
Aultmore
Lurg Hill
Cornhill
Deerhill
Gordonstown
Weachyburn
Teindland
Inchberry
Wood of Ordiequish
Broadrashes
Brange Crossroads
Cranloch
Edingight Ho
Knock Hill
Sillyearn
Finnygaud
Kellas
Glenlatterach Resr
Glen of Rothes
Forgie
Aultmore
Newmill
Bracobrae
Knowes of Elrick
Cranna
ABERCHIRDER
Pikey Hill
Newlands
Hill of Mulderie
Davoch of Grange
Knock
Drumnagorrach
Farmtown
Cairn Uish
Mulben
KEITH
ISLA
Marnoch
Clunie
ROTHES
Burn of Rothes
Carn na Cailliche
Cairn Cattoch
Elchies Forest
Ben Aigan
Arndilly Ho
Dandaleith
Hill of Towie
Towiemore
Little Pitlurg
The Balloch
Glen of Coachford
Ruthven
Milltown of Rothiemay
Hillbrae
River Deveron
Inverkeithny
Auchininna
Whiteacen
Nether Ringorm
Craigellachie
Maggieknockater
Kininvie Ho
Drummuir Castle
Cairnie
Fourman Hill
Bognie Brae
Yonder Bognie
Archiestown
Upper Knockando
Cardow
Knockando Ho
Midtown of Buchromb
CHARLESTOWN OF ABERLOUR
The Bin
The Bin Forest
Drumblair
Carron
Daugh of Kinermony
Milltown of Auchindoun
Daugh of Invermarkie
Daugh of Cairnborrow
Cairnborrow
Lessendrum
Aucharies
Daugh of Carron
Marypark
Milltown of Edinvillie
DUFFTOWN
Balvenie Castle
Torry
Haugh of Glass
Glen of Artloch Croft
Clashmach Hill
HUNTLY
Drumblade
Corse
Brideswell
Sliach
Denend
Ythanwells
Belleheiglash
Beatshach
Meikle Conval
Auchindoun Castle
The Scalp
STRATHBOGIE
Bailiesward
Bridgend
Thomastown
BEN RINNES
Bridge of Avon
Glen Rinnes
Dullan Water
Glen Fiddich
Succoth
Tillathrowie
Kirkstile
Shanquhar
Hill of Tillymorgan
Backburn
Glens of Foudland
Favillar
Cairnacay
Glenfiddich Lodge
Glenfiddich Forest
Tomnaven
Coynachie
Culdrain
Gartly Moor
Hill of Foudland
Kirkton of Culsalmond
Bridgend
Inverharroch
Black Water
Clashindarroch
Gartly
Cults
Knockandy Hill
Largie
Pizarde Stone
Colpy
Wrangham
Drumin
Glenlivet
Shenval
Corryhabbie Hill
Mount of Haddoch
Milton of Lesmore
Tap o' Noth
Milton of Noth
Leith Hall
Kennethmont
Ardlair
Aulton
Insch
Ardoyne
Carn Liath
Cairn Muldonich
Carn an t-Suidhe
Blackwater Forest
Round Hill
Aldunie
Cabrach
Wheedlemont
Rhynie
Cottown
Clatt
Duncanstone
Leslie
Kirkton
Carn Daimh
Tomnavoulin
Cairnbrallan
Craig Castle
Knockespock Ho
Auchleven
Lickleyhead Castle
Knockandhu
River Livet
Hill of Three Stones
The Buck
Clova
Lumsden
CORREEN HILLS
Coldwells Croft
Suie Hill
Mucklestone
Clashnoir
Braes of Glenlivet
Chapeltown
Ladder Hills
Badenyon
Creag an Eunan
Lord Arthur's Hill
Tullynessle
Glenton
Keig
Castle Forbes
Milton
Carn Mor
Glenbuchat Lodge
Moss Hill
Ladylea Hill
Mossat
Kildrummy
Rinmore
Bridge of Alford
Montgarrie
HOWE OF ALFORD
Alford
Rorandle
Cairn William
Pitfichie Forest
Pitmunie
Conglass Water
Carn Liath
Kirkton of Glenbuchat
Water of Buchat
Castle
Auchintoul
Asloun
Whitehouse
Blairnamarrow
The Socach
Water of Nochty
Bellabeg
Strathdon
Glenkindie
Towie
Sinnahard
Milltown of Towie
Muir of Fowlis
Little Lynturk
Kirkton of Tough
Tillyfourie
Lecht Road
Carn Ealasaid
Ernan Water
Glen Ernan
Geal Charn
Bressach Hill
Inverernan Ho
Candacraig Ho
Heugh-head
Frosty Hill
Boultenstone
Milton of Cushnie
Leochel Cushnie
Craigievar Castle
Corrennie Moor
Corrennie Forest
Craig Veann
Cock Bridge
Delnadamph Lodge
Corgarff
Colnabaichin
Tornahaish
Craig of Bunzeach
Hillockhead
Pressendye
Kintocher
Benaquhallie
Bankhead
MOUNTAINS
East Davoch
Migvie
The House of Corse
Tornaveen
River Don
Carn Leac Saighdeir
Cairn Mona Gowan
Deskry Water
Morven
Logie Coldstone
Coynach
Douneside
Craskins
Craiglich
Findrack Ho
Drumlassie
Brown Cow Hill
Loch Builg
Tarland
Souterrain
Lumphanan
Stone Circle
Coull
Milton of Auchinhove
Auchlossan
Torphins
Gairnshiel Lodge
River Gairn
Peter's Hill
Culblean Hill
Glendavan Ho
Ordie
Scar Hill
Mortlich
Fenzie
NJ

NORTH SEA
BUCHAN
FORMARTINE
NK
KINNAIRD HEAD
FRASERBURGH
Fraserburgh Bay
Cairnbulg Point
ROSEHEARTY
MACDUFF
Troup Head
Pennan Head
Quarry Head
Head of Garness
Gamrie Bay
New Aberdour
New Pitsligo
Strichen
Mormond Hill
Loch of Strathbeg
RATTRAY HEAD
St Combs
Inzie Head
Crimond
Gas Terminal
St Fergus
Scotstown Head
Kirkton Head
St Fergus Moss
Rora Moss
North Ugie Water
Forest of Deer
Old Deer
Mintlaw
Maud
New Deer
TURRIFF
Cuminestown
Hill of Corsegight
PETERHEAD
Peterhead Bay
Sandford Bay
Buchan Ness
Boddam
Longside
Moss of Cruden
Long Haven
North Haven
Twa Havens
Cruden Bay
Bay of Cruden
Hatton
Fyvie
Methlick
Haddo Ho
Ythanbank
ELLON
Tarves
OLDMELDRUM
Pitmedden
Collieston
St Catherine's Dub
Hackley Head or Forvie Ness
Sands of Forvie
Newburgh
Newburgh Bar
Foveran
INVERURIE
Due to open Early 1991
KINTORE
Kemnay
Blackdog
Blackdog Rock
DYCE
Aberdeen (Dyce) Airport
Bridge of Don
ABERDEEN
ABERDEEN to
Stromness 8-14 hrs
Lerwick 14 hrs
Westhill
Girdle Ness
Nigg Bay
Greg Ness
Souter Head
Peterculter
Midmar Forest
Cults
A 90
A 92
A 96(T)
A 947
A 948
A 950
A 952
A 975
A 98
A 981
A 920
A 944
93

102

Map: Outer Hebrides (Western Isles) and Skye

LOCHMADDY to Tarbert .... 2½ hrs

IDRIGILL to Tarbert .... 2 hrs

2 hrs

Outer Hebrides or Western Isles / The Hebrides

- Vaitam
- Sgeir a' Chàil
- Torogay
- Newtonferry
- Groay
- Gilsay
- Lingay
- Scaravay
- Newton
- Aird Thormaid
- Sernai Mhic Neacail
- Beinn Mhòr
- Sursay
- Opsay
- Trumisgarry
- Tahay
- Oitisary
- Hermetray
- Crogary na Hoe
- Groatay
- Rubha an Dùine
- Loch Fada
- Loch Skealtar
- Lochmaddy
- Weaver's Point
- Rubha nam Plèac
- Loch Maddy
- Madadh Gruamach
- 824 North Lee
- 920 South Lee
- An t-Aigeach
- Loch Eport
- Rubha Mhic Gille-mhicheil
- Loch Obisary
- Sidinish
- Eigneig Mhór
- 1139 EAVAL
- Eigneig Bheag
- Lierrnish
- Floddaybeg
- Floddaymore
- 379 Ronay
- 325 Rubha na Rodagrich
- Maragay Mór
- Maaey Riabhach
- Greanamul Deas
- Rubha Cam nan Gall
- 334 Wiay
- Glas-eileanan
- Luirsay Dubh
- Fairseid Falaich
- Na Tuath
- Rubha Rossel
- Bhilidh

Inner Hebrides / Skye

- WATERNISH POINT
- An Càmastac
- Healaval
- Eilean Iosal
- Eilean Creagach
- Ascrib Islands
- Ard Beag
- Ben 931 Geary
- Trumpan
- Geary
- Loch Losait
- Ardmore Point
- Halistra
- Hallin
- Gillen
- Kilbride Point
- Idrigill
- Ru Chorachan
- Uig Bay
- LOCH SNIZORT
- Poll na h-Ealaidh
- Score Horan
- Biod nan Laog
- Eilean Mór
- Lyndale Point
- DUNVEGAN HEAD
- Mingay
- Isay Island
- Sgeir nam Biast
- Lusta
- Beinn Charnach Bheag
- Greshornish Point
- Lyndale Ho
- Loch Bay
- Greshornish
- Flashader
- Geodha nan Each
- Biod an Athair
- Galtrigil
- Gob na Hoe
- Borreraig
- Uig
- Ben Ettow
- Claigan
- Beinn Bhreac 1074
- Beinn Chreagach
- B 886 Bay River
- B 886
- Edinbane
- An Ceannaich
- Loch Pooltiel
- Milovaig
- Feriniquarrie
- Totaig
- Colbost
- A 850
- Oisgill Bay
- Lephin
- 866
- Uigshader
- Ben 806
- Neist
- Waterstein Head
- Skinidin
- Hamara River
- Dunvegan
- B 884
- Kilmuir
- Lonmore
- A 863
- Cruachan Beinn a' Cheàrcaill 872
- Moonen Bay
- Ben Corkeval
- Glen Dale
- Broch
- Roskhill
- HEALABHAL MHOR 1538
- Macleod's Tables
- Roag
- Vatten
- Ramasaig
- Orbost
- Loch Bharcasaig
- Harlosh
- HEALABHAL BHEAG 1601
- Hoe Rape
- 759 The Hoe
- Ben 799
- Harlosh Point
- Harlosh Island
- Colbost Point
- Bracadale
- Hoe Point
- Ben Connan
- Beinn na Boineid 1207
- Tarner Island
- Struan
- Coillore
- Am Bi-bogha Beag
- Am Bi-bogha Mór
- Ollisdal Geo
- Ben Idrigill
- LOCH BRACADALE
- Ullinish
- Ardtreck Point
- An Dubh Sgeir
- Flossnan
- Macleod's Maidens
- Wiay
- Loch Harport
- IDRIGILL POINT
- Oronsay
- Portnalong
- Gob na h-Oa
- Fiskavaig
- Rubha nan Clach
- Fernilea
- B 8009
- McFarlane's Rock
- Arnaval 1210
- Carbost
- Gleann Oraid
- Merka
- Talisker Bay
- Talisker
- Broch Beinn nan Cùithean
- Beinn Bhreac 1468
- Eyno
- Stac a Mheadais
- MI...
- Loch Eynort
- An Dubh-sgeir
- Stac an Tuill
- Geodha Daraich
- Rubha Langanes
- Iorcail

INNER HEBRIDES

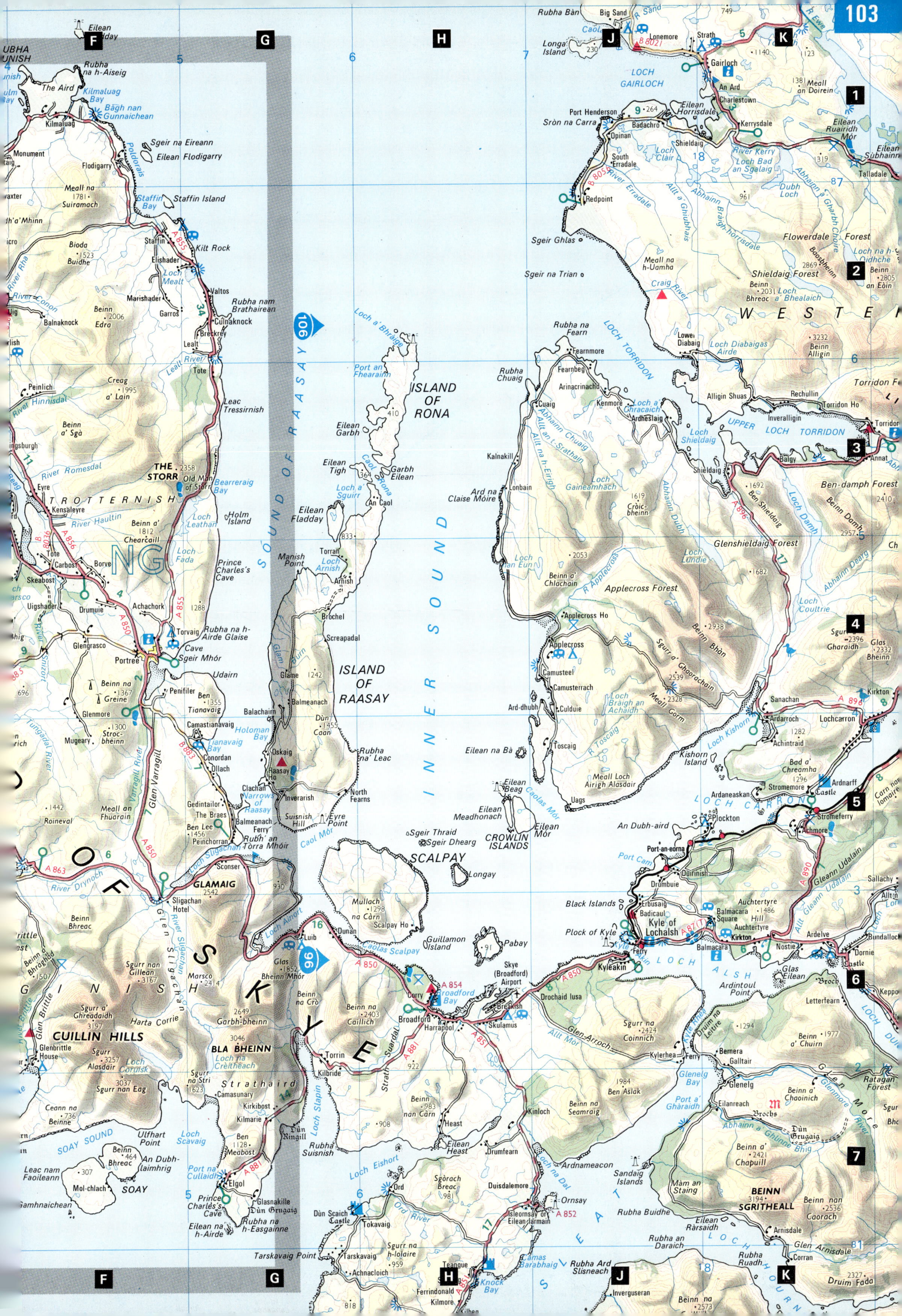

104

ST KILDA OR HIRTA

NA / NF

- Boreray 1245
- Soay 1225
- ST KILDA OR HIRTA 234
- Dun
- Levenish

ST KILDA lies about 41 miles or 66 km WNW of Griminish Point NF 7276

OUTER HEBRIDES

ATLANTIC OCEAN

NA / NF

- Gasker 105
- Hushinish Point
- Hushinish Bay
- Husival Mòr 1603
- Leosaval
- Govig
- Horsanish
- Arde Mòra
- Forest
- Rubha Leacach
- Taransay Glorigs
- Soay Mòr
- Rubha nan Totag
- Sythe Harbour
- TARANSAY
- Aird Vanrish
- Benn Raah 877
- Paible
- Rubha Sgeirigin
- SOUND OF TARANSAY
- Aird Nisabost
- Toe head
- Rubha Màs a' Chnuic
- Sgeir Liath
- Rubha Romagi
- Clett Nisabost 518
- Borve
- Coppay
- Chaipaval 1207
- Scarastavore
- Bleaval 1305
- Shillay 265
- Little Shillay
- Sound of Shillay
- Rubh' an Teampuill
- Northton
- Greabhal 922
- A859
- PABBAY
- Beinn a' Charnain 642
- Rubh' a' Bhaile Fo Thuath
- Brenish Point
- Kyles Lodge
- Loch Steisevat 1507
- Leverburgh
- Roineabhal
- Quinish
- Ensay 161
- Carminish Islands
- Carminish
- Strond
- Sound of Spuir
- Sound of Pabbay
- Spuir
- SOUND OF HARRIS
- Killegray 147
- Rodel
- Langay
- RE PO
- BERNERAY
- Ruisgarry
- Boreray
- Massacamber
- Rubha Bhoisnis
- Baile
- Borve
- Ferry
- Vaitam 281
- Sgeir a' Chàil
- Groay
- Gilsay
- Langay
- Scaravay
- Crolais a' Mhòrain
- Aird a' Mhòrain
- Lingay
- Sound of Berneray
- Newtonferry
- Newton
- Torogay
- Aird Thormaid
- Sursay
- Opsay
- Sgeir Orival
- Vallay
- Veilish Point
- Oronsay
- A893
- Beinn Mhòr 624
- Seòlaid Mhic Neacail
- Tahay
- Hermetray
- 3hr
- Griminish Point
- Scolpaig
- Vallay Strand
- Grenitote
- Sollas
- Trumisgarry
- Crogary Mòr 588
- A865
- Loch Aulasary
- Crogary na Hoe
- Groatay
- Rubha an Dùine 504
- Mànish Point
- Rubha Dubh Tighary
- Balmartin
- Clettraval 435
- Glen Droila
- 20
- NORTH UIST
- Marrival 756
- Loch nan Geireann
- A865
- Loch Fada
- Loch Skealtar 332
- Tighary
- Causamul
- Houghary
- Aird an Rùnair
- Balranald
- Bayhead
- Paible
- Rubha Port Scolpaig
- Loch Huna
- Marrival 458
- Loch Scadavay
- Hotel
- 8
- Loch Maddy
- Lochmaddy
- Rubha nam Plèac
- Weaver's Point
- North Lee 824
- Madadh Gruamach
- Haskeir Island 123
- Haskeir Eagach
- Rubha Raouill
- Deasker
- Claddach Kirkibost
- Kirkibost
- Oitir Fhiadhaich
- Loch Langass 296
- 11
- A867
- Loch Scadavay
- South Lee 920
- An t-Aigeach
- Huskeiran
- SOUND OF MONACH
- Heisker or Monach Islands
- Shillay
- Hearnish
- Stockay
- Ceann Ear
- Vorogay
- Clachan-a'-Luib
- B894
- A865
- Lochepoirt
- Sidinish
- Loch Eport
- Rubha Mhic Gille-mhìcheil
- Eigneig Mhòr
- Teanamachar
- Samala
- Baleshare
- 224
- Bail Uachdraich
- Loch Obisary
- Loch Caravat
- EAVAL 1139
- Eigneig Bheag
- Eachkamish
- Carinish
- Liernish
- Floddaybeg
- Floddaymore
- Oitir Mhòr
- Balagas
- Grimsay
- Beul an Toim
- Benbecula Aerodrome
- Uachdar
- Gramsdale
- Flodda
- Ronay 325
- Rubha na Rodagrich
- A892
- Balivanich
- Nunton
- Rueval 408
- Griminish
- Rossinish
- Maragay Mòr
- BENBECULA
- Torlum
- Liniclate
- Loch Uiskevagh 73
- Loch Heouravay
- Maaey Riabhach
- Greanamul Deas
- Creagorry
- Hornish Point
- Ardivachar
- Ardivachar Point
- B865
- Eochar
- Loch Bee
- Rubha Cam nan Gall
- Steisay
- Wiay 334
- Gasay
- Glas-eileanan
- Luirsay Dubh
- West Geririnsh
- Lochcarnan
- Sandwick
- A865
- Loch Càrnan
- Loch Skipport
- Ornish Island
- Stilligarry
- B890
- Lochskipport
- 285

THE LITTLE MINCH

WESTERN ISLES
NB
NG
SOUND OF SHIANT
LOCH SNIZORT
MINCH
2 hrs
Ullaval
Stulaval
Lodge
Orèval
Seaforth Island
Beinn Mhòr
PAIRC
Eishken
Lemreway
Gob na Milaid
Srianach
Ardvourlie
Scaladale River
Uisgnaval Mòr
Clett Ard
Clisham
NORTH HARRIS
Maaruig
LOCH SEAFORTH
Eilean Iubhard
Camas Allt nam Bearnach
Uisenis
Crionaig
Caiteshal
Loch Claidh
Mol Truisg
Gob Rubh Uisenis
Rubha Bhrollum
Rubh' a Bhaird
Meavaig
Ciasmol
Gob Aird an Tolmachain
Bunavoneadar
Sgaoth Aird
LOCH TARBERT
Isay
Ardhasaig
Gillaval Glas
Laxadale Lochs
Toddun
Rheinigidale
Ard Caol
Beinn a' Chaolais
Loch Trollamarig
Geo Dubh
Eilean Mor a' Bhàigh
Beinn Dhubh
Tarbert
Ben Luskentyre
Luskentyre
Urgha
South Harris Forest
Carragreich
Leac Eskadale
Aird Mheadhonach
Kyles Scalpay
Carnach
Scotasay
Rubha Crago
Loch Ceann Dibig
Ferry
Aird Riabhach
East Loch Tarbert
SCALPAY
Eilean Glas
Meavag
Drinishader
Ceann-na-Cleithe
Plocrapool Point
Grosebay
Plocrapool
Scadabay
Rubha Bhocaig
Ardvey
Likisto
Lackalee
An Coileach
Kyles Stockinish
Loch Grosebay
Geocrab
Cluer
Beacravik
Manish
Stockinish Island
Aird Mhànais
Flodabay
Loch Flodabay
Quidinish
Rubha Quidnish
Loch Finsbay
Garbh Eilean
Cadha na Gaoidhsich
Eilean Mhuire
Galtachean
Shiant Islands
Eilean an Tighe
Fladda-chùain
Sgeir nam Maol
Eilean Trodday
RUBHA HUNISH
Rubha na h-Aiseig
Loch Hunish
Tulm Bay
The Aird
Kilmaluag Bay
Bàgh nan Gunnaichean
An t-lasgair
Kilmaluag
Lub Score
Monument
Sgeir na Eireann
Eilean Flodigarry
Camas Mòr
Bornesketaig
Flodigarry
Poldorais
Cairidh nan Ò
Kilmuir
Kilvaxter
Meall na Suiramach
Staffin Bay
Staffin Island
Balgown
Suidh' a' Mhinn
Linicro
Totscore
Bioda Buidhe
Staffin
Kilt Rock
Ellishader
Loch Mealt
Kilbride Point
Idrigill
Uig
Uig Bay
River Rha
River Conon
Valtos
Marishader
Rubha nam Brathairean
Beinn Edra
Garros
Culnaknock
Balnaknock
Breckrey
Ru Chorachan
Earlish
Lealt
WATERNISH POINT
An Càmastac
Healaval
Eilean Iosal
Eilean Creagach
Ascrib Islands
WATERNISH
Ben Geary
Geary
Ard Beag
Trumpan
Loch Losait
Ardmore Point
Halistra
Gillen
Score Horan
Biod nan Laog
Poll na h Ealaidh
Hallin
Peinlich
River Hinnisdal
Creag a' Lain
Tote
Leac Tressirnish
DUNVEGAN HEAD
Mingay
Isay Island
Sgeir nam Biast
Beinn Charnach Bheag
Lusta
Eilean Mòr
Lyndale Point
Greshornish Point
Beinn a' Sgà
Loch Bay
Kingsburgh
Geodha nan Each
Galtrigill
Gob na Hoe
Claigan
Beinn Bhreac
Beinn Chreagach
Greshornish
Lyndale Ho
Flashader
Loch Snizort Beag
River Romesdal
THE STORR
Old Man of Storr
Bearreraig Bay
Borreraig
Ben Ettow
Uig
Treaslane
Eyre
TROTTERNISH
Kensaleyre
Holm Island
Eilean Fladday
The Aird
River Haultin
Loch Leathan
Beinn a' Chearcaill
An Ceannaich
Loch Pooltiel
Feriniquarrie
Totaig
Edinbane
Bernisdale
Tote
Loch Fada
Milovaig
Oisgill Bay
Lephin
Colbost
Dunvegan
Ben Uigshader
Carbost
Borve
Prince Charles's Cave
Manish Point
Skinidin
Kilmuir
Glen Bernisdale
Skeabost
Waterstein Head
Glen Dale
Hamara River
Lonmore
Loch Niarsco
Uigshader
Drumuie
Achachork
Neist
Moonen Bay
Ben Corkeval
Broch
Cruachan Beinn a' Chearcaill
Beinn a' Ghlinne Bhig
HEALABHAL MHOR
Macleod's Tables
HEALABHAL BHEAG
Roskhill
Roag
Vatten
Glengrasco
Torvaig
Rubha na h-Airde Glaise
Ramasaig
Hoe Rape
Orbost
Harlosh
Portree
Cave
Sgeir Mhór
Loch Connan
River Ose
Udairn
The Hoe
Loch Bharcasaig
Ose
Beinn na Greine
Penifiler
Ben Tianavaig
Glame
Balmeanach
Ben Connan
Harlosh Island
Harlosh Point
Colbost Point
Bracadale
Loch Duagrich
Camastianavaig
Holoman Bay
Beinn na Boineid
Balachuirn
ISLAND
SOUND OF RAASAY

A
B
C
D
E
1
2
3
4
5
6
7
NB
NG
ULLAPOOL to Stornoway ....3¼ hrs
105
103
96
Eilean Mullagrach
Polbain
Glas-leac Mór
Badentarbat Bay
Tanera Beg
Summer Isles
Tanera Mór
Glas-leac Beag
Horse Island
Eilean Dubh
Priest Island
Bottle Island
Càrn nan Sgeir
Greenstone Point
Cailleach Head
Rubha Beag
Opinan
Rubha Mór
Gob a' Chuaille
Mellon Udrigle
Stattic Point
Scoraig
Carnach
Little Loch Broom
Gruinard Island
Badluarach
Slaggan Bay
Eilean Furadh Mór
Achgarve
Gruinard Bay
Sròn a' Gheodha Dhuibh
Camas Mór
Rubha nan Sasan
Beinn Dearg Mhór
Mellon Charles
Laide
Sand
Coast
Mungasdale
Gruinard House
Inchina
Dundonnell
Badcaul
Rubha Reidh
Loch an Draing
Cove
Ormiscaig
Bùalnaluib
Tighnafiline
Aultbea
Little Gruinard
Sròn na Cléite
An Cuaidh
B 8057
Loch Sguod
Isle of Ewe
Drumchork
Beinn Dearg Bad Chailleach
Loch a' Bhaid-luachraich
Gruinard River
Melvaig
Inverasdale
Midtown
Loch Ewe
Loch Fada
Little Gruinard River
Uisge Toll a' Mhadaidh
Carn nam Buailtean
Aultgrishan
Brae
Seana Chamas
Cnoc Breac
Rubha' Ard na Bà
Tournaig
Aird Dhubh
Peterburn
Naast
Beinn a' Chàisgein Beag
Meall na Meine
North Erradale
Port Erradale
Loch Bad a' Chreamh
Poolewe
Londubh
Bad Bog
Fisherfield Forest
Rubha Bàn
Big Sand
R. Sand
River Ewe
Loch Kernsary
Longa Island
Caolas Beag
Lonemore
B 8021
Strath
Loch Tollaidh
Beinn a' Chàisgein Mór
Fionn Loch
Dubh Loch
Gairloch
Loch Gairloch
An Ard
Charlestown
Meall an Doirein
Beinn Airigh Charr
Port Henderson
Sròn na Carra
Badachro
Eilean Horrisdale
Kerrysdale
Eilean Ruairidh Mór
Loch Maree
Beinn Làir
Opinan
Shieldaig
Loch Clàir
River Kerry
Eilean Sùbhainn
Letterewe Forest
Letterewe
South Erradale
B 8056
Loch Bad an Sgalaig
Talladale
A 832
Loch Garbhaig
Redpoint
River Erradale
Allt a' Ghiubhais
Abhainn Bràigh-horrisdale
Dubh Loch
Abhainn a' Gharbh Choire
Slioch
Sgeir Ghlas
Flowerdale Forest
Loch na h-Oidhche
Strath Lungard
Glen Grudie
Sgeir na Trian
Meall na h-Uamha
Shieldaig Forest
Beinn Bhreac
Loch a' Bhealaich
Beinn an Eòin
Rhu Noa
Craig River
Meall Ghiubhais
Kinlochewe
Loch a' Bhràige
Rubha na Fearn
Loch Torridon
Lower Diabaig
Loch Diabaigas Airde
Beinn Alligin
Wester Ross
Ruadh-stac Mór
Beinn Eighe
Beinn Eighe National Nature Reserve
Port an Fhearainn
Island of Rona
Fearnmore
Fearnbeg
Rubha Chuaig
Arinacrinachd
Kenmore
Loch a' Chracaich
Alligin Shuas
Rechullin
Torridon Forest
Liathach
Torridon Ho
Glen Torridon
A 896
Eilean Garbh
Cuaig
Ardheslaig
Inveralligin
Upper Loch Torridon
Torridon
River Torridon
Loch Clair
Coulin Lodge
Sound of Raasay
Abhainn Chuaig
Allt an t-Srathain
Loch Shieldaig
Annat
Abhainn Thràil
Sgurr Dubh
Eilean Tigh
Kalnakill
Allt na h-Eirigh
Balgy
Shieldaig
Coulin Forest
Caol Rona
Garbh Eilean
Loch a' Sguirr
An Caol
Ard na Claise Móire
Lonbain
Loch Gaineamhach
Cròic-bheinn
Ben Shieldaig
Ben-damph Forest
Beinn Damh
Loch Damh
Loch an Eion
Beinn Liath Mhòr
Eilean Fladday
Abhainn Dubh
Maol Chean-dearg
Sgorr Ruadh
Torran
Manish Point
Loch Arnish
Arnish
Glenshieldaig Forest
Achnashellach Sta
Prince Charles's Cave
Loch nan Eun
Beinn a' Chlachain
R. Applecross
Loch Lundie
Abhainn Dearg
Lair
Loch Dùghaill
Applecross Forest
Loch Coultrie
Balnacra
Brochel
Applecross Ho
Coulags
River Carron
Rubha na h-Airde Glaise
Screapadal
Applecross
Beinn Bhàn
Sgurr a' Gharaidh
Glas Bheinn
New Kelso
Glam Burn
Glame
Island of Raasay
Sgùrr a' Chaorachain
Strathcarron
Camusteel
Achintee
Camusterrach
Meall Gorm
Kirkton
Balachuirn
Ard-dhubh
Culduie
Ardarroch
Lochcarron
Attadale
Dùn Caan
Kishorn
Carn Geuradainn
Holoman Bay
Udairn
Valtos
Rubha nam Brathairean
Culnaknock
Brackrey
Bearreraig Bay
Holm Island

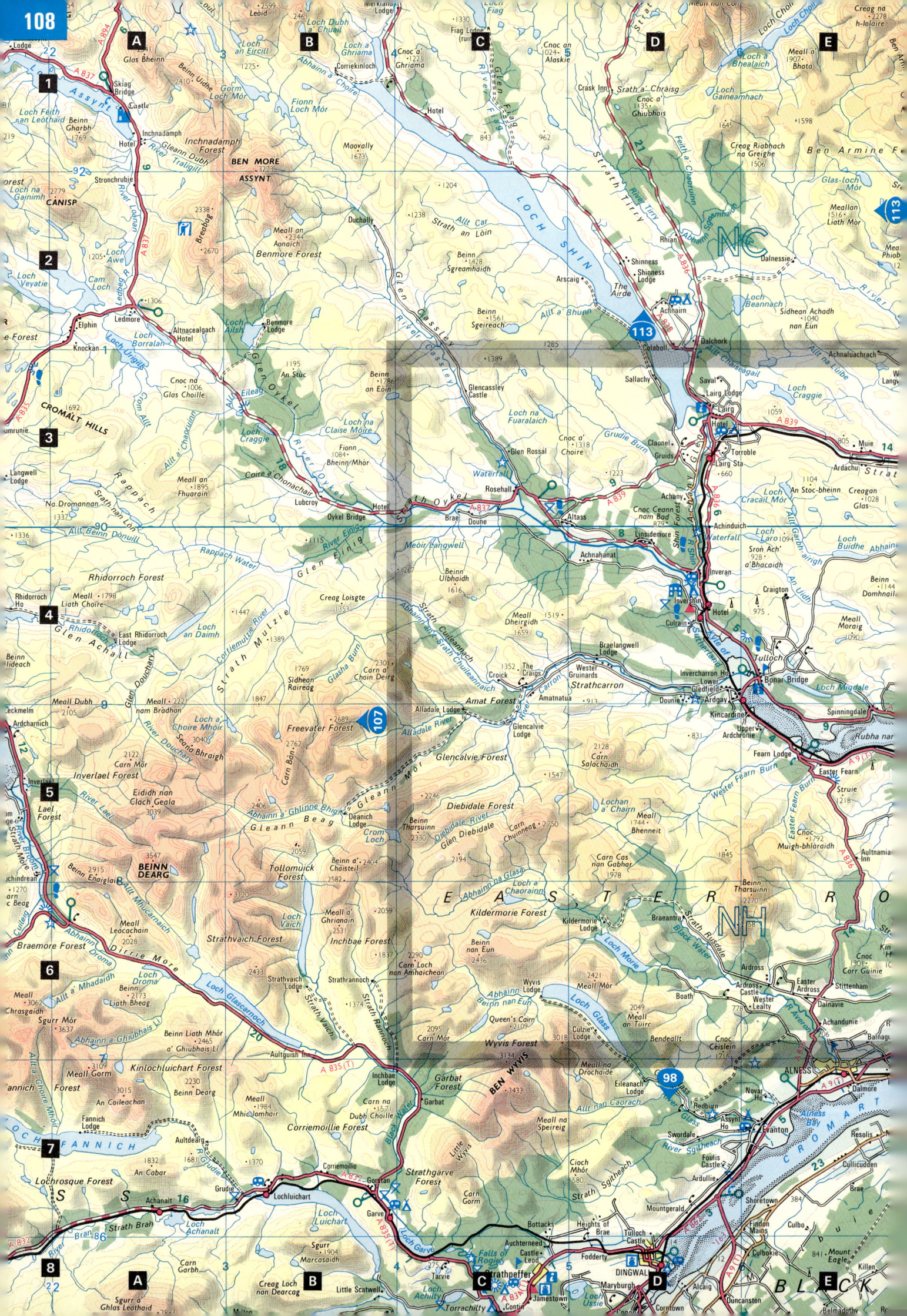

Liath-bhaid Mhoir
Borrobol Forest
Altanduin
Borrobol Lodge
Loch Ascaig
Cnoc na Bruen-choille
Creag nam Fiadh
Gorm-loch Mòr
Garvary Burn
River Skinsdale
Strath Skinsdale
Tuarie Burn
Ben Armine Lodge
Craggie
Craggie Water
Cnoc Meadhonach
Strath of Kildonan or Strath Ullie
Kildonan Lodge
Kildonan Burn
Suisgill Burn
Beinn Dubhain
R. Helmsdale
Torrish
Kilphedir
Beinn Dhorain
Meallan Liath Beag
Glen Sletdale
Glen Loth
Eldrable Hill
West Helmsdale
Helmsdale
Gartymore
Portgower
Sron Rubha na Gaoithe
Lothmore
Lothbeg
Lothbeg Point
Ord Point
Ousdale
Boch-ailean
Berriedale
Ceann Leathad nam Bò
An Dùn
Newport
Borgue
Langwell Ho
Langwell Forest
Langwell Water
Aultibea
Scaraben
Maiden Pap
Morven
Wag
Creag Scalabsdale
Cnoc na Maoile
Dunbeath Castle
Knockally
Ramscraigs
ND
Black Water
Coirefrois Burn
Cnoc Leamhnachd
Broch
Balnacoil
Allt Smeorail
Col-bheinn
Gordonbush
Strath Brora
Dalreavoch
Rhilochan
East Langwell
Farlary
Scottarie Burn
Kilbraur Hill
Loch Brora
Ben Horn
West Clyne
Clynelish
Doll
Brora
Cagar Feosaig
Rogart
Pittentrail
Backies
Beinn Lunndaidh
Beinn a' Bhragaidh
Morvich
Aberscross
Mound Rock
Culmaily
Golspie
Dunrobin Castle
Kirkton
River Fleet
Torboll
Cambusmore Lodge
Cambusavie
Loch Fleet
Littleferry
Creag Liath
Badninish
Skelbo
Fourpenny
Rearquhar
Embo
Proncy
River Evelix
Gablon
Clashmore Wood
Evelix
Pitgrudy
DORNOCH
Ospisdale
Skibo Castle
Clashmore
Lonemore
Dornoch Sands
Due to open Late 1990
Cambuscurrie Bay
Edderton
Gallrope Bank
DORNOCH FIRTH
Whiteness Sands
Tarbat Ness
Wilkhaven
Portmahomack
Rockfield
Tarlogie
Morangie
TAIN
Inver
Balcherry
Arboll
Tarrel
Quarryhill
Lochslin
Morangie Forest
Glen Aldie
Loch Eye
Rhynie
Geanies Ho
East Lamington
Lamington
Fearn Sta
Hill of Fearn
Newfield
Logie Hill
Clay of Allan
Chapel
Hilton of Cadboll
Scotsburn
Balnagown Castle
Kildary
Arabella
Tullich
Balintore
Cullisse
Shandwick
Tullich Muir
Milton
Ankerville
Tarbat Ho
Chapelhill
Port an Righ
Kilmuir
Barbaraville
Pitcalnie
Nigg Bay
Nigg
Hill of Nigg
King's Cave
Balintraid
Sands of Nigg
Saltburn
Dunskeath Ness
Balnapaling
Castlecraig
INVERGORDON
North Sutor
CROMARTY
Sutors of Cromarty
Cromarty Bay
Blue Head
Newton
Mc Farquhar's Cave
Jemimaville
Muirton
Upper Eathie
Balmungie
MORAY FIRTH
Whiteness Head
NAIRN
Tradespark
Fort George
Burghead
Covesea Skerries
Hopeman
Duffus
Gordonstoun
Cummingstown
Roseisle
Burghead Bay
Findhorn
Findhorn Bay
Hempriggs
Coltfield
Alves
Newton
Quarrywood
Culbin Forest
Kincorth Ho
Kinloss
Grange Hall
Springfield
Kintessack
Moy Ho
Cloddymoss
Dyke
Brodie Castle
FORRES
Sueno's Stone
Blervie Castle
Califer
Pluscarden Priory
Heldon Hill
Miltonduff
Pittendreich
Paddockhaugh
Barnhill
Thornhill
Rafford
NJ
F
G
H
J
K
1
2
3
4
5
6
7
8
114
115
99
100

ATLANTIC OCEAN

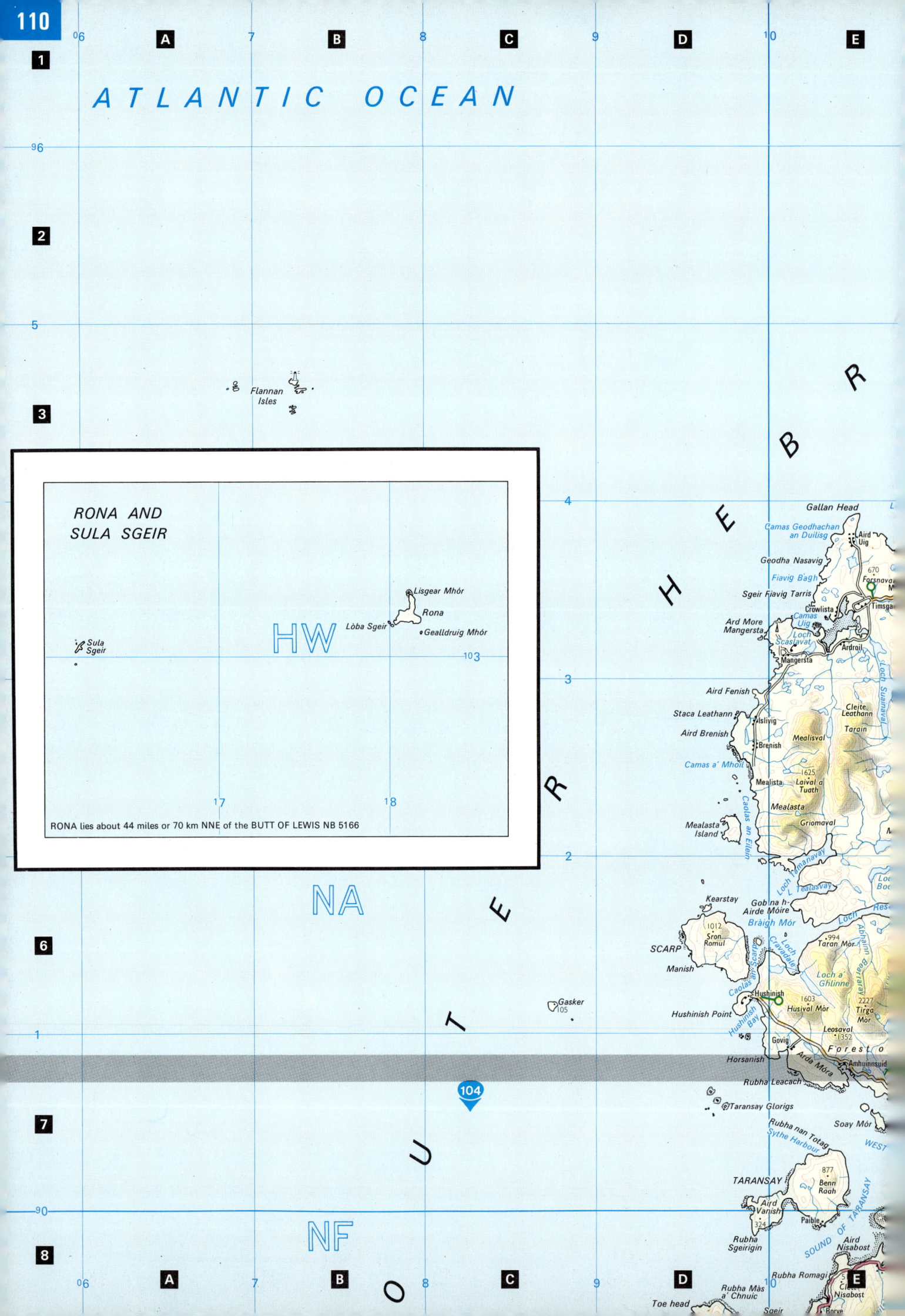

RONA AND SULA SGEIR

Lisgear Mhór
Rona
Lòba Sgeir
Gealldruig Mhór
Sula Sgeir

RONA lies about 44 miles or 70 km NNE of the BUTT OF LEWIS NB 5166

Flannan Isles

Gallan Head
Camas Geodhachan an Duilisg
Aird Uig
Geodha Nasavig
670 Forsnavig
Fiavig Bàgh
Sgeir Fiavig Tarris
Crowlista
Timsga
Ard More Mangersta
Camas Uig
Ardroil
Loch Scaslavat
Mangersta
Aird Fenish
Cleite Leathann
Staca Leathann
Aislivig
Tarain
Aird Brenish
Brenish
Mealisval
Camas a' Mhoil
1625
Mealista
Laival a' Tuath
Caolas an Eilean
Mealasta
Griomaval
Mealasta Island

Kearstay
Gob na h-Airde Mòire
Loch Tamanavay
L Tealasvay
Loch Reasort
Bràigh Mór
1012
Sron Romul
994
Taran Mór
SCARP
Loch Cravadale
Loch Abhainn Beararaigh
Manish
Loch a' Ghlinne
Caolas
Hushinish
2227 Tirga Mór
1603 Husival Mór
Hushinish Point
Leosaval
1352
Hushinish Bay
Govig
Arda Móra
Forest o
Amhuinnsuidh
Horsanish
Rubha Leacach
Taransay Glorigs
Rubha nan Totag
Soay Mór
Sythe Harbour
WEST
TARANSAY
877
Benn Raah
Aird Vanish
324
Paible
Aird Nisabost
Rubha Sgeirigin
SOUND OF TARANSAY
Rubha Romagi
Rubha Màs a' Chnuic
Rubha Nisabost
Toe head
Sgeir
Borve
Clin

Gasker 105

Butt of Lewis
Cladach an Eilein
Cunndal
Eoropie
Five Penny Ness
Lionel
Port of Ness
Habost
Swainbost
Cross
NESS
Port Skigersta
Skigersta
Meall Geal
Cross Sands
Aird Dell
Dell
Glen Cross
A 857
Toa Galson
Galson
Cuiashader
Cladach Cuiashader
Dell River
Ben Dell
Roinn a' Bhuic
Melbost Borve
High Borve
Five Penny Borve
Rubha Bhlanisgaidh
South Galson River
Cellar Head
Loch Langavat
Cladach Dibadale
Rubha Leathann
Shader
Steinacleit
Borve River
Aird Barvas
Ballantrushal
520
Diaval
Sguinean nan Creagan Briste
Rubh' a' Bhiogair
Loch Mòr Sandavat
Abhainn Geiraha
Rinn Druim Tallig
Brue
Barvas
813
Muirneag
Labost
Arnol
New Tolsta
North Tolsta
Tolsta Head
Rubh' an Dùnain
Bragar
Loch Urrahag
Rubha Caol
A 858
386
Port nam Bothaig
Dalbeg Bay
Shawbost
Dalbeg
Dalmore
Loch Breivat
Gleann Mòr Barvas
Gress River
Loch Sgeireach Mòr
Glen Tolsta
Port Bun a' Ghlinne
Garenin
River Arnol
Gleann Bhruthadail
A 857
Poll Gainmhich
Carloway
459
Beinn Bragar
Glen Bragar
Creag Fhraoch
Campay
Loch Carloway
Creag Mhòr
Floday
Little Bernera
Broch
Kirivick
Griais
Harsgeir
Loch na Scaravat
Bac
Sgeir Leathann
ROAG
Geodha nan Calman
Bosta
Croir
Tobson
EAST LOCH ROAG
955
Beinn Mholach
Lock Mòr an Stàirr
Lacastal
Col
Col Uarach
Vatisker Point
Tiumpan Head
Pabay Mòr
Vacsay
265
Tolsta Chaolais
Loch Laxavat Ard
Loch nan Stearnag
Coll Sands
BROAD BAY OR LOCH A TUATH
Cnoc Amhlaigh
Port Mholair
Portvoller Bay
Aird
Breaclete
GREAT BERNERA
Breasclete
459
Aird Thunga
Tunga
Grianan
Sròn Ruadh
Shulishader
Vuia Mòr
Hacklete
Kirkibost
Barraglom
Totarol
Keava
River Laxdale
Laxdale
Newmarket
Traigh Mhealabhoist
Seisiadar
Reef
LOCH ROAG
Eilean Kearstay
NB
STORNOWAY
Stornoway Aerodrome
Garrabost
Rubha na Greine
Floday
Vuia Beag
Crulivig
Callanish
Standing Stones
Stone Circle
Garynahine
A 858
Loch Uraval
Greeta River or R Creed
Lews Castle College
Melbost
Sandwick
Aignish
EYE PENINSULA
Geshader
B 8011
B 8059
Linshader
Loch Smuaisavat
A 858
14
732
Eitshal
Holm
A 866
Knock
Gob Shilldinish
Stac Shuardail
Pabail Uarach
Bayble Bay
Pabail Iarach
Rubha nam Bàirneach
288
Bayble Hill
Rubh' Dubh
840
Teahaval
Loch Tungavat
B 8011
Lochganvich
Achmore
Arnish Moor
A 859
B 897
Rubh' a' Bhàigh Uaine
Chicken Head
STORNOWAY to Ullapool....3½ hrs
Enaclete
Loch Grunavat
Little Loch Roag
Loch Thota Bridein
Loch Orasay
THE MINCH
Gisla
Loch nam Falcag
Leurbost
Grimshader
Ben Casgro
Raerinish Point
Loch Fuaroil
Loch Trealaval
396
Trealaval
River Laxay
Soval Lodge
Crossbost
Ranish
Loch Airigh na h Airde
Barkin Isles
Tabhaidh Mhòr
Loch Morsgail
Keose
Eilean Chaluim Chille
Laxay
Eilean Orasaidh
Cromore
Loch Corrigerod
Roineval
Balallan
Loch Erisort
Eilean Thòraidh
Loch Crò Criosdaig
Loch Benisval
Loch Strandavat
Shiltenish
Kershader
Caversta
Habost
Marvig
Morsgail Forest
B 8060
Rubha na Creige Mòire
Loch Langavat
Kintarvie
Arivruaich
Malasgair
Seaforth Head
Loch Sgibacleit
Loch nan Eilean
Calbost
1008
Beinn a' Bhoth
Glenside
Rubha Iosal
Aird an Troim
Gravir
A 859
Sidhean an Airgid
Loch Odhairn
Kebock Head
Loch Shanndabhat
1611
Liuthaid
PARK OR PAIRC
Eishken
Orinsay
Aline Lodge
1901
Stulaval
Lemreway
Gob na Milaid
Ardvourlie
713
Seaforth Island
Loch Shell or Loch Seaig
247
Srianach
1874
Beinn Mhòr
Eilean Iubhard
Camas Allt nam Bearnach
Scaladale River
1069
2392
Uisgnaval Mòr
Clisham
Clett Ard
LOCH SEAFORTH
1542
1217
Uisenis
105
NORTH HARRIS
Maaruig
1532
Crionaig
Meavig
B 887
Mol Truisg
Bunavoneadar
1829
Sgaoth Aird
1473
Caiteshal
Loch Claidh
Ardhasaig
1733
Toddun
L. Bhrollum
Gob Rubh' Uisenis
1547
Gillaval Glas
Rhenigidale
Laxadale Lochs
Rubha Bhrollum
Isay
Tarbert
Ard Caol
Loch Trollamarig
Rubh' a Bhaird
Beinn a' Chaolais
Urgha
Geo Dubh
Eilean Mor a' Bhàigh
Ben Luskentyre
1532
A 859
Carragreich
Leac Eskadale
Aird Mheadhonach
Kyles Scalpay
Carnach
SOUND OF SHIANT
Garbh Eilean
Cadha na Gaoidhsich
Eilean Mhuire
528
Galtachean
Shiant Islands
Eilean an Tighe
South Harris Forest
Scotasay
Loch Ceann Dibig
Ferry
Rubha Crago
Rubh' Riabhach
SCALPAY
East Loch Tarbert
341
Eilean Glas
Drinishader
ISLE OF LEWIS
HEBRIDES

STACK SKERRY & SULE SKERRY

STACK SKERRY lies about 32 miles or 50 km N of WHITEN HEAD NC5068

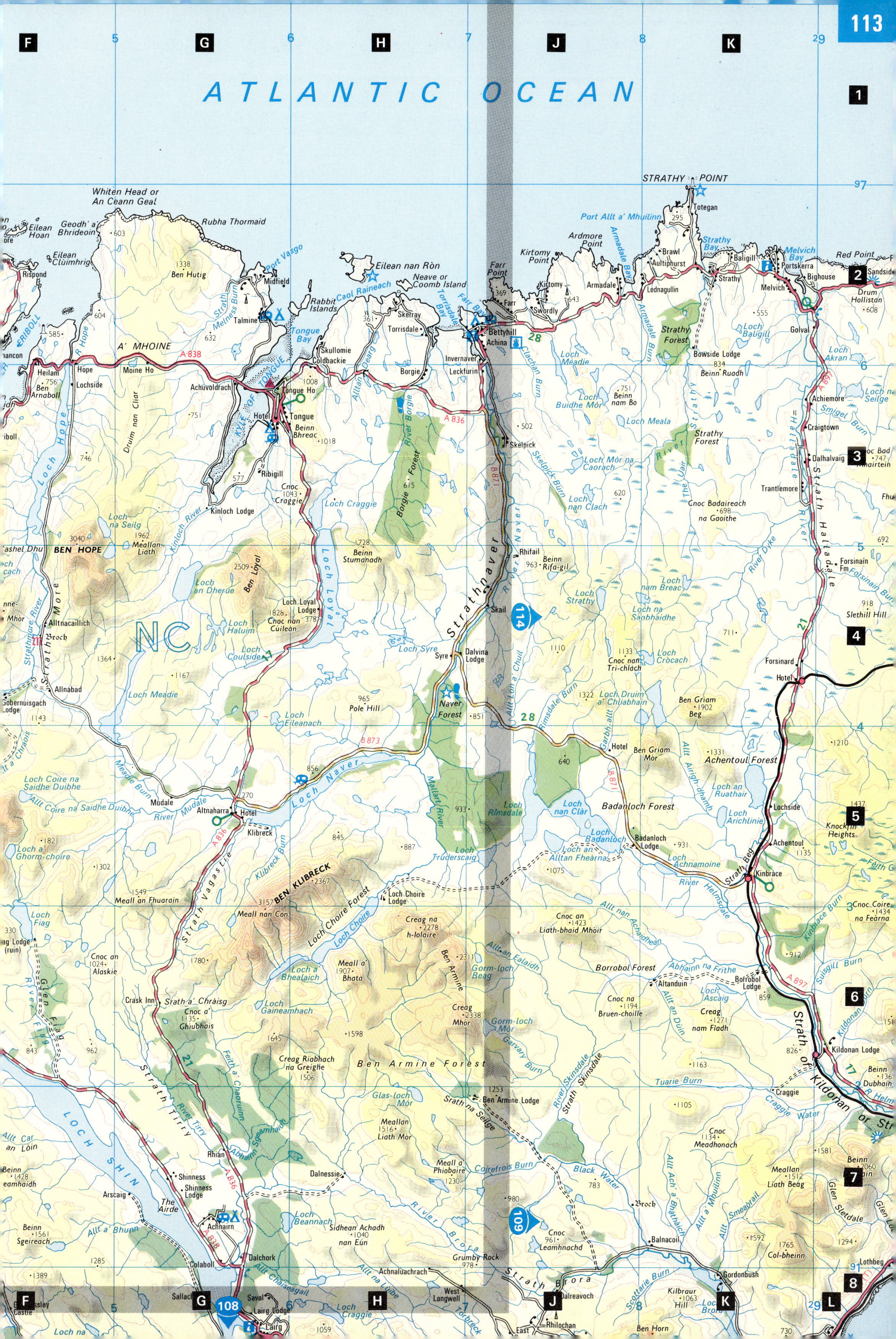

ATLANTIC OCEAN
Strathy Point
Totegan
Port Allt a' Mhuilinn
Strathy Bay
Baligill
Melvich Bay
Portskerra
Bighouse
Red Point
Sandside
Melvich
Drum Hollistan
Golval
Loch Akran
Achiemore
Smigel Burn
Craigtown
Dalhalvaig
Trantlemore
Strath Halladale
Halladale River
Forsinain Fm
Forsinain Burn
Slethill Hill
Forsinard
Hotel
Achentoul Forest
Lochside
Knockfin Heights
Achentoul
Kinbrace
Kinbrace Burn
Cnoc Coire na Fearna
Suisgill Burn
Kildonan Burn
Kildonan Lodge
Strath of Kildonan
Beinn Dubhain
Craggie
Craggie Water
Beinn Mheadhonach
Glen Sletdale
Mellan Liath Beag
Col-bheinn
Lothbeg
Gordonbush
Loch Brora
Kilbraur Hill
Ben Horn
Strathy
Strathy Forest
Lednagullin
Bowside Lodge
Beinn Ruadh
Armadale
Armadale Bay
Armadale Burn
Ardmore Point
Kirtomy Point
Kirtomy
Swordly
Farr Point
Farr
Bettyhill
Achina
Invernaver
Leckfurin
Skelpick
Skelpick Burn
Clachan Burn
Loch Meadie
Loch Buidhe Mòr
Beinn nam Bo
Loch Meala
Loch Mòr na Caorach
Loch nan Clach
Cnoc Badaireach na Gaoithe
River Dyke
Rhifail
Beinn Rifa-gil
Loch Strathy
Loch nam Breac
Loch na Seilge
Loch Crocach
Cnoc nan Tri-chlach
Loch Druim a' Chliabhain
Ben Griam Beg
Ben Griam Mor
Rimsdale Burn
Loch Rimsdale
Loch nan Clàr
Badanloch Forest
Loch Badanloch
Badanloch Lodge
Loch an Alltan Fhearna
Loch Achnamoine
River Helmsdale
Strath Beg
Cnoc an Liath-bhaid Mhòir
Borrobol Forest
Borrobol Lodge
Altanduin
Cnoc na Bruen-choille
Loch Ascaig
Creag nam Fiadh
Tuarie Burn
Cnoc Meadhonach
Skinsdale
Strath Skinsdale
Black Water
Broch
Balnacoil
Cnoc Leamhnachd
Strath Brora
Dalreavoch
Rhilochan
Eilean nan Ròn
Neave or Coomb Island
Caol Raineach
Rabbit Islands
Skerray
Torrisdale
Torrisdale Bay
Farr Bay
Skullomie
Coldbackie
Borgie
Borgie Forest
River Borgie
Whiten Head or An Ceann Geal
Rubha Thormaid
Ben Hutig
Midfield
Port Vasgo
Talmine
Melness Burn
Tongue Bay
Kyle of Tongue
Tongue
Tongue Ho
Hotel
Beinn Bhreac
Ribigill
Cnoc Craggie
Loch Craggie
Kinloch Lodge
Kinloch River
Achuvoldrach
A' Mhoine
Moine Ho
Hope
Lochside
Heilam
Ben Arnaboll
Loch Hope
Druim nan Cliar
Eilean Hoan
Geodh' a' Bhrideoin
Eilean Cluimhrig
Rispond
Loch Eriboll
Ben Hope
Loch na Seilg
Meallan Liath
Ben Loyal
Loch an Dherue
Loch Loyal
Loch Loyal Lodge
Cnoc nan Cuilean
Loch Haluim
Loch Coulside
Beinn Stumanadh
Strathnaver
River Naver
Skail
Loch Syre
Syre
Dalvina Lodge
Naver Forest
Allt Lon a' Chuil
Pole Hill
Loch Eileanach
Loch Meadie
Alltnacaillich
Broch
Strathmore River
Strath More
Allnabad
Gobernuisgach Lodge
NC
Loch Coire na Saidhe Duibhe
Mudale
River Mudale
Altnaharra
Hotel
Klibreck
Loch Naver
Mallart River
Loch Truderscaig
Loch Choire Lodge
Loch Choire Forest
Ben Klibreck
Meall nan Con
Klibreck Burn
Strath Vagastie
Meall an Fhuarain
Loch a' Ghorm-choire
Loch Fiag
Glen Fiag
River Fiag
Cnoc an Alaskie
Loch a' Bhealaich
Meall a' Bhata
Creag na h-Iolaire
Ben Armine
Gorm-loch Beag
Gorm-loch Mòr
Creag Mhòr
Allt an Falaidh
Crask Inn
Strath a' Chràisg
Cnoc a' Ghiubhais
Loch Gaineamhach
Creag Riabhach na Greighe
Ben Armine Forest
Ben Armine Lodge
Glas-loch Mòr
Meallan Liath Mor
Strath na Seilge
Meall a' Phiobaire
Coirefrois Burn
River Tirry
Strath Tirry
Feith a' Chaorruinn
Rhian
Shinness
Shinness Lodge
Dalnessie
Loch Beannach
Sidhean Achadh nan Eun
River Brora
Grumby Rock
Achnaluachrach
West Langwell
Loch Shin
Arscaig
The Airde
Achnairn
Colaboll
Dalchork
Allt a' Bhuin
Beinn Sgeireach
Sallachy
Saval
Lairg Lodge
Lairg
Loch Craggie
East
Allt Chaiseagail
Strath Brora

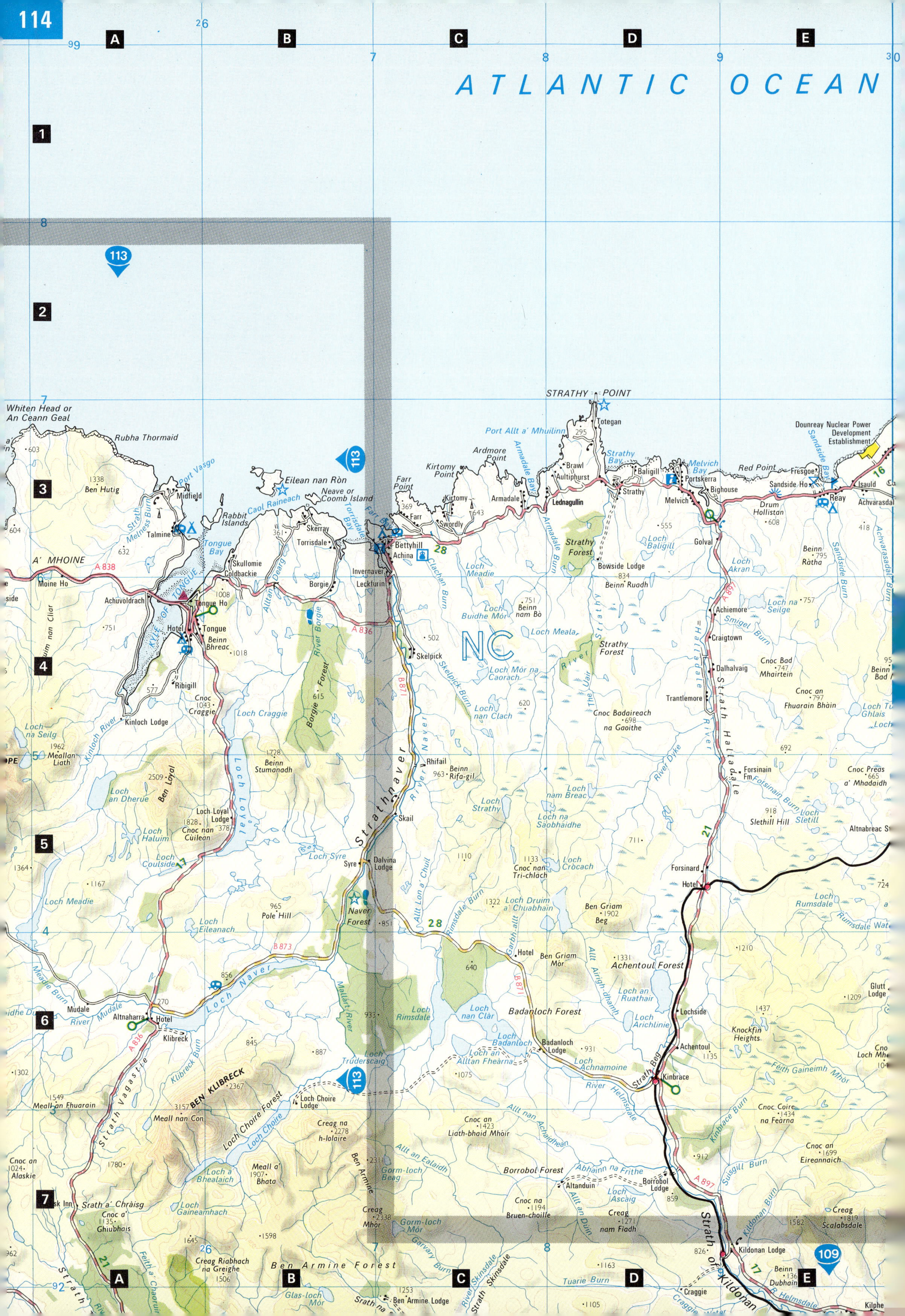
A
B
C
D
E
1
2
3
4
5
6
7
ATLANTIC OCEAN
113
109
NC
STRATHY POINT
Totegan
Strathy Bay
Baligill
Strathy
Melvich Bay
Portskerra
Melvich
Bighouse
Red Point
Fresgoe
Sandside Bay
Sandside Ho
Reay
Isauld
Achvarasdal
Dounreay Nuclear Power Development Establishment
Whiten Head or An Ceann Geal
Rubha Thormaid
Ben Hutig
Port Vasgo
Midfield
Talmine
Strath Melness Burn
A' MHOINE
A 838
Moine Ho
Achuvoldrach
Kyle of Tongue
Tongue Bay
Tongue Ho
Tongue
Hotel
Beinn Bhreac
Ribigill
Kinloch Lodge
Kinloch River
Loch na Seilg
Meallan Liath
Eilean nan Ròn
Caol Raineach
Rabbit Islands
Neave or Coomb Island
Skerray
Torrisdale
Torrisdale Bay
Skullomie
Coldbackie
Borgie
Borgie Forest
River Borgie
Allt an Dearg
Farr Point
Farr
Farr Bay
Bettyhill
Achina
Invernaver
Leckfurin
A 836
Kirtomy Point
Kirtomy
Swordly
Ardmore Point
Armadale
Armadale Bay
Armadale Burn
Port Allt a' Mhuilinn
Brawl
Aultiphurst
Lednagullin
Strathy Forest
Bowside Lodge
Beinn Ruadh
Loch Baligill
Golval
Clachan Burn
Loch Meadie
Loch Buidhe Mòr
Beinn nam Bò
Loch Meala
Skelpick
Skelpick Burn
Loch Mòr na Caorach
Loch nan Clach
Strathy Forest
River Strathy
Cnoc Badaireach na Gaoithe
Trantlemore
Dalhalvaig
Craigtown
Achiemore
Smigel Burn
Halladale River
Strath Halladale
A 897
Loch Akran
Loch na Seilge
Beinn Ràtha
Sandside Burn
Achvarasdal Burn
Drum Hollistan
Cnoc Bad Mhairtein
Cnoc an Fhuarain Bhàin
Loch Craggie
Cnoc Craggie
Beinn Stumanadh
Loch Loyal
Ben Loyal
Loch an Dherue
Loch-Loyal Lodge
Cnoc nan Cuilean
Loch Haluim
Loch Coulside
Strathnaver
River Naver
Rhifail
Beinn Rifa-gil
Skail
Loch Strathy
Loch nam Breac
Loch na Saobhaidhe
River Dyke
Forsinain Fm
Forsinain Burn
Loch Sletill
Slethill Hill
Cnoc Preas a' Mhadaidh
Altnabreac
Loch Syre
Syre
Dalvina Lodge
Naver Forest
Allt Lon a' Chuil
Rimsdale Burn
Cnoc nan Tri-chlach
Loch Cròcach
Loch Druim a' Chuabhain
Ben Griam Beg
Forsinard
Hotel
Loch Rumsdale
Rumsdale Water
Loch Meadie
Pole Hill
Loch Eileanach
B 873
Loch Naver
Meadie Burn
Mudale
Mudale River
Altnaharra
Hotel
Klibreck
Klibreck Burn
Mallart River
Garbh-allt
B 871
Hotel
Ben Griam Mòr
Allt Airigh-dhamh
Achentoul Forest
Loch Rimsdale
Loch nan Clàr
Badanloch Forest
Loch Badanloch
Badanloch Lodge
Loch an Alltan Fhearna
Loch Achnamoine
River Helmsdale
Loch an Ruathair
Loch Arichlinie
Lochside
Achentoul
Kinbrace
Strath Beg
Knockfin Heights
Glutt Lodge
Feith Gaineimh Mhòr
Loch Truderscaig
BEN KLIBRECK
Meall nan Con
Loch Choire Forest
Loch Choire
Loch Choire Lodge
Creag na h-Iolaire
Meall an Fhuarain
Strath Vagastie
A 836
Cnoc an Liath-bhaid Mhòir
Allt nan Achaidhean
Kinbrace Burn
Cnoc Coire na Fearna
Cnoc an Eireannaich
Suisgill Burn
Loch a' Bhealaich
Meall a' Bhata
Ben Armine
Gorm-loch Beag
Allt an Ealaidh
Borrobol Forest
Abhainn na Frithe
Altanduin
Borrobol Lodge
Loch Ascaig
A 897
Cnoc an Alaskie
Strath a' Chràigh
Cnoc a' Ghiubhais
Loch Gaineamhach
Creag Mhòr
Gorm-loch Mòr
Cnoc na Bruen-choille
Allt an Dùin
Creag nam Fiadh
Creag Scalabsdale
Kildonan Burn
Strath of Kildonan
Kildonan Lodge
Creag Riabhach na Greighe
Ben Armine Forest
Garvary Burn
River Skinsdale
Strath Skinsdale
Tuarie Burn
Beinn Dubhain
Helmsdale
Glas-loch Mòr
Ben Armine Lodge
Craggie
Kilphedir
Faith a' Chaoruinn
Strath Rinn

SCRABSTER to
Stromness 2 hrs
Seasonal
Thorshavn (Faroes)...13 hrs
PENTLAND FIRTH
NORTH SEA
SOUTH RONALDSAY
SOUTH WALLS
DUNNET HEAD
DUNCANSBY HEAD
Island of Stroma
Swona
The North Head
The Tails of the Tarf
Brough Ness
Old Head
Halcro Head
Burwick
Liddel
Widewall
Herston
Sandwick
Eastside
Kirkhouse
Newark Bay
Wind Wick
Ward Hill
Linklater
Lythes
Aikers
Herston Head
Harrabrough Head
Hoxa
Sand Wick
Barth Head
Dundas Ho
Gairy Hill
Cleat
Longhope
Hackness
Switha
Switha Sound
Cantick Head
Misbister Geo
Garth Head
Brims Ness
Grassy Cletts
Tor Ness
Melsetter
Hurliness
Brims
Ha Wick
Aith Hope
North Bay
Little Ayre
116
Langaton Point
Nethertown
Uppertown
Red Head
Mell Head
Muckle Skerry
Pentland Skerries
Men of Mey
St John's Point
Boars of Duncansby
Scarfskerry Point
Scarfskerry
Tang Head
Loch of Mey
Castle of Mey
Gills Bay
Gills
Canisbay
Huna
John o' Groats
Stacks of Duncansby
Wife Geo
Warth Hill
Skirza
Skirza Head
Freswick
Freswick Bay
Ness Head
Brabster
Gill Burn
Loch Heilen
Lochend
Slickly
Alterwall
Reaster
Kirk Burn
Auckengill
Nybster
Brough Head
Keiss
Tang Head
Mireland
Howe
Sortat
Lyth
Barrock Ho
Hastigrow
Burn of Lyth
Loch of Wester
Kirk
Killimster
SINCLAIR'S BAY
Ackergill Tower
Noss Head
Reiss
Winless
Ackergill
Wick Aerodrome
Sealky Head
Staxigoe
North Head
Wick Bay
WICK
Milton
Wick River
South Head
Castle of Old Wick
Gote o' Tram
Newton
Whiterow
Hempriggs Ho
Helman Head
Loch Hempriggs
Thrumster
Sarclet
Sarclet Head
Ulbster
Whaligoe
Cairn
Bruan
Halberry Head
Clyth
Lybster
Stone Rows
Roster
Camster
Cnoc an Earrannaiche
Grey Cairns
Camster Burn
Hill of Oliclett
Loch of Yarrows
Tannach
Achairn Burn
Stirkoke Ho
Bilbster
Badlipster
Strath Burn
Burn of Acharole
Loch of Toftingall
Watten
Loch Watten
Backlass
ND
North Watten
Halcro
Bowertower
Bowermadden
Tain
Greenland
Dunnet
DUNNET BAY
Brough
Hunspow
Ham
Rattar
Mey
St John's Loch
Barrock
Inkstack
Dunnet Hill
Burifa Hill
Briga Head
The Thirl
The Spur
Clardon Head
Castlehill
Castletown
Murkle
Clardon
Olrig Ho
Weydale
Hilliclay
Durran
Achingills
Stemster
Stemster Ho
Knockdee
Sordale
Roadside
Clayock
Georgemas Junc Sta
Banniskirk Ho
Halkirk
Braal Castle
Buckies
Geise
THURSO
Thurso Bay
Scrabster
Holborn Head
Spear Head
Brims Ness
Crosskirk
Forss Ho
Bridge of Forss
Newlands of Geise
Westfield
Forsie
Lieurary
Calder Mains
Loch Calder
Broubster
Shurrery
Shurrery Lodge
Loch Shurrery
Brawlbin
Scotscalder Sta
Loch Olginey
Olgrinmore
Dorrery
Blàr Dearg
Torran Water
River Thurso
Harpsdale
Spittal
Mybster
Westerdale
Tormsdale
Little River
Loch Meadie
Lochan Dubh nan Geodh
Loch Eileanach
Strathmore Lodge
Beinn Chàiteag
Lochmore Cott
Loch More
Sleach Water
Loch Ruard
Lochan Thulachan
Loch Sand
Coire na Beinne
Loch Rangag
Hill of Rangag
Achavanich
Stemster Hill
Rumster Forest
Crofts of Benachielt
Dalnawillan Lodge
Ben Alisky
Loch Breac
Loch Dubh
Cnocan Conachreag
Burn of Houstry
Houstry
Smerral
Latheronwheel Ho
Latheron
Latheronwheel
Forse
Forse Ho
Swiney
Reisgill Burn
Dunbeath Water
Berriedale Water
Braemore
Maiden Pap
Scaraben
Meall na Caorach
Dunbeath
Dunbeath Bay
Dunbeath Castle
Knockally
Ramscraigs
Borgue
Newport
An Dùn
Ceann Leathad nam Bò
Langwell Forest
Langwell Water
Aultibea
Langwell Ho
Berriedale
Boch-ailean
Ousdale
A 9
A 836
A 882 (T)
A 895
A 961
B 855
B 870
B 874
B 876
B 9041
B 9042
B 9047
F
G
H
J
K
1
2
3
4
5
6
7

FAIR ISLE

FAIR ISLE lies about 27 miles or 43 km ENE of NORTH RONALDSAY HY 7855

STROMNESS to
Scrabster .... 2 hrs
Aberdeen .... 8 hrs
Lerwick .... 7 hrs

ORKNEY ISLANDS

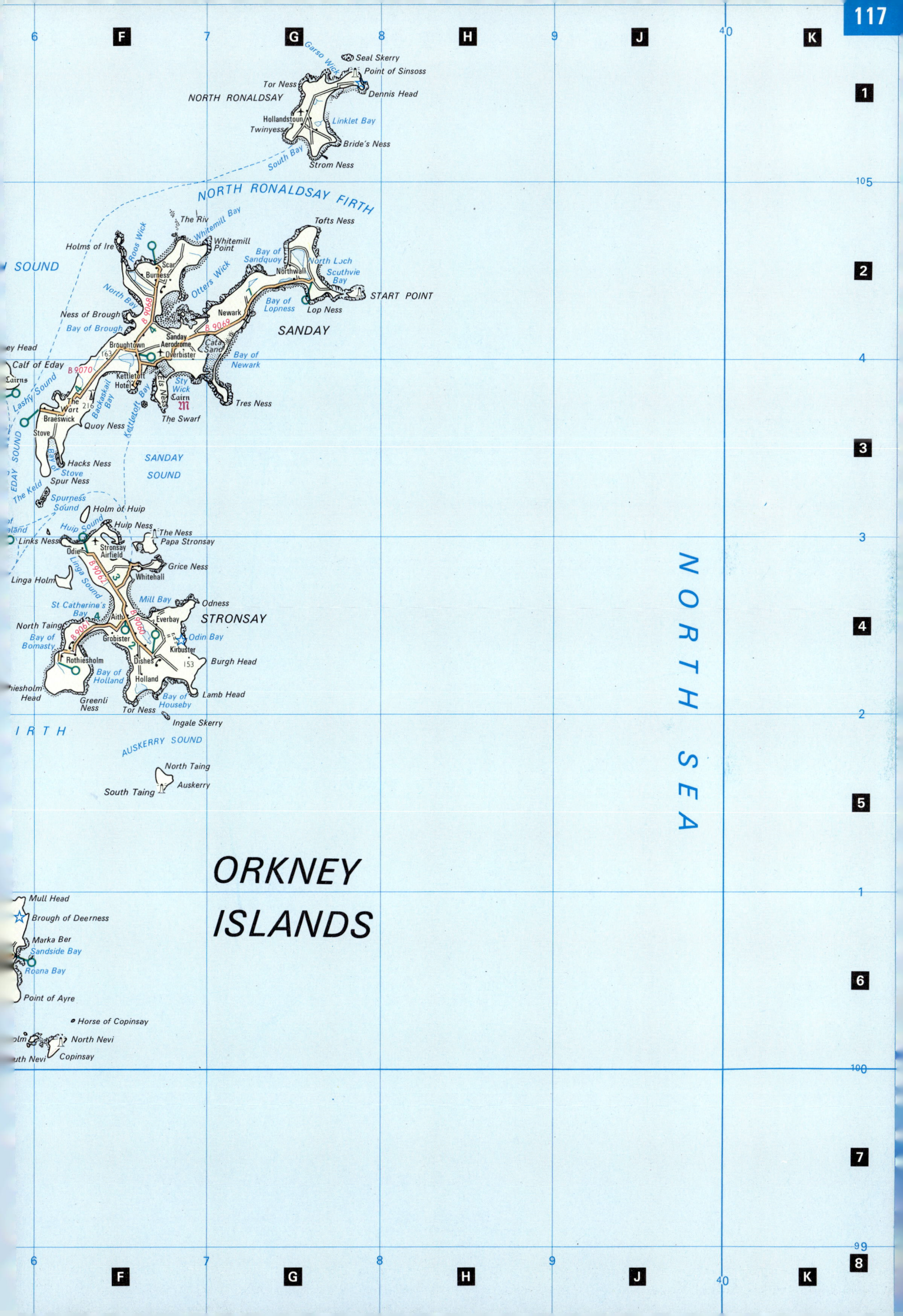

North Ronaldsay
- Garso Wick
- Seal Skerry
- Tor Ness
- Point of Sinsoss
- Dennis Head
- Hollandstoun
- Linklet Bay
- Twinyess
- Bride's Ness
- South Bay
- Strom Ness

NORTH RONALDSAY FIRTH

Sanday
- The Riv
- Tofts Ness
- Holms of Ire
- Whitemill Bay
- Whitemill Point
- Roos Wick
- Scar
- Bay of Sandquoy
- North Loch
- Burness
- Otters Wick
- Northwall
- Scuthvie Bay
- Ness of Brough
- North Bay
- START POINT
- Bay of Brough
- Newark
- Bay of Lopness
- Lop Ness
- SANDAY
- Calf of Eday
- Broughtown
- Sanday Aerodrome
- Overbister
- Cata Sand
- Cairns
- Kettletoft Hotel
- Bay of Newark
- Lashy Sound
- Backaskail Bay
- Sty Wick
- Cairn
- The Wart
- Kettletoft Bay
- Tres Ness
- Braeswick
- Quoy Ness
- The Swarf
- Stove

SANDAY SOUND

- Hacks Ness
- Stove
- Spur Ness
- The Keld
- Spurness Sound
- Holm of Huip
- Huip Sound
- Huip Ness
- Links Ness
- The Ness
- Papa Stronsay

Stronsay
- Odin
- Stronsay Airfield
- Grice Ness
- Linga Holm
- Whitehall
- St Catherine's Bay
- Mill Bay
- North Taing
- Odness
- Bay of Bomasty
- Aith
- Everbay
- STRONSAY
- Grobister
- Odin Bay
- Rothiesholm
- Dishes
- Kirbuster
- Bay of Holland
- Holland
- Burgh Head
- Thiesholm Head
- Greenli Ness
- Tor Ness
- Lamb Head
- Bay of Houseby
- Ingale Skerry

AUSKERRY SOUND
- North Taing
- South Taing
- Auskerry

NORTH SEA

- Mull Head
- Brough of Deerness
- Marka Ber
- Sandside Bay
- Roona Bay
- Point of Ayre
- Horse of Copinsay
- North Nevi
- Copinsay
- South Nevi

SHETLAND ISLANDS

ST MAGNUS BAY

ATLANTIC OCEAN

Esha Ness area: Grind of the Navir, Scraada, Esha Ness, Scarff, Braehoulland, Burnside, The Bruddans, Soe Breck, Tangwick, Hillswick, Isle of Stenness, Stenness, Ness of Hillswick, Skerry of Eshaness, Dore Holm, The Drongs, Baa Taing, Isle of Nibon, Lang Head, Erne St, Strom Ness, MUCKLE ROE, Murbie Stack

Papa Stour area: Cribbie, North Ness, Swarbacks Head, Fogla Skerry, Virda Field 285, Biggings, PAPA STOUR, Vementry, Isle of West Burrafirth, Gruna, Sound of Papa, Holm of Melby, West Burrafirth, Hamna, Quilva Taing, Melby Ho, Garth, Brindister, Noonsbrough, Sandness, Unifirth, Sulma Water, Pund Head, Sandness Hill 817, Burga Water, Loch of Voxterby, Bay of Deepdale, Dale, Burn of Dale, Mu Ness, Stourbrough Hill, Voe of Dale, 246, Bridge of Walls, Wats Ness, Mid Walls, Sta, Skarpigarth, Walls, Browland, Burraland, Gruting, Braga Ness, Vaila Sound, Gruting Voe, Sel Vo, Uskie Geo, Vaila Hall, 268, Ward of Culswick, Vaila, Brock, 390, Culswick, Strom Ness, Housa Water, The Nev, Westerwick, Giltarump, Wester Wick, Sil Wick, West Moulie G

FOULA: Da Logat, Strem Ness, The Kame, Harrier, Head o' da Taing, Da Scrodhurdins, Ham, 373, The Sneug, Wester Hoevdi, Hametoun, FOULA, Wick of Mucklabrek, Hellabrick's Wick, Hesti Geo, South Ness

119

SHETLAND ISLANDS

ATLANTIC OCEAN

ST MAGNUS BAY

- Isle of Fetha
- Garmus Taing
- Uyea
- Burrier Wick
- The Breck
- Fugla Ness
- South Wick
- North Roe
- Egg Field
- Hevdadale Head
- Lang Clodie Wick
- Beorgs of Skelberry
- Gruna Stack
- Turls Head
- North Roe
- Roer Water
- The Faither
- Muckle Ossa
- Ketligill Head
- Heillia Head
- Stonga Banks
- Housetter
- Ockran Head
- Burries Ness
- Man Scord
- Collafirth
- Ronas Hill
- South Head
- Whalwick Taing
- Gluss Water
- The Clifts
- Voe
- Ollaba
- Head of Stanshi
- Hamnavoe
- Heylor
- Faan Hill
- Grind of the Navir
- Ure
- Scarff
- Urafirth
- Scraada
- Braehoulland
- Burnside
- Eela Water
- ESHA NESS
- Sae Breck
- Tangwick
- Gluss
- Bard
- The Bruddans
- Bae Wick
- Hillswick
- Ness of Olnesfirth
- Isle of Stenness
- Stenness
- Ness of Hillswick
- Burraland
- Skerry of Eshaness
- Dore Holm
- The Drongs
- Baa Taing
- Sullom
- Isle of Nibon
- Nibon
- Cairn
- Mangaster
- Lang Head
- Egilsay
- Islesburgh
- Mavis Grind
- Turvalds Head
- Busta
- Erne Stack
- Brusk Voe
- Ve Skerries
- Strom Ness
- Roesound
- MUCKLE ROE
- South Ward
- Murbie Stacks
- Little-ayre
- Linga
- Cribbie
- North Ness
- Swarbacks Minn
- Fogla Skerry
- Virda Field
- Swarbacks Head
- Biggings
- PAPA STOUR
- Vementry
- Papa Little
- The Rona
- Ath Voe
- Sound of Papa
- Isle of Gruna
- West Burrafirth
- Holm of Melby
- Voe of Snarraness
- Loch of Vaara
- Melby Ho
- Garth
- West Burrafirth
- Brindister
- Clousta
- Quilva Taing
- Sandness
- Noonsbrough
- Unifirth
- Pund Head
- Sandness Hill
- Sulma Water
- Aith
- Bay of Deepdale
- Burga Water
- Loch of Voxterby
- Aithsting
- Dale
- Burn of Dale
- Twatt
- Mu Ness
- Stourbrough Hill
- Bixter
- Voe of Dale
- Bridge of Walls
- Effirth
- Wats Ness
- Mid Walls
- Browland
- Stanydale
- Semblister
- The Firth
- Skarpigarth
- Burraland
- Walls
- Braga Ness
- Gruting
- Uskie Geo
- Vaila Sound
- Gruting Voe
- Sel Voe
- Garderhouse

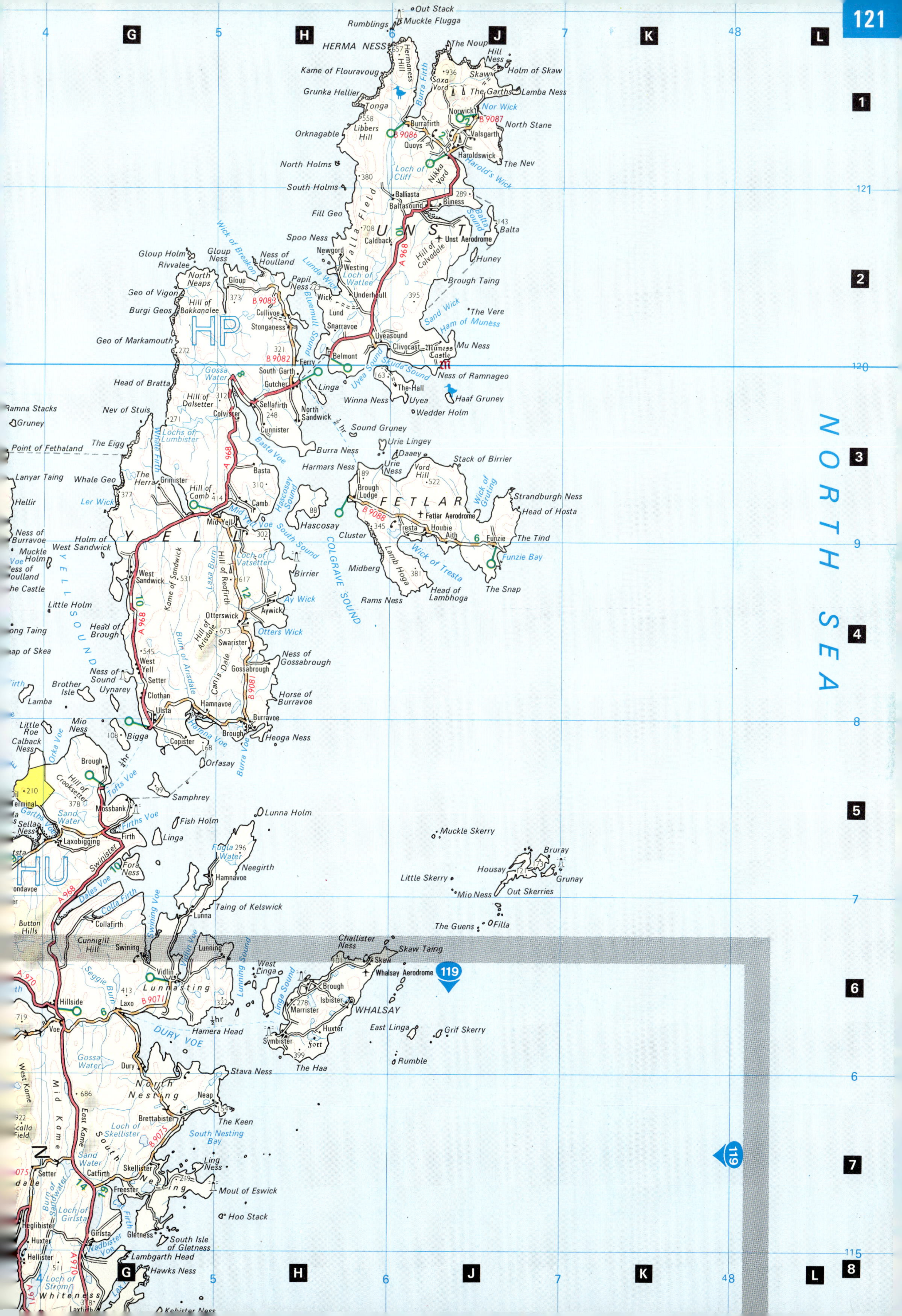
Out Stack
Muckle Flugga
Rumblings
HERMA NESS
Hermaness Hill
Kame of Flouravoug
Grunka Hellier
Tonga
Libbers Hill
Orknagable
North Holms
South Holms
Fill Geo
Spoo Ness
The Noup
Hill Ness
Holm of Skaw
Skaw
Saxa Vord
The Garths
Lamba Ness
Burra Firth
Norwick
Nor Wick
B 9087
North Stane
Burrafirth
B 9086
Quoys
Valsgarth
Haroldswick
Harold's Wick
The Nev
Loch of Cliff
Nikka Vord
Balliasta
Baltasound
Buness
Balta Sound
Balta
Valla Field
UNST
Caldback
Unst Aerodrome
A 968
Hill of Colvadale
Huney
Newgord
Westing
Loch of Watlee
Lunda Wick
Underhoull
Brough Taing
Papil Ness
Wick
Lund
Snarravoe
Sand Wick
The Vere
Ham of Muness
Uyeasound
Clivocast
Muness Castle
Mu Ness
Belmont
Uyea Sound
Skuda Sound
Ness of Ramnageo
Linga
Winna Ness
The Hall
Uyea
Haaf Gruney
Wedder Holm
Sound Gruney
Gloup Holm
Rivvalee
Gloup Ness
Wick of Breakon
Ness of Houlland
North Neaps
Gloup
Geo of Vigon
Burgi Geos
Hill of Bakkanalee
B 9083
Cullivoe
Stonganess
Bluemull Sound
HP
Geo of Markamouth
B 9082
Ferry
Gossa Water
South Garth
Gutcher
Head of Bratta
Hill of Dalsetter
Colvister
Sellafirth
North Sandwick
Nev of Stuis
Ramna Stacks
Gruney
Lochs of Lumbister
Cunnister
Point of Fethaland
The Eigg
Basta Voe
Burra Ness
Whale Firth
Lanyar Taing
Whale Geo
The Herra
Grimister
Basta
Harmars Ness
Urie Lingey
Daaey
Urie Ness
Stack of Birrier
Vord Hill
Hellir
Ler Wick
Hill of Camb
Camb
Hascosay Sound
Hascosay
Brough Lodge
FETLAR
Wick of Gruting
Strandburgh Ness
Head of Hosta
Mid Yell
Mid Yell Voe
B 9088
Fetlar Aerodrome
Ness of Burravoe
Holm of West Sandwick
YELL
South Sound
Cluster
Tresta
Houbie
Aith
Funzie
The Tind
Funzie Bay
Muckle Holm
Loch of Vatsetter
Birrier
COLGRAVE SOUND
Lamb Hoga
Wick of Tresta
Midberg
West Sandwick
Kame of Sandwick
Laxa Burn
Hill of Reafirth
Ay Wick
Aywick
The Snap
Head of Lambhoga
Rams Ness
Little Holm
YELL SOUND
Head of Brough
Otterswick
Otters Wick
Hill of Arisdale
Swarister
Ness of Gossabrough
Gossabrough
Burn of Arisdale
Canis Dale
West Yell
Ness of Sound
Setter
B 9081
Horse of Burravoe
Brother Isle
Uynarey
Clothan
Hamnavoe
Lamba
Ulsta
Burravoe
Little Roe
Mio Ness
Bigga
Copister
Brough
Heoga Ness
Calback Ness
Orka Voe
Hamna Voe
Orfasay
Burra Voe
Brough
Hill of Crooksetter
Tofts Voe
Samphrey
Terminal
Sand Water
Mossbank
Firths Voe
Fish Holm
Lunna Holm
Muckle Skerry
Sella Ness
Laxobigging
Firth
Linga
Fugla Water
Bruray
Housay
Out Skerries
Grunay
Swinister
Fora Ness
Neegirth
Hamnavoe
Little Skerry
Mio Ness
HU
Dales Voe
A 968
Colla Firth
Swining Voe
Taing of Kelswick
Lunna
The Guens
Filla
Button Hills
Collafirth
Vidlin Voe
Challister Ness
Skaw Taing
Cunnigill Hill
Swining
Lunning
Lunning Sound
Skaw
Whalsay Aerodrome
119
A 970
Vidlin
West Linga
Brough
Linga Sound
Isbister
Seggie Burn
Lunnasting
Marrister
WHALSAY
Hillside
Laxo
B 9071
Hamera Head
East Linga
Grif Skerry
Voe
DURY VOE
Symbister
Sodt
Rumble
Gossa Water
The Haa
Dury
Stava Ness
West Kame
North Nesting
Neap
Mid Kame
East Kame
Brettabister
The Keen
Scalla Field
Loch of Skellister
B 9075
South Nesting Bay
Sand Water
South Nesting
Setter
Catfirth
Skellister
Ling Ness
119
Burn of Sandwater
Loch of Girlsta
Freester
Moul of Eswick
Cat Firth
Hoo Stack
Heglibister
Girlsta
Gletness
South Isle of Gletness
Wadbister Voe
Huxter
Lambgarth Head
Hellister
A 970
Hawks Ness
Loch of Strom
Whiteness
A 971
Laxfirth
Kebister Ness
NORTH SEA
G
H
J
K
L
1
2
3
4
5
6
7
8
4
5
6
7
48
121
120
9
8
7
6
115

M25 and Routes into London

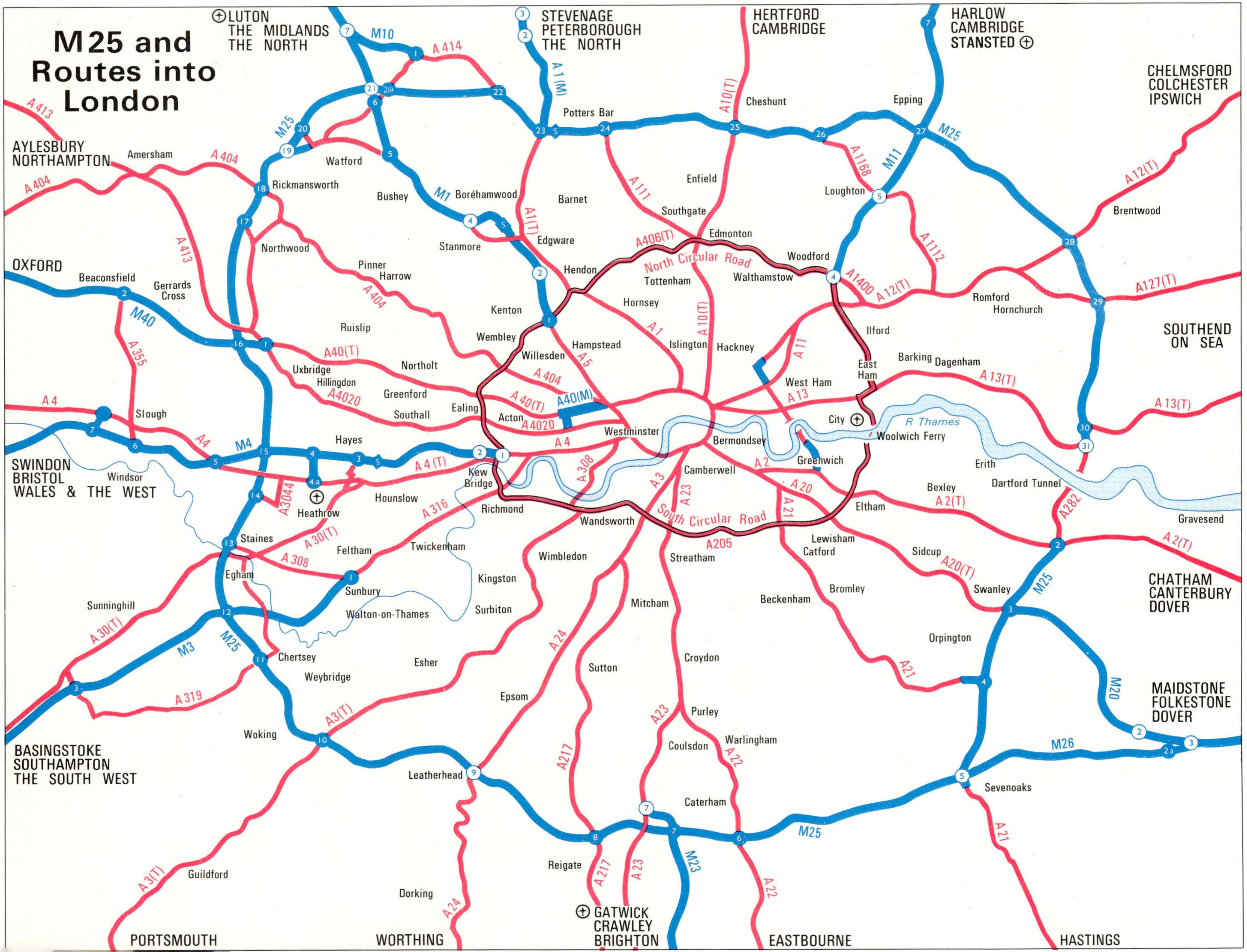

# Central London

Key to Central London Map Pages

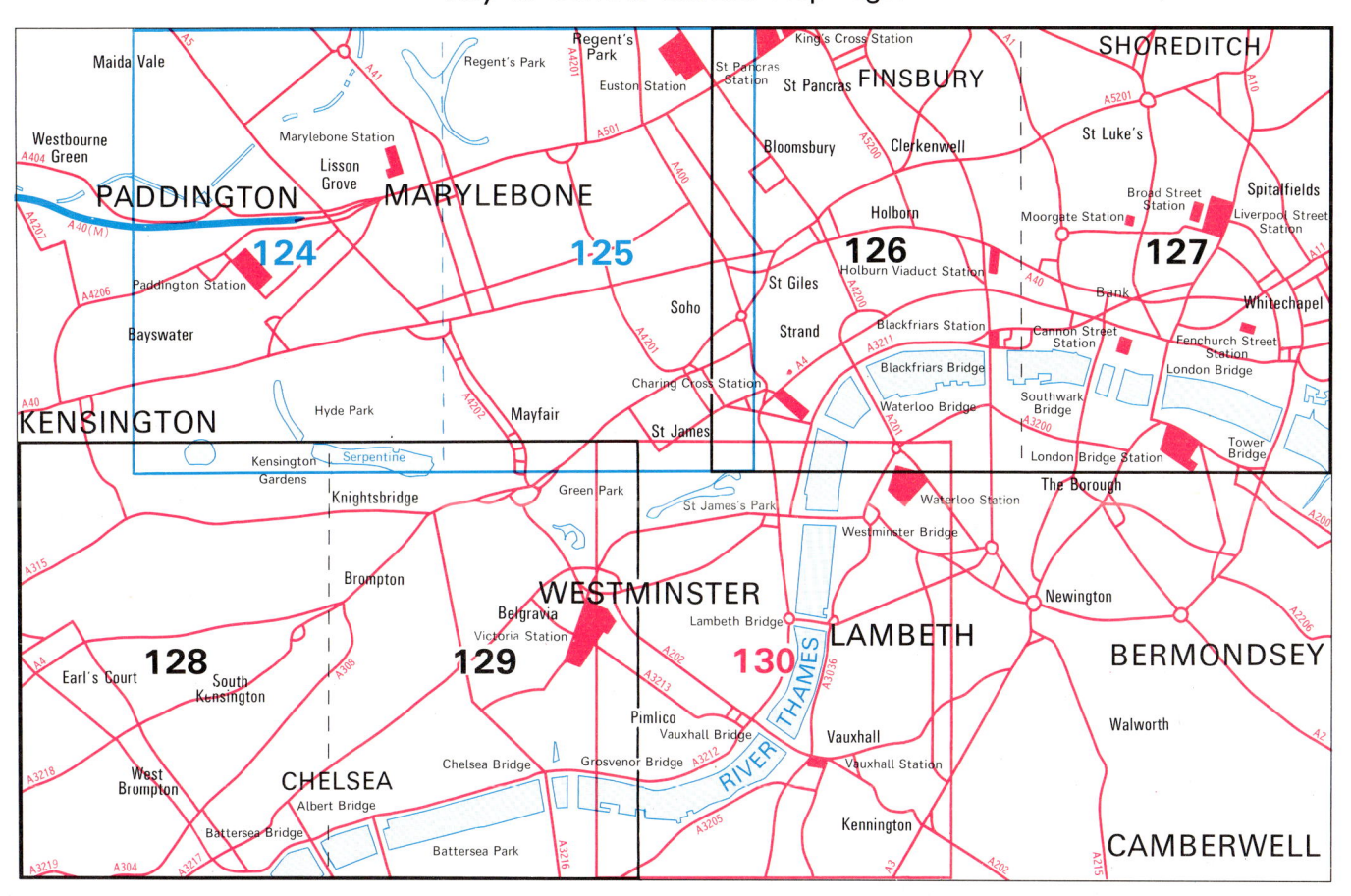

For Complete Street Index see 131 to 135

LEGEND

Map Scale 1:10 000

ROAD INFORMATION	INFORMATION ROUTIERE	INFORMATION ZUM STRASSENVERKEHR
(restrictions where shown may not apply at all times or to all vehicles)	(il se peut que les restrictions indiquées ne soient pas à certaines heures applicables à tous les véhicules)	(etwa angegebene Beschränkungen gelten z.T. nur zeitweise bzw. nicht für alle Fahrzeuge)
Main Roads and Bus Routes	Routes principales et lignes d'autobus	Hauptstrassen und Busstrecken
One way traffic routes	Voie de circulation en sens unique	Einbahnstrassen
No access in direction shown	Pas d'accès dans la direction indiquée	Keine Zufahrt in angezeigter Richtung
OXFORD STREET -open to buses and taxis only between 7am-7pm, Monday to Saturday	OXFORD STREET -Interdit à la circulation du lundi au samedi, de 7 heures à 19 heures (sauf autobus et taxis)	OXFORD STREET -Nur für Autobusse und Taxis frei 07.00-19.00 Uhr Montag bis Samstag

TOURIST INFORMATION	RESEIGNEMENTS TOURISTIQUES	TOURISTIKINFORMATION
Royal Academy of Arts / Horse Guards — Selected places of interest	Lieux d'intérêt choisies	Sehenswürdigkeiten (Auswahl)
Information Centre	Bureau de renseignements	Informationsbüro
Railway Station	Gare	Bahnhof
Underground Station	Station de Métro	U-Bahnstation
Bus/Coach Station	Gare d'autobus/d'autocar	Busbahnhof
Parking	Parking	Parkplatz
Hospital with casualty facilities	Centre hospitalier pouvant recevoir les accidentés	Krankenhaus mit Unfallstationseinrichtungen

The lines on this map form part of the National Grid and are spaced at 0·5 kilometre intervals

The representation on this map of a road, track or path is no evidence of the existence of a right of way

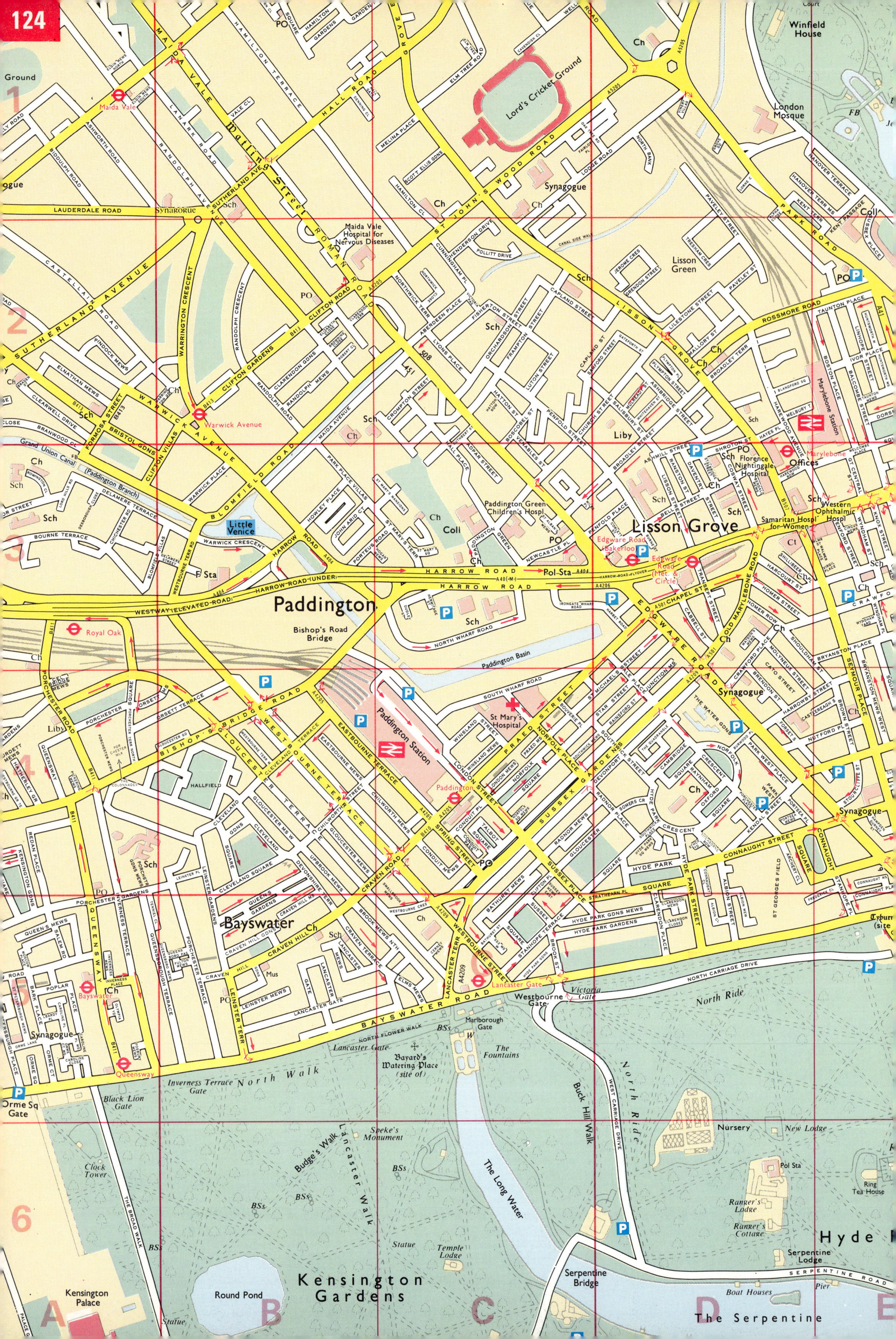
Maida Vale
Lord's Cricket Ground
Winfield House
London Mosque
Synagogue
Lauderdale Road
Sutherland Avenue
Warrington Crescent
Maida Vale Hospital for Nervous Diseases
St John's Wood Road
Lisson Green
Park Road
Rossmore Road
Marylebone Station
Warwick Avenue
Grand Union Canal
(Paddington Branch)
Little Venice
Paddington Green Children's Hospl
Lisson Grove
Florence Nightingale Hospital
Samaritan Hospl for Women
Western Ophthalmic Hospl
Edgware Road (Bakerloo)
Edgware Road (Met & Circle)
Harrow Road
Westway Elevated Road
Paddington
Bishop's Road Bridge
Royal Oak
Paddington Basin
St Mary's Hospital
Paddington Station
Paddington
Hallfield
Bishops Bridge Road
Westbourne Terrace
Eastbourne Terrace
Praed Street
Sussex Gardens
Edgware Road
Old Marylebone Road
Seymour Place
Connaught Street
Hyde Park Square
Bayswater
Queensway
Bayswater Road
Lancaster Gate
Westbourne Gate
Victoria Gate
North Carriage Drive
North Ride
Marlborough Gate
The Fountains
Bayard's Watering Place (site of)
North Walk
Lancaster Gate
Inverness Terrace Gate
Black Lion Gate
Orme Sq Gate
Queensway
Buck Hill Walk
West Carriage Drive
Nursery
New Lodge
Speke's Monument
Budge's Walk
Lancaster Walk
The Long Water
Clock Tower
The Broad Walk
Ranger's Lodge
Ranger's Cottage
Ring Tea House
Statue
Temple Lodge
Serpentine Bridge
Serpentine Lodge
Serpentine Road
Boat Houses
Round Pond
Kensington Gardens
Kensington Palace
The Serpentine
Hyde
1
2
3
4
5
6
A
B
C
D
E

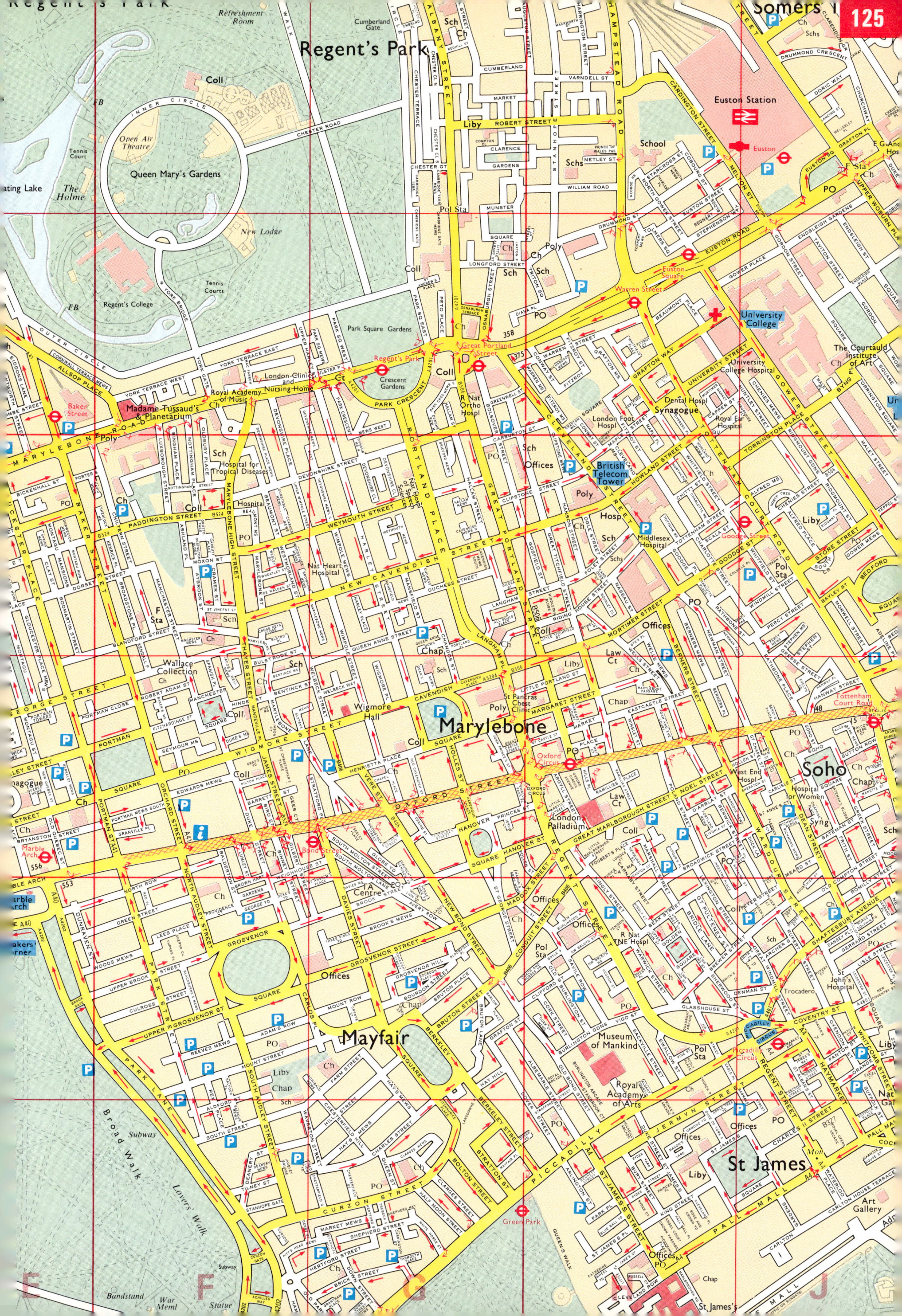
Regent's Park
Somers
Euston Station
Euston
School
Coll
Open Air Theatre
Queen Mary's Gardens
The Holme
New Lodge
Regent's College
Tennis Courts
Inner Circle
Outer Circle
Chester Road
Cumberland Gate
Refreshment Room
Park Square Gardens
Regent's Park
Great Portland Street
Euston Square
Warren Street
University College
University College Hospital
The Courtauld Institute of Art
Dental Hospl
Synagogue
London Foot Hospl
Royal Ear Hospital
British Telecom Tower
Middlesex Hospital
Goodge Street
Madame Tussaud's & Planetarium
Baker Street
Royal Academy of Music
London Clinic and Nursing Home
Crescent Gardens
Park Crescent
R Nat Ortho Hospl
Hospital for Tropical Diseases
Nat Heart Hospital
Wallace Collection
Wigmore Hall
Marylebone
St Pancras Chest Clinic
Tottenham Court Road
Soho
Hospital for Women
Oxford Circus
London Palladium
West End Hospl
Marble Arch
Bond Street
Oxford Street
Hanover Square
Mayfair
Offices
Museum of Mankind
Royal Academy of Arts
R Nat ENT Hospl
Trocadero
St John's Hospital
Piccadilly Circus
St James
Art Gallery
Green Park
Broad Walk
Lovers' Walk
Subway
Bandstand
War Meml
Statue
St James's
Marylebone Road
Euston Road
Baker Street
Portland Place
Great Portland Street
New Cavendish Street
Wigmore Street
Regent Street
Piccadilly
Park Lane
Grosvenor Square
Berkeley Square
Shaftesbury Avenue
Haymarket
Pall Mall
Jermyn Street
Curzon Street
E
F
G
H
J

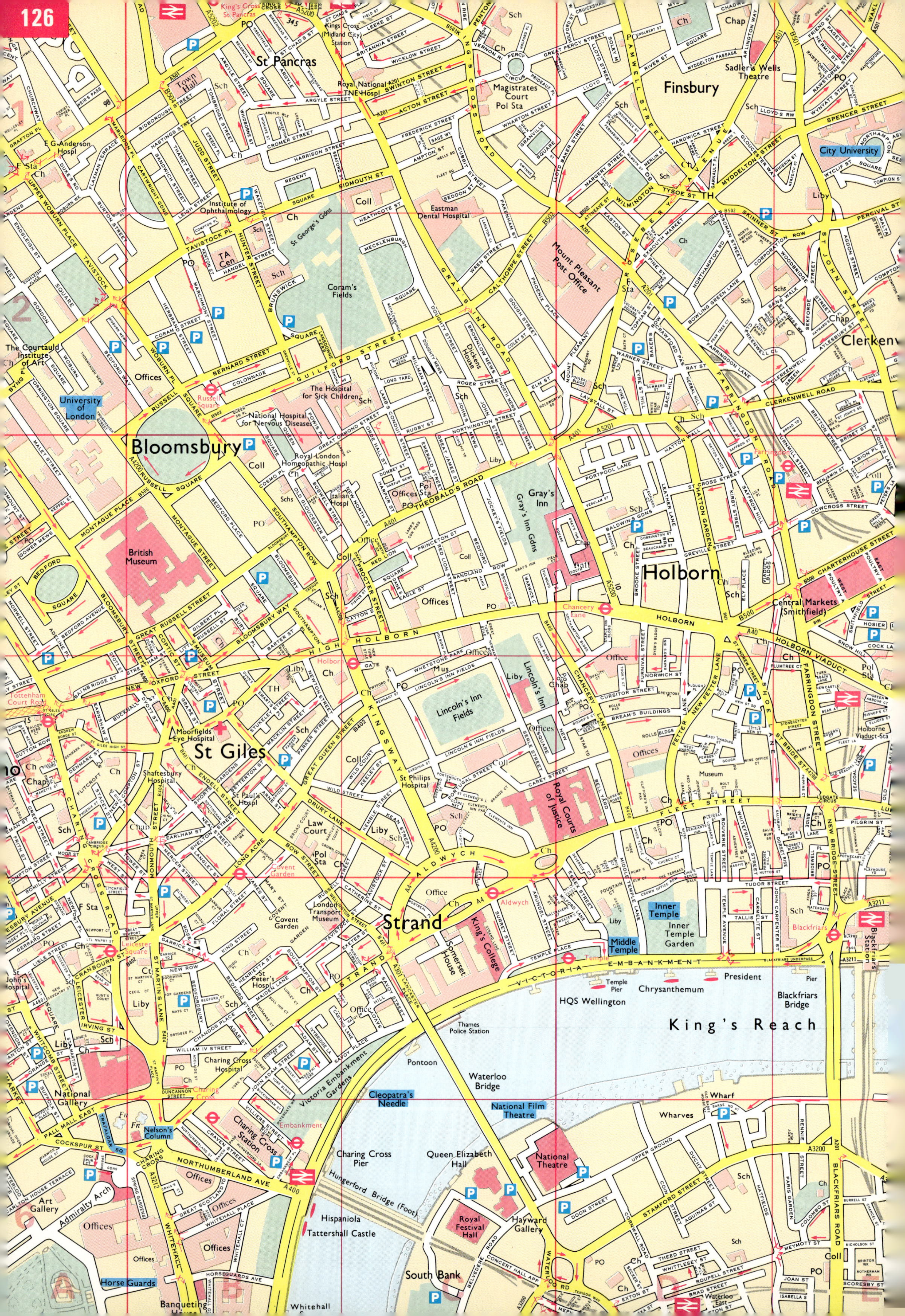
St Pancras
Kings Cross (Midland City) Station
Royal National T.N.E. Hospl
Magistrates Court
Pol Sta
Finsbury
Sadler's Wells Theatre
City University
E G Anderson Hospl
Institute of Ophthalmology
Eastman Dental Hospital
Mount Pleasant Post Office
St. George's Gdns
Coram's Fields
TA Cen
The Courtauld Institute of Art
University of London
The Hospital for Sick Children
National Hospital for Nervous Diseases
Royal London Homeopathic Hospl
Italian Hospl
Bloomsbury
British Museum
Gray's Inn
Gray's Inn Gdns
Holborn
Clerkenwell
Central Markets (Smithfield)
Holborn Viaduct Sta
Chancery Lane
Lincoln's Inn
Lincoln's Inn Fields
Royal Courts of Justice
Moorfields Eye Hospital
St Giles
Shaftesbury Hospital
St Paul's Hospl
Law Court
St Philips Hospital
Covent Garden
London's Transport Museum
Strand
Somerset House
King's College
Aldwych
Temple
Inner Temple
Inner Temple Garden
Middle Temple
Blackfriars
Blackfriars Station
Blackfriars Bridge
Victoria Embankment
President
Chrysanthemum
HQS Wellington
King's Reach
Thames Police Station
Pontoon
Waterloo Bridge
Cleopatra's Needle
National Film Theatre
National Theatre
Queen Elizabeth Hall
Royal Festival Hall
Hayward Gallery
Charing Cross Hospital
Charing Cross Station
Charing Cross Pier
Hungerford Bridge (Foot)
Hispaniola
Tattershall Castle
National Gallery
Nelson's Column
Trafalgar Sq
Admiralty Arch
Art Gallery
Horse Guards
Banqueting
Whitehall
South Bank
Wharves
Wharf
Tottenham Court Road
Farringdon
Embankment
Temple Pier
Leicester Square
Covent Garden
Holborn
Russell Square
Waterloo East

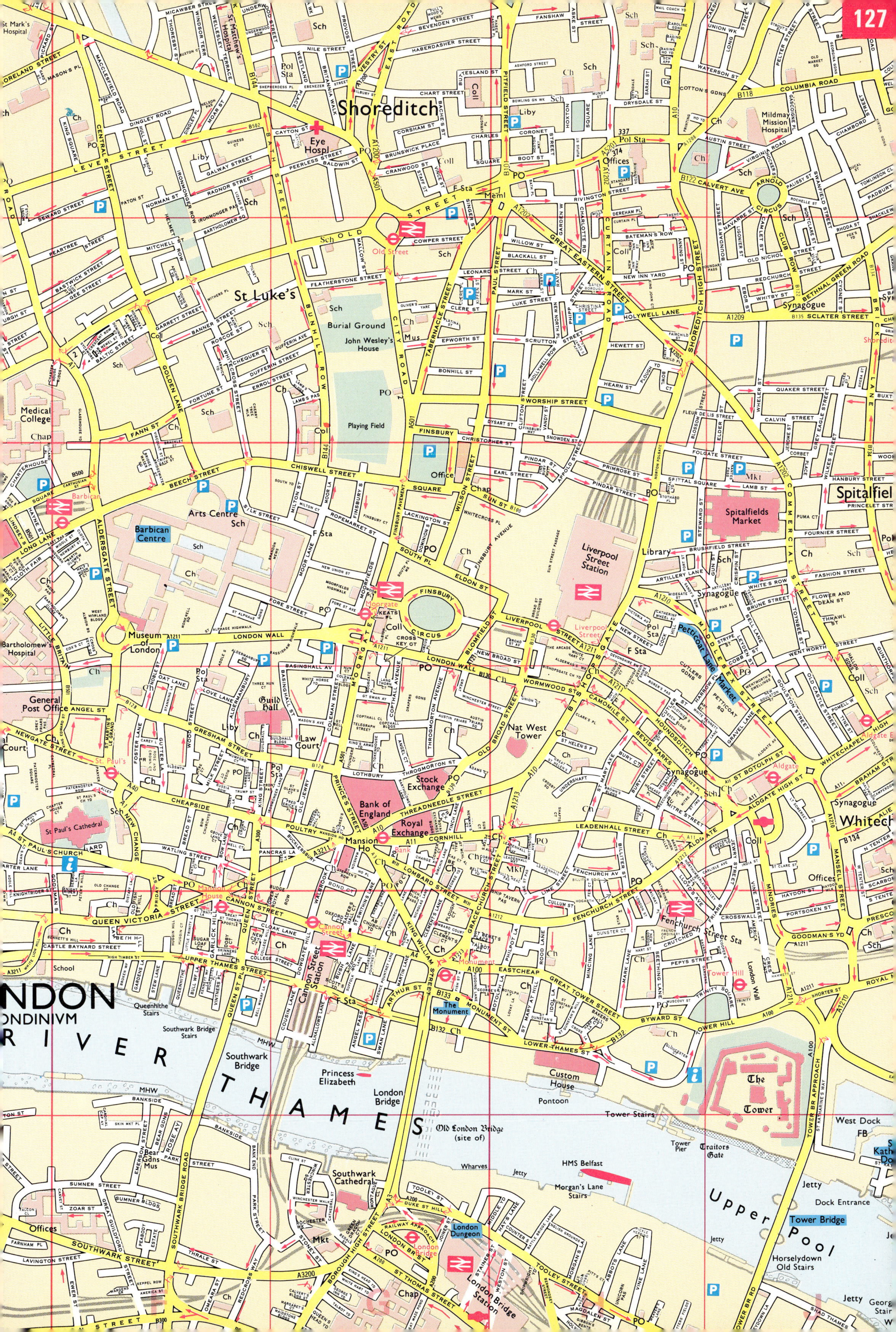

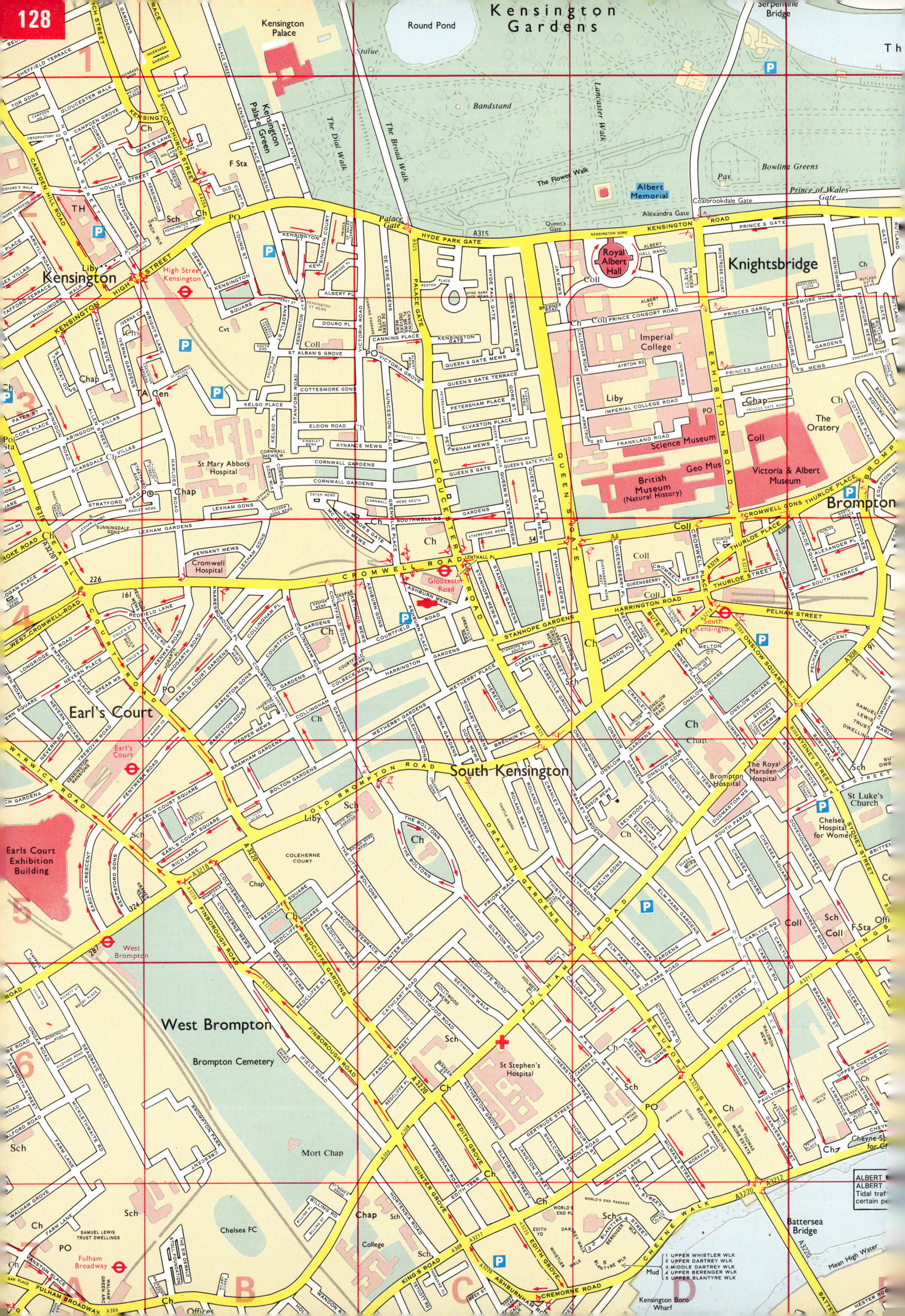
Kensington Gardens
Round Pond
Kensington Palace
Kensington Palace Green
The Broad Walk
The Dial Walk
Lancaster Walk
Bandstand
The Flower Walk
Albert Memorial
Serpentine Bridge
Bowling Greens
Alexandra Gate
Coalbrookdale Gate
Prince of Wales' Gate
Queen's Gate
Palace Gate
Kensington
High Street Kensington
Royal Albert Hall
Knightsbridge
Imperial College
Science Museum
Geo Mus
British Museum (Natural History)
Victoria & Albert Museum
The Oratory
Brompton
St Mary Abbots Hospital
Cromwell Hospital
Gloucester Road
South Kensington
Earl's Court
Earls Court Exhibition Building
West Brompton
Brompton Cemetery
Mort Chap
Chelsea FC
Fulham Broadway
St Stephen's Hospital
The Royal Marsden Hospital
Brompton Hospital
Chelsea Hospital for Women
St Luke's Church
Battersea Bridge
Mean High Water
Kensington Boro Wharf
HYDE PARK GATE
KENSINGTON ROAD
CROMWELL ROAD
OLD BROMPTON ROAD
FULHAM ROAD
KINGS ROAD
CHEYNE WALK
EDITH GROVE
GUNTER GROVE
WARWICK ROAD
EXHIBITION ROAD
QUEEN'S GATE
GLOUCESTER ROAD
KENSINGTON HIGH STREET
CROMWELL GDNS
THURLOE PLACE
PELHAM STREET
ONSLOW SQUARE
DRAYTON GARDENS
BEAUFORT STREET
REDCLIFFE GARDENS
FINBOROUGH ROAD
CREMORNE ROAD
FULHAM BROADWAY
A
B
C
D
1
2
3
4
5
6
7

129

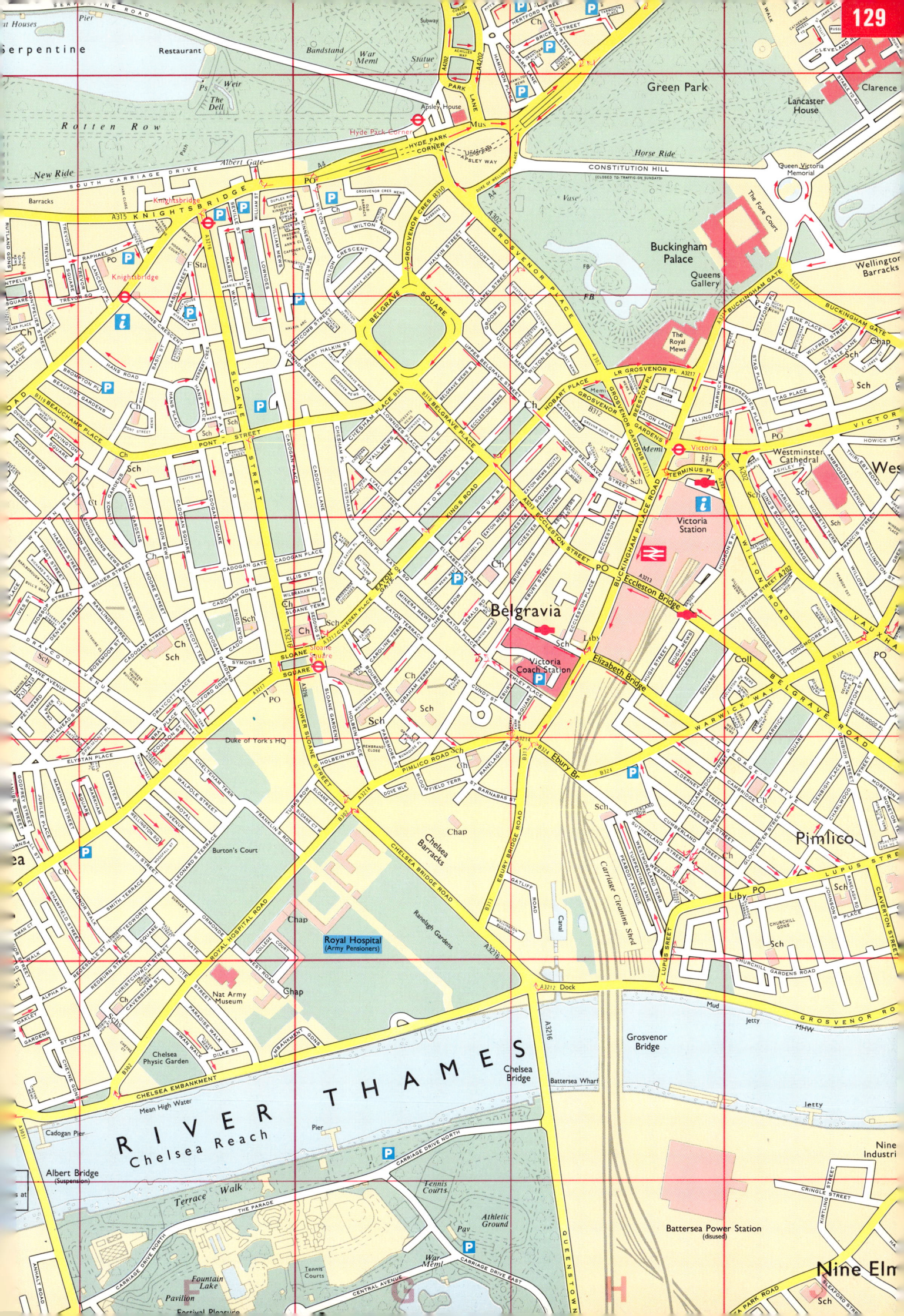

130

Street Index to Central London Maps

Entries preceded by an asterisk indicate that only the first two letters of the road name have been shown on the map

A

Abbey Orchard St 188 B3
Abbots La 185 H6
Abchurch La 185 G5
Abchurch Yd 185 G5
Abercorn Cl 182 B1
Aberdeen Pl 182 C2
Abingdon Rd 186 A3
Abingdon St 188 C3
Abingdon Villas 186 A3
Acacia Wlk 186 C7
Achilles Way 183 F6
Acton St 184 C1
Adam and Eve Ct 183 H4
Adam and Eve Mews 186 A3
Adam St 184 B5
Adams Ct 185 G4
Adam's Row 183 F5
Addington St 188 D2
Addle Hill 185 E4
Addle St 185 F3
Adelaide St 184 B5
Adeline Pl 184 A3
Adelphi Terr 184 B5
Adpar St 182 C3
Adrian Mews 186 B6
Agar St 184 B5
Agdon St 184 E2
Air St 183 H5
Airlie Gdns 186 A1
Alaska St 184 D6
Albany Courtyard 183 H5
Albany St 183 G1
Albemarle St 183 H5
Albemarle Way 184 E2
Albert Bridge 187 E6
Albert Bridge Rd 187 F7
Albert Ct 186 D2
Albert Emb 188 C4
Albert Hall Mans 186 D2
Albert Mews 186 C3
Albert Pl 186 B2
Albion Bldgs 185 F3
Albion Cl 182 D5
Albion Mews 182 D5
Albion Pl 184 E3
Albion Pl 185 G3
Albion St 182 D5
Aldermanbury 185 F4
Aldermanbury Sq 185 F3
Alderman's Wlk 185 H3
Alderney St 187 H5
Aldersgate St 185 F3
Aldford St 183 F6
Aldgate 185 H4
Aldgate Ave 185 J4
Aldgate High St 185 J4
Aldwych 184 C4
Alexander Pl 186 E4
Alexander Sq 186 E4
Alfred Mews 183 J3
Alfred Pl 183 J3
Alie St 185 J4
All Souls Pl 183 G3
Allen St 186 A3
Allhallows La 185 G5
Allington St 187 H3
Allsop Pl 183 E2
Alma Sq 182 B1
Alpha Cl 182 D2
Alpha Pl 187 E6
Ambrosden Ave 187 J3
Amen Cnr 184 E4
Amen Ct 184 E4
America Sq 185 J5
America St 185 F6
Ampton Pl 184 C1
Ampton St 184 C1
Amwell St 184 D1
Anchor Yd 185 F2
Anderson St 187 F5
Andrew Borde St 184 A4
Andrews Crosse 184 D4
Angel Ct 185 G4
Angel Ct 183 H6
Angel Ct 188 A1
Angel Pas 185 G5
Angel St 185 F4
Anhalt Rd 186 E7
Anhalt Rd 187 E7
Ann La 186 D6
Anning St 185 H2
Ann's Cl 187 G2
Ansdell St 186 B3
Ansdell Terr 186 B3
Apollo Pl 186 D7
Apothecary St 184 E4
Apple Tree Yd 183 H6
Apple Tree Yd 188 A1
Appold St 185 H3
Apsley Way 187 G2
Aquinas St 184 D6
Arcade The 185 H3
Archer St 183 J5
Archery Cl 182 D4
Arches The 184 B6
Archibald Mews 183 G5
Argon Mews 186 A7
Argyle Sq 184 B1
Argyle St 184 B1
Argyle Wlk 184 B1
Argyll Rd 186 A2
Argyll St 183 H4
Arlington St 183 H6
Arlington St 188 A1
Arlington Way 184 D1
Armstrong Rd 186 D3
Arne St 184 B4
Arneway St 188 B3
Arnold Circ 185 J1
Arthur St 185 G5
Artillery La 185 H3
Artillery Pas 185 J3
Artillery Row 188 B3
Artizan St 185 H4
Arundel St 184 C5
Ascalon St 188 A7
Ashbridge St 182 D2
Ashburn Gdns 186 C4
Ashburn Mews 186 C4
Ashburn Pl 186 C4
Ashburnham Rd 186 C7
Ashby St 184 E1
Ashentree Ct 184 D4
Ashford St 185 H1
Ashland Pl 183 F3
Ashley Pl 187 J3
Ashmill St 182 D3
Ashmole Pl 188 D6
Ashmole St 188 D6
Ashworth Rd 182 A1
Aske St 185 H1
Astell St 187 E5
Astwood Mews 186 C4
Atherstone Mews 186 C4
Atterbury St 188 C4
Attneave St 184 D1
Auckland St 188 D5
Audley Sq 183 F6
Augustus St 183 G1
Austin Friars 185 G4
Austin Friars Sq 185 G4
Austin St 185 J1
Ave Maria La 185 E4
Aveline St 188 E5
Avery Farm Row 187 H4
Avery Row 183 G5
Aybrook St 183 F3
Aylesbury St 184 E2
Aylesford St 188 B5
Ayrton Rd 186 D3

B

Babmaes St 183 J5
Bache's St 185 G1
Back Alley 185 H4
Back Hill 184 D2
Bainbridge St 184 A4
Baird St 185 F2
Baker St 183 E3
Bakers Hall Ct 185 H5
Baker's Mews 183 F4
Baker's Row 184 D2
Balcombe St 182 E2
Balderton St 183 F4
Baldwin St 185 G1
Baldwin's Gdns 184 D3
Balfour Mews 183 F6
Balfour Pl 183 F5
Ball Ct 185 G4
Baltic St 185 F2
Banbury Ct 184 B5
Bank End 185 F6
Bankside 185 F5
Banner St 185 F2
Barge House St 184 D6
Barge House St 188 E1
Bark Pl 182 A5
Barker St 186 C6
Barkston Gdns 186 B4
Barley Mow Pas 185 E3
Barlow Pl 183 G5
Barnard's Inn 184 D3
Barnby St 183 H1
Barnwood Cl 182 A2
Baroness Rd 185 J1
Barrett St 183 F4
Barter St 184 B3
Bartholomew Cl 185 F3
Bartholomew La 185 G4
Bartholomew Pl 185 F3
Bartlett Ct 184 D4
Bartolomew Sq 185 F2
Barton St 188 C3
Basil St 187 F2
Basil St 187 F3
Basing House Yd 185 H1
Basing Pl 185 H1
Basinghall Ave 185 G4
Basinghall St 185 G4
Bassishaw Highwalk 185 G3
Bastwick St 185 F2
Bateman St 183 J4
Bateman's Bldgs 183 J4
Bateman's Row 185 H2
Bath Ct 184 D2
Bath Pl 185 H1
Bath St 185 G1
Bathurst Mews 182 C5
Bathurst St 182 C5
Battersea Bridge Rd 186 E7
Battersea Bridge Rd 187 E7
Battersea Park Rd 187 J7
Battersea Park Rd 188 A7
Battle Bridge La 185 H6
Bayley St 183 J3
Baylis Rd 188 E2
Bayswater Rd 182 C5
Beak St 183 H5
Bear Alley 184 E4
Bear Gdns 185 F6
Bear La 184 E6
Bear St 184 A5
Beauchamp Pl 187 E3
Beauchamp St 184 D3
Beaufort Gdns 187 F3
Beaufort Mansions 186 D6
Beaufort St 186 D6
Beaufoy Wlk 188 D4
Beaumont Mews 183 F3
Beaumont Pl 183 H2
Beaumont St 183 F3
Bedale St 185 G6
Bedford Ave 184 A3
Bedford Ct 184 B5
Bedford Gdns 186 A1
Bedford Pl 184 B3
Bedford Row 184 C3
Bedford Sq 184 A3
Bedford St 184 B5
Bedford Way 184 A2
Bedfordbury 184 B5
Beech St 185 F3
Beeston Pl 187 H3
Belgrave Mews N 187 G2
Belgrave Mews S 187 G3
Belgrave Mews W 187 G3
Belgrave Pl 187 G3
Belgrave Rd 187 J4
Belgrave Sq 187 G3
Belgrave Yd 187 H3
Belgrove St 184 B1
Bell Inn Yd 185 G4
Bell La 185 J3
Bell St 182 D3
Bell Wharf La 185 F5
Bell Yd 184 D4
Belvedere Rd 188 D2
Bendall Mews 182 D3
* Bengal Ct 185 G4
Benjamin St 184 E3
Bennett St 183 H6
Bennett St 188 A1
Bennett's Hill 185 F5
Bennett's Yd 188 B3
Bentinck Mews 183 F4
Bentinck St 183 F4
Berenger Wlk 186 D7
Berkeley Gdns 186 A1
Berkeley Mews 183 E4
Berkeley Sq 183 G5
Berkeley St 183 G6
Bernard St 184 B2
Berners Mews 183 H3
Berners Pl 183 H4
Berners St 183 H4
Berry Pl 184 E1
Berry St 185 E2
Berwick St 183 H4
Bessborough Gdns 188 B5
Bessborough Pl 188 B5
Bessborough St 188 B5
Bethnal Green Rd 185 J2
Betterton St 184 B4
Bevenden St 185 G1
Bevin Way 184 D1
Bevis Marks 185 H4
Bickenhall St 183 E3
Bidborough St 184 B1
Biddulph Rd 182 A1
Billing Pl 186 B7
Billing Rd 186 B7
Billing St 186 B7
Billiter Sq 185 H4
Billiter St 185 H4
Bina Gdns 186 C4
Bingham Pl 183 F3
Binney St 183 F4
Birchin La 185 G4
Bird St 183 F4
Birdcage Wlk 188 B2
Birkenhead St 184 B1
Bishop's Bridge Rd 182 B4
Bishop's Ct 184 E4
Bishop's Ct 184 D4
Bishop's Terr 188 E4
Bishopsgate 185 H3
Bishopsgate Church Yd 185 H4
Black Friars La 184 E4
Black Prince Rd 188 D4
Black Prince Rd 188 D4
Blackall St 185 H2
Blackfriars Bridge 184 E5
Blackfriars Ct 184 E5
Blackfriars Pas 184 E5
Blackfriars Rd 184 E6
Blackfriars Underpass 184 E5
Blacklands Terr 187 F4
Blandford Sq 182 D2
Blandford St 183 F3
Blantyre St 186 D7
Blantyre Wlk 186 D7
Bleeding Heart Yd 184 D3
Blenheim St 183 G4
Blithfield St 186 B3
Blomfield Rd 182 B3
Blomfield St 185 G3
Blomfield Villas 182 B3
Bloomburg St 188 A4
Bloomfield Pl 183 G5
Bloomfield Terr 187 G5
Bloomsbury Ct 184 B3
Bloomsbury Pl 184 B3
Bloomsbury Sq 184 B3
Bloomsbury St 184 A3
Bloomsbury Way 184 B3
Blore Ct 183 J5
Blossom St 185 H2
Blue Ball Yd 183 H6
Blue Ball Yd 188 A1
Bolney St 188 D7
Bolsover St 183 G2
Bolt Ct 184 D4
Bolton Gdns 186 B5
Bolton Gdns 186 C5
Bolton Gdns Mews 186 C5
Bolton St 183 G6
Bolton The 186 C5
Bond Ct 185 G4
Bondway 188 C6
Bonhill St 185 G2
Bonnington Sq 188 D6
Boot St 185 H1
Booth's Pl 183 H3
Borer's Pas 185 H4
Boscobel Pl 187 G4
Boscobel St 182 C2
Boston Pl 182 E2
Boswell Ct 184 B3
Boswell St 184 B3
Botolph Alley 185 H5
Botolph La 185 H5
Boundary Pas 185 J2
Boundary St 185 J2
Bourchier St 183 J5
Bourdon Pl 183 G5
Bourdon St 183 G5
Bourlet Cl 183 H3
Bourne St 187 G4
Bourne Terr 182 A3
Bouverie Pl 182 C4
Bouverie St 184 D4
Bow Churchyard 185 F4
Bow La 185 F4
Bow St 184 B4
Bowden St 188 E5
Bowl Ct 185 H2
Bowland Yd 187 F2
Bowling Green La 184 D2
Bowling Green St 188 E6
Bowling Green Wlk 185 H1
Boyce St 184 D6
Boyle St 183 H5
Brackley St 185 F3
Brad St 184 D6
Braden St 182 A2
Bradmead 188 A7
Braham St 185 J4
Braidwood St 185 H6
Bramerton St 186 E6
Bramham Gdns 186 B5
Brandon Mews 185 G3
Brangton Rd 188 D5
Bray Pl 187 F4
Bread St 185 F4
Bream's Bldgs 184 D4
Brechin Pl 186 C4
Bremner Rd 186 C3
Brendon St 182 D4
Bressenden Pl 187 J3
Brewer St 183 H5
Brewer's Green 188 A3
Brewhouse Yd 184 E2
Brick Ct 184 D4
Brick La 185 J2
Brick St 183 G6
Bride Ct 184 E4
Bride La 184 E4
Bridewell Pl 184 E4
Bridford Mews 183 G3
Bridge Pl 187 H4
Bridge St 188 C2
Bridgefoot 188 C5
Bridgewater Sq 185 F3
Bridgewater St 185 F3
Bridle La 183 H5
Brinton Wlk 184 E6
Briset St 184 E2
Bristol Gdns 182 A2
Bristol Mews 182 A2
Britannia St 184 C1
Britannia Wlk 185 G1
Britannia Wlk 185 G1
Britten St 186 E5
Britton St 184 E2
* Britton's Ct 184 D4
Broad Ct 184 B4
Broad Sanctuary 188 C2
Broad St 185 H3
Broad St Bldgs 185 H3
Broad Walk The 182 A6
Broad Walk The 186 B1
Broad Yd 184 E2
Broadbent St 183 G5
Broadley St 182 D3
Broadley Terr 182 D2
Broadstone Pl 183 F3
Broadway 188 B2
Broadwick St 183 H4
Broken Wharf 185 F5
Brompton Arcade 187 F2
Brompton Park Cres 186 B6
Brompton Pl 187 E3
Brompton Rd 186 E3
Brompton Sq 186 E3
Brook Dri 188 E3
Brook Gate 183 E5
Brook Mews N 182 C5
Brook St 183 G5
Brook St 182 C5
Brooke St 184 D3
Brookes Ct 184 D3
* Brooke's Market 184 D3
Brown Hart Gdns 183 F5
Brown St 182 E4
Browning Cl 182 B2
Browning Mews 183 F3
Brownlow Mews 184 C2
Brownlow St 184 C3
Brown's Bldgs 185 H4
Brune St 185 J3
Brunswick Gdns 186 A1
Brunswick Mews 183 E4
Brunswick Pl 185 G1
Brunswick Sq 184 B2
Brushfield St 185 J3
Bruton La 183 G5
Bruton Pl 183 G5
Bruton St 183 G5
Bryanston Mews E 182 E3
Bryanston Mews W 182 E4
Bryanston Pl 182 E3
Bryanston Sq 182 E4
Bryanston St 183 E4
Brydges Pl 184 B5
Buckingham Arc 184 B5
Buckingham Gate 187 J3
Buckingham Mews 187 J3
Buckingham Palace Rd 187 H4
Buckingham Pl 187 J3
Buckingham St 184 B6
Bucklersbury 185 G4
Buckley St 184 D6
Bucknall St 184 B4
Budge Row 185 G4
Bull Inn Ct 184 B5
Bull Wharf La 185 F5
Bull's Gdn 187 E4
Bulls Head Pas 185 H4
Bulmer Mews 186 A1
Bulstrode Pl 183 F3
Bulstrode St 183 F4
Bunhill Row 185 G2
Bunhouse Pl 187 G5
Burdett Mews 182 A4
Burgon St 184 E4
Burleigh St 184 C5
Burlington Arc 183 H5
Burlington Gdns 183 H5
Burne St 182 D3
Burnsall St 187 E5
Burrell St 184 E6
Bursar St 185 H6
Burton Mews 187 G4
Burton Pl 184 A1
Burton St 183 J2
Burwood Pl 182 D4
Bury Ct 185 H4
Bury Pl 184 B3
Bury St 185 H4
Bury St 183 H6
Bury St 188 A1
Bury Wlk 186 E5
Bush La 185 G5
Bute St 186 D4
Butler Pl 188 B3
Buttesland St 185 G1
Buxton Ct 185 F1
Byng Pl 183 J2
Byward St 185 H5
Bywater St 187 F5
Bywell Pl 183 H3

C

Cabbell St 182 D3
Cadogan Gate 187 F4
Cadogan Gdns 187 F4
Cadogan La 187 G3
Cadogan Pl 187 F3
Cadogan Pl 187 G4
Cadogan Sq 187 F4
Cadogan St 187 F4
Caesar St 185 J1
Cahill St 185 F2
Cale St 186 E5
Callcott St 186 A1
Callendar Rd 186 D3
Callow St 186 D6
Calthorpe St 184 C2
Calvert Ave 185 J1
Calvert's Bldgs 185 G6
Calvin St 185 J2
Cambridge Circ 184 A4
Cambridge Gate 183 G2
Cambridge Gate Mews 183 G2
Cambridge Pl 186 B2
Cambridge Sq 182 D4
Cambridge St 187 J5
Cambridge Terr 183 G1
Cambridge Terr Mews 183 G1
Camera Pl 186 D6
Camlet St 185 J2
Camomile St 185 H4
Campden Gr 186 A2
Campden Hill Gdns 186 A1
Campden Hill Rd 186 A2
Campden House Cl 186 A2
Campden St 186 A1
Camperdown St 185 J4
Candover St 183 H3
Canning Pas 186 C3
Canning Pl 186 C3
Canning Pl Mews 186 C3
Cannon Row 188 C2
Cannon St 185 F5
Canvey St 185 F6
Capener's Cl 187 G2
Capland St 182 C2
Capper St 183 H2
Carburton St 183 G2
Cardigan St 188 E5
Cardinal Cap Alley 185 F6
Cardington St 183 H1
Carey La 185 F4
Carey Pl 188 B4
Carey St 184 C4
Carlisle Ave 185 J4
Carlisle La 188 D3
Carlisle Pl 187 J3
Carlisle St 183 J4
Carlos Pl 183 G5
Carlton Gdns 183 J6
Carlton Gdns 188 B1
Carlton House Terr 183 J6
Carlton House Terr 188 B1
Carlton St 183 J5
Carlyle Sq 186 D6
Carmel Ct 186 B2
Carmelite St 184 D5
* Carnaby Ct 183 H4
Carnaby St 183 H5
Caroline Cl 182 A5
Caroline Gdns 185 H1
Caroline Pl 182 A5
Caroline Pl Mews 182 A5
Caroline Terr 187 G4
Carpenter St 183 G5
Carriage Dri E 187 G7
Carriage Dri N 187 F7
Carrington St 183 G6
Carroun Rd 188 D7
Carter La 185 E4
Carteret St 188 B2
Carthusian St 185 F3
Carting La 184 B5
Cartwright Gdns 184 B1
Castellain Rd 182 A2
Castle Baynard St 184 E5
Castle Baynard St 185 F5
Castle Ct 185 G4
Castle La 187 J3
Castle Yd 185 E6
Castlereagh St 182 E4
Cathcart Rd 186 C6
Cathedral Pl 185 F4
Cathedral St 185 G6
Catherine Pl 187 J3
Catherine St 184 C5
Catherine Wheel Alley 185 H3
Catherine Wheel Yd 183 H6
Catherine Wheel Yd 188 A1
Cato St 182 D4
Catton St 184 C3
Causton St 188 B5
Cavaye Pl 186 C5
Cavendish Ave 182 C1
Cavendish Cl 182 C1
Cavendish Ct 185 H4
Cavendish Mews N 183 G3
Cavendish Mews S 183 G3
Cavendish Pl 183 G4
Cavendish Sq 183 G4
Caversham St 187 F6
Caxton St 188 B3
Cayton Pl 185 G1
Cayton St 185 G1
Cecil Ct 184 B5
Celbridge Mews 182 A4
Centaur St 188 D3
Central St 185 F1
Cerney Mew 182 C5
Chadwell St 184 D1
Chadwick St 188 B3
Chagford St 182 E2
Chamber St 185 J5
Chambord St 185 J1
Chance St 185 J2
Chancel St 184 E6
Chandos Pl 184 B5
Chandos St 183 G3
Change Alley 185 G4
Chapel Pl 183 G4
Chapel St 182 D3
Chapel St 187 G2
Chapone Pl 183 J4
Chapter House Ct 185 F4
Chapter St 188 B4
Charing Cross 184 B6
Charing Cross Rd 184 A5
Charles II St 183 J6
Charles II St 188 B1
Charles Pl 183 H1
Charles Sq 185 G1
Charles St 183 G6
Charlotte Mews 183 H3
Charlotte Pl 183 H3
Charlotte Rd 185 H1
Charlotte St 183 H3
Charlwood Pl 188 A4
Charlwood St 187 J5
Chart St 185 G1
Charterhouse Bldgs 185 F2
Charterhouse Mews 185 E3
Charterhouse Sq 185 E3
Charterhouse St 184 E3
Charterhouse St 185 E3
Chatham Ave 185 G1
Cheapside 185 F4
Chelsea Bridge 187 H6
Chelsea Bridge Rd 187 G5
Chelsea Emb 187 F6
Chelsea Estate 186 E6
Chelsea Manor Gdns 187 E5
Chelsea Manor St 187 E5
Chelsea Park Gdns 186 D6
Chelsea Sq 186 D5
Cheltenham Terr 187 F5
Chenies Mews 183 J2
Chenies St 183 J3
Cheniston Gdns 186 B3
Chequer St 185 F2
Cherry Tree Wlk 185 F2
Chesham Cl 187 G3
Chesham Mews 187 G3
Chesham Pl 187 G3
Chesham St 187 G3
Chester Cl 187 H3
Chester Cl N 183 G1
Chester Cl S 183 G1
Chester Gate 183 G1
Chester Mews 187 H3
Chester Pl 183 G1
Chester Rd 183 G1
Chester Row 187 G4
Chester Sq 187 H4
Chester Sq Mews 187 H3
Chester St 187 H3
Chester Terr 183 G1
Chester Way 188 E4
Chesterfield Gdns 183 G6
Chesterfield Hill 183 G6
Chesterfield St 183 G6
Cheval Pl 187 E3
Cheyne Ct 187 F6
Cheyne Gdns 187 E6
Cheyne Mews 187 E6
Cheyne Row 186 E6
Cheyne Wlk 186 D7
Cheyne Wlk 186 D6
Cheyne Wlk 186 E6
Chicheley St 188 D2
Chichester Rd 182 A3
Chichester Rents 184 D4
Chichester St 188 A5
Child's Pl 186 A4
Child's St 186 A4
Child's Wlk 186 A4
Chiltern St 183 F3
Chilworth Mews 182 C4
Chilworth St 182 B4
China Ct 184 B4
Chiswell St 185 G3
Chitty St 183 H3
Christchurch St 187 F6
Christchurch Terr 187 F6
Christina St 185 H2
Christopher Pl 184 A1
Christopher St 185 G2
Church Ct 184 D4
Church Entry 184 E4
Church Pl 183 H5
Church St 182 D2
Churchill Gdns 187 J5
Churchill Gdns Rd 187 J6
Churchway 183 J1
Churton Pl 187 J4
Churton St 187 J4
Circus Mews 182 E3
Circus Pl 185 G3
Circus Rd 182 C1
City Rd 185 E1
City Rd 185 G2
Clabon Mews 187 F4
Clapham Rd 188 D7
Clare Market 184 C4
Clarence Gdns 183 G1
Clarendon Cl 182 D5
Clarendon Gdns 182 B2
Clarendon Gr 183 J1
Clarendon Mews 182 D5
Clarendon Pl 182 D5
Clarendon St 187 H5
Clarendon Terr 182 B2
Clareville Gr 186 C4
Clareville Grove Mews 186 C4
Clareville St 186 C4
Clarges Mews 183 G6
Clarges St 183 G6
Clarkes Mews 183 F3
Clark's Pl 185 H4
Claverton St 188 A5
Clay St 183 E3
Claylands Pl 188 E7
Claylands Rd 188 D6
Clayton St 188 E6
Clearwell Dri 182 A2
Cleaver St 188 E5
Clements Inn 184 C4
Clements Inn Pas 184 C4
Clement's La 185 G5
Clenston Mews 182 E4
Clere Pl 185 G2
Clere St 185 G2
Clerkenwell Cl 184 D2
Clerkenwell Green 184 E2
Clerkenwell Rd 184 E2
Cleveland Gdns 182 B4
Cleveland Mews 183 H3
Cleveland Pl 183 H6

Cleveland Pl 188 A1
Cleveland Row 183 H6
Cleveland Row 188 A1
Cleveland Sq 182 B4
Cleveland St 183 H3
Cleveland Terr 182 B4
Clifford St 183 H5
Clifford's Inn Pas 184 D4
Clifton Gdns 182 B2
Clifton Pl 182 C4
Clifton Rd 182 B2
Clifton St 185 H2
Clifton Villas 182 B3
Clink St 185 G6
Clipstone Mews 183 H3
Clipstone St 183 H3
Cliveden Pl 187 G4
Cloak La 185 G5
Cloth Ct 185 E3
Cloth Fair 185 E3
Cloth St 185 F3
Clothier St 185 H4
Clover Mews 187 F6
Club Row 185 J2
Coach and Horses Yd 183 H5
Cobb St 185 J3
Cobb's Ct 184 E4
Cobourg St 183 H1
Cock Hill 185 H3
Cock La 184 E3
Cockpit Yd 184 C3
Cockspur Ct 184 A6
Cockspur Ct 188 B1
Cockspur St 184 A6
Coin St 184 D6
Colbeck Mews 186 C4
Colchester St 185 J4
Coldbath Sq 184 D2
Coleherne Ct 186 B5
Coleherne Mews 186 B5
Coleherne Rd 186 B5
Coleman St 185 G4
Coleman St Bldgs 185 G4
Coley St 184 C2
College Ct 187 F5
College Hill 185 F5
College St 185 F5
Collingham Gdns 186 B4
Collingham Pl 186 B4
Collingham Rd 186 B4
Colombo St 184 E6
Colonnade 184 B2
Colonnades The 182 A4
Columbia Rd 185 J1
Colville Pl 183 J3
Commercial St 185 J3
Compton Cl 183 G1
Compton Pas 184 E2
Compton Pl 184 B2
Compton St 184 E2
Concert Hall App 184 C6
Conduit Ct 184 B5
Conduit Mews 182 C4
Conduit Pas 182 C4
Conduit Pl 182 C4
Conduit St 183 H5
Coney Way 188 D6
Connaught Cl 182 D4
Connaught Mews 182 E4
Connaught Pl 182 E4
Connaught Sq 182 E4
Connaught St 182 D4
Constitution Hill 187 H2
Conway St 183 H2
Cooper's Row 185 J5
Cope Pl 186 A3
Copthall Ave 185 G4
Copthall Bldgs 185 G4
Copthall Cl 185 G4
Coptic St 184 B3
Coral St 188 E2
Coram St 184 B2
Corbet Ct 185 G4
Corbet Pl 185 J3
Cork St 183 H5
Cork St Mews 183 H5
Corlett St 182 D3
Cornhill 185 G4
Cornwall Gdns 186 B3
Cornwall Gdns Wlk 186 B3
Cornwall Mews S 186 C3
Cornwall Mews W 186 B3
Cornwall Rd 184 D6
Cornwall Terr Mews 183 E2
Coronet St 185 H1
Corporation Row 184 E2
Corsham St 185 G1
Cosmo Pl 184 B3
Cosser St 188 E3
Cosway St 182 D3
Cottage Pl 186 E3
Cottesmore Gdns 186 B3
Cottingham Rd 188 D7
Cotton's Gdns 185 H1
Coulson St 187 F4
Counter Ct 185 G6
Counter St 185 H6
Courtenay Sq 188 E5
Courtenay St 188 E5
Courtfield Gdns 186 B4
Courtfield Mews 186 C4
Courtfield Rd 186 C4
Cousin La 185 G5
Covent Gdn 184 B5
Coventry St 183 J5
Cowcross St 184 E3
Cowley St 188 C3
Cowper St 185 G2
Cowper's Ct 185 G4
Cox's Ct 185 F3
Craig's Ct 184 B6
Cramer St 183 F3
Cranbourn Alley 184 A5
Cranbourn St 184 A5
Crane Ct 184 D4
Cranley Gdns 186 D5
Cranley Mews 186 C5
Cranley Pl 186 D4
Cranmer Ct 187 E4
Cranmer Rd 188 E7
Cranwood St 185 G1
Craven Hill 182 B5
Craven Hill Gdns 182 B5
Craven Hill Mews 182 B5
Craven Pas 184 B6
Craven Rd 182 C4
Craven St 184 B6
Craven Terr 182 B5
Crawford Mews 182 E3
Crawford Pas 184 D2
Crawford Pl 182 D3
Crawford St 182 E3
Creechurch La 185 H4
Creechurch Pl 185 H4
Creed La 185 E4
Cremorne Rd 186 D7
Crescent 185 J5
Crescent Pl 186 E4
Crescent Row 185 F2
Cresswell Gdns 186 C5
Cresswell Pl 186 C5
Crestfield St 184 B1
Crewdson Rd 188 E7
Cringle St 187 J7
Cripplegate St 185 F3
Crispin St 185 J3
Cromer St 184 B1
Crompton St 182 C2
Cromwell Gdns 186 D3
Cromwell Mews 186 D4
Cromwell Pl 186 D4
Cromwell Rd 186 B4
Cromwell Rd 186 C4
* Crooked Billet Yd 185 H1
Crosby Sq 185 H4
Cross Key Ct 185 G4
Cross Keys Cl 183 F3
Cross Keys Sq 185 F3
Cross La 185 H5
Crosswall 185 J5
Crown Ct 185 F4
Crown Ct 184 B4
Crown Office Row 184 D5
Crown Pas 183 H6
Crown Pas 188 A1
Cruickshank St 184 D1
Crutched Friars 185 H5
Cubbit St 184 C1
Culford Gdns 187 F4
Cullum St 185 H5
Culross St 183 F5
Cumberland Gate 183 E5
Cumberland Gdns 184 D1
Cumberland Market 183 G1
Cumberland Pl 183 G1
Cumberland St 187 H5
Cundy St 187 G4
Cunningham Pl 182 C2
Cureton St 188 B4
Cursitor St 184 D4
Curtain Pl 185 H2
Curtain Rd 185 H2
Curzon Gate 183 F6
Curzon Pl 183 F6
Curzon St 183 G6
Cuthbert St 182 C2
Cutler St 185 H4
Cutlers Gdns 185 H4
Cygnet St 185 J2
Cypress Pl 183 H2
Cyrus St 184 E2

D

Dacre St 188 B3
Dallington St 185 E2
Damer Terr 186 C7
Dane St 184 C3
Dansey Pl 183 J5
Danube St 187 E5
Danvers St 186 D6
D'arblay St 183 H4
Dartmouth St 188 B2
Dartrey Wlk 186 C7
Daventry St 182 D3
David Mews 183 F3
Davidson Gdns 188 C7
Davies Mews 183 G5
Davies St 183 G5
De Vere Cotts 186 C3
De Vere Gdns 186 C2
De Vere Mews 186 C3
De Walden St 183 F3
Dean Bradley St 188 C3
Dean Farrar St 188 B3
Dean Ryle St 188 C4
Dean St 183 J4
Dean Stanley St 188 C3
Dean Trench St 188 C3
Deanery Mews 183 F6
Deanery St 183 F6
Dean's Ct 185 E4
Dean's Mews 183 G4
Dean's Pl 188 B4
Dean's Yd 188 B3
Delamere St 182 B3
Delamere Terr 182 A3
Delaware Rd 182 A2
Dell's Mews 187 J4
Denbigh Mews 187 J4
Denbigh Pl 187 J5
Denbigh St 187 J5
Denman St 183 J5
Denmark Pl 184 A4
Denmark St 184 A4
Denning Cl 182 B1
Denny Cres 188 E5
Denny St 188 E5
Denyer St 187 E4
Derby Gate 188 C2
Derby St 183 F6
Dereham Pl 185 H1
Dering St 183 G4
Derry St 186 B2
Desborough Cl 182 A3
Devereux Ct 184 D4
Devonport 182 D4
Devonshire Cl 183 G3
Devonshire Mews N 183 G3
Devonshire Mews S 183 G3
Devonshire Mews W 183 G3
Devonshire Pl 183 F2
Devonshire Pl Mews 183 F2
Devonshire Row 185 H3
Devonshire Row Mews 183 G2
Devonshire Sq 185 H4
Devonshire St 183 G3
Devonshire Terr 182 B4
Diadem Ct 183 J4
Dial Walk The 186 B2
Diana Pl 183 G2
Dilke St 187 F6
Dingley Pl 185 F1
Dingley Rd 185 F1
Diss St 185 J1
Distaff La 185 F5
Distin St 188 E4
Doby Ct 185 F5
Dolben St 184 E6
Dolland St 188 D5
Dombey St 184 C3
Domingo St 185 F2
Dominion St 185 G3
Donne Pl 187 E4
Doon St 184 D6
Doric Way 183 J1
Dorrington St 184 D3
Dorset Bldgs 184 E4
Dorset Cl 182 E3
Dorset Mews 187 H3
Dorset Pl 188 B5
Dorset Rd 188 D7
Dorset Rise 184 E4
Dorset Sq 182 E2
Dorset St 183 F3
Doughty Mews 184 C2
Doughty St 184 C2
Douglas Pl 188 B5
Douglas St 188 B4
Douro Pl 186 B3
Dove Mews 186 C5
Dove Wlk 187 G5
Dovehouse St 186 E5
Dover St 183 H6
Dover St 188 A1
Dover Yd 183 H6
Dover Yd 188 A1
Dowgate Hill 185 G5
Down St 183 G6
Down St Mews 183 G6
Downing St 188 C2
D'Oyley St 187 G4
Dragon Yd 184 B4
Drake St 184 C3
Drapers Gdns 185 G4
Draycott Ave 187 E4
Draycott Pl 187 F4
Draycott Terr 187 F4
Drayson Mews 186 A2
Drayton Gdns 186 C5
Drummond Cres 183 J1
Drummond Gate 188 B5
Drummond St 183 H2
Drury Lane 184 B4
Dryden St 184 B4
Drysdale Pl 185 H1
Drysdale St 185 H1
Ducal St 185 J1
Duchess Mews 183 G3
Duchess St 183 G3
Duchy St 184 D6
Duck La 183 J4
Dudley St 182 C3
Dudmaston Mews 186 D5
Dufferin Ave 185 G2
Dufferin St 185 G2
Dufour's Pl 183 H4
Duke of Wellington Pl 187 G2
Duke of York St 183 H6
Duke of York St 188 A1
Duke St 183 F4
Duke St Hill 185 G6
Duke St St James's 183 H6
Duke St St James's 188 A1
Dukes La 186 B2
Duke's Mews 183 F4
Duke's Pl 185 H4
Duke's Rd 184 A1
Duke's Yd 183 F5
Duncannon St 184 B5
Dunn's Pas 184 B4
Dunraven St 183 E5
Dunstable Mews 183 F3
Dunster Ct 185 H5
Duplex Ride 187 F2
Durham House St 184 B5
Durham Pl 187 F5
Durham St 188 D6
Durweston Mews 183 E3
Durweston St 183 E3
Dyott St 184 A4
Dyott St 184 B4
Dysart St 185 H2

E

Eagle Ct 184 E3
Eagle Pl 183 H5
Eagle St 184 C3
Eardley Cres 186 A5
Earl St 185 H3
Earlham St 184 B4
Earl's Court Gdns 186 B4
Earl's Court Rd 186 B4
Earl's Court Rd 186 A3
Earl's Court Sq 186 B5
Earlstoke St 184 E1
Earnshaw St 184 A4
Easleys Mews 183 F4
East Harding St 184 D4
East Pas 185 F3
East Poultry Ave 184 E3
East Rd 185 G1
East Smithfield 185 J5
Eastbourne Mews 182 B4
Eastbourne Terr 182 B4
Eastcastle St 183 H4
Eastcheap 185 H5
Easton St 184 D2
Eaton Cl 187 G4
Eaton Gate 187 G4
Eaton La 187 H3
Eaton Mews N 187 G3
Eaton Mews S 187 H3
Eaton Mews W 187 G4
Eaton Pl 187 G4
Eaton Pl 187 G3
Eaton Row 187 H3
Eaton Sq 187 G3
Eaton Terr 187 G4
Eaton Terr Mews 187 G4
Ebbisham Dr 188 D6
Ebenezer St 185 G1
Ebor St 185 J2
Ebury Bridge 187 H5
Ebury Bridge Rd 187 G5
Ebury Mews 187 H4
Ebury Mews E 187 H4
Ebury Sq 187 H4
Ebury St 187 H4
Eccleston Bridge 187 H4
Eccleston Mews 187 G3
Eccleston Pl 187 H4
Eccleston Sq 187 H4
Eccleston Sq Mews 187 J4
Eccleston St 187 H4
Edge St 186 A1
Edgware Rd 182 D3
Edith Gr 186 C7
Edith Terr 186 C7
Edith Yd 186 C7
Edwards Mews 183 F4
Effie Rd 186 A7
Egerton Cres 187 E4
Egerton Gdns 186 E3
Egerton Gdns Mews 187 E3
Egerton Pl 187 E3
Egerton Terr 187 E3
Elcho St 187 E7
Elder St 185 J2
Eldon Rd 186 B3
Eldon St 185 G3
Elgin Ave 182 A1
Elgin Mews N 182 A1
Elgin Mews S 182 A1
Elias Pl 188 E6
Elizabeth Bridge 187 H4
Elizabeth Cl 182 B2
Elizabeth Ct 188 B3
Elizabeth St 187 G4
Elliots Ct 184 E4
Ellis St 187 G4
Elm Ct 184 D5
Elm Park Gdns 186 D5
Elm Park La 186 D5
Elm Park Rd 186 D6
Elm Pl 186 D5
Elm St 184 C2
Elm Tree Cl 182 C1
Elm Tree Rd 182 C1
Elms Mews 182 C5
Elnathan Mews 182 A2
Elvaston Mews 186 C3
Elvaston Pl 186 C3
Elverton St 188 B4
Ely Cottages 188 D7
Ely Pl 184 D3
Elystan Pl 187 F5
Elystan St 187 E4
Embankment Gdns 187 F6
Embankment Pl 184 B6
Emerald St 184 C3
Emerson St 185 F6
Emery Hill St 188 A3
Emery St 188 E3
Empress Pl 186 A5
Endell St 184 B4
Endsleigh Gdns 183 J2
Endsleigh Pl 183 J2
Endsleigh St 183 J2
Enford St 182 E3
English Grounds 185 H6
Ennismore Gdns 186 E2
Ennismore Gdns Mews 186 E3
Ennismore Mews 186 E3
Ennismore St 186 E3
Ensor Mews 186 D5
Epworth St 185 G2
Erasmus St 188 B4
Errol St 185 G2
Essex Ct 184 D4
Essex St 184 D5
Essex Villas 186 A2
Esterbrooke St 188 B4
Europa Pl 185 F1
Euston Rd 183 H2
Euston Sq 183 J1
Euston St 183 H1
Evelyn Gdns 186 D5
Evelyn Yd 183 J4
Ewer St 185 F6
Excel Ct 183 J5
Exchange Bldgs 185 H4
Exchange Ct 184 B5
Exeter St 184 C5
Exhibition Rd 186 D3
Exmouth Market 184 D2
Exmouth Mews 183 H1
Exton St 184 D6
Eyre St Hill 184 D2

F

Fairchild Pl 185 H2
Fairchild St 185 H2
Fairholt St 187 E3
Fairlop Pl 182 D1
Falcon Cl 185 E6
Falcon Ct 184 D4
Falconberg Ct 183 J4
Falconberg Mews 183 J4
Fann St 185 F2
Fanshaw St 185 H1
Fareham St 183 J4
Farm La 186 A7
Farm Pl 186 A1
Farm St 183 G5
Farmer St 186 A1
Farnell Mews 186 B5
Farnham Pl 185 E6
Farnham Royal 188 D5
Farringdon La 184 D2
Farringdon Rd 184 D2
Farringdon St 184 E4
Fashion St 185 J3
Faulkner's Alley 184 E3
Fawcett St 186 C6
Featherstone St 185 G2
Fen Ct 185 H4
Fenchurch Ave 185 H4
Fenchurch Bldgs 185 H4
Fenchurch St 185 H5
Fentiman Rd 188 D7
Fernsbury St 184 D1
Fernshaw Rd 186 C6
Fetter La 184 D4
Field Ct 184 C3
Field St 184 C1
Finborough Rd 186 B6
Finch La 185 G4
* Finck St 188 D2
Finsbury Ave 185 G3
Finsbury Circ 185 G3
Finsbury Ct 185 G3
Finsbury Market 185 H3
Finsbury Market 185 H2
Finsbury Pavement 185 G3
Finsbury Sq 185 G3
Finsbury St 185 G3
First St 187 E4
Fish St Hill 185 G5
Fisher St 184 C3
Fisherton St 182 C2
Fitzalan St 188 E4
Fitzhardinge St 183 F4
Fitzmaurice Pl 183 G6
Fitzroy Ct 183 H2
Fitzroy Mews 183 H2
Fitzroy Sq 183 H2
Fitzroy St 183 H2
Flaxman Ct 183 J4
Flaxman Terr 184 A1
Fleet La 184 E4
Fleet Sq 184 C1
Fleet St 184 D4
Flitcroft St 184 A4
Flood St 187 E6
Flood Wlk 187 E6
Floral St 184 B5
Flower and Dean St 185 J3
Fluer De Lis St 185 J2
Foley St 183 H3
Folgate St 185 J3
Fore St 185 G3
Fore St Ave 185 G3
Formosa St 182 A2
Forset St 182 D4
Fort St 185 H3
Fortune St 185 F2
Fosbury Mews 182 A5
Foster La 185 F4
Foubert's Pl 183 H4
Foulis Terr 186 D5
Founders Ct 185 G4
Foundry Mews 183 H2
Fountain Ct 184 D5
Fournier St 185 J3
Fox & Knot St 185 E3
Fox's Yd 185 J2
Frampton St 182 C2
Francis St 187 J3
Frankland Rd 186 D3
Franklin's Row 187 F5
Frazier St 188 E2
Frederic Mews 187 G2
Frederick Cl 182 E5
Frederick Row 184 E1
Frederick St 184 C1
Frederick's Pl 185 G4
French Ordinary Ct 185 H5
French Pl 185 H1
Friar St 184 E4
Friday St 185 F5
Friend St 184 E1
Frith St 183 J4
Frying Pan Alley 185 J3
Fulham Bwy 186 A7
Fulham Rd 186 C6
Fullwood's Mews 185 G1
Fulton Mews 182 B5
Fulwood Pl 184 C3
Furnival St 184 D3
Fynes St 188 B4

G

Gage St 184 B3
Galen Pl 184 B3
Galway St 185 F1
Gambia St 184 E6
Ganton St 183 H4
Garbutt Pl 183 F3
Gard St 185 E1
Garden Ct 184 D5
Garden Rd 182 B1
Garden Terr 188 B5
Garden Wlk 185 H2
Gardeners La 185 F5
Garlick Hill 185 F5
Garnault Mews 184 D1
Garnault Pl 184 D1
Garrett St 185 F2
Garrick St 184 B5
Garrick Yd 184 B5
Gascoigne Pl 185 J1
Gasholder Pl 188 D5
Gaspar Cl 186 B4
Gaspar Mews 186 B4
Gate Mews 187 E2
Gate St 184 C4
Gateforth St 182 D2
Gatesborough St 185 H2
Gateways The 187 E4
Gatliff Rd 187 H5
Gayfere St 188 C3
Gee St 185 F2
Gees Ct 183 F4
George Ct 184 B5
George Inn Yd 185 G6
George Mews 183 H1
George St 183 E4
George Yd 185 G4
George Yd 183 F5
Georgina Gdns 185 J1
Gerald Mews 187 G4
Gerald Rd 187 G4
Gerrard Pl 184 A5
Gerrard St 183 J5
Gertrude St 186 C6
Gibbon's Rents 185 H6
Gilbert Pl 184 B3
Gilbert St 183 F4
Gildea St 183 G3
Gillingham Mews 187 J4
Gillingham Row 187 J4
Gillingham St 187 J4
Gilston Rd 186 C5
Giltspur St 184 E3
Glasgow Terr 187 J5
Glasshouse St 183 H5
Glasshouse Wlk 188 D5
Glasshouse Yd 185 F2
Glebe Pl 186 E6
Gledhow Gdns 186 C4
Glendower Pl 186 D4
Glentworth St 183 E2
Globe Yd 183 G4
Gloucester Ct 185 H5
Gloucester Gdns 182 B4
Gloucester Mews 182 B4
Gloucester Mews W 182 B4
Gloucester Pl 183 E3
Gloucester Pl Mews 183 E3
Gloucester Rd 186 C4
Gloucester Sq 182 D4
Gloucester St 187 J5
Gloucester Terr 182 B4
Gloucester Way 184 D1
Gloucester Wlk 186 A2
Glyde Mews 187 E3
Glyn St 188 D5
Godfrey St 187 E5
Goding St 188 C5
Godliman St 185 F4
Golden La 185 F2
Golden Sq 183 H5
Goldsmith St 185 F4
Goodge Pl 183 H3
Goodge St 183 J3
Goodman's Yd 185 J5
Goodwins Ct 184 B5
Gophir La 185 G5
Gordon Pl 186 A2
Gordon Sq 183 J2
Gordon St 183 J2
Gore St 186 C3
Goring St 185 H4
Gorsuch Pl 185 J1
Gosfield St 183 H3
Goslett Yd 183 J4
Gosset St 185 J1
Goswell Pl 185 E1
Goswell Rd 185 E1
Gough Sq 184 D4
Gough St 184 C2
Goulston St 185 J4
Gower Mews 183 J3
Gower Pl 183 J2
Gower St 183 J2
Gracechurch St 185 G5
Grafton Mews 183 H2
Grafton Pl 183 J1
Grafton St 183 G5
Grafton Way 183 H2
Grafton Way 183 H2
Graham Terr 187 G4
Granby Bldgs 188 D4
Granby Pl 188 E2
Grand Ave 184 E3
Grange Ct 184 C4
Grantham Pl 183 G6
Grantully Rd 182 A1
Granville Pl 183 F4
Granville Sq 184 C1
Granville St 184 C1
Grape St 184 B4
Gravel La 185 J4
Grayfriars Pas 185 E4
Gray's Inn Pl 184 C3
Gray's Inn Rd 184 C2
Gray's Inn Sq 184 D3
Gray's Yd 183 F4
Great Bell Alley 185 G4
Great Castle St 183 G4
Great Castle St 183 H4
Great Central St 182 E3
Great Chapel St 183 J4
Great College St 188 C3
Great Cumberland Mews 182 E4
Great Cumberland Pl 183 E4
Great Eastern St 185 H2
Great George St 188 C2
Great Guildford St 185 F6
Great James St 184 C3
Great Marlborough St 183 H4
Great Maze Pond 185 G6
Great New St 184 D4
Great Newport St 184 B5
Great Ormond St 184 C2
Great Percy St 184 D1
Great Peter St 188 B3
Great Portland St 183 G3
Great Pulteney St 183 H5
Great Queen St 184 B4
Great Russell St 184 A4
Great Russell St 184 B3
Great Scotland Yd 184 B6
Great Smith St 188 B3
Great St Helen's 185 H4
Great St Thomas Apostle 185 F5
Great Suffolk St 185 E6
Great Sutton St 185 E2
Great Swan Alley 185 G4
Great Titchfield St 183 H3
Great Tower St 185 H5
Great Trinity La 185 F5
Great Turnstile 184 C3
Great Winchester St 185 G4
Great Windmill St 183 J5
Greek St 183 J4
Green Arbour Ct 184 E4
Green Dragon Ct 185 G6
Green St 183 F5
Green Terr 184 D1
Greencoat Pl 188 A4
Greencoat Row 188 A3
Greenhill's Rents 184 E3
Greens Ct 183 J5
Greenwell St 183 G2
Gregory Pl 186 B2
Grendon St 182 D2
Grenville Mews 186 C4
Grenville Pl 186 C4
Grenville St 184 B2
Gresham St 185 F4
Gresse St 183 J4
Greville St 184 D3
Grey Eagle St 185 J2
Greycoat Pl 188 B3
Greycoat St 188 B3
Greyhound Ct 184 D5
Greystoke Pl 184 D4
Grindal St 188 E2
Grocers' Hall Ct 185 G4
Groom Pl 187 G3
Grosvenor Bridge 187 H6
Grosvenor Cottages 187 G4
Grosvenor Cres 187 G2
Grosvenor Cres Mews 187 G2
Grosvenor Gdns 187 H3
Grosvenor Gdns Mews E 187 H3
Grosvenor Gdns Mews N 187 H3
Grosvenor Gdns Mews S 187 H3
Grosvenor Hill 183 G5
Grosvenor Pl 187 H2
Grosvenor Rd 187 J6
Grosvenor Sq 183 F5
Grosvenor St 183 G5
Grotto Pas 183 F3
Grove End Rd 182 C1
Grove Gdns 182 D1
Groveland Ct 185 F4
Guildhall Bldgs 185 G4
Guildhall Yd 185 F4
Guildhouse St 187 J4
Guilford Pl 184 C2
Guilford St 184 C2
Guinness Ct 185 F1
Guinness Trust Bldgs 187 F4
Gun St 185 J3
Gunter Gr 186 C7
Gunthorpe St 185 J4
Guthrie St 186 E5
Gutter La 185 F4
Gwynne Pl 184 C1

H

Haberdasher Pl 185 H1
Haberdasher St 185 G1
Haines St 188 A7
Half Moon Ct 185 F3
Half Moon St 183 G6
Halfmoon Pas 185 J4
Halford Rd 186 A6
Halkin Arc 187 G3
Halkin Mews 187 G3
Halkin Pl 187 G3
Halkin St 187 G2
Hall Gate 182 C1
Hall Pl 182 C3
Hall Rd 182 B1
Hall St 184 E1
Hallam Mews 183 G3
Hallam St 183 G3
Hallam St 183 G2
Hallon Gdns 185 J3
Halsey St 187 F4
Ham Yd 183 J5
Hamilton Cl 182 C1
Hamilton Gdns 182 B1
Hamilton Mews 187 H2
Hamilton Pl 187 G1
Hamilton Terr 182 B1
Hammett St 185 J5
Hampden Gurney St 182 E4
Hampstead Rd 183 H1
Hanbury St 185 J3
Hand Ct 184 C3
Handel St 184 B2
Handforth Rd 188 E7
Hanover Gdns 188 E6
Hanover Pl 184 B4
Hanover Sq 183 G4
Hanover St 183 G4
Hanover Terr 182 E1
Hanover Terr Mews 182 E1
Hans Cres 187 F3
Hans Pl 187 F3
Hans Rd 187 F3
Hans St 187 F3
Hanson St 183 H3
Hanway Pl 183 J4
Hanway St 183 J4
Harbet Rd 182 D3
Harcourt St 182 D3
Harcourt Terr 186 C5
Hardwick St 184 D1
Hare Ct 184 D4
Harewood Ave 182 D2
Harewood Pl 183 G4
Harewood Row 182 D3
Harley Gdns 186 C5
Harley Pl 183 G3
Harley St 183 G3
Harleyford Rd 188 D6
Harleyford St 188 E6
Harold Pl 188 E5
Harp Alley 184 E4
Harp La 185 H5
Harp La 185 H5
Harpur St 184 C3

Harriet St 187 F2
Harriet Wlk 187 F2
Harrington Gdns 186 C4
Harrington Rd 186 D4
Harrington St 183 H1
Harrison St 184 B1
Harrow Pl 185 J4
Harrow Rd 182 B3
Harrow Rd Fly 182 D3
Harrowby St 182 D4
Hart St 185 H5
Hartington Rd 188 C7
Hartshorn Alley 185 H4
Harvey's Bldgs 184 B5
Hasker St 187 E4
Hastings St 184 B1
Hatfields 184 D6
Hatherley Gr 182 A4
Hatherley St 188 A4
Hatton Gdn 184 D3
Hatton Pl 184 D3
Hatton Row 182 C2
Hatton St 182 C2
Hatton Wall 184 D3
Haunch of Venison Yd 183 G4
Hay Hill 183 G5
Haydon St 185 J5
Haydon Wlk 185 J4
Hayes Pl 182 D2
Haymarket 183 J5
Haymarket Arc 183 J5
Hayne St 185 E3
Hay's La 185 H6
Hay's Mews 183 G6
Hayward's Pl 184 E2
Headfort Pl 187 G2
Hearn St 185 H2
Heathcote St 184 C1
Heddon St 183 H5
Helmet Row 185 F2
Hemans St 188 C7
Hemans St Estate 188 B7
Hemus Pl 187 E5
Henderson Dri 182 C2
Heneage La 185 H4
Heneage Pl 185 H4
Henniker Mews 186 D6
Henrietta Mews 184 B2
Henrietta Pl 183 G4
Henrietta St 184 B5
Herbal Hill 184 D2
Herbert Cres 187 F3
Herbrand St 184 B2
Hercules Rd 188 E3
Hereford Sq 186 C4
Hermit St 184 E1
Hermitage St 182 C3
Herrick St 188 B4
Hertford Pl 183 H2
Hertford St 183 G6
Hesper Mews 186 B4
Hester Rd 186 E7
Hester Rd 187 E7
Hewett St 185 H2
Heyford Ave 188 D7
Hide Pl 188 B4
High Holborn 184 C3
High Timber St 185 F5
Hilary Cl 186 B7
Hildyard Rd 186 A6
Hill St 183 G6
Hillgate Pl 186 A1
Hillgate St 186 A1
Hills Pl 183 H4
Hind Ct 184 D4
Hinde Mews 183 F4
Hinde St 183 F4
Hobart Pl 187 H3
Hobury St 186 D6
Hocker St 185 J1
Hogarth Ct 185 H5
Hogarth Pl 186 B4
Hogarth Rd 186 B4
Holbein Mews 187 G5
Holbein Pl 187 G4
Holborn 184 D3
Holborn Pl 184 C3
Holborn Viaduct 184 E3
Holford Pl 184 C1
Holford St 184 D1
Holland Pl 186 B2
Holland St 185 E6
Holland St 186 A2
Hollen St 183 J4
Holles St 183 G4
Holly Mews 186 C5
Hollywell Row 185 H2
Hollywood Mews 186 C6
Hollywood Rd 186 C6
Holmead Rd 186 B7
Holmes Pl 186 C6
Holmes Terr 188 E2
Holsworthy Sq 184 C2
Holyrood St 185 H6
Holywell La 185 H2
Homer Row 182 D3
Homer St 182 D3
Honduras St 185 F2
Honey La 185 F4
Hooper's Ct 187 F2
Hop Gdns 184 B5
Hopkins St 183 J4
Hopton St 184 E6
Hornton Pl 186 A2
Hornton St 186 A2
Horse and Dolphin Yd 183 J5
Horse Shoe Alley 185 F6
Horse Shoe Yd 183 G5
Horseferry Rd 188 B4
Horseguards Ave 184 B6
Horselydown La 185 J6
Hortensia Rd 186 C7
Hosier La 184 E3
Hotspur St 188 E5
Houghton St 184 C4
Houndsditch 185 H4
Howard Pl 187 J3
Howick Pl 188 A3
Howie St 187 E7
Howland Mews E 183 H3
Howland St 183 H3
Howley Pl 182 B3
Hoxton Market 185 H1
Hoxton Sq 185 H1
Hudson's Pl 187 J4
Huggin Ct 185 F5
Huggin Hill 185 F5
Hugh Mews 187 H4
Hugh Pl 188 B4
Hugh St 187 H4
Hull St 185 F1
Hungerford Bridge (foot) 184 C6
Hungerford La 184 B6
Hunter St 184 B2
Huntley St 183 J2
Hunt's Ct 184 A5
Huntsworth Mews 182 E2
Hutton St 184 D4
Hyde Park Cnr 187 G2
Hyde Park Cres 182 D4
Hyde Park Gate 186 C2
Hyde Park Gate 186 C2
Hyde Park Gate Mews 186 C2
Hyde Park Gdns 182 D5
Hyde Park Gdns Mews 182 D5
Hyde Park Sq 182 D4
Hyde Park Sq Mews 182 D4
Hyde Park St 182 D4

I

Idol La 185 H5
Ifield Rd 186 B6
Imperial College Rd 186 D3
India St 185 J4
Ingestre Pl 183 H5
Inglebert St 184 D1
Ingram Cl 188 D4
Inigo Pl 184 B5
Inner Circ 183 F1
Inner Temple La 184 D4
Insurance St 184 D1
Inverness Gdns 186 B1
Inverness Mews 182 A5
Inverness Pl 182 A5
Inverness Terr 182 A5
Ireland Yd 184 E4
Irongate Wharf Rd 182 C3
Ironmonger La 185 G4
Ironmonger Pas 185 F1
Ironmonger Row 185 F1
Irving St 184 A5
Isabella St 184 E6
Iverna Ct 186 A3
Iverna Gdns 186 A3
Ives St 187 E4
Ivor Pl 182 E2
Ivybridge La 184 B5
Ixworth Pl 186 E4

J

Jacob's Well Mews 183 F4
James St 183 F4
James St 184 B5
Jameson St 186 A1
Jason Ct 183 F4
Jay Mews 186 C2
Jerdan Pl 186 A7
Jermyn St 183 H6
Jermyn St 188 A1
Jerome Cres 182 D2
Jerome St 185 J2
Jerusalem Pas 184 E2
Jervis Ct 183 G4
Jewry St 185 J4
Joan St 184 E6
Jockey's Fields 184 C3
Johanna St 188 E2
John Adam St 184 B5
John Aird Ct 182 B3
John Carpenter St 184 E5
John Islip St 188 B4
John Prince's St 183 G4
John St 184 C2
John's Mews 184 C2
Johnsons Ct 184 D4
Johnson's Pl 187 J5
Joiner St 185 G6
Jonathan St 188 D5
Jones St 183 G5
Jubilee Pl 187 E5
Judd St 184 B1
Juer St 187 E7
Junction Mews 182 D4
Junction Pl 182 C4
Justice Wlk 186 E6
Juxon St 188 D4

K

Kean St 184 C4
Keats Pl 185 G3
Keeley St 184 C4
Kelso Pl 186 B3
Kemble St 184 C4
Kemp's Ct 183 J4
Kempsford Gdns 186 A5
Kenchester Cl 188 C7
Kendal St 182 D4
Kendall Pl 183 F3
Kendrick Mews 186 D4
Kendrick Pl 186 D4
Kennet Wharf La 185 F5
Kennington Gr 188 D6
Kennington La 188 D5
Kennington La 188 E5
Kennington Oval 188 D6
Kennington Park Rd 188 E6
Kennington Rd 188 E4
Kennington Rd 188 E3
Kenrick Pl 183 F3
Kensington Church Ct 186 B2
Kensington Church St 186 B2
Kensington Church Wlk 186 B2
Kensington Court Mews 186 B3
Kensington Court Pl 186 B3
Kensington Ct 186 B2
Kensington Gate 186 C3
Kensington Gdns Sq 182 A4
Kensington Gore 186 D2
Kensington High St 186 A3
Kensington Mall 186 A1
Kensington Mansions 186 A5
Kensington Palace Gdns 186 B2
Kensington Palace Gdns 186 B1
Kensington Pl 186 A1
Kensington Rd 186 D2
Kensington Sq 186 B3
Kent Pas 182 E1
Kent Terr 182 D1
Kent Yd 187 E2
Kentish Bldgs 185 G6
Kenton St 184 B2
Kenway Rd 186 B4
Keppel Row 185 F6
Keppel St 184 A3
Kibworth St 188 D7
Kiffen St 185 G2
Kimbolton Row 186 E4
King Charles St 188 C2
King Edward St 185 F4
King Edward Wlk 188 E3
King John Ct 185 H2
King Sq 185 F1
King St 185 F4
King St 183 H6
King St 188 A1
King St 184 B5
King William St 185 G5
Kinghorn St 185 F3
Kingly Ct 183 H5
Kingly St 183 H5
King's Arms Yd 185 G4
King's Bench Wlk 184 D4
King's Cross 184 B1
King's Cross Bridge 184 B1
King's Cross Rd 184 C1
King's Head Yd 185 G6
King's Mews 184 C2
King's Rd 186 C7
King's Rd 187 G3
Kings Rd 186 E5
King's Scholars' Pas 187 J4
Kingscote St 184 E5
Kingsley Mews 186 B3
Kingsway 184 C4
Kinnerton Pl N 187 F2
Kinnerton Pl S 187 F2
Kinnerton St 187 G2
Kinnerton Yd 187 G2
Kirby St 184 D3
Kirkman Pl 183 J3
Kirtling St 187 J7
Kirtling St 188 A7
Kirton Gdns 185 J1
Knaresborough Pl 186 B4
Knightrider St 185 E5
Knightsbridge 187 F2
Knightsbridge 187 E2
Knightsbridge Green 187 F2
Knox St 182 E3
Kramer Mews 186 B5
Kynance Mews 186 C3
Kynance Pl 186 C3

L

Lackington St 185 G3
Lamb St 185 J3
Lambeth Bridge 188 C4
Lambeth High St 188 D4
Lambeth Hill 185 F5
Lambeth Mews 188 D4
Lambeth Palace Rd 188 D3
Lambeth Rd 188 E3
Lambeth Wlk 188 D4
Lamb's Bldgs 185 G2
Lamb's Conduit Pas 184 C3
Lamb's Conduit St 184 C2
Lamb's Pas 185 G2
Lamont Rd 186 D6
Lamont Rd Pas 186 D6
Lanark Pl 182 B2
Lanark Rd 182 B1
Lancashire Ct 183 G5
Lancaster Gate 182 B5
Lancaster Mews 182 B5
Lancaster Pl 184 C5
Lancaster Terr 182 C5
Lancelot Pl 187 F2
Lancing St 183 J1
Landon Pl 187 F3
Lanfranc St 188 E3
Langham Pl 183 G3
Langham St 183 G3
Langley Ct 184 B5
Langley La 188 D6
Langley St 184 B4
Langthorn Ct 185 G4
Langton Cl 184 C2
Langton St 186 C6
Lansdowne Rd 183 G6
Lansdowne Terr 184 B2
Laud St 188 D5
Lauderdale Rd 182 A1
Launcelot St 188 E2
Launceston Pl 186 C3
Laurence Pountney Hill 185 G5
Laurence Pountney La 185 G5
Lavender Cl 186 D6
Laverton Mews 186 B4
Laverton Pl 186 B4
Lavington St 185 E6
Lawn La 188 D6
Lawrence La 185 F4
Lawrence St 186 E6
Laxton Pl 183 G2
Laystall St 184 D2
Lazenby Ct 184 B5
Leadenhall Ave 185 H4
Leadenhall Market 185 H4
Leadenhall Pl 185 H4
Leadenhall St 185 H4
Leake Ct 188 D2
Leake St 188 D2
Leather La 184 D3
Lecky St 186 D5
Leeke St 184 C1
Lees Pl 183 F5
Leicester Ct 184 A5
Leicester Pl 184 A5
Leicester Sq 184 A5
Leicester St 183 J5
Leigh Pl 184 D3
Leigh St 184 B1
Leinster Gdns 182 B4
Leinster Mews 182 B5
Leinster Pl 182 B4
Leinster Terr 182 B5
Lennox Gdns 187 F3
Lennox Gdns Mews 187 F4
Lenthal Pl 186 C4
Leo Yd 184 E2
Leonard St 185 H2
Leopards Ct 184 D3
Leopold Wlk 188 D5
Lever St 185 F1
Leverett St 187 E4
Leverington Pl 185 G1
Lewisham St 188 B2
Lexham Gardens Mews 186 B3
Lexham Gdns 186 B5
Lexham Mews 186 A4
Lexham Wlk 186 B3
Lexington St 183 H5
Leyden St 185 J3
Ligonier St 185 J2
Lilac Pl 188 D4
Lilestone St 182 D2
Lillie Rd 186 A6
Lillie Yd 186 A6
Lily Pl 184 D3
Lime St 185 H4
Lime St Pas 185 H4
Limerston St 186 D6
Lincoln St 187 F4
Lincoln's Inn Fields 184 C4
Lindsey St 185 E3
Linhope St 182 E2
Lisle St 184 A5
Lisson Gr 182 D2
Lisson St 182 D3
Litchfield St 184 A5
Little Albany St 183 G2
Little Argyll St 183 H4
Little Boltons The 186 C5
Little Britain 185 F3
Little Chester St 187 H3
Little College La 185 G5
Little College St 188 C3
Little Essex St 184 D5
Little George St 188 C2
Little Marlborough St 183 H4
Little New St 184 D4
Little Newport St 184 A5
Little Portland St 183 H4
Little Russell St 184 B3
Little Sanctuary 188 C2
Little Smith St 188 B3
Little Somerset St 185 J4
Little St James's St 183 H6
Little St James's St 188 A1
Little Titchfield St 183 H3
Little Trinity La 185 F5
Liverpool St 185 H3
Livonia St 183 H4
Lizard St 185 F1
Lloyd Baker St 184 D1
Lloyd Sq 184 D1
Lloyd St 184 D1
Lloyd's Ave 185 H5
Lloyd's Row 184 E1
Lodge Rd 182 D1
Logan Mew 186 A4
Logan Pl 186 A4
Lollard St 188 D4
Lollard St 188 E4
Lombard Ct 185 G5
Lombard La 184 D4
Lombard St 185 G4
Lombardy Pl 182 A5
London Bridge 185 G5
London Bridge St 185 G6
London Mews 182 C4
London St 185 H5
London St 182 C4
London Wall 185 F3
Long Acre 184 B4
Long La 185 E3
Long St 185 J1
Long Yd 184 C2
Longford St 183 G2
Longmore St 187 J4
Longridge Rd 186 A4
Long's Ct 184 A5
Lord Hills Rd 182 A3
Lord North St 188 C3
Lordship Pl 186 E6
Lorenzo St 184 C1
Lorne Cl 182 D1
Lothbury 185 G4
Loughborough St 188 D5
Lovat La 185 H5
Love La 185 F4
Lowdes Ct 183 H4
Lower Belgrave St 187 H3
Lower Grosvenor Pl 187 H3
Lower James St 183 H5
Lower John St 183 H5
Lower Marsh 188 E2
Lower Sloane St 187 G5
Lower Thames St 185 H5
Lowndes Cl 187 G3
Lowndes Pl 187 G3
Lowndes Sq 187 F2
Lowndes St 187 G3
Loxham St 184 B1
Lucan Pl 187 E4
Lucerne Mews 186 A1
Ludgate Bwy 184 E4
Ludgate Circ 184 E4
Ludgate Ct 184 E4
Ludgate Hill 184 E4
Ludgate Sq 184 E4
Ludlow St 185 F2
Luke St 185 H2
Lumley Ct 184 B5
Lumley St 183 F4
Lupus St 187 J5
Luscombe Way 188 C7
Luton St 182 C2
Luxborough St 183 F3
Lyall Mews 187 G3
Lyall Mews W 187 G3
Lyall St 187 G3
Lygon Pl 187 H3
Lyons Pl 182 C2

M

Mabledon Pl 184 A1
Mac Farren Pl 183 F2
Macclesfield Rd 185 F1
Macclesfield St 183 J5
Macklin St 184 B4
Mackworth St 183 H1
Maddox St 183 H5
Magdalen St 185 H6
Magee St 188 E6
Magpie Alley 184 D4
Maida Ave 182 B2
Maida Vale 182 B1
Maiden La 184 B5
Maidstone Bldgs 185 G6
Mail Coach Yd 185 H1
Makins St 187 E4
Malet Pl 183 J2
Malet St 184 A3
Mall The 183 J6
Mallord St 186 D6
Mallory St 182 D2
Mallow St 185 G2
Malta St 184 E2
Maltravers St 184 D5
Manchester Sq 183 F4
Manchester St 183 F3
Mandeville Pl 183 F4
Manette St 183 J4
Manningford Cl 184 E1
Manor St Estate 187 E6
Manresa Rd 186 E5
Mansell St 185 J4
Mansfield Mews 183 G3
Mansfield St 183 G3
Mansion House Pl 185 G4
Mansion House St 185 G4
Manson Mews 186 D4
Manson Pl 186 D4
Maple Pl 183 H3
Maple St 183 H2
Marble Arch 183 E5
Marchmont St 184 B2
Margaret Ct 183 H4
Margaret St 183 H4
Margaretta Terr 186 E6
Margery St 184 D1
Mark La 185 H5
Mark St 185 H2
Mark St 185 H2
Market Ct 183 H4
Market Mews 183 G6
Market Pl 183 H4
Markham Pl 187 F5
Markham Sq 187 F5
Markham St 187 E5
Marlborough Ct 183 H4
Marlborough Flats 187 E4
Marlborough Rd 183 H6
Marlborough St 186 E4
Marloes Rd 186 B3
Marshall St 183 H4
Marsham St 188 B4
Martin La 185 G5
Martlett Ct 184 B4
Marylebone High St 183 F3
Marylebone La 183 F4
Marylebone Mews 183 G3
Marylebone Pas 183 H4
Marylebone Rd 183 E3
Marylebone St 183 F3
Marylee Way 188 D4
Mason's Arms Mews 183 G5
Mason's Ave 185 G4
Mason's Pl 185 F1
Mason's Yd 183 H6
Mason's Yd 188 A1
Matthew Parker St 188 B2
Maunsel St 188 B4
Mayfair Pl 183 G6
Mays Ct 184 B5
McAuley Cl 188 E3
McLeod's Mews 186 B4
Mead Row 188 E3
Meadow Mews 188 D6
Meadow Pl 188 C7
Meadow Rd 188 D7
Meard St 183 J4
Mecklenburgh Pl 184 C2
Mecklenburgh Sq 184 C2
Medway St 188 B3
Meek St 186 C7
Melbourne Pl 184 C4
Melbury Terr 182 D2
Melcombe Pl 182 E3
Melcombe St 183 E2
Melina Pl 182 C1
Melon Pl 186 A2
Melton Ct 186 D4
Melton St 183 J1
Memel Ct 185 F2
Memel St 185 F2
Mepham St 184 D6
Mercer St 184 B4
Meredith St 184 E1
Merlin St 184 D1
Merrington Rd 186 A6
Meymott St 184 E6
Micawber St 185 F1
Micklethwaite Rd 186 A6
Middle Dartrey Wlk 186 D7
Middle St 185 F3
Middle Temple La 184 D5
Middle Yd 185 H6
Middlesex Pas 185 E3
Middlesex St 185 J4
Middleton Bldgs 183 H3
Midford Pl 183 H2
Midhope St 184 B1
Midland Rd 184 B1
Milborne Gr 186 C5
Miles Pl 182 C3
Miles St 188 C6
Milford La 184 D5
Milford La 184 D5
Milk St 185 F4
Mill St 183 H5
Millbank 188 C4
Millman Mews 184 C2
Millman St 184 C2
Mills Ct 185 H1
Milman's St 186 D6
Milner St 187 F4
Milroy Wlk 184 E6
Milton Ct 185 G3
Milton St 185 F3
Milverton St 188 E5
Mincing La 185 H5
Minera Mews 187 G4
Minories 185 J5
Mitchell St 185 F2
Mitre Ct 185 F4
Mitre Ct 184 D4
Mitre Sq 185 H4
Mitre St 185 H4
Modern Ct 184 E4
Molyneux St 182 D3
Monck St 188 B3
Moncorvo Cl 186 E2
Monkwell Sq 185 F3
Monmouth St 184 B4
Montagu Mansions 183 E3
Montagu Mews N 183 E3
Montagu Mews S 183 E4
Montagu Mews W 183 E4
Montagu Pl 183 E3
Montagu Row 183 E3
Montagu Sq 183 E4
Montagu St 183 E4
Montague Cl 185 G6
Montague Pl 184 A3
Montague St 184 B3
Montclare St 185 J2
Montford Pl 188 E5
Montpelier Mew 187 E3
Montpelier Pl 187 E3
Montpelier Sq 187 E2
Montpelier St 187 E3
Montpelier Terr 187 E2
Montpelier Wlk 187 E3
Montreal Pl 184 C5
Montrose Ct 186 D2
Montrose Pl 187 G2
Monument St 185 G5
Moor La 185 G3
Moor La 185 G3
Moor Pl 185 G3
Moor St 184 A4
Moore St 187 F4
Moorfields 185 G3
Moorfields Highwalk 185 G3
Moorgate 185 G3
Moorgate Pl 185 G4
Mora St 185 F1
Moravian Cl 186 D6
Moravian Pl 186 D6
Moreland St 185 E1
Moreton Pl 188 A5
Moreton St 188 B5
Moreton Terr 188 A5
Moreton Terr Mews N 188 A5
Moreton Terr Mews S 188 A5
Morgans La 185 H6
Morpeth Terr 187 J4
Mortimer Market 183 H2
Mortimer St 183 H3
Morton Mews 186 B4
Morwell St 183 J3
Moscow Pl 182 A5
Moscow Rd 182 A5
Mossop St 187 E4
Motcomb St 187 G3
Mount Mills 185 E1
Mount Pleasant 184 D2
Mount Row 183 G5
Mount St 183 F5
Moxon St 183 F3
Mulberry Wlk 186 D6
Mulready St 182 D2
Mumford Ct 185 F4
Mundy St 185 H1
Munster Sq 183 G2
Murphy St 188 E2
Muscovy St 185 H5
Museum St 184 B4
Myddelton Pas 184 D1
Myddelton Sq 184 D1
Myddelton St 184 D1
Mylne St 184 D1

N

Nantes Pas 185 J3
Nassau St 183 H3
Navarre St 185 J2
Neal St 184 B4
Neal's Yd 184 B4
Neathouse Pl 187 J4
Nelson Pas 185 F1
Netherton Gr 186 C6
Netley St 183 H1
Nevern Pl 186 A4
Nevern Rd 186 A4
Nevern Sq 186 A4
Neville St 186 D5
Neville Terr 186 D5
New Bond St 183 G5
New Bridge St 184 E4
New Broad St 185 H3
New Burlington Mews 183 H5
New Burlington Pl 183 H5
New Burlington St 183 H5
New Cavendish St 183 G3
New Change 185 F4
New Charles St 184 E1
New Compton St 184 B4
New Coventry St 184 A5
New Ct 184 D5
New Fetter La 184 D4
New Goulston St 185 J4
New Inn Bwy 185 H2
New Inn Pas 184 C4
New Inn Sq 185 H2
New Inn St 185 H2
New Inn Yd 185 H2
New London St 185 H5
New North Pl 185 H2
New North St 184 C3
New Oxford St 184 B4
New Quebec St 183 E4
New Row 184 B5
New Spring Gdns Wlk 188 C5
New Sq 184 C4
New St 185 H3
New St Sq 184 D4
New Turnstile 184 C3
New Union St 185 G3
Newburgh St 183 H4
Newburn St 188 D5
Newbury St 185 F3
Newcastle Cl 184 E4
Newcastle Ct 185 F5
Newcastle Pl 182 C3
Newcastle Row 184 D2
Newcombe St 186 A1
Newgate St 185 E4
Newman Pas 183 H3
Newman St 183 H3
Newman's Ct 185 G4
Newman's Row 184 C3
Newnham Terr 188 E3
Newport Ct 184 A5
Newport Pl 184 A5
Newton St 184 B4
Nicholas La 185 G5
Nicholson St 184 E6
Nile St 185 G1
Nine Elm Ind Estate 187 J6
Noble St 185 F4
Noel St 183 H4
Norfolk Cres 182 D4
Norfolk Pl 182 C4
Norfolk Row 188 D4
Norfolk Sq 182 C4
Norfolk Sq Mews 182 C4
Norman St 185 F1
Norris St 183 J5
North Audley St 183 F5
North Bank 182 D1
North Carriage Dri 182 D5
North Cres 183 J3
North Folgate 185 H3
North Gower St 183 H1
North Mews 184 C2
North Row 183 F5
North Tenter St 185 J4
North Terr 186 E3
North Wharf Rd 182 C3
Northampton Bldgs 184 D2
Northampton Rd 184 D2
Northampton Sq 184 E1
Northburgh St 185 E2
Northcourt 183 H3
Northington St 184 C2
Northumberland Alley 185 H4
Northumberland Ave 184 B6
Northumberland St 184 B6
Northwick Cl 182 C2
Northwick Terr 182 C2
Norwich St 184 D4
Notting Hill Gate 186 A1
Nottingham Ct 184 B4
Nottingham Pl 183 F3
Nottingham St 183 F3
Nun Ct 185 G4
Nutford Pl 182 E4

O

Oak Tree Rd 182 D1
Oakden St 188 E4
Oakey La 188 E3
Oakfield St 186 C6
Oakley Gdns 187 E6
Oakley St 186 E6
Oat La 185 F4
Observatory Gdns 186 A2
Odhams Wlk 184 B4
Offley Rd 188 E7
Ogle St 183 H3
Old Bailey 184 E4
Old Barge House Alley 184 D6
Old Barrack Yd 187 G2
Old Bldgs 184 D4
Old Bond St 183 H5
Old Broad St 185 H4
Old Brompton Rd 186 B5
Old Brompton Rd 186 D4
Old Burlington St 183 H5
Old Castle St 185 J4
Old Cavendish St 183 G4
Old Change Ct 185 F4
Old Church St 186 D5
Old Compton St 183 J4
Old Court Pl 186 B2
Old Fish St Hill 185 F5
Old Gloucester St 184 B3
Old Jewry 185 G4
Old Manor Yd 186 B4
Old Market Sq 185 J1
Old Marylebone Rd 182 D3
Old Nichol St 185 J2
Old North St 184 C3
Old Paradise St 188 D4
Old Park La 187 H1
Old Pye St 188 B3
Old Quebec St 183 E4

Old Queen St 188 B2
Old Seacoal La 184 E4
Old South Lambeth Rd 188 C7
Old Sq 184 D4
Old St 185 G2
Oldbury Pl 183 F3
Oliver's Yd 185 G2
Olympia Yd 182 A5
Omeara St 185 F6
Ongar Rd 186 A6
Onslow Mews 186 D4
Onslow Mews E 186 D4
Onslow Sq 186 D4
Onslow St 184 D2
Onstow Gdns 186 D5
Orange St 183 J5
Orange Yd 183 J4
Oratory La 186 E5
Orchard St 183 F4
Orchardson St 182 C2
Orde Hall St 184 C3
Orme Ct 182 A5
Orme Ct Mews 182 A5
Orme La 182 A5
Orme Sq 182 A5
Ormond Cl 184 B3
Ormond Mews 184 B2
Ormond Yd 183 H6
Ormond Yd 188 A1
Ormonde Gate 187 F5
Ormonde Pl 187 G4
Orsett St 188 D5
Orsett Terr 182 B4
Osbert St 188 B4
Osnaburgh St 183 G2
Osnaburgh Terr 183 G2
Ossington Bldgs 183 F3
Ossulston St 184 A1
Osten Mews 186 B3
Outer Circ 183 E2
Outwich St 185 H4
Oval Pl 188 D7
Oval Way 188 D6
Ovington Gdns 187 E3
Ovington Mews 187 E3
Ovington Sq 187 E3
Ovington St 187 F4
Owen's Ct 184 E1
Owen's Row 184 E1
Oxendon St 183 J5
Oxford Circ 183 H4
Oxford Circus Ave 183 H4
Oxford Ct 185 G5
Oxford Sq 182 D4
Oxford St 183 G4

P

Padbury Ct 185 J1
Paddington Green 182 C3
Paddington St 183 F3
Page St 188 B4
Paget St 184 E1
Pakenham St 184 C2
Palace Ave 186 B2
Palace Gate 186 C2
Palace Gdns Mews 186 A1
Palace Gdns Terr 186 B1
Palace Green 182 A6
Palace Green 186 B1
Palace Mews 187 G4
Palace Pl 187 J3
Palace St 187 J3
Palfrey Pl 188 D7
Palissy St 185 J1
Pall Mall 183 J6
Pall Mall 188 B1
Pall Mall E 184 A6
Pall Mall E 188 B1
Pall Mall Pl 183 H6
Pall Mall Pl 188 A1
Palmer St 188 B3
Pancras La 185 G4
Panton St 183 J5
Panyer Alley 185 F4
Parade The 187 F7
Paradise Wlk 187 F6
Pardon St 185 E2
Paris Gdn 184 E6
Park Cl 187 F2
Park Cres 183 G2
Park Cres Mews E 183 G2
Park Cres Mews W 183 G2
Park La 183 F5
Park Mansions Arc 187 F2
Park Pl 183 H6
Park Pl 188 A1
Park Pl Villas 182 B3
Park Rd 182 E2
Park Rd 182 D1
Park Road 182 D2
Park Sq E 183 G2
Park Sq Mews 183 G2
Park Sq W 183 G2
Park St 185 F6
Park St 183 F5
Park West 182 D4
Park West Pl 182 D4
Park Wlk 186 D6
Parker Mews 184 B4
Parker St 184 B4
Parkgate Rd 187 E7
Parliament St 188 C2
Parry St 188 C6
Pascal St 188 B7
Passing Alley 184 E2
Passmore St 187 G5
Pater St 186 A3
Paternoster Row 185 F4
Paternoster Sq 185 E4
Paton St 185 F1
Paul St 185 H2
Paultons Sq 186 D6
Paultons St 186 D6
Paveley St 182 D1
Paveley St 182 D2
Paveley Way 187 E7
Pavilion Rd 187 F3
Pavilion St 187 F3
Peabody Ave 187 H5
Peabody Estate 185 F6
Peabody Estate 187 J4
Pear Pl 188 E2
Pear Tree Ct 184 D2
Pear Tree St 185 F2
Pearman St 188 E2
Peartree St 185 F2
Peel Pass 186 A1
Peel St 186 A1
Peerless St 185 G1
Pegasus Pl 188 E6
Pelham Cres 186 E4
Pelham Pl 186 E4
Pelham St 186 E4
Pemberton Row 184 D4
Pembroke Cl 187 G2
Pembroke Rd 186 A4
Penfold Pl 182 D3
Penfold St 182 D3
Penfold St 182 C2
Pennant Mews 186 B4
Penton Rise 184 C1
Penywern Rd 186 A5
Pepys St 185 H5
Percival St 184 E1
Percy Circ 184 C1
Percy Mews 183 J3
Percy Pass 183 H3
Percy St 183 J3
Perkins Rents 188 B3
Perry's Pl 183 J4
Peter St 185 J1
Peter St 183 J5
Peter's Hill 185 F5
Peter's La 184 E3
Petersham La 186 C3
Petersham Mews 186 C3
Petersham Pl 186 C3
Peto Pl 183 G2
Petty France 188 A3
Petyt Pl 186 E6
Petyward 187 E4
Phene St 187 E6
Philbeach Gdns 186 A5
Phillimore Wlk 186 A3
Philpot La 185 H5
Phipp St 185 H2
Phoenix Pl 184 C2
Phoenix St 184 A4
Piccadilly 183 H6
Piccadilly 188 A1
Piccadilly Arc 183 H6
Piccadilly Arc 188 A1
Piccadilly Circ 183 J5
Piccadilly Pl 183 H5
Pickard St 185 E1
Pickering Mews 182 A4
Pickering Pl 183 H6
Pickering Pl 188 A1
Pickle Herring St 185 H6
Picton Pl 183 F4
Pilgrim St 184 E4
Pimlico Rd 187 G5
Pimlico Wlk 185 H1
Pindar St 185 H3
Pindock Mews 182 A2
Pine Apple Ct 187 J3
Pine St 184 D2
Pitfield St 185 H1
Pitt St 186 A2
Pitt's Ct 185 H6
Pitt's Head Mews 183 F6
Platina St 185 G2
Playhouse Yd 184 E4
Pleydell St 184 D4
Plough Ct 185 G5
Plough Pl 184 D4
Plough Yd 185 H2
Plough Yd 185 H2
Plumber's Pl 184 D2
Plumtree Ct 184 E4
Plympton Pl 182 D2
Plympton St 182 D2
Poets Corner 188 C3
Poland St 183 H4
Pollen St 183 H4
Pollitt Dri 182 C2
Pomell Way 185 J4
Pond Pl 186 E5
Ponsonby Pl 188 B5
Ponsonby Terr 188 B5
Pont St 187 F3
Pont St Mews 187 F3
Ponton Rd 188 B7
Pooles Bldgs 184 D2
* Pope's Head Alley 185 G4
Poplar Pl 182 A5
Poppins Ct 184 E4
Porchester Gdn Mews 182 A4
Porchester Gdns 182 A5
Porchester Mews 182 A4
Porchester Pl 182 D4
Porchester Rd 182 A4
Porchester Sq 182 A4
Porchester Terr 182 B5
Porchester Terr N 182 A4
Porchester Wlk 182 A4
Porter St 183 E3
Porteus Rd 182 B3
Portland Mews 183 H4
Portland Pl 183 G3
Portman Cl 183 F4
Portman Mews S 183 F4
Portman Sq 183 F4
Portman St 183 F4
Portman Towers 183 E4
Portpool La 184 D3
Portsea Mews 182 D4
Portsea Pl 182 D4
Portsmouth St 184 C4
Portsoken St 185 J5
Portugal St 184 C4
Post Office Ct 185 G4
Post Office Way 188 B6
Potters Fields 185 H6
Poultry 185 G4
Powis Pl 184 B2
Praed Mews 182 C4
Praed St 182 C4
Pratt Wlk 188 D4
Prescot St 185 J5
President 185 F1
Price's St 185 E6
Prideaux Pl 184 C1
* Priest's Ct 185 F4
Prima Rd 188 E7
Primrose Hill 184 D4
Primrose St 185 H3
Prince Consort Rd 186 D3
Prince of Wales Pas 183 H1
Prince of Wales Terr 186 B2
Princelet St 185 J3
Princes Arc 183 H6
Princes Arc 188 A1
Princes Gate Ct 186 D2
Princes Gate Mews 186 D3
Princes Gdns 186 D3
Prince's St 185 G4
Princes St 183 G4
Princeton St 184 C3
Printer St 184 D4
Printing House Yd 185 H1
Priory Wlk 186 C5
Procter St 184 C3
Providence Ct 183 F5
Provost St 185 G1
Prudent Pas 185 F4
Pudding La 185 G5
Puddle Dock 184 E5
Pugh's Pl 183 H4
Puma Ct 185 J3
Pump Ct 184 D4

Q

Quadrangle The 182 D4
Quadrant Arc 183 H5
Quaker St 185 J2
Quality Ct 184 D4
Quebec Mews 183 E4
Queen Anne Mews 183 G3
Queen Anne St 183 G3
Queen Anne's Gate 188 B2
Queen Sq 184 B3
Queen Sq Pl 184 B2
Queen St 185 F5
Queen St 183 G6
Queen St Pl 185 F5
Queen Victoria St 185 F5
Queenhithe 185 F5
Queen's Elm Sq 186 D5
Queen's Gate 186 C3
Queen's Gate 186 C3
Queen's Gate Gdns 186 C3
Queen's Gate Mews 186 C3
Queen's Gate Pl 186 C3
Queen's Gate Pl Mews 186 C3
Queen's Gate Terr 186 C3
Queen's Gdns 182 B5
Queen's Head Yd 185 G6
Queen's Mews 182 A5
Queen's Wlk 183 H6
Queen's Wlk 188 A1
* Queen's Yd 183 H2
Queensberry Mews W 186 D4
Queensberry Pl 186 D4
Queensberry Way 186 D4
Queensborough Mews 182 B5
Queensborough Pas 182 B5
Queensborough Terr 182 B5
Queenstown Rd 187 H7
Queensway 182 A5

R

Rabbit Row 186 A1
Radley Mews 186 B3
Radnor Mews 182 C4
Radnor Pl 182 D4
Radnor St 185 F1
Radnor Wlk 187 F5
Radstock St 187 E7
Railway App 185 G6
Railway Pl 185 H5
Rainsford St 182 D4
Ralston St 187 F5
Ramillies Pl 183 H4
Ramillies St 183 H4
Rampayne St 188 B5
Randall Rd 188 D4
Randall Row 188 D4
Randolph Ave 182 B1
Randolph Cres 182 B2
Randolph Mews 182 B2
Randolph Rd 182 B2
Ranelagh Gr 187 G5
Ranelagh Rd 187 J5
Ranston St 182 D3
Raphael St 187 F2
Rathbone Pl 183 J4
Rathbone St 183 H3
Raven Rd 188 D4
Ravenscroft 185 J1
Ravent Rd 188 D4
Ravey St 185 H2
Rawlings St 187 F4
Rawstorne Pl 184 E1
Rawstorne St 184 E1
Ray St 184 D2
Raynham 182 D4
Red Lion Ct 184 D4
Red Lion Sq 184 C3
Red Lion St 184 C3
Red Lion Yd 183 F6
Red Pl 183 F5
Redan Pl 182 A4
Redanchop Cl 186 E6
Redburn St 187 F6
Redchurch St 185 J2
Redcliffe Gdns 186 B6
Redcliffe Mews 186 B5
Redcliffe Pl 186 C6
Redcliffe Rd 186 C6
Redcliffe Sq 186 B5
Redcliffe St 186 B6
Redcross Way 185 F6
Redesdale St 187 F5
Redfield La 186 B4
Redfield Mews 186 A4
Redhill St 183 G1
Redvers St 185 H1
Reece Mews 186 D4
Reeves Mews 183 F5
Regency St 188 B4
Regent Pl 183 H5
Regent Sq 184 B1
Regent St 183 J5
Regent St 183 H5
Regnart Bldgs 183 H2
Relton Mews 187 E3
Rembrandt Cl 187 G5
Remnant St 184 C4
Rennie St 184 E6
Reston Pl 186 C2
Rex Pl 183 F6
Rhoda St 185 J2
Rich La 186 B5
Richard's Pl 187 E4
Richardson's Mews 183 H2
Richbell Pl 184 C3
Richborne Terr 188 D7
Richmond Bldgs 183 J4
Richmond Mews 183 J4
Richmond Terr 188 C2
Richmond Terr Mews 188 C2
Rickett St 186 A6
Ridgmount Gdns 183 J3
Ridgmount Pl 183 J3
Ridgmount St 183 J3
Riding House St 183 H3
Rifle Ct 188 E6
Riley St 186 D7
Rising Sun Ct 185 E3
Rita Rd 188 D7
River St 184 D1
Rivington Pl 185 H1
Rivington St 185 H2
Robert Adam St 183 F4
Robert Cl 182 B2
Robert St 183 H1
Robert St 184 B5
Roberts Mews 187 G3
Robinson St 187 F6
Rochelle St 185 J1
Rochester Row 188 A4
Rochester St 188 B3
Rochester Wlk 185 G6
Rodmarton St 183 E3
Roger St 184 C2
Roland Gdns 186 C5
Roland Gdns 186 C5
Roland Way 186 C5
Rolls Bldgs 184 D4
Rolls Pas 184 D4
Romilly St 184 A4
Romney St 188 C3
Rood La 185 H5
Ropemaker St 185 G3
Rosary Gdns 186 C4
Roscoe St 185 F2
Rose Alley 185 F6
Rose and Crown Ct 185 F4
Rose and Crown Yd 183 H6
Rose and Crown Yd 188 A1
Rose St 184 B5
Roseberry Sq 184 D2
Rosebery Ave 184 D2
Rosemoor St 187 F4
Rosetta Cl 188 C7
Rosoman Pl 184 D2
Rosoman St 184 D2
Rossmore Rd 182 D2
Rotherham Wlk 184 E6
Roupell St 184 D6
Rowington Cl 182 A3
Roxby Pl 186 A6
Royal Arc 183 H5
Royal Ave 187 F5
Royal Exchange Ave 185 G4
Royal Exchange Bldgs 185 G4
Royal Hospital Rd 187 F5
Royal Mint St 185 J5
Royal Opera Arc 183 J6
Royal Opera Arc 188 B1
Royal St 188 D3
Rufus St 185 H1
Rugby St 184 C2
Rupert Ct 183 J5
Rupert St 183 J5
Russell Ct 183 H6
Russell Ct 188 A1
Russell Pl 188 B5
Russell Sq 184 B3
Russell St 184 B5
Russia Ct 185 F4
Russia Row 185 F4
Rutherford St 188 B4
Rutland Gate 186 E2
Rutland Gate Mews 186 E2
Rutland Gdns 187 E2
Rutland Gdns Mews 187 E2
Rutland Mews E 186 E3
Rutland Mews S 186 E3
Rutland Mews W 186 E3
Rutland Pl 185 E3
Rutland St 186 E3
Ryder Ct 183 H6
Ryder Ct 188 A1
Ryder St 183 H6
Ryder St 188 A1
Ryder Yd 183 H6
Ryder Yd 188 A1
Rysbrack St 187 F3

S

Sackville St 183 H5
Saffron Hill 184 D3
Saffron St 184 D3
Sage Way 184 C1
Sail St 188 D3
St Alban's Gr 186 B3
St Alban's Mews 182 C3
St Alban's St 183 J5
St Alphage Gdn 185 F3
St Alphage Highwalk 185 F3
St Andrew St 184 D3
St Andrew's Hill 184 E4
St Andrew's Pl 183 G2
St Anne's Ct 183 J4
St Ann's La 188 B3
St Ann's St 188 B3
St Anselm's Pl 183 G5
St Barnabas St 187 G5
St Benet's Pl 185 G5
St Botolph St 185 J4
St Bride St 184 E4
St Bride's Ave 184 E4
St Bride's Pas 184 E4
St Chad's Pl 184 C1
St Chad's St 184 B1
St Christopher's Pl 183 F4
St Clare St 185 J4
St Clement's Ct 185 G5
St Clement's La 184 C4
St Cross St 184 D3
St Dunstan's Alley 185 H5
St Dunstan's Ct 184 D4
St Dunstan's Hill 185 H5
St Dunstan's La 185 H5
St Ermin's Hill 188 B3
St George St 183 G5
St George's Dri 187 J5
St Georges Field 182 D4
St George's La 185 G5
St George's Sq 188 B5
St Giles Circ 183 J4
St Giles High St 184 A4
St Giles Pl 184 A4
St Helena St 184 D1
St Helen's Pl 185 H4
St James' Ct 188 A3
St James's App 185 H2
St James's Market 183 J5
St James's Pas 185 H4
St James's Pl 183 H6
St James's Pl 188 A1
St James's Row 184 E2
St James's Sq 183 J6
St James's Sq 188 B1
St James's St 183 H6
St James's St 188 A1
St James's Wlk 184 E2
St John St 184 E2
St John's La 184 E3
St John's Path 184 E2
St John's Pl 184 E2
St John's Sq 184 E2
St John's Wood Rd 182 C1
St Katharine's Way 185 J5
St Katherine's Row 185 H5
St Leonard's Terr 187 F5
St Loo Ave 187 E6
St Luke's St 186 E5
St Margaret St 188 C2
St Margaret's Ct 185 G6
St Mark's Gr 186 B7
St Martin's Ct 184 B5
St Martin's La 184 B5
St Martin's Le Grand 185 F4
St Martin's Pl 184 B5
St Martin's St 184 A5
St Mary at Hill 185 H5
St Mary Axe 185 H4
St Mary's Mansions 182 C3
St Mary's Sq 182 C3
St Mary's Terr 182 C3
St Matthew St 188 B3
St Michael's Alley 185 G4
St Michael's St 182 D4
St Mildred's Ct 185 G4
St Olave's Ct 185 G4
St Olave's Gdns 188 E4
St Oswald's Pl 188 D5
St Oswulf St 188 B4
St Paul's Church Yd 185 F4
St Paul's Church Yd 185 F4
St Peter's Alley 185 G4
St Petersburgh Mews 182 A5
St Stephen's Row 185 G4
St Swithin's La 185 G5
St Thomas St 185 G6
St Vincent St 183 F3
Salamanca Pl 188 D4
Salamanca St 188 D4
Sale Pl 182 D4
Salem Rd 182 A5
Salisbury Ct 184 E4
Salisbury Pl 182 E3
Salisbury Sq 184 D4
Salisbury St 182 D2
Salters Hall Ct 185 G5
Samford St 182 D2
Samuel Lewis Trust Dwellings 186 E4
Samuel Lewis Trust Dwellings 186 A7
Sancroft St 188 E5
Sanctuary 188 B3
Sandell St 188 E2
Sandland St 184 C3
Sandwich St 184 B1
Sandy's Row 185 H3
Sans Wlk 184 E2
Saperton Wlk 188 D4
Saracen's Head Yd 185 J4
Sarah St 185 H1
Sardinia St 184 C4
Saunders St 188 E4
Savage Gdns 185 H5
Saville Row 183 H5
Savona St 188 A7
Savoy Bldgs 184 C5
Savoy Ct 184 B5
Savoy Hill 184 C5
Savoy Pl 184 C5
Savoy Row 184 C5
Savoy St 184 C5
Savoy Steps 184 C5
Savoy Way 184 C5
Scala St 183 H3
Scarborough St 185 J4
Scarsdale Pl 186 B3
Scarsdale Villas 186 A3
School App 185 H1
Sclater St 185 J2
Scoresby St 184 E6
Scotland Pl 184 B6
Scotswood St 184 D2
Scott Ellis Gdns 182 C1
Scott's Yd 185 G5
Scrutton St 185 H2
Seacoal La 184 E4
Seaford St 184 B1
Seaforth Pl 188 A3
Seagrave Rd 186 A6
Searles Cl 187 E7
Sebastion St 184 E1
Secker St 184 D6
Sedding St 187 G4
Seddon St 184 C1
Sedley Pl 183 G4
Seething La 185 H5
Sekforde St 184 E2
Selwood Pl 186 D5
Selwood Terr 186 D5
Semley Pl 187 H4
Senior St 182 A3
Serjeants' Inn 184 D4
Serle St 184 C4
Sermon La 185 F4
Serpentine Rd 182 E6
Serpentine Rd 187 F1
Seville St 187 F2
Seward St 185 F1
Seymour Mews 183 F4
Seymour Pl 182 E4
Seymour St 183 E4
Seymour Wlk 186 C6
Shacklewell St 185 J1
Shad Thames 185 J6
Shaftesbury Ave 183 J5
Shaftesbury Mews 186 A3
Shafto Mews 187 F3
Shafts Ct 185 H4
Shalcomb St 186 C6
Shand St 185 H6
Shaver's Pl 183 J5
Shawfield St 187 E5
Sheba St 185 J2
Sheffield St 184 C4
Sheffield Terr 186 A1
Shelton St 184 B4
Shepherd Cl 183 F5
Shepherd Market 183 G6
Shepherd St 183 G6
Shepherdess Pl 185 G1
Shepherds Pl 183 F5
Sheraton St 183 J4
Sherborne La 185 G5
Sherlock Mews 183 F3
Sherwood St 183 H5
Shillibeer Pl 182 D3
Ship Tavern Pas 185 H5
Shipwright Yd 185 H6
Shoe La 184 D4
Shoreditch High St 185 H2
Shorter St 185 J5
Shorts Gdns 184 B4
Shouldham St 182 D3
Shropshire Pl 183 J2
Shroton St 182 D3
Sicilian Ave 184 B3
Siddon La 183 E2
Sidford Pl 188 D3
Sidmouth St 184 C1
Sidney Gr 184 E1
Silbury St 185 G1
Silk St 185 F3
Silver Pl 183 H5
Singer St 185 G1
Sir Thomas More Estate 186 D6
Sise La 185 G4
Skin Market Pl 185 F6
Skinner Pl 187 G4
Skinner St 184 D2
Skinners La 185 F5
Slaidburn St 186 C6
Sleaford St 187 J7
Sleaford St 188 A7
Slingsby Pl 184 B5
Sloane Ave 187 E4
Sloane Ct E 187 G5
Sloane Ct W 187 G5
Sloane Gdns 187 G4
Sloane Sq 187 G4
Sloane St 187 F3
Sloane Terr 187 G4
Smallbrook Mews 182 C4
Smart's Pl 184 B4
Smith Sq 188 C3
Smith St 187 F5
Smith Terr 187 F5
Smithfield St 184 E3
Smith's Ct 183 H5
Smith's Ct 183 J5
Snow Hill 184 E3
Snowden St 185 H2
Soho Sq 183 J4
Soho St 183 J4
Soley Mews 184 D1
Somers Cres 182 D4
South Audley St 183 F6
South Bolton Gdns 186 B5
South Carriage Dri 187 F2
South Carriage Dri 187 E2
South Cres 183 J3
South Eaton Pl 187 G4
South End 186 B3
South End Row 186 B3
South Lambeth Pl 188 C6
South Lambeth Rd 188 C7
South Molton La 183 G4
South Molton St 183 G4
South Parade 186 D5
South Pl 185 G3
South Pl Mews 185 G3
South Sq 184 D3
South St 183 F6
South Tenter St 185 J5
South Terr 186 E4
South Wharf Rd 182 C4
South Yd 185 G3
Southampton Bldgs 184 D3
Southampton Pl 184 B3
Southampton Row 184 B3
Southampton St 184 B5
Southwark Bridge 185 F5
Southwark St 185 F6
Southwell Gdns 186 C4
Southwick Mews 182 C4
Southwick Pl 182 D4
Southwick St 182 D4
Southwick Yd 182 D4
Spafield St 184 D2
Spanish Pl 183 F4
Spear Mews 186 A4
Speedy Pl 184 B1
Spencer St 184 E1
Spenser St 188 A3
Spital Sq 185 H3
Spital Yd 185 H3
Sprimont Pl 187 F5
Spring Gdns 184 A6
Spring Gdns 188 B1
Spring Mews 183 E3
Spring St 182 C4
Stable Yd Rd 187 J2
Stables Way 188 E5
Stacey St 184 A4
Stackhouse St 187 F3
Stadium St 186 C7
Staff St 185 G1
Stafford Pl 187 J3
Stafford St 183 H6
Stafford St 188 A1
Stafford Terr 186 A2
Stag Pl 187 J3
Stainer St 185 G6
Staining La 185 F4
Stalbridge St 182 D3
Stamford St 184 D6
Stanbrook Ct 183 H6
Stanbrook Ct 188 A1
Standard Pl 185 H1
Stanford Rd 186 B3
Stanford St 188 B4
Stanhope Gate 183 F6
Stanhope Gdns 186 C4
Stanhope Mews E 186 C4
Stanhope Mews S 186 C4
Stanhope Mews W 186 C4
Stanhope Pl 182 E5
Stanhope Row 183 G6
Stanhope St 183 H1
Stanhope Terr 182 C5
Stanley Cl 188 D6
Stannary Pl 188 E5
Stannary St 188 E5
Staple Inn Bldgs 184 D3
Star Alley 185 H5
Star St 182 D4
Star Yd 184 D4
Starcross St 183 H1
Stationers Hall Ct 184 E4
Stedham Pl 184 B4
Stephen Mews 183 J3
Stephen St 183 J3
Stephenson Way 183 H2
Sterling St 187 E3
Stew La 185 F5
Steward St 185 H3
Stewart's Gr 186 E5
Stillington St 188 A4
Stone Bldgs 184 C3
Stonecutter St 184 E4
Stonehouse Ct 185 H4
Stoney La 185 J4
Stoney St 185 G6
Store St 183 J3
Storey's Gate 188 B2
Stothard Pl 185 H3
Stourcliffe St 182 E4
Strand 184 C5
Strand La 184 C5
Stratford Ave 186 B3
Stratford Pl 183 G4
Stratford Rd 186 A3
Strathearn Pl 182 D5
Strathmore Gdns 186 A1
Stratton St 183 G6
Streatham St 184 B4
Stroughton Cl 188 D4
Strout's Pl 185 J1
Strutton Ground 188 B3
Strype St 185 J3
Studio Pl 187 F2
Stukeley St 184 B4
Suffolk La 185 G5
Suffolk Pl 183 J6
Suffolk Pl 188 B1
Suffolk St 183 J6
Suffolk St 188 B1
* Sugar Bakers Ct 185 H4
Sugar Loaf Ct 185 F5
Summers St 184 D2
Sumner Bldgs 185 F6
Sumner Pl 186 D4
Sumner Place Mews 186 D4
Sumner St 185 F6
Sun Ct 185 G4
Sun St 185 H3
Sun St Pas 185 H3
Sunningdale Gdns 186 A3
Surrey St 184 C5
Sussex Gdns 182 C4
Sussex Mews E 182 C4
Sussex Mews W 182 C5
Sussex Pl 185 H4
Sussex Pl 182 E2
Sussex Pl 182 C4
Sussex Sq 182 C5
Sussex St 187 H5
Sutherland Ave 182 A2
Sutherland Ave 182 B1
Sutherland Row 187 H5
Sutherland St 187 H5
Sutton Dwellings 186 E5
Sutton Row 183 J4
Swallow Pas Pl 183 G4
Swallow St 183 H5
Swan Ct 187 E5
Swan La 185 G5

Swan Wlk.....187 F6
Swanfield St.....185 J1
Swinton Pl.....184 C1
Swinton St.....184 C1
Sycamore St.....185 F2
Sydney Cl.....186 D4
Sydney Mews.....186 D4
Sydney Pl.....186 E4
Sydney St.....186 E5
Symons St.....187 F4

T

Tabernacle St.....185 G2
Tachbrook Mews.....187 J4
Tachbrook St.....188 A4
Tadema Rd.....186 C7
Talbot Ct.....185 G5
Talbot Sq.....182 C4
Talbot Yd.....185 G6
Tallis St.....184 D5
Tamworth St.....186 A6
Tankerton St.....184 B1
Tanswell St.....188 E2
Taunton Mews.....182 E2
Taunton Pl.....182 E2
Tavistock Pl.....184 B2
Tavistock Sq.....184 A2
Tavistock St.....184 B5
Tavistock St.....184 C4
Taviton St.....183 J2
Tedworth Gdns.....187 F5
Tedworth Sq.....187 F5
Telegraph St.....185 G4
Temple Ave.....184 D5
Temple La.....184 D4
Temple Pl.....184 C5
Templeton Pl.....186 A4
Tenison Ct.....183 H5
Tenison Way.....184 D6
Tenniel Cl.....182 A5
Tenter Ground.....185 J3
Tenterden St.....183 G4
Terminus Pl.....187 H3
Terrace The.....184 D4
Tetcott Rd.....186 C7
Thackeray St.....186 B3
Thanet St.....184 B1
Thavie's Inn.....184 D4
Thayer St.....183 F4
The Sir Oswald Stoll
Foundation.....186 B7
Theed St.....184 D6
Theobald's Rd.....184 C3
Thirleby Rd.....187 J3
Thistle Gr.....186 C5
Thistle Gr.....186 C5
Thoresby St.....185 F1
Thorndike Cl.....186 C7
Thorndike St.....188 B4
Thorney St.....188 C4
Thornhaugh Mews.....184 A2
Thornhaugh St.....184 A2
Thornton Pl.....182 E3
Thrale St.....185 F6
Thrawl St.....185 J3
Threadneedle St.....185 G4
Three Kings Yd.....183 G5
Three Nun Ct.....185 F4
Throgmorton Ave.....185 G4
Throgmorton St.....185 G4
Thurloe Cl.....186 E4
Thurloe Pl.....186 D4
Thurloe Pl.....186 E3
Thurloe Place Mews.....186 D4
Thurloe Sq.....186 E4
Thurloe St.....186 D4
Tilney Ct.....185 F2
Tilney St.....183 F6
Timber St.....185 F2
Tinworth St.....188 D5
Tisbury Ct.....183 J5
Titchborne Row.....182 D4
Tite St.....187 F6
Tokenhouse Yd.....185 G4
Tolmers Sq.....183 H2
Tomlinson Cl.....185 J1
Tompion St.....184 E1
Tonbridge St.....184 B1
Tooley St.....185 H6
Topham St.....184 D2
Tor Gdns.....186 A2
Torrington Pl.....183 J2
Torrington Sq.....184 A2
Tothill St.....188 B2
Tottenham Ct Rd.....183 J3
Tottenham Mews.....183 H3
Tottenham St.....183 H3
Tower Bridge.....185 J6
Tower Bridge App.....185 J5
Tower Bridge Rd.....185 J6
Tower Ct.....184 B4
Tower Hill.....185 J5
Tower Royal.....185 F5
Tower St.....184 B4
Toynbee St.....185 J3
Tradescant Rd.....188 C7
Trafalgar Sq.....184 A6
Trafalgar Sq.....188 B1
Trafalgar Sq.....184 B6
Transept St.....182 D3
Trebeck St.....183 G6
Trebovir Rd.....186 A4
Tregunter Rd.....186 C5
Trenchold St.....188 C6
Tresham Cres.....182 D2
Treveris St.....184 E6
Trevor Pl.....187 E2
Trevor Sq.....187 E2
Trevor St.....187 E2
Trigon Rd.....188 D7
Trinity Pl.....185 J5
Trinity Sq.....185 J5
Triton Sq.....183 H2
Trump St.....185 F4
Tryon St.....187 F5
Tuck's Ct.....184 D4
Tudor St.....184 D5
Tufton St.....188 C3
Turks Row.....187 F5
Turnagain La.....184 E4
Turnmill St.....184 E3
Turpentine La.....187 H5
Turville St.....185 J2
Tweezer's Alley.....184 D5
Twyford Pl.....184 C4
Tyburn Way.....183 E5
Tyers St.....188 D5
Tyers Terr.....188 D5
Tyne St.....185 J4
Tysoe St.....184 D1

U

Udall St.....188 A4
Ulster Pl.....183 G2
Undershaft.....185 H4
Underwood Row.....185 F1
Underwood St.....185 F1
Unicorn Pas.....185 H6
Union Ct.....185 H4
Union St.....185 F6
Union Wlk.....185 J1
University St.....183 H2
Unwin Rd.....186 D3
Upbrook Mews.....182 B4
Upper Belgrave St.....187 G3
Upper Berenger Wlk.....186 D7
Upper Berkeley St.....183 E4
Upper Blantyre Wlk.....186 D7
Upper Brook St.....183 F5
Upper Cheyne Row.....186 E6
Upper Dartrey Wlk.....186 D7
Upper Grosvenor St.....183 F5
Upper Ground.....184 D6
Upper Harley St.....183 F2
Upper James St.....183 H5
Upper John St.....183 H5
Upper Marsh.....188 D2
Upper Montague St.....182 E3
Upper St Martin's La.....184 B5
Upper Tachbrook St.....187 J4
Upper Thames St.....185 F5
Upper Whistler Wlk.....186 D7
Upper Wimpole St.....183 F3
Upper Woburn Pl.....184 A1
Uverdale Rd.....186 C7
Uxbridge St.....186 A1

V

Vale Cl.....182 B1
Vale The.....186 D6
Vandon Pas.....188 A3
Vandon St.....188 A3
Vandy St.....185 H2
Vane St.....188 A4
Vanston Pl.....186 A7
Varndell St.....183 H1
Vauxhall Bridge.....188 C5
Vauxhall Bridge Rd.....188 A4
Vauxhall Cross.....188 C5
Vauxhall Gr.....188 D6
Vauxhall St.....188 D5
Vauxhall Wlk.....188 D5
Venables St.....182 C3
Vere St.....183 G4
Vernon Pl.....184 B3
Vernon Rise.....184 C1
Vernon Sq.....184 C1
Verulam St.....184 D3
Vestry St.....185 G1
Viaduct Bldgs.....184 D3
Vicarage Gate.....186 B2
Vicarage Gate.....186 B1
Vicarage Gdns.....186 A1
Victoria Arc.....187 H3
Victoria Ave.....185 H3
Victoria Emb.....184 D5
Victoria Emb.....188 C2
Victoria Emb.....184 C5
Victoria Gdns.....186 A1
Victoria Gr.....186 C3
Victoria Pas.....182 C2
Victoria Rd.....186 C3
Victoria Sq.....187 H3
Victoria St.....188 A3
Vigo St.....183 H5
Villiers St.....184 B6
Vince St.....185 G1
Vincent Sq.....188 B4
Vincent St.....188 B4
Vine Hill.....184 D2
Vine La.....185 H6
Vine St.....185 J5
Vine St.....185 J4
Vine St.....183 H5
Vinery Villas.....182 D1
Vineyard Wlk.....184 D2
Vintners Pl.....185 F5
Virgil Pl.....182 E3
Virgil St.....188 D3
Virginia Rd.....185 J1
Viscount St.....185 F3

W

Waithman St.....184 E4
Wakefield St.....184 B1
Wakley St.....184 E1
Walbrook.....185 G4
Walcot Sq.....188 E4
Walcott St.....188 A4
Waldron Mews.....186 D6
Walham Gr.....186 A7
Walham Green Arc.....186 A7
Walker's Ct.....183 J5
Wallgrave Rd.....186 B4
Walmer Pl.....182 E3
Walmer St.....182 E3
Walnut Tree Wlk.....188 E4
Walpole St.....187 F5
Waltham Green Ct.....186 B7
Walton Cl.....188 C7
Walton Pl.....187 F3
Walton St.....187 E3
Wandon Rd.....186 B7
Wandsworth Rd.....188 C7
Wansdown Pl.....186 B7
Wardens Gr.....185 F6
Wardour Mews.....183 H4
Wardour St.....183 J4
Wardrobe Pl.....185 E4
Wardrobe Terr.....185 E5
Warner St.....184 D2
Warner Yd.....184 D2
Warren Mews.....183 H2
Warren St.....183 H2
Warrington Cres.....182 B2
Warrington Gdns.....182 B2
Warwick Ave.....182 A2
Warwick Ave.....182 B2
Warwick Cres.....182 B3
Warwick Ct.....184 C3
Warwick House St.....184 A6
Warwick House St.....188 B1
Warwick La.....185 E4
Warwick Pl.....182 B3
Warwick Pl N.....187 J4
Warwick Rd.....186 A5
Warwick Row.....187 H3
Warwick Sq.....184 E4
Warwick Sq.....187 J4
Warwick Sq Mews.....187 J4
Warwick St.....183 H5
Warwick Way.....187 J4
Warwick Yd.....185 F2
Water Gdns The.....182 D4
Water St.....184 D5
Watergate.....184 E5
Watergate Wlk.....184 B6
Waterloo Bridge.....184 C5
Waterloo Pl.....183 J6
Waterloo Pl.....188 B1
Waterloo Rd.....188 E2
Waterson St.....185 J1
Watling Ct.....185 F4
Watling St.....185 F4
Watson's Mews.....182 D3
Waverton St.....183 G6
Weaver's La.....185 H6
Weighhouse St.....183 F4
Weir's Pas.....184 A1
Welbeck St.....183 G4
Welbeck Way.....183 G4
Well Ct.....185 F4
Well Ct.....185 F4
Wellesley Pl.....183 J1
Wellesley Terr.....185 F1
Wellington Bldgs.....187 G5
Wellington Pl.....182 C1
Wellington Rd.....182 D1
Wellington Sq.....187 F5
Wellington St.....184 C5
Wells Mews.....183 H4
Wells Sq.....184 C1
Wells St.....183 H4
Wells Way.....186 D3
Wentworth Dwellings.....185 J4
Wentworth St.....185 J3
Wesley St.....183 F3
West Carriage Dri.....182 D6
West Carriage Dri.....187 E1
West Central St.....184 B4
West Cromwell Rd.....186 A4
West Eaton Pl.....187 G4
West Eaton Pl Mews.....187 G4
West Halkin St.....187 G3
West Harding St.....184 D4
West Mall.....186 A1
West Mews.....187 J4
West Poultry Ave.....184 E3
West Rd.....187 F6
West Smithfield.....185 E3
West St.....184 A4
West Tenter St.....185 J4
West Warwick Pl.....187 J4
Westbourne Cres.....182 C5
Westbourne Gdns.....182 A4
Westbourne Gr Terr.....182 A4
Westbourne St.....182 C5
Westbourne Terr.....182 B4
Westbourne Terr Mews.....182 B4
Westbourne Terr Rd.....182 B3
Westgate Terr.....186 B6
Westland Pl.....185 G1
Westminster Bridge.....188 C2
Westminster Bridge Rd.....188 E3
Westmoreland Bldgs.....185 F3
Westmoreland Pl.....187 H5
Westmoreland St.....183 F3
Weston Rise.....184 C1
Weston St.....185 H6
Westway.....182 B3
Wetherby Gdns.....186 C4
Wetherby Mews.....186 B5
Wetherby Pl.....186 C4
Weymouth Mews.....183 G3
Weymouth St.....183 G3
Wharfedale St.....186 B5
Wharton St.....184 C1
Wheatley St.....183 F3
Wheatsheaf La.....188 C7
Wheler St.....185 J2
Whetstone Park.....184 C4
Whichcote St.....184 D6
Whidborne St.....184 B1
Whiskin St.....184 E1
Whistler Wlk.....186 C7
Whistlers Ave.....187 E7
Whitby St.....185 J2
Whitcomb Ct.....183 J5
Whitcomb St.....184 A5
White Bear Yd.....184 D2
White Hart Ct.....185 H3
White Hart Yd.....185 G6
White Horse Alley.....184 E3
White Horse St.....183 G6
White Horse Yd.....185 G4
White Kennett St.....185 H4
White Lion Hill.....185 E5
White Lion Yd.....183 G5
Whitechapel High St.....185 J4
Whitecross Pl.....185 G3
Whitecross St.....185 F3
Whitecross St.....185 F2
Whitecross St.....185 F3
Whitefriars St.....184 D4
Whitehall.....184 B6
Whitehall Ct.....184 B6
Whitehall Gdns.....184 B6
Whitehall Pl.....184 B6
Whitehaven St.....182 D2
Whitehead's Gr.....187 E4
White's Row.....185 J3
Whitfield Pl.....183 H2
Whitfield St.....183 H3
Whitgift St.....188 D4
Whitington Ave.....185 H4
Whittaker St.....187 G4
Whittlesey St.....184 D6
Wickham St.....188 D5
Wicklow St.....184 C1
Widegate St.....185 H3
Wigmore Pl.....183 G4
Wigmore St.....183 F4
Wilbraham Pl.....187 G4
Wilcox Cl.....188 C7
Wilcox Pl.....188 A3
Wilcox Rd.....188 C7
Wild Ct.....184 C4
Wild St.....184 C4
Wilfred St.....187 J3
Wilkes St.....185 J3
Wilkes St.....185 J2
William IV St.....184 B5
William Mews.....187 F2
William Rd.....183 H1
William St.....187 F2
Willoughby St.....184 B3
Willow Pl.....187 J4
Willow St.....185 H2
Wilmington Sq.....184 D1
Wilmington St.....184 D1
Wilson St.....185 G3
Wilton Cres.....187 G2
Wilton Mews.....187 H3
Wilton Pl.....187 G2
Wilton Rd.....187 J4
Wilton Row.....187 G2
Wilton Row.....187 G2
Wilton St.....187 H3
Wilton Terr.....187 G3
Wiltshire Cl.....187 F4
Wimpole Mews.....183 G3
Wimpole St.....183 G3
Winchester Mews.....183 F3
Winchester Sq.....185 G6
Winchester St.....187 H5
Winchester Wlk.....185 G6
Wincott St.....188 E4
Windmill Row.....188 E5
Windmill St.....183 J3
Windmill Wlk.....184 D6
Windsor Pl.....188 A4
Windsor Terr.....185 F1
Wine Office Ct.....184 D4
Winnett St.....183 J5
Winsland Mews.....182 C4
Winsland St.....182 C4
Winsley St.....183 H4
Winterton Pl.....186 C6
Withers Pl.....185 F2
Woburn Mews.....184 A2
Woburn Pl.....184 B2
Woburn Sq.....184 A2
Woburn Wlk.....184 A1
Wood St.....185 F4
Woodbridge St.....184 E2
Woodfall St.....187 F5
Woods Mews.....183 F5
Woodstock Mews.....183 F3
Woodstock St.....183 G4
Wootton St.....184 D6
Worcester Pl.....185 F5
Worfield St.....187 E7
Worgan St.....188 D5
World's End Pas.....186 D7
World's End Pl.....186 C7
Wormwood St.....185 H4
Worship St.....185 H2
Wren St.....184 C2
Wright's La.....186 B3
Wybert St.....183 H2
Wyclif St.....184 E1
Wynard Terr.....188 D5
Wyndham Mews.....182 E3
Wyndham Pl.....182 E3
Wyndham St.....182 E3
Wyndham Yd.....182 E3
Wynnstay Gdns.....186 A3
Wynyard Terr.....188 D5
Wynyatt St.....184 E1
Wythburn Pl.....182 E4
Wyvil Rd.....188 D6

Y

Yardley St.....184 D1
Yarmouth Pl.....183 G6
Yeoman's Row.....186 E3
Yeoman's Row.....187 E3
Yeoman's Yd.....185 J5
York Bldgs.....184 B5
York Bridge.....183 F2
York Gate.....183 F2
York House Pl.....186 B2
York Pl.....184 B5
York Rd.....188 D2
York St.....182 E3
York Terr E.....183 F2
York Terr W.....183 F2
Yorkshire Grey Yd.....184 C3
Young St.....186 B2
Young's Bldgs.....185 F2

Z

Zoar St.....185 F6

Legend to Town Centre Maps

ROAD INFORMATION	INFORMATION ROUTIERE	TOURIST INFORMATION	RENSEIGNEMENTS TOURISTIQUES	ABBREVIATIONS		ABREVIATIONS
Motorway	Autoroute	Important building	Edifice important	Cath	Cathedral	Cathédrale
18 Junction number	Numéro d'échangeur	Parking	Parking	Hospl	Hospital	Centre hospitalier
Main road	Route principale	Railway station	Gare	HPO	Head Post Office	Bureau de poste principal
		Underground/Metro station	Station de métro	Liby	Library	Bibliothèque
Secondary road	Route secondaire	Bus or coach station	Gare d'autobus ou d'autocar	Mus	Museum	Musée
Pedestrian area	Zone piétonnière	Information Centre	Bureau de renseignements	NTS	National Trust for Scotland	National Trust d'Ecosse
		Church with tower or spire	Eglise avec tour ou flèche	TH	Town Hall	Hôtel de ville

BIRMINGHAM

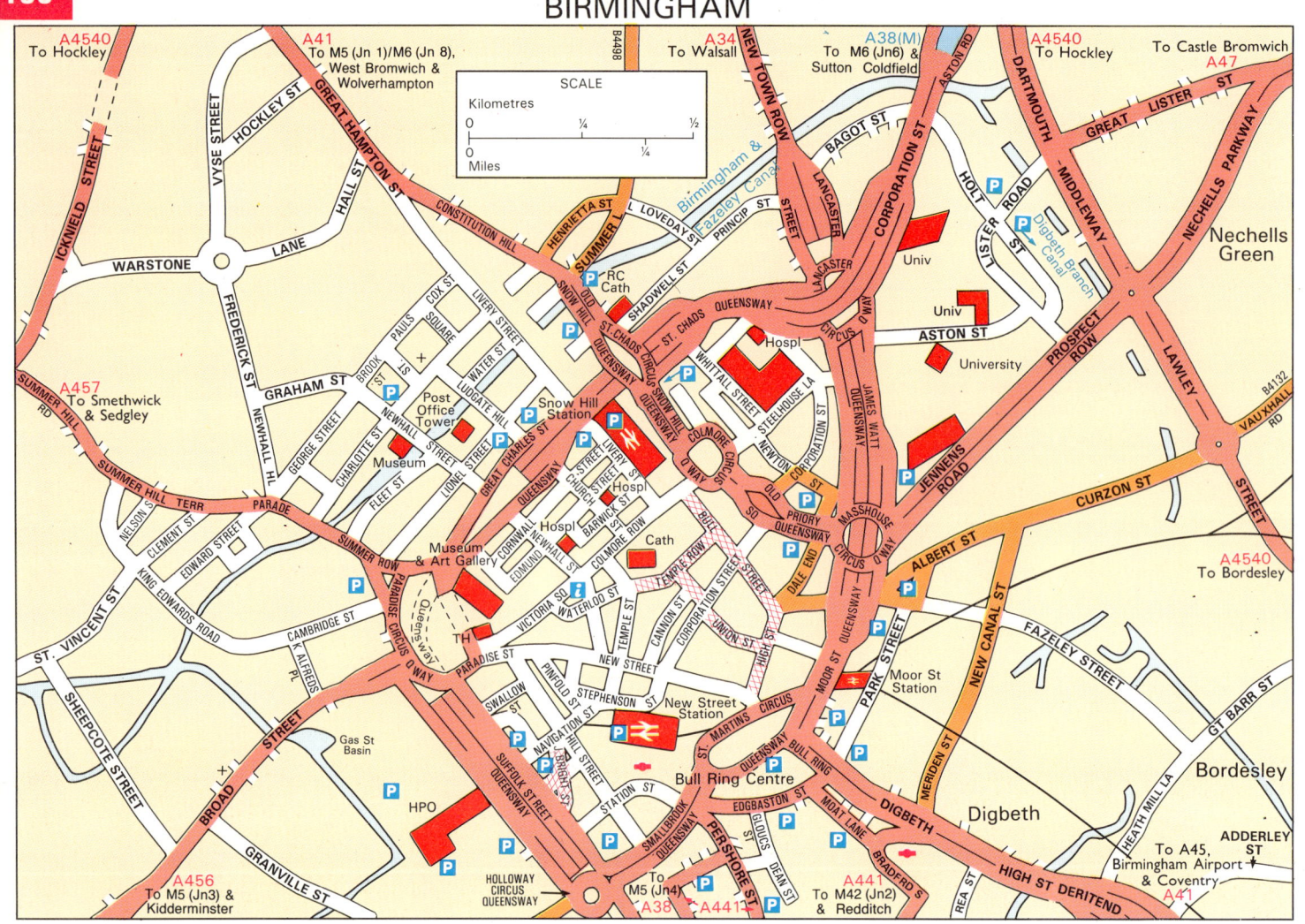

BRISTOL

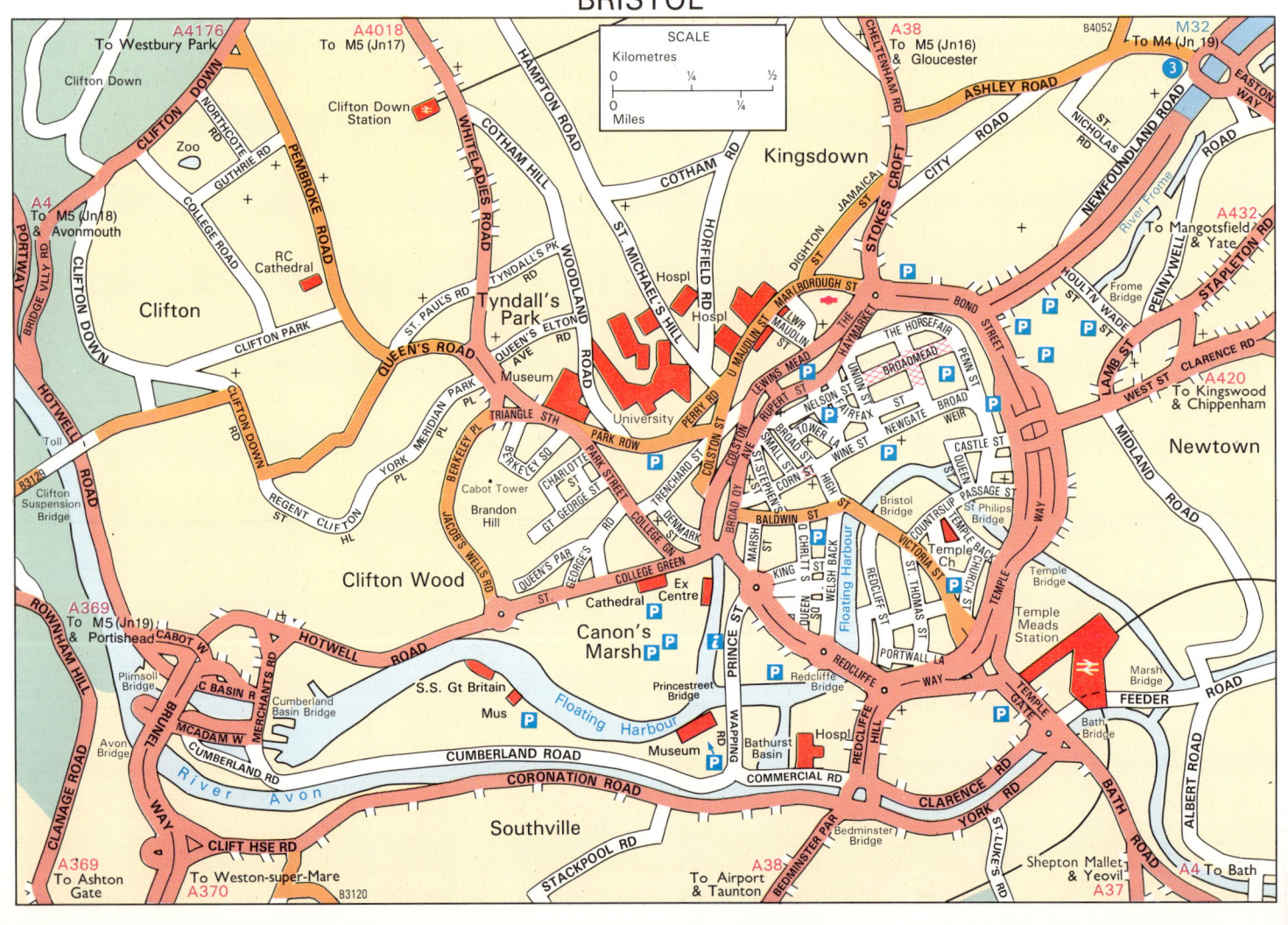

CARDIFF

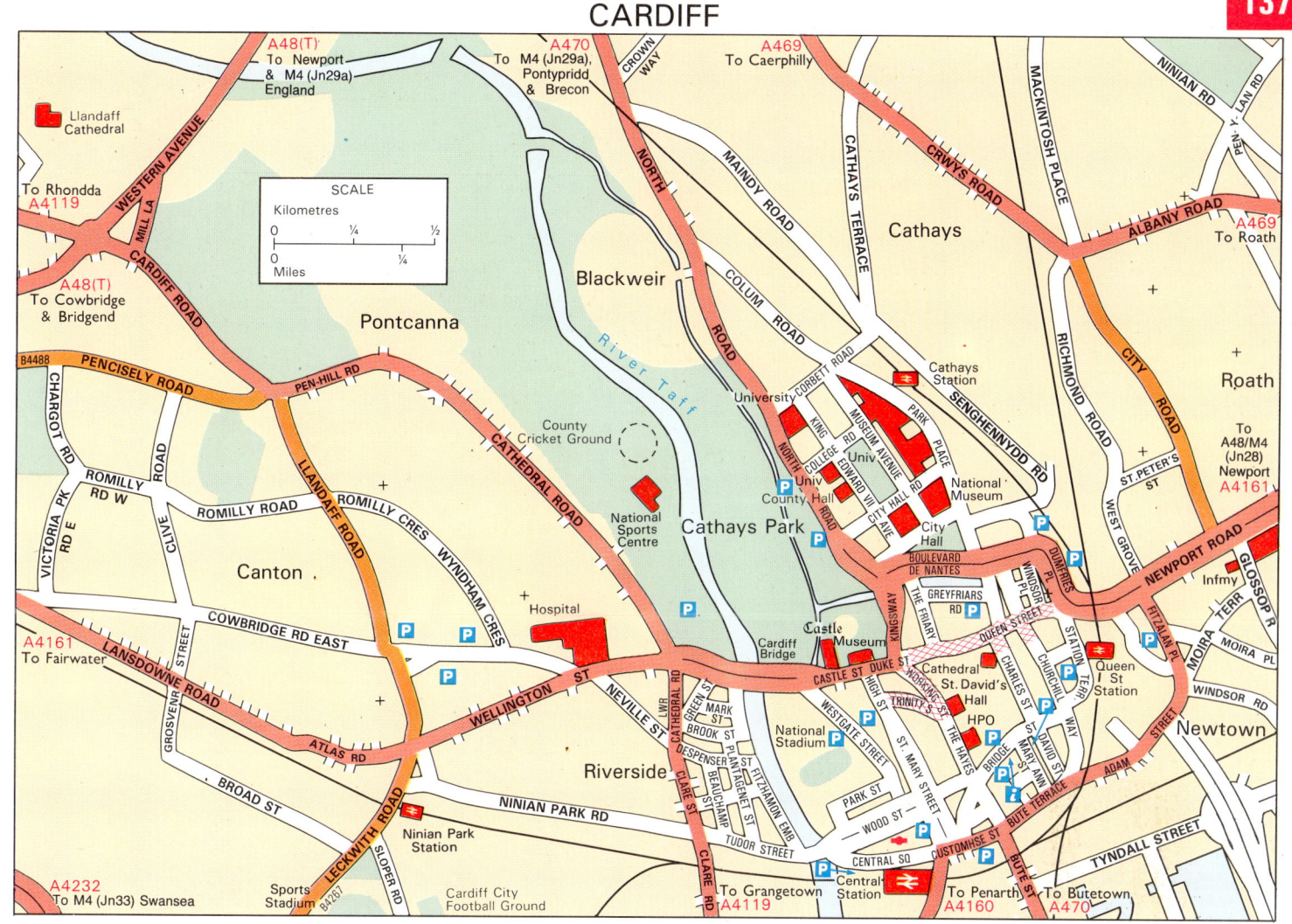

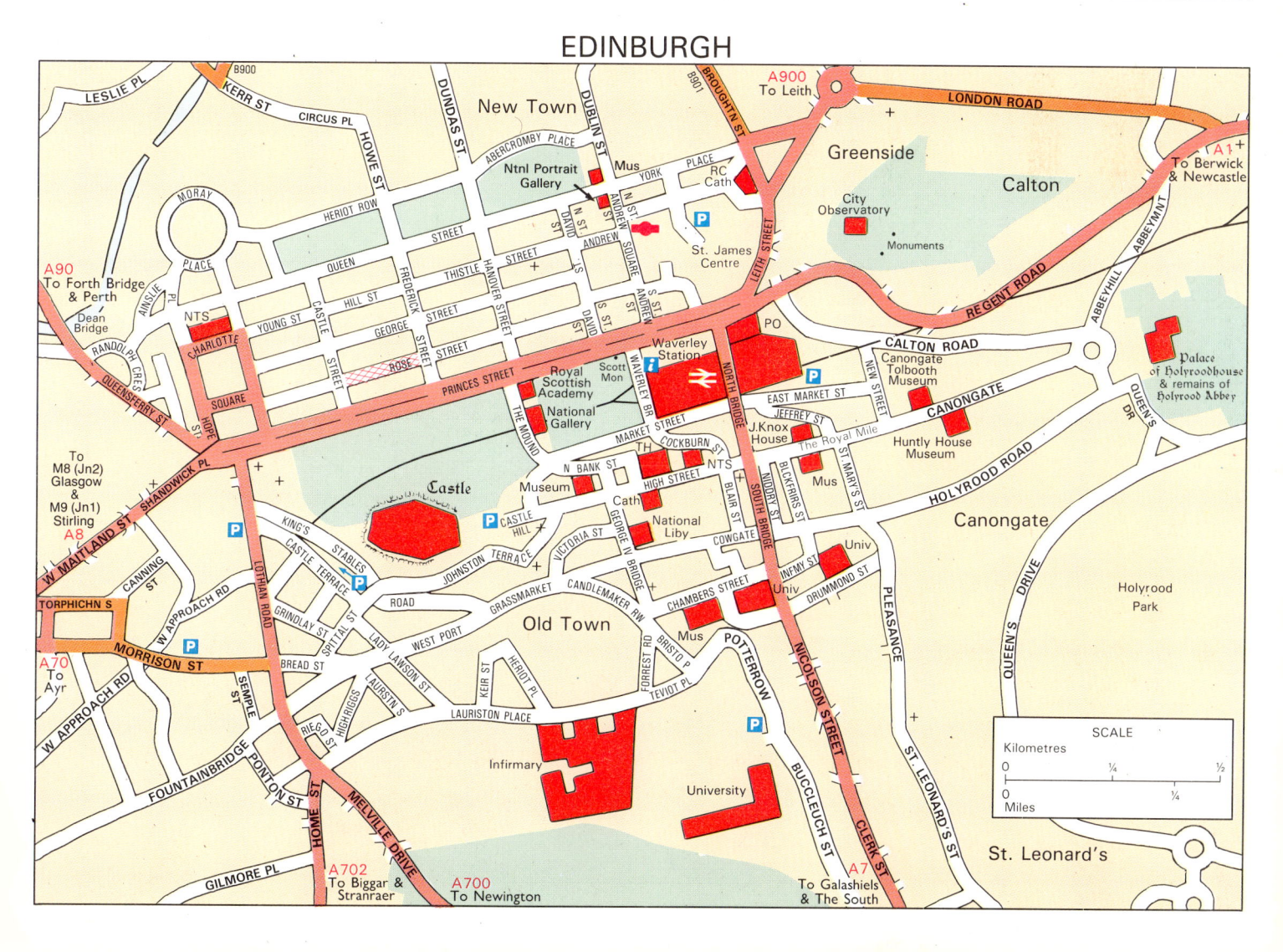

EDINBURGH

GLASGOW

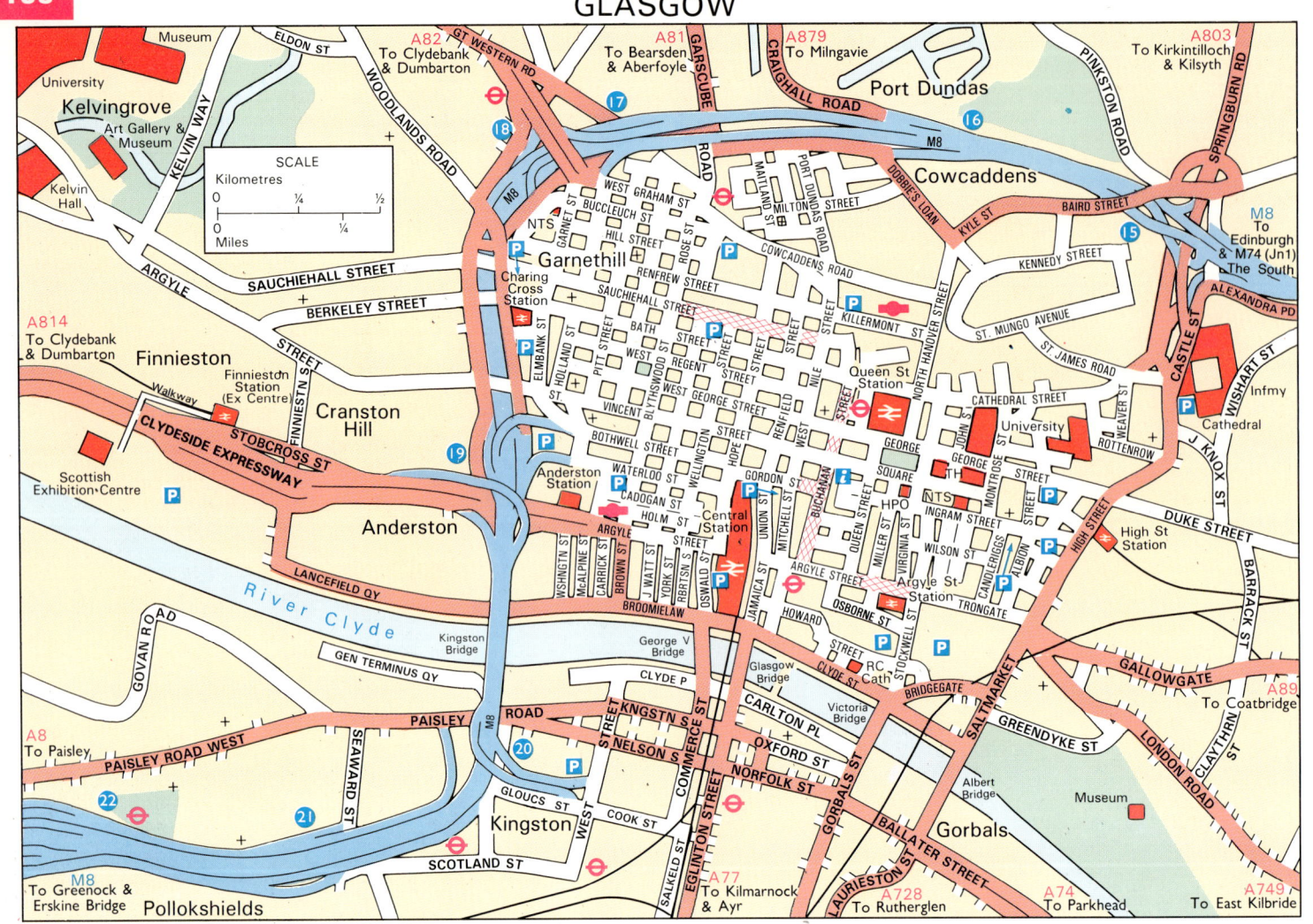

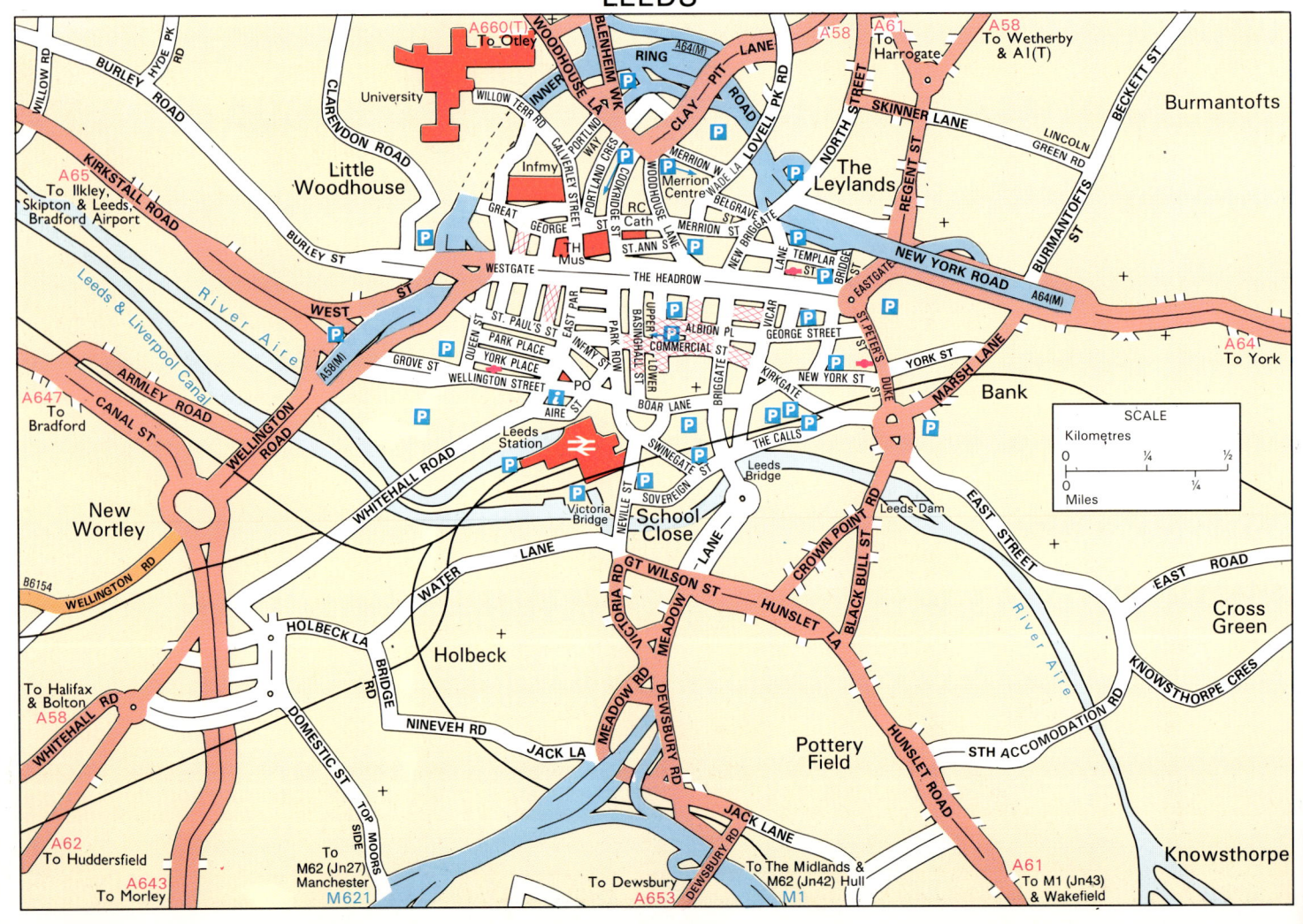

LEEDS

LIVERPOOL

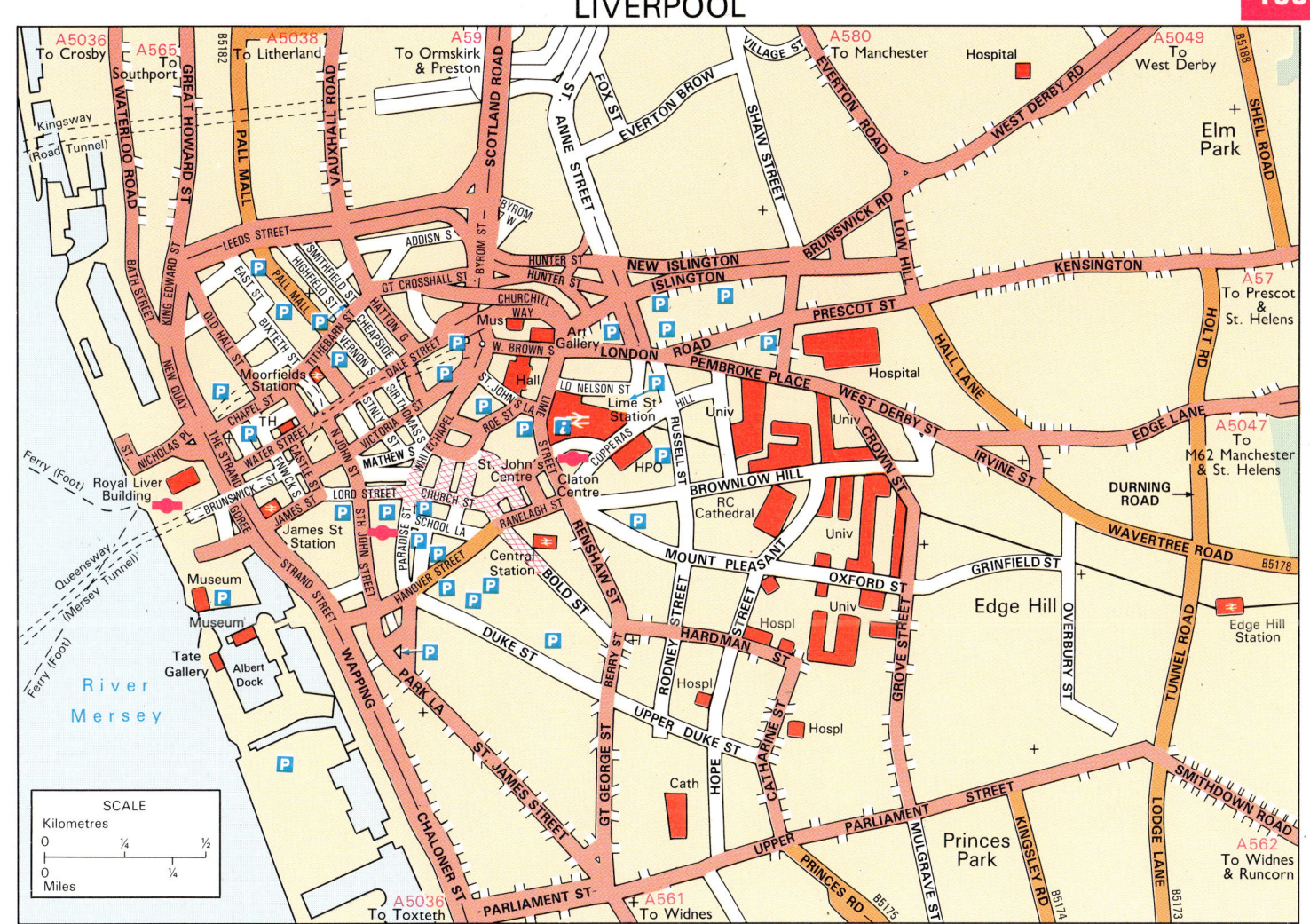

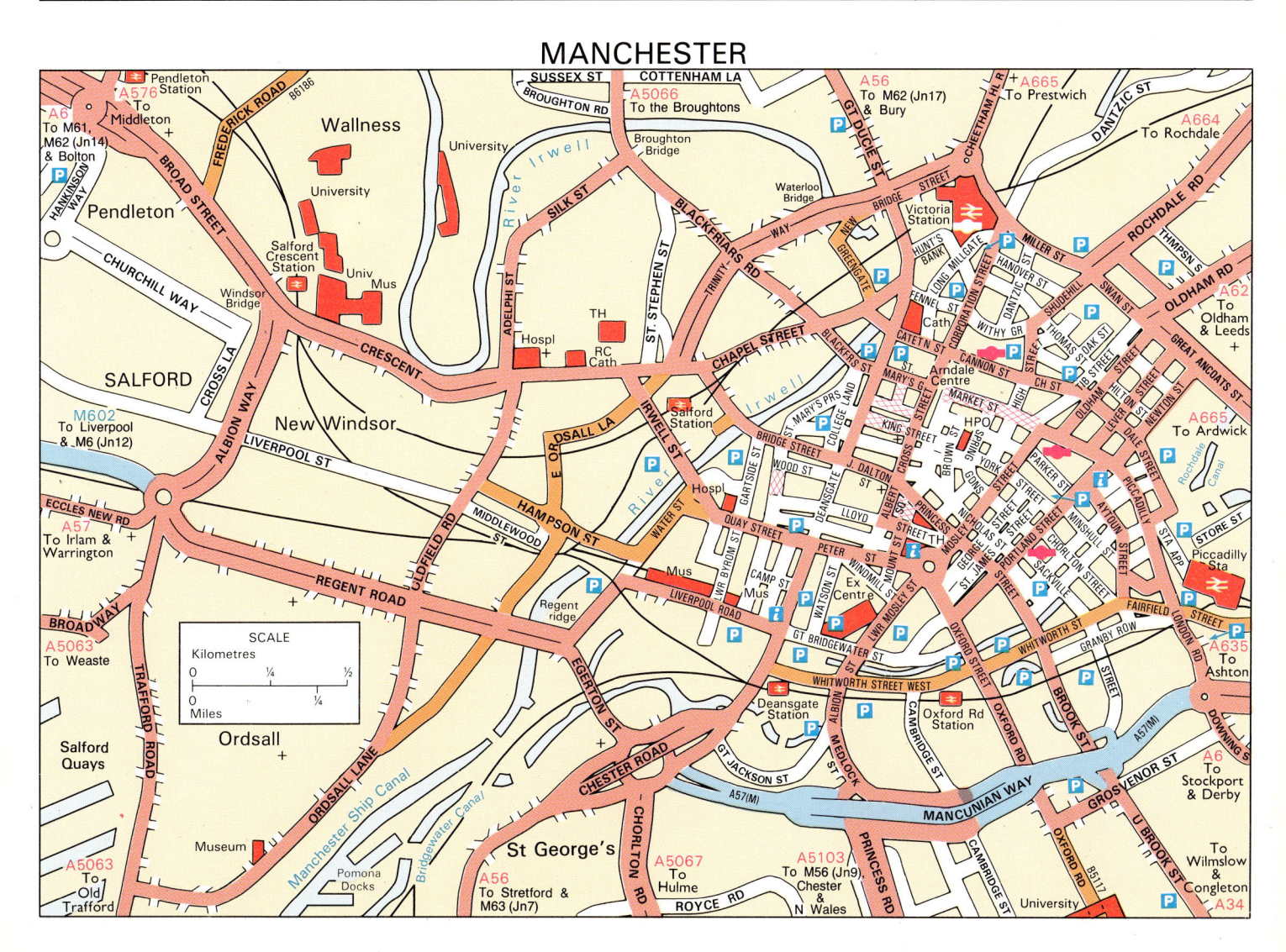

MANCHESTER

NEWCASTLE-UPON-TYNE

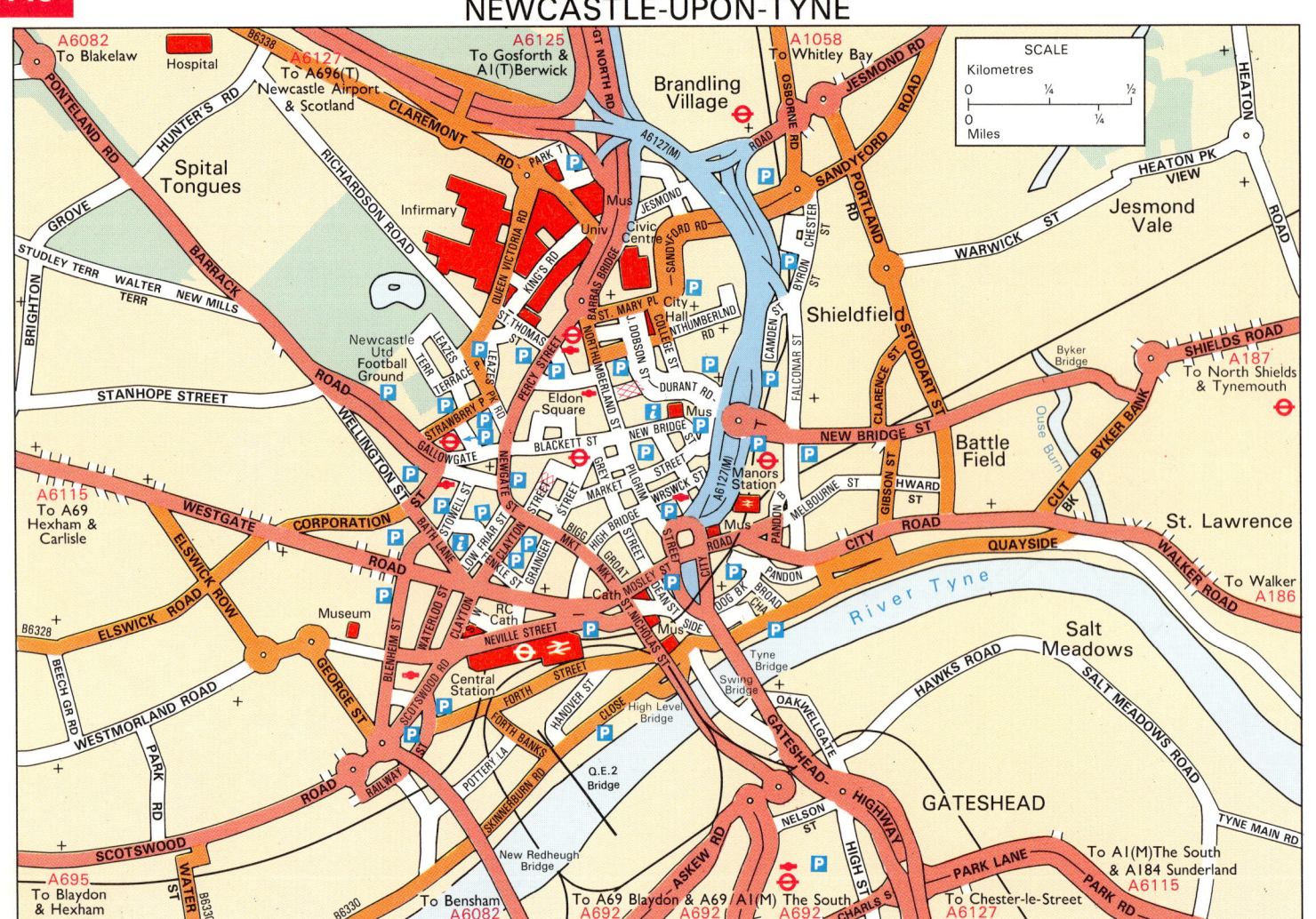

NORWICH

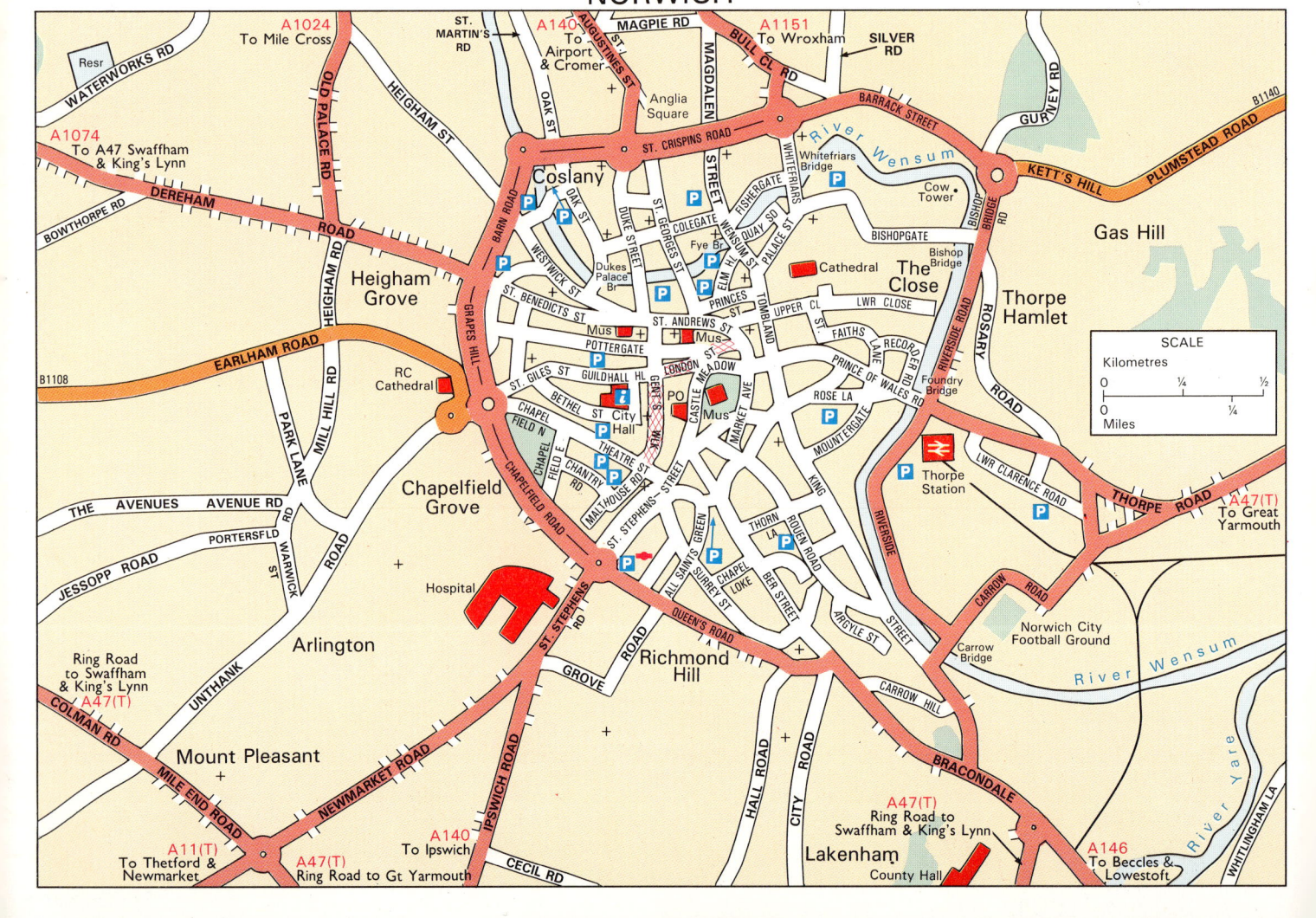

NOTTINGHAM

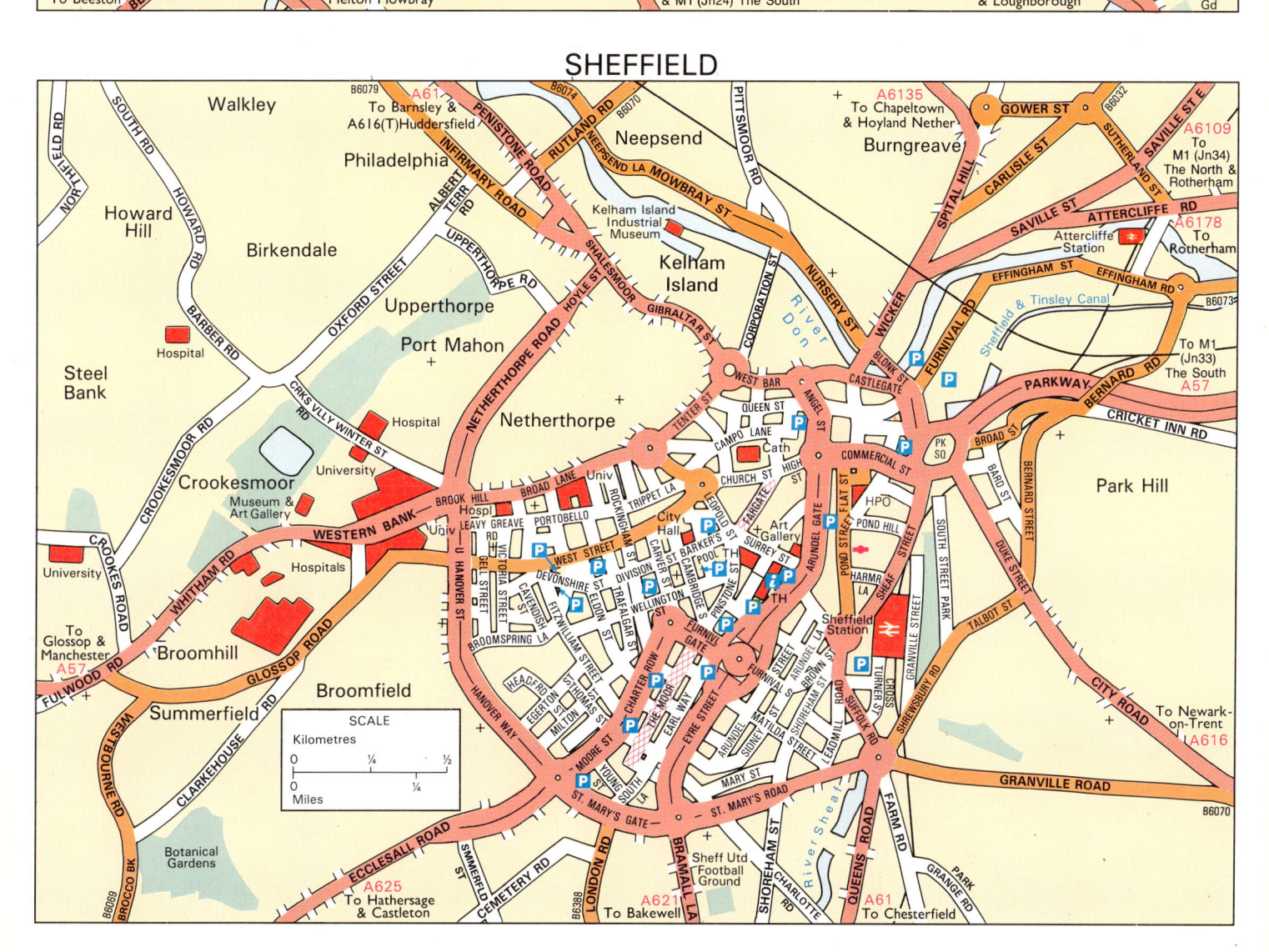

SHEFFIELD

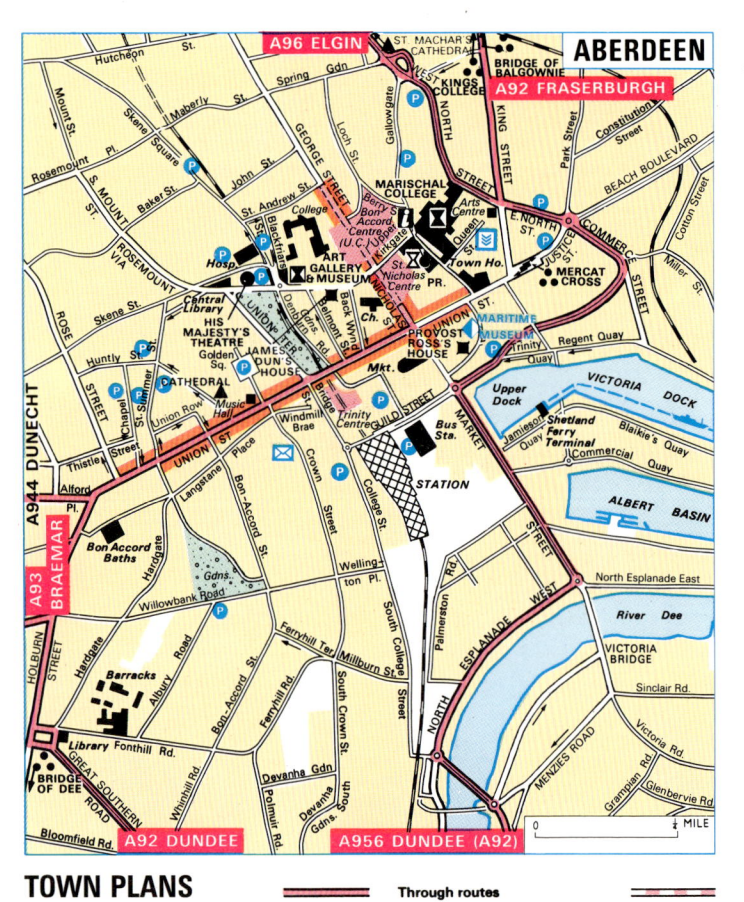

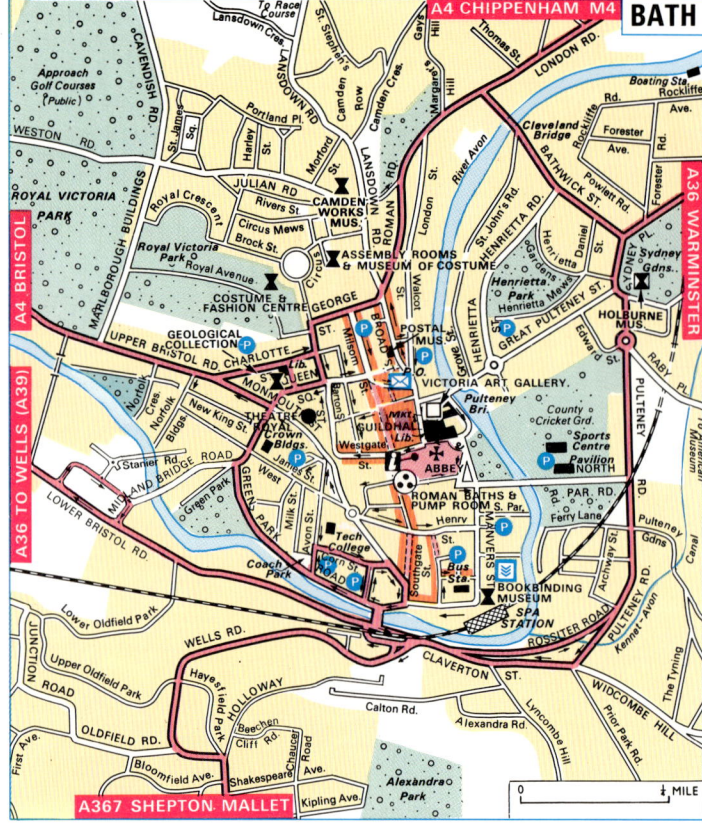

TOWN PLANS
(Pages 142 to 149)

Symbol	Meaning
—	Through routes
▬	Principal shopping streets
┈	Pedestrian precincts
═	Limited access streets
←	One-way streets
A647 HALIFAX	Primary route destinations
✉	Post Office
🛡	Police Station
Ⓟ	Parking places
●	Theatre
✝	Church

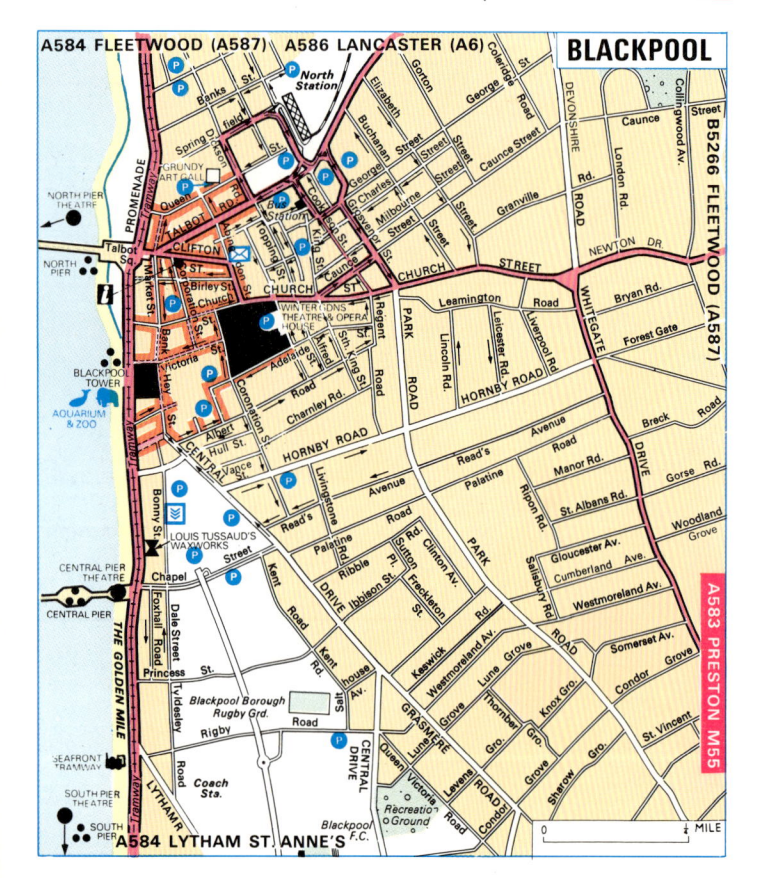

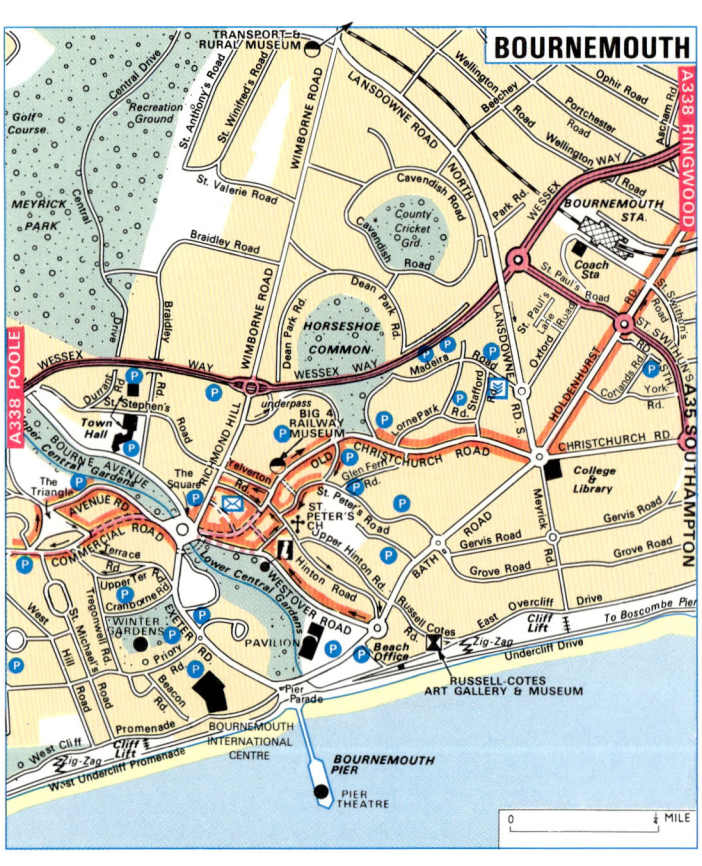

Maps shown: **ABERDEEN**, **BATH**, **BLACKPOOL**, **BOURNEMOUTH**

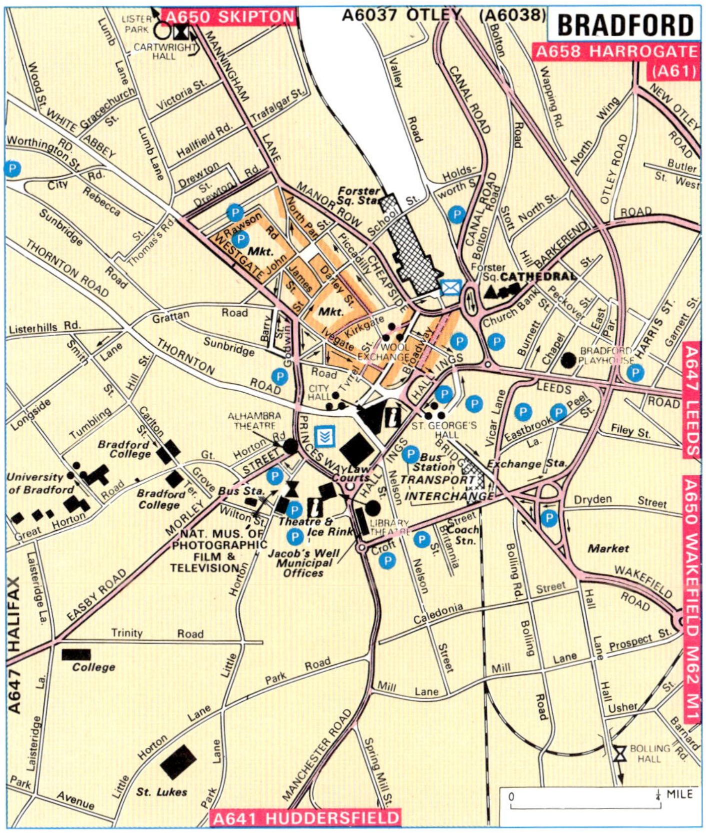
BRADFORD
A650 SKIPTON
A6037 OTLEY (A6038)
A658 HARROGATE (A61)
A647 LEEDS
A650 WAKEFIELD M62 M1
A641 HUDDERSFIELD
A647 HALIFAX
CATHEDRAL
Forster Sq. Sta.
Mkt.
CITY HALL
ALHAMBRA THEATRE
Bradford College
University of Bradford
NAT. MUS. OF PHOTOGRAPHIC FILM & TELEVISION
Theatre & Ice Rink
Jacob's Well Municipal Offices
Law Courts
Bus Station
TRANSPORT INTERCHANGE
Exchange Sta.
ST. GEORGE'S HALL
BRADFORD PLAYHOUSE
WOOL EXCHANGE
LIBRARY THEATRE
Coach Stn.
Market
College
St. Lukes
BOLLING HALL
LISTER PARK
CARTWRIGHT HALL
THORNTON ROAD
MANCHESTER ROAD
EASBY ROAD
LEEDS ROAD
0 ¼ MILE

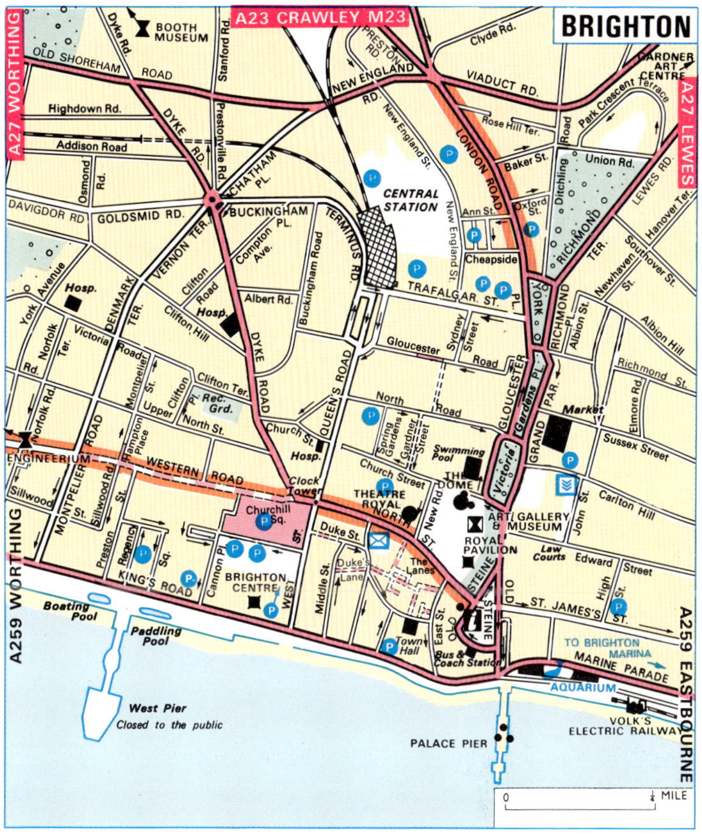
BRIGHTON
A23 CRAWLEY M23
A27 WORTHING
A27 LEWES
A259 WORTHING
A259 EASTBOURNE
BOOTH MUSEUM
CENTRAL STATION
GARDNER ART CENTRE
Hosp.
Market
THE DOME
THEATRE ROYAL
ART GALLERY & MUSEUM
ROYAL PAVILION
Churchill Sq.
BRIGHTON CENTRE
Town Hall
Bus & Coach Station
Law Courts
Swimming Pool
Boating Pool
Paddling Pool
West Pier
Closed to the public
PALACE PIER
AQUARIUM
VOLK'S ELECTRIC RAILWAY
TO BRIGHTON MARINA
MARINE PARADE
KING'S ROAD
WESTERN ROAD
The Lanes
0 ¼ MILE

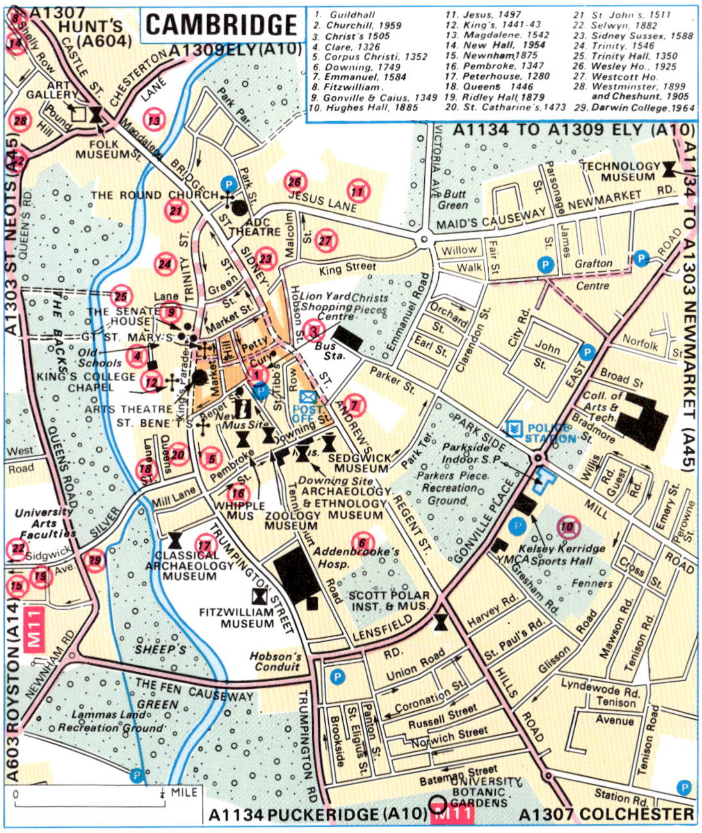
CAMBRIDGE
1. Guildhall
2. Churchill, 1959
3. Christ's 1505
4. Clare, 1326
5. Corpus Christi, 1352
6. Downing, 1749
7. Emmanuel, 1584
8. Fitzwilliam.
9. Gonville & Caius, 1349
10. Hughes Hall, 1885
11. Jesus, 1497
12. King's, 1441-43
13. Magdalene, 1542
14. New Hall, 1954
15. Newnham,1875
16. Pembroke, 1347
17. Peterhouse, 1280
18. Queens 1446
19. Ridley Hall,1879
20. St. Catharine's,1473
21. St. John's, 1511
22. Selwyn, 1882
23. Sidney Sussex, 1588
24. Trinity, 1546
25. Trinity Hall, 1350
26. Wesley Ho., 1925
27. Westcott Ho.
28. Westminster, 1899 and Cheshunt, 1905
29. Darwin College,1964
A1307 HUNT'S (A604)
A1309 ELY (A10)
A1134 TO A1309 ELY (A10)
A1134 TO A1303 NEWMARKET (A45)
A1303 ST. NEOTS (A45)
A603 ROYSTON (A14) M11
A1134 PUCKERIDGE (A10) M11
A1307 COLCHESTER
ART GALLERY
FOLK MUSEUM
THE ROUND CHURCH
ADC THEATRE
TECHNOLOGY MUSEUM
Lion Yard Shopping Centre
THE SENATE HOUSE
GT. ST. MARY'S
KING'S COLLEGE CHAPEL
ARTS THEATRE
ST. BENET'S
WHIPPLE MUS
SEDGWICK MUSEUM
ARCHAEOLOGY & ETHNOLOGY MUSEUM
ZOOLOGY MUSEUM
CLASSICAL ARCHAEOLOGY MUSEUM
FITZWILLIAM MUSEUM
Addenbrooke's Hosp.
SCOTT POLAR INST. & MUS
Parkside Indoor S.P.
Parkers Piece Recreation Ground
Kelsey Kerridge Sports Hall
POLICE STATION
POST OFF.
Bus Sta.
University Arts Faculties
SHEEP'S GREEN
Lammas Land Recreation Ground
THE FEN CAUSEWAY
Hobson's Conduit
UNIVERSITY BOTANIC GARDENS
JESUS LANE
MAID'S CAUSEWAY
NEWMARKET RD.
TRUMPINGTON STREET
0 ¼ MILE

CANTERBURY
A28 MARGATE
A290 WHITSTABLE
A2050 (A2) LONDON (M2)
A28 ASHFORD
A257 SANDWICH
A2050 DOVER (A2)
Cattle Mkt.
Kingsmead Stadium
Playing Field
General Market (Weds)
Park & Ride
Sports Centre
Municipal Offices
WEST STA.
St. Dunstan's Church
Roper Gateway
Playing Fields (Private)
Swimming pool
St. John's Hosp.
WESTGATE MUS.
Marlowe Theatre
OLD WEAVERS
King's School
Old Palace
Deanery
CATHEDRAL
CHEQUERS
ROMAN PAVEMENT
ROYAL MUS.
Bus Sta.
Coach Park
St. Augustine's College
Christ Church College
ST. AUGUSTINE'S ABBEY
St. Martin's Church
School
Technical College
Art College
ST. THOMAS'S HOSP.
PILGRIMS WAY
MUSEUM OF CANTERBURY'S HERITAGE & INVICTA LOCOMOTIVE
ST. MILDRED'S CH
CASTLE
Dane John Gardens
POLICE STATION
EAST STA.
0 ¼ MILE

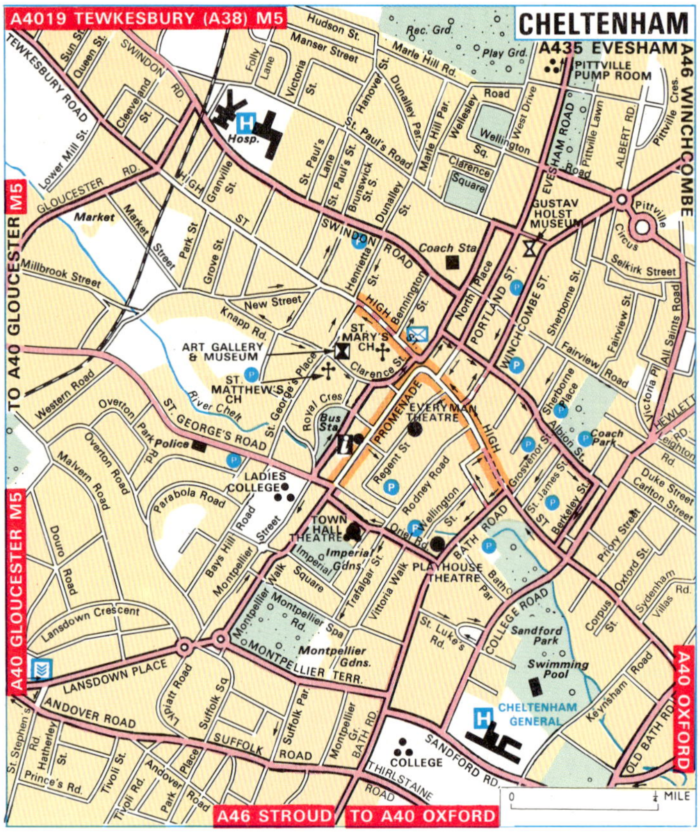
CHELTENHAM
A4019 TEWKESBURY (A38) M5
A435 EVESHAM
A46 WINCHCOMBE
A40 GLOUCESTER M5
TO A40 GLOUCESTER M5
A40 OXFORD
A46 STROUD
TO A40 OXFORD
PITTVILLE PUMP ROOM
GUSTAV HOLST MUSEUM
ART GALLERY & MUSEUM
EVERYMAN THEATRE
LADIES COLLEGE
TOWN HALL
PLAYHOUSE THEATRE
CHELTENHAM GENERAL
COLLEGE
Montpellier Gdns.
Imperial Gdns.
Sandford Park
Swimming Pool
Hosp.
Coach Sta.
Police
Market
PROMENADE
HIGH ST.
LANSDOWN PLACE
ANDOVER ROAD
SUFFOLK ROAD
BATH ROAD
COLLEGE ROAD
SANDFORD RD.
THIRLSTAINE ROAD
0 ¼ MILE

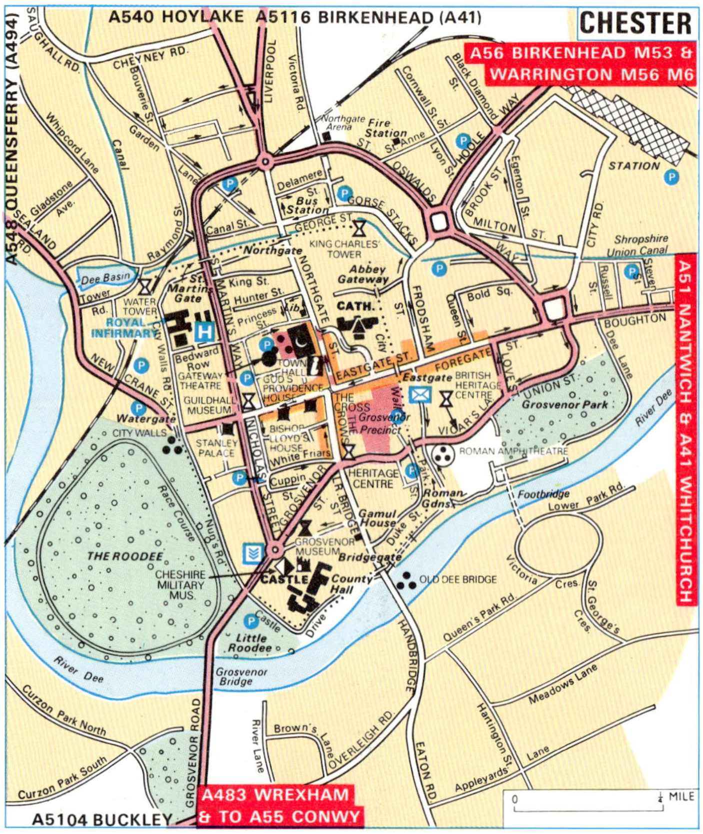
CHESTER
A540 HOYLAKE
A5116 BIRKENHEAD (A41)
A56 BIRKENHEAD M53 & WARRINGTON M56 M6
A548 QUEENSFERRY (A494)
A51 NANTWICH & A41 WHITCHURCH
A483 WREXHAM & TO A55 CONWY
A5104 BUCKLEY
ROYAL INFIRMARY
WATER TOWER
KING CHARLES' TOWER
CATH.
TOWN HALL
BISHOP LLOYD'S HOUSE
GOD'S PROVIDENCE HOUSE
Bus Station
STATION
THE ROODEE
CHESHIRE MILITARY MUS.
CASTLE
County Hall
GROSVENOR MUSEUM
HERITAGE CENTRE
ROMAN AMPHITHEATRE
BRITISH HERITAGE CENTRE
OLD DEE BRIDGE
Grosvenor Bridge
Grosvenor Park
Grosvenor Precinct
Roman Gdns.
Little Roodee
River Dee
Shropshire Union Canal
EASTGATE ST.
FOREGATE ST.
NORTHGATE ST.
BRIDGE ST.
WATERGATE ST.
0 ¼ MILE

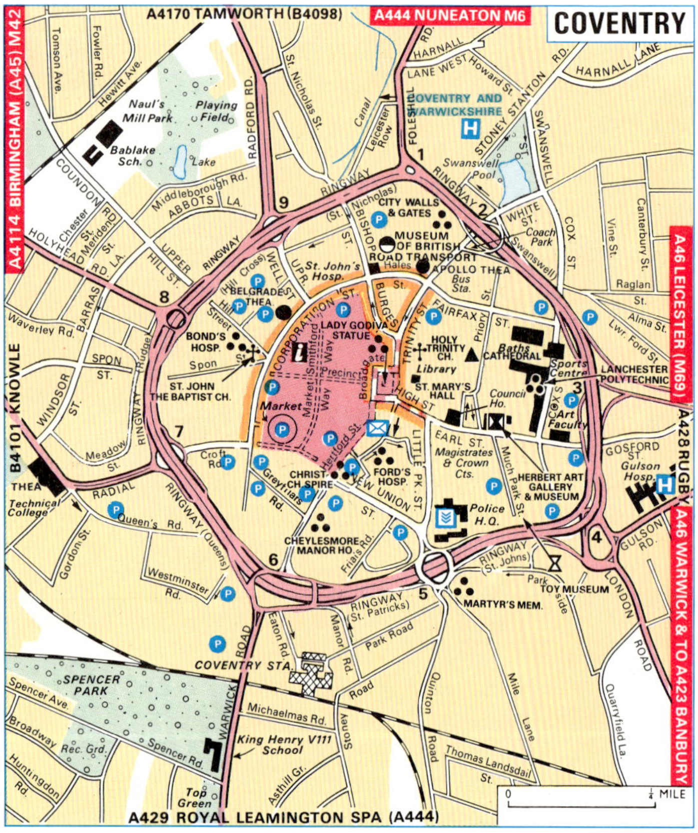
COVENTRY
A4170 TAMWORTH (B4098)
A444 NUNEATON M6
A4114 BIRMINGHAM (A45) M42
A46 LEICESTER (M69)
A428 RUGBY
A46 WARWICK & TO A423 BANBURY
B4101 KNOWLE
A429 ROYAL LEAMINGTON SPA (A444)
COVENTRY AND WARWICKSHIRE
CITY WALLS & GATES
MUSEUM OF BRITISH ROAD TRANSPORT
APOLLO THEA.
BELGRADE THEA.
LADY GODIVA STATUE
HOLY TRINITY CH.
CATHEDRAL
LANCHESTER POLYTECHNIC
ST. MARY'S HALL
HERBERT ART GALLERY & MUSEUM
ST. JOHN THE BAPTIST CH.
BOND'S HOSP.
FORD'S HOSP.
CHEYLESMORE MANOR HO.
TOY MUSEUM
MARTYR'S MEM.
COVENTRY STA.
SPENCER PARK
King Henry V111 School
Technical College
Police H.Q.
Market
RINGWAY
0 ¼ MILE

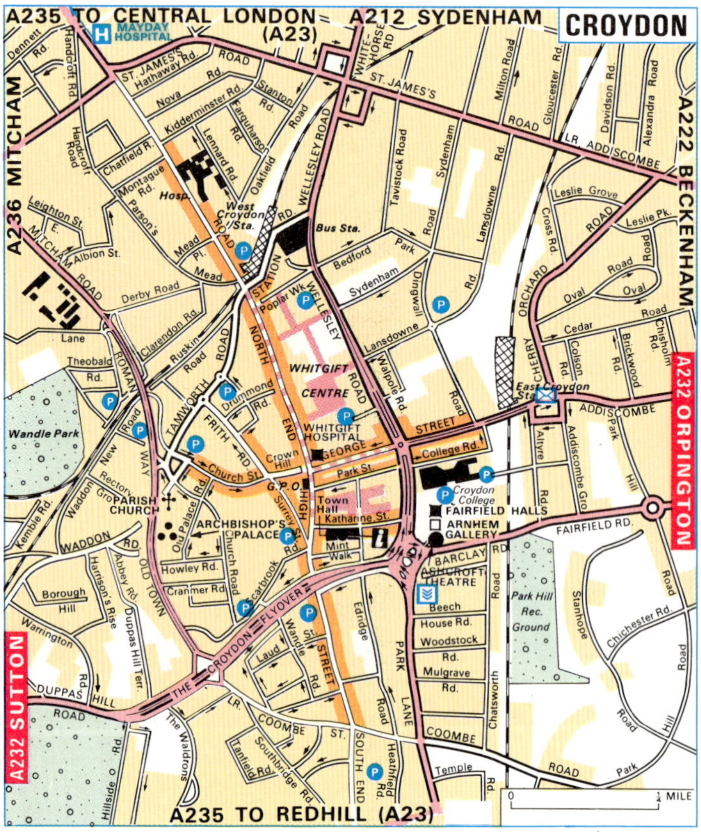
CROYDON
A235 TO CENTRAL LONDON (A23)
A212 SYDENHAM
A236 MITCHAM
A222 BECKENHAM
A232 ORPINGTON
A232 SUTTON
A235 TO REDHILL (A23)
MAYDAY HOSPITAL
West Croydon Sta.
Bus Sta.
WHITGIFT CENTRE
WHITGIFT HOSPITAL
Town Hall
FAIRFIELD HALLS
ARNHEM GALLERY
ASHCROFT THEATRE
Croydon College
East Croydon Sta.
ARCHBISHOP'S PALACE
PARISH CHURCH
Wandle Park
Park Hill Rec. Ground
THE CROYDON FLYOVER
WELLESLEY ROAD
NORTH END
HIGH STREET
GEORGE STREET
ADDISCOMBE ROAD
PARK LANE
0 ¼ MILE

145

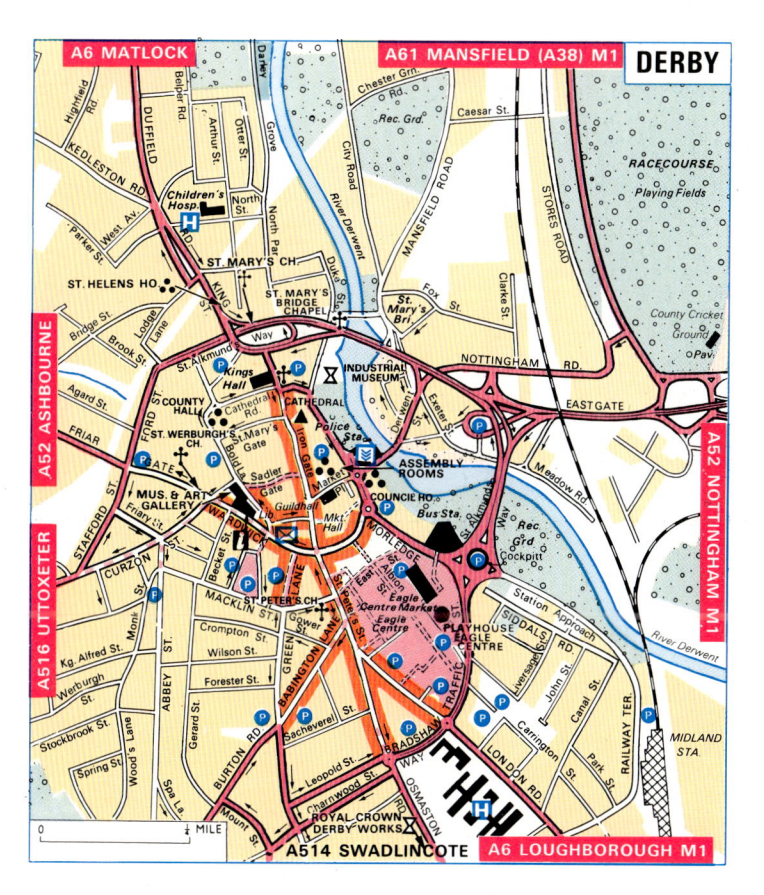

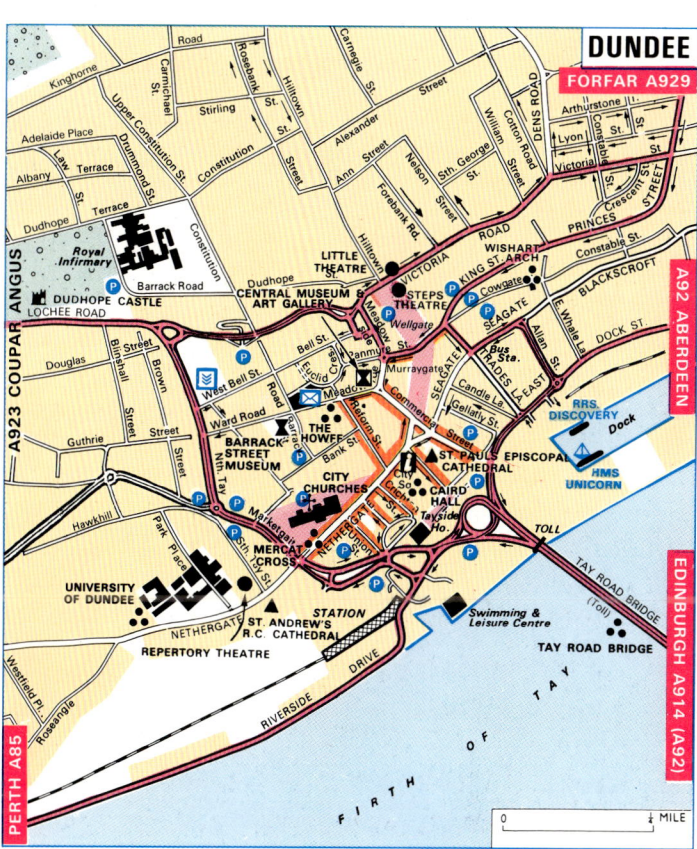

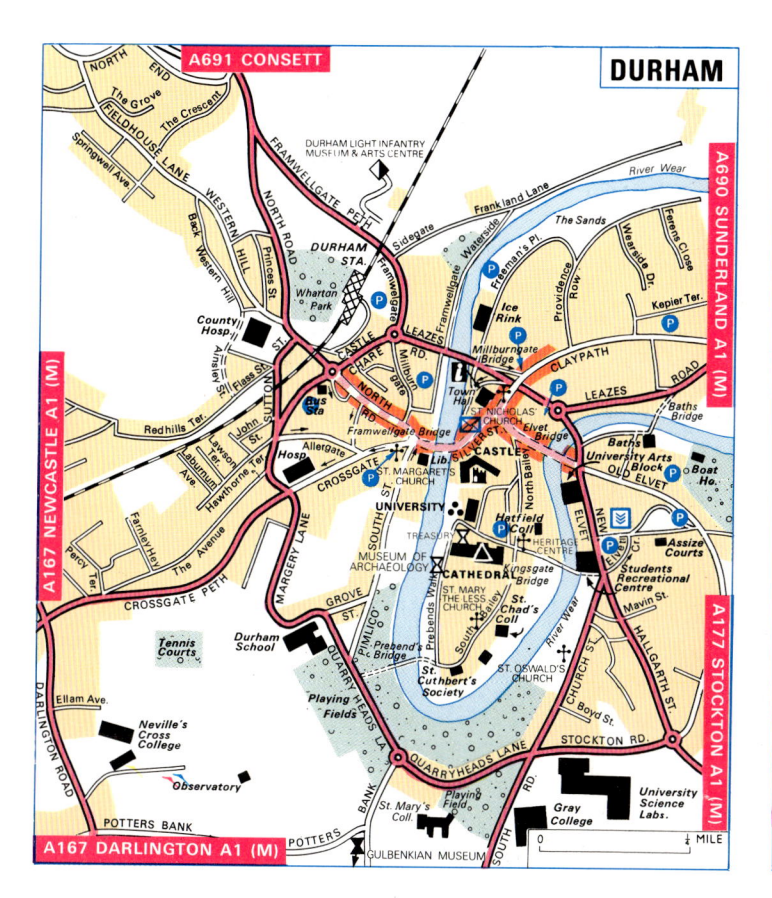

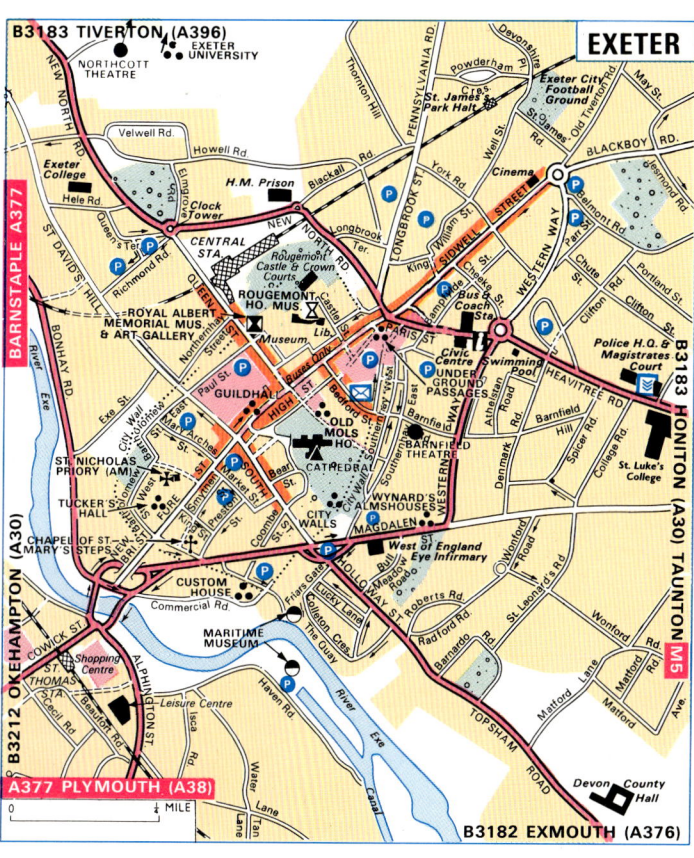

DERBY
DUNDEE
DURHAM
EXETER

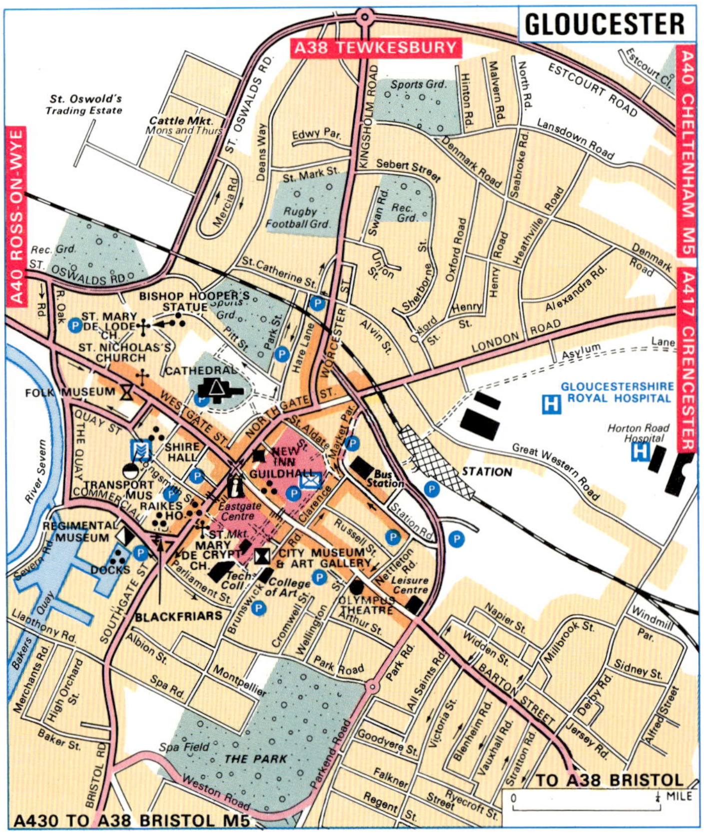
GLOUCESTER
A38 TEWKESBURY
A40 CHELTENHAM M5
A417 CIRENCESTER
A40 ROSS-ON-WYE
A430 TO A38 BRISTOL M5
TO A38 BRISTOL
St. Oswald's Trading Estate
Cattle Mkt.
Sports Grd.
Rugby Football Grd.
Rec. Grd.
ESTCOURT ROAD
Lansdown Road
Denmark Road
KINGSHOLM ROAD
Sebert Street
Edwy Par.
St. Mark St.
St. Catherine St.
BISHOP HOOPER'S STATUE
ST. MARY DE LODE CH.
ST. NICHOLAS'S CHURCH
CATHEDRAL
FOLK MUSEUM
WESTGATE ST.
NORTHGATE ST.
SHIRE HALL
NEW INN
GUILDHALL
TRANSPORT MUS
RAIKES HO.
REGIMENTAL MUSEUM
DOCKS
ST. MARY DE CRYPT CH.
CITY MUSEUM & ART GALLERY
OLYMPUS THEATRE
Leisure Centre
Eastgate Centre
Bus Station
STATION
GLOUCESTERSHIRE ROYAL HOSPITAL
Horton Road Hospital
Great Western Road
LONDON ROAD
BLACKFRIARS
SOUTHGATE ST.
THE QUAY
River Severn
Park Road
BARTON STREET
THE PARK
Spa Field
Weston Road
Montpellier
Spa Rd.
Goodyere St.
Falkner Street
Regent St.
Ryecroft St.
Victoria St.
Millbrook St.
Sidney St.
Alfred Street
Jersey Rd.
Derby Rd.
Napier St.
Windmill Par.
BRISTOL RD
Baker St.
Merchants Rd
High Orchard St.
Llanthony Rd.
Albion St.
0 ½ MILE

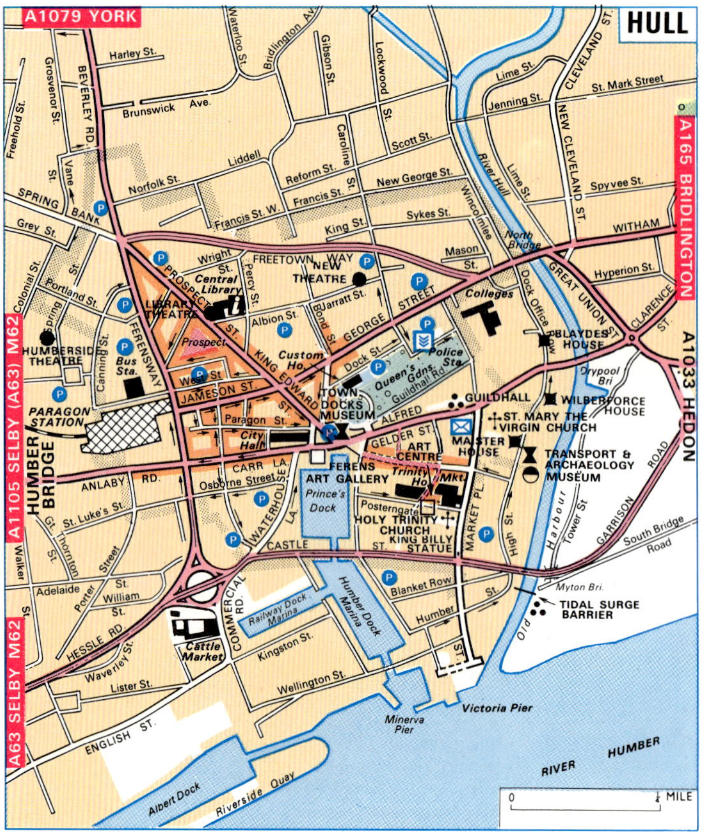
HULL
A1079 YORK
A165 BRIDLINGTON
A1033 HEDON
A1105 SELBY (A63) M62
A63 SELBY M62
HUMBER BRIDGE
Harley St.
Brunswick Ave.
BEVERLEY RD.
Norfolk St.
Liddell
Reform St.
Francis St.
New George St.
Scott St.
Sykes St.
King St.
SPRING BANK
Grey St.
WITHAM
Jenning St.
Lime St.
CLEVELAND ST.
St. Mark Street
Spyvee St.
NEW CLEVELAND ST.
Hyperion St.
Central Library
LIBRARY THEATRE
PROSPECT ST.
Prospect Centre
FREETOWN WAY
NEW THEATRE
GEORGE STREET
Custom Ho.
Queen's Gdns.
Police Sta.
Colleges
GREAT UNION ST.
BLAYDES HOUSE
Drypool Bri.
HUMBERSIDE THEATRE
Bus Sta.
FERENSWAY
JAMESON ST.
PARAGON STATION
Paragon St.
City Hall
TOWN DOCKS MUSEUM
GUILDHALL
ALFRED GELDER ST.
ART CENTRE
WILBERFORCE HOUSE
ST. MARY THE VIRGIN CHURCH
MAISTER HOUSE
TRANSPORT & ARCHAEOLOGY MUSEUM
FERENS ART GALLERY
Prince's Dock
CARR LA.
Osborne Street
ANLABY RD.
Trinity Ho.
Mkt.
HOLY TRINITY CHURCH
KING BILLY STATUE
CASTLE ST.
MARKET PL.
Blanket Row
Humber Dock Marina
Railway Dock Marina
Humber St.
Kingston St.
Wellington St.
Cattle Market
COMMERCIAL RD.
HESSLE RD.
St. William St.
Adelaide St.
Waverley St.
Lister St.
ENGLISH ST.
Albert Dock
Riverside Quay
Minerva Pier
Victoria Pier
RIVER HUMBER
Myton Bri.
TIDAL SURGE BARRIER
GARRISON ROAD
South Bridge Road
River Hull
0 ½ MILE

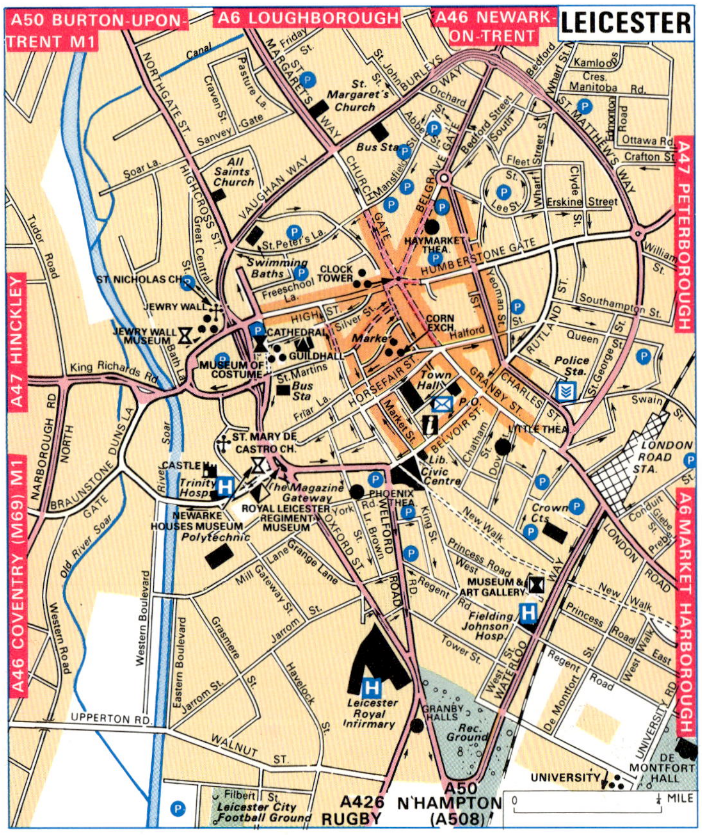
LEICESTER
A50 BURTON-UPON-TRENT M1
A6 LOUGHBOROUGH
A46 NEWARK-ON-TRENT
A47 PETERBOROUGH
A6 MARKET HARBOROUGH
A47 HINCKLEY
A46 COVENTRY (M69) M1
A426 RUGBY
A50 N'HAMPTON (A508)
St. Margaret's Church
Bus Sta.
All Saints Church
VAUGHAN WAY
St. Peter's La.
Swimming Baths
CLOCK TOWER
HAYMARKET THEA.
HUMBERSTONE GATE
BELGRAVE GATE
ST. NICHOLAS CH.
JEWRY WALL
JEWRY WALL MUSEUM
CATHEDRAL
GUILDHALL
MUSEUM OF COSTUME
CORN EXCH.
Market
Town Hall
Police Sta.
HORSEFAIR ST.
GRANBY ST.
CHARLES ST.
LITTLE THEA.
LONDON ROAD STA.
ST. MARY DE CASTRO CH.
CASTLE
Trinity Hosp.
The Magazine Gateway
ROYAL LEICESTER REGIMENTAL MUSEUM
NEWARKE HOUSES MUSEUM
Polytechnic
PHOENIX THEA.
Civic Centre
Crown Cts.
New Walk
MUSEUM & ART GALLERY
Fielding Johnson Hosp.
Leicester Royal Infirmary
GRANBY HALLS
Rec. Ground
UNIVERSITY
DE MONTFORT HALL
King Richards Rd.
NARBOROUGH RD.
BRAUNSTONE GATE
WALNUT ST.
UPPERTON RD.
Filbert St.
Leicester City Football Ground
Western Boulevard
Eastern Boulevard
Western Road
Tudor Road
River Soar
Canal
Sanvey Gate
Soar La.
HIGHCROSS ST.
Ottawa Rd.
Crafton St.
Erskine Street
Southampton St.
RUTLAND ST.
Queen St.
Swain St.
0 ½ MILE

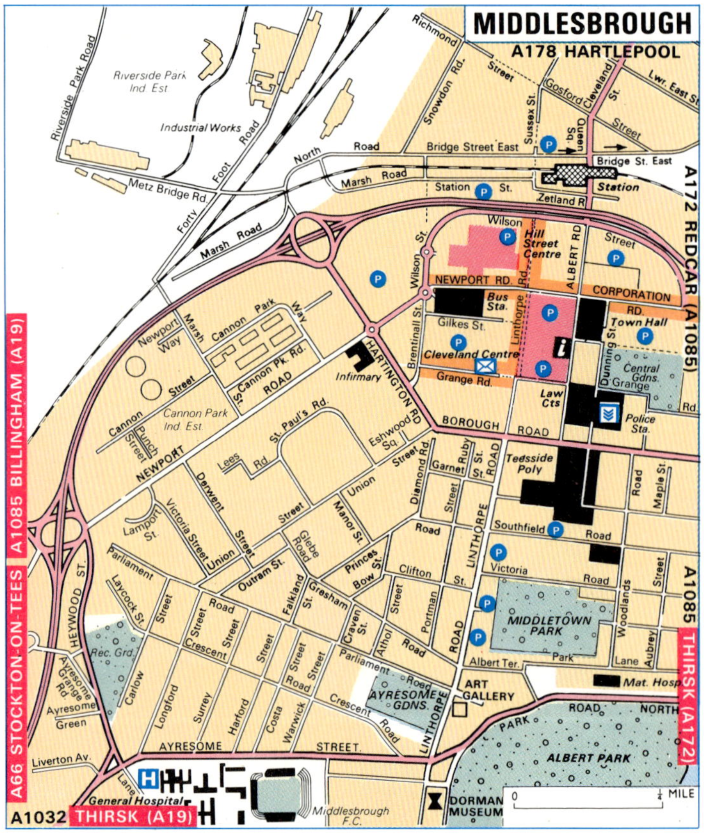
MIDDLESBROUGH
A178 HARTLEPOOL
A172 REDCAR (A1085)
A1085 THIRSK (A172)
A1085 BILLINGHAM (A19)
A66 STOCKTON-ON-TEES
A1032 THIRSK (A19)
Riverside Park Ind. Est
Industrial Works
Riverside Park Road
Metz Bridge Rd.
North Road
Marsh Road
Bridge Street East
Bridge St. East
Station
Station St.
Zetland Rd.
Wilson St.
Hill Street Centre
NEWPORT RD.
Bus Sta.
CORPORATION RD.
Town Hall
Gilkes St.
Cleveland Centre
Grange Rd.
Central Gdns.
Law Cts
Police Sta.
BOROUGH ROAD
Infirmary
Cannon Park Ind. Est
Cannon Pk. Rd.
Teesside Poly
Southfield Road
Victoria Road
MIDDLETOWN PARK
LINTHORPE ROAD
Albert Ter.
Mat. Hosp.
Parliament Road
AYRESOME GDNS.
ART GALLERY
ALBERT PARK
DORMAN MUSEUM
AYRESOME STREET
General Hospital
Middlesbrough F.C.
Rec. Grd.
Ayresome Green
Liverton Av.
HEYWOOD ST.
Crescent Road
Woodlands Road
0 ½ MILE

Oxford

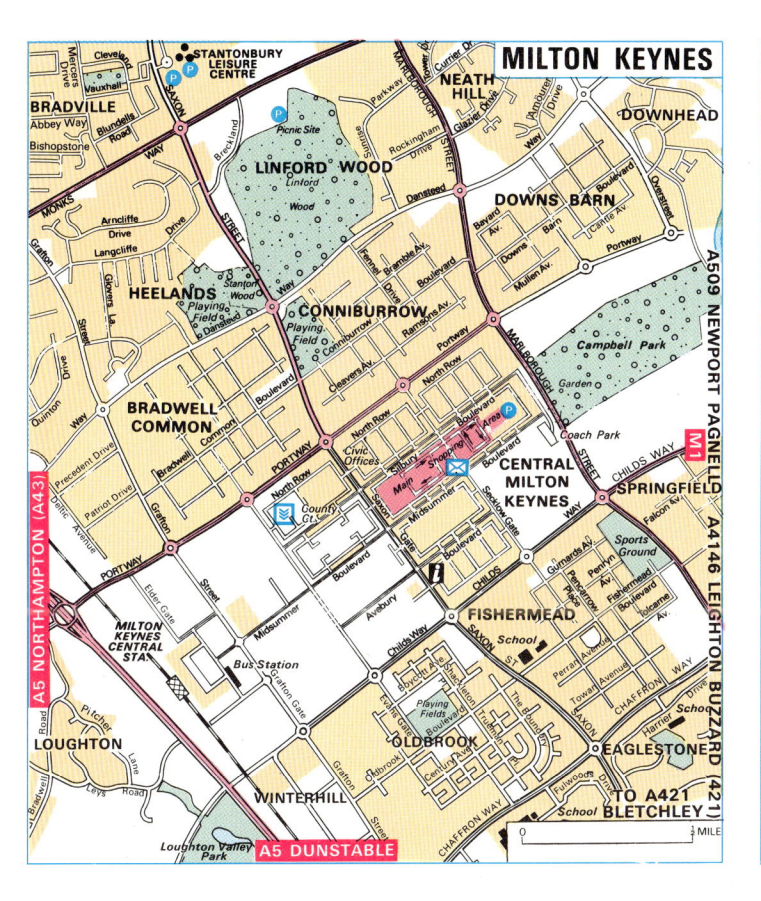

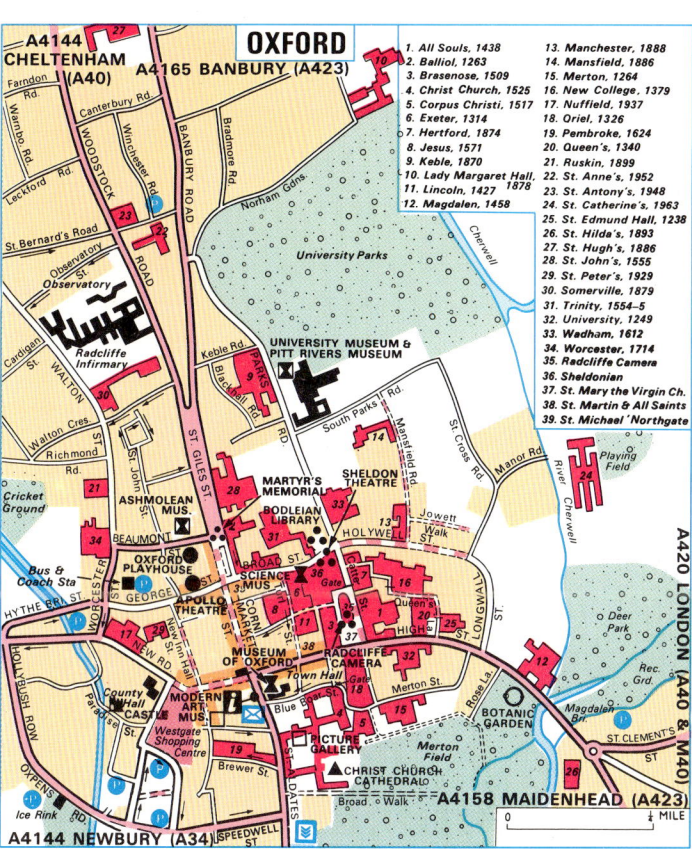

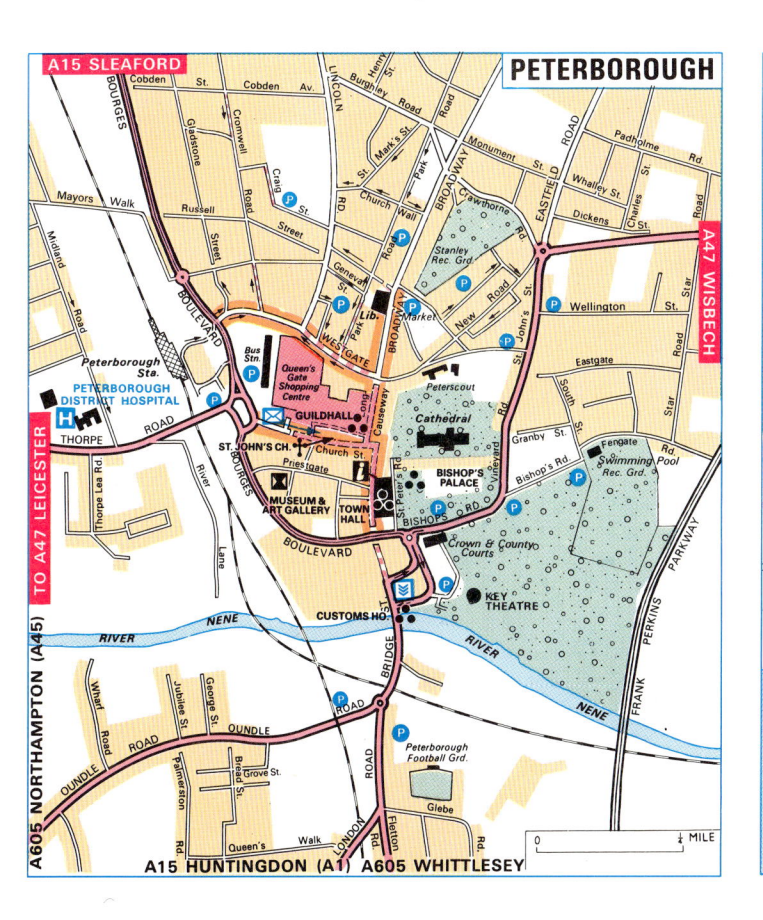

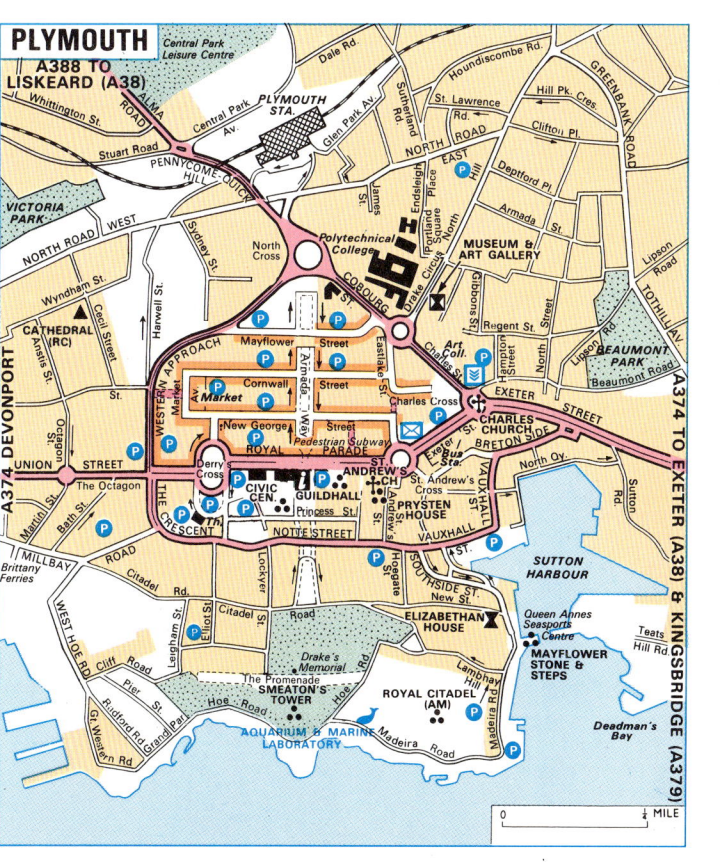

1. All Souls, 1438
2. Balliol, 1263
3. Brasenose, 1509
4. Christ Church, 1525
5. Corpus Christi, 1517
6. Exeter, 1314
7. Hertford, 1874
8. Jesus, 1571
9. Keble, 1870
10. Lady Margaret Hall, 1878
11. Lincoln, 1427
12. Magdalen, 1458
13. Manchester, 1888
14. Mansfield, 1886
15. Merton, 1264
16. New College, 1379
17. Nuffield, 1937
18. Oriel, 1326
19. Pembroke, 1624
20. Queen's, 1340
21. Ruskin, 1899
22. St. Anne's, 1952
23. St. Antony's, 1948
24. St. Catherine's, 1963
25. St. Edmund Hall, 1238
26. St. Hilda's, 1893
27. St. Hugh's, 1886
28. St. John's, 1555
29. St. Peter's, 1929
30. Somerville, 1879
31. Trinity, 1554–5
32. University, 1249
33. Wadham, 1612
34. Worcester, 1714
35. Radcliffe Camera
36. Sheldonian
37. St. Mary the Virgin Ch.
38. St. Martin & All Saints
39. St. Michael 'Northgate

148

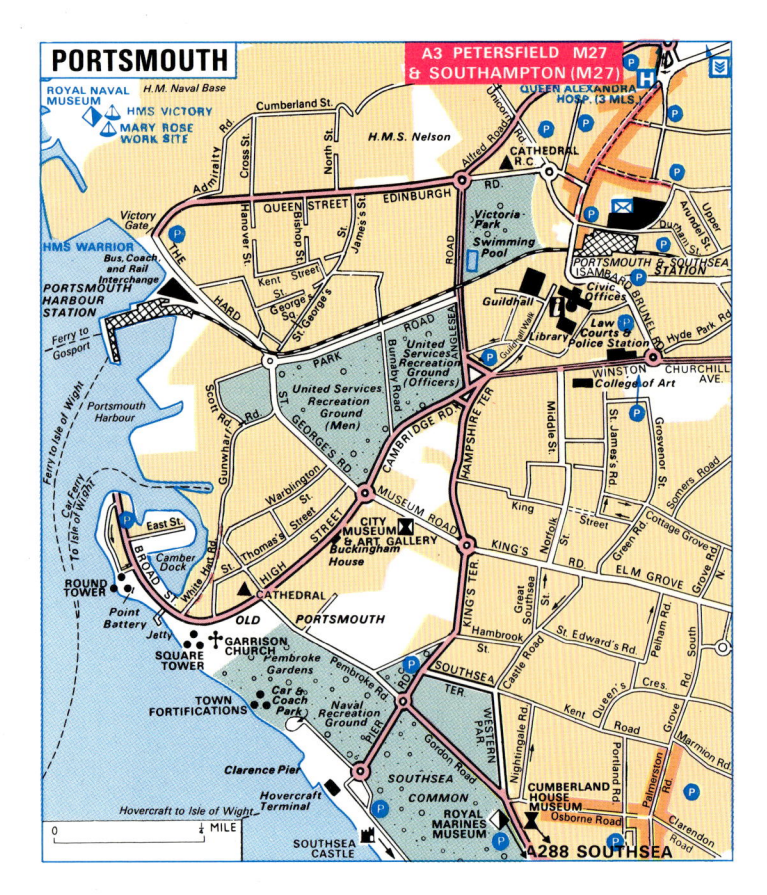

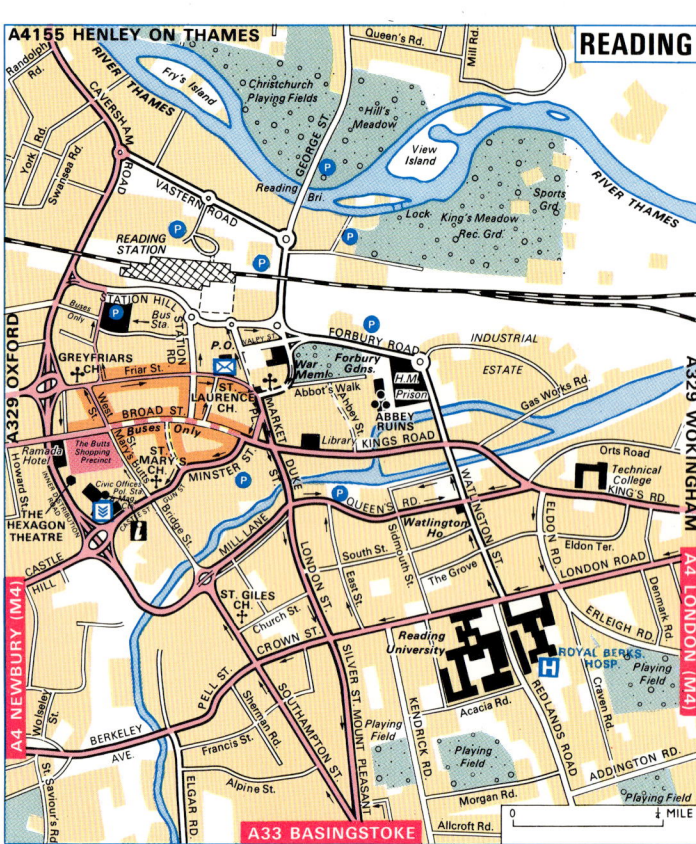

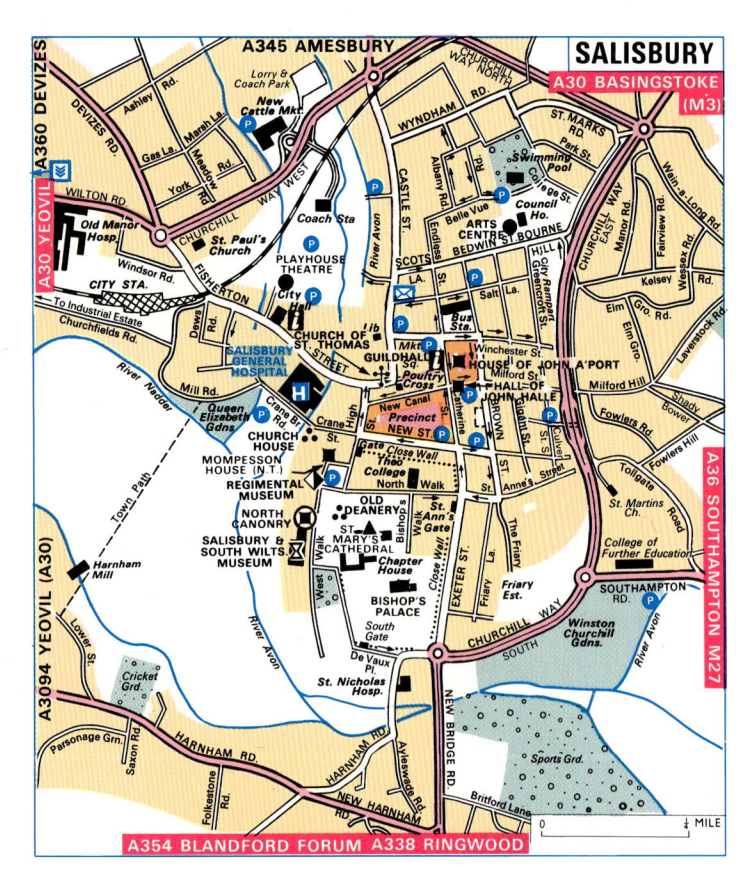

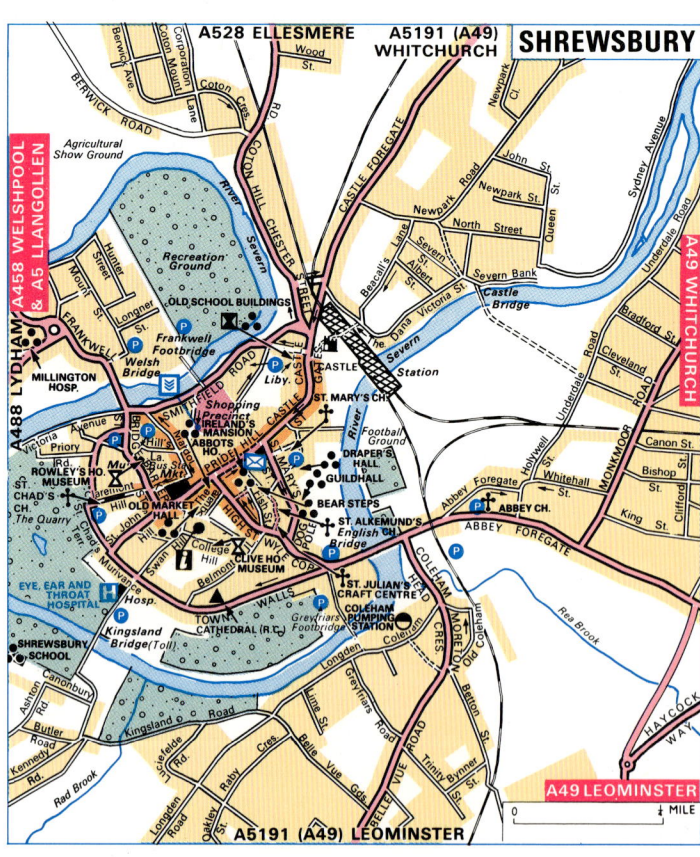

149

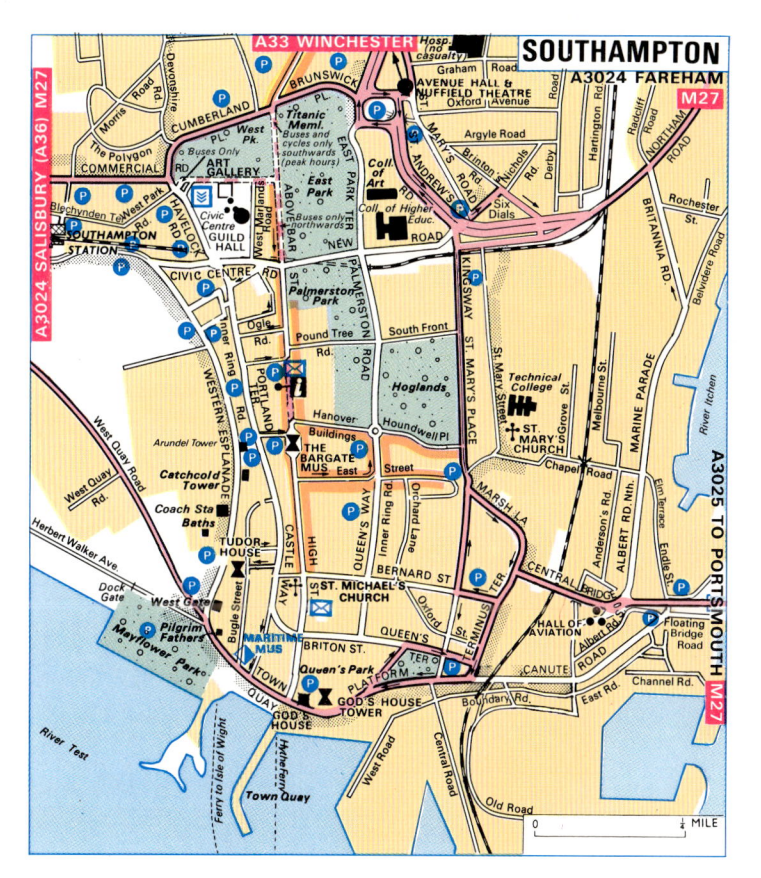

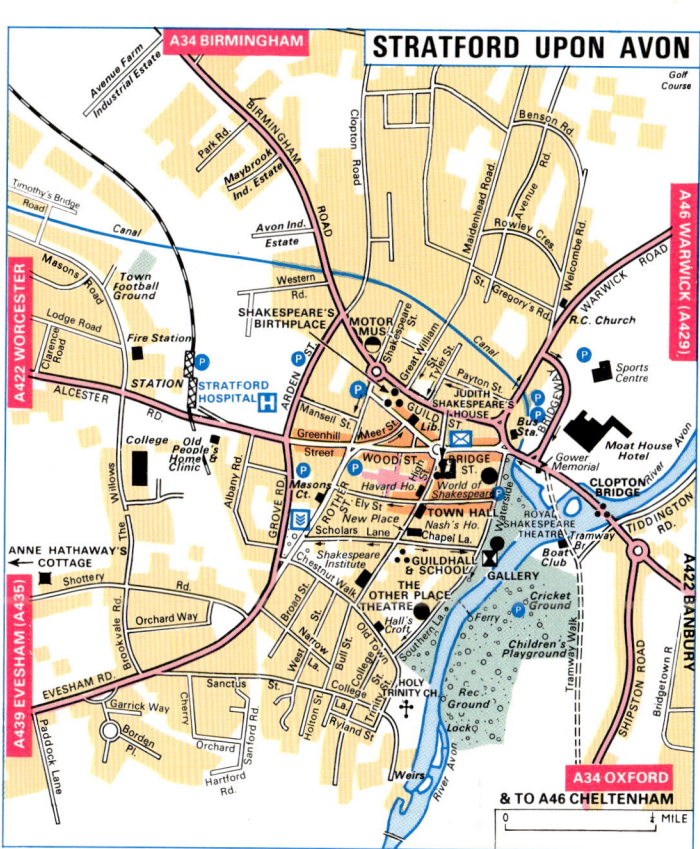

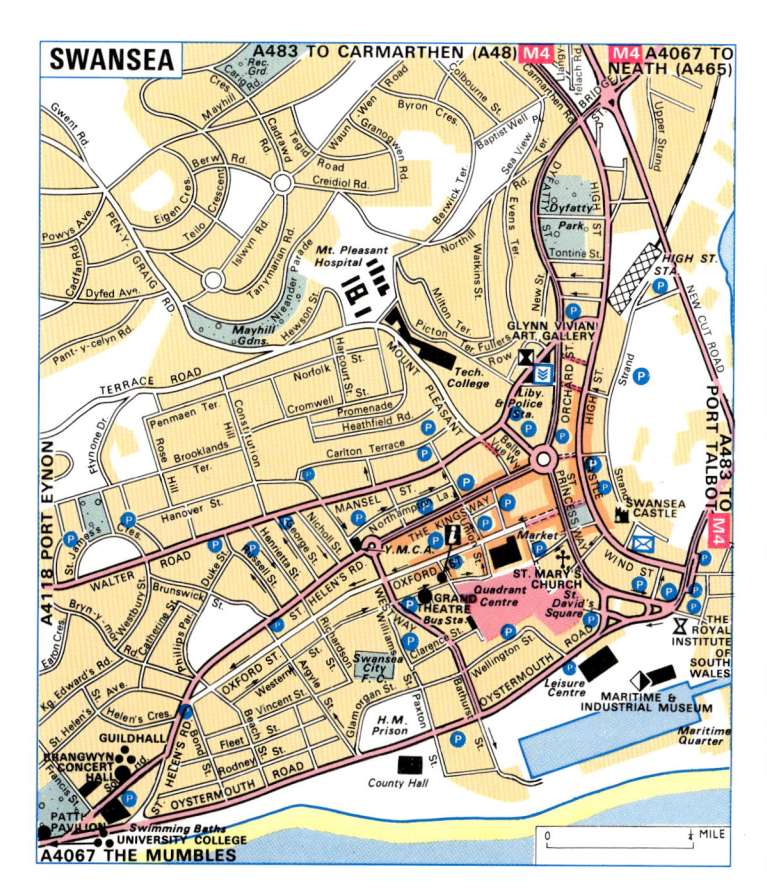

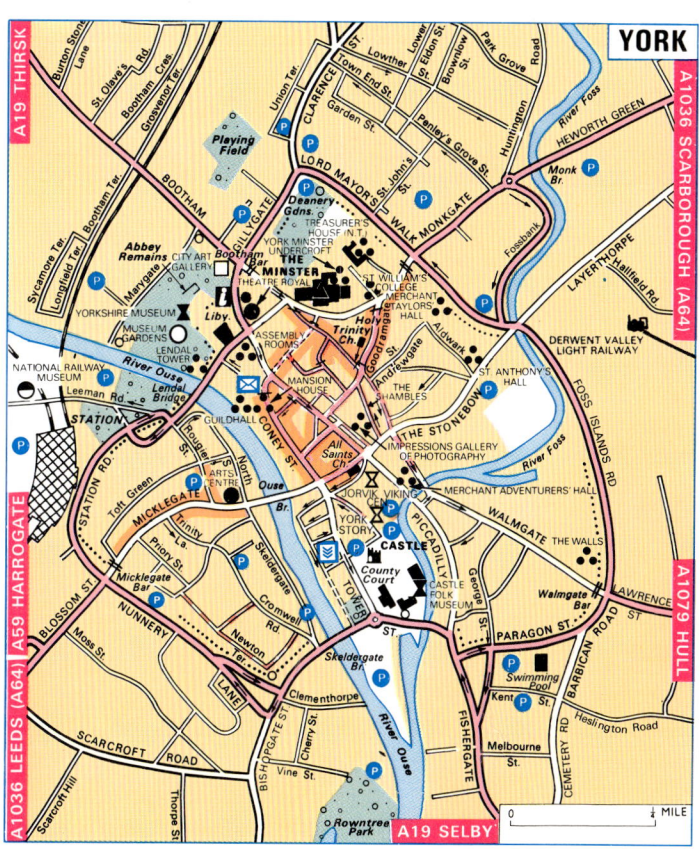

DOVER

VEHICLE FERRIES TO
Zeebrugge	4½ hrs.
Ostend	4 hrs.
Calais	1½ hrs.
Boulogne	1¾ hrs.

HOVERCRAFT TO
Boulogne (V)	40 mins.
Calais (V)	35 mins.

TRAIN VEHICLE AND PASSENGER FERRIES TO
Boulogne (P) (June-Sept. only)	1¾ hrs
Ostend (V)	3¾ hrs.
JETFOIL TO Ostend (P)	1¾ hrs

FISHGUARD

VEHICLE FERRY TO
Rosslare	3½ hrs.

FOLKESTONE

VEHICLE FERRY TO
Boulogne	1¾ hrs.

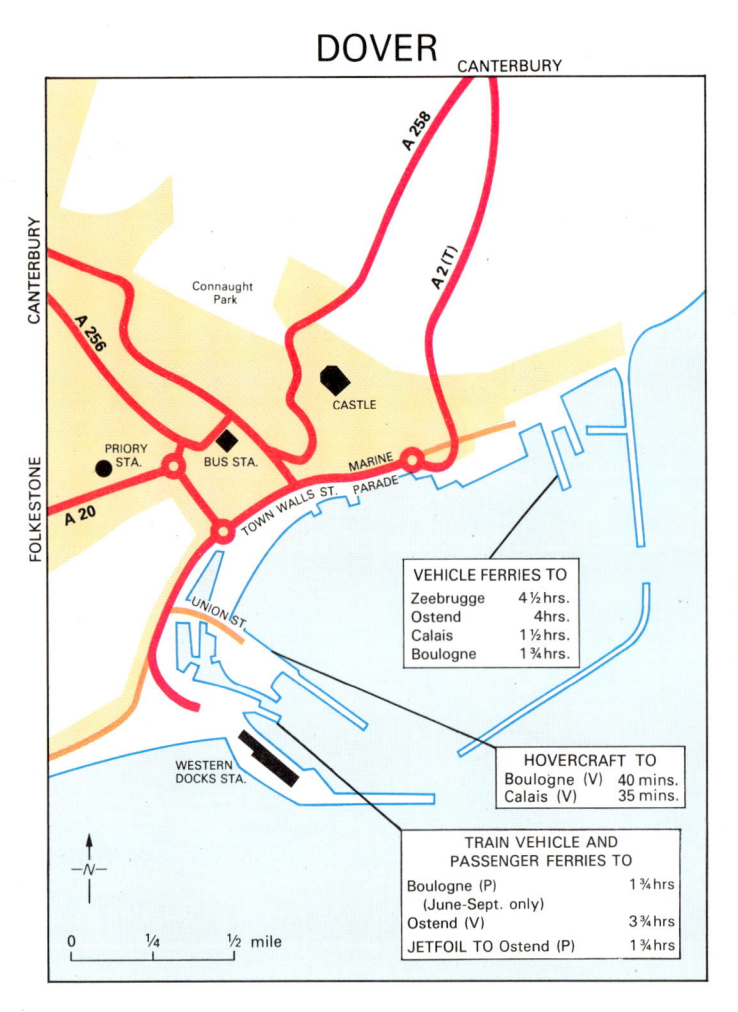

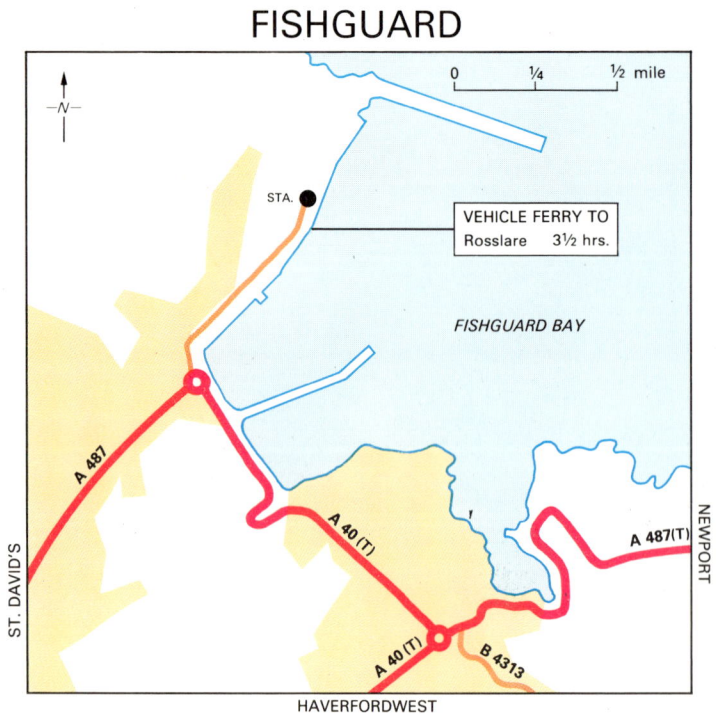

HARWICH AND FELIXSTOWE

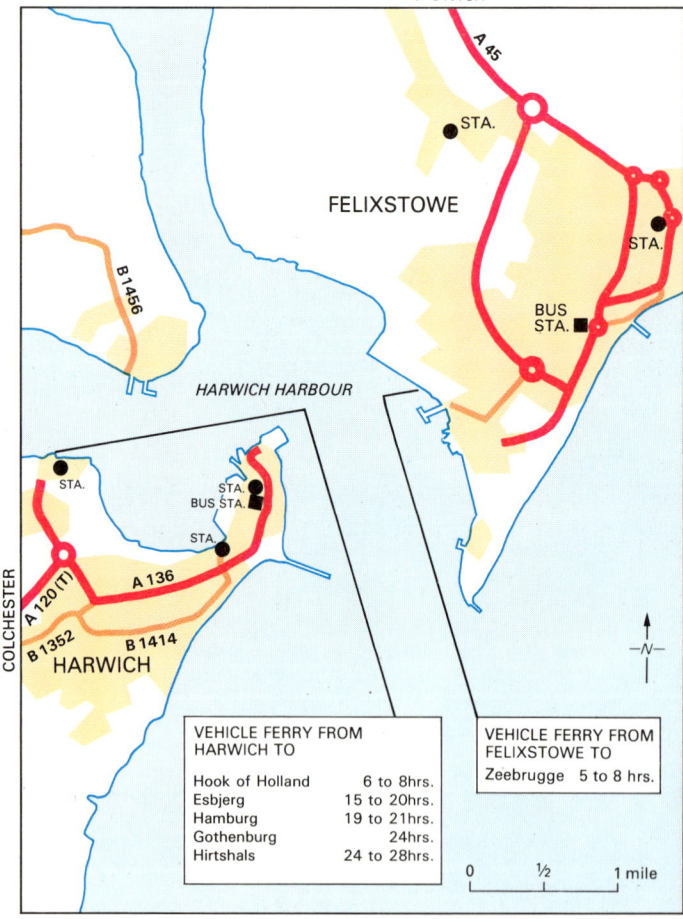

VEHICLE FERRY FROM HARWICH TO
Hook of Holland	6 to 8 hrs.
Esbjerg	15 to 20 hrs.
Hamburg	19 to 21 hrs.
Gothenburg	24 hrs.
Hirtshals	24 to 28 hrs.

VEHICLE FERRY FROM FELIXSTOWE TO
Zeebrugge	5 to 8 hrs.

HEYSHAM

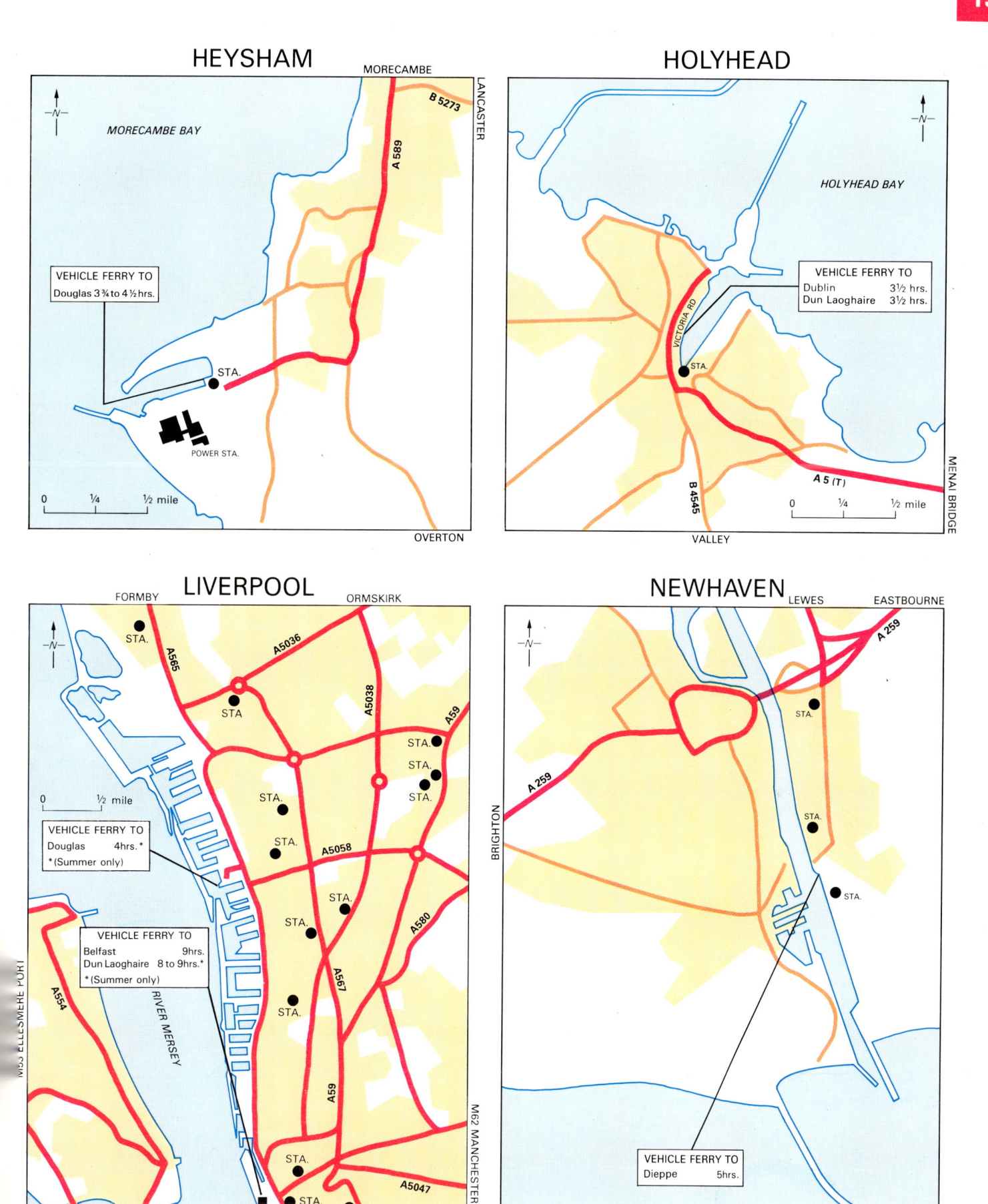

VEHICLE FERRY TO
Douglas 3¾ to 4½ hrs.

HOLYHEAD

VEHICLE FERRY TO
Dublin 3½ hrs.
Dun Laoghaire 3½ hrs.

LIVERPOOL

VEHICLE FERRY TO
Douglas 4hrs.*
*(Summer only)

VEHICLE FERRY TO
Belfast 9hrs.
Dun Laoghaire 8 to 9hrs.*
*(Summer only)

NEWHAVEN

VEHICLE FERRY TO
Dieppe 5hrs.

OBAN

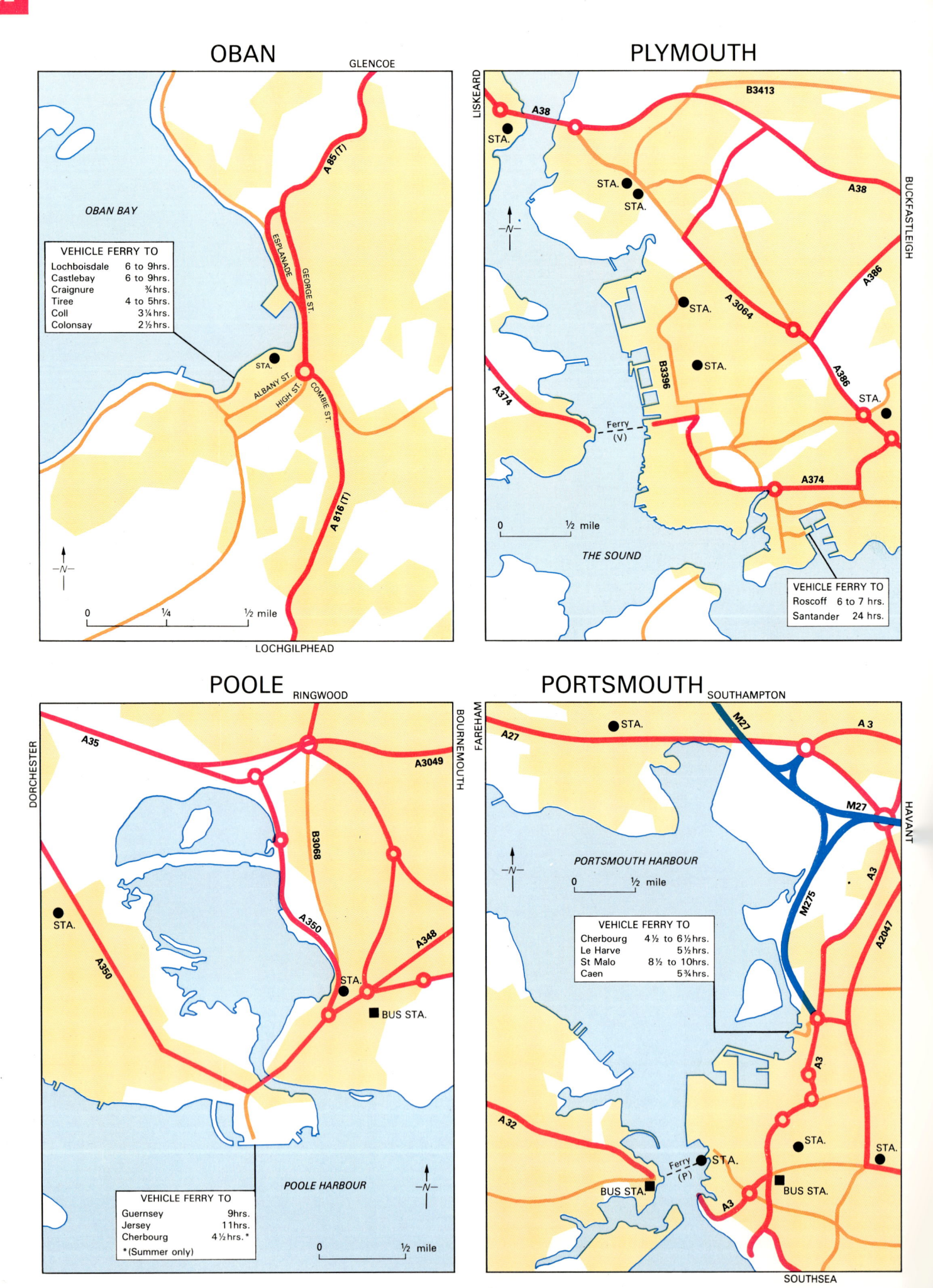

VEHICLE FERRY TO
Lochboisdale	6 to 9 hrs.
Castlebay	6 to 9 hrs.
Craignure	¾ hrs.
Tiree	4 to 5 hrs.
Coll	3¼ hrs.
Colonsay	2½ hrs.

PLYMOUTH

VEHICLE FERRY TO
Roscoff	6 to 7 hrs.
Santander	24 hrs.

POOLE

VEHICLE FERRY TO
Guernsey	9 hrs.
Jersey	11 hrs.
Cherbourg	4½ hrs.*

*(Summer only)

PORTSMOUTH

VEHICLE FERRY TO
Cherbourg	4½ to 6½ hrs.
Le Harve	5½ hrs.
St Malo	8½ to 10 hrs.
Caen	5¾ hrs.

RAMSGATE

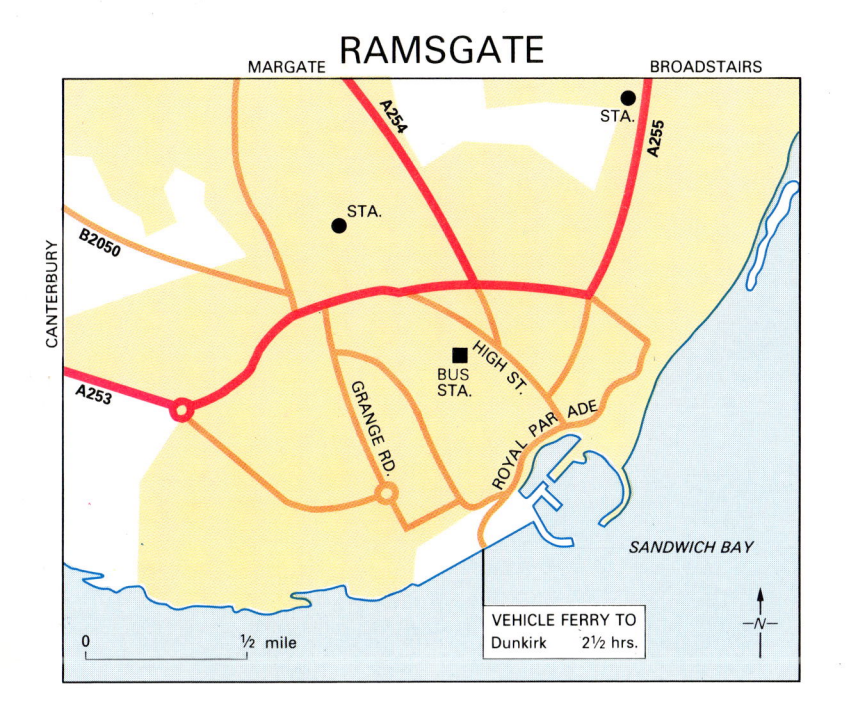

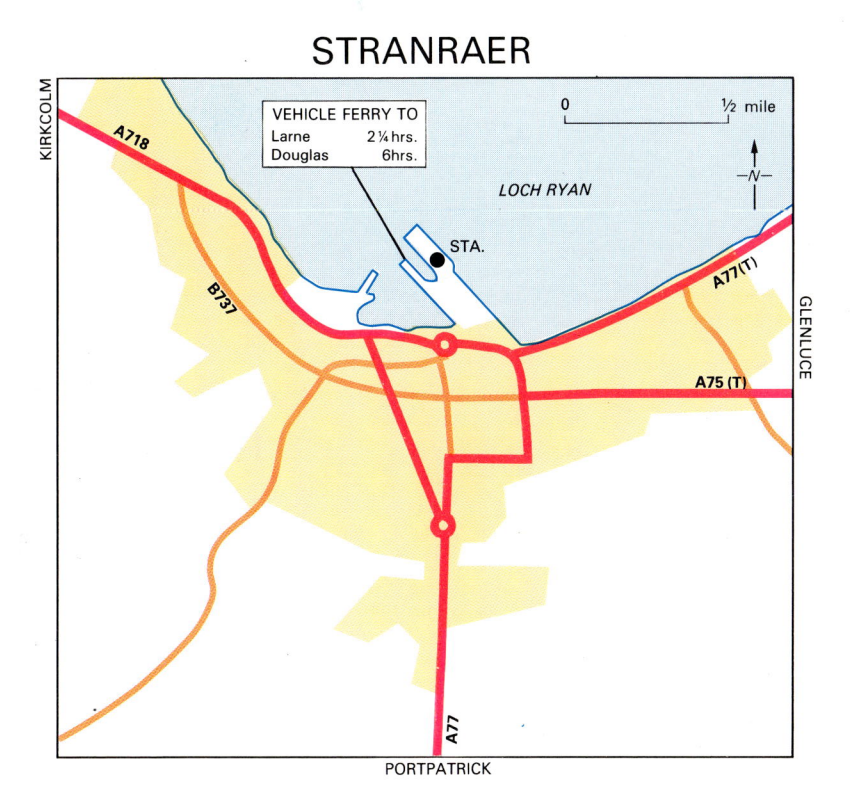

SHEERNESS

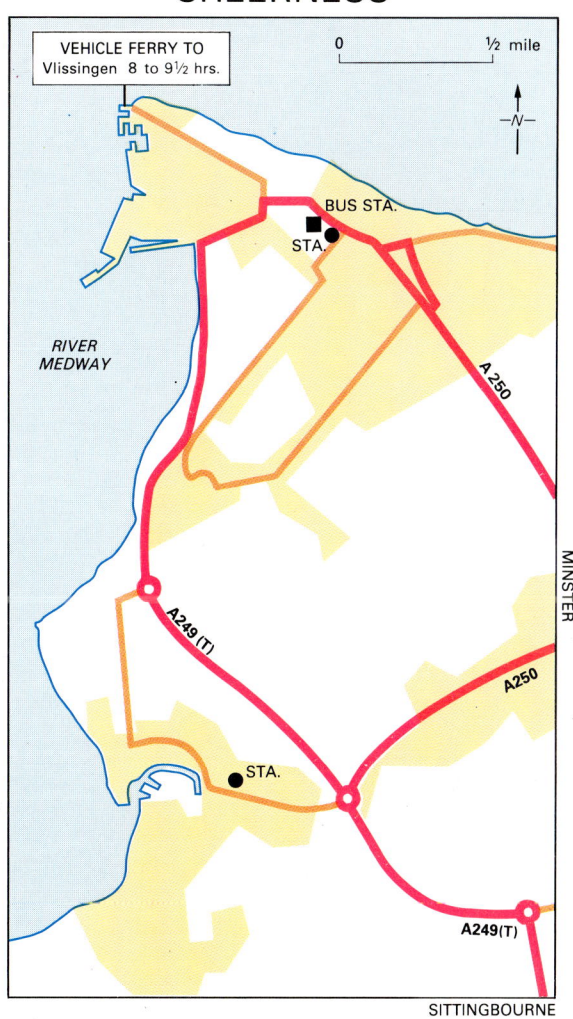

VEHICLE FERRY TO
Vlissingen 8 to 9½ hrs.

VEHICLE FERRY TO
Dunkirk 2½ hrs.

STRANRAER

VEHICLE FERRY TO
Larne 2¼ hrs.
Douglas 6 hrs.

Index to 4 miles: 1 inch Maps

How to use this index

For each entry the Atlas page number is listed and an alpha-numeric map reference is given to the grid square in which the name appears. For example:

Barnstaple............... 7 F2.

Barnstaple will be found on page 7, square F2.

County Names showing abbreviations used in this Index

England

County	Abbr.
Avon	Avon
Bedfordshire	Beds
Berkshire	Berks
Buckinghamshire	Bucks
Cambridgeshire	Cambs
Cheshire	Ches
Cleveland	Cleve
Cornwall	Corn
Cumbria	Cumbr
Derbyshire	Derby
Devon	Devon
Dorset	Dorset
Durham	Durham
East Sussex	E. Susx
Essex	Essex
Gloucestershire	Glos
Greater London	G. Lon
Greater Manchester	G. Man
Hampshire	Hants
Hereford & Worcester	H. & W
Hertfordshire	Herts
Humberside	Humbs
Isle of Wight	I. of W
Kent	Kent
Lancashire	Lancs
Leicester	Leic
Lincolnshire	Lincs
Merseyside	Mers
Norfolk	Norf
North Yorkshire	N. Yks
Northamptonshire	Northnts
Northumberland	Northum
Nottinghamshire	Notts
Oxfordshire	Oxon
Shropshire	Shrops
Somerset	Somer
South Yorkshire	S. Yks
Staffordshire	Staffs
Suffolk	Suff
Surrey	Surrey
Tyne and Wear	T. & W
Warwickshire	Warw
West Midlands	W. Mids
West Sussex	W. Susx
West Yorkshire	W. Yks
Wiltshire	Wilts

Other Areas

Isle of Man	I. of M
Isles of Scilly	I. Scilly

Wales

Clwyd	Clwyd
Dyfed	Dyfed
Gwent	Gwent
Gwynedd	Gwyn
Mid Glamorgan	M. Glam
Powys	Powys
South Glamorgan	S. Glam
West Glamorgan	W. Glam

Region & Island Area Names
Scotland

Regions

Borders	Border
Central	Central
Dumfries & Galloway	D. & G.
Fife	Fife
Grampian	Grampn
Highland	Highl
Lothian	Lothn
Strathclyde	Strath
Tayside	Tays

Island Areas

Orkney	Orkney
Shetland	Shetld
Western Isles	W. Isles

The National Grid

The blue grid lines which appear on the Atlas map pages are from the Ordnance Survey National Grid. The National Grid is a reference system which breaks the country down into squares to enable a unique reference to be given to a place or feature. This reference will always be the same no matter which Ordnance Survey map product is used. The squares which form the basic grid cover an area of 100 kilometres by 100 kilometres and are identified by letters; eg SU, TQ. These squares are subdivided by grid lines each carrying a reference number. The numbering sequence runs East and North from the South West corner of the country.

Grid lines on the Atlas map pages appear at 10 kilometre intervals. The 100 kilometre lines are shown in a darker blue. Those grid lines which fall at the top, bottom and outside edge of each page of Atlas mapping also carry their reference numbers (eg ²4) printed in blue. The larger number is the reference of the actual grid line, the smaller that of the preceding 100 kilometre grid line. The letters which identify each 100 kilometre square appear on the Atlas mapping also printed in blue.

A leaflet on the National Grid referencing system is available from Information and Enquiries, Ordnance Survey, Romsey Road, Maybush, Southampton SO9 4DH.

Abbas Combe — **Aird Uig**

A

Name	Page	Ref
Abbas Combe	9	J2
Abberton, H. & W.	34	A5
Abberton, Essex	23	G2
Abberwick	75	H2
Abbess Roding	21	K2
Abbey	8	C3
Abbeycwmhir	41	K6
Abbey Dore	29	H4
Abbey Hulton	43	L3
Abbey St Bathans	80	F3
Abbeystead	61	J4
Abbeytown	66	D1
Abbey Village	61	K7
Abbots Bickington	6	D4
Abbots Bromley	44	B5
Abbotsbury	9	G6
Abbotsham	6	E3
Abbotskerswell	5	J5
Abbots Langley	20	E3
Abbots Leigh	17	G3
Abbotsley	37	F5
Abbots Morton	34	B5
Abbots Ripton	37	F3
Abbot's Salford	34	B5
Abbotswood	10	E2
Abbotts Ann	18	E6
Abdon	32	E2
Aber	27	J3
Aberaeron	40	D7
Aberaman	25	J4
Aberangell	41	H2
Aberargie	86	E3
Aberarth	40	D7
Aber-banc	27	H3
Aberbargoed	25	K4
Aberbeeg	25	L4
Abercanaid	25	J4
Abercarn	25	L5
Abercastle	26	C4
Abercegir	41	H3
Aberchalder	98	B8
Aberchirder	100	F3
Abercraf	25	G3
Abercych	27	G3
Abercynon	25	J5
Aberdalgie	86	D2
Aberdare	25	J4
Aberdaron	40	A1
Aberdeen	101	J8
Aberdour	87	E6
Aberdulais	25	F5
Aberdyfi	40	F4
Abereiddy	26	B4
Abererch	50	C7
Aberfan	25	J4
Aberfeldy	91	K7
Aberffraw	50	C4
Aberffrwd	41	F6
Aberford	63	H6
Aberfoyle	85	H4
Abergavenny	29	H6
Abergele	51	J3
Abergorlech	27	K4
Abergwesyn	28	C2
Abergwili	27	J5
Abergwynant	41	F2
Abergwynfi	25	G5
Abergwyngregyn	51	F3
Abergynolwyn	41	F3
Aberhosan	41	H4
Aberkenfig	25	G6
Aberlady	87	H7
Aberlemno	93	G6
Aberllefenni	41	G3
Abermeurig	27	K2
Abermule	42	C8
Abernant, Dyfed	27	H5
Aber-nant, M. Glam	25	J4
Abernethy	87	E3
Abernyte	87	F1
Aberporth	27	G2
Abersoch	40	C1
Abersychan	29	G7
Abertillery	25	L4
Abertridwr, Powys	41	K2
Abertridwr, M. Glam	25	K6
Abertysswg	25	K4
Aberuthven	86	C3
Aber Village	25	K2
Aberyscir	25	J2
Aberystwyth	40	E5
Abingdon	31	J8
Abinger Common	12	E2
Abington	79	G7
Abington Pigotts	7	G6
Ab Kettleby	45	J5
Ablington	30	F7
Abney	54	E6
Aboyne	93	G2
Abram	53	H3
Abriachan	98	D5
Abridge	21	J4
Abthorpe	35	H6
Abune-the-Hill	116	B4
Aby	57	J6
Acaster Malbis	63	J5
Acaster Selby	63	J5
Accrington	62	A7
Achachork	103	F4
Achahoish	83	G4
Achanalt	98	A2
Achandunie	108	E6
Ach' an Todhair	90	B4
Achaphubuil	90	B4
Acharacle	89	H2
Acharn	91	J7
Achath	101	G7
Achfary	112	D5
Achgarve	106	D2
Achiemore	114	D4
Achiltibuie	106	F1
Achina	113	J2
Achinduich	108	D4
Achingills	115	G3
Achintee	106	E7
Achintraid	96	D2
Achleck	88	F4
Achluachrach	90	E3
Achlyness	112	D3
Achmelvich	112	B6
Achmore, Highld.	96	D2
Achmore, W. Isles	111	H5
Achnacarnin	115	F6
Achnacarry	90	C3
Achnacloich	96	A5
Achnaconeran	98	C7
Achnacroish	89	K4
Achnagarron	98	E1
Achnahanat	108	D4
Achnahannet	99	H6
Achnamara	113	C7
Achnamara	83	G3
Achnanellan	90	C3
Achnasheen	107	G6
Achnashellach	115	F3
Achriesgill	112	D3
Achurch	36	D2
Achray	115	J2
Acklam, N. Yks.	64	E6
Acklam, Cleve	69	G5
Ackleton	43	J8
Acklington	75	J3
Ackton	63	H7
Ackworth Moor Top	55	H2
Acle	49	K6
Acock's Green	34	C2
Acol	15	K2
Acomb	74	F7
Aconbury	29	K4
Acre	62	A7
Acrefair	42	D3
Acton, Shrops	32	C2
Acton, Suff	38	D6
Acton, Ches	43	H2
Acton, G. Lon	21	G5
Acton Beauchamp	33	F5
Acton Bridge	53	G6
Acton Burnell	43	G7
Acton Green	33	F5
Acton Pigott	43	G7
Acton Round	43	H8
Acton Scott	32	D2
Acton Trussell	43	L6
Acton Turville	17	K2
Adamthwaite	67	K7
Adbaston	43	J5
Adber	9	G2
Adderbury	31	J4
Adderley	43	H4
Adderstone	81	K6
Addiewell	79	G3
Addingham	62	D5
Addington, Kent	14	C3
Addington, Bucks	35	J8
Addington, G. Lon	21	G5
Addlestone	20	E7
Addlethorpe	57	K7
Adeney	43	J6
Adfa	41	K3
Adforton	32	D3
Adisham	15	J3
Adlestrop	31	G5
Adlingfleet	58	C4
Adlington, Lancs	53	H2
Adlington, Ches	53	L5
Admaston, Staffs	44	B5
Admaston, Shrops	43	H6
Admington	34	D6
Adstock	35	J7
Adstone	35	G5
Advie	99	K5
Adwell	20	A4
Adwick le Street	55	J3
Adwick upon Dearne	55	H3
Ae	72	E5
Affleck	101	H6
Affpuddle	9	K5
Afon-wen	52	C6
Agglethorpe	62	D1
Aignish	111	J3
Aike	58	E2
Aikerness	116	D1
Aikers	116	D7
Aiketgate	67	G2
Aikton	66	E1
Ailey	29	H3
Ailworth	46	H6
Ainderby Quernhow	63	G1
Ainderby Steeple	68	F7
Aingers Green	23	H1
Ainsdale	52	E2
Ainstable	67	H2
Ainsworth	53	J2
Aintree	52	E4
Aird, D. & G.	70	B5
Aird, Strath	83	G1
Aird, W. Isles	111	K4
Aird Dell	111	J1
Aird Mhanais	105	G3
Aird Mheadhonach	105	G2
Aird of Sleat	96	A5
Aird Riabhach	105	H2
Airdrie	78	E3
Airdriehill	78	E3
Aird, The	103	F3
Aird Thunga	111	J4
Aird Uig	110	E4

Airmyn
Aythorpe Roding
155

Airmyn 58 B4
Airntully 86 D1
Airor 96 C5
Airth 86 B6
Airton 62 C4
Aisby, Lincs 56 C4
Aisby, Lincs 46 D4
Aiskew 63 F1
Aislaby, N. Yks 64 E4
Aislaby, N. Yks 64 F2
Aisthorpe 56 D5
Aith, Shetld 119 F3
Aith, Orkney 117 F4
Aithsetter 119 G5
Akeld 81 H7
Akeley 35 J7
Akenham 39 G6
Albaston 4 E4
Alberbury 42 E6
Albourne 12 F5
Albrighton, Shrops 43 F6
Albrighton, Shrops 43 K7
Alburgh 39 H2
Albury, Surrey 12 D2
Albury, Herts 21 J1
Alby Hill 49 G4
Alcaig 98 D3
Alcaston 32 D2
Alcester 34 B5
Alciston 13 J6
Alcombe 7 K1
Alconbury 36 E3
Alconbury Weston 36 E3
Aldborough, Norf 49 G4
Aldborough, N. Yks 63 H3
Aldbourne 18 D3
Aldbrough 5 G3
Aldbrough St John 68 E5
Aldbury 20 D2
Aldclune 91 K5
Aldeburgh 39 K5
Aldeby 49 K8
Aldenham 21 F4
Alderbury 10 C2
Alderford 49 G6
Alderholt 10 C3
Alderley 17 J1
Alderley Edge 53 K6
Aldermaston 19 G4
Alderminster 34 D6
Aldershot 19 K5
Alderton, Glos 30 E4
Alderton, Shrops 43 F5
Alderton, Suff 39 J6
Alderton, Northnts 35 J6
Alderton, Wilts 17 K2
Alderwasley 44 E2
Aldfield 63 F3
Aldford 52 F8
Aldham, Essex 38 E8
Aldham, Suff 38 F6
Aldingbourne 12 C6
Aldingham 61 F2
Aldington, H. & W 34 B6
Aldington, Kent 15 G5
Aldington Frith 15 G5
Aldochlay 84 F5
Aldreth 37 H3
Aldridge 44 B7
Aldringham 39 K4
Aldsworth 31 F6
Aldunie 100 C6
Aldwark, Derby 55 F8
Aldwark, N. Yks 63 H3
Aldwick 12 C7
Aldwincle 36 D2
Aldworth 19 G3
Alexandria 85 F6
Alfardisworthy 6 C4
Alfington 8 C5
Alfold 12 D3
Alford, Grampn 100 E7
Alford, Somer 9 H1
Alford, Lincs 57 J6
Alfreton 44 F2
Alfrick 33 G5
Alfriston 13 J6
Alhampton 9 H1
Alkborough 58 C4
Alkerton 34 E6
Alkham 15 J4
Alkington 43 G4
Alkmonton 44 C4
Allaleigh 5 J6
Allanaquoich 92 C2
Allanton, Strath 79 F4
Allanton, Border 81 G4
Allardice 93 K4
All Cannings 18 C4
Allendale Town 67 L1
Allenheads 67 L2
Allensmore 29 J4
Aller 8 F2
Allerby 66 C3
Allerford 7 K1
Allerston 65 F4
Allerthorpe 58 B2
Allerton 52 F5
Allerton Bywater 63 H7
Allesley 34 D2
Allestree 44 E4
Allexton 46 B7
Allgreave 54 C7
Allhallow-on-Sea 22 E6
Allhallows 14 E1
Alligin Shuas 106 D6
Allimore Green 43 K6
Allington, Lincs 46 B3
Allington, Wilts 18 B4
Allington, Wilts 18 D7
Allithwaite 61 G2
Alloa 86 B5
Allonby 66 C2
Alloway 77 J6
All Saints South Elmham 39 J2
All Stretton 42 F8
Alltforgan 41 J1
Alltmawr 28 E3
Allt na Airbhe 107 G2
Allt-nan-Sugh 96 E3
Alltwalis 27 J4
Alltwen 24 F4
Almeley 29 H2
Almer 9 L5
Almington 43 J4
Almodbank 86 D2
Almondbury 54 E2
Almondsbury 17 H2
Alne 63 H3
Alness 98 E2
Alnham 75 F2
Alnmouth 75 J2
Alnwick 75 H2
Alphamstone 38 D7
Alpheton 38 D5
Alphington 5 K3
Alport 55 F7
Alpraham 53 G8
Alresford 23 G1
Alrewas 44 C6
Alsager 43 J2
Alsagers Bank 43 K3
Alsop en le Dale 44 C2
Alston 67 K2
Alstone 30 D4
Alstonefield 44 C2
Alswear 7 H3
Altandhu 112 A7
Altarnun 3 L1
Altass 108 D3
Alterwall 115 H3
Altham 62 A6
Althorne 22 F4
Althorpe 58 C6
Altnaharra 113 G5
Altofts 63 G7
Alton, Staffs 44 B3
Alton, Derby 55 G7
Alton, Hants 19 J7
Alton Pancras 9 H4
Alton Priors 18 C4
Altrincham 53 J5
Altrua 90 D2
Alva 86 B5
Alvanley 53 F6
Alvaston 44 E4
Alvechurch 34 B3
Alvecote 44 D7
Alvediston 10 A2
Alveley 33 G2
Alverdiscott 6 F3
Alverstoke 11 H5
Alverstone 11 G6
Alverton 45 J3
Alves 99 K2
Alvescot 31 G7
Alveston, Warw 34 D5
Alveston, Avon 17 H2
Alvie 99 G8
Alvingham 57 H4
Alvington 29 L7
Alwalton 46 E8
Alweston 9 H3
Alwinton 74 F3
Alyth 92 D7
Amatnatua 108 C4
Ambergate 44 E2
Amber Hill 47 F3
Amberley, Glos 30 C7
Amberley, W. Susx 12 D5
Amble-by-the-Sea 75 J3
Amblecote 33 H2
Ambleside 67 F6
Ambleston 26 E5
Ambrosden 31 L6
Amcotts 58 C5
Amersham 20 D4
Amesbury 18 C6
Amhuinnsuidhe 104 F1
Amington 44 D7
Amisfield 72 F5
Amlwch 50 D1
Amlwch Port 50 D1
Ammanford 27 L6
Amotherby 64 E5
Ampfield 10 F2
Ampleforth 63 J2
Ampney Crucis 30 E7
Ampney St Mary 30 E7
Ampney St Peter 30 E7
Amport 18 E6
Ampthill 36 D7
Ampton 38 D3
Amroth 26 F7
Amulree 91 L8
Anaheilt 89 K2
Anancaun 106 F5
An Ard 106 D4
An Caol 106 B6
Ancaster 46 C3
Anchachork 103 F4
Anchor 32 A2
Ancroft 81 J5
Ancrum 80 E7
Ancton 12 C6
Anderby 57 K6
Anderby Creek 57 K6
Anderson 9 K5
Anderton 53 H6
Andover 18 E6
Andover Down 18 E6
Andoversford 30 E6
Andreas 60 R2
Angersleigh 8 C3
Angle 26 C7
Angmering 12 D6
Angram, N. Yks 68 A7
Angram, N. Yks 63 J5
Ankerville 109 G6
Anlaby 58 E4
Anmer 48 C5
Annan 73 G7
Annaside 60 D1
Annat, Strath 84 C2
Annat, Highld 106 D6
Annathill 85 K7
Anna Valley 18 E6
Annbank 77 K5
Annesley 45 G2
Annesley Woodhouse 45 F2
Annfield Plain 68 D1
Annochie 101 J4
Annscroft 42 F7
Ansdell 61 G7
Ansford 9 H1
Ansley 34 E1
Anslow 44 D5
Anslow Gate 44 C5
Anstey, Leic 45 G7
Anstey, Herts 37 H7
Anston 55 J5
Anstruther 87 J4
Ansty, Wilts 10 A2
Ansty, Warw 34 E2
Ansty, W. Susx 13 F4
Ansty, Dorset 9 J4
Anthill Common 11 H3
Anthorn 73 G8
Antingham 49 H4
Antony 4 D6
Antrobus 53 H6
Anwick 46 E2
Anwoth 71 G6
Apes Hall 37 J1
Apethorpe 46 D8
Apley 57 F6
Apperknowle 55 G6
Apperley 30 C5
Appersett 67 L7
Appin 90 A7
Appleby 58 D5
Appleby-in-Westmorland 67 J4
Appleby Magna 44 E6
Appleby Parva 44 E7
Applecross 106 C7
Appledore, Devon 8 B3
Appledore, Devon 6 E2
Appledore, Kent 14 F6
Appleford 31 K8
Appleshaw 18 E6
Appleton 31 J7
Appleton-le-Moors 64 E4
Appleton-Le-Street 64 E5
Appleton Roebuck 63 J5
Appleton Thorn 53 H5
Appleton Wiske 69 F6
Appletreehall 74 B2
Appletreewick 62 D3
Appley 8 B2
Appley Bridge 53 G3
Apse Heath 11 G6
Apsley End 36 E7
Apuldram 11 K4
Aquahorthies 101 H6
Aquhythie 101 G7
Arabella 109 G6
Arbirlot 93 H7
Arboll 109 G5
Arborfield 20 B7
Arborfield Cross 20 B7
Arborfield Garrison 20 B7
Arbroath 93 H7
Arbuthnott 93 K4
Archiestown 100 B4
Arclid Green 53 J7
Ardachu 108 E3
Ardalanish 88 E7
Ardanaiseig 84 C2
Ardaneaskan 96 D2
Ardarroch 96 D2
Ardbeg 82 D7
Ardcharnich 107 G3
Ardchiavaig 88 E7
Ardchyle 85 H2
Ardclach 99 H4
Ard-dhubh 96 C1
Arddleen 42 D6
Ardechive 90 C2
Ardeley 37 G8
Ardelve 96 D3
Arden 85 F6
Ardens Grafton 34 C5
Ardentinny 84 D6
Ardeonaig 85 J1
Ardersier 99 F3
Ardessie 107 F3
Ardfern 83 H1
Ardgay 108 D4
Ardgowan 84 E7
Ardhasaig 105 G1
Ardheslaig 106 C6
Ardindrean 107 G3
Ardingly 13 G4
Ardington 18 F2
Ardivachar 104 C7
Ardivachar Point 104 C7
Ardlair 100 E6
Ardleigh 38 F8
Ardler 92 D7
Ardley 31 K5
Ardlui 84 F3
Ardlussa 83 F3
Ardmair 107 G2
Ardminish 76 B3
Ardmolich 89 J1
Ardnacroish 89 K4
Ardnadam 84 D6
Ardnagrask 98 D4
Ardnarff 96 D2
Ardnastang 89 K2
Ardo 101 H5
Ardoyne 100 F6
Ardrishaig 84 A6
Ardroil 110 E4
Ardross 108 E6
Ardrossan 77 H3
Ardshealach 89 H2
Ardsley 55 G3
Ardsley East 63 G7
Ardtalnaig 91 J8
Ardtoe 89 H1
Ardtornish 89 J4
Ardullie 98 D2
Ardvasar 96 B5
Ardvey, W. Isles 105 F3
Ardvey, W. Isles 105 G2
Ardvourlie 111 F6
Ardwell 70 C7
Areley Kings 33 H3
Aridhglas 88 E6
Arinacrinachd 106 C6
Arinagour 88 D3
Arisaig 96 B7
Arivruaich 111 G6
Arkendale 63 G3
Arkesden 37 H7
Arkholme 61 J2
Arkley 21 G4
Arksey 55 J3
Arkwright Town 55 H6
Arlecdon 66 C5
Arlesey 36 E7
Arleston 43 H6
Arley, Warw 34 D1
Arley, Ches 53 H5
Arlingham 30 B6
Arlington, Glos 30 F7
Arlington, Devon 7 G1
Arlington, E. Susx 13 J6
Armadale, Highld 114 C3
Armadale, Lothn 79 G3
Armathwaite 67 H2
Arminghall 49 H7
Armitage 44 B6
Armscote 34 D6
Armthorpe 55 K3
Arncliffe 62 C2
Arncott 20 A2
Arncroach 87 J4
Arne 10 A6
Arnesby 35 H1
Arnisdale 96 D4
Arnish 106 A7
Arniston Engine 80 B3
Arnol 111 H3
Arnold 45 G3
Arnprior 85 J5
Arnside 61 H2
Arpafeelie 98 E3
Arrad Foot 61 G1
Arram 58 E2
Arrathorne 68 E7
Arreton 11 G6
Arrington 37 G5
Arrochar 84 E4
Arrow 34 B5
Artafallie 98 E4
Arthington 63 F5
Arthingworth 35 J2
Arthog 41 F2
Arthrath 101 J5
Arundel 12 D6
Asby 66 C4
Ascog 77 G1
Ascot 20 D7
Ascott-under-Wychwood 31 H6
Asenby 63 G2
Asfordby 45 J6
Asfordby Hill 45 J6
Asgarby, Lincs 46 E3
Asgarby, Lincs 57 H7
Ash, Kent 14 B2
Ash, Somer 9 F2
Ash, Kent 15 J3
Ash, Surrey 19 K5
Ashampstead 19 G3
Ashbocking 39 G5
Ashbourne 44 C3
Ashbrittle 8 B2
Ashburton 5 H5
Ashbury, Oxon 18 D2
Ashbury, Devon 4 F2
Ashby 58 D6
Ashby by Partney 57 J7
Ashby cum Fenby 59 G6
Ashby de la Launde 46 D2
Ashby-de-la-Zouch 44 E6
Ashby Folville 45 J6
Ashby Magna 35 G1
Ashby Parva 35 G2
Ashby St Ledgers 35 G4
Ashby St Mary 49 J7
Ashchurch 30 D4
Ashcombe 5 K4
Ashcott 9 F1
Ashdon 37 J6
Asheldham 23 F3
Ashen 38 C6
Ashendon 20 B2
Ashfield, Suff 39 H4
Ashfield, Central 85 K4
Ashfield Green 39 H3
Ashford, Surrey 20 E6
Ashford, Devon 7 F2
Ashford, Kent 15 G4
Ashford Bowdler 32 E3
Ashford Carbonell 32 E3
Ashford Hill 19 G4
Ashford in the Water 54 E7
Ashgill 78 E5
Ashill, Devon 8 B3
Ashill, Norf 48 D7
Ashill, Somer 8 E3
Ashingdon 22 E4
Ashington, W. Susx 12 E5
Ashington,Northum 75 J5
Ashkirk 80 C7
Ashleworth 30 C5
Ashley, Cambs 38 B4
Ashley, Glos 30 D8
Ashley, Hants 10 E1
Ashley, Devon 7 G4
Ashley, Northnts 35 J3
Ashley, Staffs 43 J4
Ashley, Ches 53 J5
Ashley Green 20 D3
Ashley Heath, Dorset 10 C4
Ashley Heath, Staffs 43 J4
Ash Magna 43 G4
Ashmansworth 18 F5
Ashmansworthy 6 D4
Ash Mill 7 H3
Ashmore 9 L3
Ashmore Park 44 A7
Ashorne 34 E5
Ashover 55 G7
Ashow 34 E3
Ashperton 33 F6
Ashprington 5 J6
Ash Priors 8 C2
Ashreigney 7 G4
Ashtead 21 F8
Ash Thomas 7 L4
Ashton, Northnts 36 D2
Ashton, H. & W 32 E4
Ashton, Corn 2 E7
Ashton, Ches 53 G7
Ashton, Northnts 35 J5
Ashton Common 17 K5
Ashton in Makerfield 53 G4
Ashton Keynes 30 E8
Ashton under Hill 34 A7
Ashton-under-Lyne 53 L4
Ashton upon Mersey 53 J4
Ashurst, Hants 10 E3
Ashurst, W. Susx 12 E5
Ashurst, Kent 13 J3
Ashurstwood 13 H3
Ashwater 4 D2
Ashwell, Leic 46 B6
Ashwell, Herts 37 F7
Ashwellthorpe 49 G8
Ashwick 17 H6
Ashwicken 48 C6
Askam in Furness 60 F2
Askern 55 J2
Askerswell 9 G5
Askett 20 C3
Askham, Notts 56 B6
Askham, Cumbr 67 H4
Askham Bryan 63 J5
Askham Richard 63 J5
Asknish 84 B5
Askrigg 68 B7
Askwith 62 E5
Aslackby 46 D4
Aslacton 39 G1
Aslockton 45 J3
Asloun 100 E7
Aspall 39 G4
Aspatria 66 D2
Aspenden 37 G8
Aspley Guise 36 C7
Aspull 53 H3
Asselby 58 B4
Assington 38 E7
Astbury 53 K7
Astcote 35 H5
Asterley 42 E7
Asterton 32 C1
Asthall 31 G6
Asthall Leigh 31 H6
Astley, Warw 34 E2
Astley, H. & W 33 G4
Astley, Shrops 43 G6
Astley Abbots 43 J8
Astley Cross 33 H4
Astley Green 53 J4
Aston, W. Mids 34 B2
Aston, Berks 20 B5
Aston, H. & W 32 D3
Aston, Derby 54 E5
Aston, Herts 21 G1
Aston, Shrops 43 G5
Aston, Ches 53 G6
Aston, Ches 43 H3
Aston, S. Yks 55 H5
Aston, Oxon 31 H7
Aston, Shrops 43 H7
Aston, Staffs 43 J3
Aston Abbotts 20 C1
Aston Botterell 33 F2
Aston-by-Stone 43 L4
Aston Cantlow 34 C4
Aston Clinton 20 C2
Aston Crews 30 A5
Aston End 21 G1
Aston Eyre 43 H8
Aston Fields 34 A4
Aston Flamville 35 F1
Aston Ingham 30 A5
Aston juxta Mondrum 43 H2
Aston le Walls 35 F5
Aston Magna 31 G4
Aston Munslow 32 E2
Aston on Clun 32 C2
Aston-on-Trent 44 F5
Aston Rogers 42 E7
Aston Rowant 20 B4
Aston Sandford 20 B3
Aston Somerville 34 B7
Aston Subedge 34 C6
Aston Tirrold 19 G2
Aston Upthorpe 19 G2
Astwick 36 F7
Astwood 36 C6
Astwood Bank 34 B4
Aswarby 46 D4
Aswardby 57 H6
Atcham 43 G7
Athelington 39 H3
Athelney 8 E2
Athelstaneford 87 J7
Atherington 7 F3
Atherstone 44 E8
Atherstone on Stour 34 D5
Atherton 53 H3
Atlow 44 D3
Attadale 96 E2
Attenborough 45 G4
Attleborough, Warw 34 E1
Attleborough, Norf 48 F8
Attlebridge 49 G6
Atwick 65 J7
Atworth 17 K4
Aubourn 56 D7
Auchagallon 76 D4
Aucharnie 100 F4
Auchattie 93 H2
Auchenblae 93 J4
Auchenbrack 72 C4
Auchencairn 71 J6
Auchencarroch 85 G6
Auchencrow 81 G3
Auchengray 79 G4
Auchenhalrig 100 C2
Auchenheath 79 F5
Auchentiber 77 J3
Auchgourish 99 H7
Auchindrain 84 C4
Auchindrean 107 G3
Auchininna 100 F4
Auchinleck 77 L5
Auchinloch 85 J7
Auchleuchries 101 K5
Auchleven 100 F6
Auchlochan 79 F6
Auchlossan 93 G1
Auchlyne 85 H2
Auchmillan 77 L5
Auchmithie 93 H7
Auchnacree 93 F5
Auchnagallin 99 J5
Auchnagatt 101 J4
Auchterarder 86 C3
Auchteraw 98 B8
Auchterderran 87 F5
Auchtermuchty 87 F3
Auchterneed 98 C3
Auchtertool 87 F5
Auchtertyre 96 D3
Auchtubh 85 H2
Auckengill 115 J3
Auckley 55 K3
Audenshaw 53 L4
Audlem 43 H3
Audley 43 J2
Auds 100 F2
Aughton, Humbs 58 B3
Aughton, Lancs 52 E3
Aughton, S. Yks 55 H5
Aughton, Lancs 61 J3
Aughton Park 52 F3
Auldearn 99 H3
Aulden 29 J2
Auldhame 87 J6
Auldhouse 78 D4
Ault a' Chruinn 96 E3
Aultbea 106 D3
Aultdearg 98 A2
Aultgrishan 106 C3
Aultiphurst 114 D3
Aultmore 100 D3
Aut-na-goire 98 D6
Aulton 100 F6
Aundorach 99 H7
Aunsby 46 D4
Auquhorthies 101 H6
Aust 17 G2
Austerfield 55 K4
Austrey 44 D7
Austwick 62 A3
Authorpe 57 J5
Authorpe Row 57 K6
Avebury 18 B4
Aveley 21 K5
Avening 30 C8
Averdaron 40 A1
Averfraw 50 C4
Averham 45 J2
Aveton Gifford 5 G7
Avielochan 99 H7
Aviemore 99 G7
Avington 18 E4
Avoch 99 F3
Avon 10 C5
Avonbridge 86 C7
Avon Dassett 34 F5
Avonmouth 17 G3
Avonwick 5 H6
Awbridge 10 E2
Awkley 17 G2
Awliscombe 8 C4
Awre 30 B7
Awsworth 45 F3
Axbridge 17 F5
Axford, Wilts 18 D3
Axford, Hants 19 H6
Axminster 8 D5
Axmouth 8 D5
Aylburton 29 L7
Ayle 67 K2
Aylesbeare 8 B5
Aylesbury 20 C2
Aylesby 59 G6
Aylesford 14 D3
Aylesham 15 J3
Aylestone 45 G7
Aylmerton 49 G4
Aylsham 49 G5
Aylton 33 F7
Aymestrey 32 D4
Aynho 31 K4
Ayot St Lawrence 21 F2
Ayot St Peter 21 G2
Ayr 77 J5
Aysgarth 62 D1
Ayside 61 G1
Ayston 46 B7
Aythorpe Roding 22 B2

156 Ayton, N. Yks Betws Bledrws

Ayton, N. Yks 65 G4
Ayton, Border 81 H3
Aywick 121 H4
Azerley 63 F2

B

Babbacombe 5 K5
Babbinswood 42 E4
Babcary 9 G2
Babel 25 G1
Babell 52 C6
Babraham 37 J5
Babworth 56 A5
Bac 111 J3
Backaland 116 E3
Backbarrow 61 G1
Backburn, Grampn 100 E5
Backburn, Grampn 93 K2
Backfolds 101 K3
Backford 52 E6
Backhill, Grampn 101 G5
Backhill, Grampn 101 K5
Backhill of Clackriach 101 J4
Backhill of Trustach 93 H2
Backies 109 G3
Backlass 115 H4
Backmuir of New Gilston 87 H4
Back of Keppoch 96 B7
Backwell 17 F4
Backworth 75 K6
Bacon End 22 C2
Baconsthorpe 49 G4
Bacton, Suff 38 F4
Bacton, H. & W. 29 H4
Bacton, Norf 49 J4
Bacup 62 B7
Badachro 106 C4
Badbury 18 C2
Badby 35 G5
Badcall, Highld 112 C4
Badcall, Highld 112 D3
Badcaul 106 F2
Baddeley Green 43 L2
Baddesley Ensor 44 D8
Baddidarach 112 B6
Badenscoth 101 G5
Badger 43 J8
Badgers Mount 21 J7
Badgeworth 30 D6
Badgworth 16 E5
Badicaul 96 C3
Badingham 39 J4
Badlesmere 15 G3
Badluarach 106 E2
Badminton 17 K2
Badninish 109 F4
Badrallach 107 F2
Badsey 34 B6
Badsworth 55 H2
Badwell Ash 38 E4
Bagby 63 H1
Bagendon 30 E7
Bage, The 29 G3
Bagillt 52 D6
Baginton 34 E3
Baglan 25 F5
Bagley 42 F5
Bagnall 43 L2
Bagshot, Surrey 20 D7
Bagshot, Wilts 18 E4
Bagthorpe, Norf 48 C4
Bagthorpe, Notts 45 F2
Bagworth 45 F7
Bagwyllydiart 29 J5
Baildon 62 E6
Baile 104 E3
Bailebeag 98 D7
Baile Boidheach 83 G4
Baile Mor 88 D6
Baillieston 78 D3
Bail Uachdraich 104 D5
Bainbridge 68 B7
Bainton, Cambs 46 D7
Bainton, Humbs 65 G7
Bairnkine 74 C2
Bakers End 21 H2
Baker Street 22 C5
Bakewell 54 F7
Bala 51 J7
Balachuirn 96 A1
Balaglas 104 D6
Balallan 111 G5
Balbeg 98 C6
Balbeggie 86 E2
Balbithan 101 G7
Balblair 99 F2
Balcherry 109 G5
Balchladich 112 B5
Balchraggan 98 D4
Balchrick 112 C2
Balcombe 13 G3
Balcurvie 87 G4
Baldersby 63 G2
Balderstone 61 K6
Balderton 46 B2
Baldhu 2 F5
Baldinnie 87 H3
Baldock 37 F7
Baldrine 60 R3
Baldwin 60 Q3
Baldwinholme 66 F1
Baldwin's Gate 43 J3
Bale 48 F4
Balemartine 88 A4
Balephuil 88 A4
Balerno 79 J3
Balevullin 88 A4
Balfield 93 G5
Balfour 116 D5
Balfron 85 H6
Balgaveny 100 F4
Balgedie 86 E4
Balgonar 86 D5
Balgove 101 H5
Balgowan 91 H2
Balgown 102 E2
Balgray 92 F8
Balrochan 85 J7
Balgy 106 D6
Balhalgardy 101 G6
Baligill 114 D3
Balintore 109 G6
Balintraid 99 F1
Balivanich 104 C6
Balkholme 58 B4
Balkissock 70 C3
Ball 42 E5
Balla 94 C4
Ballabeg 60 P4
Ballacannell 60 R3
Ballacarnane Beg 60 Q3
Ballachulish 90 B6
Ballagyr 60 P3
Ballajora 60 R2
Ballamodha 60 P4
Ballantrae 70 B3
Ballantrushal 111 H2
Ballasalla, I. of M. 60 P5
Ballasalla, I. of M. 60 Q2
Ballater 92 E2
Ballaugh 60 Q2
Balleigh 109 F5
Ballencreiff 87 H7
Ball Hill 18 F4
Balliasta 121 J2
Balliekine 76 D4
Ballig 60 P3
Ballinaby 82 B5
Ballinger Common 20 D3
Ballingham 29 K4
Ballingry 86 E5
Ballinluig 92 A6
Ballintuim 92 C6
Balloch, Highld 99 F4
Balloch, Strath 85 F6
Ballochan 93 G2
Balls Cross 12 C4
Ballygown 89 F4
Ballygrant 82 C5
Ballymichael 76 E4
Balmacara 96 D3
Balmacara Square 96 D3
Balmaclellan 72 B6
Balmae 71 H7
Balmaha 85 G5
Balmartin 104 C4
Balmedie 101 J7
Balmerino 87 G2
Balmer Lawn 10 E4
Balmore 85 J7
Balmullo 87 H2
Balnabodach 94 C5
Balnacoil 109 G2
Balnacra 106 E7
Balnaguard 91 L6
Balnaguisich 108 E6
Balnahard 89 F5
Balnain 98 C5
Balnakeil 112 E2
Balnaknock 103 F2
Balnapaling 99 F2
Balne 55 J2
Balquhidder 85 H2
Balranald 104 C5
Balsall Common 34 D3
Balscote 34 E6
Balsham 37 J5
Baltasound 121 J2
Balterley 43 J2
Balthangie 101 H3
Baltonsborough 9 G1
Balvaird 98 D3
Balvicar 89 J7
Balvraid 99 G5
Bamber Bridge 61 J7
Bamburgh 81 K6
Bamford 54 F5
Bampton, Cumbr 67 H5
Bampton, Oxon 31 H7
Bampton, Devon 7 K3
Banavie 90 C4
Banbury 35 F6
Banchory 93 J2
Banchory-Devenick 93 L1
Bancyfelin 27 H6
Bancyffordd 27 J4
Banff 101 F2
Bangor 50 E3
Bangor-is-y-coed 42 E3
Banham 38 F2
Bank 10 D4
Bankend, Strath 79 F6
Bankend, D. & G 72 F7
Bankfoot 86 D1
Bankglen 72 A2
Bankhead, Grampn 100 F8
Bankhead, Grampn 101 H7
Bank Newton 62 C4
Banknock 85 K7
Banks, Cumbr 74 B7
Banks, Lancs 52 E1
Bankshill 73 G5
Bank Street 33 F4
Banningham 49 H5
Bannister Green 22 C1
Bannockburn 85 L5
Banstead 21 G8
Bantham 5 G7
Banton 85 K7
Banwell 16 E5
Bapchild 14 F2
Bapton 18 A7
Baramore 89 H1
Barassie 77 J4
Barbaraville 109 F6
Barber Booth 54 E5
Barbon 61 K1
Barbridge 53 H7
Barbrook 7 H1
Barby 35 G3
Barcaldine 90 A7
Barcheston 34 D7
Barcombe 13 H5
Barcombe Cross 13 H5
Barden 68 D7
Bardfield Saling 38 B8
Bardney 57 F7
Bardowie 85 H7
Bardrainney 84 F7
Bardsea 61 G2
Bardsey 63 G5
Bardsley 53 L3
Bardwell 38 E3
Barewood 29 H2
Barford, Warw 34 D4
Barford, Norf 49 G7
Barford St Martin 10 B1
Barford St Michael 31 J4
Barfrestone 15 J3
Bargoed 25 K5
Bargrennan 70 E4
Barham, Cambs 36 E3
Barham, Suff 39 G5
Barham, Kent 15 J3
Bar Hill 37 G4
Barholm 46 D6
Barkby 45 H7
Barkestone-le-Vale 45 J4
Barkham 20 B7
Barking, Suff 38 F5
Barking, G. Lon 21 J5
Barkingside 21 J5
Barkisland 54 D2
Barkston, Lincs 46 C3
Barkston, N. Yks 63 H6
Barkway 37 G7
Barkwith 57 F5
Barlaston 43 K4
Barlavington 12 C5
Barlborough 55 H6
Barlby 63 K6
Barlestone 44 F7
Barley, Lancs 62 B5
Barley, Herts 37 G7
Barleythorpe 46 B7
Barling 22 F5
Barlow, Derby 55 G6
Barlow, T. & W. 75 H7
Barlow, N. Yks 63 K7
Barmby Moor 64 E8
Barmby on the Marsh 58 A4
Barmer 48 D4
Barmouth 40 F2
Barmpton 68 F5
Barmston 65 J7
Barnack 46 D7
Barnacle 34 E2
Barnard Castle 68 C5
Barnard Gate 31 J6
Barnardiston 38 C6
Barnburgh 55 H3
Barnby 39 K2
Barnby Dun 55 K3
Barnby in the Willows 46 B2
Barnby Moor 55 K5
Barnes 21 G6
Barnet 21 G4
Barnetby le Wold 58 E6
Barney 48 E4
Barnham, W. Susx 12 C6
Barnham, Suff 38 D3
Barnham Broom 49 F7
Barnhead 93 H6
Barnhill 99 K3
Barningham, Durham 68 C5
Barningham, Suff 38 E3
Barnoldby le Beck 59 G6
Barnoldswick 62 B5
Barns Green 12 E4
Barnsley, Glos 30 E7
Barnsley, S. Yks 55 G3
Barnstaple 7 F2
Barnston, Essex 22 C2
Barnston, Mers 52 D5
Barnt Green 34 B3
Barnton 53 H6
Barnwell 36 D2
Barnwood 30 C6
Barony, The 116 B4
Barr 70 D2
Barrachan 70 E7
Barrack 101 H4
Barraglom 111 F4
Barrahormid 83 G3
Barran 84 A2
Barrapol 88 A4
Barras, Grampn 93 K3
Barras, Cumbr 67 L5
Barrasford 74 F6
Barravullin 89 K8
Barregarrow 60 Q3
Barrhead 77 L2
Barrhill 70 D3
Barrington, Somer 8 E3
Barrington, Cambs 37 G6
Barripper 2 E6
Barrmill 77 J2
Barrock 115 H2
Barrow, Leic 46 B6
Barrow, Suff 38 C4
Barrow, Shrops 43 H7
Barrow, Lancs 61 L6
Barroway Drove 47 J7
Barrowby 46 B4
Barrowden 46 C7
Barrowford 62 B6
Barrow Gurney 17 G4
Barrow-in-Furness 60 E3
Barrow Street 9 K1
Barrow upon Humber 58 E4
Barrow upon Soar 45 G6
Barrow upon Trent 44 E5
Barry, Tays 87 J1
Barry, S. Glam 25 K8
Barry Island 25 K8
Barsby 45 H6
Barsham 39 J2
Barston 34 D3
Bartestree 29 K3
Bartford St Martin 10 B1
Barthol Chapel 101 H5
Barthomley 43 J2
Bartley 10 E3
Bartlow 37 J6
Barton, Warw 34 C5
Barton, N. Yks 68 E6
Barton, Ches 42 F2
Barton, Glos 30 F5
Barton, Cambs 37 H5
Barton, Lancs 61 J6
Barton, Devon 5 K5
Barton Bendish 48 C7
Barton Hartshorn 35 H7
Barton in Fabis 45 G4
Barton in the Beans 44 E7
Barton-le-Clay 36 D7
Barton-le-Street 64 E5
Barton-le-Willows 64 E6
Barton Mills 38 C3
Barton Moss 53 J4
Barton on Sea 10 D5
Barton-on-the-Heath 31 G4
Barton Seagrave 36 B3
Barton Stacey 18 F6
Baton St David 9 G1
Barton Turf 49 J5
Barton-under-Needwood 44 C6
Barton-upon-Humber 58 E4
Barvas 111 H3
Barway 37 J3
Barwell 45 F8
Barwick 9 G3
Barwick in Elmet 63 H6
Baschurch 42 F5
Bascote 34 F4
Basford Green 44 A2
Bashall Eaves 61 L5
Bashley 10 D5
Basildon 22 D5
Basingstoke 19 H5
Baslow 55 F6
Bason Bridge 16 E6
Bassaleg 16 D2
Bassenthwaite 66 E3
Bassett 10 F3
Bassingbourn 37 G6
Bassingfield 45 H4
Bassingham 56 D8
Bassingthorpe 46 C5
Basta 121 H3
Baston 46 E6
Bastwick 49 K6
Batchcott 32 D3
Batcombe, Dorset 9 H4
Batcombe, Somer 17 H7
Bate Heath 53 H6
Bath 17 J4
Bathampton 17 J4
Bathealton 8 B2
Batheaston 17 J4
Bathford 17 J4
Bathgate 79 G3
Bathley 56 B8
Bathpool 4 C4
Batley 63 F7
Batsford 31 F4
Battersby 69 H6
Battersea 21 G6
Battisford 38 F5
Battisford Tye 38 F5
Battle, Powys 25 J1
Battle, E. Susx 13 L5
Battlefield 43 G6
Battlesbridge 22 D4
Battlesden 36 C8
Battleton 7 K3
Battramsley 10 E5
Bauds of Cullen 100 D2
Baughurst 19 G4
Baulking 18 E1
Baumber 57 G6
Baunton 30 E7
Baverstock 10 B1
Bawburgh 49 G7
Bawdeswell 48 F5
Bawdrip 16 E7
Bawdsey 39 J6
Bawtry 55 K4
Baxenden 62 A7
Baxterley 44 D8
Baycliff 61 F2
Baydon 18 D3
Bayford 21 H3
Bayham Abbey 13 K3
Bayhead 104 C5
Bayles 67 K2
Baylham 39 G5
Bayston Hill 43 F7
Bayton 33 F3
Beachampton 35 J7
Beachamwell 48 C7
Beachans 99 J4
Beachborough 15 H5
Beachley 17 G1
Beacon 8 C4
Beacon End 22 F1
Beacon's Bottom 20 B4
Beaconsfield 20 D4
Beacravik 105 G2
Beadlam 63 K1
Beadnell 81 L7
Beaford 7 F4
Beal, Northum 81 J5
Beal, N. Yks 63 J7
Beaminster 9 F4
Beamish 68 E1
Beamsley 62 D4
Bean 14 B1
Beanacre 17 L4
Beanley 75 G2
Beaquoy 116 C4
Beare Green 12 E2
Bearley 34 C4
Bearpark 68 E2
earsbridge 67 K1
Bearsden 85 H7
Bearsted 14 D3
Bearwood 10 B5
Beattock 73 F3
Beauchamp Roding 21 K2
Beauchief 55 G5
Beaufort 25 K3
Beaulieu 10 E4
Beauly 98 D4
Beaumaris 50 F3
Beaumont, Essex 39 G8
Beaumont, Cumbr 73 J8
Beausale 34 D3
Beaworthy 4 E2
Beazley End 38 C8
Bebington 52 E5
Bebside 75 J5
Beccles 39 K1
Becconsall 61 H7
Beckbury 43 J7
Beckenham 21 H7
Beckermet 66 C6
Beckermonds 62 B1
Beckfoot, Cumbr 66 C2
Beckfoot, Cumbr 66 D6
Beck Foot, Cumbr 67 J7
Beckford 30 D4
Beckhampton 18 B4
Beck Hole 64 F2
Beckingham, Lincs 46 B2
Beckingham, Notts 56 B4
Beckington 17 K5
Beckley, E. Susx 14 E6
Beckley, Oxon 31 K6
Beck Row 38 B3
Beck Side 60 F1
Beckton 21 J5
Beckwithshaw 63 F4
Becontree 21 J5
Bedale 63 F1
Bedburn 68 D3
Beddau 25 J6
Beddgelert 50 E6
Beddingham 13 H6
Beddington 21 H7
Bedfield 39 H4
Bedford 36 D6
Bedhampton 11 J4
Bedingfield 39 G4
Bedlington 75 J5
Bedlinog 25 J4
Bedmond 20 E3
Bednall 44 A6
Bedrule 74 C2
Bedstone 32 C3
Bedwas 25 K6
Bedworth 34 E2
Beeby 45 H7
Beech, Hants 19 H7
Beech, Staffs 43 K4
Beech Hill 20 A7
Beechingstoke 18 B5
Beedon 19 F3
Beeford 65 J7
Beeley 55 F7
Beelsby 59 G6
Beenham 19 G4
Beer 8 D6
Beer Crocombe 8 E2
Beer Hackett 9 G3
Beesands 5 J7
Beesby 57 J5
Beeson 5 J7
Beeston, Beds 36 E6
Beeston, Norf 48 E6
Beeston, W. Yks 63 F6
Beeston, Notts 45 G4
Beeston, Ches 53 G8
Beeston Regis 49 G3
Beeswing 72 D7
Beetham 61 H2
Beetley 48 E6
Begbroke 31 J6
Begelly 26 F7
Beguildy 32 A3
Beighton, S. Yks 55 H5
Beighton, Norf 49 J7
Beith 77 J2
Bekesbourne 15 J3
Belaugh 49 H6
Belbroughton 33 J3
Belchamp Otten 38 D6
Belchamp St Paul 38 C6
Belchamp Walter 38 D6
Belchford 57 G6
Belford 81 K6
Belhelvie 101 J7
Bellabeg 100 C7
Bellanoch 83 G2
Bell Busk 62 C4
Belleau 57 J6
Belleheiglash 100 A5
Bellerby 68 D7
Bellever 5 G4
Bellingdon 20 D3
Bellingham 74 E5
Belloch 76 B4
Bellochantuy 76 B4
Bellsbank 77 K7
Bellshill, Strath 78 E4
Bellshill, Northum 81 K6
Bellsmyre 85 G7
Bellspool 79 J6
Bellsquarry 79 H3
Bells Yew Green 13 K3
Belmesthorpe 46 D6
Belmont 53 H2
Belnacraig 100 C7
Belowda 3 H3
Belper 44 E3
Belsay 75 H6
Belses 80 D7
Belsford 5 H6
Belstead 39 G6
Belston 77 J5
Belstone 5 G2
Belthorn 61 L7
Beltinge 15 J2
Beltoft 58 C6
Belton, Humbs 58 B6
Belton, Leic 46 B7
Belton, Lincs 46 C4
Belton, Leic 45 F5
Belton, Norf 49 K7
Belvedere 21 J6
Belvoir 46 B4
Bembridge 11 H6
Bemersyde 80 D6
Bempton 65 J5
Benacre 39 L2
Benbuie 72 C4
Ben Casgro 111 J5
Benderloch 89 L5
Benenden 14 E5
Bengate 49 J5
Benholm 93 K5
Beningbrough 63 J4
Benington, Lincs 47 G3
Benington, Herts 21 H1
Benllech 50 E2
Benmore, Strath 84 D6
Benmore, Central 85 G2
Bennacott 4 C2
Bennan 76 E5
Bennecarrigan 76 E5
Benniworth 57 G5
Benover 13 L2
Benson 20 A4
Benthall 43 H7
Bentham 30 D6
Benthoul 101 H8
Bentley, H. & W. 34 A4
Bentley, Warw 44 D8
Bentley, Humbs 58 E3
Bentley, S. Yks 55 J3
Bentley, Hants 19 J6
Bentley Heath 34 C3
Bentpath 73 J4
Bentworth 19 H6
Benwick 37 G
Beoley 34 B4
Beoraidbeg 96 B6
Bepton 11 K3
Berden 37 H8
Berea 26 B5
Bere Alston 4 E5
Bere Ferrers 4 E5
Berepper 2 E7
Bere Regis 9 K5
Bergh Apton 49 J7
Berinsfield 31 K8
Berkeley 30 A8
Berkhamsted 20 D3
Berkley 17 K6
Berkswell 34 D3
Bermondsey 21 H6
Bernera 96 D3
Bernisdale 103 F3
Berrick Salome 20 A4
Berriedale 109 K1
Berrier 67 G4
Berriew 42 C7
Berrington, Shrops 43 G7
Berrington, Northum 81 J5
Berrow 16 D5
Berrow Geen 33 G5
Berry Hill 29 K6
Berryhillock 100 E2
Berrynarbor 7 F1
Berry Pomeroy 5 J5
Bersham 42 E3
Bersted 12 C6
Berwick 13 J6
Berwick Bassett 18 C3
Berwick Hill 75 H6
Berwick St James 18 B7
Berwick St John 10 A2
Berwick St Leonard 9 L1
Berwick-upon-Tweed 81 H4
Berwyn 42 C3
Besford 33 J6
Bessacarr 55 K3
Bessels Leigh 31 J7
Bessingham 49 G4
Besthorpe, Notts 56 C7
Besthorpe, Norf 48 F8
Beswick 65 H8
Betchworth 12 F1
Bethania, Dyfed 40 E7
Bethania, Gwyn 51 F5
Bethel 50 E4
Bethersden 14 F4
Bethesda, Dyfed 26 E6
Bethesda, Gwyn 51 F4
Bethlehem 24 E2
Bethnal Green 21 H5
Betley 43 J3
Betsham 14 C1
Betteshanger 15 K3
Bettiscombe 8 E5
Bettisfield 42 F4
Betton, Shrops 42 E7
Betton, Shrops 43 H4
Bettws, Gwent 16 D1
Bettws, Gwent 29 G6
Bettws Cedewain 42 C8
Bettws Gwerfil Goch 51 K6
Bettws Newydd 29 H7
Bettyhill 113 J2
Betws, M. Glam 25 H6
Betws, Dyfed 27 L6
Betws Bledrws 27 K2

Betws Garmon
Brae, Highld
157

Betws Garmon 50 E5
Betws Ifan 27 H3
Betws-y-Coed 51 G5
Betws-yn-Rhos 51 J3
Beulah, Powys 28 D2
Beulah, Dyfed 27 G3
Bevendean 13 G6
Bevercotes 56 A6
Beveley 58 E3
Beverston 30 C8
Bevington 30 A8
Bewaldeth 66 E3
Bewcastle 74 B6
Bewdley 33 G3
Bewerley 62 E3
Bewholme 65 J7
Bexhill 13 L6
Bexley 21 J6
Bexleyheath 21 J6
Bexwell 48 B7
Beyton 38 E4
Bibury 30 F7
Bicester 31 K5
Bickenhall 8 D3
Bickenhill 34 C2
Bicker 47 F4
Bickerstaffe 52 F3
Bickerton, Ches 43 G2
Bickerton, N. Yks 63 H4
Bickington, Devon 7 F2
Bickington, Devon 5 H4
Bickleigh, Devon 5 F5
Bickleigh, Devon 7 K5
Bickleton 6 F2
Bickley 21 J7
Bickley Moss 43 G3
Bicknacre 22 D3
Bicknoller 16 C7
Bicknor 14 E3
Bickton 10 C3
Bicton, Shrops 32 B2
Bicton, Shrops 42 F6
Bidborough 13 J2
Biddenden 14 E5
Biddenham 36 D5
Biddestone 17 K3
Biddisham 16 E5
Biddlesden 35 H6
Biddlestone 74 F3
Biddulph 53 K8
Biddulph Moor 53 L8
Bideford 6 E3
Bidford-on-Avon 34 C5
Bielby 58 B2
Bieldside 93 K1
Bierley 11 G7
Bierton 20 C2
Bigbury 5 G7
Bigbury-on-Sea 5 G7
Bigby 58 E6
Biggar, Cumbr 60 E3
Biggar, Strath 79 H6
Biggin, Derby 44 D3
Biggin, Derby 54 E8
Biggin, N. Yks 63 J6
Biggings 118 D2
Biggin Hill 21 J8
Biggins 61 K2
Biggleswade 36 E6
Bighton 11 H1
Bignor 12 C5
Big Sand 106 C4
Bigton 119 F6
Bilberry 3 J3
Bilborough 45 G3
Bilbrook 43 K7
Bilbrough 63 J5
Bilbster 115 H4
Bildeston 38 E6
Billericay 22 C4
Billesdon 45 J7
Billesley 34 C5
Billing 35 K4
Billingborough 46 E4
Billinge 53 G3
Billingford, Norf 48 F5
Billingford, Suff 39 G3
Billingham 69 G4
Billinghay 46 E2
Billingley 55 H3
Billingshurst 12 D4
Billingsley 33 G2
Billington, Beds 20 D1
Billington, Lancs 61 L6
Billockby 49 K6
Billy Row 68 D3
Bilsborrow 61 J5
Bilsby 57 J6
Bilsington 15 G5
Bilsthorpe 55 K7
Bilston, W. Mids 44 A8
Bilston, Lothn 79 K3
Bilstone 44 E7
Bilting 15 G4
Bilton, Warw 35 F3
Bilton, Humbs 59 F3
Bilton, N. Yks 63 H4
Bilton, Northum 75 J2
Bimbister 116 C5
Binbrook 57 G4
Bincombe 9 H6
Binegar 17 H6
Binfield 20 C6
Binfield Heath 20 B6
Bingfield 75 F6
Bingham 45 J4
Bingley 62 E6
Binham 48 E4
Binley, W. Mids 34 E3
Binley, Hants 18 F5
Binley Woods 34 E3
Binniehill 86 B7
Binstead 11 G5
Binsted 19 J6
Binton 34 C5
Bintree 48 F5
Binweston 42 E7
Birch, Essex 22 F2
Birch, G. Man 53 K3
Bircham Newton 48 C4
Bircham Tofts 48 C4
Birchanger 21 K1
Bircher 32 D4
Birch Green 22 F2
Birchgrove 24 F5
Birchington 15 J2
Birchover 55 F7
Birch Vale 54 D5
Birchwood 56 D7
Bircotes 55 K4
Birdbrook 38 C6
Birdham 11 K4
Birdingbury 34 F4
Birdlip 30 D6
Birdsall 64 F6
Birdsgreen 33 G2
Birdston 85 J7
Birdwell 55 G3
Birdwood 30 B6
Birgham 81 F6
Birkdale 52 E2
Birkenhead 52 E5
Birkenhills 101 G4
Birkenshaw, Strath 78 D3
Birkenshaw, W. Yks 62 F7
Birkhall 92 E2
Birkhill 87 G1
Birkin 63 J7
Birley 29 J2
Birling, Kent 14 C2
Birling, Northum 75 J3
Birlingham 33 J6
Birmingham 34 B2
Birnam 92 B7
Birness 101 J5
Birse 93 G2
Birsemore 93 G2
Birstall 45 G7
Birstall Smithies 63 F7
Birstwith 63 F4
Birtley, H. & W 32 C4
Birtley, T. & W 68 E1
Birtley, Northum 74 E6
Birts Street 33 G7
Bisbrooke 46 B8
Bishampton 34 A5
Bishop Auckland 68 E4
Bishopbriggs 85 J7
Bishop Burton 58 D3
Bishop Middleham 68 F3
Bishop Monkton 63 G3
Bishop Norton 56 D4
Bishopsbourne 15 H3
Bishops Cannings 18 B4
Bishop's Castle 32 C2
Bishop's Caundle 9 H3
Bishop's Cleeve 30 D5
Bishop's Frome 33 F6
Bishop's Itchington 34 E5
Bishops Lydeard 8 C2
Bishop's Nympton 7 H3
Bishop's Offley 43 J5
Bishop's Stortford 21 J1
Bishop's Sutton 11 H1
Bishop's Tachbrook 34 E4
Bishop's Tawton 7 F2
Bishopsteignton 5 K4
Bishopstoke 11 F3
Bishopston 24 D6
Bishopstone, Wilts 10 B2
Bishopstone, Bucks 20 C2
Bishopstone, Wilts 18 D2
Bishopstone, E. Susx 13 H6
Bishopstone, H. & W 29 J3
Bishop Sutton 17 G5
Bishop's Waltham 11 G3
Bishopswood, Somer 8 D3
Bishop's Wood, Staffs 43 K7
Bishopsworth 17 G4
Bishop Thornton 63 F3
Bishopthorpe 63 J5
Bishopton, Durham 69 F4
Bishopton, Strath 85 G7
Bishop Wilton 64 E7
Bishton 16 E2
Bisley, Glos 30 D7
Bisley, Surrey 20 D8
Bispham 61 G5
Bissoe 2 F5
Bisterne Close 10 D4
Bitchfield 46 C5
Bittadon 7 F1
Bittaford 5 G6
Bittering 48 E6
Bitterley 32 E3
Bitterne 11 F3
Bitteswell 35 G2
Bitton 17 H4
Bix 20 B5
Bixter 119 F3
Blaby 45 G8
Blackacre 73 F4
Blackadder 81 G4
Blackawton 5 J6
Blackborough 8 B4
Blackborough End 48 B6
Black Bourton 31 G7
Blackboys 13 J4
Blackbrook 43 J4
Blackburn, Lothn 79 G3
Blackburn,Grampn 101 H7
Blackburn, Lancs 61 K7
Black Callerton 75 H7
Black Clauchrie 70 D3
Black Crofts 84 B1
Blackden Heath 53 J6
Black Dog, Devon 7 J5
Blackdog, Grampn 101 J7
Blackfield 11 F4
Blackford, Tays 86 B4
Blackford, Somer 16 F6
Blackford, Somer 9 H2
Blackford, Cumbr 73 J7
Blackfordby 44 E6
Blackgang 11 F7
Blackhall 93 H2
Blackhall Rocks 69 G3
Blackham 13 J3
Blackhaugh 80 C6
Blackheath, W. Mids 34 A2
Blackheath, Essex 23 G1
Blackhill 101 K3
Blackland 18 B4
Blackley 53 K3
Blacklunans 92 C5
Black Marsh 42 E8
Blackmill 25 H6
Blackmoor 11 J1
Blackmore 22 C3
Blackmore End 38 C7
Black Mount 90 D7
Blackness 86 D7
Blacknest 19 J6
Black Notley 22 D1
Blacko 62 B5
Black Pill 24 E5
Blackpool 61 G6
Blackpool Gate 74 B6
Blackridge 79 F3
Blackrock, Strath 82 C5
Blackrock, Gwent 25 L3
Black Rocks 65 H4
Blackrod 53 H2
Blackshaw 73 F7
Blackstone 12 F5
Blackthorn 20 A2
Blackthorpe 38 E4
Blacktoft 58 C4
Blacktop 101 H8
Black Torrington 6 E5
Blackwater, Hants 20 C7
Blackwater, Corn 2 F5
Blackwater, I. of W 11 G6
Blackwaterfoot 76 D5
Blackwell, H. & W 34 A3
Blackwell, Derby 54 E6
Blackwood, Strath 78 E5
Blackwood, Gwent 25 K5
Blackwood Hill 43 L2
Blacon 52 E7
Bladerstone 61 K6
Bladnoch 71 F6
Bladon 31 J6
Blaenannerch 27 G3
Blaenau Ffestiniog 51 G6
Blaenavon 29 G7
Blaendyryn 28 D4
Blaenffos 27 F4
Blaengarw 25 H5
Blaengwrach 25 G4
Blaengwynfi 25 G5
Blaenpennal 41 F7
Blaenplwyf 40 E6
Blaenporth 27 G3
Blaenrhondda 25 H5
Blaenwaun 27 G5
Blagdon, Avon 17 G5
Blagdon, Devon 5 J5
Blagdon Hill 8 D3
Blaich 90 B4
Blaina 25 L4
Blair Atholl 91 K5
Blairdaff 101 F7
Blairgowrie 92 C7
Blairhall 86 D6
Blairingone 86 C5
Blairlogie 85 L5
Blairmore 84 D6
Blairskaith 85 H7
Blaisdon 30 B6
Blakebrook 33 H3
Blakedown 33 H3
Blakelaw 80 F6
Blakemere 29 H3
Blakeney, Glos 30 A7
Blakeney, Norf 48 F3
Blakenhall, Ches 43 J3
Blakenhall, W. Mids 43 L8
Blakeshall 33 H2
Blakesley 35 H5
Blanchland 68 B1
Blandford Camp 9 L4
Blandford Forum 9 K4
Blandford St Mary 9 K4
Bland Hill 62 F4
Blanefield 85 H7
Blankney 56 E7
Blantyre 78 D4
Blarmachfoldach 90 B5
Blarnalearoch 107 G2
Blashford 10 C4
Blaston 45 K8
Blatherwycke 46 C8
Blawith 61 F1
Blaxhall 39 J5
Blaxton 55 K3
Blaydon 75 H7
Bleadon 16 E5
Blean 15 H2
Bleasby 45 J3
Bleatarn 67 K5
Blebocraigs 87 H3
Bleddfa 32 B4
Bledington 31 G5
Bledlow 20 B3
Bledlow Ridge 20 B4
Blegbie 80 C3
Blencarn 67 J3
Blencogo 66 D2
Blencow 67 G3
Blendworth 11 J3
Blennerhasset 66 D2
Bletchingdon 31 K6
Bletchingley 13 G1
Bletchley, Bucks 36 B7
Bletchley, Shrops 43 H4
Bletherston 26 E5
Bletsoe 36 D5
Blewbury 19 G2
Blickling 49 G5
Blidworth 45 G2
Blindcrake 66 D3
Blindley Heath 13 G2
Blisland 3 K2
Blissford 10 C3
Bliss Gate 33 G3
Blisworth 35 J5
Blockley 31 F4
Blofield 49 J7
Blo' Norton 38 F3
Blore 44 C3
Bloxham 31 J4
Bloxwich 44 B7
Bloxworth 9 K5
Blubberhouses 62 E4
Blue Anchor 16 B6
Blue Bell Hill 14 D2
Blundellsands 52 E4
Blundeston 49 L8
Blunham 36 E5
Blunsdon St Andrew 18 C2
Bluntisham 37 G3
Blyborough 56 D4
Blyford 39 K3
Blymhill 43 K6
Blyth, Northum 75 K5
Blyth, Notts 55 K5
Blyth Bridge 79 J5
Blythburgh 39 K3
Blythe 80 D5
Blythe Bridge 44 A3
Blyton 56 C4
Boarhills 87 J3
Boarhunt 11 H4
Boarshead 13 J3
Boarstall 20 A2
Boasley Cross 4 F2
Boath 108 D6
Boat of Garten 99 H7
Bobbing 14 E2
Bobbington 33 H1
Bocaddon 3 K4
Bockhampton 9 J5
Bocking 22 D1
Bocking Churchstreet 38 C8
Boddam, Shetld 119 F7
Boddam, Grampn 101 L4
Boddington 30 C5
Bodedern 50 C2
Bodelwyddan 51 K3
Bodenham, Wilts 10 C2
Bodenham, H. & W 29 K2
Bodewryd 50 D1
Bodfari 51 K3
Bodffordd 50 D3
Bodham 49 G3
Bodiam 14 D6
Bodicote 35 F7
Bodieve 3 H2
Bodle Street Green 13 K5
Bodmin 3 J3
Bodney 48 D8
Boduan 50 C7
Bogallan 98 E3
Bogbrae 101 K5
Bogend 77 J4
Boghall 79 G3
Bogmoor 100 C2
Bogniebrae 100 E4
Bognor Regis 12 C7
Bograxie 101 G7
Bog, The 42 E8
Bogton 100 F3
Bohenie 90 D3
Bohortha 3 G6
Bohuntine 90 D3
Boisdale 94 C4
Bojewyan 2 B6
Bolam 68 D4
Bold Heath 53 G5
Boldon 75 K7
Boldre 10 E5
Boldron 68 C5
Bole 56 C5
Bolehill 44 D2
Boleside 80 C6
Bolham 7 K4
Bolham Water 8 C3
Bolingey 2 F4
Bollington, Ches 53 J5
Bollington, Ches 53 L6
Bolney 12 F4
Bolnhurst 36 D5
Bolsover 55 H6
Bolsterstone 55 F4
Bolstone 29 K4
Boltby 63 H1
Bolton, Humbs 64 E7
Bolton, Northum 75 H2
Bolton, G. Man 53 J3
Bolton, Cumbr 67 J4
Bolton, Lothn 87 J7
Bolton Abbey 62 D4
Bolton-by-Bowland 62 A5
Boltonfellend 73 K7
Boltongate 66 E2
Bolton-le-Sands 61 H3
Bolton-on-Swale 68 E7
Bolton Percy 63 J5
Bolton upon Dearne 55 H3
Bolventor 3 K2
Bomere Heath 43 F6
Bonar Bridge 108 E4
Bonawe 84 C1
Bonby 58 E5
Boncath 27 G4
Bonchester Bridge 74 B2
Bondleigh 7 G5
Bonehill 44 C7
Bo'Ness 86 C6
Bonhill 85 F7
Boningale 43 K7
Bonjedward 80 E7
Bonkle 79 F4
Bonnington, Northnts 86 E8
Bonnington, Kent 15 G5
Bonnybridge 85 L6
Bonnykelly 101 H3
Bonnyrigg and Lasswade 80 B3
Bonnyton 93 H6
Bonsall 55 F8
Bont 29 H6
Bontddu 41 F2
Bont Dolgadfan 41 H3
Bont-goch or Elerch 41 F5
Bontnewydd, Gwyn 50 D4
Bont-newydd, Clwyd 51 K3
Bontuchel 51 K5
Bonvilston 25 J7
Booker 20 C4
Booley 43 G5
Boosbeck 69 J5
Boot 66 D6
Boothby Graffoe 56 D8
Boothby Pagnell 46 C4
Boothstown 53 J3
Booth Wood Reservoir 60 E1
Bootle, Cumbr 60 E1
Bootle, Mers 52 E4
Boraston 33 F3
Borden 14 E2
Bordley 62 C3
Bordon Camp 11 J1
Boreham, Essex 22 D3
Boreham, Wilts 17 K6
Boreham Street 13 K5
Borehamwood 21 F4
Boreland 73 G4
Borgie 113 H3
Borgue, Highld 115 G7
Borgue, D. & G 71 H7
Borley 38 D6
Bornesketaig 102 E1
Borness 71 H7
Boroughbridge 63 G3
Borough Green 13 K1
Borras Head 42 E2
Borreraig 102 C3
Borrowby 69 G8
Borrowash 44 F4
Borth 40 F4
Borthwickbrae 73 K2
Borthwickshiels 73 K2
Borth-y-Gest 50 E7
Borve, W. Isles 94 B5
Borve, W. Isles 104 E3
Borve, W. Isles 104 F2
Borve, Highld 103 F4
Borwick 61 J2
Bosavern 2 B6
Bosbury 33 F6
Boscastle 4 A2
Boscombe, Dorset 10 C5
Boscombe, Wilts 18 D7
Bosham 11 K4
Bosherton 26 D8
Boskednan 2 C6
Bosley 53 L7
Bossall 64 E6
Bossiney 4 A3
Bossingham 15 H4
Bosta 111 F3
Bostock Green 53 H7
Boston 47 G3
Boston Spa 63 H5
Boswinger 3 H5
Botallack 2 B6
Botany Bay 21 G4
Botcheston 45 F7
Botesdale 38 F3
Bothal 75 J5
Bothamsall 55 K6
Bothel 66 D3
Bothenhampton 9 F5
Bothwell 78 E4
Botley, Bucks 20 D3
Botley, Hants 11 G3
Botley, Oxon 31 J7
Botolphs 12 E6
Bottacks 98 C2
Bottesford, Humbs 58 C6
Bottesford, Leic 45 K4
Bottisham 37 J4
Bottomcraig 87 G2
Botusfleming 4 E5
Botwnnog 50 B7
Boughrood 28 F4
Boughspring 29 K8
Boughton, Norf 48 B7
Boughton, Northnts 35 J4
Boughton, Notts 55 K7
Boughton Aluph 15 G4
Boughton Lees 15 G4
Boughton Malherbe 14 E4
Boughton Monchelsea 13 L1
Boughton Street 15 G3
Boulby 69 K5
Bouldon 32 E2
Boulmer 75 J2
Boulston 26 D6
Boultham 56 D7
Bourn 37 G5
Bourne 46 D5
Bourne End, Bucks 20 C5
Bourne End, Beds 36 C6
Bourne End, Herts 20 E3
Bournemouth 10 B5
Bournes Green 30 D7
Bourneville 34 B2
Bournheath 34 A3
Bournmoor 68 F1
Bourton, Oxon 18 D2
Bourton, Avon 16 E4
Bourton, Shrops 43 G8
Bourton, Dorset 9 J1
Bourton on Dunsmore 34 F3
Bourton-on-the-Hill 31 F4
Bourton-on-the-Water 31 F5
Boveney 20 D6
Boverton 25 H8
Bovey Tracey 5 J4
Bovingdon 20 E3
Bovington Camp 9 K6
Bow, G. Lon 21 H5
Bow, Devon 7 H5
Bowbank 68 B4
Bow Brickhill 36 C7
Bowburn 68 F3
Bowcombe 11 F6
Bowd 8 C5
Bowden, Border 80 D6
Bowden, Devon 5 J7
Bowden Hill 18 A4
Bowderdale 67 J6
Bowdon 53 J5
Bowerchalke 10 B2
Bowermadden 115 H3
Bowers Gifford 22 D5
Bowershall 86 D5
Bowertower 115 H3
Bowes 68 B5
Bowhill 80 C7
Bowland 80 C5
Bowland Bridge 67 G8
Bowley 29 K2
Bowlhead Green 12 C3
Bowling 85 G7
Bowling Bank 42 E3
Bowling Green 33 H5
Bowmanstead 66 F7
Bowmore 82 C6
Bowness-on-Solway 73 H7
Bowness-on-Windermere 67 G7
Bowsden 81 H5
Bow Street 41 F5
Bowthorpe 49 G7
Box, Glos 30 C7
Box, Wilts 17 K4
Boxbush 30 B6
Boxford, Suff 38 E6
Boxford, Berks 18 F3
Boxgrove 11 L4
Boxley 14 D3
Boxted, Suff 38 D5
Boxted, Essex 38 E7
Boxworth 37 G4
Boylestone 44 C4
Boyndie 100 F2
Boyndlie 101 J2
Boynton 65 J6
Boyton, Wilts 18 A7
Boyton, Corn 4 D2
Boyton, Suff 39 J6
Bozeat 36 C5
Braaid 60 Q4
Brabling Green 39 H4
Brabourne 15 H4
Brabourne Lees 15 G4
Brabster 115 J3
Bracadale 102 E5
Braceborough 46 D6
Bracebridge Heath 56 D7
Braceby 46 D4
Bracewell 62 B5
Brackenfield 55 G8
Brackletter 90 C3
Brackley, Strath 76 C3
Brackley, Northnts 35 G7
Bracknell 20 C7
Braco 85 L4
Bracobrae 100 E3
Bracon Ash 49 G8
Bracora 96 C6
Bracorina 96 C6
Bradbourne 44 D2
Bradbury 68 F4
Bradda 60 N4
Bradden 35 H6
Braddock 3 K3
Bradenham, Bucks 20 C4
Bradenham, Norf 48 E7
Bradenstoke 18 B3
Bradfield, Essex 39 G7
Bradfield, Berks 19 H3
Bradfield, Norf 49 H4
Bradfield Combust 38 D5
Bradfield Green 53 H8
Bradfield St Clare 38 E5
Bradfield St George 38 E4
Bradford, Devon 6 E5
Bradford, W. Yks 62 E6
Bradford, Northum 81 K6
Bradford Abbas 9 G3
Bradford Leigh 17 K4
Bradford-on-Avon 17 K4
Bradford-on-Tone 8 C2
Bradford Peverell 9 H5
Brading 11 K6
Bradley, Derby 44 D3
Bradley, Humbs 59 G6
Bradley, Hants 19 H6
Bradley, Staffs 43 K6
Bradley Green 34 A4
Bradley in the Moors 44 B3
Bradmore 45 G4
Bradninch 7 K5
Bradnop 44 B2
Bradpole 9 F5
Bradshaw 53 J2
Bradstone 4 D3
Bradwall Green 53 J7
Bradwell, Bucks 36 B7
Bradwell, Essex 22 E1
Bradwell, Derby 54 E5
Bradwell, Norf 49 L7
Bradwell Grove 31 G7
Bradwell-on-Sea 23 G3
Bradwell Waterside 23 F3
Bradworthy 6 D4
Brae, Highld 106 D3

158 Brae, Highld Burscough

Brae, Highld 98 E2
Brae, Shetld 120 F6
Braeantra 108 D6
Braefield 98 C5
Braehead, Orkney 116 D2
Braehead, Strath 79 F6
Braehead, D. & G 71 F6
Braehead, Strath 79 G4
Braehead, Tays 93 H6
Braehoulland 120 E5
Braemar 92 C2
Braemore 115 F6
Brae of Achnahaird 112 B7
Brae Roy Lodge 90 E2
Braeside 84 E7
Braes, The 103 G5
Braeswick 117 F3
Brafferton, Durham 68 E4
Brafferton, N. Yks 63 H2
Brafield-on-the-Green 36 B5
Bragar 111 G3
Bragbury End 21 G1
Braides 61 H4
Braidley 62 D1
Braidwood 79 F5
Brailes 34 E7
Brailsford 44 D3
Braintree 22 D1
Braiseworth 39 G3
Braishfield 10 E2
Braithwaite 66 C4
Braithwell 55 J4
Bramber 12 E5
Bramcote 45 G4
Bramdean 11 H2
Bramerton 49 H7
Bramfield, Herts 21 G2
Bramfield, Suff 39 K3
Bramford 36 E6
Bramhall 53 K5
Bramhan 63 H5
Bramhope 63 F5
Bramley, Hants 20 A8
Bramley, Surrey 12 D2
Bramley, S. Yks 55 H4
Brampford Speke 5 K2
Brampton, Cumbr 74 B7
Brampton, Lincs 56 C6
Brampton, Cambs 36 F3
Brampton, S. Yks 55 H3
Brampton, Norf 49 H5
Brampton, Cumbr 67 J4
Brampton, Suff 39 K2
Brampton Abbots 29 L5
Brampton Ash 35 J2
Brampton Bryan 32 C3
Bramshall 44 B4
Bramshaw 10 D3
Bramshott 11 K1
Brancaster 48 C3
Brancepeth 68 E3
Branchill 99 J3
Branderburgh 100 B1
Brandesburton 59 F2
Brandeston 39 H4
Brandiston 49 G5
Brandon, Suff 38 C2
Brandon, Lincs 46 C3
Brandon, Durham 68 E3
Brandon, Warw 34 F3
Brandon, Northum 75 G2
Brandon Bank 38 B2
Brandon Creek 38 B1
Brandon Parva 48 F7
Brandsby 63 J2
Brane 2 C7
Bran End 38 B8
Branksome 10 B5
Branksome Park 10 B5
Branscombe 8 C6
Bransford 33 G5
Bransgore 10 C5
Branston, Leic 46 B5
Branston, tafts 44 D5
Branston, Lincs 56 E7
Branstone 11 H6
Brant Broughton 46 C2
Brantham 36 E7
Branthwaite 66 E3
Brantingham 58 D4
Branton, Northum 75 G2
Branton, S. Yks 55 K3
Branxholme 73 K2
Branxholm Park 73 K2
Branxton 81 G6
Brassington 44 D2
Brasted 13 H1
Brasted Chart 13 H1
Brathens 93 H2
Bratoft 57 J7
Brattleby 56 D5
Bratton 17 L5
Bratton Clovelly 4 E2
Bratton Fleming 7 G2
Bratton Seymour 9 H2
Braughing 37 G8
Braunston, Leic 46 B7
Braunston, Northnts 35 G4
Braunstone 45 G7
Braunton 6 E2
Brawby 64 E5
Brawl 114 D3
Brawlbin 115 F4
Bray 20 D6
Braybrooke 35 J2
Brayford 7 G2
Bray Shop 4 D4
Braystones 66 C6
Brayton 63 K6
Brazacott 4 C2
Breachwood Green 21 F1
Breaclete 111 F4
Breadstone 30 B7
Breage 2 E7
Breakachy 98 C4
Breakish 96 B3
Bream 29 L7
Breamore 10 C3
Brean 16 D5
Brearton 63 G3
Breasclete 111 G4
Breaston 45 F4
Brechfa 27 K4
Brechin 93 G5
Breckles 48 E8
Breckrey 103 G2
Brecon 25 J2
Bredbury 53 L4
Brede 14 E7
Bredenbury 29 L2
Bredfield 39 H5
Bredgar 14 E2
Bredhurst 14 D2
Bredon 33 J7
Bredon's Norton 33 J7
Bredwardine 29 H3
Breedon on the Hill 44 F5
Breich 79 G3
Breighton 58 B3
Bremhill 18 A3
Brenchley 13 K2
Brendon 7 H1
Brenish 110 D5
Brent Eleigh 38 E6
Brentford 21 F6
Brent Knoll 16 E5
Brent Pelham 37 H7
Brentwood 22 B4
Brenzett 15 G6
Brereton 44 B6
Brereton Green 53 J7
Brereton Heath 53 K7
Bressingham 39 F2
Bretby 44 D5
Bretford 34 F3
Bretforton 34 B6
Bretherdale Head 67 H6
Bretherton 53 F1
Brettabister 119 G3
Brettenham, Norf 38 E2
Brettenham, Suff 38 E5
Bretton 52 E7
Brevig 94 B6
Brewham 9 J1
Brewlands Bridge 92 C5
Brewood 43 K7
Briantspuddle 9 K5
Brickendon 21 H3
Bricket Wood 21 F3
Bricklehampton 34 A6
Bride 60 R1
Bridekirk 66 D3
Bridell 26 F3
Bridestowe 4 F3
Brideswell 100 E5
Bridford 5 J3
Bridge 15 H3
Bridge End 46 E4
Bridgefoot 66 C4
Bridge Green 37 H7
Bridgemary 11 G4
Bridgend, Strath 84 A5
Bridgend, Strath 76 C4
Bridgend, Strath 82 C5
Bridgend, Grampn 100 C5
Bridgend, Lothn 86 D7
Bridgend, Grampn 100 E5
Bridgend, Cumbr 67 F5
Bridgend, Fife 87 G3
Bridgend, Tays 93 G5
Bridgend, M. Glam 25 H6
Bridgend, Strath 85 J7
Bridgend of Lintrathen 92 D6
Bridge of Alford 100 E7
Bridge of Allan 85 K5
Bridge of Avon 100 A5
Bridge of Brown 99 K6
Bridge of Cally 92 C6
Bridge of Canny 93 H2
Bridge of Dee 72 C7
Bridge of Don 101 J7
Bridge of Dun 93 H6
Bridge of Dye 93 H3
Bridge of Earn 86 E3
Bridge of Feugh 93 J2
Bridge of Forss 115 F3
Bridge of Gairn 92 E2
Bridge of Muchalls 93 K2
Bridge of Orchy 90 D8
Bridge of Walls 118 E3
Bridge of Weir 77 J1
Bridgerule 6 C5
Bridges 42 E8
Bridge Sollers 29 J3
Bridge Street 38 D6
Bridgetown 7 K2
Bridge Trafford 52 F6
Bridge Yate 17 H3
Bridgham 38 E2
Bridgnorth 43 J8
Bridgtown 44 A7
Bridgwater 8 E1
Bridlington 65 J6
Bridport 9 F5
Bridstow 29 K5
Brierfield 62 B6
Brierley, S. Yks 55 H2
Brierley, H. & W 29 J2
Brierley, Glos 29 L6
Brierley Hill 33 J2
Brigg 58 E6
Brigham, Cumbr 66 C3
Brigham, Humbs 65 H7
Brighouse 62 E7
Brighstone 10 F6
Brightgate 55 F8
Brighthampton 31 H7
Brightling 13 K4
Brightlingsea 23 G2
Brighton, E. Susx 13 G6
Brighton, Corn 3 H4
Brightons 86 C7
Brightwalton 18 F3
Brightwell 39 H6
Brightwell Baldwin 20 A4
Brightwell-cum-Sotwell 19 G1
Brignall 68 C5
Brig o' Turk 85 H4
Brigsley 59 G6
Brigsteer 67 G8
Brigstock 36 C2
Brill 20 A2
Brilley 29 G3
Brimfield 32 E4
Brimington 55 H6
Brimpsfield 30 D6
Brimpton 19 G4
Brims 115 H1
Brinacory 96 C6
Brind 58 B3
Brindister, Shetld 118 E3
Brindister, Shetld 119 G5
Brindle 61 J7
Brindley Ford 43 K2
Brineton 43 K6
Bringhurst 36 B1
Brington 36 D3
Brinian 116 D4
Briningham 48 F4
Brinkhill 57 H6
Brinkley 38 B5
Brinklow 34 F3
Brinkworth 18 B2
Brinscall 61 K7
Brinsley 45 F3
Brinsop 29 J3
Brinsworth 55 H4
Brinton 48 F4
Brisley 48 E5
Brislington 17 H3
Bristol 17 G3
Briston 48 F4
Britannia 62 B7
Britford 10 C2
Brithdir 41 G2
Briton Ferry 25 F5
Britwell Salome 20 A4
Brixham 5 K6
Brixton, Devon 5 F6
Brixton, G. Lon 21 H6
Brixton Deverill 17 K7
Brixworth 35 J3
Brize Norton 31 H7
Broad Blunsden 18 C1
Broadbottom 54 C4
Broadbridge 11 K4
Broadbridge Heath 12 E3
Broad Campden 34 C7
Broad Chalke 10 B2
Broadclyst 5 K2
Broadford 96 B3
Broad Green 33 G5
Broad Haven 26 C6
Broad Heath, H. & W 33 F4
Broadheath, H. & W 33 H5
Broadheath, G. Man 53 J5
Broadhembury 8 C4
Broadhempston 5 J5
Broad Hill 38 A3
Broad Hinton 18 C3
Broad Laying 18 F4
Broadley, Grampn 100 C2
Broadley, Lancs 53 K2
Broadley Common 21 J3
Broad Marston 34 C6
Broadmayne 9 J6
Broadmeadows 80 C6
Broadmere 19 H6
Broad Oak, E. Susx 14 E6
Broadoak, Dorset 9 F5
Broad Oak, Kent 15 H2
Broad Oak, Dorset 9 J3
Broad Oak, H. & W 29 J5
Broad Oak, E. Susx 13 K4
Broadrashes 100 D3
Broadstairs 15 K2
Broadstone, Dorset 10 B5
Broadstone, Shrops 32 E2
Broad Street 14 E3
Broad Town 18 B3
Broadwas 33 G5
Broadwater 12 E6
Broadway, H. & W 34 C7
Broadway, Somer 8 E3
Broadwell, Warw 35 F4
Broadwell, Glos 31 G5
Broadwell, Oxon 31 G7
Broadwell, Glos 29 K6
Broadwey 9 H6
Broadwindsor 9 F4
Broadwoodkelly 7 G5
Broadwoodwidger 4 E3
Brobury 29 H3
Brochel 106 A7
Brockbridge 11 H3
Brockdish 39 H3
Brockenhurst 10 D4
Brocketsbrae 79 F6
Brockford Street 39 G4
Brockhall 35 H4
Brockham 12 E2
Brockhampton, Glos 30 E5
Brockhampton, H. & W 29 K4
Brockholes 54 E2
Brocklesby 59 F5
Brockley 17 F4
Brockley Green 38 D5
Brockton, Shrops 32 C2
Brockton, Shrops 42 E7
Brockton, Shrops 43 G8
Brockton, Shrops 43 J7
Brockweir 29 K7
Brockwood Park 11 H2
Brockworth 30 C6
Brocton 44 A6
Brodick 76 F4
Brodsworth 55 J3
Brogborough 36 C7
Brokenborough 17 L2
Broken Cross, Ches 53 H6
Broken Cross, Ches 53 K6
Bromborough 52 E5
Bromcote 34 F2
Brome 39 G3
Brome Street 39 G3
Bromeswell 39 J5
Bromfield, Cumbr 66 D2
Bromfield, Shrops 32 D3
Bromham, Wilts 18 A4
Bromham, Beds 36 D5
Bromley 21 J7
Bromley Green 15 G5
Brompton, Kent 14 D2
Brompton, N. Yks 69 F7
Brompton, N. Yks 65 G4
Brompton-on-Swale 68 E7
Brompton Ralph 8 B1
Brompton Regis 7 K2
Bromsash 30 A5
Bromsgrove 34 A3
Bromyard 33 F5
Bromyard Downs 33 F5
Bronaber 51 G7
Bronington 43 F4
Bronllys 25 K1
Bronnant 41 F7
Bronwydd Arms 27 J5
Bronygarth 42 D4
Brook, Surrey 12 C3
Brook, Hants 10 D3
Brook, Hants 10 E2
Brook, I. of W 10 E6
Brook, Kent 15 G4
Brooke, Leic 46 B7
Brooke, Norf 49 H8
Brookfield 77 K1
Brookhouse 61 J3
Brookhouse Green 53 K7
Brookland 15 F6
Brookmans Park 21 G3
Brooks 42 C8
Brook Street 21 K4
Brookthorpe 30 C6
Brookwood 12 C1
Broom, Warw 34 B5
Broom, Beds 36 E6
Broome, Shrops 32 D2
Broome, Norf 39 J1
Broome, H. & W 33 J3
Broomedge 53 J5
Broome Park 75 H2
Broomer's Corner 12 E4
Broomfield, Somer 8 D1
Broomfield, Essex 22 D2
Broomfield, Kent 14 E3
Broomfield, Kent 15 H2
Broomfield, Grampn 101 J5
Broomfleet 58 C4
Broom Hill, Dorset 10 B4
Broomhill, Northum 75 J3
Brora 109 H3
Broseley 43 H7
Brothertoft 47 F3
Brotherton 63 H7
Brotton 69 J5
Broubster 115 F3
Brough, Notts 56 C8
Brough, Humbs 58 D4
Brough, Derby 54 E5
Brough, Shetld 121 G5
Brough, Shetld 119 H2
Brough, Highld 115 H2
Brough, Shetld 121 H5
Brough, Cumbr 67 K5
Broughall 43 G3
Brough Sowerby 67 K5
Broughton, Northnts 36 B3
Broughton, Bucks 36 B6
Broughton, Cumbr 66 C3
Broughton, N. Yks 62 C4
Broughton, Orkney 116 D2
Broughton, Humbs 58 D6
Broughton, Hants 10 E1
Broughton, N. Yks 64 E5
Broughton, Clwyd 52 E7
Broughton, Cambs 37 F3
Broughton, Oxon 34 F7
Broughton, M. Glam 25 H7
Broughton, Lancs 61 J6
Broughton, Border 79 J6
Broughton, G. Man 53 K3
Broughton Astley 35 G1
Broughton Beck 61 F1
Broughton Gifford 17 K4
Broughton Hackett 33 J5
Broughton i Furness 60 F1
Broughton Mills 66 E7
Broughton Moor 66 C3
Broughton Poggs 31 G7
Broughtown 117 F2
Broughty Ferry 87 H1
Browland 118 E3
Brown Candover 19 G7
Brown Edge 43 L2
Brownhill, Grampn 101 H4
Brownhill, Lancs 61 K6
Brownhills 44 B7
Brownieside 81 K7
Brownlow Heath 53 K7
Brownston 5 G6
Brow Top 61 J4
Broxbourne 21 H3
Broxburn, Lothn 86 D7
Broxburn, Lothn 80 E2
Broxted 37 J8
Broxwood 29 H2
Bruan 115 J6
Brue 111 H3
Bruera 52 F7
Bruern Abbey 31 G5
Bruernish 94 C5
Bruichladdich 82 B5
Bruisyard 39 J4
Brumby 58 C6
Brund 54 E7
Brundall 49 J7
Brundish 39 H4
Brundish Street 39 H3
Bruntingthorpe 35 H1
Brunton, Fife 87 G2
Brunton, Northum 81 L7
Brushford, Devon 7 G5
Brushford, Somer 7 K3
Bruton 9 H1
Bryanston 9 K4
Brydekirk 73 G6
Brymbo 42 D2
Bryn, Shrops 32 B2
Bryn, G. Man 53 G3
Bryn, W. Glam 25 G5
Brynamman 24 F3
Brynberian 26 F4
Bryncae 25 H6
Bryncethin 25 H6
Bryncir 50 D6
Bryn-coch 25 F5
Bryncroes 50 B7
Bryncrug 40 F3
Brynegllwys 42 C3
Brynford 52 C6
Bryn Gates 53 G3
Bryngwran 50 C3
Bryngwyn, Powys 29 F3
Bryngwyn, Gwent 29 H7
Bryn-henllan 26 E4
Brynhoffnant 27 H2
Brynithe 25 L4
Brynmawr 25 K3
Brynmenyn 25 H6
Brynna 25 H6
Brynrefail 50 D2
Brynsadler 25 J6
Brynsiencyn 50 D4
Brynteg, Gwyn 50 D2
Brynteg, Clwyd 42 E2
Bryn, The 29 H7
Bryn-y-maen 51 H3
Bualintur 103 F6
Bualnaluib 106 D2
Bubbenhall 34 E3
Bubwith 58 B3
Buccleuch 73 J2
Buchlyvie 85 H5
Buckabank 67 F2
Buckden, N. Yks 62 C2
Buckden, Cambs 36 E4
Buckenham 49 J7
Buckerell 8 C4
Buckfast 5 H5
Buckfastleigh 5 H5
Buckhaven 87 G5
Buckholm 80 C6
Buckhorn Weston 9 J2
Buckhurst Hill 21 J4
Buckie 100 D2
Buckies 115 G3
Buckingham 35 H7
Buckland, Glos 34 B7
Buckland, Bucks 20 C2
Buckland, Surrey 12 F1
Buckland, Herts 37 G7
Buckland, Devon 5 G7
Buckland, Oxon 31 H8
Buckland, Kent 15 K4
Buckland Brewer 6 E3
Buckland Common 20 D3
Buckland Dinham 17 J5
Buckland Filleigh 6 E5
Buckland in the Moor 5 H4
Buckland Monochorum 4 E5
Buckland Newton 9 H4
Buckland St Mary 8 D3
Bucklebury 19 G3
Bucklers Hard 10 F4
Bucklesham 39 H6
Buckley 52 D7
Bucklow Hill 53 J5
Buckminster 46 B5
Bucknall, Lincs 57 F7
Bucknall, Staffs 43 L3
Bucknell, Shrops 32 C3
Bucknell, Oxon 31 K5
Bucksburn 101 H8
Buck's Cross 6 D3
Bucks Green 12 D3
Bucks Hill 20 E3
Bucks Horn Oak 19 K6
Buck's Mills 6 D3
Buckton, H. & W 32 C3
Buckton, Northum 81 J6
Buckworth 36 E3
Budbrooke 34 D4
Budby 55 K6
Bude 6 C5
Budlake 5 K1
Budle 81 K6
Budleigh Salterton 8 B6
Budock Water 3 F6
Buerton 43 H3
Bugbrooke 35 H5
Bugle 3 J4
Bugthorpe 64 E7
Builth Road 28 E2
Builth Wells 28 E2
Bulby 46 D5
Buldoo 114 E3
Bulford 18 C6
Bulford Camp 18 C6
Bulkeley 43 G2
Bulkington, Wilts 18 A5
Bulkington, Warw 34 E2
Bulkworthy 6 D4
Bulley 30 B6
Bullwood 84 D7
Bulmer, Essex 38 D6
Bulmer, N. Yks 64 D6
Bulmer Tye 38 D7
Bulphan 22 C5
Bulverhythe 14 D8
Bulwell 45 G3
Bulwick 46 C8
Bumble's Green 21 J3
Bunacaimb 96 B7
Bunarkaig 90 C3
Bunavoneadar 105 G1
Bunbury 53 G8
Bundalloch 96 D3
Bunessan 88 E6
Bungay 39 J2
Bunnahabhain 82 D4
Bunny 45 G5
Buntait 98 C5
Buntingford 37 G8
Bunwell 49 G8
Burbage, Wilts 18 D4
Burbage, Derby 54 D6
Burbage, Leic 35 F1
Burcombe 10 B1
Burcot 31 K8
Burdale 65 F6
Bures 38 E7
Burford, Shrops 32 E4
Burford, Oxon 31 G6
Burg 88 E4
Burgess Hill 13 G5
Burgh 39 H5
Burgh by Sands 73 J8
Burgh Castle 49 K7
Burghclere 19 F4
Burghead 99 K2
Burghfield 20 A7
Burghfield Common 20 A7
Burghfield Hill 20 A7
Burgh Heath 12 F1
Burghill 29 J3
Burgh le Marsh 57 K7
Burgh next Aylsham 49 H5
Burgh on Bain 57 G5
Burgh St Margaret
or Fleggburgh 49 K6
Burgh St Peter 49 K8
Burghwallis 55 J2
Burham 14 D2
Buriton 11 J2
Burland 43 H2
Burlawn 3 H2
Burlescombe 8 B3
Burleston 9 J5
Burley, Leic 46 B6
Burley, Hants 10 D4
Burleydam 43 H3
Burley Gate 29 K3
Burley in Wharfedale 62 E5
Burley Street 10 D4
Burlingjobb 29 G2
Burlton 42 F5
Burmarsh 15 H5
Burmington 34 D7
Burn 63 J7
Burnage 53 K4
Burnaston 44 D4
Burnby 58 C2
Burneside 67 H7
Burness 117 F2
Burneston 63 G1
Burnett 17 H4
Burnfoot, Border 74 B2
Burnfoot, Border 73 K2
Burnham, Berks 20 D5
Burnham, Humbs 58 E5
Burnham Deepdale 48 D3
Burnham Green 21 G2
Burnham Market 48 D3
Burnham Norton 48 D3
Burnham-on-Crouch 22 F4
Burnham-on-Sea 16 E6
Burnham Overy Staithe 48 D3
Burnham Overy Town 48 D3
Burnham Thorpe 48 D3
Burnhead 72 D4
Burnhervie 101 G7
Burnhill Green 43 J7
Burnhope 68 D2
Burnhouse 77 J2
Burniston 65 H3
Burnley 62 B6
Burnmouth 81 H3
Burn of Cambus 85 K4
Burnopfield 68 D1
Burnsall 62 D3
Burnside, Strath 72 A2
Burnside, Lothn 86 D7
Burnside, Fife 86 E4
Burnside, Shetld 120 E5
Burnside of Duntrune 87 H1
Burntisland 87 F6
Burntwood 44 B7
Burnt Yates 63 F3
Burpham, Surrey 12 D1
Burpham, W. Susx 12 D6
Burradon 75 J6
Burrafirth 121 J1
Burras 2 E6
Burravoe, Shetld 119 F2
Burravoe, Shetld 121 H5
Burray Village 116 D7
Burrelton 92 D8
Burridge 11 G3
Burrill 63 F1
Burringham 58 C6
Burrington, H. & W 32 D3
Burrington, Avon 17 F5
Burrington, Devon 7 G4
Burrough Green 38 B5
Burrough on the Hill 45 J6
Burrow Bridge 8 E1
Burrowhill 20 D7
Burry Green 24 C5
Burry Port 24 C4
Burscough 52 F2

Burscough Bridge Chastleton 159

Burscough Bridge 52 F2
Bursea 58 C3
Burshill 65 H8
Bursledon 11 F4
Burslem 43 K3
Burstall 39 F6
Burstock 9 F4
Burston, Norf 39 G2
Burston, Staffs 43 L4
Burstow 13 G2
Burstwick 59 G4
Burtersett 68 A8
Burtle 16 F6
Burton, Dorset 10 C5
Burton, Somer 16 C6
Burton, Lincs 56 D6
Burton, Dyfed 26 D7
Burton, Ches 52 E6
Burton, Ches 53 G7
Burton, Wilts 17 K3
Burton, Northum 81 K6
Burton Agnes 65 J6
Burton Bradstock 9 F6
Burton Constable 59 F3
Burton Fleming 65 H5
Burton Green, Warw 34 D3
Burton Green, Clwyd 52 E8
Burton Hastings 34 F2
Burton-in-Kendal 61 J2
Burton in Lonsdale 61 K2
Burton Joyce 45 H3
Burton Latimer 36 C3
Burton Lazars 45 J6
Burton-le-Coggles 46 C5
Burton Leonard 63 G3
Burton on the Wolds 45 G5
Burton Overy 45 H8
Burton Pedwardine 46 E3
Burton Pidsea 59 G3
Burton Salmon 63 H7
Burton upon Stather 58 C5
Burton upon Trent 44 D5
Burtonwood 53 G4
Burwardsley 43 G2
Burwarton 33 F2
Burwash 13 K4
Burwash Common 13 K4
Burwell, Lincs 57 H6
Burwell, Cambs 37 J4
Bury, W. Susx 12 D5
Bury, Cambs 37 F2
Bury, G. Man 53 K2
Bury, Somer 7 K3
Bury Green 21 J1
Bury St Edmunds 38 D4
Burythorpe 64 E6
Busbridge 12 C2
Busby 78 C4
Buscot 31 G8
Bushbury 43 L7
Bush Crathie 92 D2
Bushey 21 F4
Bushey Heath 21 F4
Bush Green 39 H2
Bushley 30 C4
Bushton 18 B3
Busta 119 F2
Butcher's Pasture 22 C1
Butcombe 17 G4
Butleigh 9 G1
Butleigh Wootton 9 G1
Butlers Marston 34 E5
Butley 39 J5
Butsfield 68 D2
Buttercrambe 64 E7
Butterknowle 68 D4
Butterleigh 7 K5
Buttermere, Cumbr 66 D5
Buttermere, Wilts 18 E4
Buttershaw 62 E7
Butterstone 92 B7
Butterton 44 B2
Butterwick, Humbs 58 C6
Butterwick, N. Yks 64 E5
Butterwick, Lincs 47 G3
Butterwick, N. Yks 65 G5
Butt Green 43 H2
Buttington 42 D7
Buttonoak 33 G3
Buxhall 38 F5
Buxted 13 H4
Buxton, Derby 54 D6
Buxton, Norf 49 H5
Bwlch 25 K2
Bwlch-derwin 50 D6
Bwlchgwyn 42 D2
Bwlch-Llan 27 K2
Bwlchtocyn 40 C1
Bwlch-y-cibau 42 C6
Bwlch-y-fadfa 27 J3
Bwlch-y-ffridd 41 K4
Bwlchygroes 27 G4
Bwlch-y-sarnau 41 K6
Byers Green 68 E3
Byfield 35 G5
Byfleet 20 E7
Byford 29 H3
Bygrave 37 F7
Byker 75 J7
Bylchau 51 J4
Byley 53 J7
Byrness, Northum 74 D3
Byrness, Northum 67 K6
Bythorn 36 D3
Byton 32 C4
Byworth 12 C4

C

Cabourne 59 F6
Cabrach 100 C6
Cadbury 7 K5
Cadbury Barton 7 G4
Cadder 85 J7
Caddington 20 E2
Caddonfoot 80 C6
Cadeby, Leic 44 F7
Cadeby, S. Yks 55 J3
Cadeleigh 7 K5
Cade Street 13 K4
Cadgwith 2 F8
Cadishead 53 J4
Cadle 24 E5
Cadley 18 D4
Cadmore End 20 B4
Cadnam 10 D3
Cadney 58 E6
Cadole 52 D7
Caeathro 50 E4
Caehopkin 25 G3
Caerau, M. Glam 25 G5
Caerau, S. Glam 25 K7
Caerdeon 41 F2
Caergeiliog 50 C3
Caergwrle 52 E8
Caerleon 16 E1
Caer Llan 29 J7
Caernarfon 50 D4
Caerphilly 25 K6
Caersws 41 K4
Caerwent 17 F1
Caerwys 52 C6
Caethle 40 F4
Caio 28 A4
Cairnbaan 83 H2
Cairnborrow 100 D4
Cairnbrogie 101 H6
Cairncross, ays 93 F4
Cairncross, Border 81 G3
Cairndow 84 D3
Cairneyhill 86 D6
Cairngaan 70 C8
Cairngarroch 70 B7
Cairnhill 100 F5
Cairnie 100 D4
Cairnorrie 101 H4
Cairnryan 70 B5
Caister-on-Sea 49 L6
Caistor 59 F6
Caistor St Edmund 49 H7
Caistron 75 F3
Calbost 111 J6
Calbourne 10 F6
Calcot 20 A6
Caldbeck 66 F3
Caldbergh 62 D1
Caldecote, Cambs 36 E2
Caldecote, Herts 37 F7
Caldecote, Cambs 37 G5
Caldecott, Leic 46 B8
Caldecott, Northnts 36 C4
Calderbank 78 E3
Calder Bridge 66 C6
Calderbrook 53 L2
Caldercruix 79 F3
Calder Mains 115 F4
Caldermill 78 D5
Calder Vale 61 J5
Caldicot 17 F2
Caldwell, N. Yks 68 D5
Caldwell, Derby 44 D6
Caldy 52 D5
Caledrhydiau 27 J2
Calfsound 116 E3
Calgary 88 E3
Califer 99 J3
California, Central 86 C7
California, Norf 49 L6
Calke 44 E5
Callaly 75 G3
Callander 85 J4
Callanish 111 G4
Callestick 2 F4
Calligarry 96 B5
Callington 4 D5
Callow 29 J4
Callow End 33 H6
Callow Hill, Wilts 18 B2
Callow Hill, H. & W 33 G3
Callows Grave 33 E4
Calmore 10 E3
Calmsden 30 E7
Calne 18 B3
Caln St Dennis 30 E6
Calow 55 H6
Calshot 11 F4
Calstock 4 E5
Calstone Wellington 18 B4
Calthorpe 49 G4
Calthwaite 67 G2
Caltinish 104 D7
Calton, Staffs 44 C2
Calton, N. Yks 62 C4
Calveley 53 G8
Calver 55 F6
Calverhall 43 H4
Calver Hill 29 H3
Calverleigh 7 K4
Calverley 62 F6
Calvert 20 A1
Calverton, Notts 45 H3
Calverton, Bucks 35 J7
Calvine 91 K5
Cam 30 B8
Camas-luinie 96 E3
Camastianavaig 103 G5
Camasunary 103 G7
Camault Muir 98 D4
Camb 121 H3
Camber 14 F7
Camberley 20 C7
Camberwell 21 H6
Camblesforth 63 K7
Cambo 75 G5
Cambois 75 K5
Camborne 2 E5
Cambridge, Glos 30 B7
Cambridge, Cambs 37 H5
Cambus 86 B5
Cambusbarron 85 K5
Cambuskenneth 85 L5
Cambuslang 78 D4
Camden Town 21 G5
Camelford 4 B3
Camelon 86 B6
Camelsdale 11 K1
Camerory 99 J5
Camerton, Cumbr 66 C3
Camerton, Avon 17 H5
Cammachmore 93 L2
Cammeringham 56 D5
Campbelton 77 G2
Campbeltown 76 C5
Campsall 55 J2
Campsey Ash 39 J5
Camp, The 30 D7
Campton 36 E7
Camrose 26 D5
Camster 115 H5
Camusnagaul, Highld 90 B4
Camusnagaul, Highld 107 F3
Camusrory 96 D6
Camusteel 106 C7
Camusterrach 106 C7
Canada 10 D3
Canal Foot 61 G2
Candlesby 57 J7
Candy Mill 79 H5
Cane End 20 A6
Canewdon 22 E4
Canisbay 115 J2
Cann 9 K2
Cann Common 9 K2
Cannich 98 B5
Cannington 16 D7
Cannock 44 A6
Cannock Wood 44 B6
Canonbie 73 J6
Canon Bridge 29 J3
Canon Frome 33 F6
Canon Pyon 29 J3
Canons Ashby 35 G5
Canonstown 2 D6
Canterbury 15 H3
Cantley, Norf 49 J7
Cantley, S. Yks 55 K3
Cantlop 43 G7
Canton 25 K7
Cantraydoune 99 F4
Cantraywood 99 F4
Cantsfield 61 K2
Canvey Island 22 D5
Canwick 56 D7
Canworthy Water 4 C2
Caol 90 C4
Caolas 88 B4
Caol Ila 82 D5
Caolis 94 B6
Capel 12 E2
Capel Bangor 41 F5
Capel Betws Lleucu 27 L2
Capel Carmel 40 A1
Capel Coch 50 D2
Capel Curig 51 G5
Capel Cynon 27 H3
Capel Dewi 27 J3
Capel Garmon 51 H5
Capel Gwyn, Gwyn 50 C3
Capel Gwyn, Dyfed 27 J5
Capel Gwynfe 24 F2
Capel Hendre 27 K6
Capel Isaac 27 K5
Capel Iwan 27 G4
Capel-le-Ferne 15 J5
Capel Llanillterne 25 J6
Capel Parc 50 D2
Capel St Mary 39 F7
Capel-y-ffin 29 G4
Capenhurst 52 E6
Capernwray 61 J2
Capheaton 75 G5
Cappercleuch 79 K7
Capstone 14 D2
Capton 5 J6
Caputh 92 B7
Carbis Bay 2 D6
Carbost, Highld 102 E5
Carbost, Highld 103 F4
Carbrooke 48 E7
Carburton 55 K6
Car Colston 45 J3
Carcroft 55 J2
Cardenden 87 F5
Cardeston 42 E6
Cardiff 25 K7
Cardigan 27 F3
Cardington, Beds 36 D6
Cardington, Shrops 43 G8
Cardinham 3 K3
Cardow 100 A4
Cardrona 80 B6
Cardross 84 F7
Cardurnock 73 G8
Careby 46 D6
Carew 26 E7
Carew Cheriton 26 E7
Carew Newton 26 E7
Carey 29 K4
Carfrae 87 J8
Cargen 72 E6
Cargenbridge 72 E6
Cargo 73 J8
Cargreen 4 E5
Carham 81 F6
Carhampton 7 L1
Carharrack 2 F5
Carisbrooke 11 F6
Carishader 111 E4
Cark 61 G2
Carlby 46 D6
Carlecotes 54 E3
Carleton, N. Yks 62 C5
Carleton, Cumbr 67 G1
Carleton, Lancs 61 G5
Carleton Forehoe 49 F7
Carleton Rode 39 G1
Carlingcott 17 H5
Carlisle 67 G1
Carlops 79 J4
Carloway 111 G3
Carlton, Cambs 38 B5
Carlton, Beds 36 C5
Carlton, N. Yks 62 D1
Carlton, Leic 44 E7
Carlton, Cleve 69 F4
Carlton, S. Yks 55 G3
Carlton, W. Yks 63 G7
Carlton, Notts 45 H3
Carlton, Suff 39 J4
Carlton, N. Yks 63 K1
Carlton, N. Yks 63 K7
Carlton Colville 39 L1
Carlton Curlieu 45 H8
Carlton Husthwaite 63 H2
Carlton in Cleveland 69 H6
Carlton in Lindrick 55 J5
Carlton-le-Moorland 56 D8
Carlton Miniott 63 H1
Carlton-on-Trent 56 B7
Carlton Scroop 46 C3
Carluke 79 F4
Carmacoup 78 E7
Carmarthen 27 J5
Carmel, Gwyn 50 C2
Carmel, Clwyd 52 C6
Carmel, Gwyn 50 D5
Carmel, Dyfed 27 K6
Carminish 104 F3
Carmunnock 78 C4
Carmyle 78 D3
Carmyllie 93 G7
Carnaby 65 J6
Carnach, Highld 106 F2
Carnach, Highld 96 F3
Carnach, W. Isles 105 H2
Carnbee 87 J4
Carnbo 86 D4
Carn Brea Village 2 E5
Carnell 77 K4
Carnforth 61 H2
Carn-gorm 96 E3
Carnhedryn 26 C5
Carnhell Green 2 E6
Carnie 101 H8
Carnish 104 D5
Carno 41 J4
Carnock 86 D6
Carnon Downs 3 F5
Carnousie 100 F3
Carnoustie 87 J1
Carn Towan 2 B7
Carnwath 79 G5
Carnyorth 2 B6
Carperby 68 C8
Carpley Green 62 C1
Carradale 76 D4
Carragreich 105 G2
Carrbridge 99 H6
Carreglefn 50 C2
Carrick Castle 84 D5
Carriden 86 E6
Carrington, Lothn 80 B3
Carrington, Lincs 47 G2
Carrington, G. Man 53 J4
Carrog 42 C3
Carron, Grampn 100 B4
Carron, Central 86 B6
Carronbridge 72 D4
Carr Shield 67 L2
Carrutherstown 73 G6
Carr Vale 55 H7
Carrville 68 F2
Carsaig 89 G6
Carsegowan 71 F6
Carsethorn 72 E8
Carshalton 21 G7
Carsington 44 D2
Carskiey 76 B7
Carsluith 71 F6
Carsphairn 72 A4
Carstairs 79 G5
Carstairs Junction 79 G5
Carswell Marsh 31 H8
Carter's Clay 10 E2
Carterton 31 G7
Carterway Heads 68 C1
Carthew 3 J4
Carthorpe 63 G1
Cartington 75 G3
Cartland 79 F5
Cartmel 61 G2
Cartmel Fell 61 H1
Carway 27 J7
Cas 76 C1
Cascob 32 B4
Cashmoor 10 A3
Cassington 31 J6
Cassiobury Park 20 E4
Casswell's Bridge 46 E5
Castallack 2 C7
Castellau 25 J6
Castell Howell 27 J3
Castell-y-bwch 16 D1
Casterton 61 K2
Castle Acre 48 D6
Castle Ashby 36 B5
Castlebay 94 B6
Castle Bolton 68 C7
Castle Bromwich 34 C1
Castle Bytham 46 C6
Castlebythe 26 E5
Castle Caereinion 42 C7
Castle Camps 38 B6
Castle Carrock 67 H1
Castle Cary, Somer 9 H1
Castlecary, Strath 85 K7
Castle ombe 17 K3
Castlecraig, Highld 99 G2
Castlecraig, Border 79 J5
Castle Donington 45 F5
Castle Douglas 72 C7
Castle Eaton 31 F8
Castle Eden 69 G3
Castleford 63 H7
Castle Frome 33 F6
Castle Gresley 44 D6
Castle Heaton 81 H5
Castle Hedingham 38 C7
Castle Hill, Suff 39 G6
Castle Kennedy 70 C6
Castlemartin 26 D8
Castlemilk 73 G6
Castlemorris 26 D4
Castlemorton 33 G7
Castle O'er 73 H4
Castle Rising 48 B5
Castle Side 68 C2
Castlethorpe 35 J6
Castleton, Strath 84 A6
Castleton, Gwent 16 D2
Castleton, N. Yks 64 D2
Castleton, Derby 54 E5
Castletown, Highld 115 G3
Castletown, T. & W 75 K8
Castletown, I. of M 60 P5
Caston 48 E8
Castor 46 E8
Catacol 76 E3
Catbrain 17 G2
Catcliffe 55 H5
Catcott 16 E7
Caterham 13 G1
Catesby 35 G5
Catfield 49 J5
Catfirth 119 G3
Catford 21 H6
Catforth 61 H6
Cath 26 B5
Cathcart 78 C3
Cathedine 25 K2
Catherington 11 J3
Catherton 33 F3
Catlodge 91 H2
Catlowdy 73 K6
Catmore 19 F2
Caton 61 J3
Catrine 77 L5
Cat's Ash 16 E1
Catsfield 13 L5
Catshill 34 A3
Cattal 63 H4
Cattawade 39 G7
Catterall 61 H5
Catterick 68 E7
Catterick Bridge 68 E7
Catterick Garrison 68 D7
Catterlen 67 G3
Catterline 93 K4
Catterton 63 J5
Catthorpe 35 G3
Cattistock 9 G5
Catton, N. Yks 63 G2
Catton, Norf 49 H6
Catton, Northum 67 L1
Catwick 59 F2
Catworth 36 D3
Caulcott 31 K5
Cauldhame 85 J5
Cauldon 44 B3
Caulkerbush 66 B1
Caulside 73 K5
Caunsall 33 H2
Caunton 56 B7
Causewayhead 85 L5
Causeyend 101 J7
Causey Park Bridge 75 H4
Cautley 67 J7
Cavendish 38 D6
Cavenham 38 C4
Caversfield 31 K5
Caversham 20 B6
Caversta 111 H6
Caverswall 44 A3
Cawdor 99 G3
Cawood 63 J6
Cawsand 4 E6
Cawston 49 G5
Cawthorne 55 F3
Cawton 63 K2
Caxton 37 G5
Caynham 32 E3
Caythorpe, Lincs 46 C3
Caythorpe, Notts 45 H3
Cayton 65 H4
Ceann-na-Cleithe 105 G2
Cefn Berain 51 J4
Cefn-brith 51 J5
Cefn Coch 41 L1
Cefn-coed-y-cymmer 25 J4
Cefn Cribwr 25 G6
Cefn Cross 25 G6
Cefn Einion 32 B2
Cefneithin 27 K6
Cefn Hengoed 25 K5
Cefn-mawr 42 D3
Cefn-y-bedd 42 E2
Cefn-y-pant 27 F5
Ceint 50 D3
Cellan 27 L3
Cellarhead 44 A3
Cemaes 50 C1
Cemmaes 41 H3
Cemmaes Road 41 H3
Cenarth 27 G3
Cennin 50 D6
Ceres 87 H3
Cerne Abbas 9 H4
Cerney Wick 30 E8
Cerrigceinwen 50 D3
Cerrigydrudion 51 J6
Cessford 80 F7
Chaceley 30 C4
Chacewater 2 F5
Chackmore 35 H7
Chacombe 35 F6
Chadderton 53 L3
Chaddesden 44 E4
Chaddesley Corbett 33 H3
Chaddleworth 18 F3
Chadlington 31 H5
Chadshunt 34 E5
Chad Valley 34 B2
Chadwell St Mary 22 C6
Chadwick End 34 D3
Chaffcombe 8 E3
Chagford 5 H3
Chailey 13 G5
Chainhurst 13 L2
Chalbury Common 10 B4
Chaldon 13 G1
Chaldon Herring or
East Chaldon 9 J6
Chale 11 F7
Chale Green 11 F7
Chalfont Common 20 E4
Chalfont St Giles 20 D4
Chalfont St Peter 20 E4
Chalford 30 C7
Chalgrove 20 A4
Chalk 14 C1
Challacombe 7 G1
Challoch 70 E5
Challock 15 G3
Chalton, Beds 36 D8
Chalton, Hants 11 J3
Chalvington 13 J6
Champany 86 D7
Chandler's Cross 20 E4
Chandler's Ford 10 F2
Channerwick 119 G6
Chantry, Suff 39 G6
Chantry, Somer 17 J6
Chapel 87 F5
Chapel Allerton, Somer 16 F5
Chapel Allerton, W. Yks 63 G6
Chapel Amble 3 H2
Chapel Brampton 35 J4
Chapel Chorlton 43 K4
Chapel-en-le-Frith 54 D5
Chapelgate 47 H5
Chapel Haddlesey 63 J7
Chapelhall 78 E3
Chapelhill, Tays 86 D1
Chapel Hill, Lincs 46 F2
Chapel Hill, Grampn 101 K5
Chapel Hill, Gwent 29 K7
Chapelknowe 73 J6
Chapel Lawn 32 C3
Chapel-le-Dale 61 L2
Chapel of Garioch 101 G6
Chapel Row 19 G4
Chapel Stile 66 F6
Chapel St Leonards 57 K6
Chapelton, Strath 78 D5
Chapelton, Devon 7 F3
Chapelton, Tays 93 H7
Chapeltown, Grampn 100 B6
Chapeltown, S. Yks 55 G4
Chapelton, Lancs 53 J2
Chapmanslade 17 K6
Chapmans Well 4 D2
Chappel 38 D8
Chard 8 E4
Chardstock 8 E4
Charfield 17 J1
Charing 14 F4
Charing Heath 14 F4
Charingworth 34 D7
Charlbury 31 H6
Charlcombe 17 J4
Charlecote 34 D5
Charles 7 G2
Charleston 92 E7
Charlestown, Highld 106 D4
Charlestown, Fife 86 D6
Charlestown, Highld 98 E4
Charlestown, Dorset 9 H7
Charlestown, Corn 3 J4
Charlestown, Grampn 93 L1
Charlestown of Aberlour 100 B4
Charles Tye 38 F5
Charlesworth 54 D4
Charlton, Wilts 18 A2
Charlton, H. & W 34 B6
Charlton, Wilts 18 C5
Charlton, G. Lon 21 J6
Charlton, W. Susx 11 K3
Charlton, Northnts 31 K4
Charlton, Wilts 9 L2
Charlton Abbots 30 E5
Charlton Adam 9 G2
Charlton-All-Saints 10 C2
Charlton Horethorne 9 H2
Charlton Kings 30 D5
Charlton Mackrell 9 G2
Charlton Marshall 9 L4
Charlton Musgrove 9 J1
Charlton-on-Otmoor 31 K6
Charlwood 12 F2
Charlynch 8 D1
Charminster 9 H5
Charmouth 8 E5
Charndon 20 A1
Charney Bassett 31 H8
Charnock Richard 53 G2
Charsfield 39 H5
Charter Alley 19 G5
Charterhouse 17 F5
Chartershall 85 L5
Charterville Allotments 31 H6
Chartham 15 H3
Chartham Hatch 15 H3
Chartridge 20 D3
Chart Sutton 14 D3
Charwelton 35 G5
Chase Terrace 44 B7
Chasetown 44 B7
Chastleton 31 G5

160 Chatburn Compton Dando

Chatburn 62 A5
Chatcull 43 J4
Chatham 14 D2
Chathill 81 K7
Chattenden 14 D1
Chatteris 37 G2
Chattisham 39 F6
Chatto 74 D2
Chatton 81 J7
Chawleigh 7 H4
Chawston 36 E5
Chawton 11 J1
Cheadle, Staffs 44 B3
Cheadle, G. Man 53 K5
Cheadle Hulme 53 K5
Cheam 21 G7
Chearsley 20 B2
Chebsey 43 K5
Checkendon 20 A5
Checkley, Staffs 44 B4
Checkley, Ches 43 J3
Chedburgh 38 C5
Cheddar 17 F5
Cheddington 20 D2
Cheddleton 44 A2
Cheddon Fitzpaine 8 D2
Chedgrave 49 J8
Chedington 9 F4
Chediston 39 J3
Chedworth 30 E6
Chedzoy 8 E1
Cheeseman's Green 15 G5
Cheetham Hill 53 K3
Cheldon 7 H4
Chelford 53 K6
Chellaston 44 E4
Chellington 36 C5
Chelmarsh 33 G2
Chelmondiston 39 H7
Chelmorton 54 E6
Chelmsford 22 D3
Chelsea 21 G6
Chelsfield 21 J7
Chelsworth 38 E6
Cheltenham 30 D5
Chelveston 36 C4
Chelvey 17 F4
Chelwood 17 H4
Chelwood Gate 13 H4
Cheney Longville 32 D2
Chenies 20 E4
Chepstow 29 K8
Cherhill 18 B3
Cherington, Warw 34 D7
Cherington, Glos 30 D8
Cheriton, Devon 8 C4
Cheriton, W. Glam 24 C5
Cheriton, Hants 11 G2
Cheriton Bishop 5 H2
Cheriton Fitzpaine 7 J5
Cherrington 43 H5
Cherry Burton 58 D2
Cherry Hinton 37 H5
Cherry Willingham 56 E6
Chertsey 20 E7
Cheselbourne 9 J5
Chesham 20 D3
Chesham Bois 20 D4
Cheshunt 21 H3
Cheslyn Hay 44 A7
Chessington 21 F7
Chester 52 F7
Chesterblade 17 H6
Chesterfield, Staffs 44 C7
Chesterfield, Derby 55 G6
Chester-le-Street 68 E1
Chesters, Border 74 C2
Chesters, Border 80 E7
Chesterton, Warw 34 E5
Chesterton, Cambs 46 E8
Chesterton, Cambs 37 H4
Chesterton, Staffs 43 K3
Chesterton, Oxon 31 K5
Chestfield 15 H2
Cheswardine 43 J5
Cheswick 81 J5
Cheswick Green 34 C3
Chetnole 9 H4
Chettiscombe 7 K4
Chettisham 37 J2
Chettle 10 A3
Chetton 33 F1
Chetwode 35 H8
Chetwynd Aston 43 J6
Cheveley 38 B4
Chevening 13 H1
Chevington 38 C5
Chevington Drift 75 J4
Chevithorne 7 K4
Chew Magna 17 G4
Chew Stoke 17 G4
Chewton Mendip 17 G5
Chicheley 36 C6
Chichester 11 K4
Chickerell 9 H6
Chicklade 9 L1
Chicksands 36 E7
Chicksgrove 10 A2
Chidden 11 H3
Chiddingfold 12 C3
Chiddingly 13 J5
Chiddingstone 13 H2
Chideock 9 F5
Chidham 11 J4
Chieveley 19 F3
Chignall Smealy 22 C2
Chignall St James 22 C3
Chigwell 21 J4
Chigwell Row 21 J4
Chilbolton 18 E7
Chilcombe 9 G5
Chilcompton 17 H5
Chilcote 44 D6
Childer Thornton 52 E6
Child Okeford 9 K3
Childrey 18 E2
Child's Ercall 43 H5
Childswickham 34 B7
Childwall 52 F5
Chilfrome 9 G5
Chilgrove 11 K3
Chilham 15 G3
Chillaton 4 E3
Chillenden 15 J3
Chillerton 11 F6
Chillesford 39 J5
Chillingham 81 J7
Chillington, Somer 8 E3
Chillington, Devon 5 H7
Chilmark 10 A1
Chilson 31 H6
Chilsworthy, Devon 6 D5
Chilsworthy, Corn 4 E4
Chilthorne Domer 9 G3
Chilton, Bucks 20 A2
Chilton, Durham 68 E4
Chilton, Oxon 19 F2
Chilton Cantelo 9 G2
Chilton Foliat 18 E3
Chilton Lane 68 F3
Chilton Polden 16 E7
Chilton Street 38 C6
Chilton Trinity 16 D7
Chilworth, Surrey 12 D2
Chilworth, Hants 10 F3
Chimney 31 H7
Chineham 19 H5
Chingford 21 H4
Chinley 54 D5
Chinley Head 54 D5
Chinnor 20 B3
Chipnall 43 J4
Chippenham, Cambs 38 B4
Chippenham, Wilts 17 L3
Chipperfield 20 E3
Chipping, Herts 37 G7
Chipping, Lancs 61 K5
Chipping Campden 34 C7
Chipping Hill 22 E2
Chipping Norton 31 H5
Chipping Ongar 21 K3
Chipping Sodbury 17 J2
Chipping Warden 35 F6
Chipstable 8 B2
Chipstead 12 F1
Chirbury 42 D8
Chirk 42 D4
Chirnside 81 G4
Chirnsidebridge 81 G4
Chirton 18 B5
Chisbury 18 D4
Chiselborough 9 F3
Chiseldon 18 C3
Chiselhampton 31 K8
Chislehurst 21 J6
Chislet 15 J2
Chiswell Green 21 F3
Chiswick 21 G6
Chisworth 54 C4
Chitcomb 11 G2
Chithurst 11 K2
Chittering 37 H3
Chitterne 18 A6
Chittlehamholt 7 G3
Chittlehampton 7 G3
Chittoe 18 A4
Chivenor 6 F2
Chobham 20 D7
Cholderton 18 D6
Cholesbury 20 D3
Chollerton 74 F6
Cholsey 19 G2
Cholstrey 29 J2
Choppington 75 J5
Chopwell 75 H8
Chorley, Staffs 44 B6
Chorley, Shrops 33 F2
Chorley, Lancs 53 G2
Chorley, Ches 43 G2
Chorleywood, Herts 20 E4
Chorleywood, Bucks 20 E4
Chorlton 43 J2
Chorlton-cum-Hardy 53 K4
Chorlton Lane 42 F3
Chowley 43 F2
Chrishall 37 H7
Christchurch, Dorset 10 C5
Christchurch, Cambs 47 H8
Christchurch, Glos 29 K6
Christian Malford 18 A3
Christleton 52 F7
Christmas Common 20 B
Christon 16 E5
Christon Bank 81 L7
Christow 5 J3
Chudleigh 5 J4
Chudleigh Knighton 5 J4
Chulmleigh 7 G4
Chunal 54 D4
Church, N. Yks 69 J7
Church, Lancs 61 L7
Churcham 30 B6
Church Aston 43 J6
Church Brampton 35 J4
Church Broughton 44 D4
Church Cove 2 F8
Church Crookham 19 K5
Churchdown 30 C5
Church Eaton 43 K6
Church End, Wilts 18 B3
Churchend, Essex 22 C1
Church End, Beds 20 D1
Church End, Warw 34 D1
Church End, Beds 36 E7
Churchend, Essex 23 G4
Church End, Cambs 47 G7
Church End, Hants 19 H5
Church End, Essex 37 J6
Church Fenton 63 J6
Church Gresley 44 D6
Church Hanborough 31 J6
Churchill, Devon 8 D4
Churchill, Avon 17 F5
Churchill, Oxon 31 G5
Churchill, H. & W 33 H3
Churchinford 8 D3
Church Knowle 10 A6
Church Langton 45 J8
Church Lawford 35 F3
Church Lawton 43 K2
Church Leigh 44 B4
Church Lench 34 B5
Church Minshull 53 H7
Church Norton 11 K5
Churchover 35 G2
Church Preen 43 G8
Church Pulverbatch 42 F7
Churchstanton 8 C3
Church Stoke 42 D8
Churchstow 5 H7
Church Stowe 35 H5
Church Street 14 D1
Church Stretton 42 F8
Churchtown, Mers 52 E2
Churchtown, Lancs 61 H5
Churchtown, I. f M 60 R2
Church Village 25 J6
Church Warsop 55 J7
Churt 19 K7
Churton 42 F2
Churwell 63 F7
Chwilog 50 D7
Chyandour 2 C6
Cilan Uchaf 40 B1
Cilcain 52 C7
Cilcennin 27 K1
Cilfor 51 F7
Cilfrew 25 F4
Cilfynydd 25 J5
Cilgerran 27 F3
Cilgwyn 25 F2
Ciliau-Aeron 27 K2
Cilmaengwyn 25 F4
Cilmery 28 E2
Cilrhedyn 27 G4
Ciltwrch 29 F3
Cilwendeg 27 G4
Cilybebyll 25 F4
Cilycwm 28 B3
Cinderford 30 A6
Cirencester 30 E7
City Dulas 50 D2
City of London 21 H5
City, The 20 B4
Clachaig 84 D6
Clachan, Strath 76 C2
Clachan, ighld 103 G5
Clachan, Strath 89 J7
Clachan, Strath 89 K4
Clachan-a-Luib 104 D5
Clachan of Campsie 85 J7
Clachan of Glendaruel 84 B6
Clachan-Seil 89 J7
Clachbreck 83 G4
Clachtoll 112 B6
Clackmannan 86 C5
Clacton-on-Sea 23 H2
Claddach Kirkibost 104 C5
Claggan 89 H4
Claigan 102 D3
Claines 33 H5
Clandown 17 H5
Clanfield, Oxon 31 G7
Clanfield, Hants 11 H3
Clanville 18 E6
Clanyard 70 C8
Claonaig 76 D2
Claonel 108 D3
Clapgate 10 B4
Clapham, Beds 36 D5
Clapham, W. Susx 12 D6
Clapham, G. Lon 21 G6
Clapham, N. Yks 61 L3
Clappers 81 H4
Clappersgate 66 F6
Clapton 8 F4
Clapton-in-Gordano 17 F3
Clapton-on-the-Hill 31 F6
Clapworthy 7 G3
Clarbeston 26 E5
Clarbeston Road 26 E5
Clarborough 56 B5
Clardon 115 G3
Clare 38 C6
Clarebrand 72 C7
Clarencefield 73 F7
Clarkston 78 C4
Clashmore, Highld 112 B5
Clashmore, Highld 109 F5
Clashnessie 112 B5
Clashnoir 100 B8
Clatt 100 E6
Clatter 41 J4
Clatworthy 8 B1
Claughton, Lancs 61 J3
Claughton, Lancs 61 J5
Claverdon 34 C4
Claverham 17 F4
Clavering 37 H7
Claverley 43 J8
Claverton 17 J4
Clawdd-newydd 51 K5
Clawton 4 D2
Claxby, Lincs 57 F4
Claxby, Lincs 57 J6
Claxton, N. Yks 64 D6
Claxton, Norf 49 J7
Claybokie 92 B2
Claybrooke Magna 35 F2
Clay Coton 35 G3
Clay Cross 55 G7
Claydon, Oxon 35 F5
Claydon, Suff 39 G5
Claygate 21 F7
Claygate Cross 13 K1
Clayhanger, Devon 8 B2
Clayhanger, W. Mids 44 B7
Clayhidon 8 C3
Clayock 115 G4
Claypole 46 B3
Clayton, W. Yks 62 E6
Clayton, W. Susx 13 G5
Clayton, S. Yks 55 H3
Clayton, Staffs 43 K3
Clayton-le-Moors 61 L6
Clayton-le-Woods 61 J7
Clayton West 55 F2
Clayworth 56 B5
Cleadale 95 K7
Cleadon 75 K7
Clearwell 29 K7
Cleasby 68 E5
Cleat, W. Isles 94 B5
Cleat, Orkney 115 K1
Cleatlam 68 D5
Cleator 66 C5
Cleator Moor 66 C5
Cleckheaton 62 E7
Cleedownton 32 E2
Cleehill 33 E3
Clee St Margaret 32 E2
Cleethorpes 59 H6
Cleeton St Mary 33 F3
Cleeve 17 F4
Cleeve Hill 30 D5
Cleeve Prior 34 B6
Clehonger 29 J4
Cleigh 84 A2
Cleish 86 D5
Cleland 78 E4
Clench Common 18 C4
Clenchwarton 48 A5
Clent 33 J3
Cleobury Mortimer 33 F3
Cleobury North 33 F2
Clephanton 99 G3
Clerklands 80 D7
Clestrain 116 C6
Cleughbrae 73 F6
Clevancy 18 B3
Clevedon 16 F3
Cleveleys 61 G5
Cleverton 18 A2
Clewer 17 F5
Cley next the Sea 48 F3
Cliasmol 105 F1
Cliburn 67 H4
Cliddesden 19 H6
Cliffe, Kent 14 D1
Cliffe, N. Yks 63 K6
Cliff End 14 E7
Cliffe Woods 14 D1
Clifford, H. & W 29 G3
Clifford, W. Yks 63 H5
Clifford Chambers 34 C5
Clifford's Mesne 30 B5
Cliffs End 15 K2
Clifton, Derby 44 C3
Clifton, Beds 36 E7
Clifton, Central 84 F1
Clifton, Avon 17 G3
Clifton, Notts 45 G4
Clifton, Cumbr 67 H4
Clifton, Lancs 61 H6
Clifton, H. & W 33 H6
Clifton, Oxon 31 J4
Clifton, Northum 75 J5
Clifton Campville 44 D6
Clifton Hampden 31 K8
Clifton Reynes 36 C5
Clifton upon Dunsmore 35 G3
Clifton upon Teme 33 G4
Climping 12 C6
Clint 63 F4
Clint Green 48 F6
Clintmains 80 E6
Clippesby 49 K6
Clipsham 46 C6
Clipston, Notts 45 H4
Clipston, Northnts 35 J2
Clitheroe 61 L5
Clive 43 G5
Clivocast 121 J2
Clocaenog 51 K
Clochan 100 D2
Clock Face 53 G4
Cloddymoss 99 H2
Clodock 29 H5
Clola 101 K4
Clophill 36 D7
Clopton, Northnts 36 D2
Clopton, Suff 39 H5
Clopton Green 38 C5
Closeburn 72 D4
Close Clark 60 P4
Clothall 37 F7
Clotton 53 G7
Clough Foot 62 C7
Cloughton 65 H3
Cloughton Newlands 65 H3
Clousta 119 F3
Clouston 116 C5
Clova 92 E4
Clovelly 6 D3
Clove Lodge 68 B5
Clovenfords 80 C6
Clovenstone 101 G7
Clovullin 90 B5
Clowne 55 H6
Clows Top 33 G3
Clubworthy 4 C2
Cluer 105 G2
Clun 32 C2
Clunbury 32 C2
Clunderwen 26 F6
Clunes 90 D3
Clungunford 32 C3
Clunie 100 F3
Clunton 32 C2
Cluny 87 F5
Clutton, Ches 42 F2
Clutton, Avon 17 H5
Clwyt-y-bont 50 E4
Clydach, W. Glam 24 E4
Clydach, Gwent 25 L3
Clydach Vale 25 H5
Clydebank 85 H8
Clydey 27 G4
Clyffe Pypard 18 B3
Clynder 84 E6
Clynelish 109 G3
Clynnog-fawr 50 D6
Clyro 29 G3
Clyst Honiton 5 K2
Clyst Hydon 8 B4
Clyst St George 5 K3
Clyst St Lawrence 8 B4
Clyst St Mary 5 K2
Clyth 115 H6
Cnoc Amhlaigh 111 K4
Cnwch Coch 41 F6
Coad's Green 4 C4
Coal Aston 55 G6
Coalbrookdale 43 H7
Coalburn 79 F6
Coalcleugh 67 L2
Coaley 30 B7
Coalpit Heath 17 H2
Coalport 43 H7
Coalsnaughton 86 C5
Coaltown of Balgonie 87 G5
Coaltown of Wemyss 87 G5
Coalville 44 F6
Coalway 29 K6
Coast 106 E2
Coatbridge 78 E3
Coatdyke 78 E3
Coate 18 B4
Coates, Glos 30 D7
Coates, Cambs 47 G8
Coatham 69 H4
Coatham Mundeville 68 E4
Coatsgate 73 F3
Cobbaton 7 G3
Coberley 30 D6
Cobham, Kent 14 C2
Cobham, Surrey 21 F7
Cobnash 29 J1
Cockayne 69 J7
Cockayne Hatley 37 F6
Cock Bridge 100 B8
Cockburnspath 80 F2
Cock Clarks 22 E3
Cockenzie and Port Seton 87 H7
Cockerham 61 H4
Cockerington 57 H4
Cockermouth 66 D3
Cockernhoe 21 F1
Cockfield, Durham 68 D4
Cockfield, Suff 38 E5
Cockfosters 21 G4
Cocking 11 K3
Cockington 5 J5
Cocklake 17 F6
Cockley Beck 66 E6
Cockley Cley 48 C7
Cockpole Green 20 B5
Cockshutt 42 F5
Cockthorpe 48 E3
Cockwood 5 K3
Cockyard 29 J4
Coddenham 39 G5
Coddington, Notts 46 B2
Coddington, Ches 42 F2
Coddington, H. & W 33 G6
Codford St Mary 18 A7
Codford St Peter 18 A6
Codicote 21 G2
Codnor 44 F3
Codrington 17 J3
Codsall 43 K7
Codsall Wood 43 K7
Coedely 25 J6
Coedkernew 16 D2
Coedpoeth 42 D2
Coed-y-paen 29 H8
Coed Ystumgwern 40 E1
Coelbren 25 G
Coffinswell 5 J5
Cofton Hackett 34 B3
Cogenhoe 36 B4
Coggeshall 22 E1
Coilacriech 92 E2
Coille Mhorgil 90 C1
Coillore 102 E5
Coity 25 H6
Col 111 J3
Colaboll 113 G7
Colan 3 G3
Colaton Raleigh 8 B6
Colbost 102 D4
Colburn 68 D7
Colby, Norf 49 H4
Colby, Cumbr 67 J4
Colby, I. of M 60 P4
Colchester 38 F8
Cold Ash 19 G3
Cold Ashby 35 H3
Cold Ashton 17 J3
Cold Aston 31 F6
Coldbackie 113 H2
Coldblow 21 K6
Cold Brayfield 36 C5
Coldean 13 G6
Coldeast 5 J4
Colden Common 11 F2
Coldfair Green 39 K4
Cold Hanworth 56 E5
Coldharbour 12 E2
Cold Hesledon 69 G2
Cold Higham 35 H5
Coldingham 81 H3
Cold Kirby 63 J1
Cold Newton 45 J7
Cold Norton 22 E3
Cold Overton 46 B6
Coldred 15 J4
Coldridge 7 G5
Coldstream 81 G6
Coldwaltham 12 D5
Coldwells 101 L5
Coldwells Croft 100 E6
Cole 9 H1
Colebatch 32 C2
Colebrook 7 L5
Colebrooke 5 H1
Coleburn 68 E7
Coleby, Humbs 58 C5
Coleby, Lincs 56 D7
Coleford, Devon 7 H5
Coleford, Somer 17 H6
Coleford, Glos 29 K6
Colehill 10 B4
Coleman's Hatch 13 H3
Colemere 42 F4
Colenden 86 E2
Coleorton 44 F6
Colerne 17 K3
Colesbourne 30 D6
Colesden 36 E5
Coleshill, Warw 34 D2
Coleshill, Bucks 20 D4
Coleshill, Oxon 31 G8
Colgate 13 G3
Colgrain 84 F6
Colinsburgh 87 H4
Colinton 87 F8
Colintraive 84 C7
Colkirk 48 E5
Collafirth 120 F4
Collaton St Mary 5 J5
Collessie 87 F3
Collier Row 21 J4
Colliers End 21 H1
Collier Street 13 L2
Collieston 101 K6
Collin 72 F6
Collingbourne Ducis 18 D5
Collingbourne Kingston 18 D5
Collingham, Notts 56 C7
Collingham, W. Yks 63 G5
Collington 33 F4
Collingtree 35 J5
Colliston 93 H7
Collyweston 46 C7
Colmonell 70 C3
Colmworth 36 E5
Colnabaichin 100 B8
Colnbrook 20 E6
Colne, Lancs 62 B5
Colne, Cambs 37 G3
Colne Engaine 38 D7
Colney 49 G7
Colney Heath 21 G3
Colney Street 21 F3
Coln Rogers 30 E7
Coln St Aldwyns 31 F7
Coln St Dennis 30 E6
Colpy 100 F5
Colsterdale 62 E1
Colsterworth 46 C5
Colston Bassett 45 H4
Coltfield 99 K2
Coltishall 49 H5
Colton, Staffs 44 B5
Colton, Cumbr 61 G1
Colton, Norf 49 G7
Colton, N. Yks 63 J5
Col Uarach 111 J4
Colvend 71 K6
Colvister 121 H3
Colwall Green 33 G6
Colwall Stone 33 G6
Colwell 74 F6
Colwich 44 B5
Colwinston 25 H7
Colworth 12 C6
Colwyn Bay 51 H3
Colyford 8 D5
Colyton 8 D5
Combe, H. & W 32 C4
Combe, Berks 18 E4
Combe, Oxon 31 J6
Combe Florey 8 C1
Combe Hay 17 J5
Combeinteignhead 5 K4
Combe Martin 7 F1
Combe Moor 32 C4
Combe Raleigh 8 C4
Comberbach 53 H6
Comberton 37 G5
Combe St Nicholas 8 E3
Combpyne 28 D5
Combrook 34 E5
Combs, Derby 54 D6
Combs, Suff 38 F5
Combs Fords 38 F5
Combwich 16 D6
Comers 100 F8
Commins Coch 41 H3
Commondale 69 J5
Common Moor 3 L3
Common Side 55 G6
Common, The 10 D1
Compstall 54 C4
Compton, Surrey 12 C2
Compton, Wilts 18 C5
Compton, Hants 11 F2
Compton, Berks 19 G3
Compton, W. Susx 11 J3
Compton, Devon 5 J5
Compton Abbas 9 K3
Compton Abdale 30 E6
Compton Bassett 18 B3
Compton Beauchamp 18 D2
Compton Bishop 16 E5
Compton Chamberlayne 10 B2
Compton Dando 17 H4

Compton Dundon
Dale, Dyfed
161

Compton Dundon 9 F1
Compton Martin 17 G5
Compton Pauncefoot 9 H2
Compton Valence 9 G5
Comrie 85 K2
Conchra 84 C6
Conderton 34 A7
Condicote 31 F5
Condorrat 85 K7
Condover 43 F7
Coneyhurst 12 E4
Coneysthorpe 64 E5
Coney Weston 38 E3
Congerstone 44 E7
Congham 48 C5
Congleton 53 K7
Congresbury 17 F4
Conicavel 99 H3
Coningsby 57 G8
Conington, Cambs 36 E2
Conington, Cambs 37 G4
Conisbrough 55 J4
Conisby 82 B5
Conisholme 57 J4
Coniston, Humbs 59 F3
Coniston, Cumbr 66 F7
Coniston Cold 62 C4
Conistone 62 C3
Connah's Quay 52 D7
Connel 84 B1
Connel Park 72 B2
Connor Downs 2 D6
Conon Bridge 98 D3
Cononley 62 C5
Conordan 103 G5
Consall 44 A3
Consett 68 D1
Constable Burton 68 D7
Constantine 2 F7
Contin 98 C3
Conwy 51 G3
Conyer 14 F2
Cookbury 6 E5
Cookham 20 C5
Cookham Dean 20 C5
Cookham Rise 20 C5
Cookhill 34 B5
Cookley, H. & W 33 H2
Cookley, Suff 39 J3
Cookley Green 20 A4
Cookney 93 K2
Cooksbridge 13 H5
Cooksmill Green 22 C3
Coolham 12 E4
Cooling 14 D1
Coombe, Corn 6 C4
Coombe, Corn 3 H4
Coombe Bissett 10 C2
Coombe Hill 30 C5
Coombe Keynes 9 K6
Coombes 12 E6
Copdock 39 G6
Copford Green 22 F1
Copister 121 G5
Cople 36 E6
Copley 68 C4
Coplow Dale 54 E6
Copmanthorpe 63 J5
Coppathorne 4 C1
Coppenhall 43 L6
Copperhouse 2 D6
Coppingford 36 E2
Copplestone 7 H5
Coppull 53 G2
Copsale 12 E4
Copster Green 61 K6
Copt Heath 34 C3
Copt Hewick 63 G2
Copthorne 13 G3
Copt Oak 45 F6
Copythorne 10 E3
Corbridge 75 F7
Corby 36 B2
Corby Glen 46 C5
Coreley 33 F3
Corfe 8 D3
Corfe Castle 10 A6
Corfe Mullen 10 A5
Corfton 32 D2
Corgarff 100 B8
Corhampton 11 H2
Corlae 72 B4
Corley 34 E2
Corley Ash 34 D2
Corley Moor 34 D2
Cornelly 25 G6
Corney 66 D7
Cornforth 68 F3
Cornhill 100 E3
Cornhill-on-Tweed 81 G6
Cornholme 62 C7
Cornish Hall End 38 B7
Cornriggs 67 L2
Cornsay 68 D2
Corntown 98 D3
Cornwell 31 G5
Cornwood 5 G6
Cornworthy 5 J6
Corpach 90 B4
Corpusty 49 G4
Corran, Highld 90 B5
Corran, Highld 96 D5
Corrany 60 R3
Corrie 76 F3
Corrie Common 73 H5
Corriemoillie 98 B2
Corrimony 98 B5
Corringham, Lincs 56 C4
Corringham, Essex 22 D5
Corris 41 G3
Corris Uchaf 41 G3
Corry 96 B3
Corry of Ardnagrask 98 D4
Corscombe 9 G4
Corse 100 F4
Corsham 17 K3
Corsindae 101 F8
Corsley 17 K6
Corsley Heath 17 K6
Corsock 72 C6
Corston, Avon 17 H4
Corston, Wilts 17 L2
Corstorphine 87 E7
Corton, Wilts 18 A6
Corton, Suff 49 L8
Corton Denham 9 H2
Corwen 51 K6
Coryton, Essex 22 D5
Coryton, Devon 4 E3
Cosby 45 G8
Coseley 43 L8
Cosgrove 35 J6
Cosham 11 H4
Cossington, Leic 45 H6
Costa 116 C4
Costessey 49 G6
Costock 45 G5
Coston 46 B5
Cotebrook 53 G7
Cotegill 67 J6
Cotehill 67 G1
Cotes, Leic 45 G5
Cotes, Staffs 43 K4
Cotesbach 35 G2
Cotgrave 45 H4
Cothall 101 H7
Cotham 45 J3
Cothelstone 8 C1
Cotherstone 68 C5
Cothill 31 J8
Cotleigh 8 D4
Coton, Staffs 44 A4
Coton, Northnts 35 H3
Coton, Cambs 37 H5
Coton Clanford 43 K5
Coton in the Elms 44 D6
Cott 5 H5
Cottam, Notts 56 C5
Cottam, Lancs 61 J6
Cottartown 99 J5
Cottenham 37 H4
Cotterdale 67 L7
Cottered 37 G8
Cotterstock 36 D1
Cottesbrooke 35 J3
Cottesmore 46 C6
Cottingham, Northnts 36 B1
Cottingham, Humbs 58 E3
Cottisford 31 K4
Cotton, Staffs 44 B3
Cotton, Suff 38 F4
Cotton End 36 D6
Cottown, Grampn 100 E6
Cottown, Grampn 101 G7
Cottown, Grampn 101 H4
Cotwalton 43 L4
Coughton, Warw 34 B4
Coughton, H. & W 29 K5
Coulags 106 E7
Coull 93 G1
Coulport 84 E6
Coulsdon 21 H8
Coulston 18 A5
Coulter 79 H6
Coulton 63 K2
Cound 43 G7
Coundon 68 E4
Coundon Grange 68 E4
Countersett 62 C1
Countess Wear 5 K3
Countesthorpe 45 G8
Countisbury 7 H1
Coupar Angus 92 D7
Coupland 81 H6
Cour 76 D3
Courteachan 96 B6
Courteenhall 35 J5
Court Henry 27 K5
Courtsend 23 G4
Courtway 8 D1
Cousland 80 B3
Cousley Wood 13 K3
Cove, Highld 106 D2
Cove, Strath 84 E6
Cove, Devon 7 K4
Cove, Hants 19 K5
Cove Bay 93 L1
Covehithe 39 L2
Coven 43 L7
Coveney 37 H2
Covenham St Bartholomew 57 H4
Covenham St Mary 57 H4
Coventry 34 E3
Coverack 3 F8
Coverham 62 E1
Covington 36 D3
Cowan Bridge 61 K2
Cowbeech 13 K5
Cowbit 47 F6
Cowbridge 25 H7
Cowden 13 H2
Cowdenbeath 86 E5
Cowes 11 F5
Cowesby 69 G8
Cowfold 12 F4
Cowgill 62 A1
Cowick 63 K7
Cowie 85 L6
Cowley, Glos 30 D6
Cowley, G. Lon 20 E5
Cowley, Devon 5 K2
Cowley, Oxon 31 K7
Cowling, N. Yks 62 C5
Cowling, N. Yks 63 F1
Cowlinge 38 C5
Cowpen Bewley 69 G4
Cowplain 11 H3
Cowshill 67 L2
Cowstrandburn 86 D5
Coxbank 43 H3
Coxbench 44 E3
Cox Common 39 K2
Coxheath 13 L1
Coxhoe 68 F3
Coxley 17 G6
Coxwold 63 J2
Coychurch 25 H7
Coylumbridge 99 H7
Coynach 100 D8
Crabbs Cross 34 B4
Crabtree 12 F4
Crabtree Green 42 E3
Crackenthorpe 67 J4
Crackington 4 B2
Crackleybank 43 J6
Crackpot 68 B7
Cracoe 62 C3
Cradley 33 G6
Crafthole 4 D6
Craggan 99 J6
Cragg Vale 62 D7
Craghead 68 E1
Crai 25 G2
Craibstone 101 H7
Craichie 93 G7
Craig, D. & G 72 B6
Craig, Highld 106 F7
Craig Castle 100 D6
Craigcefnparc 24 E4
Craigdam 101 H5
Craigearn 101 G7
Craigellachie 100 B4
Craigendoran 84 F6
Craighouse 82 E5
Craigie, Grampn 101 J7
Craigie, Strath 77 K4
Craiglockhart 87 F7
Craigmaud 101 H3
Craigmillar 87 F7
Craignant 42 D4
Craigneuk, Strath 78 E3
Craigneuk, Strath 78 E4
Craignure 89 J5
Craigo 93 H5
Craigrothie 87 G3
Craigton, Tays 92 E6
Craigton, Tays 93 G8
Craigton, Grampn 93 K1
Craigtown 114 D4
Craik 73 J3
Crail 87 K4
Crailing 80 E7
Crailinghall 80 E7
Crakehall 68 E7
Cramalt 79 J7
Crambe 64 E6
Cramlington 75 J6
Cramond 86 E7
Cramond Bridge 86 E7
Cranage 53 J7
Cranberry 43 K4
Cranborne 10 B3
Cranbourne 20 D6
Cranbrook 14 D5
Cranbrook Common 14 D5
Cranfield 36 C6
Cranford 21 F6
Cranford St Andrew 36 C3
Cranford St John 36 C3
Cranham, Glos 30 C6
Cranham, G. Lon 21 K5
Crank 53 G4
Cranleigh 12 D3
Cranmore, I. of W 10 E5
Cranmore, Somer 17 H6
Cranna 100 F3
Crannoch 100 D3
Cranoe 45 J8
Cransford 39 J4
Cranshaws 80 E3
Cranstal 60 R1
Crantock 3 F3
Cranwell 46 D3
Cranwich 48 C8
Cranworth 48 E7
Crapstone 4 F5
Craskins 100 E8
Crask of Aigas 98 C4
Craster 75 J2
Craswall 29 G4
Cratfield 39 J3
Crathes 93 J2
Crathie, Grampn 92 D2
Crathie, Highld 91 G2
Crathorne 69 G6
Craven Arms 32 D2
Crawcrook 75 H7
Crawford 72 E1
Crawfordjohn 79 F7
Crawick 72 C2
Crawleside 68 B2
Crawley, Hants 10 F1
Crawley, W. Susx 12 F3
Crawley, Oxon 31 H6
Crawley Down 13 G3
Crawshawbooth 62 B7
Crawton 93 K4
Cray 62 B2
Crayford 21 K6
Crayke 63 J2
Crays Hill 22 D4
Cray's Pond 20 A5
Creacombe 7 J4
Creagorry 104 C7
Creaton 35 J3
Creca 73 H6
Credenhill 29 J3
Crediton 5 J1
Creech St Michael 8 D2
Creed 3 H5
Creekmouth 21 J5
Creeting St Mary 38 F5
Creeton 46 D5
Creetown 71 F6
Creggans 84 C4
Cregneish 60 N5
Cregrina 28 F2
Creich 87 G2
Creigiau 25 J6
Cressage 43 G7
Cresselly 26 E7
Cressing 22 D1
Cresswell, Staffs 44 A4
Cresswell, Northum 75 J4
Cresswell Quay 26 E7
Creswell 55 J6
Cretingham 39 H4
Cretshengan 76 C1
Crewe, Ches 42 F2
Crewe, Ches 43 J2
Crew Green 42 E6
Crewkerne 9 F4
Crews Hill 21 H4
Crianlarich 85 F2
Cribyn 27 K2
Criccieth 50 E7
Crich 44 E2
Crichie 101 J4
Crichton 80 B3
Crick, Gwent 17 F1
Crick, Northnts 35 G3
Crickadarn 28 E3
Cricket St Thomas 8 E4
Crickheath 42 D5
Crickhowell 25 L3
Cricklade 30 F8
Cridling Stubbs 63 J7
Crieff 86 B2
Criggion 42 D6
Crigglestone 55 G2
Crimond 101 K3
Crimplesham 48 B7
Crinan 83 G2
Cringleford 49 G7
Crinow 26 F6
Cripplesease 2 D6
Cripp's Corner 14 D6
Crockenhill 21 K7
Crockernwell 5 H2
Crockerton 17 K6
Crocketford or
Ninemile Bar 72 D6
Crockey Hill 63 K5
Crockham Hill 13 H1
Crockleford Heath 38 F8
Croeserw 25 G5
Croes-goch 26 C4
Croesor 51 F6
Croesyceiliog 29 H8
Croesyceilog 27 J6
Croes-y-mwyalch 16 E1
Croft, Leic 45 G8
Croft, Ches 53 H4
Croft, Lincs 57 K7
Croftamie 85 G6
Crofton 55 G2
Croft-on-Tees 68 E6
Crofts of Benachielt 115 G6
Crofts of Haddo 101 H5
Crofts of
Inverthernie 101 G4
Crofty 24 D5
Croggan 89 J6
Croglin 67 H2
Croir 111 F4
Cromarty 99 F2
Cromdale 99 J6
Cromer, Herts 37 F8
Cromer, Norf 49 H3
Cromford 44 D2
Cromhall 17 H1
Cromhall Common 17 H2
Cromore 111 J5
Cromra 91 G2
Cromwell 56 B7
Cronberry 78 D7
Crondall 19 J6
Cronk, The 60 Q2
Cronk-y-Voddy 60 Q3
Cronton 53 F5
Crook, Durham 68 D3
Crook, Cumbr 67 G7
Crookham, Berks 19 G4
Crookham, Northum 81 H6
Crookham Village 19 J5
Crookhouse 80 F7
Crooklands 61 J1
Crook of Devon 86 D4
Cropredy 35 F6
Cropston 45 G6
Cropthorne 34 A6
Cropton 64 E4
Cropwell Bishop 45 H4
Cropwell Butler 45 H4
Crosby, Cumbr 66 C3
Crosby, Humbs 58 C5
Crosby, Mers 52 E4
Crosby, I. of M 60 Q4
Crosby Garrett 67 K6
Crosby-on-Eden 73 K8
Crosby Ravensworth 67 J5
Croscombe 17 G6
Cross, Somer 16 F5
Cross, W. Isles 111 K1
Crossapol 88 A4
Cross Ash 29 J6
Crossbost 111 H5
Crosscanonby 66 C3
Crossdale Street 49 H4
Crossdougal 94 C3
Crossens 52 E2
Crossford, Fife 86 D6
Crossford, Strath 79 F5
Crossgates, Fife 86 E6
Crossgates, Powys 41 K7
Crossgill 61 J3
Cross Green, Devon 4 D3
Cross Green, Suff 38 E5
Crosshands, Dyfed 27 F5
Cross Hands, Dyfed 27 K6
Crosshill, Fife 86 E5
Crosshill, Strath 77 J7
Crosshouse 77 J4
Cross Houses 43 G7
Crossings 74 B6
Cross in Hand 13 J4
Cross Inn, Dyfed 40 E7
Cross Inn, Dyfed 27 H2
Cross Inn, M. Glam 25 J6
Crosskeys 25 L5
Crosskirk 115 F2
Cross Lanes, Clwyd 42 E3
Crosslanes, Shrops 42 E6
Cross Lanes, N. Yks 63 J3
Crosslee 73 J2
Crossmichael 72 C7
Crossmoor 61 H6
Cross of Jackston 101 G5
Crossroads 93 J2
Crossway 29 J6
Crossway Green 33 H4
Crossways 9 J6
Crosswell 26 F4
Crosthwaite 67 G7
Croston 53 F2
Crostwick 49 H6
Crostwight 49 J4
Croughton 31 K4
Crovie 101 H2
Crowan 2 E6
Crowborough 13 J3
Crowcombe 8 C1
Crowdecote 54 E7
Crowfield, Suff 39 G5
Crowfield, Northnts 35 H6
Crow Hill 30 A5
Crowhurst, Surrey 13 G2
Crowhurst, E. Susx 13 L5
Crowland 47 F6
Crowlas 2 D6
Crowle, Humbs 58 B5
Crowle, H. & W 33 J5
Crowlista 110 E4
Crowmarsh Gifford 20 A5
Crownhill 4 E6
Crownthorpe 49 F7
Crowthorne 20 C7
Crowthorn School 53 J2
Crowton 53 G6
Croxall 44 C6
Croxdale 68 E3
Croxden 44 B4
Croxley Green 20 E4
Croxton, Norf 38 D2
Croxton, Humbs 59 E5
Croxton, Cambs 37 F5
Croxton, Staffs 43 J4
Croxton Kerrial 46 B5
Croxton Park 46 B5
Croy, Highld 99 F4
Croy, Strath 85 K7
Croyde 6 E2
Croydon, Cambs 37 G6
Croydon, G. Lon 21 H7
Cruckmeole 42 F7
Cruckton 42 F6
Cruden Bay 101 K5
Crudgington 43 H6
Crudwell 18 A1
Crug 32 A3
Crugmeer 3 H2
Crugybar 27 L4
Crulivig 111 F4
Crumlin 25 L5
Crundale, Dyfed 26 D6
Crundale, Kent 15 G4
Cruwys Morchard 7 J4
Crux Easton 18 F5
Crwbin 27 J6
Crymych 27 F4
Crynant 25 F4
Cuaig 106 C6
Cubbington 34 E4
Cubert 3 F4
Cublington 20 C1
Cuckfield 13 G4
Cucklington 9 J2
Cuckney 55 J6
Cuddesdon 31 K7
Cuddington, Bucks 20 B2
Cuddington, Ches 53 G6
Cuddington Heath 43 F3
Cuddy Hill 61 H6
Cudham 21 J8
Cudliptown 5 F4
Cudworth, Somer 8 E3
Cudworth, S. Yks 55 G3
Cuffley 21 H3
Culbo 98 E2
Culbokie 98 E3
Culburnie 98 C4
Culcabock 98 E4
Culcharry 99 G3
Culcheth 53 H4
Cul Doirlinn 89 H1
Culdrain 100 E5
Culduie 96 C1
Culford 38 D3
Culgaith 67 J4
Culham 31 K8
Culkein 112 B5
Culkerton 30 D8
Cullachie 99 H6
Cullen 100 E2
Cullercoats 75 K6
Cullicudden 98 E2
Cullingworth 62 D
Cullipool 89 J7
Cullivoe 121 H2
Cullompton 8 B4
Culmington 32 D2
Culmstock 8 C3
Culnacraig 107 F1
Culnaknock 103 G2
Culrain 108 D4
Culross 86 C6
Culroy 77 J6
Culsh 101 H4
Culswick 118 E4
Cultercullen 101 J6
Cults, Grampn 100 E5
Cults, Grampn 101 H8
Culverstone Green 14 C2
Culverthorpe 46 D3
Culworth 35 G6
Cumbernauld 85 K7
Cumberworth 57 K6
Cuminestown 101 h3
Cummersdale 67 F1
Cummertrees 73 G7
Cummingstown 99 K2
Cumnock 72 A1
Cumnor 31 J7
Cumrew 67 H1
Cumwhinton 67 G1
Cumwhitton 67 H1
Cundall 63 H2
Cunninghamhead 77 J3
Cunnister 121 H3
Cupar 87 G3
Cupar Muir 87 G3
Curbar 55 F6
Curbridge, Hants 11 G3
Curbridge, Oxon 31 H7
Curdridge 11 G3
Curdworth 44 C8
Curland 8 D3
Currie 79 J3
Curry Mallet 8 E2
Curry Rivel 8 E2
Curtisden Green 13 L2
Curtisknowle 5 H6
Cury 2 E7
Cushnie 101 G2
Cushuish 8 C1
Cusop 29 G3
Cutiau 41 F2
Cutnall Green 33 H4
Cutsdean 30 E4
Cutthorpe 55 G6
Cuxham 20 A4
Cuxton 14 D2
Cuxwold 59 F6
Cwm, Clwyd 51 K3
Cwm, Gwent 25 K4
Cwmafan 25 F5
Cwmaman 25 J5
Cwmann 27 K3
Cwmavon 29 G7
Cwmbach, Dyfed 27 G5
Cwmbach, M. Glam 25 J4
Cwmbelan 41 J5
Cwmbran 29 G8
Cwmcarn 25 L5
Cwmcarvan 29 J7
Cwm-Cewydd 41 H2
Cwm-Cou 27 G3
Cwmdare 25 H4
Cwmdu, Powys 25 K2
Cwmdu, Dyfed 27 L4
Cwmduad 27 H4
Cwmerfyn 41 F5
Cwmfelin Boeth 27 F6
Cwmfelinfach 25 K5
Cwmfelin Mynach 27 G5
Cwmffrwd 27 J6
Cwmgwrach 25 G4
Cwm Irfon 28 C3
Cwmisfael 27 J6
Cwm-Llinau 41 H3
Cwmllynfell 25 F3
Cwmparc 25 H5
Cwmpengraig 27 H4
Cwmsychbant 27 J3
Cwmtillery 25 L4
Cwm-twrch Isaf 25 F3
Cwm-twrch Uchaf 25 F3
Cwm-y-glo 50 E4
Cwmyoy 29 H5
Cwmystwyth 41 G6
Cwrtnewydd 27 J3
Cwrt-y-cadno 28 A3
Cwrt-y-gollen 29 G6
Cyffylliog 51 K5
Cyfronydd 42 C7
Cymmer, W. Glam 25 G5
Cymmer, M. Glam 25 J5
Cynghordy 28 C4
Cynwyd 51 K6
Cynwyl Elfed 27 H5

D

Dacre, N. Yks 62 E3
Dacre, Cumbr 67 G4
Dacre Banks 62 E3
Daddry Shield 68 A3
Dadford 35 H7
Dadlington 44 F8
Dafen 24 D4
Dagenham 21 K5
Daglingworth 30 D7
Dagnall 20 D2
Dailly 77 H7
Dairsie or Osnaburgh 87 H3
Dalavich 84 B3
Dalbeattie 72 D7
Dalbeg 111 G3
Dalblair 72 B2
Dalby 60 P4
Dalchalloch 91 J5
Dalchenna 84 C4
Dalchreichart 98 A7
Dalderby 57 G7
Dale, Dyfed 26 C7

162 Dale, Shetld East Bilney

Dale, Shetld 118 D3
Dale, Derby 44 F4
Dale Head 67 G5
Dalgarven 77 H3
Dalgety Bay 86 E6
Dalginross 85 K2
Dalhalvaig 114 D4
Dalham 38 C4
Daliburgh 94 C3
Dalkeith 80 B3
Dallas 99 K3
Dalleagles 77 L6
Dallinghoo 39 H5
Dallington 13 K5
Dalmally 84 D2
Dalmary 85 H5
Dalmellington 77 K7
Dalmeny 86 E7
Dalmore, Highld 98 E2
Dalmore, W. Isles 111 G3
Dalnabreck 89 J2
Dalnacreich 98 B3
Dalnavie 108 E6
Dalreavoch 109 F3
Dalry 77 H3
Dalrymple 77 J6
Dalserf 78 E4
Dalston 66 F1
Dalswinton 72 E5
Dalton, N. Yks 68 D6
Dalton, Lancs 53 F3
Dalton, Northum 74 F8
Dalton, D. & G 73 G6
Dalton, N. Yks 63 H2
Dalton, S. Yks 55 H4
Dalton, Northum 75 H6
Dalton-in-Furness 60 F2
Dalton-le-Dale 69 G2
Dalton-on-Tees 68 E6
Dalton Piercy 69 G3
Dalwhinnie 91 H3
Dalwood 8 D4
Damerham 10 C3
Damgate 49 K7
Damnaglaur 70 C8
Danbury 22 D3
Danby 64 E2
Danby Wiske 68 F7
Danderhall 87 G8
Danebridge, Staffs 54 C7
Danebridge, Ches 54 C7
Dane End 21 H1
Danehill 13 H4
Darenth 21 K6
Daresbury 53 G5
Darfield 55 H3
Dargate 15 G2
Darite 3 L3
Darlaston 44 A8
Darlingscote 34 D6
Darlington 68 E5
Darliston 43 G4
Darlton 56 B6
Darowen 41 H3
Darra 101 G4
Darras Hall 75 H6
Darrington 55 H1
Darsham 39 K4
Dartford 21 K6
Dartington 5 H5
Dartmeet 5 G4
Dartmouth 5 J6
Darton 55 G2
Darvel 78 C6
Darwen 61 K7
Datchet 20 D6
Datchworth 21 G2
Daugh of Kinermony 100 B4
Dauntsey 18 A2
Davenham 53 H6
Daventry 35 G4
Davidstow 4 B3
Davington 73 H3
Daviot, Highld 99 F5
Daviot, Grampn 101 G6
Davoch of Grange 100 D3
Dawley 43 H7
Dawlish 5 K4
Dawlish Warren 5 K4
Dawn 51 H3
Daws Heath 22 E5
Dawsmere 47 H4
Daylesford 31 G5
Ddol Cownwy 41 K2
Deal 15 K3
Dean, Cumbr 66 C4
Dean, Hants 11 G3
Dean, Devon 5 H5
Dean, Somer 17 H6
Deanburnhaugh 73 J2
Deane 19 G5
Deanland 10 A3
Dean Prior 5 H5
Dean Row 53 K5
Deans 79 H3
Deanscales 66 C4
Deanshanger 35 J7
Deanston 85 K4
Dearham 66 C3
Dearne 55 H3
Debach 39 H5
Debden 37 J7
Debden Green 37 J7
Debenham 39 G4
Dechmont 86 D7
Deddington 31 J4
Dedham 38 F7
Dedridge 79 H3
Deene 36 C1
Deenethorpe 36 C1
Deepcut 19 L5
Deepdale 61 L1
Deeping Gate 46 E7
Deeping St James 46 E7
Deeping St Nicholas 46 F6
Deerhill 100 D3
Deerhurst 30 C5
Deerness 116 E6
Defford 33 J6
Defynnog 25 H2
Deganwy 51 G3
Deighton, N. Yks 69 F6
Deighton, N. Yks 63 K5
Deiniolen 50 E4
Delabole 4 A3
Delamere 53 G7
Delfrigs 101 J6
Dell 111 J1
Delliefure 99 J5
Delph 54 C3
Dembleby 46 D4
Denbigh 51 K4
Denbury 5 J5
Denby 44 E3
Denby Dale 55 F3
Denchworth 18 E1
Denford 36 C3
Dengie, Essex 23 F3
Dengie, Essex 23 F3
Denham, Suff 38 C4
Denham, Bucks 20 E5
Denham, Suff 39 G3
Denham Green 20 E5
Denham Street 39 G3
Denhead, Fife 87 H3
Denhead, Grampn 101 K3
Denholm 74 B2
Denholme 62 D6
Denmead 11 H3
Denmore 101 J7
Denne Park 12 E4
Dennington 39 H4
Denny 85 L6
Dennyloanhead 85 L6
Denshaw 54 C2
Denside 93 K2
Densole 15 J4
Denston 38 C5
Denstone 44 B3
Dent 61 L1
Den, The 77 J2
Denton, Lincs 46 B4
Denton, Northnts 36 B5
Denton, Cambs 36 E2
Denton, Durham 68 E5
Denton, N. Yks 62 E5
Denton, Norf 39 H2
Denton, E. Susx 13 H6
Denton, Kent 15 J4
Denton, Oxon 31 K7
Denton, G. Man 53 L4
Denver 48 B7
Denwick 75 J2
Deopham 48 F7
Deopham Green 48 F8
Depden Green 38 C5
Deptford, Wilts 10 B1
Deptford, G. Lon 21 H6
Derby 44 E4
Derbyhaven 60 P5
Deri 25 K4
Derrington 43 K5
Derryguaig 89 F5
Derry Hill 18 A3
Derrythorpe 58 C6
Dersingham 48 B4
Dervaig 89 F3
Derwen 51 K5
Desborough 35 K2
Desford 45 F7
Detchant 81 J6
Detling 14 D3
Deuddwr 42 D6
Devauden 29 J8
Devil's Bridge 41 G6
Devizes 18 B4
Devonport 4 E6
Devonside 86 C5
Devoran 3 F6
Dewlish 9 J5
Dewsbury 63 F7
Dhoon 60 R3
Dhoor 60 R2
Dhowin 60 R1
Dial Post 12 E5
Dibden 10 F4
Dibden Purlieu 10 F4
Dickleburgh 39 G2
Didbrook 30 E4
Didcot 19 G2
Diddington 36 E4
Diddlebury 32 E2
Didley 29 J4
Didmarton 17 K2
Didsbury 53 K4
Didworthy 5 G5
Digby 46 D2
Diggle 54 D3
Dihewyd 27 J2
Dilham 49 J5
Dilhorne 44 A3
Dilston 75 F7
Dilton Marsh 17 K6
Dilwyn 29 J2
Dinas, Gwyn 50 B7
Dinas, Dyfed 27 G4
Dinas Cross 26 E4
Dinas Mawddwy 41 H2
Dinas Powys 25 K7
Dinchope 32 D2
Dinder 17 G6
Dinedor 29 K4
Dines Green 33 H5
Dingestow 29 J6
Dingley 35 J2
Dingwall 98 D3
Dinnet 93 F2
Dinnington, Somer 8 F3
Dinnington, S. Yks 55 J5
Dinnington, T. & W 75 J6
Dinorwig 50 E4
Dinton, Wilts 10 B1
Dinton, Bucks 20 B2
Dinwoodie Mains 73 G4
Dinworthy 6 D4
Dippenhall 19 K6
Dippin 76 F5
Dipple 100 C3
Diptford 5 H6
Dipton 68 D1
Dirleton 87 J6
Discoed 32 B4
Diseworth 45 F5
Dishes 117 F4
Dishforth 63 G2
Disley 54 C5
Diss 39 G3
Disserth 28 E2
Distington 66 C4
Ditcheat 9 H1
Dichingham 39 J1
Ditchling 13 G5
Dittisham 5 J6
Ditton, Ches 53 F5
Ditton, Kent 13 L1
Ditton Green 38 B5
Ditton Priors 33 F2
Dixton, Glos 30 D4
Dixton, Gwent 29 K6
Dlengrasco 103 F4
Dobwalls 3 L3
Doccombe 5 H3
Dochgarroch 98 E4
Docking 48 C4
Docklow 29 K2
Dockray 67 F4
Doddinghurst 22 B4
Doddington, Lincs 56 D6
Doddington, Shrops 33 F3
Doddington, Kent 14 F3
Doddington, Cambs 37 H1
Doddington, Northum 81 H6
Doddiscombsleigh 5 J3
Dodford, Northnts 35 H4
Dodford, H. & W 33 J3
Dodington 17 J2
Dodleston 52 E7
Dodworth 55 G3
Doe Lea 55 H7
Dogmersfield 19 J5
Dog Village 5 K2
Dogyke 46 F2
Dolanog 41 K2
Dolau 32 A4
Dolbenmaen 50 E6
Dolfach 41 J6
Dolfor 41 L5
Dolgarrog 51 G4
Dolgellau 41 G1
Dolgran 27 J4
Doll 109 G3
Dollar 86 C5
Dolley Green 32 B4
Dolphinholme 61 J4
Dolphinton 79 J5
Dolton 7 F4
Dolwen 51 H3
Dolwyddelan 51 G5
Dol-y-cannau 29 G3
Dolyhir 29 G2
Domgay 42 D6
Doncaster 55 J3
Donhead St Andrew 9 L2
Donhead St Mary 9 L2
Donibristle 86 E6
Donington 46 F4
Donington on Bain 57 G5
Donisthorpe 44 E6
Donkey Town 20 D7
Donnington, H. & W 30 B4
Donnington, Berks 19 F4
Donnington, Glos 31 F5
Donnington, Shrops 43 G7
Donnington, Shrops 43 J6
Donnington, W. Susx 11 K4
Donyatt 8 E3
Doonfoot 77 J6
Doonholm 77 J6
Dorchester, Dorset 9 H5
Dorchester, Oxon 31 K8
Dordon 44 D7
Dore 55 G5
Dores 98 D5
Dorking 12 E2
Dormansland 13 H2
Dormanstown 69 H4
Dormington 29 K3
Dorney 20 D6
Dornie 96 D3
Dornoch 109 F5
Dornock 73 H7
Dorridge 34 C3
Dorrington, Lincs 46 D2
Dorrington, Shrops 43 F7
Dorsington 34 C6
Dorstone 29 H3
Dorton 20 A2
Dosthill 44 D7
Doublebois 3 K3
Doughton 17 K1
Douglas, Strath 79 F6
Douglas, I. of M 60 Q4
Douglas and Angus 87 H1
Douglastown 92 F7
Douglas Water 79 F6
Doulting 17 H6
Dounby 116 B4
Doune 85 K4
Douneside 100 D8
Dounie 108 D4
Dousland 5 F5
Dove Holes 54 D6
Dovenby 66 C3
Dover 15 K4
Doverdale 33 H4
Doveridge 44 C4
Dowdeswell 30 E6
Dowland 7 F4
Dowlish Wake 8 E3
Down Ampney 30 F8
Downderry 4 D6
Downe 21 J7
Downend, Berks 19 F3
Downend, I. of W 11 G6
Downfield 87 G1
Downgate 4 D4
Downham, Lancs 62 A5
Downham, Essex 22 D4
Downham, Northum 81 G6
Downham Market 48 B7
Down Hatherley 30 C5
Downhead 17 H6
Downholme 68 D7
Downies 93 L2
Downley 20 C4
Downs 25 K7
Downside Abbey 17 H5
Down St Mary 7 H5
Downton, Wilts 10 C2
Downton, Hants 10 D5
Downton on the Rock 32 D3
Dowsby 46 E5
Dowsdale 47 F6
Dowthwaitehead 67 F4
Doxey 43 L5
Doxford Park 69 F1
Doynton 17 J3
Draethen 25 L6
Draffan 78 E5
Drakeland Corner 5 F6
Drakemyre 77 H2
Drakes Broughton 33 J6
Draughton, N. Yks 62 D4
Draughton, Northnts 35 J3
Drax 63 K7
Draycote 35 F3
Draycott, Glos 31 F4
Draycott, Derby 45 F4
Draycott, Somer 17 F5
Draycott in the Clay 44 C5
Draycott in the Moors 44 A3
Drayton, Leic 36 B1
Drayton, Somer 8 F2
Drayton, Oxon 34 F6
Drayton, Norf 49 G6
Drayton, Hants 11 H4
Drayton, H. & W 33 J3
Drayton, Oxon 31 J8
Drayton Bassett 44 C7
Drayton Camp 18 F6
Drayton Parslow 36 B8
Drayton St Leonard 31 K8
Drefach, Dyfed 27 H4
Dre-fach, Dyfed 27 K3
Drefach, Dyfed 27 K6
Drefelin 27 H4
Dreghorn 77 J4
Drem 87 J7
Drewsteignton 5 H2
Driby 57 H6
Driffield 30 E8
Drift 2 C7
Drigg 66 C7
Drighlington 63 F7
Drimnin 89 G3
Drimpton 8 F4
Drinishader 105 G2
Drinkstone 38 E4
Drinkstone Green 38 E4
Drointon 44 B5
Droitwich 33 H4
Droman 112 C3
Dron 86 E3
Dronfield 55 G6
Dronfield Woodhouse 55 G6
Drongan 77 K6
Droxford 11 H3
Droylsden 53 L4
Druid 51 K6
Druidston 26 C6
Druimarbin 90 B4
Druimdrishaig 83 G4
Druimindarroch 96 B7
Druimkinnerras 98 C5
Drum 86 D4
Drumbeg 112 C5
Drumblade 100 E4
Drumbuie 96 C2
Drumchapel 85 H7
Drumchardine 98 D4
Drumchork 106 D3
Drumclog 78 D6
Drumelzier 79 J6
Drumfearn 96 B4
Drumgley 92 F6
Drumguish 91 J2
Drumin 100 A5
Drumlassie 100 F8
Drumlemble 76 B6
Drumligair 101 J7
Drumlithie 93 J3
Drummore 70 C8
Drumnadrochit 98 D6
Drumnagorrach 100 E3
Drumoak 93 J2
Drums 101 J6
Drumsallie 90 A4
Drumsturdy 87 H1
Drumuie 103 F4
Drumuillie 99 H6
Drumwhindle 101 J5
Drury 52 D7
Drybeck 67 J5
Drybridge, Grampn 100 D2
Drybridge, Strath 77 J4
Drybrook 30 A6
Dry Doddington 46 B3
Dry Drayton 37 G4
Dryhope 79 K7
Drymen 85 G6
Drymuir 101 J4
Drynoch 103 F5
Dubford 101 G2
Dubwath 66 D3
Duckington 43 F2
Ducklington 31 H7
Duck's Cross 36 E5
Duddenhoe End 37 H7
Duddingston 87 F7
Duddington 46 C7
Duddo 81 H5
Duddon 53 G7
Duddon Bridge 60 E1
Dudleston Heath 42 E4
Dudley, W. Mids 33 J1
Dudley, T. & W 75 J6
Duffield 44 E3
Duffryn, Gwent 16 D2
Duffryn, W. Glam 25 G5
Dufftown 100 C4
Duffus 100 A2
Dufton 67 J4
Duggleby 65 F6
Duirinish 96 C2
Duisky 90 B4
Dukestown 25 K3
Dukinfield 53 L4
Dulas 50 D2
Dulcote 17 G6
Dulford 8 B4
Dull 91 K7
Dullingham 38 B5
Dulnain Bridge 99 H6
Duloe, Beds 36 E4
Duloe, Corn 3 L4
Dulsie 99 H4
Dulverton 7 K3
Dulwich 21 H6
Dumbarton 85 F7
Dumbleton 34 B7
Dumcrieff 73 G3
Dumfries 72 E6
Dumgoyne 85 H6
Dummer 19 G6
Dunan 96 A3
Dunball 16 E6
Dunbar 87 K7
Dunbeath 115 G7
Dunbeg 84 A1
Dunblane 85 K4
Dunbog 87 F3
Duncanston 98 D3
Duncanstone 100 E6
Dunchideock 5 J3
Dunchurch 35 F3
Duncote 35 H5
Duncow 72 E5
Duncrievie 86 E4
Duncton 12 C5
Dundee 87 H1
Dundon 9 F1
Dundonald 77 J4
Dundonnell 107 F3
Dundraw 66 E2
Dundreggan 98 B7
Dundrennan 71 J7
Dundry 17 G4
Dunecht 101 G8
Dunfermline 86 D6
Dunford Bridge 54 E3
Dunham-on-the-Hill 53 F6
Dunham on Trent 56 C6
Dunhampton 33 H4
Dunham Town 53 J5
Dunholme 56 E6
Dunino 87 J3
Dunipace 85 L6
Dunkeld 92 B7
Dunkeswell 8 C4
Dunkirk 15 G3
Dunk's Green 13 K1
Dunley 33 G4
Dunlop 77 K3
Dunmore, Central 86 B6
Dunmore, Strath 76 C1
Dunnet 115 H2
Dunnichen 93 G7
Dunning 86 D3
Dunnington, Warw 34 B5
Dunnington, Humbs 65 J7
Dunnington, N. Yks 63 K4
Dunnockshaw 62 B7
Dunollie 84 A1
Dunoon 84 D7
Dunragit 70 C6
Duns 81 F4
Dunsby 46 E5
Dun Scaich 96 A4
Dunscore 72 D5
Dunscroft 55 K3
Dunsden Green 20 B6
Dunsfold 12 D3
Dunsford 5 J3
Dunshelt 87 F3
Dunsley 69 L5
Dunsmore 20 C3
Dunsop Bridge 61 K4
Dunstable 20 E1
Dunstall 44 C5
Dunstall Green 38 C4
Dunstan 75 J2
Dunster 7 K1
Duns Tew 31 J5
Dunston, Lincs 56 E7
Dunston, Norf 49 H7
Dunston, T. & W 75 J7
Dunston, Staffs 43 L6
Dunsville 55 K3
Dunswell 58 E3
Dunterton 4 D4
Duntisbourne Abbots 30 D7
Duntisbourne Leer 30 D7
Duntisbourne Rouse 30 D7
Duntish 9 H4
Duntocher 85 G7
Dunton, Bucks 20 C1
Dunton, Norf 48 D4
Dunton, Beds 37 F6
Dunton Bassett 35 G1
Dunton Green 13 J1
Dunure 77 H6
Dunvant 24 D5
Dunvegan 102 D4
Dunwich 39 K3
Durdar 67 G1
Durham 68 E2
Durisdee 72 D3
Durleigh 8 D1
Durley, Wilts 18 D4
Durley, Hants 11 G3
Durnamuck 106 F2
Durness 112 F2
Durno 101 G6
Durran 115 G3
Durrington, Wilts 18 C6
Durrington, W. Susx 12 E6
Dursley 30 B8
Durston 8 D2
Durweston 9 K4
Dury 119 G2
Duston 35 J4
Duthil 99 H6
Dutlas 32 B3
Duton Hill 38 B8
Dutton 53 G6
Duxford 37 H6
Dwygyfylchi 51 G3
Dwyran 50 D4
Dyce 101 H7
Dye House 74 F8
Dyffryn, Gwyn 50 B3
Dyffryn, M. Glam 25 G5
Dyffryn Ardudwy 40 E1
Dyffryn Ceidrych 24 F2
Dyffryn Cellwen 25 G3
Dyke, Devon 6 D3
Dyke, Lincs 46 E5
Dyke, Grampn 99 H3
Dykehead, Tays 92 E5
Dykehead, Strath 79 F4
Dylife 41 H4
Dymchurch 15 H6
Dymock 30 B4
Dyrham 17 J3
Dysart 87 G5
Dyserth 51 K3

E

Eagland Hill 61 H5
Eagle 56 C7
Eaglescliffe 69 G5
Eaglesfield, Cumbr 66 C4
Eaglesfield, D. & G 73 H6
Eaglesham 78 C4
Eairy 60 P4
Eakring 55 K7
Ealand 58 B5
Ealing 21 F5
Eamont Bridge 67 H4
Earby 62 C5
Earcroft 61 K7
Eardington 33 G1
Eardisland 29 J2
Eardisley 29 H3
Eardiston, Shrops 42 E5
Eardiston, H. & W 33 F4
Earith 37 G3
Earle 81 H7
Earlestown 53 G4
Earlham 49 G7
Earlish 102 E2
Earls Barton 36 B4
Earls Colne 38 D8
Earl's Croome 33 H6
Earlsdon 34 E3
Earlsferry 87 H5
Earlsford 101 H5
Earl's Green 38 F4
Earl Shilton 45 F8
Earl Soham 39 H4
Earl Sterndale 54 D7
Earlston, Border 80 D6
Earlston, Strath 77 K4
Earl Stonham 39 G5
Earlswood, Warw 34 C3
Earlswood, Gwent 29 J8
Earnley 11 K5
Earsary 94 C6
Earsdon 75 K6
Earsham 39 J2
Earswick 63 K4
Eartham 12 C6
Easby 69 H6
Easdale 89 J7
Easebourne 11 K2
Easenhall 35 F3
Easington, Bucks 20 A2
Easington, Humbs 59 H5
Easington, Cleve 69 K5
Easington, Northum 81 K6
Easington Lane 69 F2
Easingwold 63 J3
Easole Street 15 J3
Eassie 92 E7
East Aberthaw 25 J8
East Allington 5 H7
East Anstey 7 J3
East Ashling 11 K4
East Auchronie 101 H8
East Barkwith 57 F5
East Barming 13 L1
East Barnet 21 G4
East Barsham 48 E4
East Beckham 49 G4
East Bedfont 20 E6
East Bergholt 38 F7
East Bilney 48 E6

East Blatchington Farsley 163

East Blatchington 13 H6
East Boldre 10 E4
Eastbourne 13 K7
East Brent 16 E5
Eastbridge 39 K4
East Bridgford 45 H3
East Buckland 7 G2
East Budleigh 8 B6
East Burrafirth 119 F3
East Burton 9 K6
Eastbury, Berks 18 E3
Eastbury, Herts 20 E4
East Calder 79 H3
East Carleton 49 G7
East Carlton 36 B2
East Chaldon or Chaldon Herring 9 J6
East Challow 18 E2
East Chiltington 13 G5
East Chinnock 9 F3
East Chisenbury 18 C5
Eastchurch 15 F1
East Clandon 12 D1
East Claydon 35 J8
East Coker 9 G3
East Combe, Somer 8 C1
Eastcombe, Glos 30 C7
East Compton 17 H6
Eastcote, W. Mids 34 C3
Eastcote, G. Lon 21 F5
Eastcott, Wilts 18 B5
Eastcott, Corn 6 C4
East Cottingwith 58 B2
Eastcourt 18 A1
East Cowes 11 G5
East Cowton 68 F6
East Cramlington 75 J6
East Creech 10 A6
East Croachy 98 E6
East Davoch 100 D8
East Dean, Hants 10 D2
East Dean, E. Susx 13 J7
East Dean, W. Susx 11 L3
East Dereham 48 E6
East Down 7 G1
East Drayton 56 B6
East End, Dorset 10 A5
East End, Hants 10 E5
East End, Kent 14 E5
East End, Avon 17 F3
East End, Hants 18 F4
East End, Oxon 31 H6
East End, Herts 37 H8
Easter Ardross 108 E6
Easter Balmoral 92 D2
Easter Boleskine 98 D6
Easter Compton 17 G2
Easter Fearn 108 E5
Eastergate 12 C6
Easter Kinkell 98 D3
Easter Lednathie 92 E5
Easter Muckovie 99 F4
Eastern Green 34 D3
Easter Ord 101 H8
Easter Quaff 119 G5
Easter Skeld 119 F4
Easterton 18 B5
Eastertown 16 E5
East Farleigh 13 L1
East Farndon 35 J2
East Ferry 58 C7
Eastfield, Strath 79 F3
Eastfield, N. Yks 65 H4
Eastfield, Strath 85 K7
East Garston 18 E3
Eastgate, Durham 68 B3
Eastgate, Norf 49 G5
East Ginge 19 F2
East Goscote 45 H6
East Grafton 18 D4
East Grimstead 10 D2
East Grinstead 13 G3
East Guldeford 14 F6
East Haddon 35 H4
East Hagbourne 19 G2
East Halton 59 F5
Eastham, Mers 52 E5
East Ham, G. Lon 21 J5
Easthampstead 20 C7
East Hanney 18 F1
East Hanningfield 22 D3
East Hardwick 55 H2
East Harling 38 E2
East Harlsey 69 G7
East Harptree 17 G5
East Hartford 75 J6
East Harting 11 J3
East Hatley 37 F5
East Hauxwell 68 D7
East Haven 93 G8
East Heckington 46 E3
East Hedleyhope 68 D2
East Hendred 19 F2
East Heslerton 65 G5
East Hoathly 13 J5
Easthope 43 G8
Easthorpe 22 F1
East Horrington 17 G6
East Horsley 12 D1
East Huntspill 16 E6
East Hyde 21 F2
East Ilsley 19 F2
Eastington, Glos 30 B7
Eastington, Glos 31 F6
Eastington, Devon 7 H5
East Kennett 18 C4
East Keswick 63 G5
East Kilbride 78 D4
East Kirkby 57 H7
East Knighton 9 K6
East Knoyle 9 K1
East Lambrook 9 F3
East Lamington 109 F6
East Langdon 15 K4
East Langton 35 J1
East Langwell 109 F3
East Lavington 12 C5
East Layton 68 D6
Eastleach Martin 31 G7
Eastleach Turville 31 F7
East Leake 45 G5
Eastleigh, Hants 11 F3
East Leigh, Devon 7 G5
East Lexham 48 D6
East Lilburn 81 J7
Eastling 14 F3
East Linton 87 J7
East Liss 11 J2
East Lound 58 B7
East Lulworth 9 K6
East Mains 93 H2
East Malling 13 K1
East Marden 11 K3
East Markham 56 B6
East Marton 62 F4
East Meon 11 H2
East Mersea 23 G2
East Molesey 21 F7
East Morden 9 L5
East Morton 62 E5
Eastney 11 H5
Eastnor 33 G7
East Norton 45 J7
East Oakley 19 G5
Eastoft 58 C5
East Ogwell 5 J4
Easton, Lincs 46 C5
Easton, Cambs 36 E3
Easton, Hants 11 G1
Easton, Norf 49 G6
Easton, Somer 17 G6
Easton, Devon 5 H3
Easton, Suff 39 H5
Easton, Dorset 9 H7
Easton, Cumbr 73 K6
Easton Grey 17 K2
Easton-in-Gordano 17 G3
Easton Maudit 36 B5
Easton on the Hill 46 D7
Easton Royal 18 D4
East Ord 81 H4
East Panson 4 D2
East Peckham 13 K2
East Pennard 9 G1
East Perry 36 E4
East Portlemouth 5 H8
East Prawle 5 H8
East Preston 12 D6
East Putford 6 D4
East Quantoxhead 16 C6
East Rainton 68 F2
East Ravendale 59 G7
East Raynham 48 D5
Eastrea 47 F8
East Retford 56 B5
Eastriggs 73 H7
Eastrington 58 B3
East Rudham 48 D5
East Runton 49 G3
East Ruston 49 J5
Eastry 15 K3
East Saltoun 80 C3
Eastside, Orkney 116 D7
Eastside, Orkney 116 D7
East Sleekburn 75 J5
East Stockwith 56 B4
East Stoke, Notts 45 J3
East Stoke, Dorset 9 K6
East Stour 9 J2
East Stourmouth 15 J2
East Stratton 19 G7
East Studdal 15 K4
East Taphouse 3 K3
East-the-Water 6 E3
East Tilbury 22 C6
East Tisted 11 J1
East Torrington 57 F5
East Tuddenham 48 F6
East Tytherley 10 D2
East Tytherton 18 A3
East Village 7 J5
Eastville 57 J8
East Wall 43 G8
East Walton 48 C6
Eastwell 45 J5
East Wellow 10 E2
Eastwell Park 15 G4
East Wemyss 87 G5
East Whitburn 79 G3
Eastwick 21 J2
East Williamston 26 E7
East Winch 48 B6
East Wittering 11 J5
East Witton 62 E1
Eastwood, W. Yks 62 C7
Eastwood, Essex 22 E5
Eastwood, Notts 45 F3
East Woodhay 18 F4
East Worldham 19 J7
Eathorpe 34 E4
Eaton, Notts 56 B6
Eaton, Shrops 32 C2
Eaton, Shrops 32 E1
Eaton, Ches 53 G7
Eaton, Norf 49 H7
Eaton, Leic 45 J5
Eaton, Oxon 31 J7
Eaton, Ches 53 K7
Eaton Bishop 29 J4
Eaton Bray 20 D1
Eaton Constantine 43 G7
Eaton Hastings 31 G8
Eaton Socon 36 E5
Eaton upon Tern 43 H5
Ebberston 65 F4
Ebbesbourne Wake 10 A2
Ebbw Vale 25 K4
Ebchester 68 D1
Ebford 5 K3
Ebrington 34 C6
Ecchinswell 19 F5
Ecclaw 80 F3
Ecclefechan 73 G6
Eccles, Kent 14 D2
Eccles, Border 80 F5
Eccles, G. Man 53 J4
Ecclesfield 55 G4
Eccleshall 43 K5
Ecclesmachan 86 D7
Eccles Road 38 F1
Eccleston, Mers 53 F4
Eccleston, Ches 52 F7
Eccleston, Lancs 53 G2
Eccup 63 F5
Echt 101 G8
Eckford 80 F7
Eckington, Derby 55 H6
Eckington, H. & W 33 J6
Ecton 36 B4
Edale 54 E5
Edburton 12 F5
Edderton 109 F5
Eddleston 79 K5
Edenbridge 13 H2
Edenfield 53 K2
Edenhall 67 H3
Edenham 46 D5
Eden Park 21 H7
Edensor 55 F6
Edenthorpe 55 K3
Edern 50 B7
Edgbaston 34 B2
Edgcott 20 A1
Edge 42 E7
Edgebolton 43 G5
Edge End 29 K6
Edgefield 49 F4
Edgefield Street 49 F4
Edgeworth 30 D7
Edgmond 43 J6
Edgmond Marsh 43 J5
Edgton 32 C2
Edgware 21 G4
Edgworth 53 J2
Edinbane 102 E3
Edinburgh 87 F7
Edingale 44 D6
Edingley 45 H2
Edingthorpe 49 J4
Edington, Somer 16 E7
Edington, Wilts 17 L5
Edithmead 16 E6
Edith Weston 46 C7
Edlesborough 20 D2
Edlingham 75 H3
Edlington 57 G6
Edmondsham 10 B3
Edmondsley 68 E2
Edmondthorpe 46 B6
Edmonstone 116 E4
Edmonton 21 H4
Edmundbyers 68 C1
Ednam 80 F6
Edrom 81 G4
Edstaston 43 G4
Edstone 34 C4
Edvin Loach 33 F5
Edwalton 45 G4
Edwardstone 38 E6
Edwinsford 27 L4
Edwinstowe 55 K7
Edworth 37 F6
Edwyn Ralph 33 F5
Edzell 93 H5
Efail Isaf 25 J6
Efailnewydd 50 C7
Efailwen 26 F5
Efenechtyd 42 C2
Effingham 12 E1
Effirth 119 F3
Efford 7 J5
Egerton, Kent 14 F4
Egerton, G. Man 53 J2
Egerton Forstal 14 E4
Eggborough 63 J7
Eggesford Station 7 G4
Eggington 36 C8
Egginton 44 D5
Egglescliffe 69 G5
Eggleston 68 B4
Egham 20 E6
Egleton 46 B7
Eglingham 75 H2
Egloshayle 3 J2
Egloskerry 4 C3
Eglwysbach 51 H3
Eglwys-Brewis 25 J8
Eglwys Fach 41 F4
Eglwyswen 26 F4
Eglwyswrw 26 F4
Egmanton 56 B7
Egremont 66 C5
Egton 64 F2
Egton Bridge 64 F2
Eight Ash Green 38 E8
Eilanreach 96 D4
Eilean Darach 107 G3
Eilean Glas 105 H2
Eilean Iarmain or Isleornsay 96 B4
Eishken 111 H6
Eisingrug 50 F7
Elan Village 41 J7
Elberton 17 H2
Elburton 5 F6
Elcombe 18 C2
Eldersfield 30 C4
Elderslie 77 K1
Eldroth 62 A3
Eldwick 62 E5
Elerch or Bont-goch 41 F5
Elford, Staffs 44 C6
Elford, Northum 81 K6
Elgin 100 B2
Elgol 103 G7
Elham 15 H4
Elie 87 H4
Elim 50 C2
Eling 10 E3
Elishader 103 G2
Elishaw 74 E4
Elkesley 56 A6
Elkstone 30 D6
Elland 62 E7
Ellary 83 G4
Ellastone 44 C3
Ellemford 80 F3
Ellenhall 43 K5
Ellen's Green 12 D3
Ellerbeck 69 G7
Ellerby 69 K5
Ellerdine Heath 43 H5
Ellerker 58 D4
Ellerton, Humbs 58 B3
Ellerton, Shrops 43 J5
Ellesborough 20 C3
Ellesmere 42 F4
Ellesmere Port 52 E6
Ellingham, Norf 39 J1
Ellingham, Northum 81 K7
Ellingstring 62 E1
Ellington, Cambs 36 E3
Ellington, Northum 75 J4
Ellisfield 19 H6
Ellistown 44 F6
Ellon 101 J5
Ellough 39 J2
Elloughton 58 D4
Ellwood 29 K7
Elm 47 H7
Elmbridge 33 J4
Elmdon, W. Mids 34 C2
Elmdon, Essex 37 H7
Elmdon Heath 34 C2
Elmesthorpe 45 F8
Elmhurst 44 C6
Elmley Castle 34 A6
Elmley Lovett 33 H4
Elmore 30 B6
Elmore Back 30 B6
Elm Park 21 K5
Elmscott 6 C3
Elmsett 38 F6
Elmstead Market 23 G1
Elmsted 15 H4
Elmstone 15 J2
Elmstone Hardwicke 30 D5
Elmswell 38 E4
Elmton 55 J6
Elphin 112 D7
Elphinstone 87 G7
Elrick 101 H8
Elrig 70 E7
Elsdon 74 F4
Elsecar 55 G3
Elsenham 37 J8
Elsfield 31 K6
Elsham 58 E5
Elsing 48 F6
Elslack 62 C5
Elsrickle 79 H5
Elstead 12 C2
Elsted 11 K3
Elston 45 J3
Elstone 7 G4
Elstow 36 D6
Elstree 21 F4
Elstronwick 59 G3
Elswick 61 H6
Elsworth 37 G4
Elterwater 66 F6
Eltham 21 J6
Eltisley 37 F5
Elton, Glos 30 B6
Elton, H. & W 32 D3
Elton, Cambs 46 D8
Elton, Ches 52 F6
Elton, Derby 55 F7
Elton, Cleve 69 G5
Elton, Notts 45 J4
Elvanfoot 72 E2
Elvaston 44 F4
Elveden 38 D3
Elvingston 87 H7
Elvington, N. Yks 58 B2
Elvington, Kent 15 J3
Elwick, Cleve 69 G3
Elwick, Northum 81 K6
Elworth 53 J7
Elworthy 8 B1
Ely, Cambs 37 J2
Ely, S. Glam 25 K7
Emberton 36 B6
Embleton, Cumbr 66 D3
Embleton, Northum 81 L7
Embo 109 G4
Emborough 17 H5
Embsay 62 D4
Emery Down 10 D4
Emley 55 F2
Emmer Green 20 B6
Emmington 20 B3
Emneth 47 H7
Emneth Hungate 47 J7
Empingham 46 C7
Empshott 11 J1
Emsworth 11 J4
Enaclete 111 F5
Enborne 18 F4
Enchmarsh 43 G8
Enderby 45 G8
Endmoor 61 J1
Endon 43 L2
Enfield 21 H4
Enford 18 C5
Engine Common 17 H2
Englefield 20 A6
Englefield Green 20 D6
English Bicknor 29 K6
Englishcombe 17 J4
English Frankton 42 F5
Enham-Alamein 18 E6
Enmore 8 D1
Ennerdale Bridge 66 C5
Enochdhu 92 B5
Ensbury 10 B5
Ensdon 42 F6
Ensis 7 F3
Enstone 31 H5
Enterkinfoot 72 D3
Enville 33 H2
Eochar 104 C7
Eoligarry 94 C5
Eorabus 88 E6
Eoropie 111 K1
Epperstone 45 H3
Epping 21 J3
Epping Green, Herts 21 G3
Epping Green, Essex 21 J3
Eppleby 68 D5
Epsom 21 G7
Epwell 34 E6
Epworth 58 B6
Erbistock 42 E3
Erbusaig 96 C3
Erdington 34 C1
Eredine 84 B4
Ericstane 73 F2
Eridge Green 13 J3
Eriswell 38 C3
Erith 21 K6
Erlestoke 18 A5
Ermington 5 G6
Erpingham 49 G4
Errogie 98 D6
Errol 87 F2
Erskine 85 G7
Erskine Bridge 85 G7
Erwarton 39 H7
Erwood 28 E3
Eryholme 68 F6
Eryrys 52 D8
Escomb 68 D3
Escrick 63 K5
Esgairgeiliog 41 G3
Esh 68 D2
Esher 21 F7
Eshott 75 J4
Eshton 62 C4
Esh Winning 68 D2
Eskadale 98 C5
Eskbank 80 B3
Eskdale Green 66 D6
Eskdalemuir 73 H4
Esknish 82 C5
Esprick 61 H6
Essendine 46 D6
Essendon 21 G3
Essich 98 E5
Essington 44 A7
Esslemont 101 J6
Eston 69 H5
Etal 81 H6
Etchilhampton 18 B4
Etchingham 13 L4
Etchinghill, Staffs 44 B6
Etchinghill, Kent 15 H5
Etherley 68 D4
Eton 20 D6
Etteridge 91 H2
Ettersgill 68 A4
Ettington 34 D6
Etton, Humbs 58 D2
Etton, Cambs 46 E7
Ettrick 73 H2
Ettrickbridge 80 B7
Etwall 44 D4
Euston 38 D3
Euxton 53 G2
Evanton 98 E2
Evedon 46 D3
Evelix 109 F4
Evenjobb 32 B4
Evenley 31 K4
Evenlode 31 G5
Evenwood 68 D4
Everbay 117 F4
Evercreech 17 H7
Everdon 35 G5
Everingham 58 C2
Everleigh 18 D5
Everley 65 F3
Eversholt 36 c7
Evershot 9 G4
Eversley 20 B7
Eversley Cross 20 B7
Everton, Notts 56 A4
Everton, Hants 10 D5
Everton, Beds 36 F5
Evertown 73 J6
Evesbatch 33 F6
Evesham 34 B6
Evington 45 H7
Ewden Village 55 F4
Ewell 21 G7
Ewell Minnis 15 J4
Ewelme 20 A4
Ewen 30 E8
Ewenny 25 H7
Ewerby 46 E3
Ewes 73 J4
Ewhurst 12 D2
Ewhurst Green 14 D6
Ewloe 52 E7
Eworthy 4 E2
Ewshot 19 K6
Ewyas Harold 29 H5
Exbourne 7 G5
Exbury 10 F4
Exebridge 7 K3
Exelby 63 F1
Exeter 5 K2
Exford 7 J2
Exhall 34 C5
Exminster 5 K3
Exmouth 5 L3
Exnaboe 119 F7
Exning 38 B4
Exton, Leic 46 C6
Exton, Hants 11 H2
Exton, Somer 7 K2
Exton, Devon 5 K3
Eyam 54 F6
Eydon 35 G5
Eye, H. & W 32 D4
Eye, Cambs 47 F7
Eye, Suff 39 G3
Eyemouth 81 H3
Eyeworth 37 F6
Eyhorne Street 14 E3
Eyke 39 J5
Eynesbury 36 E5
Eynort 102 E6
Eynsford 21 K7
Eynsham 31 J7
Eype 9 F5
Eyre 103 F3
Eythorne 15 J4
Eyton, Shrops 32 C2
Eyton, H. & W 32 D4
Eyton upon the Weald Moors 43 H6

F

Faccombe 18 E5
Faceby 69 G6
Faddiley 43 G2
Fadmoor 69 J8
Faerdre 24 E4
Faifley 85 H7
Failand 17 G3
Failford 77 K5
Failsworth 53 K3
Fairbourne 40 F2
Fairburn 63 H7
Fairfield 34 A3
Fairford 31 F7
Fairlie 77 H2
Fairlight 14 E7
Fairmile 8 B5
Fairmilehead 79 K3
Fair Oak, Hants 11 F3
Fairoak, Staffs 43 J4
Fairseat 14 C2
Fairstead 22 D2
Fairwarp 13 H4
Fairy Cross 6 E3
Fakenham 48 E4
Fala 80 C3
Fala Dam 80 C3
Falahill 80 B4
Faldingworth 56 E5
Falfield 30 A8
Falkenham 39 H7
Falkirk 86 B6
Falkland 87 F4
Falla 74 D2
Fallin 85 L5
Falmer 13 G6
Falmouth 3 G6
Fanagmore 112 C4
Fangdale Beck 69 H7
Fangfoss 64 E7
Fanmore 88 F4
Fans 80 E5
Farcet 46 F8
Far Cotton 35 J5
Farden 32 E3
Fareham 11 G4
Farewell 44 B6
Far Forest 33 G3
Faringdon 31 G8
Farington 61 J7
Farleigh, Avon 17 F4
Farleigh, Surrey 21 H7
Farleigh Hungerford 17 K5
Farleigh Wallop 19 H6
Farlesthorpe 57 J6
Farleton 61 J1
Farley, Staffs 44 B3
Farley, Wilts 10 D2
Farley, Shrops 42 E7
Farley Green 12 D2
Farley Hill 20 B7
Farleys End 30 B6
Farlington 63 K3
Farlow 33 F2
Farmborough 17 H4
Farmcote 30 E5
Farmington 31 F6
Farmoor 31 J7
Farmtown 100 E3
Farnborough, Warw 34 F6
Farnborough, G. Lon 21 J7
Farnborough, Hants 19 K5
Farncombe 12 C2
Farndish 36 C4
Farndon, Ches 42 F2
Farndon, Notts 45 J2
Farnell 93 H6
Farnham, Dorset 10 A3
Farnham, N. Yks 63 G3
Farnham, Essex 21 J1
Farnham, Suff 39 J4
Farnham, Surrey 19 K6
Farnham Common 20 D5
Farnham Green 37 H8
Farnham Royal 20 D5
Farningham 21 K7
Farnley 62 F5
Farnley Tyas 54 E2
Farnsfield 45 H2
Farnworth, Ches 53 G5
Farnworth, G. Man 53 J3
Farr, Highld 114 C3
Farr, Highld 98 E5
Farringdon 8 B5
Farrington Gurney 17 H5
Farsley 62 F6

164 Farthinghoe George Nympton

Farthinghoe 35 G7
Farthingstone 35 H5
Farway 8 C5
Fascadale 89 G1
Fasnacloich 90 B7
Fassfern 90 B4
Fatfield 68 F1
Fattahead 100 F3
Faugh 67 H1
Fauldhouse 79 G3
Faulkbourne 22 D2
Faulkland 17 J5
Fauls 43 G4
Faversham 15 G2
Favillar 100 B5
Fawfieldhead 54 D7
Fawkham Green 21 K7
Fawler 31 H6
Fawley, Bucks 20 B5
Fawley, Berks 18 E2
Fawley, Hants 11 F4
Fawley Chapel 29 K5
Faxfleet 58 C4
Faygate 12 F3
Fazeley 44 D7
Fearby 62 E1
Fearnan 91 J7
Fearnbeg 106 C6
Fearnhead 53 H4
Fearnmore 106 C5
Featherstone, W. Yks 63 H7
Featherstone, Staffs 43 L7
Feckenham 34 B4
Fedderate 101 H4
Feering 22 E1
Feetham 68 B7
Feizor 62 A3
Felbridge 13 G3
Felbrigg 49 H4
Felcourt 13 G2
Felden 20 E3
Felindre, Powys 32 A2
Felindre, W. Glam 24 E4
Felindre, Dyfed 27 F2
Felindre, Dyfed 27 H4
Felindre Farchog 26 F4
Felinfach 25 J1
Felinfoel 24 D4
Felington 81 H5
Felingwmuchaf 27 K5
Felixkirk 63 H1
Felixstowe 39 H7
Fell End 67 K7
Felling 75 J7
Fell Side 66 F3
Felmersham 36 C5
Felmingham 49 H5
Felpham 12 C7
Felsham 38 E5
Felstead 22 C1
Feltham 21 F6
Felthorpe 49 G6
Felton, Avon 17 G4
Felton, Northum 75 H3
Felton, H. & W 29 K3
Felton Butler 42 E6
Feltwell 38 C1
Fence 62 B6
Fence Houses 68 F1
Fencote 68 E7
Fen Ditton 37 H4
Fen Drayton 37 G4
Fen End 34 D3
Feniscowles 61 K7
Feniton 8 C5
Fenny Bentley 44 C2
Fenny Bridges 8 C5
Fenny Compton 34 F5
Fenny Drayton 44 E8
Fenny Stratford 36 B7
Fen Pitton 37 H4
Fenrother 75 H4
Fenstanton 37 G4
Fenton, Lincs 46 B2
Fenton, Lincs 56 C6
Fenton, Cambs 37 G3
Fenton, Northum 81 H6
Fenton, Staffs 43 K3
Fenwick, Northum 75 G6
Fenwick, S. Yks 55 J2
Fenwick, Northum 81 J5
Fenwick, Strath 77 K3
Feochaig 76 C6
Feock 3 G6
Feolin Ferry 82 D5
Feriniquarrie 102 C3
Fern 93 F5
Ferndale 25 J5
Ferndown 10 B4
Ferness 99 H4
Fernham 18 D1
Fernhill Heath 33 H5
Fernhurst 11 K2
Ferniegair 78 E4
Fernilea 102 E5
Fernilee 54 D6
Ferrensby 63 G3
Ferrindonald 96 B5
Ferring 12 D6
Ferrybridge 63 H7
Ferryden 93 J6
Ferryhill 68 E3
Ferryside 27 H6
Fersfield 38 F2
Fersit 90 E4
Feshiebridge 99 G8
Fetcham 12 E1
Fetterangus 101 J3
Fettercairn 93 H4
Fewston 62 E4
Ffairfach 27 L5
Ffaldybrenin 27 L3
Ffarmers 27 L3
Ffawyddog 25 L3
Ffestiniog 51 G6
Fforest 27 K7
Fforest-fach 24 E5
Ffostrasol 27 H3
Ffrith 42 D2
Ffynnon-ddrain 27 J5
Ffynnongroyw 52 C5
Fidden 88 E6
Fiddington, Glos 30 D4
Fiddington, Somer 16 D6
Fiddleford 9 K3
Fiddlers Hamlet 21 J3
Field 44 B4
Field Broughton 61 G1
Field Dalling 48 F4
Field Head 45 F7
Fifehead Magdalen 9 J2
Fifehead Neville 9 J3
Fifield, Berks 20 D6
Fifield, Oxon 31 G6
Figheldean 18 C6
Filby 49 K6
Filey 65 J4
Filgrave 36 B6
Filkins 31 G7
Filleigh, Devon 7 G3
Filleigh, Devon 7 H4
Fillingham 56 D5
Fillongley 34 D2
Filton 17 H3
Fimber 65 F6
Fincham 48 B7
Finchdean 11 J3
Finchhampstead 20 B7
Finchingfield 38 B7
Finchley 21 G4
Findern 44 E4
Findhorn 99 J2
Findochty 100 D2
Findon, W. Susx 12 E6
Findon, Grampn 93 L2
Finedon 36 C3
Fingal Street 39 H4
Fingask 101 G6
Fingest 20 B4
Finghall 68 D8
Fingland 72 C2
Fingringhoe 23 G1
Finmere 35 H7
Finningham 38 F4
Finningley 55 K4
Finnygaud 100 F3
Finsbay 105 F3
Finsbury 21 H5
Finsthwaite 61 G1
Finstock 31 H6
Finstown 116 C5
Fintry, Grampn 11 G3
Fintry, Strath 85 J6
Finzean 93 H2
Fionnphort 88 E6
Firbank 67 J7
Firbeck 55 J5
Firgrove 53 L2
Firsby 57 J7
Firth 121 G5
Fir Tree 68 D3
Fishbourne, I. of W 11 G5
Fishbourne, W. Susx 11 K4
Fishburn 69 F3
Fishcross 86 C5
Fisherford 100 F5
Fisher's Pond 11 F2
Fisherstreet 12 C3
Fisherton, Highld 99 F3
Fisherton, Strath 77 H6
Fishguard 26 D4
Fishlake 55 K2
Fishpool 53 K3
Fishtoft 47 G3
Fishtoft Drove 47 G3
Fishtown of Usan 93 J6
Fishwick 81 H4
Fiskavaig 102 E5
Fiskerton, Lincs 56 E6
Fiskerton, Notts 45 J2
Fittleton 18 C6
Fittleworth 12 D5
Fitton End 47 H6
Fitz 42 F6
Fitzhead 8 C2
Fitzwilliam 55 H2
Fiunary 89 H4
Five Ashes 13 J4
Fivehead 8 E2
Five Oak Green 13 K2
Five Oaks 12 D4
Five Penny Borve 111 J2
Five Penny Ness 111 K1
Five Roads 27 J7
Flackwell Heath 20 C5
Fladbury 34 A6
Fladdabister 119 G5
Flagg 54 E7
Flamborough 65 K5
Flamstead 20 E2
Flansham 12 C6
Flasby 62 C4
Flash 54 D7
Flashader 102 E3
Flaunden 20 E3
Flawborough 45 J3
Flawith 63 H3
Flax Bourton 17 G4
Flaxby 63 G4
Flaxfleet 58 C4
Flaxley 30 A6
Flaxpool 8 C1
Flaxton 64 D6
Fleckney 45 H8
Flecknoe 35 G4
Fleet, Lincs 47 G5
Fleet, Hants 19 K5
Fleet Hargate 47 G5
Fleetwood 61 G5
Fleggburgh or
Burgh St Margaret 49 K6
Flemingston 25 J7
Flemington 78 D4
Flempton 38 D3
Fletching 13 H4
Flexbury 6 C5
Flexford 12 C1
Flicham 48 C5
Flimby 66 C3
Flimwll 13 L3
Flint 52 D6
Flintham 45 J3
Flint Mountain 52 D6
Flinton 59 G3
Flitcham 48 C5
Flitton 36 D7
Flitwick 36 D7
Flixborough 58 C5
Flixton, N. Yks 65 H5
Flixton, Suff 39 J2
Flixton, G. Man 53 J4
Flockton 55 F2
Flodabay 105 F3
Flodden 81 H6
Flookburgh 61 G2
Flordon 49 G8
Flore 35 H4
Flotterton 75 F3
Flowton 39 F6
Flushing, Corn 3 G6
Flushing, Grampn 101 K4
Flyford Flavell 34 A5
Fobbing 22 D5
Fochabers 100 C3
Fochriw 25 K4
Fockerby 58 C5
Fodderty 98 D3
Foel 41 J2
Foggathorpe 58 B3
Fogo 80 F5
Foindle 112 C4
Folda 92 C5
Fole 44 B4
Foleshill 34 E2
Folke 9 H3
Folkestone 15 J5
Folkingham 46 D4
Folkington 13 J6
Folksworth 36 E2
Folkton 65 H5
Folla Rule 101 G5
Follifoot 63 G4
Folly Gate 5 F2
Fonthill Bishop 10 A1
Fonthill Gifford 9 L1
Fontmell Magna 9 K3
Fontwell 12 C6
Foolow 54 E6
Foots Cray 21 J6
Forcett 68 D5
Ford, Strath 84 A4
Ford, Staffs 44 B2
Ford, Bucks 20 B3
Ford, W. Susx 12 D6
Ford, Mers 52 E4
Ford, Glos 30 E5
Ford, Shrops 42 F6
Ford, Northum 81 H6
Ford, Devon 5 H7
Ford, Wilts 17 K3
Fordcombe 13 J2
Fordell 86 E6
Forden 42 D7
Ford End 22 C2
Forder Green 5 H5
Fordham, Cambs 38 B3
Fordham, Norf 48 B8
Fordham, Essex 38 E8
Fordingbridge 10 C3
Fordon 65 H5
Fordoun 93 J4
Ford Street, Somer 8 C3
Fordstreet, Essex 38 E8
Fordwells 31 H6
Fordwich 15 H3
Fordyce 100 E2
Foremark 44 E5
Forestburn Gate 75 G4
Forestfield 79 F3
Forest Gate 21 J5
Forest Green 12 E2
Forest Head 67 H1
Forest Hill 31 K7
Forest-in-Teesdale 68 A4
ForestMill 86 C5
Forest Row 13 H3
Forestside 11 J3
Forest Town 55 J7
Forfar 92 F6
Forgandenny 86 D3
Forge Side 29 G7
Forgie 100 C3
Formby 52 D3
Forncett End 49 G8
Forncett St Mary 49 G8
Forncett St Peter 39 G1
Forneth 92 B7
Fornham All Saints 38 D4
Fornham St Martin 38 D4
Forres 99 J3
Forsbrook 44 A3
Forse 115 H6
Forsinard 114 D5
Forston 9 H5
Fort Augustus 98 B8
Forteviot 86 D3
Fort George 99 F3
Forth 79 G4
Forthampton 30 C4
Forth Road Bridge, Fife 86 E7
Forth Road Bridge, Lothn 86 E7
Fortingall 91 J7
Forton, Somer 8 E4
Forton, Shrops 42 F6
Forton, Lancs 61 H4
Forton, Staffs 43 J5
Fortrie, Grampn 100 F4
Fortrie, Grampn 101 J4
Fortrose 99 F3
Fortuneswell 9 H7
Fort William 90 C4
Forty Hill 21 H4
Forward Green 39 F5
Fosbury 18 E5
Fosdyke 47 G4
Foss 91 J6
Fossebridge 30 E6
Foss-y-ffin 27 J1
Foster Street 21 J3
Foston, Lincs 46 B3
Foston, Derby 44 C4
Foston, N. Yks 64 D6
Foston on the Wolds 65 J7
Fotherby 57 H4
Fotheringhay 46 D8
Foubister 116 E6
Foulden, Norf 48 C8
Foulden, Border 81 H4
Foul Mile 13 K5
Foulridge 62 B5
Foulsham 48 F5
Fountainhall 80 C5
Four Ashes 38 F3
Four Crosses, Staffs 44 A7
Four Crosses, Powys 42 D6
Four Crosses, Powys 41 K3
Four Elms 13 H2
Four Forks 8 D1
Four Gotes 47 H6
Four Lanes 2 E6
Fourlanes End 53 K8
Four Marks 11 H1
Four Mile Bridge 50 B3
Four Oaks, W. Mids 44 C8
Four Oaks, W. Mids 34 D2
Four Oaks, E. Susx 14 E6
Fourpenny 109 G4
Fourstones 74 E7
Four Throws 14 D6
Fovant 10 B2
Foveran 101 J6
Fowey 3 K4
Fowlis 87 G1
Fowlis Wester 86 C2
Fowlmere 37 H6
Fownhope 29 K4
Foxdale 60 P4
Foxearth 38 D6
Foxfield 60 F1
Foxham 18 A3
Foxhole 3 H4
Foxholes 65 H5
Fox Lane 19 K5
Foxley, Norf 48 F5
Foxley, Wilts 17 K2
Foxt 44 B3
Foxton, Cambs 37 H6
Foxton, Leic 35 J2
Foxup 62 B2
Foxwist Green 53 H7
Foy 29 K5
Foyers 98 C6
Fraddon 3 H4
Fradley 44 C6
Fradswell 44 A4
Fraisthorpe 65 J6
Framfield 13 H4
Framingham Earl 49 H7
Framingham Pigot 49 H7
Framlingham 39 H4
Frampton, Lincs 47 G4
Frampton, Dorset 9 H5
Frampton Cotterell 17 H2
Frampton Mansell 30 D7
Frampton on Severn 30 B7
Frampton West End 47 G3
Framsden 39 G5
Framwellgate Moor 68 E2
Franche 33 H3
Frankby 52 D5
Frankley 34 A2
Frankton 34 F3
Frant 13 J3
Fraserburgh 101 J2
Frating Green 23 G1
Fratton 11 H4
Freathy 4 D6
Freckenham 38 B3
Freckleton 61 H7
Freeby 45 K5
Freeland 31 J6
Freester 119 G3
Freethorpe 49 K7
Freiston 47 G3
Fremington, N. Yks 68 C7
Fremington, Strath 78 D4
Fremington, Devon 6 F2
Frenchbeer 5 G3
Frensham 19 K6
Fresgoe 114 E3
Freshfield 52 D3
Freshford 17 J4
Freshwater 10 E6
Freshwater East 26 E8
Fressingfield 39 H3
Freston 39 G7
Freswick 115 J3
Fretherne 30 B7
Frettenham 49 H6
Freuchie 87 F4
Friar's Gate 13 H3
Friday Bridge 47 H7
Fridaythorpe 65 F7
Friern Barnet 21 G4
Friesthorpe 56 E5
Frieth 20 B4
Frilford 31 J8
Frilsham 19 G3
Frimley 20 C8
Frindsbury 14 D2
Fring 48 C4
Fringford 31 L5
Frinsted 14 E3
Frinton-on-Sea 23 J1
Friockheim 93 G7
Frisby on the Wreake 45 H6
Friskney 47 H2
Friston, E. Susx 13 J7
Friston, Suff 39 K4
Fritchley 44 E2
Fritham 10 D3
Frith Bank 47 G3
Frith Common 33 F4
Frithelstock 6 E4
Frithville 47 G2
Frittenden 14 E4
Fritton, Norf 39 H1
Fritton, Norf 49 K7
Fritwell 31 K5
Frizington 66 C5
Frocester 30 B7
Frodesley 43 G7
Frodsham 53 G6
Froggatt 55 F6
Froghall 44 B3
Frogmore 20 C7
Frolesworth 35 G1
Frome 17 J6
Fromes Hill 33 F6
Frome St Quintin 9 G4
Fron, Gwyn 50 C7
Fron, Powys 42 D7
Fron, Powys 41 K7
Froncysyllte 42 D3
Frongoch 51 J7
Frostenden 39 K2
Frosterley 68 C3
Froxfield 18 D4
Froxfield Green 11 J2
Fryerning 22 C3
Fryton 64 D5
Fulbeck 46 C2
Fulbourn 37 J5
Fulbrook 31 G6
Fulford, Staffs 44 A4
Fulford, Somer 8 D2
Fulford, N. Yks 63 K5
Fulham 21 G6
Fulking 12 F5
Fuller's Moor 43 F2
Fuller Street 22 D2
Fullerton 18 E7
Fulletby 57 G6
Full Sutton 64 E7
Fullwood 77 K2
Fulmer 20 D5
Fulmodeston 48 E4
Fulnetby 57 E6
Fulstow 57 H4
Fulwell 75 K8
Fulwood, S. Yks 55 G5
Fulwood, Lancs 61 J6
Funtington 11 K4
Funtley 11 G4
Funzie 121 J3
Furnace 84 C4
Furneux Pelham 37 H8
Furzebrook 10 A6
Fyfett 8 D3
Fyfield, Wilts 18 C4
Fyfield, Hants 18 D6
Fyfield, Glos 31 G7
Fyfield, Oxon 31 J8
Fyfield, Essex 21 K3
Fylingthorpe 65 G2
Fyvie 101 G5

G

Gabroc Hill 77 K2
Gaddesby 45 H6
Gadfa 50 D2
Gaer 25 K2
Gaer-fawr 29 J8
Gaerllwyd 29 J8
Gaerwen 50 D3
Gagingwell 31 J5
Gailey 43 L6
Gainford 68 D5
Gainsborough 56 C5
Gainsford End 38 C7
Gairloch 106 D4
Gairlochy 90 C3
Gaisgill 67 J6
Gaitsgill 67 F2
Galashiels 80 C6
Galby 45 H7
Galgate 61 H4
Galhampton 9 H2
Gallatown 87 F5
Galley Common 34 E1
Galleywood 22 D3
Gallowfauld 92 F7
Galltair 96 D3
Galmisdale 95 K7
Galmpton, Devon 5 G7
Galmpton, Devon 5 J6
Galphay 63 F2
Galson 111 J2
Galston 77 L4
Galtrigill 102 C3
Gamblesby 67 J3
Gamlingay 37 F5
Gamston, Notts 56 B6
Gamston, Notts 45 H4
Ganarew 29 K6
Ganllwyd 41 G1
Ganstead 59 F3
Ganthorpe 64 D5
Ganton 65 G5
Garbat 98 C2
Garbhallt 84 C5
Garboldisham 38 F2
Gardenstown 101 H2
Garderhouse 119 F4
Gare Hill 17 J6
Garelochhead 84 E5
Garenin 111 F3
Garford 31 J8
Garforth 63 H6
Gargrave 62 C4
Gargunnock 85 K5
Garlieston 71 F7
Garlogie 101 G8
Garmond 101 H3
Garmouth 100 C2
Garn 50 B7
Garnant 24 E3
Garn Dolbenmaen 50 D6
Garnett Bridge 67 H7
Garnkirk 78 D3
Garn-yr-erw 29 G6
Garrabost 111 K4
Garras 2 F7
Garreg 50 F6
Garreg Bank 42 D6
Garrigill 67 K2
Garros 103 F2
Garrygualach 90 C1
Garrynamonie 94 C4
Garsdale 67 K8
Garsdale Head 67 K7
Garsdon 18 A2
Garshall Green 44 A4
Garsington 31 K7
Garstang 61 H5
Garston 52 F5
Garswood 53 G4
Gartcosh 78 D3
Garth, Clwyd 42 D3
Garth, Powys 28 D3
Garth, M. Glam 25 G5
Garth, I. of M 60 Q4
Garthbrengy 25 J1
Gartheli 27 K2
Garthmyl 42 C8
Garthorpe, Leic 46 B5
Garthorpe, Humbs 58 C5
Gartly 100 E5
Gartmore 85 H5
Gartocharn 85 G6
Garton 59 G3
Garton-on-the-Wolds 65 G7
Gartymore 109 J2
Garvald 87 J7
Garvard 82 C2
Garve 98 B2
Garvestone 48 F7
Garvock 93 J4
Garway 29 J5
Garynahine 111 G4
Gastard 17 K4
Gasthorpe 38 E2
Gatcombe 11 F6
Gatebeck 61 J1
Gate Burton 56 C5
Gateforth 63 J7
Gatehead 77 J4
Gate Helmsley 64 D7
Gatehouse of Fleet 71 H6
Gatelawbridge 72 E4
Gateley 48 E5
Gatenby 63 G1
Gateshead 75 J7
Gatesheath 53 F7
Gateside, Fife 86 E4
Gateside, Tays 92 F7
Gateside, Strath 77 J2
Gathurst 53 G3
Gatley 53 K5
Gattonside 80 D6
Gauldry 87 G2
Gaunt's Common 10 B4
Gautby 57 F6
Gavinton 80 F4
Gawber 55 G3
Gawcott 35 H7
Gawsworth 53 K7
Gawthrop 61 K2
Gawthwaite 61 F1
Gaydon 34 E5
Gayhrst 36 B6
Gayle 68 A8
Gayles 68 D6
Gay Street 12 D4
Gayton, Staffs 44 A5
Gayton, Norf 48 C6
Gayton, Mers 52 D5
Gayton, Northnts 35 J5
Gayton le Marsh 57 J5
Gayton Thorpe 48 C6
Gaywood 48 B5
Gazeley 38 C4
Geary 102 D2
Gedding 38 E5
Geddington 36 B2
Gedintailor 103 G5
Gedney 47 H5
Gedney Broadgate 47 H5
Gedney Drove End 47 H5
Gedney Dyke 47 H5
Gedney Hill 47 G6
Gedney Marsh 45 F5
Gee Cross 54 C4
Geise 115 G3
Geldeston 39 J1
Gelli 26 E6
Gellifor 52 C7
Gelligaer 25 K5
Gellilydan 51 F7
Gellioedd 51 J6
Gellywen 27 G5
Gelston 72 C8
Gentleshaw 44 B6
Geocrab 105 G2
Georgeham 6 E2
George Nympton 7 H3

Georgetown Gwenter 165

Georgetown 77 K1
Georgia 2 C6
Germanswek 4 E2
Germoe 2 D7
Gerrans 3 G6
Gerrards Cross 20 E5
Geshader 111 F4
Gestingthorpe 38 D7
Geuffordd 42 D6
Geufron 41 H5
Gibraltar 57 K8
Gidea Park 21 K4
Gidleigh 5 G3
Gifford 80 D3
Giggleswick 62 B3
Gilberdyke 58 C4
Gilchriston 80 C3
Gilcrux 66 D3
Gildersome 63 F7
Gildingwells 55 J5
Gileston 25 J8
Gilfach Goch 25 H6
Gilfachreda 27 J2
Gilgarran 66 C4
Gillamoor 64 D3
Gilling East 63 K2
Gillingham, Kent 14 D2
Gillingham, Norf 39 K1
Gillingham, Dorset 9 K2
Gilling West 68 D6
Gillow Heath 53 K8
Gills 115 J2
Gilmanscleuch 80 B7
Gilmerton, Lothn 80 A3
Gilmerton, Tays 86 B2
Gilmorton 35 G2
Gilsland 74 C7
Gilsland Spa 74 C7
Gilston 80 C4
Gilwern 29 G6
Gimingham 49 H4
Gipping 38 F4
Gipsey Bridge 47 F2
Girlsta 119 G3
Girsby 69 F6
Girthon 71 H6
Girton, Notts 56 C7
Girton, Cambs 37 H4
Girvan 70 C2
Gisburn 62 B5
Gisla 111 F5
Gisleham 39 L2
Gislingham 38 F3
Gissing 39 G2
Gittisham 8 C5
Gladestry 29 G2
Gladsmuir 87 H7
Glais 24 F4
Glaisdale 64 E2
Glame 106 A7
Glamis 92 E7
Glanaber Terrace 51 G6
Glanaman 24 E3
Glandford 48 F3
Glandwr, Dyfed 27 F5
Glandwr, Gwent 25 L4
Glangrwyney 29 G6
Glanmule 32 A1
Glanrhyd 26 F3
Glanton 75 G2
Glanton Pike 75 G2
Glanvilles Wootton 9 H4
Glan-y-don 52 C6
Glan-yr-afon 51 K6
Glapthorn 36 D1
Glapwell 55 H7
Glasbury 29 F4
Glascoed, Powys 42 C7
Glascoed, Gwent 29 H7
Glascoed, Clwyd 51 J3
Glascote 44 D7
Glascwm 28 F2
Glasdrum 90 B7
Glasfryn 51 J5
Glasgow 78 C3
Glasinfryn 50 E4
Glasnakille 103 G7
Glaspwll 41 G4
Glassburn 98 B5
Glasserton 71 F8
Glassford 78 E5
Glasshouse Hill 30 B5
Glasshouses 62 E3
Glasslaw 101 H3
Glasson, Lancs 61 H4
Glasson, Cumbr 73 H7
Glassonby 67 H3
Glaston 46 B7
Glastonbury 17 F7
Glatton 36 E2
Glazebury 53 H4
Glazeley 33 G2
Gleadless 55 G5
Gleadsmoss 53 K7
Gleaston 60 F2
Glemsford 38 D6
Glenancross 96 B6
Glenastle 82 C7
Glen Auldyn 60 R2
Glenbarr 76 B4
Glenbeg 89 G2
Glen Bernisdale 103 F4
Glenbervie 93 J3
Glenboig 78 E3
Glenborrodale 89 H2
Glenbreck 79 H7
Glenbuck 78 E7
Glenburn 77 K1
Glencaple 72 E7
Glencarse 87 E2
Glencoe 90 C6
Glencraig 86 E5
Glendevon 86 C4
Glendoebeg 98 C8
Glendon Hall 36 B2
Glenegedale 82 C6
Glenelg 96 D4
Glenfarg 86 E3
Glenfield 45 G7
Glenfinnan 96 E7
Glenfoot 86 E3
Glengarnock 77 J2
Glengrasco 103 F4
Glenkerry 73 H2
Glenkindie 100 D7
Glenlee 72 B5
Glenlivet 100 A6
Glenluce 70 C6
Glenmavis 78 E3
Glenmaye 60 P4
Glenmore 103 F4
Glenmoy 92 F5
Glen Parva 45 G8
Glenprosen Village 92 E5
Glenreasdell Mains 76 D2
Glenridding 67 F5
Glenrothes 87 F4
Glenside 111 H6
Glentham 56 E4
Glenton 100 F6
Glentress 79 K6
Glen Trool Lodge 70 F3
Glentrool Village 70 E4
Glentworth 56 C5
Glenuig 96 B8
Glen Village 86 B7
Glen Vine 60 Q4
Glespin 79 F7
Gletness 119 G3
Glewstone 29 K5
Glinton 46 E7
Glooston 45 J8
Glossop 54 D4
Gloster Hill 75 J3
Gloucester 30 C6
Gloup 121 H2
Glusburn 62 D5
Gluss 120 F5
Glympton 31 J5
Glynarthen 27 H3
Glyn Ceiriog 42 D4
Glyncoch 25 J5
Glyncrrwg 25 G5
Glynde 13 H6
Glyndebourne 13 H5
Glyndyfrdwy 42 C3
Glyn Neath 25 G4
Glynogwr 25 H6
Glyntaff 25 J6
Gnosall 43 K5
Gnosall Heath 43 K5
Goadby 45 J8
Goadby Marwood 45 J5
Goatacre 18 B3
Goathill 9 H3
Goathland 64 F2
Goathurst 8 D1
Gobowen 42 E4
Godalming 12 C2
Godington 35 H8
Godmanchester 37 F3
Godmanstone 9 H5
Godmersham 15 G3
Godney 17 F6
Godolphin Cross 2 E6
Godre'r-graig 25 F4
Godshill, Hants 10 C3
Godshill, I. of W 11 G6
Godstone 13 G1
Goff's Oak 21 H3
Gogar 86 E7
Goginan 41 F5
Golan 50 E6
Golant 3 K4
Golberdon 4 D4
Golborne 53 H4
Golcar 54 D2
Goldcliff 16 E2
Golden Cross 13 J5
Golden Green 13 K2
Golden Grove 27 K6
Goldenhill 43 K2
Golden Pot 19 J6
Golden Valley 30 D5
Golders Green 21 G5
Goldhanger 22 F3
Golding 43 G7
Goldsborough, N. Yks 63 G4
Goldsborough, N. Yks 69 L5
Goldsithney 2 D6
Goldthorpe 55 H3
Gollanfield 99 G3
Golspie 109 G3
Gomeldon 10 C1
Gomersal 62 F7
Gomshall 12 D2
Gonalston 45 H3
Gonfirth 119 F2
Good Easter 22 C2
Gooderstone 48 C7
Goodleigh 7 F2
Goodmanham 58 C2
Goodnestone, Kent 15 G2
Goodnestone, Kent 15 J3
Goodrich 29 K6
Goodrington 5 J6
Goodwick 26 D4
Goodworth Clatford 18 E6
Goodyers End 34 E2
Goole 58 B4
Goonbell 2 F5
Goonhavern 3 F4
Gooseham 6 C4
Goosetrey 53 J7
Goosey 18 E1
Goosnargh 61 J6
Goostrey 53 J6
Gordon 80 E5
Gordonbush 109 G3
Gordonstown, Grampn 100 E3
Gordonstown, Grampn 101 G5
Gorebridge 80 B3
Gorefield 47 H6
Goring 19 H2
Goring-by-Sea 12 E6
Gorleston-on-Sea 49 L7
Gorran Haven 3 J5
Gors 41 F6
Gorsedd 52 C6
Gorseinon 24 D5
Gorseness 116 D5
Gorsgoch 27 J2
Gorslas 27 K6
Gorsley 30 A5
Gorstan 98 B2
Gorton 53 K4
Gosbeck 39 G5
Gosberton 47 F4
Gosfield 38 C8
Gosforth, Cumbr 66 C6
Gosforth, T. & W 75 J7
Gosmore 36 E8
Gosport 11 H5
Gossabrough 121 H4
Goswick 81 J5
Gotham 45 G4
Gotherington 30 D5
Goudhurst 13 L3
Goulceby 57 G6
Gourdas 101 G4
Gourdon 93 K4
Gourock 84 E7
Govan 77 L1
Goveton 5 H7
Govig 110 E7
Govilon 29 G6
Gowanhill 101 K2
Gowdall 63 K7
Gowerton 24 D5
Gowkhall 86 D6
Goxhill, Humbs 59 F2
Goxhill, Humbs 59 F4
Graffham 12 C5
Grafham 36 E4
Grafton, H. & W 32 E4
Grafton, Oxon 31 G7
Grafton, N. Yks 63 H3
Grafton, H. & W 29 J4
Grafton Flyford 34 A5
Grafton Regis 35 J6
Grafton Underwood 36 C2
Grafty Green 14 E4
Graianrhyd 42 D2
Graig, Gwyn 51 H3
Graig, Clwyd 51 K3
Graig-fechan 42 C2
Graig Penllyn 25 H7
Grain 14 E1
Grainsby 59 G7
Grainthorpe 57 H4
Graizelound 58 B7
Grampound 3 H5
Grampound Road 3 H4
Gramsdale 104 D6
Granborough 35 J8
Granby 45 J4
Grandborough 35 F4
Grandtully 91 L6
Grange, Mers 52 D5
Grange, Cumbr 66 E5
Grange, N. Yks 69 H7
Grange Crossroads 100 D3
Grange Hill 21 J4
Grange Moor 55 F2
Grangemouth 86 C6
Grange-over-Sands 61 H2
Grangepans 86 D6
Grangetown 69 H4
Grange Villa 68 E1
Granish 99 G7
Gransmoor 65 J7
Granston 26 C4
Grantchester 37 H5
Grantham 46 C4
Grantley 63 F3
Grantlodge 101 G7
Granton 87 F7
Grantown-on-Spey 99 J6
Grantshouse 81 G3
Grappenhall 53 H5
Grasby 58 E6
Grasmere 66 F6
Grasscroft 54 C3
Grassendale 52 E5
Grassholme 68 B4
Grassington 62 D3
Grassmoor 55 H7
Grassthorpe 56 B7
Grateley 18 D6
Gratwich 44 B4
Graveley, Cambs 37 F4
Graveley, Herts 37 F8
Gravelly Hill 34 C1
Gravels 42 E7
Graveney 15 G2
Gravesend 14 C1
Gravir 111 H6
Grayingham 56 D4
Grayrigg 67 H7
Grays 14 C1
Grayshott 11 K1
Grayswood 12 C3
Graythorp 69 H4
Grazeley 20 A7
Greasbrough 55 H4
Greasby 52 D5
Great Abington 37 J6
Great Addington 36 C3
Great Alne 34 C5
Great Altcar 52 E3
Great Amwell 21 H2
Great Asby 67 J5
Great Ashfield 38 F4
Great Ayton 69 H5
Great Baddow 22 D3
Great Bardfield 38 B7
Great Barford 36 E5
Great Barr 44 B8
Great Barrington 31 G6
Great Barrow 53 F7
Great Barton 38 D4
Great Barugh 64 E5
Great Bavington 75 F5
Great Bealings 39 H6
Great Bedwyn 18 D4
Great Bentley 23 H1
Great Bircham 48 C4
Great Blakenham 39 G5
Great Bolas 43 H5
Great Bookham 12 E1
Great Bosullow 2 C6
Great Bourton 35 F6
Great Bowden 35 J2
Great Bradley 38 B5
Great Braxted 22 E2
Great Bricett 38 F5
Great Brickhill 36 C7
Great Bridgeford 43 K5
Great Brington 35 H4
Great Bromley 39 F8
Great Broughton 69 H6
Great Budworth 53 H6
Great Burdon 68 F5
Great Burstead 22 C4
Great Busby 69 H6
Great Canfield 22 B2
Great Carlton 57 J5
Great Casterton 46 D7
Great Chart 15 F4
Great Chatwell 43 J6
Great Chesterford 37 J6
Great Cheverell 18 A5
Great Chishill 37 H7
Great Clacton 23 H2
Great Clifton 66 C4
Great Coates 59 G5
Great Comberton 34 A6
Great Corby 67 G1
Great Cornard 38 D6
Great Coxwell 31 G8
Great Cransley 36 B3
Great Cressingham 48 D7
Great Crosby 52 E4
Great Cubley 44 C4
Great Dalby 45 J6
Great Doddington 36 B4
Great Driffield 65 H7
Great Dunham 48 D6
Great Dunmow 22 C1
Great Durnford 18 C7
Great Easton, Leic 46 B8
Great Easton, Essex 38 B8
Great Eccleston 61 H5
Great Edstone 64 E4
Great Ellingham 48 F8
Great Elm 17 J6
Great Eversden 37 G5
Great Finborough 38 F5
Greatford 46 D6
Great Fransham 48 D6
Great Gaddesden 20 E2
Great Gidding 36 E2
Great Givendale 64 F7
Great Glemham 39 J4
Great Glen 45 H8
Great Gonerby 46 B4
Great Gransden 37 F5
Great Green 38 E5
Great Habton 64 E5
Great Hallingbury 21 K2
Greatham, Cleve 69 G4
Greatham, Hants 11 J1
Great Hampden 20 C3
Great Harrowden 36 B3
Great Harwood 61 L6
Great Haseley 20 A3
Great Hatfield 59 F2
Great Haywood 44 B5
Great Heck 63 J7
Great Henny 38 D7
Great Hinton 17 L5
Great Hockham 38 E1
Great Holland 23 J2
Great Horkesley 38 E8
Great Hormead 37 H7
Great Horwood 35 J7
Great Houghton, S. Yks 55 H3
Great Houghton, Northnts 35 J5
Great Hucklow 54 E6
Great Kelk 65 J7
Great Kingshill 20 C4
Great Langton 68 E7
Great Leighs 22 D2
Great Limber 59 F6
Great Linford 36 B6
Great Livermere 38 D3
Great Longstone 54 F6
Great Lumley 68 E2
Great Lyth 42 F7
Great Malvern 33 G6
Great Maplestead 38 D7
Great Marton 61 G6
Great Massingham 48 C5
Great Milton 20 A3
Great Missenden 20 C3
Great Mitton 61 L6
Great Mongeham 15 K3
Great Moulton 39 G1
Great Musgrave 67 K5
Great Ness 42 E6
Great Oakley, Northnts 36 B2
Great Oakley, Essex 39 G8
Great Offley 36 E8
Great Ormside 67 K5
Great Orton 66 F1
Great Oxendon 35 J2
Great Palgrave 48 D6
Great Parndon 21 J3
Great Paxton 36 F4
Great Plumstead 49 J6
Great Ponton 46 C4
Great Preston 63 H7
Great Raveley 37 F2
Great Rissington 31 F6
Great Rollright 31 H4
Great Ryburgh 48 E5
Great Ryle 75 G2
Great Saling 38 C8
Great Salkeld 67 H3
Great Sampford 38 B7
Great Sankey 53 G5
Great Saxham 38 C4
Great Shefford 18 E3
Great Shelford 37 H5
Great Smeaton 69 F6
Great Snoring 48 E4
Great Somerford 18 A2
Great Stainton 68 F4
Great Stambridge 22 F4
Great Staughton 36 E4
Great Steeping 57 J7
Great Stonar 15 K3
Greatstone-on-Sea 15 G6
Great Strickland 67 H4
Great Stukeley 37 F3
Great Sturton 57 G6
Great Swinburne 74 F6
Great Tew 31 H5
Great Tey 38 D8
Great Thurlow 38 B5
Great Torrington 6 E4
Great Tosson 75 G3
Great Totham, Essex 22 E2
Great Totham, Essex 22 E2
Great Wakering 22 F5
Great Waldingfield 38 E6
Great Walsingham 48 E4
Great Waltham 22 C2
Great Warley 21 K4
Great Washbourne 30 D4
Great Welnetham 38 D5
Great Wenham 38 F7
Great Whittington 75 G6
Great Wigborough 23 F2
Great Wilbraham 37 J5
Great Wishford 10 B1
Great Witcombe 30 D6
Great Witley 33 G4
Great Wolford 31 G4
Greatworth 35 G6
Great Wratting 38 B6
Great Wymondley 36 F8
Great Wyrley 44 A7
Great Wytheford 43 G6
Great Yarmouth 49 L7
Great Yeldham 38 C7
Greenburn 79 G3
Greendykes 81 J7
Greenfield, Oxon 20 B4
Greenfield, G. Man 54 C3
Greenfield, Clwyd 52 C6
Greenfield, Highld 90 D1
Greenfield, Beds 36 D7
Greenford 21 F5
Greengairs 85 K7
Greenham 19 F4
Green Hammerton 63 H4
Greenhaugh 74 D5
Greenhead 74 C7
Green Hill, Wilts 18 B2
Greenhill, G. Lon 21 F5
Greenhill, S. Yks 55 G5
Greenhill, Central 85 L7
Greenhithe 14 B1
Greenholm 77 L4
Greenholme 67 H6
Greenhouse 80 D7
Greenhow Hill 62 E3
Greenigoe 116 D6
Greenland 115 H3
Greenlaw 80 F5
Greenloaning 85 L4
Greenmount 53 J2
Greenmow 119 G6
Greenock 84 E7
Greenodd 61 G1
Green Ore 17 G5
Greenside 75 H7
Greensidehill 75 F2
Greenskares 101 G2
Greens Norton 35 H6
Greenstead Green 38 D8
Greensted 21 K3
Green Street 21 F4
Green Street Green 21 J7
Green, The, Cumbr 60 E1
Green, The, Wilts 9 K1
Greenwich 21 J6
Greet 30 E4
Greete 32 E3
Greetham, Leic 46 C6
Greetham, Lincs 57 H6
Greetland 62 D7
Gregson Lane 61 J7
Greinton 8 F1
Grendon, Northnts 36 B4
Grendon, Warw 44 D8
Grendon Common 44 D8
Grendon Green 29 K2
Grendon Underwood 20 A1
Grenitote 104 D4
Grenoside 55 G4
Gresford 42 E2
Gresham 49 G4
Greshornish 102 E3
Gressenhall 48 E6
Gressingham 61 J3
Greta Bridge 68 C5
Gretna 73 J7
Gretna Green 73 J7
Gretton, Northnts 46 B8
Gretton, Glos 30 E4
Gretton, Shrops 43 G8
Grewelthorpe 63 F2
Greygarth 62 E2
Greysouthen 66 C4
Greystoke 67 G3
Greystone 93 G7
Greywell 19 J5
Griais 111 J3
Grianan 111 J4
Griff 34 E2
Griffithstown 29 G8
Grike 66 C5
Grimeford Village 53 H2
Grimethorpe 55 H3
Griminish 104 C6
Grimister 121 G3
Grimley 33 H4
Grimness 116 D7
Grimoldby 57 H5
Grimsargh 61 J6
Grimsby 59 G6
Grimscote 35 H5
Grimscott 6 C5
Grimshader 111 J5
Grimsthorpe 46 D5
Grimston, Norf 48 C5
Grimston, Leic 45 H5
Grimstone 9 H5
Grindale 65 J5
Grindiscol 119 G5
Grindleford 55 F6
Grindleton 62 A5
Grindley Brook 43 G3
Grindlow 54 E6
Grindon, Staffs 44 B2
Grindon, Northm 81 H5
Gringle 43 J7
Gringley on the Hill 56 B4
Grinsdale 73 J8
Grinshill 43 G5
Grinton 68 C7
Grisedale 67 K7
Gristhorpe 65 H4
Griston 48 E8
Grittenham 18 B2
Grittleton 17 K2
Grizebeck 60 F1
Grizedale 66 F7
Grobister 117 F4
Groby 45 G7
Groes, W. Glam 25 F6
Groes, Clwyd 51 K4
Groes-faen 25 J6
Groeslon 50 D5
Grogport 76 D3
Gromford 39 J5
Gronant 51 K2
Groombridge 13 J3
Grosebay 105 G2
Grosmont, N. Yks 64 F2
Grosmont, Gwent 29 J5
Groton 38 E6
Grove, Notts 56 B6
Grove, Oxon 18 F1
Grove, Dorset 9 H7
Grove, Kent 15 J2
Grove Park 21 J6
Grovesend 24 D4
Grudie 98 B2
Gruids 108 D3
Gruline 89 G4
Grumbla 2 C7
Grunasound 119 F5
Grundisburgh 39 H5
Gruting 118 E4
Guardbridge 87 H3
Guarlford 33 H6
Guestling Green 14 E7
Guestwick 48 F5
Guide Post 75 J5
Guilden Morden 37 F6
Guilden Sutton 52 F7
Guildford 12 C2
Guildtown 86 E1
Guilsborough 35 H3
Guilsfield 42 D6
Guisborough 69 J5
Guiseley 62 E5
Guist 48 E5
Guiting Power 30 E5
Gullane 87 H6
Gulval 2 C6
Gumfreston 26 F7
Gumley 35 H1
Gunby, Humbs 58 B3
Gunby, Lincs 46 C5
Gundleton 11 H1
Gunn 7 G2
Gunnerside 68 B7
Gunnerton 74 F6
Gunness 58 C5
Gunnislake 4 E4
Gunnista 119 H4
Gunthorpe, Norf 48 F4
Gunthorpe, Notts 45 H3
Gunwalloe Fishing Cove 2 E7
Gurnard 11 F5
Gurney Slade 17 H6
Gurnos 25 F4
Gussage All Saints 10 B3
Gussage St Michael 10 A3
Guston 15 K4
Gutcher 121 H3
Guthrie 93 G6
Guyhirn 47 G7
Guy's Head 47 H5
Guy's Marsh 9 K2
Guyzance 75 J3
Gwaelod-y-Garth 25 K6
Gwaenysgor 51 K2
Gwalchmai 50 C3
Gwaun-Cae-Gurwen 24 F3
Gwbert 26 F2
Gweek 2 F7
Gwehelog 29 H7
Gwenddwr 28 E3
Gwennap 2 F5
Gwenter 2 F8

166 Gwernaffield Herstmonceux

Gwernaffield 52 D7
Gwernesney 29 J7
Gwernogle 27 K4
Gwernymynydd 52 D7
Gwersyllt 42 E2
Gwespyr 52 C5
Gwinear 2 D6
Gwithian 2 D5
Gwyddelwern 51 K6
Gwyddgrug 27 J4
Gwytherin 51 H4

H

Habberley, Shrops 42 E7
Habberley, H. & W 33 H3
Habost, W. Isles 111 H6
Habost, W. Isles 111 K1
Habrough 59 F5
Haccombe 5 J4
Haceby 46 D4
Hacheston 39 J5
Hackford 48 F7
Hackforth 68 E7
Hacklete 111 F4
Hackleton 35 K5
Hackness, Orkney 116 C7
Hackness, N. Yks 65 G3
Hackney 21 H5
Hackthorn 56 D5
Hackthorpe 67 H4
Haconby 46 E5
Hadden 81 F6
Haddenham, Bucks 20 B3
Haddenham, Cambs 37 H3
Haddington 87 J7
Haddiscoe 49 K8
Haddon 36 E1
Hademore 44 C7
Hadfield 54 D4
Hadham Cross 21 J2
Hadham Ford 21 J1
Hadleigh, Essex 22 E5
Hadleigh, Suff 38 F6
Hadley 43 H6
Hadley End 44 C5
Hadlow 13 K1
Hadlow Down 13 J4
Hadnall 43 G5
Hadstock 37 J6
Hadzor 33 J4
Haffenden Quarter 14 E4
Hafod-Dinbych 51 H5
Haggbeck 73 K6
Haggerston 81 J5
Hagley, H. & W 33 J2
Hagley, H. & W 29 K3
Hagworthingham 57 H7
Haigh 53 H3
Haighton Green 61 J6
Haile 66 C6
Hailes 30 E4
Hailey, Herts 21 H2
Hailey, Oxon 31 H6
Hailsham 13 J6
Hail Weston 36 E4
Hainault 21 J4
Hainford 49 H6
Hainton 57 F5
Haisthorpe 65 J6
Halam 45 H2
Halberton 7 L4
Halcro 115 H3
Hale, Hants 10 C3
Hale, Lincs 46 E3
Hale, Ches 52 F5
Hale, G. Man 53 J5
Hale Bank 53 F5
Halebarns 53 J5
Hales, Staffs 43 J4
Hales, Norf 49 J8
Halesowen 34 A2
Hales Place 15 H3
Hale Street 13 K2
Halesworth 39 J3
Halewood 52 F5
Halford, Shrops 32 D2
Halford, Warw 34 D6
Halfpenny Green 33 H1
Halfway, Berks 18 F4
Halfway, Powys 25 G1
Halfway, Dyfed 27 L4
Halfway House 42 E6
Halfway Houses 14 F1
Halifax 62 D7
Halistra 102 D3
Halket 77 K2
Halkirk 115 G4
Halkyn 52 D6
Halland 13 J5
Hallaton 45 J8
Hallatrow 17 H5
Hallbankgate 74 B8
Hall Dunnerdale 66 E7
Hallen 17 G2
Hall Green 34 C2
Halliburton 80 E5
Hallin 102 D3
Halling 14 D2
Hallington 75 F6
Hall of the Forest 32 B2
Halloughton 45 H2
Hallow 33 H5
Hallrule 74 B2
Halls 87 K7
Hallsands 5 J8
Hallthwaites 60 E1
Hallworthy 4 B3
Hallyne 79 J5
Halmer End 43 K3
Halmore 30 A7
Halmyre Mains 79 J5
Halnaker 12 C6
Halsall 52 E2
Halse, Somer 8 C2
Halse, Northnts 35 G6
Halsetown 2 D6
Halsham 59 G4
Halsinger 6 F2
Halstead, Essex 38 D7
Halstead, Leic 45 J7
Halstead, Kent 21 J7
Halstock 9 G4
Haltham 57 G7
Haltoft End 47 G3
Halton, Bucks 20 C2
Halton, Clwyd 42 E4
Halton, Ches 53 G5
Halton, Lancs 61 J3
Halton East 62 D4
Halton Gill 62 B2
Halton Holegate 57 J7
Halton Lea Gate 74 C8
Halton West 62 B4
Haltwhistle 74 D7
Halvergate 49 K7
Halwell 5 H6
Halwill 4 E2
Halwill Junction 4 E1
Ham, Glos 30 A8
Ham, Shetld 118 B5
Ham, Wilts 18 E4
Ham, G. Lon 21 F6
Ham, Highld 115 H2
Hamble 11 F4
Hambleden 20 B5
Hambledon, Surrey 12 C3
Hambledon, Hants 11 H3
Hambleton, Lancs 61 G5
Hambleton, N. Yks 63 J6
Hambridge 8 E2
Hambrook, Avon 17 H3
Hambrook, W. Susx 11 J4
Hameringham 57 H7
Hamerton 36 E3
Hametoun 118 B5
Ham Green, H. & W 34 B4
Ham Green, Avon 17 G3
Hamilton 78 E4
Hammersmith 21 G6
Hammerwich 44 B7
Hammond Street 21 H3
Hammoon 9 K3
Hamnavoe, Shetld 119 F5
Hamnavoe, Shetld 121 G4
Hampden Park 13 K6
Hampnett 30 F6
Hampole 55 J2
Hampreston 10 B5
Hampstead 21 G5
Hampstead Norreys 19 G3
Hampsthwaite 63 F4
Hampton, H. & W 34 B6
Hampton, G. Lon 21 F7
Hampton, Shrops 33 G2
Hampton Bishop 29 K4
Hampton Heath 43 F3
Hampton in Arden 34 D2
Hampton Lovett 33 H4
Hampton Lucy 34 D5
Hampton on the Hill 34 D4
Hampton Poyle 31 K6
Hamsey 13 H5
Hamstall Ridware 44 C6
Hamstead, W. Mids 44 B8
Hamstead, I. of W 10 E5
Hamstead Marshall 18 F4
Hamsterley, Durham 68 D1
Hamsterley, Durham 68 D3
Ham Street, Somer 9 G1
Hamstreet, Kent 15 G5
Hamworthy 10 A5
Hanbury, H. & W 34 A4
Hanbury, Staffs 44 C5
Hanchurch 43 K3
Handbridge 52 F7
Handcross 12 F4
Handforth 53 K5
Handley 52 F8
Handsacre 44 B6
Handsworth, W. Mids 34 B1
Handsworth, S. Yks 55 H5
Hanford 43 K3
Hanging Langford 10 B1
Hanham 17 H3
Hankelow 43 H3
Hankerton 18 A1
Hankham 13 K6
Hanley 43 K3
Hanley Castle 33 H6
Hanley Child 33 F4
Hanley Swan 33 H6
Hanley William 33 F4
Hanlith 62 C3
Hanmer 42 F4
Hannington, Northnts 36 B3
Hannington, Wilts 31 F8
Hannington, Hants 19 G5
Hannington Wick 31 F8
Hanslope 35 K6
Hanthorpe 46 D5
Hanwell 34 F6
Hanwood 42 F7
Hanworth, G. Lon 21 F6
Hanworth, Norf 49 G4
Happendon 79 F6
Happisburgh 49 J4
Happisburgh Common 49 J5
Hapsford 53 F6
Hapton, Lancs 62 A6
Hapton, Norf 49 G8
Harberton 5 H6
Harbertonford 5 H6
Harbledown 1 H3
Harborne 34 B2
Harborough Magna 35 F3
Harbottle 74 F3
Harbury 34 E5
Harby, Notts 56 C6
Harby, Leic 45 J4
Harcombe 8 C5
Harden 62 D6
Hardendale 67 H5
Hardgate 93 J1
Hardham 12 D5
Hardhorn 61 G6
Hardingham 48 F7
Hardingstone 35 J5
Hardings Wood 43 K2
Hardington 17 J5
Hardington Mandeville 9 G3
Hardington Marsh 9 G4
Hardley 10 F4
Hardley Street 49 J7
Hardmead 36 C6
Hardraw 68 A7
Hardstoft 55 H7
Hardway, Hants 11 H4
Hardway, Somer 9 J1
Hardwick, Northnts 36 B4
Hardwick, Bucks 20 C2
Hardwick, Cambs 37 G5
Hardwick, Norf 39 H2
Hardwick, Oxon 31 H7
Hardwick, Oxon 31 K5
Hardwicke, Glos 30 C6
Hardwicke, Glos 30 D5
Hardwicke, H. & W 29 G3
Hareby 57 H7
Hareden 61 K4
Harefield 20 E4
Hare Hatch 20 C6
Harehope 75 G1
Harescombe 30 C6
Haresfield 30 C6
Hare Street 37 G8
Harewood 63 G5
Harford 5 G6
Hargrave, Suff 38 C5
Hargrave, Northnts 36 D3
Hargrave, Ches 53 F7
Harker 73 J7
Harkstead 39 G7
Harlaston 44 D6
Harlaxton 46 B4
Harlech 50 E7
Harlesden 21 G5
Harleston, Suff 38 F4
Harleston, Norf 39 H2
Harleston, Devon 5 H7
Harlestone 35 J4
Harle Syke 62 B6
Harley 43 G7
Harlington 36 D7
Harlosh 102 D4
Harlow 21 J2
Harlow Hill 75 G7
Harlsey 69 G7
Harlthorpe 58 B3
Harlton 37 G5
Harman's Cross 10 A6
Harmby 68 D8
Harmer Green 21 G2
Harmer Hill 43 F5
Harmston 56 D7
Harnham 10 C2
Harnhill 30 E7
Harold Hill 21 K4
Haroldston West 26 C6
Haroldswick 121 J1
Harold Wood 21 K4
Harome 63 K1
Harpenden 21 F2
Harpford 8 B5
Harpham 65 H6
Harpley, Norf 48 C5
Harpley, H. & W 33 F4
Harpole 35 H4
Harpsdale 115 G4
Harpsden 20 B5
Harpswell 56 D5
Harpurhey 53 K3
Harpur Hill 54 D6
Harrapool 96 B3
Harrietfield 86 C2
Harrietsham 14 E3
Harrington, Cumbr 66 B4
Harrington, Lincs 57 H6
Harrington, Northnts 35 J2
Harringworth 46 C8
Harriseahead 43 K2
Harrogate 63 G4
Harrold 36 C5
Harrow 21 F5
Harrowbarrow 4 E4
Harrowden 36 D6
Harrow on the Hill 21 F5
Harston, Leic 46 B4
Harston, Cambs 37 H5
Hart 69 G3
Hartburn 75 G5
Hartest 38 D5
Hartfield 13 H3
Hartford, Cambs 37 F3
Hartford, Ches 53 H6
Hartfordbridge 19 J5
Hartford End 22 C2
Hartforth 68 D6
Harthill, Ches 43 G2
Harthill, Strath 79 G3
Harthill, S. Yks 55 H5
Hartington 54 E7
Hartland 6 C3
Hartland Quay 6 C3
Hartlebury 33 H3
Hartlepool 69 H3
Hartley, Kent 14 C2
Hartley, Northum 75 K6
Hartley, Cumbr 67 K6
Hartley, Kent 13 L3
Hartley Wespall 20 A8
Hartley Wintney 19 J5
Hartlip 14 E2
Harton, Shrops 32 D2
Harton, N. Yks 64 E6
Harton, T. & W 75 K7
Hartpury 30 C5
Hartshill 44 E8
Hartshorne 44 E5
Hartsop 67 G5
Hartwell 35 J5
Hartwood 79 F4
Harvel 14 C2
Harvington 34 B6
Harwell 19 F2
Harwich 39 H7
Harwood, G. Man 53 J2
Harwood, Durham 67 L3
Harwood Dale 65 G3
Harworth 55 K4
Hascombe 12 C2
Haselbech 35 J3
Haselbury Plucknett 9 F3
Haseley 34 D4
Haselor 34 C5
Hasfield 30 C5
Hasguard 26 C7
Haskayne 52 E3
Hasketon 39 H5
Hasland 55 G7
Haslemere 11 L1
Haslingden 62 A7
Haslingden Grane 62 A7
Haslingfield 37 H5
Haslington 43 J2
Hassall 53 J8
Hassall Green 53 J8
Hassell Street 15 G4
Hassendean 74 B1
Hassingham 49 J7
Hassocks 13 G5
Hassop 55 F6
Hastigrow 115 H3
Hastingleigh 15 G4
Hastings 14 E8
Hastingwood 21 J3
Hastoe 20 D3
Haswell 69 F2
Hatch, Beds 36 E6
Hatch, Hants 19 H5
Hatch, Wilts 9 L2
Hatch Beauchamp 8 E2
Hatch End 21 F4
Hatching Green 21 F2
Hatchmere 53 G6
Hatcliffe 59 G6
Hatfield, Herts 21 G3
Hatfield, H. & W 29 K2
Hatfield, S. Yks 55 K3
Hatfield Broad Oak 21 K2
Hatfield Heath 21 K2
Hatfield Peverel 22 D2
Hatfield Woodhouse 58 A6
Hatford 31 H8
Hatherden 18 E5
Hatherleigh 7 F5
Hathern 45 G5
Hatherop 31 F7
Hathersage 55 F5
Hatherton, Staffs 44 A6
Hatherton, Ches 43 H3
Hatley St George 37 F5
Hatt 4 D5
Hattingley 11 H1
Hatton, Shrops 32 D1
Hatton, Warw 34 D4
Hatton, Derby 44 D4
Hatton, G. Lon 20 E6
Hatton, Lincs 57 F6
Hatton, Ches 53 G5
Hatton, Grampn 101 K5
Hattoncrook 101 H6
Hatton Heath 52 F7
Hatton of Fintray 101 H7
Haugham 57 H5
Haugh Head 81 J7
Haughley 38 F4
Haughley Green 38 F4
Haugh of Glass 100 D5
Haugh of Urr 72 D7
Haughton, Shrops 42 E5
Haughton, Shrops 43 G6
Haughton, Shrops 43 H8
Haughton, Staffs 43 K5
Haughton, Notts 55 K6
Haughton Green 53 L4
Haughton Moss 43 G2
Haunton 44 D6
Hauxley 75 J3
Hauxton 37 H5
Havant 11 J4
Haven 29 J2
Havenstreet 11 G5
Haverfordwest 26 D6
Haverhill 38 B6
Haverigg 60 E2
Havering-atte-Bower 21 K4
Haversham 36 B6
Haverthwaite 61 G1
Hawarden 52 E7
Hawes 68 A8
Hawford 33 H4
Hawick 74 B2
Hawkchurch 8 E4
Hawkedon 38 C5
Hawkeridge 17 K5
Hawkerland 8 B6
Hawkesbury 17 J2
Hawkesbury Upton 17 J2
Hawkes End 34 D2
Hawkhill 75 J2
Hawkhurst 13 L3
Hawkinge 15 J4
Hawkley 11 J2
Hawkridge 7 J2
Hawkshead 66 F7
Hawksland 79 F6
Hawkswick 62 C2
Hawksworth, W. Yks 62 E5
Hawksworth, Notts 45 J3
Hawkwell 22 E4
Hawley, Hants 20 C8
Hawley, Kent 21 K6
Hawling 30 E5
Hawnby 69 H8
Haworth 62 D6
Hawsker 65 G2
Hawstead 38 D5
Hawthorn 69 G2
Hawthorn Hill 20 C6
Hawton 45 J2
Haxby 63 K4
Haxey 58 B7
Haydock 53 G4
Haydon 9 H3
Haydon Bridge 74 E7
Haydon Wick 18 C2
Haye 4 D5
Hayes, G. Lon 20 E5
Hayes, G. Lon 21 J7
Hayfield 54 D5
Hayle 2 D6
Haynes 36 D6
Haynes Church End 36 D6
Hay-on-Wye 29 G3
Hayscastle 26 C5
Hayscastle Cross 26 D5
Hayton, Notts 56 B5
Hayton, Humbs 58 C2
Hayton, Cumbr 66 D2
Hayton, Cumbr 67 H1
Hayton's Bent 32 E2
Haytor Vale 5 H4
Haywards Heath 13 G4
Haywood Oaks 45 H2
Hazelbank 79 F5
Hazelbury Bryan 9 J4
Hazeley 20 B8
Hazel Grove 53 L5
Hazelrigg 81 J6
Hazelslade 44 B6
Hazelwood 44 E3
Hazlemere 20 C4
Hazlerigg 75 J6
Hazleton 30 E6
Heacham 48 B4
Headbourne Worhty 11 F1
Headcorn 14 E4
Headingley 63 F6
Headington 31 K7
Headlam 68 D5
Headless Cross 34 B4
Headley, Surrey 12 F1
Headley, Hants 19 G4
Headley, Hants 11 K1
Head of Muir 85 L6
Headon 56 B6
Heads Nook 67 G1
Heage 44 E2
Healaugh, N. Yks 68 C7
Healaugh, N. Yks 63 J5
Heald Green 53 K5
Healey, N. Yks 62 E1
Healey, Northum 75 G8
Healey, Lancs 53 K2
Healeyfield 68 C2
Healing 59 G5
Heamoor 2 C6
Heanish 88 B4
Heanor 44 F3
Heanton Punchardon 6 F2
Heapham 56 C5
Hearthstane 79 J7
Heasley Mill 7 H2
Heast 96 B4
Heath, Derby 55 H7
Heath, S. Glam 25 K7
Heath and Reach 36 C8
Heathcote 54 E7
Heath End, Hants 19 G4
Heath End, Hants 19 K6
Heather 44 E6
Heathfield, Somer 8 C2
Heathfield, Strath 77 J1
Heathfield, Devon 5 J4
Heathfield, E. usx 13 J4
Heath Hayes 44 B6
Heath Hill 43 J6
Heath House 16 F6
Heath, The 49 G5
Heathton 33 H1
Heatley 53 J5
Heaton, Staffs 54 C7
Heaton, Lancs 61 H3
Heaton, T. & W 75 J7
Heaton Moor 53 K4
Heaverham 21 K8
Heaviley 53 L5
Hebburn 75 K7
Hebden 62 D3
Hebden Bridge 62 C7
Hebden Green 53 H7
Hebron 75 H5
Heckfield 20 B7
Heckington 46 E3
Heckmondwike 62 F7
Heddington 18 A4
Heddle 116 C5
Heddon-on-the-Wall 75 H7
Hedenham 49 J8
Hedge End 11 F3
Hedgerley 20 D5
Hedging 8 E2
Hedley on the Hill 75 G8
Hednesford 44 B6
Hedon 59 F4
Hedsor 20 D5
Hegdon Hill 29 K2
Heggerscales 67 L5
Heglibister 119 F3
Heighington, Durham 68 E4
Heighington, Lincs 56 E7
Heights of Brae 98 D2
Heights of Kinlochewe 107 F5
Heiton 80 F6
Helbeck 67 K5
Hele, Devon 7 F1
Hele, Devon 7 K5
Helensburgh 84 E6
Helford 2 F7
Helhoughton 48 D5
Helions Bumpstead 38 B6
Helland 3 J2
Hellesdon 49 H6
Hellidon 35 G5
Hellifield 62 B4
Hellingly 13 J5
Hellington 49 J7
Hellister 119 F4
Helmdon 35 G6
Helmingham 39 G5
Helmsdale 109 J2
Helmshore 62 A7
Helmsley 63 K1
Helperby 63 H3
Helperthorpe 65 G5
Helpringham 46 E3
Helpston 46 E7
Helsby 53 F6
Helston 2 E7
Helstone 3 J1
Helton 67 H4
Helwith Bridge 62 B3
Hemblington 49 J6
Hemel Hempstead 20 E3
Hemingbrough 63 K6
Hemingby 57 G6
Hemingford Abbots 37 F3
Hemingford Grey 37 F3
Hemingstone 39 G5
Hemington, Northnts 36 D2
Hemington, Somer 17 J5
Hemley 39 H6
Hempholme 65 H7
Hempnall 49 H8
Hempnall Green 49 H8
Hempriggs 99 K2
Hempstead, Essex 38 B7
Hempstead, Norf 49 G4
Hempstead, Norf 49 K5
Hempsted 30 C6
Hempton, Norf 48 E5
Hempton, Oxon 31 J4
Hemsby 49 K6
Hemswell 56 D4
Hemsworth 55 H2
Hemyock 8 C3
Henbury, Avon 17 G3
Henbury, Ches 53 K6
Hendon, T. & W 69 G1
Hendon, G. Lon 21 G5
Hendre 52 C7
Hendy 27 K7
Heneglwys 50 D3
Henfield 12 F5
Hengoed, Shrops 42 D4
Hengoed, Powys 29 G2
Hengoed, M. Glam 25 K5
Hengrave 38 D4
Henham 37 J8
Henley, Shrops 32 E3
Henley, Somer 9 F1
Henley, Suff 39 G5
Henley, W. Susx 11 K2
Henley-in-Arden 34 C4
Henley-on-Thames 20 B5
Henley Park 12 C1
Henllan, Dyfed 27 H3
Henllan, Clwyd 51 K4
Henllan Amgoed 27 F5
Henllys 29 G8
Henlow 36 E7
Hennock 5 J3
Henryd 51 G3
Henry's Moat 26 E5
Hensall 63 J7
Henshaw 74 D7
Henstead 39 K2
Henstridge 9 J3
Henstridge Marsh 9 J2
Henton, Oxon 20 B3
Henton, Somer 16 F5
Henwood 4 C4
Heogan 119 G4
Heol Senni 25 H2
Heol-y-Cyw 25 H6
Hepburn 81 J7
Hepple 75 F3
Hepscott 75 J5
Heptonstall 62 C7
Hepworth, Suff 38 E3
Hepworth, W. Yks 54 E3
Herbrandston 26 C7
Hereford 29 K3
Hergest 29 G2
Heriot 80 B4
Hermitage, Border 74 B4
Hermitage, Berks 19 G3
Hermitage, Dorset 9 H4
Hermitage, W. Susx 11 J4
Hermitage, The 12 F1
Hermon, Gwyn 50 C4
Hermon, Dyfed 27 G4
Hermon, Dyfed 27 H4
Herne 15 H2
Herne Bay 15 H2
Herner 7 F3
Hernhill 15 G2
Herodsfoot 3 L3
Herongate 22 C4
Heronsgate 20 E4
Herriard 19 H6
Herringfleet 49 K8
Herringswell 38 C4
Herrington 69 F1
Hersden 15 J2
Hersham 21 F7
Herstmonceux 13 K5

Herston Hythie 167

Herston 116 D7
Hertford 21 H2
Hertford Heath 21 H2
Hertingfordbury 21 H2
Hesketh Bank 61 H7
Hesketh Lane 61 K5
Hesket Newmarket 66 F3
Heskin Green 53 G2
Hesleden 69 G3
Heslington 63 K4
Hessay 63 J4
Hessenford 4 D6
Hessett 38 E4
Hessle 58 E4
Hest Bank 61 H3
Heston 21 F6
Heswall 52 D5
Hethe 31 K5
Hethersett 49 G7
Hethersgill 73 K7
Hethpool 81 G7
Hett 68 E3
Hetton 62 C4
Hetton-le-Hole 69 F2
Heugh 75 G6
Heugh-head 100 C7
Heveningham 39 J3
Hever 13 H2
Heversham 61 H1
Hevingham 49 G5
Hewelsfield 29 K7
Hewish, Somer 9 F4
Hewish, Avon 16 F4
Hexham 74 F7
Hextable 21 K6
Hexton 36 E7
Hexworthy 5 G4
Heybridge, Essex 22 C4
Heybridge, Essex 22 E3
Heybridge Basin 22 E3
Heybrook Bay 4 E7
Heydon, Norf 49 G5
Heydon, Cambs 37 H6
Heydour 46 D4
Heylipol 88 A4
Heylor 120 E4
Heysham 61 H3
Heyshott 11 K3
Heytesbury 17 L6
Heythrop 31 H5
Heywood, G. Man 53 K2
Heywood, Wilts 17 K5
Hibaldstow 58 D6
Hickleton 55 H3
Hickling, Notts 45 H5
Hickling, Norf 49 K5
Hickling Green 49 K5
Hickling Heath 49 K5
Hidcote Boyce 34 C6
High Ackworth 55 H2
Higham, Lancs 62 B6
Higham, Suff 38 C4
Higham, Kent 14 D1
Higham, Suff 38 F7
Higham, Derby 55 G8
Higham Dykes 75 H6
Higham Ferrers 36 C4
Higham Gobion 36 E7
Higham on the Hill 44 E8
Highampton 6 E5
Higham Wood 13 K2
High Beach 21 J4
High Bentham 61 K3
High Bickington 7 G3
High Birkwith 62 B2
High Blantyre 78 D4
High Bonnybridge 85 L7
High Borve 111 J2
High Bradfield 55 F4
Highbridge, Highld 90 C3
Highbridge, Somer 16 E6
Highbrook 13 G3
Highburton 54 E2
Highbury 17 H6
High Buston 75 J3
High Callerton 75 H6
High Catton 64 E7
Highclere 18 F4
Highcliffe 10 D5
High Cogges 31 H7
High Coniscliffe 68 E5
High Cross, Herts 21 H2
High Cross, Hants 11 J2
High Cross Bank 44 D6
High Dougarie 76 D4
High Easter 22 C2
High Ellington 62 E1
Higher Ashton 5 J3
Higher Ballam 61 G6
High Ercall 43 G6
Higher End 53 G3
Higher Penwortham 61 J7
Higher Poynton 53 L5
Higher Tale 8 B4
Higher Town 2 P2
Higher Walreddon 4 E4
Higher Walton, Ches 53 G5
Higher Walton, Lancs 61 J7
Higher Wych 43 F3
Highfield, T. & W 75 H8
Highfield, Strath 77 J2
Highfields 37 G5
High Garrett 38 C8
High Grange 68 D3
High Green, S. Yks 55 G4
High Green, Norf 49 G7
High Green, H. & W 33 H6
High Halden 14 E5
High Halstow 14 D1
High Ham 9 F1
High Hatton 43 H5
High Hesket 67 G2
High Hoyland 55 F2
High Hunsley 58 D3
High Hurstwood 13 H4
High Lane, G. Man 54 C5
High Lane, H. & W 33 F4
High Laver 21 K3
Highleadon 30 B5
High Legh 53 J5
Highleigh 11 K5
Highley 33 G2
High Littleton 17 H5
High Melton 55 J3
Highmoor Cross 20 B5
Highmoor Hill 17 F2
Highnam 30 B6
High Newton 61 H1
High Newton-by-the-Sea 81 L7
High Offley 43 J5
High Ongar 21 K3
High Onn 43 K6
High Roding 22 C2
High Salvington 12 E6
High Shaw 68 A7
High Spen 75 H8
Highsted 14 F2
High Street, Corn 3 H4
High Street, Suff 39 K5
High Street Green 38 F5
Hightae 73 F6
Hightown, Mers 52 E3
Hightown, Ches 53 K7
High Toynton 57 G7
High Trewhill 75 G3
Highway, Wilts 18 B3
Highway, Corn 3 K4
Highworth 18 D1
High Wray 67 F7
High Wych 21 J2
High Wycombe 20 C4
Hilborough 48 D7
Hildenborough 13 J2
Hildersham 37 J6
Hilderstone 43 L4
Hilderthorpe 65 J6
Hilgay 48 B8
Hill 30 A8
Hillam 63 J7
Hillberry 60 Q4
Hillbrae, Grampn 100 F4
Hillbrae, Grampn 101 G6
Hill Brow 11 J2
Hilldyke 47 G3
Hill End, Durham 68 C3
Hill End, Fife 86 D5
Hillend, Fife 86 E6
Hillerton 5 H2
Hillesden 35 H8
Hillesley 17 J2
Hillfarrance 8 C2
Hill Head, Hants 11 G4
Hillhead, Strath 77 K6
Hillhead, Devon 5 K6
Hillhead of Auchentumb 101 J3
Hillhead of Cocklaw 101 K4
Hilliard's Cross 44 C6
Hilliclay 115 G3
Hillingdon 20 E5
Hillington 48 C5
Hillmorton 35 G3
Hill Mountain 26 D7
Hillockhead 100 C8
Hill of Beath 86 E5
Hill of Fearn 109 G6
Hill Ridware 44 B6
Hillside, Shetld 119 G2
Hillside, Tays 93 J5
Hillside, Grampn 93 L2
Hillswick 120 E5
Hill, The 60 E1
Hilmarton 18 B3
Hilperton 17 K5
Hilsea 11 H4
Hilton, Durham 68 D4
Hilton, Dery 44 D4
Hilton, Cambs 37 F4
Hilton, Cleve 69 G5
Hilton, Dorset 9 J4
Hilton, Grampn 101 J5
Hilton, Shrops 43 J8
Hilton, Cumbr 67 K4
Hilton of Cadboll 109 G6
Himbleton 33 J5
Himley 33 H1
Hincaster 61 J1
Hinckley 44 F8
Hinderclay 38 F3
Hinderwell 69 K5
Hindford 42 E4
Hindhead 11 K1
Hindley 53 H3
Hindley Green 53 H3
Hindlip 33 H5
Hindolveston 48 F5
Hindon 9 L1
Hindringham 48 E4
Hingham 48 F7
Hinkley Point
Power Station 16 D6
Hinstock 43 H5
Hintlesham 39 F6
Hinton, Hants 10 D5
Hinton, Shrops 42 F7
Hinton, Northnts 35 G5
Hinton, Avon 17 J3
Hinton Ampner 11 G2
Hinton Blewett 17 G5
Hinton Charterhouse 17 J5
Hinton-in-the-Hedges 35 G7
Hinton Martell 10 B4
Hinton on the Green 34 B6
Hinton Parva 18 D2
Hinton St George 9 F3
Hinton St Mary 9 J3
Hinton Waldrist 31 H8
Hints, Staffs 44 C7
Hints, Shrops 33 F3
Hinwick 36 C4
Hinxhill 15 G4
Hinxton 37 H6
Hinxworth 37 F6
Hipperholme 62 E7
Hirn 93 J1
Hirnant 41 K1
Hirst 75 J5
Hirst Courtney 63 K7
Hirwaun 25 H4
Hiscott 7 F3
Histon 37 H4
Hitcham 38 E5
Hitchin 36 E8
Hither Green 21 H6
Hittisleigh 5 H2
Hixon 44 B5
Hoaden 15 J3
Hoaldalbert 29 H5
Hoar Cross 44 C5
Hoarwithy 29 K5
Hoath 15 J2
Hobarris 32 C3
Hobbister 116 C6
Hobkirk 74 B2
Hobson 68 D1
Hoby 45 H6
Hockering 48 F6
Hockerton 45 J2
Hockley 22 E4
Hockley Heath 34 C3
Hockliffe 36 C8
Hockwold cum Wilton 38 C2
Hockworthy 8 B3
Hoddesdon 21 H3
Hoddlesden 61 L7
Hodgeston 26 E8
Hodnet 43 H5
Hodthorpe 55 J6
Hoe 48 E6
Hoe Gate 11 H3
Hoff 67 J5
Hoggeston 35 K8
Hoghton 61 K7
Hognaston 44 D2
Hogsthorpe 57 K6
Holbeach 47 G5
Holbeach Bank 47 G5
Holbeach Drove 47 G6
Holbeach Hurn 47 G5
Holbeach St Johns 47 G6
Holbeach St Marks 47 G4
Holbeach St Matthew 47 H4
Holbeck 55 J6
Holberrow Green 34 B5
Holbeton 5 6
Holborn 21 H5
Holbrook, Derby 44 E3
Holbrook, Suff 39 G7
Holburn 81 J6
Holbury 10 F4
Holcombe, Somer 17 H6
Holcombe, Devon 5 K4
Holcombe Rogus 8 B3
Holcot 35 J4
Holden 62 A5
Holdenby 35 H4
Holdgate 32 E2
Holdingham 46 D3
Hole in the Wall 29 L5
Holemoor 6 E5
Holford 16 C6
Holker 61 G2
Holkham 48 D3
Hollacombe, Devon 6 D5
Hollacombe, Devon 7 G4
Holland-on-Sea 23 J2
Hollandstoun 117 G1
Hollesley 39 J6
Hollinfare 53 H4
Hollingbourne 14 E3
Hollington, Staffs 44 B4
Hollington, Derby 44 D4
Hollington, E. Susx 14 D7
Hollingworth 54 D4
Hollns 53 K3
Hollinsclough 54 D7
Hollinwood 43 G4
Holloway 44 E2
Hollowell 35 H3
Holl's Green 37 F8
Hollybush, H. & W 33 G7
Hollybush, Strath 77 J6
Hollybush, Gwent 25 K4
Holly End 47 H7
Hollym 59 H4
Hollywood 34 B3
Holm 111 J4
Holmbury St Mary 12 E2
Holme, Notts 56 C8
Holme, Cambs 36 E2
Holme, W. Yks 54 E3
Holme, Cumbr 61 J2
Holme Chapel 62 B7
Holme Hale 48 D7
Holme Lacy 29 K4
Holme Marsh 29 H2
Holme next the Sea 48 C3
Holme-on-Spalding-Moor 58 C3
Holme on the Wolds 58 D2
Holmer 29 K3
Holmer Green 20 D4
Holmes Chapel 53 J7
Holmesfield 55 G6
Holmeswood 52 F2
Holmewood 55 H7
Holmfirth 54 E3
Holmhead 72 A1
Holmpton 59 H4
Holmrook 66 C7
Holmsgarth 119 G4
Holne 5 H5
Holnest 9 H4
Holsworthy 6 D5
Holsworthy Beacon 6 D5
Holt, Dorset 10 B4
Holt, Clwyd 42 F2
Holt, Norf 48 F4
Holt, H. & W 33 H4
Holt, Wilts 17 K4
Holtby 63 K4
Holt End 34 B4
Holt Heath 33 H4
Holton, Somer 9 H2
Holton, Suff 39 K3
Holton, Oxon 31 L7
Holton cum Beckering 57 F5
Holton le Clay 59 G6
Holton le Moor 58 E7
Holton St Mary 38 F7
Holwell, Herts 36 E7
Holwell, Oxon 31 G7
Holwell, Dorset 9 J3
Holwell, Leic 45 J5
Holwick 68 B4
Holworth 9 J6
Holybourne 19 J6
Holy Cross 33 J3
Holyhead 50 B2
Holy Island 81 K5
Holymoorside 55 G7
Holyport 20 C6
Holystone 74 F3
Holytown 78 E3
Holywell, Clwyd 52 C6
Holywell, Corn 2 F4
Holywell, Cambs 37 G3
Holywell, Dorset 9 G4
Holywell Green 54 D2
Holywell Lake 8 C2
Holywell Row 38 C3
Holywood 72 E5
Homer 43 H7
Homersfield 39 H2
Hom Green 29 K5
Homington 10 C2
Honeybourne 34 C6
Honeychurch 7 G5
Honey Hill 15 H2
Honiley 34 D3
Honing 49 J5
Honingham 49 G6
Honington, Lincs 46 C3
Honington, Warw 34 D6
Honington, Suff 38 E3
Honiton 8 C4
Honley 54 E2
Hoo 39 H5
Hooe, Devon 4 F6
Hooe, E. Susx 13 K6
Hook, Wilts 18 B2
Hook, Humbs 58 B4
Hook, Dyfed 26 D6
Hook, G. Lon 21 F7
Hook, Hants 19 J5
Hooke 9 G4
Hookgate 43 J4
Hook Norton 31 H4
Hookway 5 J2
Hookwood 12 F2
Hoole 52 F7
Hoo St Werburgh 14 D1
Hooton Levitt 55 J4
Hooton Pagnell 55 H3
Hooton Roberts 55 H4
Hope, Powys 42 D7
Hope, Derby 54 E5
Hope, Shrops 42 E7
Hope, Clwyd 52 E8
Hope, Devon 5 G7
Hope Bagot 33 E3
Hope Bowdler 32 D1
Hopeman 99 K2
Hope Mansell 29 L6
Hopesay 32 C2
Hope under Dinmore 29 K2
Hopton, Suff 38 E3
Hopton, Staffs 43 L5
Hopton Cangeford 32 E2
Hopton Castle 32 C3
Hopton on Sea 49 L7
Hopton Wafers 33 F3
Hopwas 44 C7
Hopwood 34 B3
Horam 13 J5
Horbling 46 E4
Horbury 55 F2
Horden 69 G2
Horderley 32 D2
Hordle 10 D5
Hordley 42 E4
Horeb, Dyfed 27 H3
Horeb, Dyfed 27 K5
Horham 39 H3
Horkstowe 58 D5
Horley, Surrey 13 F2
Horley, Oxon 34 F6
Hornblotton Green 9 G1
Hornby, N. Yks 69 F6
Hornby, Lancs 61 J3
Horncastle 57 G7
Hornchurch 21 K5
Horncliffe 81 H5
Horndean 11 J3
Horndon on the Hill 22 C5
Horne 13 G2
Horn Hill 20 E4
Horning 49 J6
Horninghold 45 K8
Horninglow 44 D5
Horningsea 37 H4
Horningsham 17 K6
Horningtoft 48 E5
Hornish Point 104 C7
Hornsby 67 H1
Hornsea 59 G2
Hornsey 21 H5
Hornton 34 E6
Horrabridge 4 F5
Horringer 38 D4
Horse Bridge, Staffs 44 A2
Horsebridge, Hants 10 E1
Horsebridge, E. Susx 13 J5
Horsebrook 43 K6
Horsehay 43 H7
Horseheath 38 B6
Horsehouse 62 D1
Horsell 20 D8
Horseman's Green 42 F3
Horseway 37 H2
Horsey 49 K5
Horsford 49 G6
Horsforth 63 F6
Horsham, W. Susx 12 E3
Horsham, H. & W 33 G5
Horsham St Faith 49 H6
Horsington, Lincs 57 F7
Horsington, Somer 9 J2
Horsley, Glos 30 C8
Horsley, Derby 44 E3
Horsley, Northum 74 E4
Horsley, Northum 75 G7
Horsley Cross 39 G8
Horsleycross Street 39 G8
Horsleyhill 74 B2
Horsley Woodhouse 44 E3
Horsmonden 13 L2
Horspath 31 K7
Horstead 49 H6
Horsted Keynes 13 G4
Horton, Lancs 62 B4
Horton, Dorset 10 B4
Horton, Wilts 18 B4
Horton, Northnts 36 B5
Horton, W. Glam 24 C6
Horton, Bucks 20 D2
Horton, Somer 8 E3
Horton, Berks 20 E6
Horton, Avon 17 J2
Horton, Northum 81 J6
Horton, Staffs 53 L8
Horton-cum-Studley 31 K6
Horton Green 42 F3
Horton Heath 11 F3
Horton in Ribblesdale 62 B2
Horton Kirby 21 K7
Horwich 53 H2
Horwood 6 F3
Hose 45 J5
Hosh 86 B2
Hostingfield 37 H5
Hoswick 119 G6
Hotham 58 C3
Hothfield 14 F4
Hoton 45 G5
Hough 43 J2
Hougham 46 B3
Hougharry 104 C4
Hough Green 53 F5
Hough-on-the-Hill 46 C3
Houghton, W. Susx 12 D5
Houghton, Dyfed 26 D7
Houghton, Hants 10 E1
Houghton, Cambs 37 F3
Houghton, Cumbr 73 K8
Houghton Conquest 36 D6
Houghton-le-Spring 69 F2
Houghton on the Hill 45 H7
Houghton Regis 20 E1
Houghton St Giles 48 E4
Houlskye 64 E2
Hound Green 20 B8
Houndslow 80 E5
Houndwood 81 G3
Hounslow 21 F6
Housetter 120 F4
Houston 77 K1
Houstry 115 G6
Hove 13 F6
Hoveringham 45 H3
Hoveton 49 J6
Hovingham 63 K2
How 67 H1
How Caple 29 L4
Howden 58 B4
Howden-le-Wear 68 D3
Howe, Norf 49 H8
Howe, Highld 115 J3
Howe Green 22 D3
Howell 46 E3
Howe of Teuchar 101 G4
Howe Street, Essex 38 B7
Howe Street, Essex 22 C2
Howe, The, Cumbr 61 H1
Howe, The, I. of M 60 N5
Howey 28 E2
Howgate, Border 74 D1
Howgate, Lothn 79 K4
Howick 75 J2
Howle 43 H5
Howlett End 38 A7
Howmore 94 C2
Hownam 74 D2
Howsham, Humbs 58 E6
Howsham, N. Yks 64 E6
Howton 29 J5
Howtown 67 G5
Howwood 77 J1
Hoxa 116 D7
Hoxne 39 G3
Hoylake 52 D5
Hoyland Nether 55 G3
Hoyland Swaine 55 F3
Hubberholme 62 C2
Hubbert's Bridge 47 F3
Huby, N. Yks 63 F5
Huby, N. Yks 63 J3
Hucclecote 30 C6
Hucking 14 E3
Hucknall 45 G3
Huddersfield 54 E2
Huddington 33 J5
Hudswell 68 D6
Huggate 65 F7
Hughenden Valley 20 C4
Hughley 43 G8
Hugh Town 2 P2
Huish, Wilts 18 C4
Huish, Devon 7 F4
Huish Champflower 8 B2
Huish Episcopi 9 F2
Hulcott 20 C2
Hulland 44 D3
Hulland Ward 44 D3
Hullavington 17 K2
Hullbridge 22 E4
Hulme End 54 E8
Hulme Walfield 53 K7
Hulver Street 39 K2
Humber Bridge 58 E4
Humber Court 29 K2
Humberston 59 H6
Humbie 80 C3
Humbleton, Humbs 59 G3
Humbleton, Northum 81 H7
Hume 80 F5
Humshaugh 74 F6
Huna 115 J2
Huncoat 62 A6
Huncote 45 G8
Hundalee 74 C2
Hunderthwaite 68 B4
Hundleby 57 H7
Hundleton 26 D7
Hundon 38 C6
Hundred Acres 11 G3
Hundred End 61 H7
Hundred House 28 F2
Hundred, The 32 E4
Hungarton 45 H7
Hungerford 18 E4
Hungerford Newtown 18 E3
Hunmanby 65 H5
Hunningham 34 E4
Hunsdon 21 J2
Hunsingore 63 H4
Hunsonby 67 H3
Hunspow 115 H2
Hunstanton 48 B3
Hunstanworth 68 B2
Hunston, Suff 38 E4
Hunston, W. Susx 11 K4
Hunstrete 17 H4
Hunt End 34 B4
Hunter's Quay 84 D7
Huntingdon 37 F3
Huntingfield 39 J3
Huntington, Staffs 44 A6
Huntington, H. & W 29 G2
Huntington, Lothn 87 H7
Huntington, N. Yks 63 K4
Huntingtower 86 D2
Huntley 30 B6
Huntly 100 E4
Hunton, N. Yks 68 D7
Hunton, Kent 13 L2
Hunt's Cross 52 F5
Huntsham 7 L3
Huntspill 16 E6
Huntworth 8 E1
Hunwick 68 D3
Hunworth 48 F4
Hurdsfield 53 L6
Hurley, Berks 20 C5
Hurley, Warw 44 D8
Hurlford 77 K4
Hurliness 116 B8
Hurn 10 C5
Hursley 10 F2
Hurst, Berks 20 B6
Hurst, N. Yks 68 C6
Hurst, G. Man 53 L3
Hurstbourne Priors 18 F6
Hurstbourne Tarrant 18 E5
Hurst Green, Surrey 13 G1
Hurst Green, Lancs 61 K6
Hurst Green, E. Susx 13 L4
Hurstpierpoint 13 F5
Hurworth-on-Tees 68 F5
Hury 68 B5
Husbands Bosworth 35 H2
Husborne Crawley 36 C7
Hushinish 110 D6
Husthwaite 63 J2
Hutcherleigh 5 H6
Huthwaite 55 H8
Huttoft 57 K6
Hutton, Essex 22 C4
Hutton, Avon 16 E5
Hutton, N. Yks 64 E6
Hutton, Cumbr 67 G4
Hutton, Border 81 H4
Hutton, Lancs 61 H7
Hutton Bonville 68 F6
Hutton Buscel 65 G4
Hutton Conyers 63 G2
Hutton Cranswick 65 H7
Hutton End 67 G3
Hutton Henry 69 G3
Hutton-le-Hole 64 E3
Hutton Magna 68 D5
Hutton Roof, Cumbr 67 F3
Hutton Roof, Cumbr 61 J2
Hutton Rudby 69 G6
Hutton Sessay 63 H2
Hutton Wandesley 63 J4
Huxley 53 G7
Huyton-with-Roby 52 F4
Hycemoor 66 C8
Hyde, Hants 10 C3
Hyde, Glos 30 C7
Hyde, G. Man 53 L4
Hyde Heath 20 D3
Hydestile 12 C2
Hynish 88 A5
Hyssington 42 E8
Hythe, Hants 10 F4
Hythe, Knt 15 H5
Hythe End 20 E6
Hythie 101 K3

168 Ibberton Kippax

I

Ibberton 9 J4
Ible 55 F8
Ibsley 10 C4
Ibstock 44 F6
Ibstone 20 B4
Ibthorpe 18 E5
Ibworth 19 G5
Ickburgh 48 D8
Ickenham 20 E5
Ickford 20 A3
Ickham 15 J3
Ickleford 36 E7
Icklesham 14 E7
Ickleton 37 H6
Icklingham 38 C3
Ickwell Green 36 E6
Icomb 31 G5
Idbury 31 G5
Iddesleigh 7 F5
Ide 5 J2
Ideford 5 J4
Ide Hill 13 H1
Iden 14 F6
Iden Green 14 E5
Idlicote 34 D6
Idmiston 10 D1
Idridgehay 44 D3
Idrigill 102 E2
Idstone 18 D2
Ifield 12 F3
Ifold 12 D3
Iford 13 H6
Ifton Heath 42 E4
Ightfield 43 G4
Ightham 13 J1
Iken 39 K5
Ilam 44 C2
Ilchester 9 G2
Ilderton 81 J7
Ilford 21 J5
Ilfracombe 6 F1
Ilkeston 45 F3
Ilketshall St Andrew 39 J2
Ilketshall St Lawrence 39 J2
Ilketshall St Margaret 39 J2
Ilkley 62 E5
Illey 34 A2
Illingworth 62 D7
Illogan 2 E5
Illston on the Hill 45 J8
Ilmer 20 B3
Ilmington 34 D6
Ilminster 8 E3
Ilsington 5 H4
Ilston 24 D5
Ilton, N. Yks 62 E2
Ilton, Somer 8 E3
Immingham 59 F5
Impington 37 H4
Ince 52 F6
Ince Blundell 52 E3
Ince-in-Makerfield 53 G3
Inchbare 93 H5
Inchberry 100 C3
Incheril 106 F5
Inchina 106 E2
Inchinnan 85 G8
Inchlaggan 90 C1
Inchmore 98 B4
Inchnadamph 112 D6
Inchture 87 F2
Indian Queens 3 H4
Ingatestone 22 C4
Ingbirchworth 55 F3
Ingestre 44 A5
Ingham, Suff 38 D3
Ingham, Lincs 56 D5
Ingham, Norf 49 J5
Ingleby Arncliffe 69 G6
Ingleby Greenhow 69 H6
Inglesbatch 17 J4
Inglesham 31 G8
Ingleton, Durham 68 D4
Ingleton, N. Yks 61 K2
Inglewhite 61 J5
Ingliston 86 E7
Ingoe 75 G6
Ingoldisthorpe 48 B4
Ingoldmells 57 K7
Ingoldsby 46 D4
Ingram 75 G2
Ingrave 22 C4
Ings 67 G7
Ingst 17 G2
Ingworth 49 G5
Inkberrow 34 B5
Inkhorn 101 J5
Inkpen 18 E4
Inkstack 115 H2
Innellan 84 D7
Innerleithen 80 B6
Innerleven 87 G4
Innermessan 70 B5
Innerwick, Lothn 80 F2
Innerwick, Tays 91 G7
Innsworth 30 C5
Insch 100 F6
Insh 91 K1
Inskip 61 H6
Instow 6 E2
Inver, Grampn 92 D2
Inver, Highld 109 G5
Inverailort 96 C7
Inveralligin 106 D6
Inverallochy 101 K2
Inveramsay 101 G6
Inveran 108 D4
Inveraray 84 C4
Inverarish 96 A2
Inverarity 92 F7
Inverarnan 84 F3
Inverasdale 106 D3
Inverbervie 93 K4
Inverbrough 99 G5
Inverchoran 98 A3
Invercreran 90 B7
Inverdruie 99 H7
Inverebrie 101 J5
Inveresk 87 G7
Inverey 92 B3
Inverfarigaig 98 D6
Invergarry 90 E1
Invergordon 99 F2
Invergowrie 87 G1
Inverguhomery 101 K4
Inverguseran 96 C5
Inverharroch 100 C5
Inverie 96 C6
Inverinate 96 E3
Inverkeilor 93 H7
Inverkeithing 86 E6
Inverkeithny 100 F4
Inverkip 84 E7
Inverkirkaig 112 B7
Invermoidart 89 H1
Invermoriston 98 C7
Invernaver 113 J2
Inverness 98 E4
Inverroy 90 D3
Invershin 108 D4
Inverugie 101 L4
Inveruglas 84 F4
Inverurie 101 G6
Invervar 91 H7
Inwardleigh 5 F2
Inworth 22 E2
Iping 11 K2
Ipplepen 5 J5
Ipsden 20 A5
Ipstones 44 B2
Ipswich 39 G6
Irby 52 D5
Irby in the Marsh 57 J7
Irby upon Humber 59 F6
Irchester 36 C4
Ireby, Cumbr 66 E3
Ireby, Lancs 61 K2
Ireland, Orkney 116 C6
Ireland, Shetld 119 F6
Ireleth 60 F2
Ireshopeburn 68 A3
Irlam 53 J4
Irnham 46 D5
Iron Acton 17 H2
Iron-Bridge 43 H7
Iron Cross 34 B5
Ironacannie 72 B6
Ironside 101 H3
Ironville 44 F2
Irstead 49 J5
Irthington 73 K7
Irthlingborough 36 C3
Irton 65 H4
Irvine 77 J4
Isauld 114 E3
Isbister, Orkney 116 B4
Isbister, Orkney 116 C5
Isbister, Shetld 119 H2
Isfield 13 H5
Isham 36 B3
Isle Abbotts 8 E2
Isle Brewers 8 E2
Isleham 38 B3
Isle of Whithorn 71 F8
Isleornsay or
Eilean Iarmain 96 B4
Islesburgh 120 F6
Isleworth 21 F6
Isley Watton 44 F5
Islington 21 H5
Islip, Northnts 36 C3
Islip, Oxon 31 K6
Islivig 110 D5
Istead Rise 14 C2
Isycoed 42 F2
Itchen Abbas 11 G1
Itchen Stoke 11 G1
Itchingfield 12 E4
Itchington 17 H2
Itteringham 49 G4
Itton 5 G2
Itton Common 29 J8
Ivegill 67 G2
Ivelet 68 B7
Iver 20 E5
Iver Heath 20 E5
Iveston 68 D1
Ivinghoe 20 D2
Ivinghoe Aston 20 D2
Ivington 29 J2
Ivington Green 29 J2
Ivybridge 5 G6
Ivychurch 15 G6
Ivy Hatch 13 J1
Iwade 14 E2
Iwerne Courtney
or Shroton 9 K3
Iwerne Minster 9 K3
Ixworth 38 E3
Ixworth Thorpe 38 E3

J

Jack Hill 62 F4
Jackstown 101 G5
Jackton 78 C4
Jacobstow 4 B2
Jacobstowe 7 F5
Jameston 26 E8
Jamestown, Highld 98 C3
Jamestown, Strath 85 F6
Jamestown, D. & G 73 H4
Jarrow 75 K7
Jawcraig 86 B7
Jayes Park 12 E2
Jaywick 23 H2
Jedburgh 74 C1
Jeffreyston 26 E7
Jemimaville 99 F2
Jevington 13 J6
Johnby 67 G3
John o' Groats 115 J2
Johnshaven 93 J5
Johnston 26 D6
Johnstone 77 K1
Johnstonebridge 73 G4
Jordans 20 D4
Jordanston 26 D4
Jump 55 G3
Juniper Green 79 J3
Jurby East 60 Q2
Jurby West 60 Q2

K

Kaber 67 K5
Kaimes 79 K3
Kalnakill 106 B6
Kames, Strath 84 B7
Kames, Strath 78 D7
Kea 3 G5
Keadby 58 C5
Keal 57 H7
Keal Cotes 57 H7
Kearsley 53 J3
Kearstwick 61 K1
Kearton 68 B7
Keasden 61 L3
Keddington 57 H5
Kedington 38 C6
Kedleston 44 E3
Keelby 59 F6
Keele 43 K3
Keeley Green 36 D6
Keeston 26 D6
Keevil 17 L5
Kegworth 45 F5
Kehelland 2 E5
Keig 100 F7
Keighley 62 D5
Keilarsbrae 86 B5
Keilhill 101 G3
Keillmore 83 F3
Keills 82 D5
Keils 82 E5
Keinton Mandeville 9 G1
Keir Mill 72 D4
Keisby 46 D5
Keiss 115 J3
Keith 100 D3
Keithock 93 H5
Kelbrook 62 C5
Kelby 46 D3
Keld, N. Yks 68 A6
Keld, Cumbr 67 H5
Keldholme 64 E4
Kelfield 63 J6
Kelham 45 J2
Kellan 89 G4
Kellas, Grampn 100 A3
Kellas, Tays 87 H1
Kellaton 5 J8
Kelleth 67 J6
Kelling 49 F3
Kellington 63 J7
Kelloe 69 F3
Kelly 4 D3
Kelly Bray 4 D4
Kelmarsh 35 J3
Kelmscott 31 G8
Kelsale 39 J4
Kelsall 53 G7
Kelshall 37 G7
Kelso 80 F6
Kelston 17 J4
Keltneyburn 91 J7
Kelton 68 B4
Kelton Hill or
Rhonehouse 72 C8
Kelty 86 E5
Kelvedon 22 E2
Kelvedon Hatch 21 K4
Kelynack 2 B7
Kemacott 7 G1
Kemback 87 H3
Kemberton 43 J7
Kemble 30 D8
Kemerton 33 J7
Kemeys Commander 29 H7
Kemnay 101 G7
Kempley 30 A5
Kempsey 33 H6
Kempsford 31 F8
Kempston 36 D6
Kempston Hardwick 36 D6
Kempton 32 C2
Kemp Town 13 G6
Kemsing 21 K8
Kenardington 15 F5
Kenchester 29 J3
Kencott 31 G7
Kendal 67 H7
Kenfig 25 G6
Kenfig Hill 25 G6
Kenilworth 34 D3
Kenley, Shrops 43 G7
Kenley, G. Lon 21 H8
Kenmore, Highld 106 C6
Kenmore, Tays 91 J7
Kenn, Avon 16 F4
Kenn, Devon 5 K3
Kennerleigh 7 J5
Kennet 86 C5
Kennethmont 100 E6
Kennett 38 C4
Kennford 5 K3
Kenninghall 38 F2
Kennington, Kent 15 G4
Kennington, Oxon 31 K7
Kennoway 87 G4
Kenny Hill 38 B3
Kennythorpe 64 E6
Kenovdy 88 A4
Kensaleyre 103 F3
Kensington 21 G6
Kensworth 20 E2
Kentchurch 29 J5
Kentford 38 C4
Kentisbeare 8 B4
Kentisbury 7 G1
Kentmere 67 G6
Kenton, G. Lon 21 F5
Kenton, Suff 39 G4
Kenton, Devon 5 K3
Kentra 89 H2
Kents Bank 61 G2
Kent's Green 30 B5
Kent's Oak 10 E2
Kenwick 42 F4
Kenwyn 3 G5
Kenyon 53 H4
Keoldale 112 E2
Keose 111 H5
Keppoch 96 D3
Kepwick 69 G7
Keresley 34 E2
Kerne Bridge 29 K6
Kerridge 53 L6
Kerris 2 C7
Kerry 32 A1
Kerrycroy 77 G1
Kerrysdale 106 D4
Kerry's Gate 29 H4
Kersall 56 B7
Kersey 38 F6
Kershader 111 H5
Kershopefoot 73 K5
Kersoe 34 A6
Kerswell 8 B4
Kerswell Green 33 H6
Kesgrave 39 H6
Kessingland 39 L2
Kestle Mill 3 G4
Keston 21 J7
Keswick, Cumbr 66 E4
Keswick, Norf 49 H7
Keswick, Norf 49 J4
Kettering 36 B3
Ketteringham 49 G7
Kettins 92 D8
Kettlebaston 38 E5
Kettlebrook 44 D7
Kettleburgh 39 H4
Kettleness 69 L5
Kettleshulme 54 C6
Kettlesing Bottom 63 F4
Kettlestone 48 E4
Kettlethorpe 56 C6
Kettletoft 117 F3
Kettlewell 62 C2
Ketton 46 C7
Kew 21 F6
Kewstoke 16 E4
Kexbrough 55 G3
Kexby, Lincs 56 C5
Kexby, N. Yks 64 E7
Key Green 53 K7
Keyham 45 H7
Keyhaven 10 E5
Keyingham 59 G4
Keymer 13 G5
Keynsham 17 H4
Keysoe 36 D4
Keysoe Row 36 D4
Keyston 36 D3
Keyworth 45 H4
Kibblesworth 68 E1
Kibworth Beauchamp 45 H8
Kibwort Harcourt 45 H8
Kidbrooke 21 J6
Kiddemore Green 43 K7
Kidderminster 33 H3
Kiddington 31 J5
Kidlington 31 J6
Kidmore End 20 A6
Kidsgrove 43 K2
Kidstones 62 C1
Kidwelly 27 J7
Kielder 74 C4
Kiells 82 D5
Kilbarchan 77 K1
Kilbeg 96 B5
Kilberry 76 C1
Kilbirnie 77 J2
Kilbride, Strath 84 A2
Kilbride, Highld 96 A3
Kilbride, W. Isles 94 C4
Kilburn, Derby 44 E3
Kilburn, N. Yks 63 J2
Kilby 45 H8
Kilchattan 82 C2
Kilchattan Bay 77 G2
Kilchenzie 76 B5
Kilchiaran 82 B5
Kilchoan 89 F2
Kilchoman 82 B5
Kilchrenan 84 C2
Kilconquhar 87 H4
Kilcot 30 A5
Kilcoy 98 D3
Kilcreggan 84 E6
Kildale 69 J6
Kildalloig 76 C6
Kildary 109 F6
Kildonan 76 F5
Kildonnan 95 K7
Kildrummy 100 D7
Kildwick 62 D5
Kilfinan 84 B7
Kilfinnan 90 D2
Kilgetty 26 F7
Kilgwrrwg Common 29 J8
Kilham, Northum 81 G6
Kilham, Humbs 65 H6
Kilkenneth 88 A4
Kilkhampton 6 C4
Killamarsh 55 H5
Killay 24 E5
Killean 76 B3
Killearn 85 H6
Killen 98 E3
Killerby 68 D5
Killichonan 91 G6
Killiechonate 90 D3
Killiechronan 89 G4
Killiecrankie 91 L5
Killiemor 89 F5
Killilan 96 E2
Killimster 115 J4
Killin 85 H1
Killinghall 63 F4
Killingholme 59 F5
Killington 61 K1
Killochyett 80 C5
Killundine 89 G4
Kilmacolm 77 J1
Kilmahumaig 83 G2
Kilmaluag 103 F1
Kilmany 87 G2
Kilmarie 103 G7
Kilmarnock 77 K4
Kilmartin 83 H2
Kilmaurs 77 K3
Kilmelford 89 K7
Kilmeny 82 C5
Kilmersdon 17 H5
Kilmeston 11 G2
Kilmichael Glassary 84 A5
Kilmichael of Inverlussa 83 G3
Kilmington, Devon 8 D5
Kilmington, Wilts 9 J1
Kilmonivaig 90 C3
Kilmorack 98 C4
Kilmore 96 B5
Kilmory, Strath 76 E5
Kilmory, Highld 89 G1
Kilmory, Strath 83 G4
Kilmuir, Highld 102 D4
Kilmuir, Highld 102 E1
Kilmuir, Highld 98 E4
Kilmuir, Highld 109 F6
Kilnave 82 B4
Kilncadzow 79 F5
Kilndown 13 L3
Kilnhurst 55 H4
Kilninian 88 F4
Kilninver 89 K6
Kiln Pit Hill 68 C1
Kilnsea 59 J5
Kilnsey 62 C3
Kilnwick 65 G8
Kiloran 82 C2
Kilpatrick 76 E5
Kilpeck 29 J4
Kilpheder 94 C4
Kilphedir 109 H2
Kilpin 58 B4
Kilrenny 87 J4
Kilsby 35 G3
Kilspindie 87 F2
Kilsyth 85 K7
Kiltarlity 98 D4
Kilton 16 C6
Kilvaxter 102 E2
Kilve 16 C6
Kilvington 45 K3
Kilwinning 77 J3
Kimberley, Norf 48 F7
Kimberley, Notts 45 G3
Kimble 20 C3
Kimblesworth 68 E2
Kimble Wick 20 C3
Kimbolton, Cambs 36 D4
Kimbolton, H. & W 32 E4
Kimcote 35 G2
Kimmeridge 9 L7
Kimmerston 81 H6
Kimpton, Wilts 18 D6
Kimpton, Herts 21 F2
Kinbrace 114 D6
Kinbuck 85 K4
Kincaple 87 H3
Kincardine, Fife 86 C6
Kincardine, Highld 108 E5
Kincardine O'Neil 93 G2
Kincorth 101 J8
Kincraig 99 G8
Kineton, Warw 34 E5
Kineton, Glos 30 E5
Kinfauns 86 E2
Kingarth 77 F2
Kingcoed 29 J7
Kingforth 58 E5
Kingham 31 G5
Kingholm Quay 72 E6
Kinghorn 87 F6
Kinglassie 87 F5
Kingoodie 87 G2
King's Acre 29 J3
Kingsand 4 E6
Kingsbarns 87 J3
Kingsbridge, Devon 5 H7
Kingsbridge, Somer 7 K2
King's Bromley 44 C6
Kingsburgh 103 E3
Kingsbury, Warw 44 D8
Kingsbury, G. Lon 21 F5
Kingsbury Episcopi 9 F2
King's Caple 29 K5
Kingsclere 19 G5
King's Cliffe 46 D8
Kingscote 17 K1
Kingscott 7 F4
King's Coughton 34 B5
Kingscross 76 F5
Kingsdon 9 G2
Kingsdown 15 K4
Kingseat 86 E5
Kingsey 20 B3
Kingsfold 12 E3
Kingsford 33 H2
Kingshall Street 38 E4
King's Heath 34 B2
Kingskerswell 5 J5
Kingskettle 87 G4
Kingsland 32 D4
Kings Langley 20 E3
Kingsley, Staffs 44 B3
Kingsley, Ches 53 G6
Kingsley, Hants 19 J7
Kingsley Green 11 K1
King's Lynn 48 B6
King's Meaburn 67 J4
Kingsmuir, Tays 93 F7
Kings Muir, Border 79 K6
Kingsnorth, Kent 14 E1
Kingsnorth, Kent 15 G5
King's Norton, W. Mids 34 B3
King's Norton, Leic 45 H7
King's Nympton 7 G4
King's Pyon 29 J2
Kings Ripton 37 F3
King's Somborne 10 E1
King's Stag 9 J3
King's Stanley 30 C7
Kings Sutton 35 F7
Kingstanding 44 B8
Kingsteignton 5 J4
King Sterndale 54 D6
King,s Thorn 29 J4
Kingsthorpe 35 J4
Kingston, Grampn 100 C2
Kingston, Hants 10 C4
Kingston, I. of W 11 F6
Kingston, Cambs 37 G5
Kingston, Devon 5 G7
Kingston, Kent 15 H3
Kingston, Dorset 9 J4
Kingston, Lothn 87 J6
Kingston Bagpuize 31 J8
Kingston Blount 20 B4
Kingston by Sea 12 F6
Kingston Deverill 9 K1
Kingstone, Staffs 44 B5
Kingstone, Somer 8 E3
Kingstone, H. & W 29 J4
Kingston, Dorset 10 a7
Kingston Lisle 18 E2
Kingston near Lewes 1 G6
Kingston on Soar 45 G5
Kingston Seymour 16 F4
Kingston St Mary 8 D2
Kingston upon Hull 59 E4
Kingston upon Thames 21 F7
Kingstown 73 J8
King's Walden 21 F1
Kingswear 5 J6
Kingswells 101 H8
Kingswinford 33 H2
Kingswood, Bucks 20 A2
Kingswood, Warw 34 C3
Kingswood, Powys 42 D7
Kingswood, Kent 14 E3
Kingswood, Surrey 12 F1
Kingswood, H. & W 29 G2
Kingswood, Avon 17 H3
Kingswood, Glos 17 J1
King's Worthy 11 F1
Kington, H. & W 34 A5
Kington, Powys 29 H2
Kington Langley 17 L3
Kington Magna 9 J2
Kington St Michael 17 L3
Kingussie 91 J1
Kingweston 9 G1
Kinharrachie 101 J5
Kinknockie 101 K4
Kinlet 33 G2
Kinloch, Highld 96 B4
Kinloch, Tays 92 C7
Kinloch, Highld 112 E5
Kinloch, Highld 95 K6
Kinlochard 85 G4
Kinlochbervie 112 D3
Kinlocheil 90 A4
Kinlochewe 106 F5
Kinloch Hourn 96 E5
Kinloch Laggan 91 G3
Kinlochleven 90 C5
Kinlochmore 90 C5
Kinloch Rannoch 91 H6
Kinlochspelve 89 H6
Kinloss 99 J2
Kinmel Bay 51 J2
Kinmuck 101 H7
Kinmundy 101 H7
Kinnadie 101 J4
Kinnaird 87 F2
Kinnell 93 H6
Kinnerley 42 E5
Kinnersley, H. & W 29 H3
Kinnersley, H. & W 33 H6
Kinnerton, Powys 32 B4
Kinnerton, Clwyd 52 E7
Kinnesswood 86 E4
Kinninvie 68 C4
Kinoulton 45 H4
Kinross 86 E4
Kinrossie 86 E1
Kinsham 32 C4
Kinsley 55 H2
Kintarvie 111 G6
Kintbury 18 E4
Kintessack 99 J2
Kintillo 86 E3
Kintocher 100 E8
Kintore 101 G7
Kintour 82 D6
Kinuachdrachd 83 G2
Kinveachy 99 H7
Kinver 33 H2
Kippax 63 H6

Kippen
Linden
169

Kippen 85 J5
Kippford or Scaur 71 K6
Kirbister 116 C6
Kirbuster 116 B4
Kirby Bedon 49 H7
Kirby Bellars 45 J6
Kirby Cane 49 J8
Kirby Cross 23 J1
Kirby Grindalythe 65 G6
Kirby Hill, N. Yks 68 D6
Kirby Hill, N. Yks 63 G3
Kirby Knowle 63 H1
Kirby-le-Soken 23 J1
Kirby Mills 64 E4
Kirby Misperton 64 E5
Kirby Muxloe 45 G7
Kirby Row 39 J1
Kirby Sigston 69 G7
Kirby Underdale 64 F7
Kirby Wiske 63 G1
Kirdford 12 D4
Kirivick 111 F3
Kirk 115 H4
Kirkandrews-on-Eden 73 J8
Kirkbampton 66 F1
Kirkbean 72 E8
Kirk Bramwith 55 K2
Kirkbride 66 E1
Kirkbuddo 93 G7
Kirkburn 65 G7
Kirkburton 54 E2
Kirkby, Lincs 56 E4
Kirkby, Mers 52 F4
Kirkby, N. Yks 69 H6
Kirkby Fleetham 68 E7
Kirkby Green 56 E8
Kirkby in Ashfield 45 G2
Kirkby-in-Furness 60 F1
Kirkby la Thorpe 46 D3
Kirkby Lonsdale 61 K2
Kirkby Malham 62 B3
Kirkby Mallory 45 F7
Kirkby Malzeard 63 F2
Kirkby Mills 64 E4
Kirkbymoorside 64 D4
Kirkby on Bain 57 G7
Kirkby Overblow 63 G5
Kirkby Stephen 67 K6
Kirkby Thore 67 J4
Kirkby Underwood 46 D5
Kirkcaldy 87 F5
Kirkcambeck 74 B7
Kirkcarswell 71 J7
Kirkcolm 70 B5
Kirkconnel 72 C2
Kirkcowan 70 E5
Kirkcudbright 71 H6
Kirk Deighton 63 G4
Kirk Ella 58 E4
Kirkfieldbank 79 F5
Kirkgunzeon 72 D7
Kirkham, N. Yks 64 E6
Kirkham, Lancs 61 H6
Kirkhamgate 63 F7
Kirk Hammerton 63 H4
Kirkharle 75 G5
Kirkheaton, W. Yks 54 E2
Kirkheaton, Northum 75 G6
Kirkhill, Highld 98 D4
Kirkhill, Tays 93 H5
Kirkhope 80 B7
Kirkhouse 80 B6
Kirkibost, Highld 96 A4
Kirkibost, W. Isles 111 F4
Kirkinner 71 F6
Kirkintilloch 85 J7
Kirk Ireton 44 D2
Kirkland, D. & G 72 C2
Kirkland, Cumbr 66 C5
Kirkland, D. & G 72 D4
Kirkland, Cumbr 67 J3
Kirk Langley 44 D4
Kirkleatham 69 H4
Kirklevington 69 G6
Kirkley 39 L1
Kirklington, N. Yks 63 G1
Kirklington, Notts 55 K8
Kirklinton 73 K7
Kirkliston 86 E7
Kirkmaiden 70 C8
Kirk Merrington 68 E3
Kirkmichael, Tays 92 B5
Kirkmichael, Strath 77 J7
Kirk Michael, I. of M 60 Q2
Kirkmond le Mire 57 F4
Kirkmuirhill 78 E5
Kirknewton, Northum 81 H6
Kirknewton, Lothn 79 J3
Kirk of Shotts 79 F3
Kirkoswald, Cumbr 67 H2
Kirkoswald, Strath 77 H7
Kirkpatrick Durham 72 C6
Kirkpatrick-Fleming 73 H6
Kirk Sandall 55 K3
Kirksanton 60 E1
Kirk Smeaton 55 J2
Kirkstile 100 E5
Kirkton, Border 74 B2
Kirkton, Highld 96 D3
Kirkton, D. & G 72 E5
Kirkton, Highld 106 E7
Kirkton, Grampn 101 F3
Kirkton, Highld 109 F4
Kirkton, Grampn 100 F6
Kirkton, Tays 92 F7
Kirkton, Fife 87 G2
Kirkton, Strath 79 G7
Kirkton, Grampn 101 L3
Kirkton Manor 79 K6
Kirkton of Auchterhouse 92 E8
Kirkton of Auchterless 101 G4
Kirkton of Barevan 99 G4
Kirkton of Bourtie 101 H6
Kirkto of Collace 87 E1
Kirkton of Craig 93 J6
Kirkton of Culsalmond 100 F5
Kirkton of Durris 93 J2
Kirkton of Glenbuchat 100 C7
Kirkton of Glenisla 92 D5
Kirkton of Kingoldrum 92 E6
Kirkton of Largo 87 H4
Kirkton of Lethendy 92 C7
Kirkton of Logie Buchan 101 J6
Kirkton of Maryculter 93 K2
Kirkton of Menmuir 93 G5
Kirkton of Monikie 93 G8
Kirkton of Rayne 101 F5
Kirkton of Skene 101 H8
Kirkton of Strathmartine 87 G1
Kirkton of Tough 100 F7
Kirktown 101 K3
Kirktown of Alvah 100 F2
Kirktown of Bourtie 101 H6
Kirktown of Deskford 100 E2
Kirktown of Fetteresso 93 K3
Kirkwall 116 D5
Kirkwhelpington 75 F5
Kirk Yetholm 81 G7
Kirmington 59 F5
Kirmond le Mire 57 F4
Kirn 84 D7
Kirriemuir 92 E6
Kirstead Green 49 H8
Kirtlebridge 73 H6
Kirtling 38 B5
Kirtling Green 38 B5
Kirtlington 31 K6
Kirtomy 114 C3
Kirton, Notts 56 A7
Kirton, Lincs 47 G4
Kirton, Suff 39 H7
Kirton End 47 F3
Kirton Holme 47 F3
Kirton in Lindsey 58 D7
Kislingbury 35 H5
Kites Hardwick 35 F4
Kittybrewster 101 J8
Kitwood 11 H1
Kiveton Park 55 H5
Knaith 56 C5
Knaphill 20 D8
Knapp 8 E2
Knapton, N. Yks 65 F5
Knapton, Norf 49 J4
Knapton, N. Yks 63 J4
Knapwell 37 G4
Knaresborough 63 G4
Knarsdale 67 J1
Knaven 101 H4
Knayton 63 H1
Knebworth 21 G1
Kneep 111 E4
Kneesall 55 K7
Kneesworth 37 G6
Kneeton 45 J3
Knelston 24 C6
Knightacott 7 G2
Knightcote 34 E5
Knighton, Powys 32 B3
Knighton, Devon 5 F7
Knighton, Leic 45 H7
Knighton, Staffs 43 J5
Knighton, Staffs 53 J7
Knightwick 33 G5
Knill 29 G1
Knipton 46 B4
Knitsley 68 D2
Kniveton 44 D2
Knochenkelly 76 F5
Knock, Grampn 100 E3
Knock, Strath 89 G5
Knock, W. Isles 111 J4
Knock, Cumbr 67 J4
Knockally 115 G7
Knockan 112 D7
Knockandhu 100 B6
Knockando 100 A4
Knockbain 98 E3
Knockbrex 71 G7
Knock Castle 77 G1
Knockdee 115 G3
Knockenkelly 76 F5
Knockentiber 77 J4
Knockholt 21 J8
Knockholt Pound 21 J8
Knockin 42 E5
Kncknaha 76 B6
Knockrome 82 E4
Knocksharry 60 P3
Knodishall 39 K4
Knolls Green 53 K6
Knolton 42 E4
Knook 18 A6
Knossington 45 K7
Knott End-on-Sea 61 G5
Knotting 36 D4
Knottingley 63 H7
Knotty Green 20 D4
Knowbury 32 E3
Knowehead 72 B4
Knowesgate 75 F5
Knoweside 77 H6
Knowes of Elrick 100 F3
Knowetownhead 74 B2
Knowle, W. Mids 34 C3
Knowle, Devon 6 E2
Knowle, Shrops 33 E3
Knowle, Avon 17 H3
Knowle, Devon 7 H5
Knowle Green 61 K6
Knowl Hill 20 C6
Knowlton 15 J3
Knowsley 52 F4
Knowsley Hall 52 F4
Knowstone 7 J3
Knucklas 32 B3
Knutsford 53 J6
Knypersley 43 K2
Kuggar 2 F8
Kyleakin 96 C3
Kyle of Lochalsh 96 C3
Kylerhea 96 C3
Kylesmorar 96 D6
Kyles Scalpay 105 H2
Kyles Stockinish 105 G2
Kylestrome 112 D5
Kyloe 81 J5
Kynnersley 43 H6
Kyre Park 33 F4

L

Labost 111 G3
Laceby 59 G6
Lacey Green 20 C3
Lach Dennis 53 J6
Lache 52 E7
Lackalee 105 G2
Lackford 38 C3
Lacock 17 L4
Ladbroke 34 F5
Laddingford 13 K2
Lade Bank 47 G2
Ladock 3 G4
Ladybank 87 G4
Ladykirk 81 G5
Ladysford 101 J2
Lagavulin 82 D7
Lagg, Strath 82 E4
Lagg, Strath 76 E5
Laggan, Highld 90 D2
Laggan, Highld 91 H2
Lagganulva 89 F4
Laide 106 E2
Laindon 22 C5
Lair 106 F7
Lairg 108 D3
Lairgmore 98 D5
Lake 18 C7
Lakenham 49 H7
Lakenheath 38 C2
Lakesend 47 J8
Lakeside 61 G1
Laleham 20 E7
Laleston 25 G7
Lamarsh 38 D7
Lamas 49 H5
Lambden 80 F5
Lamberhurst 13 K3
Lamberton 81 H4
Lambeth 21 H6
Lambfell Moar 60 P3
Lambley, Northum 74 C8
Lambley, Notts 45 H3
Lambourn 18 E3
Lambourne End 21 J4
Lambs Green 12 F3
Lambston 26 D6
Lamerton 4 E4
Lamesley 75 J8
Lamington, Highld 109 F6
Lamington, Strath 79 G6
Lamlash 76 F4
Lamonby 67 G3
Lamorna 2 C7
Lamorran 3 G5
Lampeter 27 K3
Lampeter Velfry 26 F6
Lamphey 26 E7
Lamplugh 66 C4
Lamport 35 J3
Lamyatt 9 H1
Lana 4 D2
Lanark 79 F5
Lancaster 61 H3
Lanchester 68 D2
Landbeach 37 H4
Landcross 6 E3
Landerberry 101 G8
Landford 10 D3
Landimore 24 C5
Landkey 7 F2
Landore 24 E5
Landrake 4 D5
Landscove 5 H5
Landshipping 26 E6
Landulph 4 E5
Landwade 38 B4
Landywood 44 A7
Laneast 4 C3
Lane End 20 C4
Lane Green 44 A7
Laneham 56 C6
Laneshaw Bridge 62 C5
Langar 45 J4
Langbank 85 F7
Langbar 62 D4
Langcliffe 62 B3
Langdale End 65 G3
Langdon Beck 67 L3
Langdon Hills 22 C5
Langenhoe 23 G2
Langford, Devon 8 B4
Langford, Notts 56 C8
Langford, Essex 22 E3
Langford, Beds 36 E6
Langford, Oxon 31 G7
Langford Budville 8 C2
Langham, Leic 46 B6
Langham, Suff 38 E4
Langham, Norf 48 F3
Langham, Essex 38 F7
Langho 61 L6
Langholm 73 J5
Langleeford 81 H7
Langley, Warw 34 C4
Langley, Kent 14 E3
Langley, Berks 20 E6
Langley, Hants 11 F4
Langley, Herts 21 G1
Langley, Essex 37 H7
Langley, W. Susx 11 K2
Langley, Chs 53 L6
Langley Burrell 18 A3
Langley Marsh 8 B2
Langley Park 68 E2
Langley Street 49 J7
Langney 13 K6
Langold 55 J5
Langore 4 D3
Langport 9 F2
Langrick 47 F3
Langridge 17 J4
Langrigg 66 D2
Langrish 11 J2
Langsett 54 F3
Langshaw 80 D6
Langstone 11 J4
Langthorne 68 E7
Langthorpe 63 G3
Langthwaite 68 C4
Langtoft, Lincs 46 E6
Langtoft, Humbs 65 H6
Langton, Durham 68 D5
Langton, N. Yks 64 E6
Langton, Lincs 57 G7
Langton, Lincs 57 H6
Langton by Wragby 57 F6
Langton Green 13 J3
Langton Herring 9 H6
Langton Matravers 10 B7
Langtree 6 E4
Langwathby 67 H3
Langwith 55 J7
Langwith Junction 55 J7
Langworth 56 E6
Lanivet 3 J3
Lanlivery 3 J4
Lanner 2 F6
Lanreath 3 K4
Lansallos 3 K4
Lanton, Border 80 E7
Lanton, Northum 81 H6
Lapford 7 H5
Laphroaig 82 C7
Lapley 43 K6
Lapworth 34 C3
Larbert 86 B6
Largie 100 F5
Largoward 87 H4
Largs 77 H2
Largybeg 76 F5
Largymore 76 F5
Larkfield 84 E7
Larkhall 78 E4
Larkhill 18 C6
Larling 38 E2
Larriston 74 B4
Lartington 68 C5
Lary 92 E1
Lasham 19 H6
Laskentyre 105 F2
Lassodie 86 E5
Lastingham 64 E3
Latchingdon 22 E3
Latchley 4 E4
Lately Common 53 H4
Lathbury 36 B6
Latheron 115 H6
Latheronwheel 115 G6
Lathones 87 H4
Latimer 20 E4
Latteridge 17 H2
Lattiford 9 H2
Latton 30 E8
Lauchintilly 101 G7
Lauder 80 D5
Laugharne 27 H6
Laughterton 56 C6
Laughton, Lincs 56 C4
Laughton, Leic 35 H2
Laughton, E. Susx 13 J5
Laughton-en-le-Morthen 55 J5
Launcells 6 C5
Launceston 4 D3
Launde Abbey 45 J7
Launton 31 L5
Laurencekirk 93 J4
Laurieston 72 B7
Lavant 11 K4
Lavendon 36 C5
Lavenham 38 E6
Laverhay 73 G4
Laverstock 10 C1
Laverstoke 19 F6
Laverton, Glos 30 E4
Laverton, N. Yks 63 F2
Laverton, Somer 17 J5
Law 79 F4
Lawers 91 H8
Lawford 39 F7
Lawhitton 4 D3
Lawkland 62 A3
Lawley 43 H7
Lawnhead 43 K5
Lawrenny 26 E7
Lawshall 38 D5
Lawton 29 J2
Laxay 111 H5
Laxdale 111 J4
Laxey 60 R3
Laxfield 39 H3
Laxfirth 119 G4
Laxo 119 G2
Laxobigging 121 G5
Laxton, Humbs 58 B4
Laxton, Notts 56 B7
Laxton, Northnts 46 C8
Laycock 62 D5
Layer Breton 22 F2
Layer de la Haye 23 F1
Layham 38 F6
Laytham 58 B3
Lazenby 69 H5
Lazonby 67 H3
Lea, Wilts 18 A2
Lea, H. & W 30 A5
Lea, Shrops 32 C2
Lea, Lincs 56 C5
Lea, Shrops 42 F7
Lea, Derby 55 G8
Leac Eskadale 105 H2
Leachkin 98 E4
Leadburn 79 K4
Leadenham 46 C2
Leaden Roding 22 B2
Leadgate, Durham 68 D1
Leadgate, Cumbr 67 K2
Leadhills 72 D2
Leafield 31 H6
Leagrave 20 E1
Leake Commonside 47 G2
Leake Hurn's End 47 H3
Lealholm 64 E2
Lealt, Strath 83 F2
Lealt, Highld 103 G2
Lea Marston 44 D8
Leamington Hastings 35 F4
Leamington Spa, Royal 34 E4
Leargybreck 82 E4
Learmouth 81 G6
Leasgill 61 H1
Leasingham 46 D3
Leask 101 K5
Leatherhead 12 E1
Leathley 63 F5
Leaton 42 F6
Lea Town 61 H6
Leaveland 15 G3
Leavenheath 38 E7
Leavening 64 E6
Leaves Green 21 J7
Lebberston 65 H4
Lechlade 31 G8
Leckford 10 E1
Leckfurin 113 J3
Leckhampstead, Berks 18 F3
Leckhampstead, Bucks 35 J7
Leckhampton 30 D6
Leckmelm 107 G2
Leckwith 25 K7
Leconfield 58 E2
Ledaig 89 L5
Ledburn 20 D1
Ledbury 33 G7
Ledgemoor 29 J2
Ledicot 32 D4
Ledmore 112 D7
Lednagullin 114 D3
Ledsham, Ches 52 E6
Ledsham, W. Yks 63 H7
Ledston 63 H7
Ledwell 31 J5
Lee, Devon 6 E1
Lee, Hants 10 E3
Lee, Shrops 42 F4
Lee, Strath 88 F6
Lee, Lancs 61 J4
Leebotten 119 G6
Leebotwood 43 F8
Lee Brockhurst 43 G5
Leece 60 F3
Lee Clump 20 D3
Leeds, Kent 14 E3
Leeds, N. Yks 63 G6
Leedstown 2 E6
Leek 44 A2
Leekhampstead 18 F3
Leek Wootton 34 D4
Lee Mill 5 F6
Leeming 68 E8
Leeming Bar 68 E7
Lee Moor 5 F5
Lee-on-the-Solent 11 G4
Lees, G. Man 54 C3
Lees, Derby 44 D4
Leeswood 52 D7
Lee, Th 20 D3
Legbourne 57 H5
Legburthwaite 66 F5
Legerwood 80 D5
Legsby 57 F5
Leicester 45 G7
Leicester Forest East 45 G7
Leigh, Wilts 18 B1
Leigh, Shrops 42 E7
Leigh, Surrey 12 F2
Leigh, H. & W 33 G5
Leigh, G. Man 53 H3
Leigh, Dorset 9 H4
Leigh, Kent 13 J2
Leigh Beck 22 E5
Leigh Delamere 17 K3
Leigh Green 14 F5
Leigh-on-Sea 22 E5
Leigh Sinton 33 G5
Leighterton 17 K1
Leigh, The 30 C5
Leighton, Powys 42 D7
Leighton, Shrops 43 H7
Leighton, Somer 17 J6
Leighton Bromswold 36 E3
Leighton Buzzard 36 C8
Leigh upon Mendip 17 H6
Leigh Woods 17 G3
Leinthall Earls 32 D4
Leinthall Starkes 32 D4
Leintwardine 32 D3
Leire 35 G1
Leirinmore 113 F2
Leiston 39 K4
Leith 87 F7
Leitholm 81 F5
Lelant 2 D6
Lelley 59 G3
Lem Hill 33 G3
Lemmington Hall 75 H2
Lempitlaw 81 F6
Lemreway 111 H6
Lendalfoot 70 C3
Lenham 14 E3
Lenham Heath 14 F4
Lenie 98 D6
Lennel 81 G5
Lennoxtown 85 J7
Lenton 46 D4
Lenwade 49 F6
Lenzie 85 J7
Leochel Cushnie 100 E7
Leominster 29 J2
Leonard Stanley 30 C7
Lepe 11 F5
Lephin 102 C4
Lephinmore 84 B5
Leppington 64 E6
Lepton 54 F2
Lerryn 3 K4
Lerwick 119 G4
Lesbury 75 J2
Leslie, Grampn 100 E6
Leslie, Fife 87 F4
Lesmahagow 79 F6
Lesnewth 4 B2
Lessingham 49 J5
Lessonhall 66 E1
Leswalt 70 B5
Letchmore Heath 21 F4
Letchworth 36 F7
Letcombe Bassett 18 E2
Letcombe Regis 18 E2
Letham, Fife 87 G3
Letham, Tays 93 G7
Lethenty 101 H4
Letheringham 39 H5
Letheringsett 48 F4
Lettaford 5 H3
Letterewe 106 E4
Letterfearn 96 D3
Letterfinlay 90 D2
Letters 107 G3
Letterston 26 D5
Lettoch 99 K5
Letton, H. & W 32 C3
Letton, H. & W 29 H3
Letty Green 21 G2
Letwell 55 J5
Leuchars 87 H2
Leurbost 111 H5
Levedale 43 L6
Leven, Humbs 59 F2
Leven, Fife 87 G4
Levens 61 H1
Levenshulme 53 K4
Levenwick 119 G6
Leverburgh 104 F3
Leverington 47 H6
Leverton 47 G3
Levington 39 H7
Levisham 64 F3
Levishie 98 C7
Lew 31 H7
Lewannick 4 C3
Lewdown 4 E3
Lewes 13 H5
Leweston 26 D5
Lewisham 21 H6
Lewiston 98 D6
Lewknor 20 B4
Leworthy 7 G2
Lewtrenchard 4 E3
Ley 3 K3
Leybourne 14 C3
Leyburn 68 D7
Leycett 43 J3
Leyland 61 J7
Leylodge 101 G7
Leys 101 K3
Leysdown on Sea 15 G1
Leysmill 93 H7
Leys of Cossans 92 E7
Leysters 32 E4
Leyton 21 H5
Lezant 4 D4
Lhanbryde 100 B2
Lhen, The 60 Q1
Libanus 25 H2
Libberton 79 G5
Liberton 87 F7
Lichfield 44 C7
Lickey 34 A3
Lickey End 34 A3
Lickfold 12 C4
Liddington 18 D2
Lidgate 38 C5
Lidlington 36 C7
Lieurary 115 F3
Liff 87 G1
Lifton 4 D3
Lighthorne 34 E5
Lightwater 20 D7
Lightwood 43 L3
Lightwood Green 42 E3
Likisto 105 G2
Lilbourne 35 G3
Lilburn Tower 81 J7
Lilleshall 43 J6
Lilley 36 E8
Lilliesleaf 80 D7
Lillingstone Dayrell 35 J7
Lillingstone Lovell 35 J6
Lillington 9 H3
Lilstock 16 C6
Limbrick 53 H2
Limefield 53 K2
Limekilns 86 D6
Limerigg 86 B7
Limington 9 G2
Limmerhaugh 78 D7
Limpenhoe 49 J7
Limpley Stoke 17 J4
Limpsfield 13 G1
Linby 45 G2
Linchmere 11 K1
Lincoln 56 D6
Lincomb 33 H4
Lindale 61 H1
Lindal in Furness 60 F2
Linden 80 C6

170 Lindfield Long Eaton

Lindfield 13 G4
Lindford 11 K1
Lindores 87 F3
Lindridge 33 F4
Lindsell 38 B8
Lindsey 38 E6
Linford, Hants 10 C4
Linford, Essex 22 C6
Lingague 60 P4
Lingdale 69 J5
Lingen 32 C4
Lingfield 13 G2
Lingwood 49 J7
Liniclate 104 C7
Linicro 102 E2
Linkenholt 18 E5
Linkinhorne 4 D4
Linklater 115 K1
Linksness 116 E5
Linktown 87 F5
Linley 32 C1
Linley Green 33 F5
Linlithgow 86 D7
Linlithgow Bridge 86 C7
Linshader 111 G4
Linshiels 74 E3
Linsidemore 108 D4
Linslade 36 C8
Linstead Parva 39 J3
Linstock 73 K8
Linthwaite 54 E2
Lintlaw 81 G4
Lintmill 100 E2
Linton, H. & W. 30 A5
Linton, N. Yks 62 C3
Linton, Derby 44 D6
Linton, Border 80 F7
Linton, Cambs 37 J6
Linton, Kent 13 L2
Linton-on-Ouse 63 H3
Linwood, Hants 10 C4
Linwood, Lincs 57 F5
Linwood, Strath 77 K1
Lionel 111 K1
Liphook 11 K1
Liskeard 3 L3
Liss 11 J2
Lissett 65 J7
Liss Forest 11 J2
Lissington 57 F5
Lisvane 25 K6
Litcham 48 D6
Litchborough 35 H5
Litchfield 19 F5
Litherland 52 E4
Litlington, Cambs 37 G6
Litlington, E. Susx 13 J6
Little Abington 37 J6
Little Addington 36 C3
Little Alne 34 C4
Little Asby 67 J6
Little Aston 44 B7
Little Atherfield 11 F6
Little Ayre 116 C7
Little Ayton 69 H5
Little Baddow 22 D3
Little Badminton 17 K2
Little Bardfield 38 B7
Little Barford 36 E5
Little Barningham 49 G4
Little Barrington 31 G6
Little Barugh 64 E5
Little Bealings 39 H6
Little Bedwyn 18 D4
Little Bentley 39 G8
Little Berkhamsted 21 G3
Little Birch 29 K4
Little Blakenham 39 G6
Littleborough, Notts 56 C5
Littleborough, G. Man 53 L2
Littlebourne 15 J3
Little Bowden 35 J2
Little Bradley 38 B5
Little Brampton 32 C2
Little Brechin 93 G5
Littlebredy 9 G6
Little Brickhill 36 C7
Little Brington 35 H4
Little Bromley 39 F8
Little Budworth 53 G7
Little Burstead 22 C4
Littlebury 37 J7
Littlebury Green 37 H7
Little Bytham 46 D6
Little Carlton 57 J5
Little Casterton 46 D7
Little Cawthorpe 57 H5
Little Chalfont 20 D4
Little Chart 14 F4
Little Chesterford 37 J6
Little Cheverell 18 A5
Little Chishill 37 H7
Little Clacton 23 H2
Little Comberton 34 A6
Little Common 13 L6
Little Compton 31 G4
Little Cowarne 29 L2
Little Coxwell 31 G8
Little Cressingham 48 D7
Little Dalby 45 J6
Littledean 30 A6
Little Dens 101 K4
Little Dewchurch 29 K4
Little Downham 37 J2
Little Dunham 48 D6
Little Dunkeld 92 B7
Little Dunmow 22 C1
Little Easton 22 C1
Little Eaton 44 E3
Little Ellingham 48 F8
Little End 21 K3
Little Eversden 37 G5
Little Fakenham 38 E3
Little Faringdon 31 G7
Little Fenton 63 J6
Littleferry 109 G4
Little Fransham 48 E6
Little Gaddesden 20 D2
Little Gidding 36 E2
Little Glemham 39 J5
Little Gransden 37 F5
Little Gruinard 106 E3
Little Habton 64 E5
Little Hadham 21 J1
Little Hallingbury 21 K2
Littleham, Devon 8 B6
Littleham, Devon 6 E3
Little Hampden 20 C3
Littlehampton 12 D6
Little Harrowden 36 B3
Little Haseley 20 3
Little Hautbois 49 H5
Little Haven 26 C6
Little Hay 44 C7
Little Haywood 44 B5
Littlehempston 5 J5
Little Hereford 32 E4
Little Horkesley 38 E7
Little Horsted 13 H5
Little Horwood 35 J7
Littlehoughton, Northum 75 J2
Little Houghton, Northnts 35 K5
Little Hucklow 54 E6
Little Hulton 53 J3
Little Kingshill 20 C4
Little Langdale 66 F6
Little Langford 10 B1
Little Laver 21 K3
Little Leigh 53 H6
Little Leighs 22 D2
Little Lever 53 J3
Little London, Hants 20 A8
Little London, Hants 18 E6
Little London, Lincs 47 F5
Little London, E. Susx 13 J5
Little Longstone 54 E6
Little Malvern 33 G6
Little Maplestead 38 D7
Little Marcle 33 F7
Little Marlow 20 C5
Little Massingham 48 C5
Little Melton 49 G7
Littlemill, Highld 99 H3
Little Mill, Gwent 29 H7
Littlemill, Strath 77 K6
Little Milton 20 A3
Little Missenden 20 D4
Littlemore 31 K7
Little Ness 42 F6
Little Newcastle 26 D5
Little Newsham 68 D5
Little Oakley, Northnts 36 B2
Little Oakley, Essex 39 H8
Little Orton 66 F1
Littleover 44 E4
Little Paxton 36 E4
Little Petherick 3 H2
Little Plumstead 49 J6
Littleport 37 J2
Little Raveley 37 F2
Little Ribston 63 G4
Little Rissington 31 F6
Little Ryburgh 48 E5
Little Ryle 75 G2
Little Salkeld 67 H3
Little Sampford 38 B7
Little Saxham 38 C4
Little Scatwell 98 B3
Little Shelford 37 H5
Little Smeaton 55 J2
Little Snoring 48 E4
Little Somerford 18 A2
Little Stainton 69 F4
Little Stanney 52 F6
Little Staughton 36 E4
Little Steeping 57 J7
Littlestone-on-Sea 15 G6
Little Stonham 39 G4
Little Stretton, Shrops 32 D1
Little Stretton, Leic 45 H7
Little Strickland 67 H5
Little Stukeley 36 F3
Little Tew 31 H5
Little Thetford 37 J3
Littlethorpe 63 G3
Little Thurlow 38 B5
Little Thurrock 22 C6
Littleton, Surrey 20 E7
Littleton, Hants 11 F1
Littleton, Somer 9 F1
Littleton, Ches 52 F7
Littleton Drew 17 K2
Littleton-on-Severn 17 G1
Littleton Panell 18 B5
Little Torrington 6 E4
Little Totham 22 E2
Little Town, Cumbr 66 E5
Littletown, Durham 69 F2
Little Wakering 22 F5
Little Walden 37 J6
Little Waldingfield 38 E6
Little Walsingham 48 E4
Little Waltham 22 D2
Little Warley 22 C4
Little Weighton 58 D3
Little Welnetham 38 D4
Little Wenlock 43 H7
Little Whittingham Green 39 H3
Littlewick Green 20 C5
Little Wilbraham 37 J5
Little Witley 33 G4
Little Wittenham 31 K8
Little Wolford 31 G4
Littleworth, Staffs 44 B6
Littleworth, H. & W. 33 H5
Littleworth, Oxon 31 H8
Little Wymondley 36 F8
Little Wyrley 44 B7
Little Yeldham 38 C7
Litton, N. Yks 62 C2
Litton, Derby 54 E6
Litton, Somer 17 G5
Litton Cheney 9 G5
Liverpool 52 E4
Liversedge 62 F7
Liverton 69 K5
Livingston 79 H3
Livingston Village 79 H3
Lixwm 52 C6
Lizard 2 F8
Llanaber 40 F2
Llanaelhaearn 50 C6
Llanafan 41 F6
Llanafan-fawr 28 D2
Llanallgo 50 E2
Llanarmon 50 D7
Llanarmon Dyffryn
Ceiriog 42 C4
Llanarmon-yn-Ial 42 C2
Llanarth, Gwent 29 H6
Llanarth, Dyfed 27 J2
Llanarthney 27 K5
Llanasa 51 L2
Llanbabo 50 C2
Llanbadarn Fawr 40 F5
Llanbadarn Fynydd 41 L6
Llanbadarn-y-garreg 28 F3
Llanbadrig 50 C1
Llanbeder 16 E1
Llanbedr, Gwyn 40 E1
Llanbedr, Powys 28 F3
Llanbedr, Powys 29 G5
Llanbedr-Dyffryn-Clwyd 52 C8
Llanbedrgoch 50 E2
Llanbedrog 50 C7
Llanbedr-y-cennin 51 G4
Llanberis 50 E4
Llanbister 32 A3
Llanblethian 25 H7
Llanboidy 27 G5
Llanbradach 25 K5
Llanbrynmair 41 J3
Llancarfan 25 J7
Llancayo 29 H7
Llancynfelyn 41 F4
Llandaff 25 K7
Llandanwg 40 E1
Llandawke 27 G6
Llanddaniel Fab 50 D3
Llanddarog 27 K6
Llanddeiniol 40 E6
Llanddeiniolen 50 E4
Llandderfel 51 J7
Llanddeusant, Gwyn 50 C2
Llanddeusant, Dyfed 25 F2
Llanddew 25 J1
Llanddewi 24 C6
Llanddewi Brefi 27 L2
Llanddewi'r Cwm 28 E3
Llanddewi Rhydderch 29 H6
Llanddewi Velfrey 26 F6
Llanddewi Ystradenni 32 A4
Llanddoged 51 H4
Llanddona 50 E3
Llanddowror 27 G6
Llanddulas 51 J3
Llandefaelog, Powys 25 J1
Llandefaelog, Dyfed 27 J6
Llandefaelog tre'r-graig 25 K1
Llandefalle 25 K1
Llandegai 50 E3
Llandegfan 50 E3
Llandegla 42 C2
Llandegley 32 A4
Llandegveth 29 H8
Llandeilo 27 L5
Llandeilo Graban 28 E3
Llandeilo'r-Fan 25 G1
Llandeloy 26 C5
Llandenny 29 J7
Llandevenny 16 F2
Llandinabo 29 K5
Llandinam 41 K5
Llandissilio 26 F5
Llandogo 29 K7
Llandough, S. Glam 25 H7
Llandough, S. Glam 25 K7
Llandovery 25 F1
Llandow 25 H7
Llandre, Dyfed 28 A3
Llandre, Dyfed 41 F5
Llandrillo 51 K7
Llandrillo-yn-Rhos 51 H2
Llandrindod Wells 41 K7
Llandrinio 42 D6
Llandudno 51 G2
Llandudno Junction 51 H3
Llandudwen 50 B7
Llandwrog 50 D5
Llandybie 27 L6
Llandyfan 27 L6
Llandyfriog 27 H3
Llandyfrydog 50 D2
Llandygwydd 27 G3
Llandyrnog 51 L4
Llandyssil 42 C8
Llandysul 27 J3
Llaneglwys 28 E4
Llanegryn 40 F3
Llanegwad 27 K5
Llanelian-yn-Rhos 51 H3
Llanelidan 51 L5
Llanelieu 25 K1
Llanellen 29 H6
Llanelli 24 D4
Llanelltyd 41 G2
Llanelly 29 G6
Llanelly Hill 25 L3
Llanelwedd 28 E2
Llanelwy or St Asaph 51 K3
Llanenddwyn 40 E1
Llanengan 40 B1
Llanerchymedd 50 D2
Llanerfyl 41 K3
Llanfachraeth 50 C2
Llanfachreth 41 G1
Llanfaelog 50 C3
Llanfaes 50 F3
Llanfaethlu 50 C2
Llanfaglan 50 D4
Llanfair 50 E8
Llanfair Caereinion 41 L3
Llanfair Clydogau 27 L2
Llanfair Dyffryn Clwyd 42 C2
Llanfairfechan 51 F3
Llanfair Kilgeddin 29 H7
Llanfair-Nant-Gwyn 26 F4
Llanfairpwllgwyngyll 50 E3
Llanfair Talhaiarn 51 J3
Llanfair Waterdine 32 B3
Llanfairyneubwll 50 C3
Llanfairynghornwy 50 C1
Llanfallteg 26 F6
Llanfaredd 28 E2
Llanfarian 40 E6
Llanfechain 42 C5
Llanfechan 28 D2
Llanfechell 50 C1
Llanfendigaid 40 E3
Llanferres 52 C7
Llanfflewyn 50 C2
Llanfihangel-ar-arth 27 J4
Llanfihangel Crucorney 29 H5
Llanfihangel Gln Myfyr 51 J6
Llanfihangel Nant Bran 25 H1
Llanfihangel-nant-Melan 29 F2
Llanfihangel Rhydithon 32 A4
Llanfihangel Rogiet 17 F2
Llanfihangel Tal-y-llyn 25 K2
Llanfihangel-uwch-Gwili 27 J5
Llanfihangel-y-Creuddyn 41 F6
Llanfihangel-yng-Ngwynfa 41 K2
Llanfihangel yn Nhowyn 50 C3
Llanfihangel-y-pennant,
Gwyn 50 E6
Llanfihangel-y-pennant,
Gwyn 41 F3
Llanfihangel
Ystum Llwern 29 J6
Llanfihangel-y-traethau 50 E7
Llanfilo 25 K1
Llanfoist 29 G6
Llanfor 51 J7
Llanfrechfa 29 H8
Llanfrothen 51 F6
Llanfrynach 25 J2
Llanfwrog, Gwyn 50 C2
Llanfwrog, Clwyd 52 C8
Llanfyllin 42 C6
Llanfynydd, Clwyd 42 D2
Llanfynydd, Dyfed 27 K5
Llanfyrnach 27 G4
Llangadfan 41 K2
Llangadog 24 F2
Llangadwaladr, Gwyn 50 C4
Llangadwaladr, Clwyd 42 C4
Llangaffo 50 D4
Llangain 27 H6
Llangammarch Wells 28 D3
Llangan 25 H7
Llangarron 29 K5
Llangasty-Talyllin 25 K2
Llangathen 27 K5
Llangattock 25 L3
Llangattock Lingoed 29 H5
Llangattock-Vibon-Avel 29 J6
Llangedwyn 42 C5
Llangefni 50 D3
Llangeinor 25 H6
Llangeitho 27 L2
Llangeler 27 H4
Llangelynnin 40 E3
Llangendeirne 27 J6
Llangennech 24 D4
Llangennith 24 C5
Llangenny 29 G6
Llangernyw 51 H4
Llangian 50 B8
Llangiwg 24 F4
Llanglydwen 27 F5
Llangoed 50 F3
Llangoedmor 27 G3
Llangollen 42 D3
Llangolman 26 F5
Llangorse 25 K2
Llangorwen 40 F5
Llangovan 29 J7
Llangower 51 J7
Llangranog 27 H2
Llangristiolus 50 D3
Llangrove 29 K6
Llangua 29 H5
Llangunllo 32 B3
Llangunnor 27 J5
Llangurig 41 J6
Llangwm, Dyfed 26 D7
Llangwm, Clwyd 51 J6
Llangwm, Gwent 29 J7
Llangwnnadl 50 B7
Llangwyfan 52 C7
Llangwyllog 50 D3
Llangwyryfon 40 F6
Llangybi, Gwyn 50 D6
Llangybi, Gwent 29 H8
Llangybi, Dyfed 27 L2
Llangyfelach 24 E5
Llangynhafal 52 C7
Llangynidr 25 K3
Llangynin 27 G6
Llangynog, Dyfed 27 H6
Llangynog, Powys 41 K1
Llangynwyd 25 G6
Llanhamlach 25 J2
Llanharan 25 J6
Llanharry 25 J6
Llanhennock 16 E1
Llanhilleth 25 L4
Llanidloes 41 J5
Llaniestyn 50 B7
Llanigon 29 G3
Llanilar 41 F6
Llanild 25 H6
Llanishen, Gwent 29 J7
Llanishen, S. Glam 25 K6
Llanllechid 51 F4
Llanlleonfel 28 D3
Llanllowell 29 H8
Llanllugan 41 K3
Llanllwch 27 H6
Llanllwchaiarn 32 A1
Llanllwni 27 J3
Llanllyfni 50 D5
Llanmadoc 24 C5
Llanmaes 25 H8
Llanmartin 16 E2
Llanmerewig 42 C8
Llanmihangel 25 H7
Llanmiloe 27 G7
Llanmorlais 24 D5
Llannefydd 51 J3
Llannon 27 K7
Llannor 50 C7
Llanon 40 E7
Llanover 29 H7
Llanpumsaint 27 J5
Llanrhaeadr 51 K4
Llanrhaeadr-ym-Mochnant 42 C5
Llanrhian 26 C4
Llanrhidian 24 C5
Llanrhos 51 G2
Llanrhyddlad 50 C2
Llanrhystud 40 E7
Llanrothal 29 J6
Llanrug 50 E4
Llanrwst 51 H4
Llansadurnen 27 G6
Llansadwrn, Dyfed 24 E1
Llansadwrn, Gwyn 50 E3
Llansaint 27 H7
Llansamlet 24 E5
Llansannan 51 J4
Llansannor 25 H7
Llansantffraed, Dyfed 40 E7
Llansantffraed, Powys 25 K2
Llansantffraed-
Cwmdeuddwr 41 J7
Llansantffraed-in-Elwel 28 E2
Llansantffraid Glan Conwy 51 H3
Llansantffraid-ym-Mechain 42 D5
Llansawel 27 L4
Llansilin 42 D5
Llansoy 29 J7
Llanspyddid 25 J2
Llanstadwell 26 D7
Llanstephan, Powys 28 F3
Llanstephan, Dyfed 27 H6
Llanthony 29 G5
Llantilio Crossenny 29 H6
Llantilio Pertholey 29 H6
Llantrisant, Gwyn 50 C2
Llantrisant, Gwent 29 H8
Llantrisant, M. Glam 25 J6
Llantrithyd 25 J7
Llantwit Fardre 25 J6
Llantwit Major 25 H8
Llanuwchllyn 51 H7
Llanvaches 17 F1
Llanvair Discoed 17 F1
Llanvapley 29 H6
Llanvetherine 29 H6
Llanveynoe 29 H4
Llanvihangel Crucorney 29 H5
Llanvihangel Gobion 29 H7
Llanvihangel-Ystern-Llewern 29 J6
Llanwarne 29 K5
Llanwddyn 41 K2
Llanwenog 27 J3
Llanwern 16 E2
Llanwinio 27 G5
Llanwnda, Dyfed 26 D4
Llanwnda, Gwyn 50 D5
Llanwnnen 27 K3
Llanwnog 41 K4
Llanwrda 24 F1
Llanwrin 41 G3
Llanwrthwl 41 J7
Llanwrtyd 28 C3
Llanwrtyd-Wells 28 C3
Llanwyddelan 41 K3
Llanyblodwel 42 D5
Llanybri 27 H6
Llanybydder 27 K3
Llanycefn 26 E5
Llanychaer 26 D4
Llanycrwys 27 L3
Llanymawddwy 41 J2
Llanymynech, Shrops 42 D5
Llanymynech, Powys 42 D5
Llanynghenedl 50 C2
Llanynys 51 L4
Llan-y-pwll 42 E2
Llanyre 41 K7
Llanystumdwy 50 D7
Llanywern 25 K2
Llawhaden 26 E6
Llawnt 42 D4
Llawr Dref 40 B1
Llawryglyn 41 J4
Llay 42 E2
Llechcynfarwy 50 C2
Llechfaen 25 J2
Llechryd, Dyfed 27 G3
Llechryd, M. Glam 25 K4
Lledrod 41 F6
Llidiad-Nenog 27 K4
Llithfaen 50 C6
Llong 52 D7
Llowes 29 F3
Llwchmynydd 40 A1
Llwn-y-groes 27 K2
Llwydcoed 25 H4
Llwyn 32 B2
Llwyncelyn 27 J2
Llwyndafydd 27 H2
Llwynderw 42 D7
Llwyndyrys 50 C6
Llwyngwril 40 E3
Llwynhendy 24 D5
Llwynmawr 42 D4
Llwynypia 25 H5
Llynclys 42 D5
Llynfaes 50 D3
Llysfaen 51 H3
Llyswen 28 F4
Llysworney 25 H7
Llys-y-fran 26 E5
Llywel 25 G1
Loanend 81 H4
Loanhead 79 K3
Loans 77 J4
Lochaber 90 C2
Lochailort 96 C7
Lochaline 89 H4
Lochans 70 B6
Locharbriggs 72 E5
Lochawe 84 D2
Lochboisdale 94 C4
Lochbuie 89 H6
Lochcarnan 104 D7
Lochcarron 96 D2
Lochdon 89 J5
Lochearnhead 85 H2
Lochee 87 G1
Lochend, Highld 98 D5
Lochend, Highld 115 H3
Locheport 104 D5
Locherben 72 E4
Lochfoot 72 D6
Lochgair 84 B5
Lochganvich 111 G5
Lochgarthside 98 D7
Lochgelly 86 E5
Lochgilphead 84 A6
Lochgoilhead 84 D4
Lochhill 100 B2
Lochinver 112 B6
Lochlane 85 L2
Lochluichart 98 B2
Lochmaben 73 F5
Lochmaddy 104 E5
Lochore 86 E5
Lochranza 76 E2
Lochside 93 J5
Lochskipport 94 D2
Lochslin 109 G5
Lochton 93 J2
Lochwinnoch 77 J2
Lochwood 78 D3
Lockengate 3 J3
Lockerbie 73 G5
Lockeridge 18 C4
Lockerley 10 E2
Locking 16 E5
Lockington, Humbs 58 D2
Lockington, Leic 45 F5
Lockleywood 43 H5
Locks Heath 11 G4
Lockton 64 F4
Loddington, Northnts 36 B3
Loddington, Leic 45 J7
Loddiswell 5 H7
Loddon 49 J8
Lode 37 J4
Loders 9 F5
Lodsworth 12 C4
Lofthouse 62 E2
Lofthouse Gate 63 G7
Loftus 69 K5
Logan 72 A1
Loggerheads 43 J4
Loggie 107 G2
Logie, Fife 87 H2
Logie, Tays 93 H5
Logie Coldstone 100 D8
Logie Hill 109 F6
Logie Newton 100 F5
Logie Pert 93 H5
Lgierait 92 A6
Login 26 F5
Lolworth 37 G4
Lonbain 106 B6
Londesborough 58 C2
London 21 H6
London (Gatwick) Airport 12 F2
London (Heathrow) Airport 20 E6
London Colney 21 F3
Londonderry 63 G1
Londonthorpe 46 C4
Londubh 106 D3
Lonemore, Highld 106 C4
Lonemore, Highld 109 F5
Long Ashton 17 G3
Long Bennington 46 B3
Longbenton 75 J7
Longborough 31 F5
Long Bredy 9 G5
Longbridge, W. Mids 34 B3
Longbridge, Warw 34 D4
Longbridge Deverill 17 K6
Long Buckby 35 H4
Longburton 9 H3
Long Clawson 45 J5
Longcliffe 44 D2
Long Common 11 G3
Long Compton, Warw 31 G4
Long Compton, Staffs 43 K5
Longcot 18 D1
Long Crendon 20 A3
Long Crichel 10 A3
Longcroft 85 K7
Longden 42 F7
Long Ditton 21 F7
Longdon, Staffs 44 B6
Longdon, H. & W. 33 H7
Longdon on Tern 43 H6
Longdown 5 J2
Longdowns 2 F6
Long Drax 58 A4
Long Duckmanton 55 H6
Long Eaton 45 F4

Longfield Mellon Udrigle 171

Longfield 14 C2
Longford, Glos 30 C5
Longford, Derby 44 D4
Longford, W. Mids 34 E2
Longford, G. Lon 20 E6
Longford, Shrops 43 H4
Longford, Shrops 43 J6
Longforgan 87 G1
Longformacus 80 E4
Longframlington 75 H3
Long Gill 62 A4
Longham, Dorset 10 B5
Longham, Norf 48 E6
Long Hanborough 31 J6
Long Hermiston 86 E7
Longhirst 75 J5
Longhope, Glos 30 A6
Longhope, Orkney 116 C7
Longhorsley 75 H4
Longhoughton 75 J2
Long Itchington 34 F4
Long Lawford 35 F3
Longley Green 33 G5
Long Load 9 F2
Longmanhill 101 G2
Long Marston, Herts 20 C2
Long Marston, Warw 34 C6
Long Marston, N. Yks 63 J4
Long Marton 67 J4
Long Melford 38 D6
Longmoor Camp 11 J1
Longmorn 100 B3
Long Newnton 17 L1
Longnewton, Border 80 D7
Longnewton, Cleve 69 F5
Longney 30 B6
Longniddry 87 H7
Longnor, Staffs 54 D7
Longnor, Shrops 43 F7
Longparish 18 F6
Long Preston 62 B4
Longridge, Lothn 79 G3
Longridge, Lancs 61 K6
Longriggend 85 L7
Long Riston 59 F2
Longsdon 44 A2
Longside 101 K4
Longslow 43 H4
Longstanton 37 G4
Longstock 10 E1
Longstowe 37 G5
Long Stratton 39 G1
Long Street 35 J6
Long Sutton, Somer 9 F2
Long Sutton, Lincs 47 H5
Long Sutton, Hants 19 J6
Longthorpe 46 E8
Longton, Lancs 61 H7
Longton, Staffs 43 L3
Longtown, H. & W 29 H5
Longtown, Cumbr 73 J7
Longville in the Dale 43 G8
Long Whatton 45 F5
Longwick 20 B3
Long Wittenham 31 K8
Longwitton 75 G5
Longworth 31 H8
Longyester 80 D3
Lonmore 102 D4
Looe 3 L4
Loose 13 L1
Loosley Row 20 C3
Lopcombe Corner 10 D1
Lopen 9 F3
Loppington 43 F5
Lopwell 4 E5
Lorbottle 75 G3
Lorton 66 D4
Loscoe 44 F3
Lossiemouth 100 B1
Lostock Gralam 53 H6
Lostock Junction 53 H3
Lostwithiel 3 K4
Lothbeg 109 H2
Lothersdale 62 C5
Lothmore 109 H2
Loudwater 20 D4
Loughborough 45 G6
Loughor 24 D5
Loughton, Bucks 36 B7
Loughton, Shrops 33 F2
Loughton, Essex 21 J4
Lound, Notts 56 5
Lound, Lincs 46 D6
Lound, Suff 49 L8
Lount 44 E6
Louth 57 H5
Love Clough 62 B7
Lover 10 D2
Loversall 55 J4
Loves Green 22 C3
Loveston 26 E7
Lovington 9 G1
Low Bentham 61 K3
Low Bradfield 55 F4
Low Bradley 62 D5
Low Braithwaite 67 G2
Low Brunton 74 F6
Low Burnham 58 B6
Lowca 66 B4
Low Catton 64 E7
Low Coniscliffe 68 E5
Low Crosby 73 K8
Lowdham 45 H3
Low Dinsdale 69 F5
Low Dovengill 67 K7
Low Ellington 62 F1
Lower Aisholt 8 D1
Lower Ashton 5 J3
Lower Assendon 20 B5
Lower Basildon 20 A6
Lower Beeding 12 F4
Lower Benefield 36 C2
Lower Boddington 35 F5
Lower Breinton 29 J4
Lower Bullingham 29 K4
Lower Cam 30 B7
Lower Chapel 25 J1
Lower Chute 18 E5
Lower Darwen 61 K7
Lower Diabaig 106 C5
Lower Down 32 C2
Lower Dunsforth 63 H3
Lower Farringdon 11 J1
Lower Frankton 42 E4
Lower Froyle 19 J6
Lower Gledfield 108 D4
Lower Green 48 E4
Lower Halstow 14 E2
Lower Hardres 15 H3
Lower Heyford 31 J5
Lower Higham 14 D1
Lower Hordley 42 E5
Lower Killeyan 82 B7
Lower Langford 17 F4
Lower Largo 87 H4
Lower Lemington 31 G4
Lower Lye 32 D4
Lower Machen 25 L6
Lower Maes-coed 29 H4
Lower Moor 34 A6
Lower Nazeing 21 H3
Lower Penarth 25 K7
Lower Penn 43 K8
Lower Pennington 10 E5
Lower Peover 53 J6
Lower Quinton 34 C6
Lower Shelton 36 C6
Lower Shiplake 20 B6
Lower Shuckburgh 35 F4
Lower Slaughter 31 F5
Lower Stanton St Quintin 17 L2
Lower Stoke 14 E1
Lower Stondon 36 E7
Lower Sundon 36 D8
Lower Swanwick 11 G4
Lower Swell 31 F5
Lower Thurlton 49 K8
Lower Tysoe 34 E6
Lower Upham 11 G3
Lower Vexford 8 C1
Lower Weare 16 F5
Lower Welson 29 G3
Lower Wield 19 H6
Lower Winchendon or
Nether Winchendon 20 B2
Lower Woodend 20 C5
Lower Woodford 10 C1
Lowesby 45 J7
Lowestoft 49 L8
Loweswater 66 D4
Lowe Withington 53 K7
Lowford 39 F7
Low Gate 74 F7
Lowgill, Cumbr 67 J7
Lowgill, Lancs 61 K3
Low Ham 9 F2
Low Hesket 67 G2
Low Hesleyhurst 75 G4
Lowick, Northnts 36 C2
Lowick, Cumbr 61 F1
Lowick, Northum 81 J6
Low Leighton 54 D5
Low Mill 69 J7
Low Moor 61 L5
Lownie Moor 93 F7
Lowood 80 D6
Low Row, Cumbr 74 B7
Low Row, N. Yks 68 B7
Lowsonford 34 C4
Lowther 67 H4
Lowthorpe 65 H6
Lowton 53 H4
Lowton Common 53 H4
Low Torry 86 D6
Low Worsall 69 F6
Loxbeare 7 K4
Loxhill 12 D3
Loxhore 7 G2
Loxley 34 D5
Loxton 16 E5
Loxwood 12 D3
Lubenham 35 J2
Luccombe 7 K1
Luccombe Village 11 G7
Lucker 81 K6
Luckett 4 D4
Luckington 17 K2
Lucklawhill 87 H2
Luckwell Bridge 7 K2
Lucton 32 D4
Ludag 94 C4
Ludborough 57 G4
Ludchurch 26 F6
Luddenden 62 D7
Luddesdown 14 C2
Luddington 58 C5
Ludford 57 F5
Ludgershall, Bucks 20 A2
Ludgershall, Wilts 18 D5
Ludgvan 2 D6
Ludham 49 J6
Ludlow 32 E3
Ludwell 9 L2
Ludworth 69 F2
Luffincott 4 D2
Lugar 78 C7
Luggate Burn 87 K7
Luggiebank 85 K7
Lugton 77 K2
Lugwardine 29 K3
Luib 96 A3
Lulham 29 J3
Lullington, Derby 44 D6
Lullington, Somer 17 J5
Lulsgate Bottom 17 G4
Lulsley 33 G5
Lulworth Camp 9 K6
Lumb 62 D7
Lumby 63 H6
Lumphanan 100 E8
Lumphinnans 86 E5
Lumsdaine 81 G3
Lumsden 100 D6
Lunan 93 H6
Lunanhead 93 F6
Luncarty 86 D2
Lund, Humbs 65 G8
Lund, N. Yks 63 K6
Lundie 92 D8
Lundin Links 87 H4
Lunna 121 G6
Lunning 119 H2
Lunsford's Cross 13 L5
Lunt 52 E3
Luntley 29 H2
Luppitt 8 C4
Lupton 61 J1
Lurgashall 12 C4
Lusby 57 H7
Luskentyre 105 F2
Luss 84 F5
Lussagiven 83 F3
Lusta 102 D3
Lustleigh 5 H3
Luston 32 D4
Luthermuir 93 H5
Luthrie 87 G3
Luton, Kent 14 D2
Luton, Beds 20 E1
Luton, Devon 5 K4
Lutterworth 35 G2
Lutton, Northnts 36 E2
Lutton, Devon 5 F6
Lutton, Lincs 47 H5
Lutworthy 7 H4
Luxborough 7 K2
Luxulyan 3 J4
Lybster 115 H6
Lydbury North 32 C2
Lydd 15 G6
Lydden 15 J4
Lyddington 46 B8
Lydd-on-Sea 15 G6
Lydeard St Lawrence 8 C1
Lydford, Devon 4 F3
Lydford, Somer 9 G1
Lydgate 62 C7
Lydham 32 C1
Lydiard Millicent 18 B2
Lydiate 52 E3
Lydlinch 9 J3
Lydney 29 L7
Lydstep 26 E8
Lye 33 J2
Lye Green 20 D3
Lyford 31 H8
Lymbridge Green 15 H4
Lyme Regis 8 E5
Lyminge 15 H4
Lymington 10 E5
Lyminster 12 D6
Lymm 53 H5
Lymore 10 D5
Lympne 15 H5
Lympsham 16 E5
Lympstone 5 K3
Lynchat 91 J1
Lyndhurst 10 E4
Lyndon 46 C7
Lyne 20 E7
Lyneal 42 F4
Lyneham, Wilts 18 B3
Lyneham, Oxon 31 G5
Lynemouth 75 J4
Lyne of Gorthleck 98 D6
Lyne of Skene 101 G7
Lyness 116 C7
Lyng, Somer 8 E1
Lyng, Norf 48 F6
Lynmouth 7 H1
Lynsted 14 F2
Lynton 7 H1
Lyon's Gate 9 H4
Lyonshall 29 H2
Lytchett Matravers 10 A5
Lytchett Minster 10 A5
Lyth 115 H3
Lytham 61 G7
Lytham St Anne's 61 G7
Lythe 69 L5
Lythes 116 D8

M

Maaruig 105 H1
Mabe Burnthouse 2 F6
Mabie 72 E6
Mablethorpe 57 K5
Macclesfield 53 L6
Macclesfield Forest 54 C6
Macduff 101 G2
Macharioch 76 C7
Machen 25 L6
Machrihanish 76 B5
Machynlleth 41 G3
Mackworth 44 E4
Macmerry 87 H7
Madderty 86 C2
Maddiston 86 C7
Madehurst 12 C5
Madeley 43 J3
Madeley Heath 43 J3
Madingley 37 G4
Madley 29 J4
Madresfield 33 H6
Madron 2 C6
Maenaddwyn 50 D2
Maenclochog 26 E5
Maendy 25 J7
Maentwrog 51 F6
Maer 43 J4
Maerdy, M. Glam 25 H5
Maerdy, Clwyd 51 K6
Maesbrook 42 E5
Maesbury Marsh 42 E5
Maes-glas 16 E2
Maeshafn 52 D7
Maesllyn 27 H3
Maesmynis 28 E3
Maesteg 25 G5
Maesybont 27 K6
Maesycrugiau 27 J3
Maesycwmmer 25 K5
Magdalen Laver 21 K3
Maggieknockater 100 C4
Magham Down 13 K5
Maghull 52 E3
Magor 17 F2
Maiden Bradley 17 K7
Maidencombe 5 K5
Maidenhead 20 C5
Maiden Law 68 D2
Maiden Newton 9 G5
Maidens 77 H7
Maidenwell 3 K2
Maidford 35 H5
Maids Moreton 35 J7
Maidstone 13 L1
Maidwell 35 J3
Mail 119 G6
Main 98 C5
Mains of Clunas 99 G4
Mains of Drum 93 K2
Mains of Loch 100 C2
Mainstone 32 B2
Maisemore 30 C5
Makerstoun 80 E6
Malborough 5 H8
Maldon 22 E3
Malham 62 C3
Mallaig 96 B6
Malltraeth 50 D4
Mallwyd 41 H2
Malmesbury 18 A2
Malpas, Gwent 16 E1
Malpas, Ches 43 F3
Malpas, Corn 3 G5
Maltby, Cleve 69 G5
Maltby, S. Yks 55 J4
Maltby le Marsh 57 J5
Maltman's Hill 14 F4
Malton 64 E5
Malvern Link 33 G6
Malvern Wells 33 G6
Mamble 33 F3
Manaccan 2 F7
Manafon 42 C7
Manaton 5 H3
Manby 57 H5
Mancetter 44 E8
Manchester 53 K4
Mancot 52 E7
Mandally 90 D1
Manea 37 H2
Manfield 68 E5
Mangersta 110 E4
Mangotsfield 17 H3
Manish 105 G3
Mankinholes 62 C7
Manley 53 G6
Manmoel 25 K4
Mannal 88 A4
Manningford Bohune 18 C5
Manningford Bruce 18 C5
Mannings Heath 12 F4
Mannington 10 B4
Manningtree 39 G7
Mannofield 101 J8
Manorbier 26 E8
Manordeilo 24 E2
Manorowen 26 D4
Mansell Gamage 29 H3
Mansell Lacy 29 J3
Mansfield, Strath 72 B2
Mansfield, Notts 55 J7
Mansfield Woodhouse 55 J7
Manston 9 K3
Manswood 10 A4
Manthorpe 46 D6
Manton, Leic 46 B7
Manton, Wilts 18 C4
Manton, Humbs 58 D6
Manuden 37 H8
Maplebeck 56 B7
Maple Cross 20 E4
Mapledurham 20 A6
Mapledurwell 19 H5
Maplehurst 12 E4
Mapleton 44 C3
Mapperley 44 F3
Mapperton 9 G5
Mappleborough Green 34 B4
Mappleton 59 G2
Mappowder 9 J4
Marazion 2 D6
Marbury 43 G3
March 47 H8
Marcham 31 J8
Marchamley 43 G5
Marchington 44 C4
Marchington Woodlands 44 C5
Marchwiel 42 E3
Marchwood 10 E3
Marcross 25 H8
Marden, Wilts 18 B5
Marden, H. & W 29 K3
Marden, Kent 13 L2
Mardy 29 H6
Marefield 45 J7
Mareham le Fen 57 G7
Mareham on the Hill 57 G7
Maresfield 13 H4
Marfleet 59 F4
Margam 25 F6
Margaret Marsh 9 K3
Margaret Roding 22 B2
Margaretting 22 C3
Margate 15 K1
Margnaheglish 76 F4
Marham 48 C7
Marhamchurch 6 C5
Marholm 46 E7
Marian-glas 50 E2
Mariansleigh 7 H3
Marishader 103 F2
Mark 16 E6
Markbeech 13 H2
Markby 57 J6
Mark Causeway 16 E6
Mark Cross 13 J3
Market Bosworth 44 F7
Market Deeping 46 E6
Market Drayton 43 H4
Market Harborough 35 J2
Markethill 92 D8
Market Lavington 18 B5
Market Overton 46 B6
Market Rasen 57 F5
Market Stainton 57 G6
Market Weighton 58 C2
Market Weston 38 E3
Markfield 45 F6
Markham 25 K4
Markinch 87 F4
Markington 63 F3
Marksbury 17 H4
Marks Tey 22 F1
Markyate 20 E2
Marlborough 18 C4
Marlcliff 34 B5
Marldon 5 J5
Marlesford 39 J5
Marley Green 43 G3
Marlingford 49 G7
Marloes 26 B7
Marlow 20 C5
Marlpit Hill 13 H2
Marnhull 9 J3
Marnoch 100 E3
Marnock 78 E3
Marple 54 C5
Marr 55 J3
Marrick 68 C7
Marros 27 G7
Marsden 54 D2
Marsett 62 C1
Marsh 8 D3
Marshalls Heath 21 F2
Marsham 49 G5
Marshaw 61 J4
Marsh Baldon 31 K8
Marshborough 15 K3
Marshbrook 32 D2
Marshchapel 59 H7
Marshfield, Gwent 16 D2
Marshfield, Avon 17 J3
Marshgate 4 B2
Marsh Gibbon 20 A1
Marsh Green, Devon 8 B5
Marsh Green, Kent 13 H2
Marsh Green, Shrops 43 H6
Marshland St James 47 J7
Marshside, Mers 52 E2
Marshside, Kent 15 J2
Marsh, The 42 E8
Marshwood 8 E5
Marske 68 D6
Marske-by-the-Sea 69 J4
Marston, Wilts 18 A5
Marston, Lincs 46 B3
Marston, Warw 44 D8
Marston, H. & W 29 H2
Marston, Ches 53 H6
Marston, Staffs 43 K6
Marston, Oxon 31 K7
Marston, Staffs 43 L5
Marston Green 34 C2
Marston Magna 9 G2
Marston Meysey 31 F8
Marston Montgomery 44 C4
Marston Moretaine 36 C6
Marston on Dove 44 D5
Marston Stannett 29 K2
Marston St Lawrence 35 G6
Marston Trussell 35 H2
Marstow 29 K6
Marsworth 20 D2
Marten 18 D4
Marthall 53 K6
Martham 49 K6
Martin, Hants 10 B3
Martin, Lincs 57 F8
Martindale 67 G5
Martin Dales 57 F7
Martin Drove End 10 B2
Martinhoe 7 G1
Martin Hussingtree 33 H4
Martinscroft 53 H5
Martinstown 9 H6
Martlesham 39 H6
Martlesham Heath 39 H6
Martletwy 26 E6
Martley 33 G4
Martock 9 F3
Marton, Lincs 56 C5
Marton, Shrops 42 D7
Marton, N. Yks 64 E4
Marton, Warw 34 F4
Marton, N. Yks 63 H3
Marton, Cleve 69 H5
Marton, Ches 53 K7
Marvig 111 J6
Marwick 116 B4
Marwood 7 F2
Marybank 98 C3
Maryburgh 98 D3
Marygold 81 G3
Marykirk 93 H5
Marylebone, G. Man 53 G3
Marylebone, G. Lon 21 G5
Marypark 100 A5
Maryport, Cumbr 66 C3
Maryport, D. & G 70 C8
Marystow 4 E3
Mary Tavy 4 F4
Maryton 93 H6
Marywell, Grampn 93 G2
Marywell, Tays 93 H7
Masham 63 F1
Mashbury 22 C2
Masongill 61 K2
Mastrick 101 J8
Matching 21 K2
Matching Green 21 K2
Matching Tye 21 K2
Matfen 75 G6
Matfield 13 K2
Mathern 17 G1
Mathon 33 G6
Mathry 26 C4
Matlaske 49 G4
Matlock 55 G7
Matlock Bath 55 F8
Matson 30 C6
Matterdale End 67 F4
Mattersey 56 A5
Mattingley 19 J5
Mattishall 48 F6
Mattishall Burgh 48 F6
Mauchline 77 K5
Maud 101 J4
Maugersbury 31 G5
Maughold 60 R2
Maulden 36 D7
Maulds Meaburn 67 J5
Maunby 63 G1
Maund Bryan 29 K2
Mautby 49 K6
Mavesyn Ridware 44 B6
Mavis Enderby 57 H7
Mawbray 66 C2
Mawdesley 53 F2
Mawgan 2 F7
Mawla 2 F5
Mawnan 3 F7
Mawnan Smith 2 F7
Maxey 46 E7
Maxstoke 34 D2
Maxton 80 E6
Maxwellheugh 80 F6
Maybole 77 H7
Mayfield, Lothn 80 B3
Mayfield, Staffs 44 C3
Mayfield, Surrey 12 D1
Mayfield, E. Susx 13 J4
Mayford 12 C1
Mayland 22 F3
Maypole 29 J6
Maypole Green 49 K8
Maywick 119 F6
Meadle 20 C3
Meadowtown 42 E7
Meal Bank 67 H7
Mealista 110 D5
Mealsgate 66 E2
Mearbeck 62 B3
Mearbrook 62 B3
Meare 17 F6
Meare Green 8 E2
Mears Ashby 36 B4
Measham 44 E6
Meathop 61 H1
Meaux 59 E3
Meavag 105 G2
Meavaig 105 F1
Meavy 5 F5
Medbourne 45 K8
Medburn 75 H6
Meddon 6 C4
Meden Vale 55 J7
Medmenham 20 C5
Medstead 11 H1
Meerbrook 54 C7
Meer End 34 D3
Meesden 37 H7
Meeth 7 F5
Meggethead 79 J7
Meidrim 27 G5
Meifod 42 C6
Meikle Earnock 78 E4
Meikleour 92 C8
Meikle Tarty 101 J6
Meikle Wartle 101 G5
Meinciau 27 J6
Meir 43 L3
Meir Heath 43 L3
Melbost 111 J4
Melbost Borve 111 J2
Melbourn 37 G6
Melbourne, Humbs 58 B2
Melbourne, Derby 44 E5
Melbury Abbas 9 K2
Melbury Bubb 9 G4
Melbury Osmond 9 G4
Melby 118 D3
Melchbourne 36 D4
Melcombe Bingham 9 J4
Meldon, Devon 4 F2
Meldon, Northum 75 H5
Meldreth 37 G6
Melfort 89 K7
Melgarve 91 F2
Meliden 51 K2
Melincourt 25 G4
Melin-y-coed 51 H4
Melin-y-ddol 41 K3
Melin-y-grug 41 K3
Melin-y-Wig 51 K6
Melkinthorpe 67 H4
Melkridge 74 D7
Melksham 17 L4
Melldalloch 84 B7
Melling, Mers 52 E3
Melling, Lancs 61 K2
Mellis 39 G3
Mellon Charles 106 D2
Mellon Udrigle 106 D2

172 Mellor, G. Man Neacroft

Mellor, G. Man 54 C5
Mellor, Lancs 61 K6
Mellor Brook 61 K6
Mells, Somer 17 J6
Mells, Suff 39 K3
Melmerby, N. Yks 62 D1
Melmerby, N. Yks 63 G2
Melmerby, Cumbr 67 J3
Melplash 9 F5
Melrose 80 D6
Melsonby 68 D6
Meltham 54 D2
Melton 39 H5
Meltonby 64 E7
Melton Constable 48 F4
Melton Mowbray 45 J6
Melton Ross 58 E5
Melvaig 106 C3
Melverley 42 E6
Melvich 114 D3
Membury 8 D4
Memsie 101 J2
Menai Bridge 50 E3
Mendham 39 H2
Mendlesham 39 G4
Mendlesham Green 39 F4
Menheniot 4 C5
Mennock 72 D3
Menston 62 E5
Menstrie 85 L5
Mentmore 20 D2
Meole Brace 43 F6
Meonstoke 11 H3
Meopham 14 C2
Meopham Station 14 C2
Mepal 37 H2
Meppershall 36 E7
Merbach 29 H3
Mere, Ches 53 J5
Mere, Wilts 9 K1
Mere Brow 52 F2
Mereclough 62 B6
Mere Green 44 C8
Mereworth 13 K1
Mergie 93 J3
Meriden 34 D2
Merkadale 102 E5
Merlin's Bridge 26 D6
Merrington 43 F5
Merriott 9 F3
Merrivale 5 F4
Merrymeet 4 C5
Mersham 15 G5
Merstham 13 F1
Merston 11 K4
Merstone 11 G6
Merther 3 G5
Merthyr 27 H5
Merthyr Cynog 28 D4
Merthyr Dyfan 25 K7
Merthyr Mawr 25 G7
Merthyr Tydfil 25 J4
Merthyr Vale 25 J5
Merton, Norf 48 E8
Merton, Devon 7 F4
Merton, G. Lon 21 G7
Merton, Oxon 31 K6
Mervinslaw 74 C2
Meshaw 7 H4
Messing 22 E2
Messingham 58 C6
Metfield 39 H2
Metheringham 56 E7
Methil 87 G5
Methley 63 G7
Methlick 101 H5
Methven 86 D2
Methwold 48 C8
Methwold Hythe 48 C8
Mettingham 39 J2
Mevagissey 3 J5
Mexborough 55 H3
Mey 115 H2
Meysey Hampton 31 F7
Miavaig 111 E4
Michael 60 Q2
Michaelchurch 29 K5
Michaelchurch Escley 29 H4
Michaelchurch-on-Arrow 29 G2
Michaelstone-y-Fedw 16 D2
Michaelston-le-Pit 25 K7
Michaelstow 3 J2
Micheldever 19 G7
Michelmersh 10 E2
Mickfield 39 G4
Mickleby 69 L5
Micklefield 63 H6
Mickleham 12 E1
Mickleover 44 E4
Mickleton, Durham 68 B4
Mickleton, Glos 34 C6
Mickle Trafford 52 F7
Mickley 63 F2
Mickley Square 75 G7
Mid Ardlaw 101 J2
Midbea 116 D2
Mid Beltie 93 H1
Mid Culbeuchly 100 F2
Middle Assendon 20 B5
Middle Aston 31 J5
Middle Barton 31 J5
Middlebie 73 H6
Middle Claydon 35 J8
Middleham 62 E1
Middlehope 32 D2
Middle Littleton 34 B6
Middle Maes-coed 29 H4
Middlemarsh 9 H4
Middle Mill 26 C5
Middle Rasen 56 E5
Middlesbrough 69 G4
Middlesmoor 62 D2
Middleston Moor 68 E3
Middlestown 55 F2
Middleton, Strath 88 A4
Middleton, Northnts 36 B1
Middleton, Lothn 80 B4
Middleton, Norf 48 B6
Middleton, Warw 44 C8
Middleton, Derby 44 D2
Middleton, Essex 38 D7
Middleton, Shrops 42 D8
Middleton, Shrops 32 E3
Middleton, H. & W 32 E4
Middleton, N. Yks 64 E4
Middleton, Shrops 42 E5
Middleton, N. Yks 62 E5
Middleton, Derby 54 E7
Middleton, Hants 18 F6
Middleton, Northum 75 G5
Middleton, W. Yks 63 G7
Middleton, Lancs 61 H4
Middleton, Northum 81 J7
Middleton, Cumbr 61 K1
Middleton, G. Man 53 K3
Middleton, Suff 39 K4
Middleton, Northum 81 K6
Middleton Cheney 35 F6
Middleton Green 44 A4
Middleton Hall 81 H7
Middleton-in-Teesdale 68 B4
Middleton-on-Sea 12 C7
Middleton on the Hill 32 E4
Middleton-on-the-Wolds 65 G8
Middleton Priors 33 F1
Middleton Scriven 33 F2
Middleton St George 69 F5
Middleton Stoney 31 5
Middleton Tyas 68 E6
Middletown 42 E6
Middle Tysoe 34 E6
Middle Wallop 10 D1
Middlewich 53 J7
Middle Winterslow 10 D1
Middle Woodford 10 C1
Middlewood Green 39 F4
Middlezoy 8 E1
Middridge 68 E4
Midfield 113 G2
Midge Hall 61 J7
Midgeholme 74 C8
Midgham 19 G4
Midgley 62 D7
Midhopestones 55 F4
Midhurst 11 K2
Midlem 80 D7
Midsomer Norton 17 H5
Midtown 106 D3
Midtown of Buchromb 100 C4
Midville 57 H8
Mid Walls 118 E3
Mid Yell 121 H3
Migvie 100 D8
Milborne Port 9 H3
Milborne St Andrew 9 K5
Milborne Wick 9 H2
Milbourne 75 H6
Milburn 67 J4
Milbury Heath 17 H1
Milcombe 31 J4
Milden 38 E6
Mildenhall, Suff 38 C3
Mildenhall, Wilts 18 D4
Milebrooke 32 C3
Milebush 13 L2
Mile Elm 18 A4
Mile End, Essex 38 E8
Mile End, Glos 29 K6
Mileham 48 E6
Milesmark 86 D6
Milfield 81 H6
Milford, Staffs 44 A5
Milford, Surrey 12 C2
Milford, Devon 6 C3
Milford, Derby 44 E3
Milford Haven 26 D7
Milford on Sea 10 D5
Milkwall 29 K7
Milland 11 K2
Mill Bank 62 D7
Millbounds 116 E3
Millbreck 101 K4
Millbrex 101 H4
Millbridge 19 K6
Millbrook, Beds 36 D7
Millbrook, Hants 10 E3
Millbrook, Corn 4 E6
Millburn 77 K5
Mill Corner 14 E6
Mill End, Bucks 20 B5
Mill End, Herts 37 G7
Millerhill 87 G8
Miller's Dale 54 E6
Mill Green, Essex 22 C3
Mill Green, Shrops 43 H5
Millheugh 78 E4
Mill Hill 21 G4
Millholme 67 H7
Millhouse, Strath 84 B7
Millhouse, Cumbr 66 F3
Millikenpark 77 K1
Millington 64 F7
Mill Lane 19 J5
Millmeece 43 K4
Millom 60 E1
Millport 77 G2
Mill Side 61 H1
Mill Street 48 F6
Millthrop 67 J7
Milltimber 93 K1
Millton of Corsindale 101 F8
Millton of Murtle 93 K1
Milltown, Devon 7 F2
Milltown, Derby 55 G7
Milltown, D. & G 73 J6
Milltown of Aberdalgie 86 D2
Milltown of Auchindoun 100 C4
Milltown of Craigston 101 G3
Milltown of Edinvillie 100 B4
Milltown of Rothiemay 100 E4
Milltown of Towie 100 D7
Milnathort 86 E4
Milngavie 85 H7
Milnrow 53 L2
Milnthorpe 61 H1
Milovaig 102 C3
Milson 33 F3
Milstead 14 F3
Milston 18 C6
Milton, Highld 98 B3
Milton, Cumbr 74 B7
Milton, Highld 98 C5
Milton, Highld 98 D4
Milton, D. & G 72 D6
Milton, D. & G 70 D6
Milton, Grampn 100 E2
Milton, Dyfed 26 E7
Milton, Oxon 19 F1
Milton, Highld 109 F6
Milton, Strath 85 G7
Milton, Highld 99 H3
Milton, Cambs 37 H4
Milton, Central 85 H4
Milton, Highld 115 J4
Milton, Oxon 31 J4
Milton, Staffs 43 L2
Milton Abbas 9 K4
Milton Abbot 4 E4
Milton Bridge 79 K3
Milton Bryan 36 C7
Milton Clevedon 9 H1
Milton Coldwells 101 J5
Milton Combe 4 E5
Milton Damerel 6 D4
Miltonduff 100 A2
Milton Ernest 36 D5
Milton Green 52 F8
Milton Hill 19 F1
Milton Keynes 36 B7
Milton Keynes Village 36 B7
Milton Libourne 18 C4
Milton Malsor 35 J5
Milton of Auchinhove 100 E8
Milton of Balgonie 87 G4
Milton of Buchanan 85 G5
Milton of Campfield 93 H1
Milton of Campsie 85 J7
Milton of Corsindae 101 F8
Milton of Cushnie 100 E7
Milton of Lesmore 100 D6
Milton of Murtle 93 K1
Milton of Tullich 92 E2
Milton on Stour 9 K2
Milton Regis 14 F2
Milton-under-Wychwood 31 G6
Milverton 8 C2
Milwich 44 A4
Milwr 52 C6
Minard 84 B5
Minchinhampton 30 C7
Mindrum 81 G6
Minehead 7 K1
Minera 42 D2
Minety 18 B1
Minffordd 50 E7
Mingary 94 C3
Miningsby 57 H7
Minions 4 C4
Minishant 77 J6
Minllyn 41 H2
Minnes 101 J6
Minnigaff 70 F5
Minskip 63 G3
Minstead 10 D3
Minster, Kent 14 F1
Minster, Kent 15 K2
Minsteracres 68 C1
Minsterley 42 E7
Minster Lovell 31 H6
Minsterworth 30 B6
Minterne Magna 9 H4
Minting 57 F6
Mintlaw 101 K4
Minto 74 B1
Minton 32 D1
Minwear 26 E6
Minworth 34 C1
Mirbister 116 C5
Mireland 115 J3
Mirfield 54 F2
Miserden 30 D7
Miskin 25 J6
Misson 56 A4
Misterton, Notts 56 B4
Misterton, Somer 9 F4
Misterton, Leic 3 G2
Mistley 39 G7
Mitcham 21 G7
Mitcheldean 30 A6
Mitchell 3 G4
Mitchel Troy 29 J6
Mitford 75 H5
Mithian 2 F4
Mitton 43 K6
Mixbury 31 L4
Mixon 54 D8
Mobberley 53 J6
Moccas 29 H3
Mochdre, Clwyd 51 H3
Mochdre, Powys 41 K5
Mochrum 70 E7
Mockerkin 66 C4
Modbury 5 G6
Moddershall 43 L4
Moelfre, Clwyd 42 C5
Moelfre, Gwyn 50 E2
Moffat 73 F3
Mogerhanger 36 E6
Moira 44 E6
Molash 15 G3
Mol-chlach 103 F7
Mold 52 D7
Molehill Green 21 K1
Molescroft 58 E2
Molesworth 36 D3
Molland 7 J3
Mollington, Ches 52 E6
Mollington, Oxon 35 F6
Mollinsburn 85 K7
Monachty 40 E7
Mondynes 93 J4
Monewden 39 H5
Moniaive 72 C4
Monifieth 87 H1
Monikie 93 F8
Monimail 87 F3
Monington 26 F3
Monken Hadley 21 G4
Monk Fryston 63 J7
Monkhopton 43 H8
Monkland 29 J2
Monkleigh 6 E3
Monknash 25 H7
Monkokehampton 7 F5
Monks Eleigh 38 E6
Monk's Heath 53 K6
Monk Sherborne 19 H5
Monkshill 101 G4
Monksilver 8 B1
Monks Kirby 35 F2
Monk Soham 39 H4
Monks Risbbrough 20 C3
Monkswood 29 H7
Monkton, Devon 8 C4
Monkton, Kent 15 J2
Monkton, Strath 77 J5
Monkton, T. & W 75 K7
Monkton Combe 17 J4
Monkton Deverill 9 K1
Monkton Farleigh 17 K4
Monkton Heathfield 8 D2
Monkton Up Wimborne 10 B3
Monkwood 11 H1
Monmouth 29 K6
Monnington on Wye 29 H3
Monreith 70 E7
Monreith Mains 70 E7
Montacute 9 F3
Montford 42 F6
Montgarrie 100 E7
Montgomery 42 D8
Montgreenan 77 J3
Montrose 93 J6
Montsale 23 G4
Monxton 18 E6
Monyash 54 E7
Monymusk 101 F7
Monzie 86 B2
Moorby 57 G7
Moorcot 29 H2
Moor Crichel 10 A4
Moordown 10 B5
Moore 53 G5
Moorends 58 A5
Moorhall 55 G6
Moorhampton 29 H3
Moorhouse, Notts 56 B7
Moorhouse, Cumbr 66 F1
Moorland or
Northmoor Green 8 E1
Moorlinch 8 E1
Moor Monkton 63 J4
Moor of Balvack 100 F7
Moorsholm 69 J5
Moorside 54 C3
Moor, The 13 L4
Moortown, Lincs 58 E7
Moortown, I. of W 10 F6
Morangie 109 F5
Morar 96 B6
Morborne 36 E1
Morchard Bishop 7 H5
Morcombelake 8 F5
Morcott 46 C7
Morda 42 D5
Morden, G. Lon 21 G7
Morden, Dorset 9 L5
Mordiford 29 K4
Mordon 68 F4
More 32 C1
Morebath 7 K3
Morebattle 80 F7
Morecambe 61 H3
Morefield 107 G2
Moreleigh 5 H6
Moresby 66 B4
Moresby Parks 66 B5
Morestead 11 G2
Moreton, Oxon 20 A3
Moreton, Mers 52 D4
Moreton, Staffs 43 J6
Moreton, Essex 21 K3
Moreton, Dorset 9 K6
Moreton Corbet 43 G5
Moretonhampstead 5 H3
Moreton-in-Marsh 31 G4
Moreton Jeffries 29 L3
Moreton Morrell 34 E5
Moreton on Lugg 29 K3
Moreton Pinkney 35 G6
Moreton Say 43 H4
Moreton Valence 30 B7
Morfa Byhan 50 E7
Morfa Glas 25 G4
Morfa Nefyn 50 B6
Morgan's Vale 10 C2
Morland 67 H4
Morley, Durham 68 D4
Morley, Derby 44 E3
Morley, W. Yks 63 F7
Morley Green 53 K5
Morley St Botolph 48 F8
Morningside 87 F7
Morningthorpe 39 H1
Morpeth 75 H5
Morrey 44 C6
Morriston 24 E5
Morston 48 F3
Morthoe 6 E1
Mortimer 20 A7
Mortimer Cross 32 D4
Mortimer West End 20 A7
Mortlake 21 G6
Morton, Lincs 56 C4
Morton, Lincs 46 D5
Morton, Shrops 42 D5
Morton, Norf 49 G6
Morton, Avon 17 H1
Morton, Derby 55 H7
Morton Bagot 34 C4
Morton-on-Swale 68 F7
Morvah 2 C6
Morval 4 C6
Morvich, Highld 96 E3
Morvich, Highld 109 F3
Morville 43 H8
Morwenstow 6 C4
Mosborough 55 H5
Moscow 77 K3
Mosedale 66 F3
Moseley, W. Mids 34 B2
Moseley, H. & W 33 H5
Moss, Strath 88 A4
Moss, Clwyd 42 E2
Moss, S. Yks 55 J2
Mossat 100 D7
Moss Bank, Mers 53 G4
Mossbank, Shetld 121 G5
Mossblown 77 K5
Mossburnford 74 C2
Mossdale 72 B6
Mossend 78 E3
Mossgiel 77 K5
Mossley 54 C3
Moss of Barmuckity 100 B2
Moss Side 61 G6
Mosstodloch 100 C2
Mosterton 9 F4
Mostyn 52 C5
Motcombe 9 K2
Motherwell 78 E4
Mottingham 21 J6
Mottisfont 10 E2
Mottistone 10 F6
Mottram in Longdendale 54 C4
Mottram St Andrew 53 K6
Mouldsworth 53 G6
Moulin 91 L6
Moulsecoomb 13 G6
Moulsford 19 G2
Moulsoe 36 C6
Moulton, Suff 38 B4
Moulton, N. Yks 68 E6
Moulton, Lincs 47 G5
Moulton, Ches 53 H7
Moulton, Northnts 35 J4
Moulton Chapel 47 F6
Moulton Seas End 47 G5
Mount, Corn 3 F4
Mount, Corn 3 K3
Mountain Ash 25 J5
Mountain Cross 79 J5
Mountbenger 80 B7
Mount Bures 38 E7
Mountfield 13 L4
Mountgerald 98 D2
Mount Hawke 2 F5
Mountjoy 3 G3
Mountnessing 22 C4
Mounton 29 K8
Mountsorrel 45 G6
Mousehole 2 C7
Mousen 81 K6
Mouswald 73 F6
Mow Cop, Staffs 53 K8
Mow Cop, Ches 53 K8
Mowhaugh 74 E1
Mowsley 35 H2
Moy 90 F3
Moyles Court 10 C4
Moylgrove 26 F3
Muasdale 76 B3
Muchalls 93 L2
Much Birch 29 K4
Much Cowarne 29 L3
Much Dewchurch 29 J4
Muchelney 9 F2
Much Hadham 21 J1
Much Hoole 61 H7
Muchlarnick 3 L4
Much Marcle 30 A4
Much Wenlock 43 H8
Mucking 22 C5
Mucklestone 43 J4
Muckleton 43 G5
Muckletown 100 E6
Muckton 57 H5
Mudale 113 G5
Muddiford 7 F2
Mudeford 10 C5
Mudford 9 G3
Mudgley 17 F6
Mugdock 85 H7
Mugeary 103 F5
Mugginton 44 D3
Muggleswick 68 C1
Muie 108 E3
Muir 92 B3
Muirden 101 G3
Muirdrum 93 G8
Muirhead, Tays 87 G1
Muirhead, Strath 85 J8
Muirhouses 86 D6
Muirkirk 78 D7
Muir of Fairburn 98 C3
Muir of Fowlis 100 E7
Muir of Lochs 100 C2
Muir of Ord 98 D3
Muirshearlich 90 C3
Muirtack, Grampn 101 H4
Muirtack, Grampn 101 J5
Muirton, Tays 86 C3
Muirton, Highld 99 F2
Muirton of Ardblair 92 C7
Muirton of Ballochy 93 H5
Muker 68 B7
Mulbarton 49 G7
Mulben 100 C3
Mullion 2 E8
Mullion Cove 2 E8
Mumbles, The 24 E6
Mumby 57 K6
Munderfield Row 33 F5
Munderfield Stocks 33 F5
Mundesley 49 J4
Mundford 48 D8
Mundham, Norf 49 J8
Mundham, W. Susx 11 K4
Mundon 22 E3
Munerigie 90 D1
Mungasdale 106 E2
Mungrisdale 66 F3
Munlochy 98 E3
Munsley 33 F6
Munslow 32 E2
Murch 25 K7
Murcott 31 K6
Murkle 115 G3
Murlaggan, Highld 90 B2
Murlaggan, Highld 90 E3
Murrow 47 G7
Mursley 36 B8
Murthly 92 B8
Murton, Durham 69 F2
Murton, Northum 81 H5
Murton, Cumbr 67 K4
Murton, N. Yks 63 K4
Musbury 8 D5
Muscoates 64 D4
Musdale 84 B2
Musselburgh 87 G7
Muston, Leic 46 B4
Muston, N. Yks 65 H5
Mustow Green 33 H3
Mutford 39 K2
Muthill 86 B3
Mutterton 8 B4
Mybster 115 G4
Myddfai 25 F1
Myddle 42 F5
Mydroilyn 27 J2
Mylor Bridge 3 G6
Mynachlog-ddu 26 F4
Myndtown 32 C2
Mynydd-bach 29 J8
Mynydd Isa 52 D7
Mynydd Llandegai 50 F4
Mynydd Mechell 50 C1
Mynytho 50 C7
Myrebird 93 J2
Mytchett 19 K5
Mytholm 62 C7
Mytholmroyd 62 D7
Myton-on-Swale 63 H3

N

Naast 106 D3
Naburn 63 K5
Nackington 15 H3
Nacton 39 H6
Nafferton 65 H7
Nailsea 17 F3
Nailstone 44 F7
Nailsworth 30 C8
Nairn 99 G3
Nancegollan 2 E6
Nancledra 2 C6
Nanhoron 50 B7
Nannerch 52 C7
Nanpantan 45 G6
Nanpean 3 H4
Nanstallon 3 J3
Nant-ddu 25 J3
Nanternis 27 H2
Nantgaredig 27 J5
Nantgarw 25 K6
Nant Glas 41 J7
Nantglyn 51 K4
Nantlle 50 E5
Nantmawr 42 D5
Nantmel 41 K7
Nantmor 50 F6
Nant Peris 50 F5
Nantwich 43 H2
Nant-y-derry 29 H7
Nantyffyllon 25 G5
Nantyglo 25 K3
Nant-y-moel 25 H5
Naphill 20 C4
Nappa 62 B4
Napton on the Hill 35 F4
Narberth 26 F6
Narborough, Norf 48 C6
Narborough, Leic 45 G8
Nasareth 50 D5
Naseby 35 H3
Nash, H. & W 32 C4
Nash, Gwent 16 E2
Nash, Shrops 33 F3
Nash, Bucks 35 J7
Nash Lee 20 C3
Nassington 46 D8
Nasty 21 H1
Nateby, Lancs 61 H5
Nateby, Cumbr 67 K6
Natland 67 H8
Naughton 38 F6
Naunton, Glos 30 F5
Naunton, H. & W 33 H7
Naunton Beauchamp 34 A5
Navenby 56 D8
Navestock Heath 21 K4
Navestock Side 21 K4
Nawton 63 K1
Nayland 38 E7
Nazeing 21 J3
Neacroft 10 C5

Neal's Green Nympsfield 173

Neal's Green 34 E2
Neasham 68 F5
Neath 25 F5
Neatishead 49 J5
Nebo, Gwyn 50 D5
Nebo, Dyfed 40 E7
Nebo, Gwyn 51 H5
Necton 48 D7
Nedd 112 C5
Nedging Tye 38 F6
Needham 39 H2
Needham Market 39 F5
Needingworth 37 G3
Neen Savage 33 F3
Neen Sollars 33 F3
Neenton 33 F2
Nefyn 50 C6
Neilston 77 K2
Nelson, Lancs 62 B6
Nelson, M. Glam 25 K5
Nelson Village 75 J6
Nemphlar 79 F5
Nempnett Thrubwell 17 G4
Nenthead 67 K2
Nenthorn 80 E6
Nercwys 52 D7
Nereabolls 82 B6
Nerston 78 D4
Nesbit 81 H6
Ness, N. Yks 64 D5
Ness, Ches 52 E6
Nesscliffe 42 E6
Neston, Ches 52 D6
Neston, Wilts 17 K4
Nether Alderley 53 K6
Netheravon 18 C6
Nether Blainslie 80 D5
Netherbrae 101 G3
Nether Broughton 45 H5
Netherburn 79 F5
Nether Burrow 61 K2
Netherbury 9 F5
Nether Cerne 9 H5
Nether Compton 9 G3
Nether Dallachy 100 C2
Netherend 29 K7
Nether Exe 5 K1
Netherfield 13 L5
Netherhampton 10 C2
Nether Haugh 55 H4
Nether Heyford 35 H5
Nether Howecluch 73 F2
Nether Kellet 61 J3
Nether Kinmundy 101 K4
Nether Kirkton 77 K2
Netherlaw 71 J7
Netherley 93 K2
Nethermill 73 F5
Nether Padley 55 F6
Netherplace 77 L2
Nether Poppleton 63 J4
Nether Ringorm 100 B4
Nether Row 66 F3
Netherseal 44 D6
Nether Silton 69 G7
Nether Stowey 16 C7
Netherthird 72 A2
Netherthong 54 E3
Netherton, H. & W 34 A6
Netherton, Mers 52 E3
Netherton, W. Yks 55 F2
Netherton, Northum 75 F3
Netherton, Tays 93 G6
Netherton, Central 85 H7
Netherton, Devon 5 J4
Nethertown, Cumbr 66 B6
Nethertown, Highld 115 J2
Nether Wallop 10 E1
Nether Wasdale 66 D6
Nether Whitacre 44 D8
Nether Winchendon or
Lower Winchendon 20 B2
Netherwitton 75 G4
Nether Worton 31 J4
Nethy Bridge 99 J6
Netley 11 F4
Netley Marsh 10 E3
Nettlebed 20 B5
Nettlebridge 17 H6
Nettlecombe 9 G5
Nettleden 20 E2
Nettleham 56 E6
Nettlestead 13 K1
Nettlestead Green 13 K1
Nettlestone 11 H5
Nettleton, Lincs 59 F6
Nettleton, Wilts 17 K3
Neuk, The 93 J2
Nevendon 22 D4
Nevern 26 E3
New Abbey 72 E7
New Aberdour 101 H2
New Addington 21 H7
New Alresford 11 G1
New Alyth 92 D7
Newark, Cambs 46 F7
Newark, Orkney 117 G2
Newark-on-Trent 45 J2
Newarthill 78 E4
New Ash Green 14 C2
New Barn 14 C2
New Bewick 75 G1
Newbiggin, Durham 68 B4
Newbiggin, N. Ys 68 B7
Newbiggin, N. Yks 62 C1
Newbiggin, Cumbr 60 F3
Newbiggin, Cumbr 67 G4
Newbiggin, Cumbr 67 H2
Newbiggin, Cumbr 67 J4
Newbiggin-by-the-Sea 75 K5
Newbigging, Tays 92 D7
Newbigging, Tays 92 F8
Newbigging, Tays 93 F8
Newbigging, Strath 79 H5
Newbiggin-on-Lune 67 K6
Newbold, Leic 44 F6
Newbold, Derby 55 G6
Newbold on Avon 35 F3
Newbold-on-Stour 34 D6
Newbold Pacey 34 D5
Newbold Verdon 45 F7
New Bolingbroke 57 H8
Newborough, Staffs 44 C5
Newborough, Cambs 46 F7
Newbottle 35 G7
Newbourne 39 H6
New Brancepeth 68 E2
Newbridge, Corn 2 C6
Newbridge, Clwyd 42 D3
Newbridge, Hants 10 D3
Newbridge, Lothn 86 E7
Newbridge, I. of W 10 F6
Newbridge, Gwent 25 L5
Newbridge-on-Usk 29 H8
Newbridge-on-Wye 28 E2
New Brighton 52 E4
New Brinsley 45 F2
Newbrough 74 E7
New Buckenham 39 F1
Newbuildings 7 H5
Newburgh, Lancs 53 F2
Newburgh, Fife 87 F3
Newburgh, Grampn 101 J6
Newburn 75 H7
Newbury 19 F4
Newby, Cumbr 67 H4
Newby, N. Yks 69 H5
Newby, N. Yks 61 L2
Newby Bridge 61 G1
Newby East 73 K8
New Byth 101 H3
Newby West 66 F1
Newby Wiske 63 G1
Newcastle, Shrops 32 B2
Newcastle, Gwent 29 J6
Newcastle Emlyn 27 H3
Newcastleton 73 K5
Newcastle-under-Lyme 43 K3
Newcastle upon Tyne 75 J7
Newchapel, Surrey 13 G2
Newchapel, Dyfed 27 G4
Newchapel, Staffs 43 K2
New Cheriton 11 G2
Newchurch, Powys 29 G2
Newchurch, Kent 15 G5
Newchurch, I. of W 11 G6
Newchurch, Dyfed 27 H5
Newchurch, Gwent 29 J8
Newchurch in Pendle 62 B6
New Clipstone 55 J7
New Costessey 49 G7
Newcott 8 D4
New Cross 41 F6
New Cumnock 72 B2
New Deer 101 H4
Newdigate 12 E2
New Duston 35 J4
New Earswick 63 K4
New Edlington 55 J4
New Ellerby 59 F3
Newell Green 20 C6
New Eltham 21 J6
New End 34 C4
Newenden 14 E6
Newent 30 B5
New Farnley 63 F6
New Ferry 52 E5
Newfield, Durham 68 E3
Newfield, Highld 109 F6
New Fryston 63 H7
Newgale 26 C5
New Galloway 72 B6
Newgate 48 F3
Newgate Street 21 H3
New Grimsby 2 N2
Newhall, Derby 44 D5
Newhall, Ches 43 H3
Newham 81 K7
Newham Hall 81 K7
New Hartley 75 K6
Newhaven 1 H6
New Hedges 26 F7
Newhey 53 L2
New Holland 58 E4
Newholm 69 L5
New Horndean 81 G5
New Houghton, Norf 48 C5
New Houghton, Derby 55 H7
Newhouse 78 E3
New Houses 62 B2
New Hutton 67 H7
New Hythe 14 D3
Newick 13 H4
Newington, Kent 14 E2
Newington, Kent 15 H5
Newington, Oxon 31 L8
New Inn, Gwent 29 H8
New Inn, Dyfed 27 J4
New Inn, Gwent 29 J7
New Invention 32 B3
New Kelso 106 E7
New Lanark 79 F5
Newland, N. Yks 58 A4
Newland, H. & W 33 G6
Newland, Glos 29 K7
Newlandrig 80 B3
Newlands, Northum 68 C1
Newlands, Grampn 100 C3
Newlands, Highld 99 F4
Newlands of Geise 115 F3
New Lane 52 F2
New Leake 57 J8
New Leeds 101 J3
New Longton 61 J7
New Luce 70 C5
Newlyn 2 C7
Newmachar 101 H7
Newmains 79 F4
New Malden 21 G7
Newmarket, Suff 38 B4
Newmarket, W. Isles 111 J4
New Marske 69 J4
New Marton 42 E4
Newmill, Border 74 B2
New Mill, Corn 2 C6
New Mill, Herts 20 D2
Newmill, Grampn 100 D3
New Mill, W. Yks 54 E3
Newmill of Inshewan 92 F5
New Mills, Derby 54 C5
New Mills, Corn 3 H4
New Mills, Ches 53 J5
New Mills, Powys 41 K3
New Mills, Gwent 29 K7
Newmiln 86 E1
Newmilns 77 L4
New Milton 10 D5
New Moat 26 E5
Newnham, Glos 30 A6
Newnham, Kent 14 F3
Newnham, H. & W 33 F4
Newnham, Herts 37 F7
Newnham, Northnts 35 G5
Newnham, Hants 19 J5
New Ollerton 55 K7
New Pitsligo 101 H3
New Polzeath 3 H2
Newport, Glos 30 B8
Newport, Humbs 58 C3
Newport, Gwent 16 E2
Newport, Dyfed 26 E4
Newport, Devon 7 F2
Newport, I. of W 11 G6
Newport, Highld 115 G7
Newport, Shrops 43 J6
Newport, Essex 37 J7
Newport, Norf 49 L6
Newport-on-Tay 87 H2
Newport Pagnell 36 B6
Newpound Common 12 D4
Newquay, Corn 3 G3
New Quay, Dyfed 27 H2
New Rackheath 49 H6
New Radnor 32 B4
New Romney 15 G6
New Rossington 55 K4
New Row 61 K6
New Sauchie 86 B5
New Scone 86 E2
Newseat 101 G5
Newsham, N. Yks 68 D5
Newsham, Northum 75 K6
Newsholme, Lancs 62 B4
Newsholme, Humbs 58 B4
New Silksworth 69 F1
Newstead, Border 80 D6
Newstead, Notts 45 G2
Newstead, Northum 81 K7
New Stevenston 78 E4
Newthorpe 63 H6
New Tolsta 111 K3
Newton, Grampn 100 A2
Newton, Border 74 B1
Newton, Northnts 36 B2
Newton, Staffs 44 B5
Newton, Strath 84 C5
Newton, Wilts 10 D2
Newton, Strath 78 D3
Newton, S. Glam 16 D3
Newton, W. Isles 104 D4
Newton, Lincs 46 D4
Newton, Norf 48 D6
Newton, Lothn 86 D7
Newton, W. Glam 24 E6
Newton, Suff 38 E6
Newton, Highld 99 F2
Newton, Cumbr 60 F2
Newton, Highld 99 F4
Newton, Warw 35 G3
Newton, D. & G 73 G4
Newton, Strath 79 G6
Newton, Ches 53 G6
Newton, Northum 75 G7
Newton, M. Glam 25 G7
Newton, Ches 53 G8
Newton, H. & W 29 H4
Newton, Lancs 61 H6
Newton, Cambs 37 H6
Newton, Cambs 47 H6
Newton, Lancs 61 J2
Newton, Highld 115 J5
Newton, H. & W 29 K2
Newton, Lancs 61 K4
Newton Abbot 5 J4
Newton Arlosh 66 D1
Newton Aycliffe 68 E4
Newton Bewley 69 G4
Newton Blossomville 36 C5
Newton Bromswold 36 C4
Newton Burgoland 44 E7
Newton by Toft 56 E5
Newton Ferrers 5 F7
Newtonferry 104 D4
Newton Flotman 49 H8
Newtongrange 80 B3
Newton Harcourt 45 H8
Newtonhill 93 L2
Newton Kyme 63 H5
Newton-le-Willows,
N. Yks 68 E8
Newton-le-Willows, Mers 53 G4
Newton Longville 36 B7
Newton Mearns 77 L2
Newtonmore 91 J2
Newton of Ardtoe 89 H1
Newton of Balcanquhal 86 E3
Newton-on-Ouse 63 J4
Newton-on-Rawcliffe 64 F3
Newton on the Moor 75 H3
Newton on Trent 56 C6
Newton Poppleford 8 B6
Newton Purcell 35 H7
Newton Regis 44 D7
Newton Reigny 67 G3
Newton Solney 44 D5
Newton Stacey 18 F6
Newton St Cyres 5 J2
Newton Stewart 70 F5
Newton St Faith 49 H6
Newton St Loe 17 J4
Newton St Petrock 6 E4
Newton Tony 18 D6
Newton Tracey 7 F3
Newton under Roseberry 69 H5
Newton upon Derwent 64 E8
Newton Valence 11 J1
Newtown, Powys 32 A1
Newtown, Dorset 10 B5
Newtown, Cumbr 74 B7
Newtown, Highld 98 B8
Newtown, Ches 54 C5
Newtown, Derby 54 C5
Newtown, Hants 10 D3
Newtown, Hants 10 E2
Newtown, Hants 19 F4
Newtown, Shrops 43 F4
Newtown, I. of W 10 F5
Newtown, Northum 75 G3
Newtown, Ches 43 H3
Newtown, Hants 11 H3
Newtown, Northum 81 H6
New Town, Lothn 87 H7
Newtown, Northum 81 J7
Newtown, Wilts 9 L2
Newtown, H. & W 29 L3
Newtown, Staffs 53 L7
Newtown, I. of M 60 D4
Newtown-in-St-Martin 2 F7
Newtown Linford 45 G6
Newtown St Boswells 80 D6
New Tredegar 25 K4
Newtyle 92 D7
New Waltham 59 G6
New Wimpole 37 G6
New Winton 87 H7
New Yatt 31 H6
New York, Lincs 47 F2
New York, T. & W 75 K6
Neyland 26 D7
Nibley 17 H2
Nicholashayne 8 C3
Nicholaston 24 D6
Nidd 63 G3
Nigg, Highld 109 G6
Nigg, Grampn 101 J8
Nine Ashes 22 B3
Ninebanks 67 K1
Ninemile Bar or
Crocketford 72 D6
Ninfield 13 L5
Ningwood 10 F6
Nisbet 80 E7
Niton 11 G7
Nitshill 77 L1
Niwbwrch 50 D4
Noak Hill 21 K4
Nobottle 35 H4
Nocton 56 E7
Noke 31 K6
Nolton 26 C6
Nolton Haven 26 C6
No Man's Heath, Warw 44 D7
No Man's Heath, Ches 43 G3
Nomansland, Wilts 10 D3
Nomansland, Devon 7 J4
Noneley 43 F5
Nonington 15 J3
Noonsbrough 118 E3
Nor 81 H5
Noranside 93 F5
Norbury, Derby 44 C3
Norbury, Shrops 42 E8
Norbury, Ches 43 G3
Norbury, Staffs 43 J5
Nordelph 47 J7
Norden, Dorset 10 A6
Norden, G. Man 53 K2
Nordley 43 H8
Norham 81 H5
Norley 53 G6
Norleywood 10 E5
Normanby, Humbs 58 C5
Normanby, N. Yks 64 E4
Normanby-by-Spital 56 E5
Normanby le Wold 57 F4
Norman Cross 36 E1
Normandy 12 C1
Norman's Green 8 B4
Normanton, Lincs 46 C3
Normanton, Derby 44 E4
Normanton, W. Yks 63 G7
Normanton, Notts 45 J2
Normanton le Heath 44 E6
Normanton on Soar 45 G5
Normanton-on-the-Wolds 45 H4
Normanton on Trent 56 B7
Normoss 61 G6
Norrington Common 17 K4
Norris Hill 44 E6
Northallerton 69 F7
Northam, Devon 6 E3
Northam, Hants 10 F3
Northampton 35 J4
North Ascot 20 D7
North Aston 31 J5
Northaw 21 G3
North Baddesley 10 E3
North Ballachulish 90 B5
North Barrow 9 H2
North Barsham 48 E4
North Benfleet 22 D5
North Berwick 87 J6
North Boarhunt 11 H3
Northborough 46 E7
Northbourne 15 K3
North Bovey 5 H3
North Bradley 17 K5
North Brentor 4 E3
North Buckland 6 E1
North Burlingham 49 J6
North Cadbury 9 H2
North Cairn 70 A4
North Carlton 56 D6
North Cave 58 C3
North Cerney 30 E7
Northchapel 12 C4
North Charford 10 C3
North Charlton 81 K7
North Cheriton 9 H2
North Chideock 9 F5
Northchurch 20 D3
North Cliffe 58 C3
North Clifton 56 C6
North Cotes 59 H6
Northcott 4 D2
North Cove 39 K2
North Cowton 68 E6
North Crawley 36 C6
North Cray 21 J6
North Creake 48 D4
North Curry 8 E2
North Dalton 65 G7
North Deighton 63 G4
North Duffield 58 A3
Northdyke 116 B4
North Elkington 57 G4
North Elmham 48 E5
Northend, Bucks 20 B4
Northend, Warw 34 E5
North End, W. Susx 12 E6
North End, Hants 18 F4
North End, Avon 16 F4
North End, Hants 11 H4
Northend, Avon 17 J4
North Erradale 106 C3
North Fearns 96 A2
North Ferriby 58 D4
Northfield, W. Mids 34 B3
Northfield, Border 81 H3
Northfield, Grampn 101 J8
Northfleet 14 C1
North Frodingham 65 H7
North Gorley 10 C3
North Green 39 H2
North Greetwell 56 E6
North Grimston 64 F6
North Hayling 11 J4
North Heasley 7 H2
North Heath 12 D4
North Hill, Corn 4 C4
North Hill, Cambs 37 H3
North Hinksey Village 31 J7
North Holmwood 12 E2
North Huish 5 H6
North Hykeham 56 D7
Northiam 14 E6
Northill 36 E6
Northington 11 G1
North Kelsey 58 E6
North Kessock 98 E4
North Kilvington 63 H1
North Kilworth 35 H2
North Kyme 46 E2
North Lancing 12 E6
Northlands 47 G2
Northleach 30 F6
North Lee 20 C3
Northleigh, Devon 8 C5
North Leigh, Oxon 31 H6
North Leverton with
Habblesthorpe 56 B5
Northlew 4 F2
North Littleton 34 B6
North Lopham 38 F2
North Luffenham 46 C7
North Marden 11 K3
North Marston 20 B1
North Middleton 80 B4
North Molton 7 H3
Northmoor 31 J7
Northmoor Green or
Moorland 8 E1
North Moreton 19 G2
Northmuir 92 E6
North Muskham 56 B8
North Newbold 58 D3
North Newington 34 F7
North Newnton 18 C5
North Newton 8 D1
North Nibley 30 B8
North Oakley 19 G5
North Ockendon 22 B5
Northolt 21 F5
Northop 52 D7
Northop Hall 52 D7
North Ormsby 57 G4
Northorpe, Lincs 56 C4
Northorpe, Lincs 46 D6
North Otterington 69 F8
North Owersby 56 E4
Northowram 62 E7
North Perrott 9 F4
North Petherton 8 D1
North Petherwin 4 C3
North Pickenham 48 D7
North Piddle 34 A5
Northpunds 119 G6
North Queensferry 86 E6
Northrepps 49 H4
North Rigton 63 F5
North Rode 53 K7
North Roe 120 F4
North Runcton 48 B6
North Sandwick 121 H3
North Scale 60 E2
North Scarle 56 C7
North Seaton 75 J5
North Shields 75 K7
North Shoebury 22 F5
North Shore 61 G6
North Side 47 F8
North Somercotes 57 J4
North Stainley 63 F2
North Stainmore 67 L5
North Stifford 22 C5
North Stoke, Oxon 20 A5
North Stoke, W. Susx 12 D5
North Stoke, Avon 17 J4
North Street 11 H1
North Sunderland 81 L6
North Tamerton 4 D2
Noth Tawton 7 G5
North Thoresby 59 G7
North Tidworth 18 D6
North Tolsta 111 K3
Northton 104 E3
Northtown 116 D7
North Tuddenham 48 F6
Northwall 117 G2
North Walsham 49 H4
North Waltham 19 G6
North Warnborough 19 J5
North Water Bridge 93 H5
North Watten 115 H4
Northway 30 D4
North Weald Bassett 21 J3
North Wheatley 56 B5
North Whilborough 5 J5
Northwich 53 H6
Northwick, Avon 17 G2
North Wick, Avon 17 G4
North Widcombe 17 G5
North Willingham 57 F5
North Wingfield 55 H7
North Witham 46 C5
Northwold 48 C8
Northwood, G. Lon 20 E4
Northwood, Shrops 42 F4
Northwood, I. of W 11 F5
Northwood, Derby 55 F7
Northwood Green 30 B6
North Wootton, Norf 48 B5
North Wootton, Somer 17 G6
North Wootton, Dorset 9 H3
North Wraxall 17 K3
Norton, H. & W 34 B6
Norton, Powys 32 C4
Norton, Glos 30 C5
Norton, W. Susx 12 C6
Norton, Shrops 32 D2
Norton, Suff 38 E4
Norton, N. Yks 64 E5
Norton, I. of W 10 E6
Norton, Herts 37 F7
Norton, Cleve 69 G4
Norton, Ches 53 G5
Norton, S. Yks 55 G5
Norton, Shrops 43 G7
Norton, Northnts 35 H4
Norton, H. & W 33 H5
Norton, S. Yks 55 J2
Norton, Notts 55 J6
Norton, Shrops 43 J7
Norton, Wilts 17 K2
Norton Bavant 17 L6
Norton Bridge 43 K4
Norton Canes 44 B7
Norton Canon 29 H3
Norton Disney 56 C8
Norton East 44 B7
Norton Ferris 9 J1
Norton Fitzwarren 8 C2
Norton Green 10 E6
Norton Hawkfield 17 G4
Norton Heath 22 C3
Norton in Hales 43 J4
Norton-in-the-Moors 43 K2
Norton-Juxta-Twycross 44 E7
Norton-le-Clay 63 H2
Norton Lindsey 34 D4
Norton Malreward 17 H4
Norton Mandeville 21 K3
Norton St Philip 17 J5
Norton Subcourse 49 K8
Norton sub Hamdon 9 F3
Norwell 56 B7
Norwell Woodhouse 56 B7
Norwich 49 H7
Norwick 121 J1
Norwood Green 21 F6
Norwood Hill 12 F2
Noseley 45 J8
Noss Mayo 5 F7
Nosterfield 63 F1
Nostie 96 D3
Notgrove 30 F5
Nottage 25 G7
Nottingham 45 G3
Nottington 9 H6
Notton, W. Yks 55 G2
Notton, Wilts 17 L4
Nounsley 22 D2
Noutard's Green 33 G4
Nox 42 F6
Nuffield 20 A5
Nunburnholme 64 F8
Nuneaton 34 E1
Nuneham Courtenay 31 K8
Nun Monkton 63 J4
Nunney 17 J6
Nunnington 63 K2
Nunnykirk 75 G4
Nunthorpe 69 H5
Nunton, Wilts 10 C2
Nunton, W. Isles 104 C6
Nursling 10 E3
Nursted 11 J2
Nutbourne 12 D5
Nutfield 13 G2
Nuthall 45 G3
Nuthampstead 37 H7
Nuthurst 12 E4
Nutley 13 H4
Nutwell 55 K3
Nybster 115 J3
Nyetimber 11 K5
Nyewood 11 K2
Nymet Rowland 7 H5
Nymet Tracey 5 H1
Nympsfield 30 C7

174 Nynehead Piddington, Northnts

Nynehead 8 C2
Nyton 12 C6

O

Oadby 45 H7
Oad Street 14 E2
Oakamoor 44 B3
Oakbank 79 H3
Oakdale 25 K5
Oake 8 C2
Oaken 43 K7
Oakenclough 61 J5
Oakengates 43 J6
Oakenshaw, Durham 68 E3
Oakenshaw, W. Yks 62 E7
Oakford, Dyfed 27 J2
Oakford, Devon 7 K3
Oakgrove 53 L7
Oakham 46 B7
Oakhanger 11 J1
Oakhill 17 H6
Oakington 37 H4
Oaklands 21 G2
Oakle Street 30 B6
Oakley, Bucks 20 A2
Oakley, Beds 36 D5
Oakley, Fife 86 D6
Oakley, Suff 39 G3
Oakley, Hants 19 G5
Oakley Green 20 D6
Oakley Park 41 J5
Oakridge 30 D7
Oaks 42 F7
Oaksey 30 D8
Oakthorpe 44 E6
Oakwoodhill 12 E3
Oakworth 62 D6
Oare, Wilts 18 C4
Oare, Kent 15 G2
Oasby 46 D4
Oathlaw 93 F6
Oban 84 A1
Oborne 9 H3
Occlestone Green 53 H7
Occold 39 G3
Ochiltree 77 L5
Ockbrook 44 F4
Ockham 12 D1
Ockle 89 G1
Ockley 12 E2
Ocle Pychard 29 K3
Odcombe 9 G3
Odd Down 17 J4
Oddendale 67 H5
Oddingley 33 J5
Oddington, Glos 31 G5
Oddington, Oxon 31 K6
Odell 36 C5
Odiham 19 J5
Odstock 10 C2
Odstone 44 E7
Offchurch 34 E4
Offenham 34 B6
Offham, E. Susx 13 H5
Offham, Kent 13 K1
Offord Cluny 37 F4
Offord D'Arcy 37 F4
Offton 38 F6
Offwell 8 C5
Ogbourne Maizey 18 C3
Ogbourne St Andrew 18 C3
Ogbourne St George 18 D3
Ogle 75 H6
Ogmore 25 G7
Ogmore-by-Sea 25 G7
Ogmore Vale 25 H5
Okeford Fitzpaine 9 K3
Okehampton 5 F2
Okehampton Camp 5 F2
Old 35 J3
Old Aberdeen 101 J8
Old Alresford 11 G1
Old Basing 19 H5
Oldberrow 34 C4
Old Bewick 81 J7
Old Bolingbroke 57 H7
Oldborough 7 H5
Old Brampton 55 G6
Old Bridge of Urr 72 C7
Old Buckenham 38 F1
Old Burghclere 19 F5
Oldbury, W. Mids 34 A2
Oldbury, Warw 44 E8
Oldbury, Shrops 33 G1
Oldbury-on-Severn 17 H1
Oldbury on the Hill 17 K2
Old Byland 63 J1
Oldcastle 29 H5
Old Cleeve 16 B6
Old Clipstone 55 K7
Old Colwyn 51 H3
Oldcotes 55 J5
Old Dailly 70 D2
Old Dalby 45 H5
Old Deer 101 J4
Old Denaby 55 H4
Old Ellerby 59 F3
Old Felixstowe 39 J7
Oldfield 33 H4
Oldford 17 J5
Old Hall, The 59 G5
Oldham 53 L3
Oldhamstocks 80 F2
Old Heath 23 G1
Oldhurst 37 G3
Old Hutton 61 J1
Old Kea 3 G5
Old Kilpatrick 85 G7
Old Kinnernie 101 G8
Old Knebworth 21 G1
Oldland 17 H3
Old Leake 47 H2
Old Malton 64 E5
Oldmeldrum 101 H6
Old Milverton 34 E4
Old Monkland 78 E3
Old Newton 38 F4
Old Park 43 H7
Old Philpstoun 86 D7
Old Radnor 29 G2
Old Rayne 100 F6
Old Romney 15 G6
Oldshore Beg 112 C3
Oldshoremore 112 D3
Old Sodbury 17 J2
Old Somerby 46 C4
Oldstead 63 J1
Old Swarland 75 H3
Old Town, Cumbr 61 J1
Old Town Farm 74 E4
Oldtown of Ord 100 F3
Old Warden 36 E6
Oldways End 7 J3
Old Weston 36 E3
Oldwhat 101 H3
Old Windsor 20 D6
Old Wives Lees 15 G3
Olgrinmore 115 F4
Oliver's Battery 11 F2
Ollaberry 120 F4
Ollach 103 G5
Ollerton, Shrops 43 H5
Ollerton, Ches 53 J6
Ollerton, Notts 55 K7
Olney 36 B5
Olton 34 C2
Olveston 17 H2
Ombersley 33 H4
Ompton 56 A7
Onchan 60 R4
Onecote 44 B2
Ongar Hill 47 J5
Ongar Street 32 C4
Onibury 32 D3
Onich 90 B5
Onllwyn 25 G3
Onneley 43 J3
Onslow Village 12 C2
Opinan, Highld 106 C4
Opinan, Highld 106 D2
Orby 57 J7
Orchard 9 K3
Orchard Portman 8 D2
Orcheston 18 B6
Orcop 29 J5
Orcop Hill 29 J5
Ord 96 B4
Ordhead 100 F7
Ordie 92 F1
Ordiquish 100 C3
Ore 14 E7
Oreton 33 F2
Orford, Ches 53 H4
Orford, Suff 39 K5
Orgreave 44 C6
Orinsay 111 H6
Orleton, H. & W 32 D4
Orleton, H. & W 33 F4
Orlingbury 36 B3
Ormesby 69 H5
Ormesby St Margaret 49 K6
Ormesby St Michael 49 K6
Ormiscaig 106 D2
Ormiston 87 H8
Ormsaigmore 89 F2
Ormskirk 52 F3
Orpington 21 J7
Orrell 53 G3
Orroland 71 J7
Orsett 22 C5
Orslow 4 K6
Orston 45 J3
Orton, Cumbr 67 J6
Orton, Northnts 35 K3
Orton Longueville 46 E8
Orton-on-the-Hill 44 E7
Orwell 37 G5
Osbaldeston 61 K6
Osbaston 44 F7
Osbournby 46 D4
Oscroft 53 G7
Ose 102 E4
Osgathorpe 44 F6
Osgodby, Lincs 56 E4
Osgodby, N. Yks 65 H4
Osgodby, N. Yks 63 K6
Oskaig 103 G5
Oskamull 89 F4
Osmaston 44 D3
Osmington 9 J6
Osmington Mills 9 J6
Osmotherley 69 G7
Osnaburgh or Dairsie 87 H3
Ospisdale 109 F5
Ospringe 15 G2
Ossett 55 F1
Ossington 56 B7
Ostend 22 F4
Oswaldkirk 63 K2
Oswaldtwistle 61 L7
Oswestry 42 D5
Otford 21 K8
Otham 14 D3
Othery 8 E1
Otley, W. Yks 62 F5
Otley, Suff 39 H5
Otterbourne 11 F2
Otterburn, N. Yks 62 B4
Otterburn, Northum 74 E4
Otterburn Camp 74 E4
Otterden Place 14 F3
Otter Ferry 84 B6
Otterham 4 B2
Ottershaw 20 E7
Otterswick 121 H4
Otterton 8 B6
Ottery St Mary 8 C5
Ottringham 59 G4
Oughtershaw 62 B1
Oughtibridge 55 G4
Oulston 63 J2
Oulton, Cumbr 66 E1
Oulton, Norf 49 G5
Oulton, W. Yks 63 G7
Oulton, Staffs 43 L4
Oultn, Suff 49 L8
Oulton Broad 39 L1
Oulton Street 49 G5
Oundle 36 D2
Ousby 67 J3
Ousden 38 C5
Ouseburn 63 H3
Ousefleet 58 C4
Ouston 68 E1
Outertown 116 B5
Outgate 66 F7
Outhgill 67 K6
Outlane 54 D2
Out Newton 59 H4
Out Rawcliffe 61 H5
Outwell, Cambs 47 J7
Outwell, Norf 47 J7
Outwood, Surrey 13 G2
Outwood, W. Yks 63 G7
Ovenden 62 D7
Over, Avon 17 G2
Over, Cambs 37 G3
Overbister 117 F2
Overbury 34 A7
Overcombe 9 H6
Over Haddon 54 F7
Over Kellet 61 J3
Over Kiddington 31 J5
Over Norton 31 H5
Over Peover 53 J6
Overseal 44 D6
Over Silton 69 G7
Overstone 35 K4
Overstrand 49 H3
Overton, Clwyd 42 E3
Overton, Shrops 32 E3
Overton, D. & G 72 E7
Overton, Hants 19 G6
Overton, Lancs 61 H4
Overton, Grampn 101 H7
Overtown 79 F4
Over Wallop 18 D7
Over Whitacre 34 D1
Oving, Bucks 20 A1
Oving, W. Susx 11 L4
Ovingdean 13 G6
Ovingham 75 G7
Ovington, Essex 38 C6
Ovington, Durham 68 D5
Ovington, Norf 48 E7
Ovington, Hants 11 G1
Ovington, Northum 75 G7
Ower 10 E3
Owermoigne 9 J6
Owlswick 20 B3
Owmby-by-Spital 56 E5
Owslebury 11 G2
Owston 45 J7
Owston Ferry 58 C6
Owstwick 59 G3
Owthorpe 45 H4
Oxborough 48 C7
Oxenholme 67 H8
Oxenhope 62 D6
Oxen Park 61 G1
Oxenton 30 D4
Oxenwood 18 E5
Oxford 31 K7
Oxhill 34 E6
Oxley 43 L7
Oxley's Green 13 K4
Oxnam 74 C2
Oxshott 21 F7
Oxspring 55 F3
Oxted 13 G1
Oxton, Border 80 C4
Oxton, Notts 45 H2
Oxwich 24 C6
Oxwick 48 E5
Oykel Bridge 107 J1
Oyne 100 F6

P

Pabail Iarach 111 K4
Pabail Uarach 111 K4
Packington 44 E6
Padanaram 92 F6
Padbury 35 J7
Paddington 21 G5
Paddlesworth 15 H5
Paddockhaugh 100 B3
Paddock Wood 13 K2
Paddolgreen 43 G4
Padeswood 52 D7
Padiham 62 B6
Padstow 3 H2
Padworth 20 A7
Pagham 11 K5
Paglesham Churchend 22 F4
Paglesham Eastend 22 F4
Paible, W. Isles 104 C5
Paible, W. Isles 104 F2
Paignton 5 J5
Pailton 35 F2
Painscastle 29 F3
Painshawfield 75 G7
Painswick 30 C7
Paisley 77 K1
Pakefield 39 L1
Pakenham 38 E4
Pale 51 J7
Palestine 18 D6
Paley Street 20 C6
Palgrave 39 G3
Palmerstown 25 K8
Palnackie 71 K6
Palnure 71 F5
Palterton 55 H7
Pamber End 20 A8
Pamber Green 19 H5
Pamber Heath 20 A7
Pamphill 10 A4
Pampisford 37 H6
Panbride 87 J1
Pancrasweek 6 C5
Pandy, Clwyd 42 C4
Pandy, Gwent 29 H5
Pandy, Powys 41 J3
Pandy Tudur 51 H4
Panfield 38 C8
Pangbourne 20 A6
Pannal 63 G4
Pant 42 D5
Panteg 26 D4
Pant Glas 50 D6
Pantgwyn 27 G3
Pant Mawr 41 H5
Panton 57 F6
Pant-pastynog 51 K4
Pantperthog 41 G3
Pant-y-dwr 41 J6
Pant-y-ffridd 42 C7
Pantyffynnon 27 L6
Panxworth 49 J6
Papcastle 66 D3
Papple 87 J7
Papplewick 45 G2
Papworth Everard 37 F4
Papworth St Agnes 37 F4
Par 3 J4
Parbold 53 F2
Parbrook 9 G1
Parcllyn 27 G2
Parc Seymour 16 F1
Pardshaw 66 C4
Parham 39 J4
Par Corner 20 A5
Park End, Northum 74 E6
Parkend, Glos 29 L7
Parkeston 39 H7
Parkgate, Ches 52 D6
Parkgate, Surrey 12 F2
Parkgate, D. & G 72 F5
Park Gate, Hants 11 G4
Parkham 6 D3
Parkham Ash 6 D3
Parkhouse 29 K7
Parkhurst 11 F5
Parkmill 24 D6
Parkstone 10 B5
Parley Cross 10 B5
Parracombe 7 G1
Parrog 26 E4
Parson Cross 55 G4
Parson Drove 47 G7
Partick 77 L1
Partington 53 J4
Partney 57 J7
Parton, Cumbr 66 B4
Parton, D. & G 72 B6
Partridge Green 12 E5
Parwich 44 C2
Passenham 35 J7
Paston 49 J4
Patcham 13 G6
Patching 12 D6
Patchole 7 G1
Patchway 17 H2
Pateley Bridge 62 E3
Pathfinder Village 5 J2
Pathhead, Strath 72 B2
Pathhead, Lothn 80 B3
Pathhead, Fife 87 F5
Patmore Heath 37 H8
Patna 77 K6
Patney 18 B5
Patrick 60 P3
Patrick Brompton 68 E7
Patrington 59 H4
Patrixbourne 15 J3
Patterdale 67 F5
Pattingham 43 K8
Pattishall 35 H5
Patton Bridge 67 H7
Paul 2 C7
Paulerspury 35 J6
Paull 59 F4
Paulton 17 H5
Pavenham 36 B5
Pawston 81 G6
Paxford 34 C7
Paxton 81 H4
Payhembury 8 B4
Paythorne 62 B4
Peacehaven 13 H6
Peak Dale 54 D6
Peak Forest 54 E6
Peakirk 46 E7
Peanmeanach 96 C7
Peasedown St John 17 J5
Peasemore 19 F3
Peasenhall 39 J4
Peaslake 12 D2
Peasmarsh 14 E6
Peaston Bank 80 C3
Peathill 101 J2
Peatling Magna 35 G1
Peatling Parva 35 G2
Peaton 32 E2
Pebmarsh 38 D7
Pebworth 34 C6
Pecket Well 62 C7
Peckforton 43 G2
Peckleton 45 F7
Pedmore 33 J2
Pedwell 9 F1
Peebles 79 K5
Peel 60 P3
Pegswood 75 J5
Peinchorran 103 G5
Peinlich 103 F3
Pelaw 75 J7
Pelcomb Cross 26 D6
Peldon 23 F2
Pelsall 44 B7
Pelon 68 E1
Peluth 66 D2
Pelynt 3 L4
Pembrey 24 C4
Pembridge 29 H2
Pembroke 26 D7
Pembroke Dock 26 D7
Pembury 13 K2
Penallt 29 K7
Penally 26 F8
Penare 3 H5
Penarth 25 K7
Pen-bont Rhydybeddau 41 F5
Penbryn 27 G2
Pencader 27 J4
Pencaitland 80 C3
Pencarreg 27 K3
Pencelli 25 J2
Pen-Clawdd 24 D5
Pencoed 25 H6
Pencombe 29 L2
Pencoyd 29 K5
Pencraig, Powys 41 K1
Pencraig, H. & W 29 K5
Pendas Fields 63 G6
Pendeen 2 B6
Penderyn 25 H4
Pendine 27 G7
Pendlebury 53 J3
Pendleton 62 A6
Pendock 30 B4
Pendoggett 3 J2
Pendoylan 25 J7
Penegoes 41 G3
Penffordd 26 E5
Penffridd 50 E5
Penge 21 H6
Pengorffwysfa 50 D1
Penhalurick 2 F6
Penhow 17 F1
Penhurst 13 K5
Penicuik 79 K3
Peniel 51 K4
Penifiler 103 F4
Peninver 76 C5
Penisa'r Waun 50 E4
Penistone 55 F3
Penketh 53 G5
Penkridge 43 L6
Penley 42 F3
Penllergaer 24 E5
Pen-llyn, Gwyn 50 C2
Penllyn, S. Glam 25 H7
Penmachno 51 G5
Penmaen, W. Glam 24 D6
Penmaen, Gwent 25 K5
Penmaenmawr 51 G3
Penmaenpool 41 F2
Penmark 25 J8
Penmon 51 F2
Penmorfa 50 E6
Penmynydd 50 E3
Penn 20 D4
Pennal 41 G3
Pennan 101 H2
Pennant, Dyfed 40 E7
Pennant, Powys 41 H4
Pennant-Melangell 41 K1
Pennard 24 D6
Pennerley 42 E8
Pennington 60 F2
Pennjerick 2 F6
Penn Street 20 D4
Penny Bridge 61 G1
Pennycross 89 G6
Pennymoor 7 J4
Penparc 27 G3
Penparcau 40 E5
Penperlleni 29 H7
Penpillick 3 J4
Penpol 3 G6
Penpoll 3 K4
Penpont 72 D4
Penrherber 27 G4
Penrhiwceiber 25 J5
Penrhiw-llan 27 H3
Penrhiwpal 27 H3
Penrhos, Gwyn 50 B2
Penrhos, Gwyn 50 C7
Penrhos, Powys 25 G3
Penrhos, Gwent 29 J6
Penrhyn Bay 51 H2
Penrhyn-coch 41 F5
Penrhyndeudraeth 50 F7
Penrhyn-side 51 H2
Penrice 24 C6
Penrith 67 H3
Penrose 3 G2
Penruddock 67 G4
Penryn 3 F6
Pen-sarn, Gwyn 50 D6
Pen-sarn, Gwyn 40 E1
Pensarn, Clwyd 51 J3
Pensax 33 G4
Pensby 52 D5
Penselwood 9 J1
Pensford 17 H4
Penshaw 68 F1
Penshurst 13 J2
Pensilva 4 C5
Pentewan 3 J5
Pentir 50 E4
Pentire 3 F3
Pentney 48 C6
Penton Mewsey 18 E6
Pentraeth 50 E3
Pentre, Clwyd 42 C4
Pentre, Clwyd 42 D3
Pentre, Shrops 42 E6
Pentre, Clwyd 51 K4
Pentre, Powys 41 K5
Pentre-bach, Powys 25 H1
Pentrebach, M. Glam 25 J4
Pentre-bach, Dyfed 27 K3
Pentre Berw 50 D3
Pentre-bont 51 G5
Pentre-celyn 42 C2
Pentre-cwrt 27 H4
Pentre Dolau Honddu 28 D3
Pentredwr, Clwyd 42 C3
Pentre-dwr, W. Glam 24 E5
Pentrefelin, Gwyn 50 E7
Pentrefelin, Gwyn 51 H3
Pentrefoelas 51 H5
Pentregat 27 H2
Pentre-Gwenlais 27 L6
Pentre Halkyn 52 D6
Pentre-llyn-cymmer 51 J5
Pentre'r beirdd 42 C6
Pentre'r-felin 25 H1
Pentre-tafarn-y-fedw 51 H4
Pentre-ty-gwyn 25 G1
Pentrich 44 E2
Pentridge 10 B3
Pentwyn 25 L6
Pentyrch 25 K6
Penuwch 40 E7
Penwithick 3 J4
Penybanc 27 L5
Penybont, Powys 32 A4
Pen-y-bont, Clwyd 42 D5
Pen-y-bont, Dyfed 27 H5
Penybontfawr 41 K1
Pen-y-bryn, Gwyn 41 F2
Penybryn, M. Glam 25 K5
Penycae, Clwyd 42 D3
Pen-y-cae, Powys 25 G3
Pen-y-cae-mawr 29 J8
Pen-y-cefn 52 C6
Pen-y-clawdd 29 J7
Pen-y-coedcae 25 J6
Penycwm 26 C5
Penyffordd 52 E7
Pen-y-garn 27 K4
Pen-y-garnedd, Gwyn 50 E3
Penygarnedd, Powys 41 L1
Penygraig 25 H5
Penygroes, Gwyn 50 D5
Pen-y-groes, Dyfed 27 K6
Penysarn 50 D1
Pen-y-stryt 42 C2
Penywaun 25 H4
Penzance 2 C6
Peopleton 33 J5
Peover Heath 53 J6
Peper Harow 12 C2
Peplow 43 H5
Percie 93 G2
Percyhorner 101 J2
Perivale 21 F5
Perlethorpe 55 K6
Perranarworthal 2 F6
Perranporth 2 F4
Perranuthnoe 2 D7
Perranzabuloe 2 F4
Perry Barr 34 B1
Perry Green 21 J2
Pershore 33 J6
Pert 93 H5
Pertenhall 36 D4
Perth 86 E2
Perthy 42 E4
Perton 43 K8
Peterborough 46 E8
Peterburn 106 C3
Peterchurch 29 H4
Peterculter 93 K1
Peterhead 101 L4
Peterlee 69 G2
Petersfield 11 J2
Peter's Green 21 F2
Peters Marland 6 E4
Peterstone Wentlooge 16 D2
Peterston-super-Ely 25 J7
Peterstow 29 K5
Peter Tavy 4 F4
Petertown 116 C6
Petham 15 H3
Petrockstowe 6 F5
Pett 14 E7
Pettaugh 39 G5
Pettinain 79 G5
Pettistree 39 H5
Petton, Shrops 42 F5
Petton, Devon 7 L3
Petty 101 G5
Pettycur 87 F6
Pettymuick 101 J6
Petworth 12 C4
Pevensey Bay 13 K6
Pewsey 18 C4
Philham 6 C3
Philiphaugh 80 C7
Phillack 2 D6
Philleigh 3 G6
Philpstoun 86 D7
Phoenix Green 19 J5
Pica 66 C4
Piccotts End 20 E3
Pickering 64 E4
Picket Piece 18 E6
Pickhill 63 G1
Picklescott 42 F8
Pickmere 53 H6
Pickwell, Devon 6 E1
Pickwell, Leic 45 J6
Pickworth, Leic 46 C6
Pickworth, Lincs 46 D4
Picton, Ches 52 F6
Picton, N. Yks 69 G6
Piddinghoe 13 H6
Piddington, Oxon 20 A2
Piddington, Northnts 35 K5

Piddlehinton Regaby 175

Piddlehinton 9 J5
Piddletrenthide 9 J5
Pidley 37 G3
Piercebridge 68 E5
Pierowall 116 D2
Pigdon 75 H5
Pikehall 54 E8
Pilgrims Hatch 21 K4
Pilham 56 C4
Pill 17 G3
Pillaton 4 D5
Pillerton Hersey 34 E6
Pillerton Priors 34 D6
Pilleth 32 B4
Pilley 55 G3
Pilling 61 H5
Pilling Lane 61 G5
Pilning 17 G2
Pilsbury 54 E7
Pilsdon 8 F5
Pilsley, Derby 55 F6
Pilsley, Derby 55 H7
Pilton, Leic 46 C7
Pilton, Northnts 36 D2
Pilton, Somer 17 G6
Pimperne 9 L4
Pinchbeck 47 F5
Pinchbeck West 46 F5
Pinfold 52 E2
Pinhoe 5 K2
Pinmore 70 D2
Pinner 21 F5
Pinvin 34 A6
Pinwherry 70 C3
Pinxton 45 F2
Pipe and Lyde 29 K3
Pipe Gate 53 J7
Piperhill 99 G3
Pipewell 36 B2
Pippacott 7 F2
Pirbright 12 C1
Pirnmill 76 D3
Pirton, Herts 36 E7
Pirton, H. & W 33 H6
Pishill 20 B5
Pistyll 50 C6
Pitblae 101 J2
Pitcairngreen 86 D2
Pitcalnie 109 G6
Pitcaple 101 G6
Pitchcombe 30 C7
Pitchcott 20 B1
Pitchford 43 G7
Pitch Green 20 B3
Pitch Place 12 C1
Pitcombe 9 H1
Pitcox 87 K7
Pitfichie 100 F7
Pitfour Castle 87 E2
Pitgrudy 109 F4
Pitlessie 87 G4
Pitlochry 91 L6
Pitmedden 101 H6
Pitminster 8 D3
Pitmunie 100 F7
Pitney 9 F2
Pitscottie 87 H3
Pitsea 22 D5
Pitsford 35 J4
Pitstone Green 20 D2
Pittendreich 100 A2
Pittentrail 109 F3
Pittenweem 87 J4
Pittington 68 F2
Pitton 10 D1
Pixey Green 39 H3
Place Newton 65 F5
Plains 78 E3
Plaish 43 G8
Plaistow 12 D3
Plaitford 10 D3
Plas 27 J5
Plas Gogerddan 41 F5
Plas Isaf 51 K6
Plas Llwyngwern 41 G3
PlasLlysyn 41 J4
Plastow Green 19 G4
Platt 13 K1
Plawsworth 68 E2
Plaxtol 13 K1
Playden 14 F6
Playford 39 H6
Play Hatch 20 B6
Playing Place 3 G5
Plealey 42 F7
Plean 85 L6
Pleasington 61 K7
Pleasley 55 J7
Plenmeller 74 D7
Pleshey 22 C2
Plockton 96 D2
Plocrapool 105 G2
Plocrapool Point 105 G2
Ploughfield 29 H3
Plowden 32 C2
Ploxgreen 42 E7
Pluckley 14 F4
Plumbland 66 D3
Plumley 53 J6
Plumpton, Cumbr 67 G3
Plumpton, E. Susx 13 G5
Plumpton, Lancs 61 G6
Plumpton Green 13 G5
Plumpton Head 67 H3
Plumstead 49 G4
Plumtree 45 H4
Plungar 45 J4
Plush 9 J4
Plwmp 27 H2
Plymouth 4 E6
Plymstock 4 F6
Plymtree 8 B4
Pockley 63 K1
Pocklington 64 F8
Pode Hole 46 F5
Podimore 9 G2
Podington 36 C4
Podmore 43 J4
Point Clear 23 G2
Pointon 46 E4
Pokesdown 10 C5
Polapit Tamar 4 D3
Polbain 112 A7
Polbathic 4 D6
Polbeth 79 H3
Polebrook 36 D2
Polegate 13 J6
Pole of Itlaw, The 100 F3
Polesworth 44 D7
Polglass 106 F1
Polgooth 3 H4
Poling 12 D6
Polkerris 3 J4
Pollington 55 K2
Polloch 89 J2
Pollokshaws 77 L1
Pollokshields 78 C3
Polmassick 3 H5
Polnessan 77 K6
Polperro 3 L4
Polruan 3 K4
Polsham 17 G6
Polstead 38 F7
Poltalloch 83 H2
Poltimore 5 K2
Polwarth 80 F4
Polyphant 4 C3
Polzeath 3 H2
Ponde 28 F4
Pondersbridge 37 F1
Ponders End 21 H4
Ponsanooth 2 F6
Ponsworthy 5 H4
Pontamman 27 L6
Pontantwn 27 J6
Pontardawe 24 F4
Pontardulais 27 K7
Pontarsais 27 J5
Pont Creuddyn 27 K2
Pont Cyfyng 51 G5
Pontefract 63 H7
Ponteland 75 H6
Ponterwyd 41 G5
Pontesbury 42 F7
Pontfadog 42 D4
Pontfaen, Dyfed 26 E4
Pont-faen, Powys 25 H1
Pont Henri 27 J7
Ponthir 16 E1
Ponthirwaun 27 G3
Pontllanfraith 25 K5
Pontlliw 24 E4
Pont Llogel 41 K2
Pontllyfni 50 D5
Pontlottyn 25 K4
Pontneddfechan 25 H4
Pont Pen-y-benglog 51 F4
Pontrhydfendigaid 41 G7
Pont Rhyd-y-cyff 25 G6
Pontrhydyfen 25 F5
Pont-rhyd-y-groes 41 G6
Pontrilas 29 H5
Pontrobert 42 C6
Pont-rug 50 E4
Ponts Green 13 K5
Pontshill 30 A5
Pont-Sian 27 J3
Pontsticill 25 J3
Pontyates 27 J7
Pontyberem 27 K6
Pontybodkin 52 D8
Pontyclun 25 J6
Pontycymer 25 H5
Pontymister 16 D1
Pont-y-pant 51 G5
Pontypool 29 G7
Pontypridd 25 J5
Pontywaun 25 L5
Pooksgreen 10 E3
Pool 2 E5
Poole 10 B5
Poole Keynes 30 E8
Poolewe 106 D3
Pooley Bridge 67 G4
Poolhill 30 B5
Pool of Muckhart 86 D4
Pool Quay 42 D6
Poorton 9 G5
Popham 19 G6
Poplar 21 H5
Porchfield 11 F5
Poringland 49 H7
Porkellis 2 E6
Porlock 7 J1
Port-an-eorna 96 C2
Port Ann 84 B6
Port Appin 89 L4
Port Askaig 82 D5
Port Bannatyne 77 F1
Portbury 17 G3
Port Carlisle 73 H7
Port Charlotte 82 B6
Portchester 11 H4
Portclair 98 C7
Port Driseach 84 B7
Port Ellen 82 C7
Port Elphinstone 101 G6
Portencross 77 G3
Port Erin 60 N5
Portesham 9 H6
Port e Vullen 60 R2
Port-Eynon 24 C6
Portfield Gate 26 D6
Portgate 4 E3
Portgaverne 3 J1
Port Glasgow 84 F7
Portgordon 100 C2
Portgower 109 J2
Porth 25 J5
Porthallow 3 F7
Porthcawl 25 G7
Porthcurno 2 B7
Port Henderson 106 C4
Porthgain 26 C4
Porthkerry 25 J8
Porthleven 2 E7
Porthllechog 50 D1
Porthmadog 50 E7
Porthmeor 2 C6
Porth Navas 2 F7
Portholland 3 H5
Porthoustock 3 G7
Porthpean 3 J4
Porthtowan 2 E5
Porthyrhyd, Dyfed 28 B4
Porthyrhyd, Dyfed 27 K6
Portincaple 84 E5
Portington 58 B3
Port Isaac 3 H1
Portishead 17 F3
Portknockie 100 D2
Portlethen 93 L2
Portlethen Village 93 L2
Portloe 3 H6
Port Logan 70 B7
Portmahomack 109 H5
Portmeirion 50 E7
Portmellon 3 J5
Port Mholair 111 K4
Port Mor 95 K8
Portmore 10 E5
Port Mulgrave 69 K5
Portnacroish 89 L4
Portnahaven 82 A6
Portnalong 102 E5
Portnaluchaig 96 B7
Portnancon 113 F2
Portobello 87 G7
Port of Menteith 85 H4
Port of Ness 111 K1
Porton 10 C1
Portpatrick 70 B6
Portquin 3 H1
Portreath 2 E5
Portree 103 F4
Portrye 77 G2
Portscatho 3 G6
Portsea 11 H4
Portskerra 114 D3
Portskewett 17 G2
Portslade 12 F6
Portslade-by-Sea 12 F6
Portsmouth 11 H4
Portsoy 100 E2
Port St Mary 60 P5
Port Sunlight 52 E5
Portswood 10 F3
Port Talbot 25 F5
Portway 34 B3
Port Wemyss 82 A6
Port William 70 E7
Portwrinkle 4 D6
Poslingford 38 C6
Postbridge 5 G4
Postcombe 20 B4
Postling 15 H5
Postwick 49 H7
Potarch 93 H2
Potsgrove 36 C8
Potten End 20 E3
Potterhanworth 56 E7
Potter Heigham 49 K6
Potteries, The 43 K3
Potterne 18 A5
Potterne Wick 18 B5
Potters Bar 21 G3
Potter's Cross 33 H2
Potterspury 35 J6
Potter Street 21 J3
Potterton 101 J7
Potto 69 G6
Potton 37 F6
Pott Row 48 C5
Pott Shrigley 53 L6
Poughill, Corn 6 C5
Poughill, Devon 7 J5
Poulshot 18 A5
Poulton 30 F7
Poulton-le-Fylde 61 G6
Pound Bank 33 G3
Pound Hill 13 F3
Poundon 35 H8
Poundsgate 5 H4
Poundstock 4 C2
Powburn 75 G2
Powderham 5 K3
Powerstock 9 G5
Powfoot 73 G7
Powick 33 H5
Powmill 86 D5
Poxwell 9 J6
Poyle 20 E6
Poynings 12 F5
Poyntington 9 H2
Poynton 53 L5
Poynton Green 43 G6
Poystreet Green 38 E5
Praa Sands 2 D7
Pratt's Bottom 21 J7
Praze-an-Beeble 2 E6
Predannack Wollas 2 E8
Prees 43 G4
Preesall 61 G5
Prees Green 43 G4
Preesgweene 42 D4
Prees Higher Heath 43 G4
Prendwick 75 G2
Pren-gwyn 27 J3
Prenteg 50 E6
Prenton 52 E5
Prescot 53 F4
Prescott 42 F5
Pressen 81 G6
Prestatyn 51 K2
Prestbury, Glos 30 D5
Prestbury, Ches 53 L6
Presteigne 32 C4
Presthope 43 G8
Prestleigh 17 H6
Preston, Glos 30 A4
Preston, Wilts 18 B3
Preston, Leic 46 B7
Preston, Glos 30 E7
Preston, Herts 21 F1
Preston, Humbs 59 F3
Preston, Border 81 F4
Preston, E. Susx 13 G6
Preston, Kent 15 J2
Preston, Devon 5 J4
Preston, Dorset 9 J6
Preston, Lancs 61 J7
Preston, Lothn 87 J7
Preston, Northum 81 K7
Preston Bagot 34 C4
Preston Bissett 35 H8
Preston Brockhurst 43 G5
Preston Brook 53 G5
Preston Candover 19 H6
Preston Capes 35 G5
Preston Gubbals 43 F6
Preston on Stour 34 D5
Preston on Wye 29 H3
Prestonpans 87 G7
Preston St Mary 38 E5
Preston-under-Scar 68 C7
Preston upon
the Weald Moors 43 H6
Preston Wynne 29 K3
Prestwich 53 K3
Prestwick, Northum 75 H6
Prestwick, Strath 77 J5
Prestwood 20 C3
Price Town 25 H5
Prickwillow 38 A2
Priddy 17 G5
Priest Hutton 61 J2
Priest Weston 42 D8
Primethorpe 45 G8
Primrose Green 48 F6
Princes Risborough 20 C3
Princethorpe 34 F3
Princetown 5 F4
Priors Hardwick 35 F5
Priors Marston 35 F5
Priory, The 11 H5
Priory Wood 29 G3
Priston 17 H4
Prittlewell 22 E5
Privett 11 H2
Prixford 7 F2
Probus 3 G5
Proncy 109 F4
Prospect 66 D2
Prudhoe 75 G7
Puckeridge 21 H1
Puckington 8 E3
Pucklechurch 17 J3
Puddington, Ches 52 E6
Puddington, Devon 7 J4
Puddledock 38 F1
Puddletown 9 J5
Pudleston 29 K2
Pudsey 63 F6
Pulborough 12 D5
Puleston 43 J5
Pulford 52 E8
Pulham 9 J4
Pulham Market 39 G2
Pulham St Mary 39 H2
Pulloxhill 36 D7
Pulverbatch 42 F7
Pumsaint 27 L3
Puncheston 26 E5
Puncknowle 9 G6
Punnett's Town 13 K4
Purbrook 11 H4
Purfleet 21 K6
Puriton 16 E6
Purleigh 22 E3
Purley on Thames 20 A6
Purley, G. Lon 21 H7
Purlogue 32 B3
Purls Bridge 37 H2
Purse Caundle 9 H3
Purslow 32 C2
Purston Jaglin 55 H2
Purton, Glos 30 A7
Purton, Glos 30 A7
Purton, Wilts 18 B2
Purton Stoke 18 B1
Pury End 35 J6
Pusey 31 H8
Putley 33 F7
Putney 21 G6
Puttenham, Herts 20 C2
Puttenham, Surrey 12 C2
Puxton 16 F4
Pwll 24 C4
Pwllcrochan 26 D7
Pwllheli 50 C7
Pwllmeyric 17 G1
Pwll-y-glaw 25 F5
Pyecombe 13 F5
Pye Corner 16 E2
Pyle, I. of W 11 F7
Pyle, M. Glam 25 G6
Pylle 17 H7
Pymore 37 H2
Pyrford 20 E8
Pyrton 20 A4
Pytchley 36 B3
Pyworthy 6 D5

Q

Quabbs 32 B2
Quadring 47 F4
Quainton 20 B1
Quarley 18 D6
Quarndon 44 E3
Quarrier's Homes 77 J1
Quarrington 46 D3
Quarrington Hill 68 F3
Quarry Bank 33 J2
Quarry, The 30 B8
Quarrywood 100 A2
Quarter 78 E4
Quatford 33 G1
Quatt 33 G2
Quebec 68 D2
Quedgeley 30 C6
Queen Adelaide 37 J2
Queenborough 14 F1
Queen Camel 9 G2
Queen Charlton 17 H4
Queensbury 62 E6
Queensferry, Clwyd 52 E7
Queensferry, Lothn 86 E7
Queenzieburn 85 J7
Quendale 119 F7
Quendon 37 J7
Queniborough 45 H6
Quenington 31 F7
Quernmore 61 J3
Quethiock 4 D5
Quholm 116 B5
Quidenham 38 F2
Quidhampton, Wilts 10 C1
Quidhampton, Hants 19 G5
Quidnish 105 F3
Quilquox 101 J5
Quindry 116 D7
Quine's Hill 60 Q4
Quinton 35 J5
Quoditch 4 E2
Quorndon or Quorn 45 G6
Quorn or Quorndon 45 G6
Quothquan 79 G6
Quoyloo 116 B4
Quoys 121 J1

R

Raby 52 E5
Rachub 51 F4
Rackenford 7 J4
Rackham 12 D5
Rackheath 49 H6
Racks 73 F6
Rackwick, Orkney 116 B7
Rackwick, Orkney 116 D2
Radcliffe, Northum 75 J3
Radcliffe, G. Man 53 J3
Radcliffe on Trent 45 H4
Radclive 35 H7
Radcot 31 G8
Raddery 99 F3
Radernie 87 H4
Radford Semele 34 E4
Radlett 21 F4
Radley 31 K8
Radnage 20 B4
Radstock 17 H5
Radstone 35 G6
Radway 34 E6
Radway Green 43 J2
Radwell 37 F7
Radwinter 38 B7
Radyr 25 K6
Rafford 99 J3
Ragdale 45 H6
Raglan 29 J7
Ragnall 56 C6
Rainford 53 F3
Rainham, Kent 14 E2
Rainham, G. Lon 21 K5
Rainhill 53 F4
Rainow 54 C6
Rainton 63 G2
Rainworth 55 J8
Raisbeck 67 J6
Rait 87 F2
Raithby, Lincs 57 H5
Raithby, Lincs 57 H7
Rake 11 K2
Rame, Corn 4 E7
Rame, Corn 2 F6
Ram Lane 14 F4
Rampisham 9 G4
Rampside 60 F3
Rampton, Notts 56 B6
Rampton, Cambs 37 H4
Ramsbottom 53 J2
Ramsbury 18 D3
Ramscraigs 115 G7
Ramsdean 11 J2
Ramsdell 19 G5
Ramsden 31 H6
Ramsden Bellhouse 22 D4
Ramsden Heath 22 D4
Ramsey, Cambs 37 F2
Ramsey, Essex 39 H7
Ramsey, I. of M 60 R2
Ramseycleuch 73 H2
Ramsey Forty Foot 37 G2
Ramsey Island 22 F3
Ramsey Mereside 37 F2
Ramsey St Mary's 37 F2
Ramsgate 15 K2
Ramsgill 62 E2
Ramshorn 44 B3
Ranby 55 K5
Rand 57 F6
Randwick 30 C7
Ranfurly 84 F8
Rangemore 44 C5
Rangeworthy 17 H2
Ranish 111 J5
Rankinston 77 K6
Ranskill 55 K5
Ranton 43 K5
Ranworth 49 J6
Rapness 116 E2
Rascarrel 71 J7
Raskelf 63 H2
Rassau 25 K3
Rastrick 62 E7
Ratagan 96 E4
Ratby 45 G7
Ratcliffe Culey 44 E8
Ratcliffe on the Wreake 45 H6
Rathen 101 K2
Rathillet 87 G2
Rathmell 62 B4
Ratho 86 E7
Ratho Station 86 E7
Rathven 100 D2
Ratley 34 E6
Ratlinghope 42 F8
Rattar 115 H2
Ratten Row 61 H5
Rattery 5 H5
Rattlesden 38 E5
Rattray 92 C7
Rauceby 46 D3
Raughton Head 67 F2
Raunds 36 C3
Ravenfield 55 H4
Ravenglass 66 C7
Raveningham 49 J8
Ravenscar 65 G2
Ravensdale 60 Q2
Ravensden 36 D5
Ravenseat 68 A6
Ravenshead 45 G2
Ravensmoor 43 H2
Ravensthorpe, W. Yks 55 F1
Ravensthorpe, Northnts 35 H3
Ravenstone, Bucks 36 B5
Ravenstone, Leic 44 F6
Ravenstonedale 67 K6
Ravenstown 61 G2
Ravenstruther 79 G5
Ravensworth 68 D6
Raw 65 G2
Rawcliffe, Humbs 58 A4
Rawcliffe, N. Yks 63 J4
Rawcliffe Bridge 58 B4
Rawdon 62 F6
Rawmarsh 55 H4
Rawreth 22 D4
Rawridge 8 D4
Rawtenstall 62 B7
Raydon 38 F7
Raylees 74 F4
Rayleigh 22 E4
Rayne 22 D1
Reach 37 J4
Read 62 A6
Reading 20 B6
Reading Street 14 F5
Reagill 67 J5
Rearquhar 109 F4
Rearsby 45 H6
Rease Heath 43 H2
Reaster 115 H3
Reawick 119 F4
Reay 114 E3
Rechullin 106 D6
Reculver 15 J2
Redberth 26 E7
Redbourn 21 F2
Redbourne 58 D6
Redbrook 29 K6
Redburn 99 H4
Redcar 69 J4
Redcastle 98 D4
Redcliff Bay 17 F3
Red Dial 66 E2
Redding 86 C7
Reddingmuirhead 86 C7
Reddish 53 K4
Redditch 34 B4
Rede 38 D5
Redenhall 39 H2
Redesdale Camp 74 E4
Redesmouth 74 E5
Redford, Durham 68 C3
Redford, Tays 93 G7
Redfordgreen 73 J2
Redgrave 38 F3
Redhill, Surrey 13 F1
Redhill, Avon 17 F4
Redhill, Grampn 101 F5
Redhill, Grampn 101 G8
Redisham 39 K2
Redland, Orkney 116 C4
Redland, Avon 17 G3
Redlingfield 39 G3
Redlynch, Wilts 10 D2
Redlynch, Somer 9 J1
Redmarley D'Abitot 30 B4
Redmarshall 69 F4
Redmile 45 J4
Redmire 68 C7
Redmoor 3 J3
Rednal 42 E5
Redpath 80 D6
Redpoint 106 C5
Red Rock 53 G3
Red Roses 27 G6
Red Row 75 J4
Redruth 2 F5
Red Street 43 K2
Red Wharf Bay 50 E2
Redwick, Gwent 16 F2
Redwick, Avon 17 G2
Redworth 68 E4
Reed 37 G7
Reedham 49 K7
Reedness 58 B4
Reef 111 F4
Reepham, Lincs 56 E6
Reepham, Norf 49 G5
Reeth 68 C7
Regaby 60 R2

176 Regil Saltburn

Regil 17 G4
Regoul 99 G3
Reiff 112 A7
Reigate 12 F1
Reighton 65 J5
Reiss 115 J4
Rejerrah 3 G4
Relubbus 2 D6
Relugas 99 H4
Remenham 20 B5
Remenham Hill 20 B5
Rempstone 45 G5
Rendcomb 30 E7
Rendham 39 J4
Rendlesham 39 J5
Renfrew 77 L1
Renhold 36 D5
Renishaw 55 H6
Rennington 75 J2
Renton 85 F7
Renwick 67 H2
Repps 49 K6
Repton 44 E5
Resolis 98 E2
Resolven 25 G4
Reston 81 G3
Retew 3 H4
Rettendon 22 D4
Rettendon Place 22 D4
Revesby 57 G7
Rewe 5 K2
Reydon 39 K3
Reymerston 48 F7
Reynalton 26 E7
Reynoldston 24 C5
Rhadmad 40 E6
Rhandirmwyn 28 B3
Rhayader 41 J7
Rhedyn 50 B7
Rheindown 98 D4
Rhes-y-cae 52 C6
Rhewl, Clwyd 42 C3
Rhewl, Clwyd 51 L4
Rhiconich 112 D3
Rhicullen 108 E6
Rhigos 25 H4
Rhilochan 109 F3
Rhiroy 107 G3
Rhiw 40 B1
Rhiwbryfdir 51 F6
Rhiwderin 16 D2
Rhiwlas, Clwyd 42 C4
Rhiwlas, Gwyn 50 E4
Rhiwlas, Gwyn 51 J7
Rhodesia 55 J5
Rhodes Minnis 15 H4
Rhondda 25 H5
Rhonehouse or
Kelton Hill 72 C8
Rhoose 25 J8
Rhos, W. Glam 25 F4
Rhos, Dyfed 27 H4
Rhoscefnhir 50 E3
Rhoscolyn 50 B3
Rhoscrowther 26 D7
Rhosesmor 52 D7
Rhos-fawr 50 C7
Rhosgadfan 50 E5
Rhosgoch, Gwyn 50 D2
Rhos-goch, Powys 29 F3
Rhoshirwaun 50 A8
Rhoslan 50 D6
Rhoslefain 40 E3
Rhosllanerchrugog 42 D3
Rhosmeirch 50 D3
Rhosneigr 50 C3
Rhosnesni 42 E2
Rhos-on-Sea 51 H2
Rhossili 24 C6
Rhosson 26 B5
Rhostrehwfa 50 D3
Rhostryfan 50 D5
Rhostyllen 42 E3
Rhosybol 50 D2
Rhos-y-brithdir 42 C5
Rhos-y-gwaliau 51 J7
Rhos-y-llan 50 B7
Rhu 84 E6
Rhualt 51 K3
Rhuddlan 51 K3
Rhue 107 F2
Rhulen 28 F3
Rhunahaorine 76 C3
Rhyd, Gwyn 51 F6
Rhyd, Powys 41 J3
Rhydargaeau 27 J5
Rhydcymerau 27 K4
Rhydd 33 H6
Rhyd-Ddu 50 E5
Rhydding 25 F5
Rhyd-foel 51 J3
Rhydlewis 27 H3
Rhydlios 50 A7
Rhydlydan 51 H5
Rhydowen 27 J3
Rhyd-Rosser 40 E7
Rhydtalog 42 D2
Rhydwyn 50 C2
Rhyd-y-clafdy 50 C7
Rhydycroesau 42 D4
Rhydyfelin, Dyfed 40 E6
Rhydyfelin, M. Glam 25 J6
Rhyd-y-fro 24 F4
Rhydymain 41 H1
Rhydymwyn 52 D7
Rhyd-yr-onen 40 F3
Rhyl 51 K2
Rhymney 25 K4
Rhynd 86 E2
Rhynie 100 D6
Ribbesford 33 G3
Ribble Head 62 A2
Ribbleton 61 J6
Ribchester 61 K6
Riby 59 F6
Riccall 63 K6
Riccarton 77 K4
Richards Castle 32 D4
Richmond, N. Yks 68 D6
Richmond, G. Lon 21 F6
Rickarton 93 K3
Rickinghall 38 F3
Rickling 37 H7
Rickmansworth 20 E4
Riddell 80 D7
Riddlecombe 7 G4
Riddlesden 62 D5
Ridge, Wilts 10 A1
Ridge, Dorset 10 A6
Ridge, Herts 21 G3
Ridge Lane 44 D8
Ridgeway Cross 33 G6
Ridgewell 38 C6
Ridgewood 13 H5
Ridgmont 36 C7
Riding Mill 75 G7
Ridlington, Leic 46 B7
Ridlington, Norf 49 J4
Ridsdale 74 F5
Rienachait 112 B5
Rievaulx 63 J1
Rigg 73 H7
Riggend 85 K7
Rigside 79 F6
Rileyhill 44 C6
Rilla Mill 4 C4
Rillington 64 F5
Rimington 62 B5
Rimpton 9 H2
Rimswell 59 H4
Rinaston 26 D5
Ringasta 119 F7
Ringford 71 H6
Ringland 49 G6
Ringmer 13 H5
Ringmore 5 G7
Ring's End 47 G7
Ringsfield 39 K2
Ringshall, Herts 20 D2
Ringshall, Suff 38 F5
Ringshall Stocks 38 F5
Ringstead, Norf 48 C3
Ringstead, Northnts 36 C3
Ringwood 10 C4
Ringwould 15 K4
Rinmore 100 D7
Rinnigill 116 C7
Rinsey 2 D7
Ripe 13 J5
Ripley, Hants 10 C5
Ripley, Surrey 12 D1
Ripley, Derby 44 F2
Ripley, N. Yks 63 F3
Riplingham 58 D3
Ripon 63 G2
Rippingale 46 D5
Ripple, H. & W 33 H7
Ripple, Kent 15 K3
Ripponden 54 D2
Rireavach 106 F2
Risabus 82 C7
Risbury 29 K2
Risby, Suff 38 D4
Risby, Humbs 58 D5
Risca 16 D1
Rise 59 F2
Risegate 46 F5
Riseley, Berks 20 B7
Riseley, Beds 36 D4
Rishangles 39 G4
Rishton 61 L6
Rishworth 54 D2
Rising Bridge 62 A7
Risley, Derby 45 F4
Risley, Ches 53 H4
Risplith 63 F3
Rivar 18 E4
Rivenhall End 22 E2
River Bank 37 J4
Riverhead 13 J1
Rivington 53 H2
Roachill 7 J3
Roade 35 J5
Roadmeetings 79 F5
Roadside 115 G3
Roadside of Catterline 93 K4
Roadside of Kinneff 93 K4
Roadwater 16 B7
Roag 102 D4
Roath 25 K7
Robbingworth 21 K3
Roberton, Strath 79 G7
Roberton, Border 73 K2
Robertsbridge 13 L4
Roberttown 62 E7
Robeston Cross 26 C7
Robeston Wathen 26 E6
Robin Hood's Bay 65 G2
Roborough 7 F4
Roby Mill 53 G3
Rocester 44 C4
Roch 26 C5
Rochdale 53 K2
Roche 3 H3
Rochester, Kent 14 D2
Rochester, Northum 74 E4
Rochford, Essex 22 E4
Rochford, H. & W 33 F4
Rock, H. & W 33 G3
Rock, Corn 3 H2
Rock, Northum 75 J1
Rockbeare 8 B5
Rockbourne 10 C3
Rockcliffe, Cumbr 73 J7
Rockcliffe, D. & G 71 K6
Rock Ferry 52 E5
Rockfield, Highld 109 H5
Rockfield, Gwent 29 J6
Rockhampton 30 A8
Rockingham 36 B1
Rockland All Saints 48 E8
Rockland St Mary 49 J7
Rockland St Peter 48 E8
Rockley 18 C3
Rockwell End 20 B5
Rodbourne 18 A2
Rodd 32 C4
Roddam 75 G1
Rodden 9 H6
Rode 17 K5
Rodeheath, Ches 53 K7
Rode Heath, Ches 53 K8
Rodel 104 F3
Roden 43 G6
Rodhuish 16 B7
Rodington 43 G6
Rodley 30 B6
Rodmarton 30 D8
Rodmell 13 H6
Rodmersham 14 F2
Rodney Stoke 17 F5
Rodsley 44 D3
Roecliffe 63 G3
Roehampton 21 G6
Roewen 51 G3
Roffey 12 E3
Rogart 109 F3
Rogate 11 K2
Rogerstone 16 D2
Rogerton 78 D4
Rogiet 17 F2
Roker 75 L8
Rollesby 49 K6
Rolleston, Staffs 44 D5
Rolleston, Notts 45 J2
Rolleston, Leic 45 J7
Rolston 59 G2
Rolvenden 14 E5
Rolvenden Layne 14 E5
Romaldkirk 68 B4
Romanby 69 F7
Romannobridge 79 J5
Romansleigh 7 H3
Romford 21 K5
Romiley 53 L4
Romsey 10 E2
Romsley, H. & W 34 A2
Romsley, Shrops 33 G2
Ronague 60 P4
Rookby 67 L5
Rookhope 68 B2
Rookley 11 G6
Rooks Bridge 16 E5
Roos 59 G3
Roosebeck 60 F3
Rootpark 79 G4
Ropley 11 H1
Ropley Deane 11 H1
Ropsley 46 C4
Rora 101 K3
Rorrington 42 E7
Rose 2 F4
Roseacre 61 H6
Rose Ash 7 H3
Rosebank 79 F5
Rosebush 26 E5
Rosedale Abbey 64 E3
Roseden 81 J7
Rosehall 108 C3
Rosehearty 101 J2
Rosehill 43 H4
Roseisle 99 K2
Rosemarket 26 D7
Rosemarkie 99 F3
Rosemary Lane 8 C3
Rosemount, Tays 92 C7
Rosemount, Strath 77 J5
Rosenannon 3 H3
Rosewell 79 K3
Roseworthy 2 E6
Rosgill 67 H5
Roshven 96 C8
Roskhill 102 D4
Rosley 66 F2
Roslin 79 K3
Rosliston 44 D6
Rosneath 84 E6
Ross, D. & G 71 H7
Ross, Northum 81 K6
Rossett 52 E8
Rossington 55 K4
Rossland 85 G7
Ross-on-Wye 29 L5
Roster 115 H6
Rostherne 53 J5
Rosthwaite 66 E5
Roston 44 C3
Rosyth 86 E6
Rothbury 75 G3
Rotherby 45 H6
Rotherfield 13 J4
Rotherfield Greys 20 B5
Rotherfield Peppard 20 B5
Rotherham 55 H4
Rothersthorpe 35 J5
Rotherwick 19 J5
Rothes 100 B4
Rothesay 77 F1
Rothiebrisbane 101 G5
Rothienorman 101 G5
Rothiesholm 117 F4
Rothley 45 G6
Rothmaise 101 F5
Rothwell, Northnts 36 B2
Rothwell, Lincs 59 F7
Rothwell, W. Yks 63 G7
Rotsea 65 H7
Rottal 92 E5
Rottingdean 13 G6
Rottington 66 B5
Roud 11 G6
Rougham 48 D5
Rougham Green 38 E4
Roughburn 90 E3
Rough Close 43 L4
Rough Common 15 H3
Roughlee 62 B5
Roughley 44 C8
Roughsike 74 B6
Roughton, Lincs 57 G7
Roughton, Norf 49 H4
Roughton, Shrops 43 J8
Roundhay 63 G6
Roundstreet Common 12 D4
Roundway 18 B4
Rounton 69 G6
Rousdon 8 D5
Rous Lench 34 B5
Routh 59 E2
Row, Cumbr 67 G8
Row, Corn 3 J2
Rowanburn 73 K6
Rowde 18 A4
Rowfoot 74 C7
Rowhedge 23 G1
Rowhook 12 E3
Rowington 34 D4
Rowland 54 F6
Rowland's Castle 11 J3
Rowlands Gill 75 H8
Rowledge 19 K6
Rowlestone 29 H5
Rowley 42 E7
Rowley Regis 34 A2
Rowly 12 D2
Rowney Green 34 B3
Rownhams 10 E3
Rowsham 20 C2
Rowsley 55 F7
Rowston 46 D2
Rowton, Ches 52 F7
Rowton, Shrops 43 H6
Roxburgh 80 E6
Roxby, Humbs 58 D5
Roxby, N. Yks 69 K5
Roxton 36 E5
Roxwell 22 C3
Royal British Legion
Village 13 L1
Royal Leamington Spa 34 E4
Royal Tunbridge Wells 13 J3
Roybridge 90 D3
Roydon, Norf 48 C5
Roydon, Norf 39 F2
Roydon, Essex 21 J2
Royston, S. Yks 55 G2
Royston, Herts 37 G6
Royton 53 L3
Ruabon 42 E3
Ruaig 88 B4
Ruan Lanihorne 3 G5
Ruan Minor 2 F8
Ruardean 29 L6
Ruardean Woodside 29 L6
Rubery 34 A3
Rubha Bhocaig 105 G2
Rubha Cam nan Gall 104 D7
Rubha Crago 105 H2
Rubh' Aird-mhicheil 94 C2
Ruckcroft 67 H2
Ruckinge 15 G5
Ruckland 57 H6
Ruckley 43 G7
Ruddington 45 G4
Rudge 17 K5
Rudgeway 17 H2
Rudgwick 12 D3
Rudhall 29 L5
Rudloe 17 K4
Rudry 25 K6
Rudston 65 H6
Rudyard 54 C8
Rufford 52 F2
Rufforth 63 J4
Rugby 35 G3
Rugeley 44 B6
Ruilick 98 D4
Ruisgarry 104 E3
Ruishton 8 D2
Ruislip 20 E5
Ruislip Common 20 E5
Rumbling Bridge 86 D5
Rumburgh 39 J2
Rumford 3 G2
Rumney 25 L7
Runcorn 53 G5
Runcton 11 K4
Runcton Holme 48 B7
Runfold 19 K6
Runhall 48 F7
Runham 49 K6
Runnington 8 C2
Runswick Bay 69 L5
Runwell 22 D4
Ruscombe 20 B6
Rushall, H. & W 30 A4
Rushall, W. Mids 44 B7
Rushall, Wilts 18 C5
Rushall, Norf 39 G2
Rushbrooke 38 D4
Rushbury 32 E1
Rushden, Northnts 36 C4
Rushden, Herts 37 G7
Rushford 38 E2
Rush Green 21 K5
Rushlake Green 13 K5
Rushmere 39 K2
Rushmere St Andrew 39 H6
Rushmoor 19 K6
Rushock 33 H3
Rusholme 53 K4
Rushton, Northnts 36 B2
Rushton, Ches 53 G7
Rushton, Shrops 43 H7
Rushton Spencer 53 L7
Rushwick 33 H5
Rushyford 68 E4
Ruskie 85 J4
Ruskington 46 D2
Rusland 61 G1
Rusper 12 F3
Ruspidge 30 A6
Russell's Water 20 B5
Rustington 12 D6
Ruston Parva 65 H6
Ruswarp 65 F2
Rutherford 80 E6
Rutherglen 78 C3
Ruthernbridge 3 J3
Ruthin 52 C8
Ruthrieston 101 J8
Ruthven, Tays 92 D7
Ruthven, Grampn 100 E4
Ruthven, Highld 99 G5
Ruthvoes 3 H3
Ruthwell 73 G7
Ruyton-X1-Towns 42 E5
Ryal 75 G6
Ryal Fold 61 K7
Ryall 8 F5
Ryarsh 14 C3
Rydal 66 F6
Ryde 11 G5
Rye 14 F6
Rye Foreign 14 F6
Rye Harbour 14 F7
Ryhall 46 D6
Ryhill 55 G2
Ryhope 69 G1
Rylstone 62 C4
Ryme Intrinseca 9 G3
Ryther 63 J6
Ryton, Glos 30 B4
Ryton, N. Yks 64 E5
Ryton, T. & W 75 H7
Ryton, Shrops 43 J7
Ryton-on-Dunsmore 34 E3

S

Saasaig 96 B5
Sabden 62 A6
Sacombe 21 H2
Sacriston 68 E2
Sadberge 69 F5
Saddell 76 C4
Saddington 35 H1
Saddle Bow 4 B6
Saddlethorpe 58 C4
Sadgill 67 G6
Saffron Walden 37 J7
Saham Toney 48 E7
Saighton 52 F7
St Abbs 81 H3
St Agnes 2 F4
St Albans 21 F3
St Allen 3 G4
St Andrews 87 J3
St Andrews Major 25 K7
St Annes 61 G7
St Ann's 73 F4
St Ann's Chapel, Corn 4 E4
St Ann's Chapel, Devon 5 G7
St Anthony-in-Meneage 3 F7
St Arvans 29 K8
St Asaph or Llanelwy 51 K3
St Athan 25 J8
St Austell 3 J4
St Bees 66 B5
St Blazey 3 J4
St Boswells 80 D6
St Breock 3 H2
St Breward 3 J2
St Briavels 29 K7
St Brides 26 B6
St Bride's Major 25 G7
St Bride's-super-Ely 25 J7
St Brides Wentlooge 16 D2
St Budeaux 4 E6
Saintbury 34 C7
St Buryan 2 C7
St Catherine 17 J3
St Catherines 84 D4
St Clears 27 G6
St Cleer 3 L3
St Clement 3 G5
St Clether 4 C3
St Colmac 76 F1
St Columb Major 3 H3
St Columb Minor 3 G3
St Columb Road 3 H4
St Combs 101 K2
St Cross South Elmham 39 H2
St Cyrus 93 J5
St David's, Dyfed 26 B5
St David's, Tays 86 C2
St Davids, Fife 86 E6
St Day 2 F5
St Dennis 3 H4
St Dogmaels 26 F3
St Dominick 4 E5
St Donats 25 H8
St Endellion 3 H2
St Enoder 3 G4
St Erme 3 G5
St Erth 2 D6
St Erth Praze 2 D6
St Ervan 3 G2
St Eval 3 G3
St Ewe 3 H5
St Fagans 25 K7
St Fergus 101 K3
St Fillans 85 J2
St Florence 26 E7
St Gennys 4 B2
St George 51 J3
St Georges, Avon 16 E4
St George's, S. Glam 25 K7
St Germans 4 D6
St Giles in the Wood 7 F4
St Giles on the Heath 4 D2
St Harmon 41 J6
St Helen Auckland 68 D4
St Helens, Mers 53 G4
St Helens, I. of W 11 H6
St Hilary, Corn 2 D6
St Hilary, S. Glam 25 J7
Saint Hill 13 G3
St Illtyd 25 L4
St Ippollitts 36 E8
St Ishmael's 26 C7
St Issey 3 H2
St Ive 4 D5
St Ives, Dorset 10 C4
St Ives, Corn 2 D5
St Ives, Cambs 37 G3
St James South Elmham 39 J2
St John 4 E6
St Johns, H. & W 33 H5
St John's, I. of M 60 P3
St John's Chapel 68 A3
St John's Fen End 47 J6
St John's Highway 47 J6
St John's Town of Dalry 72 B5
St Judes 60 Q2
St Just 2 B6
St Just in Roseland 3 G6
St Katherines 101 G5
St Keverne 3 F7
St Kew 3 J2
St Kew Highway 3 J2
St Keyne 3 L3
St Lawrence, Essex 23 F3
St Lawrence, I. of W 11 G7
St Lawrence, Corn 3 J3
St Leonards, Dorset 10 C4
St Leonards, Bucks 20 D3
St Leonards, E. Susx 14 D8
St Leven 2 B7
St Lythans 25 K7
St Mabyn 3 J2
St Margarets 29 H4
St Margaret's at Cliffe 15 K4
St Margaret's Hope 116 D7
St Margaret
South Elmham 39 J2
St Mark's 60 P4
St Martin, Corn 4 C6
St Martin, Corn 2 F7
St Martins, Tays 86 E1
St Martin's, Shrops 42 E4
St Mary Bourne 18 F5
St Mary Church 25 J7
St Mary Cray 21 J7
St Mary Hill 25 H7
St Mary Hoo 14 E1
St Mary in the Marsh 15 G6
St Mary's 116 D6
St Mary's Bay 15 G6
St Mawes 3 G6
St Mawgan 3 G3
St Mellion 4 D5
St Mellons 16 D2
St Merryn 3 G2
St Mewan 3 H4
St Michael Caerhays 3 H5
St Michael Penkevil 3 G5
St Michaels, H. & W 32 E4
St Michaels, Kent 14 E5
St Michael's on Wyre 61 H5
St Michael
South Elmham 39 J2
St Minver 3 H2
St Monance 87 J4
St Neot 3 K3
St Neots 36 E4
St Newlyn East 3 G4
St Nicholas, Dyfed 26 D4
St Nicholas, S. Glam 25 J7
St Nicholas at Wade 15 J2
St Ninians 85 K5
St Osyth 23 H2
St Owen's Cross 29 K5
St Paul's Cray 21 J7
St Paul's Walden 21 F1
St Peter's 15 K2
St Petrox 26 D8
St Pinnock 3 L3
St Quivox 77 J5
St Stephen 3 H4
St Stephens, Corn 4 D3
St Stephens, Corn 4 E6
St Teath 3 J1
St Tudy 3 J2
St Twynnells 26 D8
St Vigeans 93 H7
St Wenn 3 H3
St Weonards 29 J5
St Winnow 3 K4
Salcombe 5 H8
Salcombe Regis 8 C6
Salcott 22 F2
Sale 53 J4
Saleby 57 J6
Sale Green 33 J5
Salehurst 13 L4
Salem, Dyfed 41 F5
Salem, Dyfed 27 L5
Salen, Strath 89 G4
Salen, Highld 89 H2
Salesbury 61 K6
Salford, Beds 36 C7
Salford, Oxon 31 G5
Salford, G. Man 53 K4
Salford Priors 34 B5
Salfords 13 F2
Salhouse 49 H6
Saline 86 D5
Salisbury 10 C2
Sallachy 96 E2
Salle 49 G5
Salmonby 57 H6
Salperton 30 E5
Salph End 36 D5
Salsburgh 79 F3
Salt 44 A5
Saltash 4 E6
Saltburn 99 F2

Saltburn-by-the-Sea
Skinflats
177

Saltburn-by-the-Sea 69 J4
Saltby 46 B5
Saltcoats 77 H3
Saltdean 13 G6
Salter 61 K3
Salterforth 62 B5
Salterswall 53 H7
Saltfleet 57 J4
Saltfleetby All Saints 57 J4
Saltfleetby St Clement 57 J4
Saltfleetby St Peter 57 J5
Saltford 17 H4
Salthaugh Grange 59 G4
Salthouse 48 F3
Saltmarshe 58 B4
Salton 64 E4
Saltwood 15 H5
Salum 88 B4
Salwarpe 33 H4
Salwayash 9 F5
Samala 104 C5
Sambourne 34 B4
Sambrook 43 J5
Samlesbury 61 J6
Samlesbury Bottoms 61 K7
Sampford Arundel 8 C3
Sampford Brett 16 B6
Sampford Courtenay 7 G5
Sampford Peverell 8 B3
Sampford Spiney 5 F4
Samuelston 87 H7
Sanachan 96 D1
Sancreed 2 C7
Sand, Highld 106 E2
Sand, Shetld 119 F4
Sandaig 96 C5
Sandbach 53 J7
Sandbank 84 D6
Sandbanks 10 B6
Sandend 100 E2
Sanderstead 21 H7
Sandford, Dorset 10 A6
Sandford, Strath 78 E5
Sandford, Avon 17 F5
Sandford, Devon 7 J5
Sandford, Cumbr 67 K5
Sandfordhill 101 L4
Sandford-on-Thames 31 K7
Sandford Orcas 9 H2
Sandford St Martin 31 J5
Sandgate 15 J5
Sandgreen 71 G6
Sandhaven 101 J2
Sandhead 70 B6
Sandhoe 75 F7
Sandholme, Humbs 58 C3
Sandholme, Lincs 47 G4
Sandhurst, Glos 30 C5
Sandhurst, Berks 20 C7
Sandhurst, Kent 14 D6
Sand Hutton, N. Yks 64 D7
Sandhutton, N. Yks 63 G1
Sandiacre 45 F4
Sandilands 57 K5
Sandiway 53 H6
Sandleheath 10 C3
Sandleigh 31 J7
Sandling 14 D3
Sandness 118 D3
Sandon, Essex 22 D3
Sandon, Herts 37 G7
Sandon, Staffs 43 L5
Sandown 11 G6
Sandplace 3 L4
Sandridge 21 F2
Sandringham 48 B5
Sandsend 69 L5
Sandsound 119 F4
Sandtoft 58 B6
Sandwich 15 K3
Sandwick, W. Isles 104 D7
Sandwick, Cumbr 67 G5
Sandwick, Shetld 119 G6
Sandwick, W. Isles 111 J4
Sandwick, Orkney 115 K1
Sandwith 66 B5
Sandy 36 E6
Sandycroft 52 E7
Sandygate 60 Q2
Sandyhills 66 A1
Sandy Lane 18 A4
Sangobeg 113 F2
Sannox 76 F3
Sanquhar 72 C3
Santon 58 D3
Santon Bridge 66 D6
Santon Downham 38 D2
Sapcote 45 F8
Sapey Common 33 G4
Sapiston 38 E3
Sapperton, Lincs 46 D4
Sapperton, Glos 30 D7
Saracen's Head 47 G5
Sarclet 115 J5
Sarisbury 11 G4
Sarn, Powys 32 B1
Sarn, M. Glam 25 H6
Sarnau, Powys 42 D6
Sarnau, Dyfed 27 H2
Sarnau, Dyfed 27 H6
Sarnau, Gwyn 51 J7
Sarn Bach 40 C1
Sarnesfield 29 H2
Sarn Meyllteyrn 50 B7
Saron, Dyfed 27 H4
Saron, Dyfed 27 L6
Sarratt 20 E4
Sarre 15 J2
Sarsden 31 G5
Satley 68 D2
Satterleigh 7 G3
Satterthwaite 66 F7
Sauchen 101 G7
Saucher 87 E1
Sauchieburn 93 H5
Sauchrie 77 J6
Saughall 52 E6
Saughtree 74 B4
Saul 30 B7
Saundby 56 B5
Saundersfoot 26 F7
Saunderton 20 B3
Saunton 6 E2
Sausthorpe 57 H7
Saval 108 D3
Savon Street 38 B5
Sawbridgeworth 21 J2
Sawdon 65 G4
Sawley, Lancs 62 A5
Sawley, N. Yks 63 F3
Sawley, Derby 45 F4
Sawrey 67 F7
Sawston 37 H6
Sawtry 36 E2
Saxby, Leic 46 B5
Saxby, Lincs 56 E5
Saxby All Saints 58 D5
Saxelbye 45 J5
Saxilby 56 C6
Saxlingham 48 F4
Saxlingham Nethergate 49 H8
Saxmundham 39 J4
Saxondale 45 H4
Saxtead 39 H4
Saxtead Green 39 H4
Saxthorpe 49 G4
Saxton 63 H6
Sayers Common 12 F5
Scackleton 63 K2
Scadabay 105 G2
Scaftworth 55 K4
Scagglethorpe 64 F5
Scalasaig 82 C2
Scalby 65 H3
Scaldwell 35 J3
Scaleby 73 K7
Scaleby Hill 73 K7
Scale Houses 67 H2
Scales, Cumbr 60 F2
Scales, Cumbr 66 F4
Scalford 45 J5
Scaling 69 K5
Scalloway 119 G5
Scamblesby 57 G6
Scampston 64 F5
Scampton 56 D6
Scarastavore 104 F2
Scarborough 65 H4
Scarcliffe 55 H7
Scarcroft 63 G5
Scardroy 98 A3
Scarfskerry 115 H2
Scargill 68 C5
Scarinish 88 B4
Scarisbrick 52 E2
Scarning 48 E6
Scrrington 45 J3
Scarth Hill 52 F3
Scartho 59 G6
Scaur or Kippford 71 K6
Scawby 58 D6
Scawton 63 J1
Scayne's Hill 13 G4
Scethrog 25 K2
Scholar Green 53 K8
Scholes, W. Yks 54 E3
Scholes, W. Yks 63 G6
Scleddau 26 D4
Scole 39 G3
Scolpaig 104 C4
Scolton 26 D5
Sconser 103 G5
Scoor 88 F7
Scopwick 56 E8
Scoraig 106 F2
Scorborough 58 E2
Scorrier 2 F5
Scorton, N. Yks 68 E6
Scorton, Lancs 61 J5
Sco Ruston 49 H5
Scotasay 105 G2
Scotby 67 G1
Scotch Corner 68 E6
Scotforth 61 H4
Scothern 56 E6
Scotland Gate 75 J5
Scotlandwell 86 E4
Scotsburn 109 F6
Scots' Gap 75 G5
Scots Hole 57 F7
Scotstown 89 K2
Scottas 96 C5
Scotter 58 C6
Scotterthorpe 58 C6
Scotton, Lincs 58 C7
Scotton, N. Yks 68 D7
Scotton, N. Yks 63 G4
Scottow 49 H5
Scoughall 87 K6
Scoulton 48 E7
Scourie 112 C4
Scousburgh 119 F7
Scrabster 115 F2
Scrainwood 75 F3
Scrane End 47 G3
Scraptoft 45 H7
Scratby 49 L6
Scrayingham 64 E6
Screapadal 106 A7
Scredington 46 D3
Scremby 57 J7
Scremerston 81 J5
Scriven 63 G4
Scrooby 55 K4
Scropton 44 C4
Scrub Hill 47 F2
Scruton 68 F7
Sculthorpe 48 D4
Scunthorpe 58 C5
Scurlage 24 C6
Seaborough 9 F4
Seacombe 52 E4
Seacroft 57 K7
Seaford 13 H7
Seaforth 52 E4
Seaforth Head 111 G6
Seagrave 45 H6
Seaham 69 G2
Seahouses 81 L6
Seal 13 J1
Sealand 52 E7
Seamer, N. Yks 69 G5
Seamer, N. Yks 65 H4
Seamill 77 H3
Sea Palling 49 K5
Searby 58 E6
Seasalter 15 G2
Seascale 66 C6
Seathorne 57 K7
Seathwaite, Cumbr 66 E5
Seathwaite, Cumbr 66 E7
Seaton, Cumbr 66 C3
Seaton, Leic 46 C8
Seaton, Devon 8 D5
Seaton, Corn 4 D6
Seaton, Humbs 59 F2
Seaton, Durham 69 F2
Seaton, Northum 75 K6
Seaton Burn 75 J6
Seaton Carew 69 H4
Seaton Delaval 75 K6
Seaton Ross 58 B2
Seaton Sluice 75 K6
Seatown 9 F5
Seave Green 69 H6
Seaview 11 H5
Seavington St Mary 8 E3
Seavington St Michael 8 F3
Sebastapol 29 G8
Sebergham 66 F2
Seckington 44 D7
Sedbergh 67 J7
Sedbury 29 K8
Sedbusk 68 A7
Sedgeberrow 34 B7
Sedgebrook 46 B4
Sedgefield 69 F4
Sedgeford 48 C4
Sedgehill 9 K2
Sedgley 43 L8
Sedgwick 61 J1
Sedlescombe 14 D7
Seend 18 A4
Seend Cleeve 18 A4
Seer Green 20 D4
Seething 49 J8
Sefton 52 E3
Seghill 75 J6
Seifton 32 D2
Seighford 43 K5
Seilebost 105 F2
Seion 50 E7
Seisdon 43 K8
Seisiadar 111 K4
Selattyn 42 D4
Selborne 11 J1
Selby 63 K6
Selham 12 C4
Selkirk 80 C7
Sellack 29 K5
Sellafirth 121 H3
Sellindge 15 H5
Selling 15 G3
Sells Green 18 A4
Selly Oak 34 B2
Selmeston 13 J6
Selsdon 21 H7
Selsey 11 K5
Selsfield Common 13 G3
Selside, N. Yks 62 A2
Selside, Cumbr 67 H7
Selston 45 F2
Selworthy 7 K1
Semer 38 F6
Semington 17 K4
Semley 9 K2
Send 12 D1
Senghenydd 25 K5
Sennen 2 B7
Sennen Cove 2 B7
Sennybridge 25 H2
Sereveton 45 J3
Sessay 63 H2
Setchey 48 B6
Setley 10 E4
Setter 121 G4
Settiscarth 116 C5
Settle 62 B3
Settrington 64 F5
Sevenhampton, Wilts 18 D1
Sevenhampton, Glos 30 E5
Seven Kings 21 J5
Sevenoaks 13 J1
Sevenoaks Weald 13 J1
Seven Sisters 25 G4
Severn Beach 17 G2
Severn Stoke 33 H6
Sevington 15 G4
Sewards End 37 J7
Sewerby 65 J6
Seworgan 2 F6
Sewstern 46 B5
Sezincote 31 F4
Shabbington 20 A3
Shackerstone 44 E7
Shackleford 12 C2
Shader 111 H2
Shadforth 69 F2
Shadingfield 39 K2
Shadoxhurst 15 F5
Shaftesbury 9 K2
Shafton 55 G2
Shalbourne 18 E4
Shalcombe 10 E6
Shalden 19 H6
Shaldon 5 K4
Shalfleet 10 F6
Shalford, Essex 38 C8
Shalford, Surrey 12 D2
Shalford Green 38 C8
Shalmsford Street 15 H3
Shalstone 35 H7
Shamley Green 12 D2
Shandon 84 E6
Shandwick 109 G6
Shangton 45 J8
Shanklin 11 G6
Shanquhar 100 E5
Shap 67 H5
Shapwick, Dorset 10 A4
Shapwick, Somer 16 F7
Shardlow 44 F4
Shareshill 43 L7
Sharlston 55 G2
Sharnbrook 36 C5
Sharnford 35 F1
Sharoe Green 61 J6
Sharow 63 G2
Sharpenhoe 36 D7
Sharperton 74 F3
Sharpness 30 A7
Sharpthorne 13 G3
Sharrington 48 F4
Shatterford 33 G2
Shaugh Prior 5 F5
Shavington 43 H2
Shaw, Berks 19 F4
Shaw, Wilts 17 K4
Shaw, G. Man 53 L3
Shawbost 111 G3
Shawbury 43 G5
Shawell 35 G2
Shawford 11 F2
Shawforth 53 K1
Shawhead 72 D6
Shaw Mills 63 F3
Shearsby 35 H1
Shebbear 6 E5
Shebdon 43 J5
Shebster 115 F3
Shedfield 11 G3
Sheen 54 E7
Sheepscombe 30 C6
Sheepstor 5 F5
Sheepwash 6 E5
Sheepy Magna 44 E7
Sheepy Parva 44 E7
Sheering 21 K2
Sheerness 14 F1
Sheet 11 J2
Sheffield 55 G5
Sheffield Bottom 20 A7
Shefford 36 E7
Sheinton 43 H7
Shelderton 32 D3
Sheldon, W. Mids 34 C2
Sheldon, Devon 8 C4
Sheldon, Derby 54 E7
Sheldwich 15 G3
Shelf 62 E7
Shelfanger 39 G2
Shelfield 44 B7
Shelford 45 H3
Shelley 54 F2
Shellingford 31 H8
Shellow Bowells 22 C3
Shelsley Beauchamp 33 G4
Shelsley Walsh 33 G4
Shelton, Northnts 36 D4
Shelton, Norf 39 H1
Shelton, Notts 45 J3
Shelton Green 39 H1
Shelve 42 E8
Shelwick 29 K3
Shenfield 22 C4
Shenington 34 E6
Shenley 21 F3
Shenley Brook End 36 B7
Shenleybury 21 F3
Shenley Church End 36 B7
Shenmore 29 H4
Shenstone, Staffs 44 C7
Shenstone, H. & W 33 H3
Shenton 44 E7
Shenval, Grampn 100 B6
Shenval, Highld 98 C6
Shepherd's Green 20 B5
Shepherdswell or Sibertswold 15 J4
Shepley 54 E3
Shepperdine 29 L8
Shepperton 20 E7
Shepreth 37 G6
Shepshed 45 F6
Shepton Beauchamp 8 F3
Shepton Mallet 17 H6
Shepton Montague 9 H1
Shepway 14 D3
Sheraton 69 G3
Sherborne, Glos 31 F6
Sherborne, Dorset 9 H3
Sherborne St John 19 H5
Sherbourne 34 D4
Sherburn, Durham 68 F2
Sherburn, N. Yks 65 G5
Sherburn in Elmet 63 H6
Shere 12 D2
Shereford 48 D5
Sherfield English 10 D2
Sherfield on Loddon 20 A8
Sherford 5 H7
Sheriffhales 43 J6
Sheriff Hutton 63 K3
Sheringham 49 G3
Sherington 36 B6
Shernborne 48 C4
Sherrington 18 A7
Sherston 17 K2
Sherwood Green 7 F3
Shettpeston 78 D3
Shevington 53 G3
Shevington Moor 53 G2
Sheviock 4 D6
Shiel Bridge 96 E4
Shieldaig, Highld 106 D4
Shieldaig, Highld 106 D6
Shieldhill 86 B7
Shielfoot 89 H1
Shifnal 43 J7
Shilbottle 75 H3
Shildon 68 E4
Shillingford, Oxon 19 G1
Shillingford, Devon 7 K3
Shillingford St George 5 K3
Shillingstone 9 K3
Shillington 36 E7
Shillmoor 74 E3
Shiltenish 111 G6
Shilton, Warw 34 F2
Shilton, Oxon 31 G7
Shimpling, Suff 38 D5
Shimpling, Norf 39 G2
Shimpling Street 38 D5
Shiney Row 68 F1
Shinfield 20 B7
Shinness 113 G7
Shipbourne 13 J1
Shipdham 48 E7
Shipham 17 F5
Shiphay 5 J5
Shiplake 20 B6
Shipley, W. Susx 12 E4
Shipley, W. Yks 62 E6
Shipley, Shrops 43 K8
Shipmeadow 39 J1
Shippon 31 J8
Shipston-on-Stour 34 D6
Shipton, Shrops 32 E1
Shipton, Glos 30 E6
Shipton, N. Yks 63 J4
Shipton Bellinger 18 D6
Shipton Gorge 9 F5
Shipton Green 11 K5
Shipton Moyne 17 K2
Shipton-on-Cherwell 31 J6
Shiptonthorpe 58 C2
Shipton-under-Wychwood 31 G6
Shirburn 20 A4
Shirdley Hill 52 E2
Shirebrook 55 J7
Shirehampton 17 G3
Shiremoor 75 K6
Shirenewton 29 J8
Shire Oak 44 B7
Shireoaks 55 J5
Shirkoak 14 F5
Shirland 55 G8
Shirley, W. Mids 34 C3
Shirley, Derby 44 D3
Shirley, Hants 10 F3
Shirl Heath 29 J2
Shirrell Heath 11 G3
Shirwell 7 F2
Shiskine 76 E4
Shobdon 32 D4
Shobrooke 7 J5
Shocklach 42 F3
Shoeburyness 22 F5
Sholden 15 K3
Sholing 11 F3
Sholver 54 C3
Shop, Corn 6 C4
Shop, Corn 3 G2
Shoreditch 21 H5
Shoreham 21 K7
Shoreham-by-Sea 12 F6
Shoresdean 81 H5
Shoreswood 81 H5
Shoretown 98 E2
Shorncote 30 E8
Shorne 14 C1
Shortgate 13 H5
Short Heath, W. Mids 44 C8
Short Heath, Leic 44 E6
Shortlanesend 3 G5
Shortlees 77 K4
Shortley Bridge 68 C1
Shorwell 11 F6
Shoscombe 17 J5
Shotesham 49 H8
Shotgate 22 D4
Shotley 39 H7
Shotley Gate 39 H7
Shottenden 15 G3
Shottermill 11 K1
Shottery 34 C5
Shotteswell 34 F6
Shottisham 39 J6
Shottle 44 E3
Shotton, Clwyd 52 E7
Shotton, Durham 69 G3
Shotton, Northum 81 G6
Shotts 79 F3
Shotwick 52 E6
Shoughlaige-e-Caine 60 Q3
Shouldham 48 B7
Shouldham Thorpe 48 B7
Shoulton 33 H5
Shrawardine 42 F6
Shrawley 33 H4
Shrewley 34 D4
Shrewsbury 43 F6
Shrewton 18 B6
Shripney 12 C6
Shrivenham 18 D2
Shropham 48 E8
Shroton or Iwerne Courtney 9 K3
Shrub End 23 F1
Shucknall 29 K3
Shudy Camps 38 B6
Shulishader 111 K4
Shurdington 30 D6
Shurlock Row 20 C6
Shurrery 115 F4
Shurton 16 D6
Shustoke 34 D1
Shute 8 D5
Shutford 34 E6
Shuthonger 30 C4
Shutlanger 35 J6
Shuttington 44 D7
Shuttlewood 55 H6
Sibbertoft 35 H2
Sibdon Carwood 32 D2
Sibertswold or Shepherdswell 15 J4
Sibford Ferris 34 E7
Sibford Gower 34 E7
Sible Hedingham 38 C7
Sibsey 47 G2
Sibson, Cambs 46 D8
Sibson, Leic 44 E7
Sibthorpe 45 J3
Sibton 39 J4
Sicklesmere 38 D4
Sicklinghall 63 G5
Sidbury, Devon 8 C5
Sidbury, Shrops 33 F2
Sidcup 21 J6
Siddington, Glos 30 E8
Siddington, Ches 53 K6
Sidestrand 49 H4
Sidford 8 C5
Sidinish 104 D5
Sidlesham 11 K5
Sidley 13 L6
Sidmouth 8 C6
Sigford 5 H4
Sigglesthorne 59 F2
Silchester 20 A7
Sileby 45 H6
Silecroft 60 E1
Silian 27 K2
Silkstone 55 F3
Silkstone Common 55 F3
Silk Willoughby 46 D3
Silloth 66 D1
Sillyearn 100 E3
Siloh 28 B4
Silpho 65 G3
Silsden 62 D5
Silsoe 36 D7
Silton 9 J2
Silverburn 79 K3
Silverdale, Cumbr 61 H2
Silverdale, Staffs 43 K3
Silver End 22 E2
Silverford 101 G2
Silverley's Green 39 H3
Silverstone 35 H6
Silverton 7 K5
Silwick 118 E4
Simonburn 74 E6
Simonsbath 7 H2
Simonstone 62 A6
Simprim 81 G5
Simpson 36 B7
Simpson Cross 25 G3
Sinclairston 77 K6
Sinderby 63 G1
Sinderhope 67 L1
Sindlesham 20 B7
Singleton, Lancs 61 G6
Singleton, W. Susx 11 K3
Singlewell 14 C1
Sinnahard 100 D7
Sinnington 64 E4
Sinton Green 33 H4
Sipson 20 E6
Sirhowy 25 K3
Sissinghurst 14 D5
Siston 17 H3
Sithney 2 E7
Sittingbourne 14 F2
Six Ashes 33 G2
Sixhills 57 F5
Sixpenny Handley 10 A3
Sizewell 39 K4
Skares 77 L6
Skateraw 80 F2
Skaw 119 H2
Skeabost 103 F4
Skeabrae 116 B4
Skeeby 68 D6
Skeffington 45 J7
Skeffling 59 H5
Skegby 55 H7
Skegness 57 K7
Skelberry 119 F7
Skelbo 109 F4
Skeldyke 47 G4
Skellingthorpe 56 D6
Skellister 119 G3
Skellow 55 J2
Skelmanthorpe 55 F2
Skelmersdale 52 F3
Skelmorlie 77 G1
Skelpick 114 C4
Skelton, N. Yks 68 C6
Skelton, Cumbr 67 G3
Skelton, N. Yks 63 J4
Skelton, Cleve 69 J5
Skelton on Ure 63 G3
Skelwick 116 D2
Skelwith Bridge 66 F6
Skendleby 57 J7
Skenfrith 29 J5
Skerne 65 H7
Skerray 113 H2
Sketty 24 E5
Skewen 24 F5
Skewsby 63 K2
Skeyton 49 H5
Skidbrooke 57 J4
Skidby 58 E3
Skigersta 111 K1
Skilgate 7 K3
Skillington 46 B5
Skinburness 66 D1
Skinflats 86 C6

178 Skinidin Stondon Massey

Skinidin 102 D4
Skinningrove 69 K5
Skipness 76 E2
Skipsea 65 J7
Skipton 62 C4
Skipton-on-Swale 63 G2
Skipwith 63 K6
Skirling 79 H6
Skirmett 20 B4
Skirpenbeck 64 E7
Skirwith 67 J3
Skirza 115 J3
Skulamus 96 B3
Skullomie 113 H2
Skye of Curr 99 H6
Slack 62 C7
Slackhall 54 D5
Slackhead 100 D2
Slacks of Cairnbanno 101 H4
Slad 30 C7
Slade 6 F1
Slade Green 21 K6
Slaggyford 67 J1
Slaidburn 61 L4
Slaithwaite 54 D2
Slaley 68 B1
Slamannan 86 B7
Slapton, Bucks 20 D1
Slapton, Northnts 35 H6
Slapton, Devon 5 J7
Slaugham 12 F4
Slawston 45 J8
Sleaford, Lincs 46 D3
Sleaford, Hants 19 K7
Sleagill 67 H5
Sleapford 43 H6
Sledge Green 30 C4
Sledmere 65 G6
Sleightholme 68 B5
Sleights 64 F2
Slepe 9 L5
Slickly 115 J3
Sliddery 76 E5
Slimbridge 30 B7
Slindon, W. Susx 12 C6
Slindon, Staffs 43 K4
Slinfold 12 E3
Slingsby 64 D5
Slip End 20 E2
Slipton 36 C3
Slochd 99 G6
Slockavullin 83 H2
Sloley 49 H5
Sloothby 57 J6
Slough, Powys 32 C4
Slough, Berks 20 D5
Slyne 61 H3
Smailholm 80 E6
Smallbridge 53 L2
Smallburgh 49 J5
Smallburn, Strath 78 D7
Smallburn, Grampn 101 K4
Small Dole 12 F5
Smalley 44 F3
Smallfield 13 G2
Small Hythe 14 E5
Smallridge 8 E4
Smardale 67 K6
Smarden 14 E4
Smeatharpe 8 C3
Smeeth 15 G5
Smeeton Westerby 35 H1
Smerclate 94 C4
Smerral 115 G6
Smethwick 34 B2
Smirisary 96 B8
Smisby 44 E6
Smithfield 73 K7
Smithincott 8 B3
Smithton 99 F4
Snailbeach 42 E7
Snailwell 38 B4
Snainton 65 G4
Snaith 63 K7
Snape, N. Yks 63 F1
Snape, Suff 39 J5
Snarestone 44 E7
Snarford 56 E5
Snargate 15 F6
Snave 15 G6
Snead 32 C1
Sneaton 65 F2
Sneatonthorpe 65 G2
Snelland 56 E5
Snelston 44 C3
Snettisham 48 B4
Snishival 94 C2
Snitter 75 G3
Snitterby 56 D4
Snitterfield 34 D4
Snitton 32 E3
Snodhill 29 H3
Snodland 14 D2
Snowshill 30 E4
Soberton 11 H3
Soberton Heath 11 H3
Soham 38 A3
Soldon Cross 6 D4
Soldridge 11 H1
Sole Street, Kent 14 C2
Sole Street, Kent 15 G4
Solihull 34 C3
Sollas 104 D4
Sollers Dilwyn 29 J2
Sollers Hope 29 L4
Sollom 52 F2
Solva 26 C5
Somerby 45 J6
Somercotes 44 F2
Somerford Keynes 30 E8
Somerley 11 K5
Somerleyton 49 K8
Somersal Herbert 44 C4
Somersby 57 H6
Somersham, Suff 39 F6
Somersham, Cambs 37 G3
Somerton, Somer 9 F2
Somerton, Oxon 31 J5
Somerton, Norf 49 K6
Sompting 12 E6
Sonning 20 B6
Sonning Common 20 B5
Sopley 10 C5
Sopworth 17 K2
Sorbie 71 F7
Sordale 115 G3
Sorisdale 88 D2
Sorn 77 L5
Sortat 115 H3
Sotby 57 G6
Sots Hole 57 F7
Sotterley 39 K2
Soudley 43 J5
Soughton or Sychdyn 52 D7
Soulbury 36 B8
Soulby 67 K5
Souldern 31 K4
Souldrop 36 C4
Sound, Shetld 119 F3
Sound, Shetld 119 G4
Soundwell 17 H3
Sourhope 74 E1
Sourin 116 D3
Sourton 5 F2
Soutergate 60 F1
South Acre 48 D6
Southall 21 F5
South Allington 5 H8
South Alloa 86 B5
Southam, Glos 30 D5
Southam, Warw 34 F4
South Ambersham 12 C4
Southampton 10 F3
Soth Bank 69 H4
South Barrow 9 H2
South Benfleet 22 D5
Southborough 13 J2
Southbourne, Dorset 10 C5
Southbourne, W. Susx 11 J4
South Brent 5 G5
Southburgh 48 E7
South Burlingham 49 J7
South Cadbury 9 H2
South Carlton 56 D6
South Cave 58 D3
South Cerney 30 E8
South Chard 8 E4
South Charlton 75 H1
South Cheriton 9 H2
Southchurch 22 F5
South Cliffe 58 C3
South Clifton 56 C6
South Cove 39 K2
South Creake 48 D4
South Croxton 45 H6
South Dalton 58 D2
South Darenth 21 K7
South Duffield 58 A3
Southease 13 H6
South Elkington 57 G5
South Elmsall 55 H2
Southend, Strath 76 B7
South End, Cumbr 60 F3
Southend, Berks 19 G3
Southend-on-Sea 22 E5
Southerndown 25 G7
Southerness 66 B1
South Erradale 106 C4
Southery 48 B8
South Fambridge 22 E4
South Fawley 18 E2
South Ferriby 58 D4
Southfleet 14 C1
South Garvan 90 A4
Southgate, Norf 48 B4
Southgate, W. Glam 24 D6
Southgate, Norf 49 G5
Southgate, G. Lon 21 H4
South Godstone 13 G2
South Gorley 10 C3
South Green 22 C4
South Hanningfield 22 D4
South Harting 11 J3
South Hayling 11 J5
South Heath 20 D3
South Heighton 13 H6
South Hetton 69 F2
South Hiendley 55 G2
South Hill 4 D4
South Hole 6 C4
South Holmwood 12 E2
South Hornchurch 21 K5
South Hylton 69 F1
Southill 36 E6
South Kelsey 58 E7
South Kilvington 63 H1
South Kilworth 35 H2
South Kirkby 55 H2
South Kirkton 101 G8
South Kyme 46 E3
South Lancing 12 E6
Southleigh, Devon 8 D5
South Leigh, Oxon 31 H7
SouthLeverton 56 B5
South Littleton 34 B6
South Lochboisdale 94 C4
South Lopham 38 F2
South Luffenham 46 C7
South Malling 13 H5
South Marston 18 C2
South Milford 63 H6
South Milton 5 G7
South Mimms 21 G3
Southminster 22 F4
South Molton 7 H3
South Moor, Durham 68 D1
Southmoor, Oxon 31 J8
South Moreton 19 G2
South Mundam 11 K4
South Muskham 56 B8
South Newington 31 J4
South Newton 10 B1
South Normanton 45 F2
South Norwood 21 H7
South Nuffild 13 G2
South Ockendon 22 B5
Southoe 36 E4
Southolt 39 G4
South Ormsby 57 H6
Southorpe 46 D7
South Otterington 63 G1
Southowram 62 E7
South Oxhey 21 F4
South Perrott 9 F4
South Petherton 9 F3
South Petherwin 4 D3
South Pickenham 48 D7
South Pool 5 H7
Southport 52 E2
South Raynham 48 D5
Southrepps 49 H4
South Reston 57 J5
Southrey 57 F7
Southrop 31 G7
Southrope 19 H6
South Runcton 48 B7
South Scarle 56 C7
Southsea 11 H5
South Shields 75 K7
South Shore 61 G6
South Skirlaugh 59 F3
South Somercotes 57 J4
South Stainley 63 G3
South Stainmore 67 L5
South Stoke, W. Susx 12 D5
South Stoke, Oxon 19 G2
Southstoke, Avon 17 J4
South Street 13 G5
South Tawton 5 G2
South Thoresby 57 J6
South Tidworth 18 D6
Southtown, Orkney 116 D7
South Town, Hants 11 H1
Southwaite 67 G2
South Walsham 49 J6
South Warnborough 19 J6
Southwater 12 E4
Southway 17 G6
South Weald 21 K4
Southwell, Dorset 9 H7
Southwell, Notts 45 J2
South Weston 20 B4
South Wheatley 4 C2
Southwick, Northnts 36 D1
Southwick, W. Susx 12 F6
Southwick, Hants 11 H4
Southwick, Wilts 17 K5
Southwick, T. & W 75 K8
South Widcombe 17 G5
South Wigston 45 G8
South Willingham 57 F5
South Wingfield 44 E2
South Witham 46 C6
Southwold 39 L3
South Wonston 11 F1
Southwood 49 J7
South Woodham Ferrers 22 E4
South Wootton 48 B5
South Zeal 5 G2
Soutra Mains 80 C4
Sowerby, W. Yks 62 D7
Sowerby, N. Yks 63 H1
Sowerby Bridge 62 D7
Sowerby Row 67 F2
Sowton 5 K2
Spa Common 49 H4
Spalding 47 F5
Spaldington 58 B3
Spaldwick 36 E3
Spalford 56 C7
Sparham 48 F6
Spark Bridge 61 G1
Sparkford 9 H2
Sparkwell 5 F6
Sparrowpit 54 D5
Sparsholt, Oxon 18 E2
Sparsholt, Hants 10 F1
Spaunton 64 E4
Spaxton 8 D1
Spean Bridge 90 D3
Speen, Bucks 20 C4
Speen, Berks 19 F4
Speeton 65 J5
Speke 52 F5
Speldhurst 13 J2
Spellbrook 21 J2
Spelsbury 31 H5
Spencers Wood 20 B7
Spennithorne 62 E1
Spennymoor 68 E3
Spetchley 33 H5
Spetisbury 9 L4
Spexhall 39 J2
Spey Bay 100 C2
Speybridge 99 J6
Spilsby 57 J7
Spindlestone 81 K6
Spinningdale 108 E5
Spirthill 18 A3
Spithurst 13 H5
Spittal, Dyfed 26 D5
Spittal, Highld 115 G4
Spittal, Lothn 87 H7
Spittal, Northum 81 J4
Spittalfield 92 C7
Spittal of Glenmuick 92 E3
Spittal of Glenshee 92 C4
Spixworth 49 H6
Spofforth 63 G4
Spondon 44 F4
Spooner Row 49 F8
Sporle 48 D6
Spott 87 K7
Spratton 35 J3
Spreakley 19 K6
Spreyton 5 G2
Spridlington 56 E5
Springburn 78 D3
Springcorrie 111 G4
Springfield, W. Mids 34 B2
Springfield, Fife 87 G3
Springfield, Grampn 99 J2
Springholm 72 D7
Springside 77 J4
Springthorpe 56 C5
Sproatley 59 H5
Sproston Green 53 J7
Sprotbrough 55 J3
Sproughton 36 E6
Sprouston 80 F6
Sprowston 49 H6
Sproxton, Leic 46 B5
Sproxton, N. Yks 63 K1
Spurstow 53 G8
Square and Compass 26 C4
Stackhouse 62 B3
Stackpole 26 D8
Stacksteads 62 B7
Staddiscombe 4 F6
Staddlethorpe 58 C4
Stadhampton 31 L8
Staffield 67 H2
Staffin 103 F2
Stafford 43 L5
Stagsden 36 C6
Stainacre 65 G2
Stainburn 63 F5
Stainby 46 C5
Staincross 55 G2
Staindrop 68 D4
Staines 20 E6
Stainfield, Lincs 46 D5
Stainfield, Lincs 57 F6
Stainforth, N. Yks 62 B3
Stainforth, S. Yks 55 K2
Staining 61 G6
Stainland 54 D2
Stainsacre 65 G2
Stainton, Durham 68 C5
Stainton, N. Yks 68 D7
Stainton, Cumbr 67 G4
Stainton, Cleve 69 G5
Stainton, Cumbr 61 J1
Stainton, S. Yks 55 J4
Stainton by Langworth 56 E6
Staintondale 65 G3
Stainton le Vale 57 F4
Stainton with Adgarley 60 F2
Stair, Cumbr 66 E4
Stair, Strath 77 K5
Staithes 69 K5
Stakeford 75 J5
Stake Pool 61 H5
Stalbridge 9 J3
Stalbridge Weston 9 J3
Stalham 49 J5
Stalham Green 49 J5
Stalisfield Green 14 F3
Stallingborough 59 G5
Stalling Busk 62 C1
Stalmine 61 G5
Stalybridge 54 C4
Stambourne 38 C7
Stambourne Green 38 C7
Stamford 46 D7
Stamford Bridge 64 E7
Stamfordham 75 G6
Stanborough 21 G2
Stanbridge, Dorset 10 B4
Stanbridge, Beds 20 D1
Stand 78 E3
Standburn 86 C7
Standeford 43 L7
Standen 14 E4
Standford 11 K1
Standish 53 G2
Standlake 31 H7
Standon, Hants 10 F2
Standon, Herts 21 H1
Standon, Staffs 43 K4
Stane 79 F4
Stanfield 48 E5
Stanford, Beds 36 E6
Stanford, Kent 15 H5
Stanford Bishop 33 F5
Stanford Bridge 33 G4
Stanford Dingley 19 G3
Stanford in the Vale 31 H8
Stanford-le-Hope 22 C5
Stanford on Avon 35 G3
Stanford on Soar 45 G5
Stanford on Teme 33 G4
Stanford Rivers 21 K3
Stanghow 69 J5
Stanhoe 48 D4
Stanhope, Durham 68 B3
Stanhope, Border 79 J7
Stanion 36 C2
Stanley, Durham 68 D1
Stanley, Tays 86 E1
Stanley, Derby 44 F3
Stanley, W. Yks 63 G7
Stanley, Staffs 43 L2
Stanley Crook 68 D3
Stanmer 13 G6
Stanmore, Berks 19 F3
Stanmore, G. Lon 21 F4
Stannington, S. Yks 55 G5
Stannington, Northum 75 J6
Stansbatch 32 C4
Stansfield 38 C5
Stanstead 38 D6
Stanstead Abbotts 21 H2
Stansted 14 C2
Stansted Mountfitchet 21 K1
Stanton, Staffs 44 C3
Stanton, Derby 44 D6
Stanton, Suff 38 E3
Stanton, Glos 30 E4
Stanton, Gwent 29 H5
Stanton by Bridge 44 E5
Stanton-by-Dale 45 F4
Stanton Drew 17 G4
Stanton Fitzwarren 18 C1
Stanton Harcourt 31 J7
Stanton Hill 55 H7
Stanton in Peak 55 F7
Stanton Lacy 32 D3
Stanton Long 32 E1
Stanton-on-the-Wolds 45 H4
Stanton Prior 17 H4
Stanton St Bernard 18 B4
Stanton St John 31 K7
Stanton St Quintin 17 L2
Stanton Street 38 E4
Stanton under Bardon 45 F6
Stanton upon Hine Heath 43 G5
Stanton Wick 17 H4
Stanwardine in the Fields 42 F5
Stanway, Glos 30 E4
Stanway, Essex 22 F1
Stanwell 20 E6
Stanwell Moor 20 E6
Stanwick 36 C3
Stanwick-St-John 68 D5
Stanydale 118 E3
Stape 64 E3
Stapehill 10 B4
Stapeley 43 H3
Staple 15 J3
Staplecross 14 D6
Stapleield 12 F4
Staple Fitzpaine 8 D3
Stapleford, Wilts 10 B1
Stapleford, Leic 46 B6
Stapleford, Lincs 56 C8
Stapleford, Notts 45 F4
Stapleford, Herts 21 H2
Stapleford, Cambs 37 H5
Stapleford Abbotts 21 K4
Stapleford Tawney 21 K4
Staplegrove 8 D2
Staplehay 8 D2
Staplehurst 14 D4
Staplers 11 G6
Stapleton, Cumbr 74 B6
Stapleton, H. & W 32 C4
Stapleton, N. Yks 68 E5
Stapleton, Somer 9 F2
Stapleton, Shrops 43 F7
Stapleton, Leic 44 F8
Stapleton, Avon 17 H3
Stapley 8 C3
Staploe 36 E4
Star, Somer 17 F5
Star, Dyfed 27 G4
Star, Fife 87 G4
Starbotton 62 C2
Starcross 5 K3
Starkigarth 119 G6
Starston 39 H2
Startforth 68 C5
Startley 18 A2
Stathe 8 E2
Stathern 45 J4
Station Town 69 G3
Staughton Highway 36 E4
Staunton, Glos 30 B5
Staunton, Glos 29 K6
Staunton in the Vale 45 K3
Staunton on Arrow 29 H1
Staunton on Wye 29 H3
Staveley, N. Yks 63 G3
Staveley, Cumbr 67 G7
Staveley, Derby 55 H6
Staveley-in-Cartmel 61 G1
Staverton, Glos 30 C5
Staverton, Northnts 35 G4
Staverton, Devon 5 H5
Staverton, Wilts 17 K4
Stawell 16 E7
Staxigoe 115 J4
Staxton 65 H5
Staylittle 41 H4
Staythorpe 45 J2
Stean 62 D2
Stearsby 63 K2
Steart 16 D6
Stebbing 22 C1
Stedham 11 K2
Steele Road 74 B4
Steen's Bridge 29 K2
Steep 11 J2
Steeple, Essex 22 F3
Steeple, Dorset 9 L6
Steeple Ashton 17 L5
Steeple Aston 31 J5
Steeple Barton 31 J5
Steeple Bumpstead 38 B6
Steeple Claydon 35 H8
Steeple Gidding 36 E2
Steeple Langford 10 B1
Steeple Morden 37 F6
Steeton 62 D5
Steinmanhill 101 G4
Steisay 104 D7
Stelling Minnis 15 H4
Stemster 115 G3
Stenalees 3 J4
Stenhousemuir 86 B6
Stenton 87 K7
Stepney 21 H5
Steppingley 36 D7
Stepps 78 D3
Sternfield 39 J4
Stert 18 B5
Stetchworth 38 B5
Stevenage 21 G1
Stevenston 77 H3
Steventon, Oxon 19 F1
Steventon, Hants 19 G6
Stevington 36 C5
Stewartby 36 D6
Stewarton 77 K3
Stewkley 36 B8
Stewton 57 H5
Steyning 12 E5
Steynton 26 D7
Stibb 6 C4
Stibbard 48 E5
Stibb Cross 6 E4
Stibb Green 18 D4
Stibbington 46 D8
Stichill 80 F6
Sticker 3 H4
Stickford 57 H8
Sticklepath 5 G2
Stickney 47 G2
Stiffkey 48 E3
Stifford's Bridge 33 G6
Stilligarry 94 C2
Stillingfleet 63 J5
Stillington, Cleve 69 F4
Stillington, N. Yks 63 J3
Stilton 36 E2
Stinchcombe 30 B8
Stinsford 9 J5
Stirchley 43 J7
Stirling 85 K5
Stisted 22 E1
Stithians 2 F6
Stittenham 108 E6
Stivichall 34 E3
Stixwould 57 F7
Stoak 52 F6
Stobo 79 J6
Stoborough 9 L6
Stoborough Green 9 L6
Stock 22 C4
Stockbridge 10 E1
Stockbriggs 78 E6
Stockbury 14 E2
Stockcross 18 F4
Stockdalewath 67 F2
Stockeinteignhead 5 K4
Stockerston 46 B8
Stock Green 34 A5
Stockingford 34 E1
Stocking Pelham 37 H8
Stockinish Island 105 G2
Stockland 8 D4
Stockland Bristol 16 D6
Stockleigh English 7 J5
Stockleigh Pomeroy 7 J5
Stockley 18 B4
Stockport 53 K4
Stocksbridge 55 F4
Stocksfield 75 G7
Stockton, Wilts 18 A7
Stockton, H. & W 32 E4
Stockton, Warw 34 F4
Stockton, Norf 49 J8
Stockton, Shrops 43 J8
Stockton Heath 53 H5
Stockton-on-Tees 69 G5
Stockton on Teme 33 G4
Stockton on the Forest 63 K4
Stock Wood 34 B5
Stodmarsh 15 J2
Stoer 112 B6
Stoford, Wilts 10 B1
Stoford, Somer 9 G3
Stogumber 8 B1
Stogursey 16 D6
Stoke, Devon 6 C3
Stoke, Kent 14 E1
Stoke, Hants 18 F5
Stoke, Hants 11 J4
Stoke Abbott 9 F4
Stoke Albany 35 K2
Stoke Ash 39 G3
Stoke Bardolph 45 H3
Stoke Bliss 33 F4
Stoke Bruerne 35 J6
Stoke by Clare 38 C6
Stoke-by-Nayland 38 E7
Stoke Canon 5 K2
Stoke Charity 19 F7
Stoke Climsland 4 D4
Stoke D'Abernon 21 F8
Stoke Doyle 36 D2
Stoke Dry 46 B8
Stoke Ferry 48 C7
Stoke Fleming 5 J7
Stokeford 9 K6
Stoke Gabriel 5 J6
Stoke Gifford 17 H2
Stoke Golding 44 E8
Stoke Goldington 36 B6
Stokeham 56 B6
Stoke Hammond 36 B8
Stoke Heath 43 H5
Stoke Holy Cross 49 H7
Stoke Lacy 29 L3
Stoke Lyne 31 K5
Stoke Mandeville 20 C2
Stokenchurch 20 B4
Stoke Newington 21 H5
Stokenham 5 J7
Stoke on Tern 43 H5
Stoke-on-Trent 43 K3
Stoke Orchard 30 D5
Stoke Poges 20 D5
Stoke Prior, H. & W 33 J4
Stoke Prior, H. & W 29 K2
Stoke Rivers 7 G2
Stoke Rochford 46 C5
Stoke Row 20 A5
Stokesay 32 D2
Stokesby 49 K6
Stokesley 69 H6
Stoke St Gregory 8 E2
Stoke St Mary 8 D2
Stoke St Michael 17 H6
Stoke St Milborough 32 E2
Stoke sub Hamdon 9 F3
Stoke Talmage 20 A4
Stoke Trister 9 J2
Stolford 16 D6
Stondon Massey 21 K3

Stone, Glos
Thorpe, Cumbr
179

Stone, Glos 30 A8
Stone, Bucks 20 B2
Stone, H. & W 33 H3
Stone, Kent 21 K6
Stone, Staffs 43 L4
Stone Allerton 16 F5
Ston Easton 17 H5
Stonebroom 55 H8
Stone Cross 13 K6
Stonegate 13 K4
Stonegrave 63 K2
Stonehaugh 74 D6
Stonehaven 93 K3
Stone House, Cumbr 62 A1
Stonehouse, Glos 30 C7
Stonehouse, Northum 74 C8
Stonehouse, Strath 78 E5
Stone in Oxney 14 F6
Stoneleigh 34 E3
Stonely 36 E4
Stonesby 46 B5
Stonesfield 31 H6
Stones Green 39 G8
Stoneybridge 94 C2
Stoneyburn 79 G3
Stoney Cross 10 D3
Stoneygate, Leic 45 H7
Stoneygate, Grampn 101 K5
Stoneyhills 22 F4
Stoneykirk 70 B6
Stoney Middleton 55 F6
Stoney Stanton 45 F8
Stoney Stratton 17 H7
Stoney Stretton 42 E7
Stoneywood 101 H7
Stonham Aspal 39 G5
Stonnall 44 B7
Stonor 20 B5
Stonton Wyville 45 J8
Stonybreck 116 P1
Stony Stratford 35 J6
Stoodleigh 7 K4
Stopham 12 D5
Stopsley 21 F1
Storeton 52 E5
Stornoway 111 J4
Storridge 33 G6
Storrington 12 D5
Storrs 67 G7
Storth 61 H2
Stotfold 36 F7
Stottesdon 33 F2
Stoughton, Surrey 12 C1
Stoughton, Leic 45 H7
Stoughton, W. Susx 11 K3
Stoul 96 C6
Stoulton 33 J6
Stourbridge 33 J2
Stourpaine 9 K4
Stourport-on-Severn 33 H3
Stour Provost 9 J2
Stour Row 9 K2
Stourton, Warw 34 D7
Stourton, Staffs 33 H2
Stourton, Wilts 9 J1
Stourton Caundle 9 J3
Stoven 39 K2
Stow 56 C5
Stow Bardolph 48 B7
Stow Bedon 48 E8
towbridge 48 B7
Stow cum Quy 37 J4
Stowe 32 C3
Stowe-by-Chartley 44 B5
Stowell 9 H2
Stowford 4 E3
Stowlangtoft 38 E4
Stow Longa 36 E3
Stow Maries 22 E4
Stowmarket 38 F5
Stow-on-the-Wold 31 F5
Stowting 15 H4
Stowupland 36 D4
Straad 76 F1
Strachan 93 H2
Strchur 84 C4
Stradbroke 39 H3
Stradishall 38 C5
Stradsett 48 B7
Stragglethorpe 46 C2
Straiton, Strath 77 J7
Straiton, Lothn 79 K3
Straloch 92 B5
Stramshall 44 B4
Stranraer 70 B5
Strata Florida 41 G7
Stratfield Mortimer 20 A7
Stratfield Saye 20 A7
Stratfield Turgis 20 A7
Stratford 21 H5
Stratford St Andrew 39 J4
Stratford St Mary 38 F7
Stratford Tony 10 B2
Stratford-upon-Avon 34 D5
Strath 106 C4
Strathan, Highld 90 A2
Strathan, Highld 112 B6
Strathaven 78 E5
Strathblane 85 H7
Strathdon 100 C7
Strath Kanaird 107 G1
Strathkinness 87 H3
Strathmiglo 87 F3
Strathpeffer 98 C3
Strathrannoch 107 J4
Strathtay 91 L6
Strathwhillan 76 F4
Strathy 114 D3
Strathyre 85 H3
Stratton, Corn 6 C5
Stratton, Glos 30 E7
Stratton, Dorset 9 H5
Stratton Audley 31 L5
Stratton-on-the-Fosse 17 H5
Stratton St Margaret 18 C2
Stratton St Michael 49 H8
Stratton Strawless 49 H5
Streat 13 G5
Streatham 21 G6
Streatley, Beds 36 D8
Streatley, Berks 19 G2
Street, N. Yks 64 E2
Street, Somer 9 F1
Street, Lancs 61 J4
Street End 11 K5
Streethay 44 C6
Streetly 44 B8
Strefford 32 D2
Strensall 63 K3
Strensham 33 J6
Stretcholt 16 D6
Strete 5 J7
Stretford 53 J4
Stretford Court 29 J2
Strethall 37 H7
Stretham 37 J3
Strettington 11 K4
Stretton, Leic 46 C6
Stretton, Staffs 44 D5
Stretton, Ches 42 F2
Stretton, Derby 55 G7
Stretton, Ches 53 H5
Stretton, Staffs 43 K6
Stretton en le Fields 44 E6
Stretton Grandison 29 L3
Stretton Heath 42 E6
Stretton-on-Dunsmore 34 F3
Stretton-on-Fosse 34 D7
Stretton Sugwas 29 J3
Stretton under Fosse 35 F2
Stretton Westwood 43 G8
Strichen 101 J3
Stringston 16 C6
Strixton 36 C4
Stroat 29 K8
Stromeferry 96 D2
Stromemore 96 D2
Stromness 116 B6
Stronachlachar 85 G3
Strond 104 F3
Strone, Highld 90 C3
Strone, Strath 84 D6
Strone, Highld 98 D6
Stronenaba 90 D3
Stronmilchan 84 D2
Strontian 89 K2
Strood 14 D2
Stroud, Glos 30 C7
Stroud, Hants 11 J2
Struan, Highld 102 E5
Struan, Tays 91 K5
Strubby 57 J5
Strumpshaw 49 J7
Strutherhill 78 E5
Struy 98 C5
Stuartfield 101 J4
Stubbington 11 G4
Stubbins 53 J2
Stubhampton 9 L3
Stubton 46 B3
Stuckton 10 C3
Studham 20 E2
Studland 10 B6
Studley, Wilts 18 A3
Studley, Warw 34 B4
Studley Roger 63 F2
Stuntney 37 J3
Sturbridge 43 K4
Sturmer 38 B6
Sturminster Marshall 10 A5
Sturminster Newton 9 J3
Sturry 15 H2
Sturton by Stow 56 C5
Sturton le Steeple 56 B5
Stuston 39 G3
Stutton, Suff 39 G7
Stutton, N. Yks 63 H5
Styal 53 K5
Suckley 33 G5
Sudborough 36 C2
Sudbourne 39 K5
Sudbrook, Lincs 56 E6
Sudbrook, Gwent 17 G2
Sudbury, Derby 44 C4
Sudbury, Suff 38 D6
Sudgrove 30 D7
Suffield 49 H4
Sugnall 43 K4
Sulby 60 Q2
Sulgrave 35 G6
Sulham 20 A6
Sulhamstead 20 A7
Sullington 12 D5
Sullom 120 F5
Sully 25 K8
Sumburgh 119 G8
Summerbridge 62 F3
Summercourt 3 G4
Summerleaze 17 F2
Summerseat 53 J2
Summit 53 L2
Sunbiggin 67 J6
Sunbury 20 E7
Sunderland, Cumbr 66 D3
Sunderland, T. & W 69 F1
Sunderland Bridge 68 E3
Sundhope 80 B7
Sundon Park 36 D8
Sundridge 13 H1
Sunk Island 59 G5
Sunningdale 20 D7
Sunninghill 20 D7
Sunningwell 31 J7
Sunniside, Durham 68 D3
Sunniside, T. & W 75 J8
Sunnylaw 85 K5
Sunnyside 13 G3
Surbiton 21 F7
Surfleet 47 F5
Surfleet Seas End 47 F5
Surlingham 49 J7
Sustead 49 G4
Susworth 58 C6
Sutcombe 6 D4
Suton 49 F8
Sutors of Cromarty 99 G2
Sutterton 47 F4
Sutton, Notts 56 A5
Sutton, W. Susx 12 C5
Sutton, Cambs 46 D8
Sutton, Shrops 32 E2
Sutton, Beds 37 F6
Sutton, Shrops 33 G2
Sutton, G. Lon 21 G7
Sutton, Cambs 37 H3
Sutton, Shrops 43 H4
Sutton, Notts 45 J4
Sutton, Staffs 43 J5
Sutton, Norf 49 J5
Sutton, Suff 39 J6
Sutton, Oxon 31 J7
Sutton, Kent 15 K4
Sutton Abinger 12 E2
Sutton at Hone 21 K6
Sutton Bassett 35 J1
Sutton Benger 18 A3
Sutton Bridge 47 H5
Sutton Cheney 44 F7
Sutton Coldfield 44 C8
Sutton Courtenay 31 K8
Sutton Crosses 47 H5
Sutton Grange 63 F2
Sutton Hill 43 J7
Sutton Howgrave 63 G2
Sutton in Ashfield 55 H8
Sutton-in-Craven 62 D5
Sutton Lane Ends 53 L6
Sutton Leach 53 G4
Sutton Maddock 43 J7
Sutton Mallet 8 E1
Sutton Mandeville 10 A2
Sutton Montis 9 H2
Sutton-on-Hull 59 F3
Sutton on Sea 57 K5
Sutton-on-the-Forest 63 J3
Sutton on the Hill 44 D4
Sutton on Trent 56 B7
Sutton Scotney 19 F7
Sutton St Edmund 47 G6
Sutton St James 47 G6
Sutton St Nicholas 29 K3
Sutton-under-Brailes 34 E7
Sutton-under-
Whitestonecliffe 63 H1
Sutton upon Derwent 58 B2
Sutton Valence 14 E4
Sutton Veny 17 K6
Sutton Waldron 9 K3
Sutton Weaver 53 G6
Swaby 57 H6
Swadlincote 44 E5
Swaffham 48 D7
Swaffham Bulbeck 37 J4
Swaffham Prior 37 J4
Swafield 49 H4
Swainbost 111 K1
Swainby 69 G6
Swainshill 29 J3
Swainsthorpe 49 H7
Swalcliffe 34 E7
Swalecliffe 15 H2
Swallow 59 F6
Swallowcliffe 10 A2
Swallowfied 20 B7
Swanage 10 B7
Swanbister 116 C6
Swanbourne 35 K8
Swan Green 53 J6
Swanland 58 D4
Swanley 21 K7
Swanmore 11 G3
Swannington, Leic 44 F6
Swannington, Norf 49 G6
Swanscombe 14 C1
Swansea 24 E5
Swanton Abbot 49 H5
Swanton Morley 48 F6
Swanton Novers 48 F4
Swanwick, Derby 44 F2
Swanwick, Hants 11 G4
Swarby 46 D3
Swardeston 49 H7
Swarister 121 H4
Swarkestone 44 E5
Swarland 75 H3
Swaton 46 E4
Swavesey 37 G4
Sway 10 D5
Swayfield 46 C5
Swaythling 10 F3
Sweffling 39 J4
Swepstone 44 E6
Swerford 31 H4
Swettenham 53 K7
Swffryd 25 L5
Swilland 39 G5
Swillington 63 G6
Swimbridge 7 G3
Swinbrook 31 G6
Swinderby 56 C7
Swindon, Wilts 18 C2
Swindon, Glos 30 D5
Swindon, Staffs 33 H1
Swine 59 F3
Swinefleet 58 B4
Swineshead, Northnts 36 D4
Swineshead, Lincs 47 F3
Swineshead Bridge 46 F3
Swiney 115 H6
Swinford, Leic 35 G3
Swinford, Oxon 31 J7
Swingfield Minnis 15 J4
Swinhoe 81 L7
Swinhope 57 G4
Swinithwaite 68 C8
Swinscoe 44 C3
Swinside Hall 74 D2
Swinstead 46 D5
Swinton, N. Yks 64 E5
Swinton, N. Yks 62 F2
Swinton, Border 81 G5
Swinton, S. Yks 55 H4
Swinton, G. Man 53 J3
Swintonmill 81 G5
Swithland 45 G6
Swordale 98 D2
Swordland 96 C6
Swordly 114 C3
Sworton Heath 53 H5
Swyddffynnon 41 F7
Swynnerton 43 K4
Swyre 9 G6
Sychdyn or Soughton 52 D7
Syde 30 D6
Sydenham, Oxon 20 B3
Sydenham, G. Lon 21 H6
Sydenham Damerel 4 E4
Syderstone 48 D4
Sydling St Nicholas 9 H5
Sydmonton 19 F5
Syerston 45 J3
Syke 53 K2
Sykehouse 55 K2
Sykes 61 K4
Syleham 39 H3
Sylen 27 K7
Symbister 119 H2
Symington, Strath 79 G6
Symington, Strath 77 J4
Symondsbury 9 F5
Symonds Yat 29 K6
Synod Inn 27 J2
Syre 113 H4
Syreford 30 E5
Syresham 35 H6
Syston, Lincs 46 C3
Syston, Leic 45 H6
Sytchampton 33 H4
Sywell 36 B4

T

Tackley 31 J5
Tacolneston 49 G8
Tadcaster 63 H5
Tadden 10 A4
Taddington 54 E6
Tadley 19 H4
Tadlow 37 F6
Tadmarton 34 E7
Tadworth 12 F1
Tafarnaubach 25 K3
Tafarn-y-Gelyn 52 C7
Taff's Well 25 K6
Tafolwern 41 H3
Tai-bach, Clwyd 42 C5
Taibach, W. Glam 25 F6
Tain, Highld 109 F5
Tain, Highld 115 H3
Tai'n Lon 50 D5
Takeley 21 K1
Talachddu 25 J1
Talacre 52 C5
Talaton 8 B5
Talbenny 26 C6
Talerddig 41 J3
Talgarreg 27 J2
Talgarth 25 K1
Talisker 102 E5
Talke 43 K2
Talkin 67 H1
Talladale 106 E4
Tallarn Green 42 F3
Tallentire 66 D3
Talley 27 L4
Tallington 46 D7
Talmine 113 G2
Talog 27 H5
Tal-sarn 27 K2
Talsarnau 50 F7
Talskiddy 3 H3
Talwrn 50 D3
Tal-y-bont, Gwyn 40 E1
Tal-y-bont, Dyfed 41 F5
Tal-y-Bont, Gwyn 51 G4
Talybont-on-Usk 25 K2
Tal-y-cafn 51 G3
Tal-y-llyn, Gwyn 41 G3
Talyllyn, Powys 25 K2
Talysarn 50 D5
Tal-y-Wern 41 H3
Tamerton Foliot 4 E5
Tamworth 44 D7
Tandridge 13 G1
Tanfield 68 D1
Tangasdale 94 B5
Tangley 18 E5
Tangmere 11 L4
Tangwick 120 E5
Tankerness 116 E5
Tankersley 55 G4
Tannach 115 J5
Tannadice 93 F6
Tannington 39 H4
Tansley 55 G8
Tansor 36 D1
Tantobie 68 D1
Tanton 69 H5
Tanworth-in-Arden 34 C3
Tan-y-fron 51 J4
Tanygrisiau 51 F6
Tan-y-groes 27 G3
Taplow 20 D5
Tarbert, Strath 76 D1
Tarbert, Strath 82 F3
Tarbert, W. Isles 105 G1
Tarbet, Highld 112 C4
Tarbet, Highld 96 C6
Tarbet, Strath 84 F4
Tarbock Green 52 F5
Tarbolton 77 K5
Tarbrax 79 H4
Tarfside 93 F4
Tarland 100 D8
Tarleton 61 H7
Tarlogie 109 F5
Tarlscough 52 F2
Tarlton 30 D8
Tarnbrook 61 J4
Tarporley 53 G7
Tarr 8 C1
Tarrant Crawford 9 L4
Tarrant Gunville 9 L3
Tarrant Hinton 10 A3
Tarrant Keyneston 9 L4
Tarrant Launceston 10 A4
Tarrant Monkton 10 A4
Tarrant Rawston 10 A4
Tarrant Rushton 10 A4
Tarrel 109 G5
Tarring Neville 13 H6
Tarrington 29 L3
Tarskavaig 96 A5
Tarves 101 H5
Tarvie 98 C3
Tarvin 53 F7
Tasburgh 49 H8
Tasley 43 H8
Taston 31 H5
Tatenhill 44 D5
Tatham 61 K3
Tathwell 57 H5
Tatsfield 13 H1
Tattenhall 53 F8
Tatterford 48 D5
Tattersett 48 D5
Tattershall 57 G8
Tattershall Bridge 46 E2
Tattershall Thorpe 57 G8
Tattingstone 39 G7
Tatworth 8 E4
Taunton 8 D2
Taverham 49 G6
Tavernspite 27 F6
Tavistock 4 E4
Taw Green 5 G2
Tawstock 7 F3
Taxal 54 D6
Tayinloan 76 B3
Taynish 83 G3
Taynton, Glos 30 B5
Taynton, Oxon 31 G6
Taynuilt 84 C1
Tayport 87 H2
Tay Road Bridge, Fife 87 H2
Tay Road Bridge, Tays 87 H2
Tayvallich 83 G3
Tealby 57 F4
Teanamachar 104 C5
Teangue 96 B5
Tebay 67 J6
Tebworth 36 C8
Tedburn St Mary 5 J2
Teddington, Glos 30 D4
Teddington, G. Lon 21 F6
Tedstone Delamere 33 F5
Tedstone Wafre 33 F5
Teeton 35 H3
Teffont Evias 10 A1
Teffont Magna 10 A1
Tegryn 27 G4
Teigh 46 B6
Teigngrace 5 J4
Teignmouth 5 K4
Telford 43 H6
Tellisford 17 K5
Telscombe 13 H6
Templand 73 F5
Temple, Lothn 80 B4
Temple, Strath 85 H8
Temple, Corn 3 K2
Temple Bar 27 K2
Temple Cloud 17 H5
Templecombe 9 J2
Temple Ewell 15 J4
Temple Grafton 34 C5
Temple Guiting 30 E5
Temple Hirst 63 K7
Temple Normanton 55 H7
Temple Sowerby 67 J4
Templeton, Dyfed 26 F6
Templeton, Devon 7 J4
Tempsford 36 E5
Tenbury Wells 33 E4
Tenby 26 F7
Tendring 23 H1
Ten Mile Bank 48 B8
Tenston 116 B5
Tenterden 14 F5
Terling 22 D2
Ternhill 43 H4
Terregles 72 E6
Terrington 63 K2
Terrington St Clement 47 J5
Terrington St John 47 J6
Teston 13 L1
Testwood 10 E3
Tetbury 30 C8
Tetbury Upton 30 C8
Tetchill 42 E4
Tetcott 4 D2
Tetford 57 H6
Tetney 59 H6
Tetney Lock 59 H6
Tetsworth 20 A3
Tettenhall 43 K7
Teversal 55 H7
Teversham 37 H5
Teviothead 73 K3
Tewin 21 G2
Tewkesbury 30 C4
Teynham 14 F2
Thainston 93 H4
Thakeham 12 E5
Thame 20 B3
Thames Ditton 21 F7
Thamesmead 21 J5
Thaneston 93 H4
Thanington 15 H3
Thankerton 79 G6
Tharston 49 G8
Thatcham 19 G4
Thatto Heath 53 G4
Thaxted 38 B7
Theakston 63 G1
Thelby 58 C5
Theale, Berks 20 A6
Theale, Somer 17 F6
Thearne 58 E3
Theberton 39 K4
Thedden Grange 19 H7
Theddingworth 35 H2
Theddlethorpe All Saints 57 J5
Theddlethorpe St Helen 57 J5
Thelbridge Barton 7 H4
Thelnetham 38 F3
Thelwall 53 H5
Themelthorpe 48 F5
Thenford 35 G6
Therfield 37 G3
Thetford 38 D2
Theydon Bois 21 J4
Thickwood 17 K3
Thimbleby, Lincs 57 G7
Thimbleby, N. Yks 69 G7
Thirkleby 63 H2
Thirlby 63 H1
Thirlestane 80 D5
Thirn 62 F1
Thirsk 63 H1
Thistleton 46 C6
Thistley Green 38 B3
Thixendale 64 F6
Tholomas Drove 47 H7
Tholthorpe 63 H3
Thomas Chapel 26 F7
Thomastown 100 E5
Thompson 48 E8
Thomshill 100 B3
Thong 14 C1
Thoralby 62 D1
Thoresway 57 F4
Thorganby, N. Yks 58 A2
Thorganby, Lincs 57 G4
Thorington 39 K3
Thorington Street 38 F7
Thorlby 62 C4
Thorley 21 J2
Thormanby 63 H2
Thornaby-on-Tees 69 G5
Thornage 48 F4
Thornborough, N. Yks 63 F2
Thornborough, Bucks 35 J7
Thornbury, Devon 6 E5
Thornbury, Avon 17 H1
Thornbury, H. & W 29 L2
Thornby 35 H3
Thorncliffe 54 D8
Thorncombe 8 E4
Thorncombe Street 12 D2
Thorndon 39 G4
Thorndon Cross 5 F2
Thorne 58 A5
Thorner 63 G5
Thorne St Margaret 8 B2
Thorney, Notts 56 C6
Thorney, Cambs 47 F7
Thorney Hill 10 D5
Thornfalcon 8 D2
Thornford 9 H3
Thorngumbald 59 G4
Thornham 48 C3
Thornham Magna 39 G3
Thornham Parva 39 G3
Thornhaugh 46 D7
Thornhill, D. & G 72 D4
Thornhill, Derby 54 E5
Thornhill, Hants 11 F3
Thornhill, Central 85 J5
Thornhill, M. Glam 25 K6
Thornhill Edge 55 F2
Thornicombe 9 K4
Thornley, Durham 68 D3
Thornley, Durham 69 F3
Thornliebank 77 L2
Thorns 38 C5
Thornthwaite, Cumbr 66 E4
Thornthwaite, N. Yks 62 E4
Thornton, Humbs 58 B2
Thornton, Mers 52 E3
Thornton, Humbs 58 E5
Thornton, W. Yks 62 E6
Thornton, Fife 87 F5
Thornton, Lancs 61 G5
Thornton, Lincs 57 G7
Thornton, Northum 81 H5
Thornton, Bucks 35 J7
Thornton Dale 64 F4
Thorntonhall 78 C4
Thornton Hough 52 E5
Thornton-in-Craven 62 C5
Thornton-le-Beans 69 F7
Thornton-le-Clay 64 D6
Thornton le Moor, Lincs 56 E4
Thornton-le-Moor, N. Yks 63 G1
Thornton-le-Moors 52 F6
Thornton-le-Street 63 H1
Thorntonloch 80 F2
Thornton Rust 62 C1
Thornton Steward 62 E1
Thornton Watlass 63 F1
Thornwood Common 21 J3
Thoroton 45 J3
Thorp Arch 63 H5
Thorpe, Derby 44 C2
Thorpe, N. Yks 62 D3
Thorpe, Surrey 20 E7
Thorpe, Cumbr 67 G4

180 Thorpe, Notts Unifirth

Thorpe, Notts 45 J3
Thorpe, Lincs 57 J5
Thorpe, Norf 49 K8
Thorpe Abbotts 39 G3
Thorpe Acre 45 G5
Thorpe Arnold 45 J5
Thorpe Audlin 55 H2
Thorpe Bassett 64 F5
Thorpe Bay 22 F5
Thorpe by Water 46 B8
Thorpe Constantine 44 D7
Thorpe End 49 H6
Thorpe Fendykes 57 J7
Thorpe Green 38 E5
Thorpe Hesley 55 G4
Thorpe in Balne 55 J2
Thorpe Langton 35 J1
Thorpe Larches 69 F4
Thorpe le Fallows 56 D5
Thorpe-le-Soken 23 H1
Thorpe Malsor 36 B3
Thorpe Mandeville 35 G6
Thorpe Market 49 H4
Thorpe Morieux 38 E5
Thorpeness 39 K5
Thorpe on the Hill 56 D7
Thorpe Salvin 55 J5
Thorpe Satchville 45 J6
Thorpe St Andrew 49 H7
Thorpe Thewles 69 G4
Thorpe Underwood 63 H4
Thorpe Waterville 36 D2
Thorpe Willoughby 63 J6
Thorp St Peter 57 J7
Thorrington 23 G1
Thorverton 7 K5
Thrandeston 39 G3
Thrapston 36 C3
Threapwood 42 F3
Three Bridges 13 F3
Three Cocks 29 F4
Three Crosses 24 D5
Three Holes 47 J7
Threekingham 46 D4
Three Leg Cross 13 K3
Three Legged Cross 10 B4
Three Mile Cross 20 B7
Threemilestone 3 F5
Threlkeld 66 F4
Threshfield 62 C3
Thrigby 49 K6
Thringarth 68 B4
Thringstone 44 F6
Thrintoft 68 F7
Thriplow 37 H6
Throcking 37 G7
Throckley 75 H7
Throckmorton 34 A6
Throphill 75 H5
Thropton 75 G3
Throwleigh 5 G2
Throwley 15 F3
Throwley Forestal 15 F3
Thrumpton 45 G4
Thrumster 115 J5
Thrunton 75 G2
Thrupp, Glos 30 C7
Thrupp, Oxon 31 J6
Thrushelton 4 E3
Thrushgill 61 K3
Thruxton, Hants 18 D6
Thruxton, H. & W 29 J4
Thrybergh 55 H4
Thundersley 22 D5
Thundridge 21 H2
Thurcaston 45 G6
Thurcroft 55 H5
Thurgarton, Norf 49 G4
Thurgarton, Notts 45 H3
Thurgoland 55 F3
Thurlaston, Warw 35 F3
Thurlaston, Leic 45 G8
Thurlby, Lincs 46 D6
Thurlby, Lincs 56 D7
Thurleigh 36 D5
Thurlestone 5 G7
Thurloxton 8 D1
Thurlstone 55 F3
Thurlton 49 K8
Thurmaston 45 H7
Thurnby 45 H7
Thurnham, Kent 14 E3
Thurnham, Lancs 61 H4
Thurning, Northnts 36 D2
Thurning, Norf 49 F5
Thurnscoe 55 H3
Thursby 66 F1
Thursford 48 E4
Thursley 19 L7
Thurso 115 G3
Thurstaston 52 D5
Thurston 38 E4
Thurstonfield 66 F1
Thurstonland 54 E2
Thurton 49 J7
Thurvaston 44 D4
Thuxton 48 F7
Thwaite, N. Yks 68 A7
Thwaite, Suff 39 G4
Thwaite St Mary 49 J8
Thwing 65 H5
Tibbermore 86 D2
Tibberton, Glos 30 B5
Tibberton, Shrops 43 H5
Tibberton, H. & W 33 J5
Tibenham 39 G1
Tibshelf 55 H7
Tibthorpe 65 G7
Ticehurst 13 K3
Tichborne 11 G1
Tickencote 46 C7
Tickenham 17 F3
Tickhill 55 J4
Ticklerton 32 D1
Ticknall 44 E5
Tickton 58 E2
Tidcombe 18 D5
Tiddington, Oxon 20 A3
Tiddington, Warw 34 D5
Tidebrook 13 K4
Tideford 4 D6
Tidenham 29 K8
Tideswell 54 E6
Tidmarsh 20 A6
Tidmington 34 D7
Tidpit 10 B3
Tiers Cross 26 D6
Tiffield 35 H5
Tifty 101 G4
Tigerton 93 G5
Tigharry 104 C4
Tighnabruaich 84 B7
Tighnafiline 106 D3
Tigley 5 H5
Tilbrook 36 D4
Tilbury 14 C1
Tile Cross 34 C2
Tile Hill 34 D3
Tilehurst 20 A6
Tilford 19 K6
Tillathrowie 100 D5
Tillicoultry 86 C5
Tillingham 23 F3
Tillington, W. Susx 12 C4
Tillington, H. & W 29 J3
Tillington Common 29 J3
Tillycorthie 101 J6
Tillydrine 93 H2
Tillyfourie 100 F7
Tillygreig 101 H6
Tilmanstone 15 K3
Tilney All Saints 47 J6
Tilney High End 47 J6
Tilney St Lawrence 47 J6
Tilshead 18 B6
Tilstock 43 G4
Tilston 42 F2
Tilstone Fearnall 53 G7
Tilsworth 20 D1
Tilton on the Hill 45 J7
Timberland 57 F8
Timbersbrook 53 K7
Timberscombe 7 K1
Timble 62 E4
Timperley 53 J5
Timsbury, Hants 10 E2
Timsbury, Avon 17 H5
Timsgarry 110 E4
Timworth Green 38 D4
Tincleton 9 J5
Tindale 74 C8
Tingewick 35 H7
Tingley 63 F7
Tingrith 36 D7
Tinhay 4 D3
Tinshill 63 F6
Tinsley 55 H4
Tintagel 4 A3
Tintern Parva 29 K7
Tintinhull 9 F3
Tintwistle 54 D4
Tinwald 72 F5
Tinwell 46 D7
Tipperty 101 J6
Tipton 34 A1
Tipton St John 8 B5
Tiptree 22 E2
Tirabad 28 C3
Tirley 30 C5
Tirphil 25 K4
Tirril 67 H4
Tisbury 10 A2
Tissington 44 C2
Titchberry 6 C3
Titchfield 11 G4
Titchmarsh 36 D3
Titchwell 48 C3
Titley 29 H1
Titlington 75 G2
Tittensor 43 K4
Tittleshall 48 D5
Tiverton, Ches 53 G7
Tiverton, Devon 7 K4
Tivetshall St Margaret 39 G2
Tivetshall St Mary 39 G2
Tixall 44 A5
Tixover 46 C7
Toab, Orkney 116 E6
Toab, Shetld 119 F7
Tobermory 89 G3
Toberonochy 89 J8
Tobson 111 F4
Tocher 101 F5
Tockenham 18 B3
Tockenham Wick 18 B2
Tockholes 61 K7
Tockington 17 H2
Tockwith 63 H4
Todber 9 J2
Toddington, Beds 36 D8
Toddington, Glos 30 E4
Todenham 34 D7
Todhills 73 J7
Todmorden 62 C7
Todwick 55 H5
Toft, Lincs 46 D6
Toft, Cambs 37 G5
Toft Hill 68 D4
Toft Monks 49 K8
Toft next Newton 56 E5
Toftrees 48 D5
Toftwood 48 E6
Togston 75 J3
Tokavaig 96 B4
Tokers Green 20 A6
Tolland 8 C1
Tollard Royal 10 A3
Toll Bar 55 J3
Toller Fratrum 9 G5
Toller Porcorum 9 G5
Tollerton, Notts 45 H4
Tollerton, N. Yks 63 J3
Tollesbury 22 F2
Tolleshunt D'Arcy 22 F2
Tolleshunt Major 22 F2
Tolpuddle 9 J5
Tolsta Chaolais 111 F4
Tolworth 21 F7
Tomatin 99 G6
Tombreck 98 E5
Tomchrasky 98 A7
Tomdoun 90 C1
Tomich, Highld 98 B6
Tomich, Highld 109 F6
Tomintoul, Grampn 100 A7
Tomintoul, Grampn 92 C2
Tomnavoulin 100 B6
Tonbridge 13 J2
Tondu 25 G6
Tong 43 J7
Tonge 44 F5
Tongham 19 K6
Tongland 71 H6
Tongue 113 G3
Tongwynlais 25 K6
Tonmawr 25 G5
Tonna 25 F5
Ton-teg 25 J6
Tonwell 21 H2
Tonypandy 25 H5
Tonyrefail 25 J6
Toot Baldon 31 K7
Toothill, Hants 10 E3
Toot Hill, Essex 21 K3
Topcroft 39 H1
Topcroft Street 39 H1
Toppesfield 38 C7
Toppings 53 J2
Topsham 5 K3
Torbay 5 J5
Torbeg 76 E5
Torbryan 5 J5
Torcross 5 J7
Tore 98 E3
Torksey 56 C6
Torlum 104 C6
Torlundy 90 C4
Tormarton 17 J3
Tormitchell 70 D2
Tormore 76 D4
Tornagrain 99 F4
Tornahaish 100 B8
Tornaveen 100 F8
Torness 98 D6
Torpenhow 66 E3
Torphichen 86 C7
Torphins 93 H1
Torpoint 4 E6
Torquay 5 K5
Torquhan 80 C5
Torran 106 A7
Torrance 85 J7
Torridon 106 D6
Torrin 96 A3
Torrisdale 113 H2
Torrisholme 61 H3
Torroble 108 D3
Torry, Grampn 100 D4
Torry, Grampn 101 J8
Torrylinn 76 E5
Torterston 101 K4
Torthorwald 73 F6
Tortington 12 D6
Tortworth 30 B8
Torvaig 103 F4
Torver 66 E7
Torwood 85 L6
Torworth 55 K5
Toscaig 96 C2
Toseland 37 F4
Tosside 62 A4
Tostock 38 E4
Totaig 102 D3
Totarol 111 F4
Tote, Highld 103 F4
Tote, Highld 103 G3
Totegan 114 D3
Totland 10 E6
Totley 55 G6
Totnes 5 J5
Totscore 102 E2
Tottenham 21 H4
Tottenhill 48 B6
Totteridge, Bucks 20 C4
Totteridge, G. Lon 21 G4
Totternhoe 20 D1
Tottington 53 J2
Totton 10 E3
Tournaig 106 D3
Toux, Grampn 100 E3
Toux, Grampn 101 J3
Tovil 13 L1
Toward 72 B2
Towcester 35 H6
Towednack 2 C6
Towersey 20 B3
Towie 100 D7
Towiemore 100 C4
Tow Law 68 D3
Town End 47 H8
Townhead, D. & G 71 H7
Townhead, Cumbr 67 J3
Townhead of Greenlaw 72 C7
Townhill 86 E6
Townshend 2 D6
Town Yetholm 81 G7
Towthorpe 63 K4
Towton 63 H6
Towyn 51 J3
Toynton All Saints 57 H7
Toynton Fen Side 57 H7
Toynton St Peter 57 J7
Toy's Hill 13 H1
Trabboch 77 K5
Trabbochburn 77 K5
Traboe 2 F7
Tradespark, Orkney 116 D6
Tradespark, Highld 99 G3
Trafford Park 53 J4
Trallong 25 H2
Trallwng or Welshpool 42 D7
Tranent 87 H7
Trantlemore 114 D4
Tranwell 75 H5
Trapp 27 L6
Traprain 87 J7
Traquair 80 B6
Trawden 62 C6
Trawsfynydd 51 G7
Trealaw 25 J5
Treales 61 H6
Trearddur 50 B3
Treaslane 103 E3
Trebartha 4 C4
Trebetherick 3 H2
Treborough 8 B1
Trebudannon 3 G3
Treburley 4 D4
Trecastle 25 G2
Trecwn 26 D4
Trecynon 25 H4
Tredavoe 2 C7
Tredegar 25 K4
Tredington 34 D6
Tredinnick 3 H2
Tredomen 25 K1
Tredrizzick 3 H2
Tredunnock 29 H8
Treen 2 B7
Treeton 55 H5
Trefdraeth 50 D3
Trefeca 25 K1
Trefeglwys 41 J4
Trefenter 40 F7
Treffgarne 26 D5
Treffynnon 26 C5
Trefil 25 K3
Trefilan 27 K2
Trefnanney 42 D6
Trefnant 51 K3
Trefonen 42 D5
Trefor, Gwyn 50 C2
Trefor, Gwyn 50 C6
Treforest 25 J6
Trefriw 51 G4
Tregadillett 4 C3
Tregaian 50 D3
Tregare 29 J6
Tregaron 28 A1
Tregarth 50 F4
Tregeare 4 C3
Tregeiriog 42 C4
Tregele 50 C1
Tregidden 2 F7
Treglemais 26 C5
Tregole 4 B2
Tregonetha 3 H3
Tregony 3 H5
Tregoyd 29 F4
Tre-groes 27 J3
Tregurrian 3 G3
Tregynon 41 K4
Trehafod 25 J5
Treharris 25 J5
Treherbert 25 H5
Treknow 4 A3
Trelan 2 F8
Trelawnyd 51 K3
Trelech 27 G4
Treleddyd-fawr 26 B5
Trelewis 25 K5
Treligga 4 A3
Trelights 3 H2
Trelill 3 J2
Trelissik 3 G6
Trellech 29 K7
Trelleck Grange 29 J7
Trelogan 52 C5
Tremadog 50 E6
Tremail 4 B3
Tremain 27 G3
Tremaine 4 C3
Tremar 3 L3
Trematon 4 D6
Tremeirchion 51 K3
Trenance 3 G3
Trenarren 3 J5
Trench 43 H6
Treneglos 4 C3
Trenewan 3 K4
Trent 9 G3
Trentham 43 K3
Trentishoe 7 G1
Treoes 25 H7
Treorchy 25 H5
Tre'r-ddol 41 F4
Tresaith 27 G2
Trescott 43 K8
Trescowe 2 D6
Tresham 17 J1
Tresillian 3 G5
Tresinwen 26 D3
Tremeer 4 C3
Tressait 91 K5
Tresta 119 F3
Treswell 56 B6
Tre Taliesin 41 F4
Trethewey 2 B7
Trethomas 25 K6
Trethurgy 3 J4
Tretio 26 B5
Tretire 29 K5
Tretower 25 K2
Treuddyn 52 D8
Trevalga 4 A2
Trevanson 3 H2
Trevarren 3 H3
Trevarrick 3 H5
Trevellas 2 F4
Treverva 2 F6
Trevethin 29 G7
Trevigro 4 D5
Trevine 26 C4
Treviscoe 3 H4
Trevone 3 G2
Trewarmett 4 A3
Trewarthenick 3 H5
Trewassa 4 B3
Trewellard 2 B6
Trewen 4 C3
Trewidland 3 L4
Trewint 4 B2
Trewithian 3 G6
Trewoon 3 H4
Treyarnon 3 G2
Treyford 11 K3
Trickett's Cross 10 B4
Timdon 69 F3
Trimdon Grange 69 F3
Trimingham 49 H4
Trimley St Martin 39 H7
Trimley St Mary 39 H7
Trimpley 33 G3
Trimsaran 27 J7
Trimstone 6 F1
Trinant 25 L4
Tring 20 D2
Trinity 93 H5
Trislaig 90 B4
Trispen 3 G4
Tritlington 75 J4
Trochry 92 A7
Troedyraur 27 H3
Troedyrhiw 25 J4
Trofarth 51 H3
Trondavoe 121 F5
Troon, Corn 2 E6
Troon, Strath 77 J4
Troston 38 D3
Trottiscliffe 14 C2
Trotton 11 K2
Troutbeck 67 G6
Troutbeck Bridge 67 G6
Trowbridge 17 K5
Trow Green 29 K7
Trowle Common 17 K5
Trows 80 E6
Trowse Newton 49 H7
Trudoxhill 17 J6
Trull 8 D2
Trumisgarry 104 D4
Trumpan 102 D2
Trumpet 33 F7
Trumpington 37 H5
Trunch 49 H4
Truro 3 G5
Trusham 5 J3
Trusley 44 D4
Trusthorpe 57 K5
Trysull 43 K8
Tubney 31 J8
Tuckenhay 5 J6
Tuckhill 33 G2
Tuddenham, Suff 38 C3
Tuddenham, Suff 39 G6
Tudeley 13 K2
Tudhoe 68 E3
Tudweiliog 50 B7
Tuffley 30 C6
Tufton 26 E5
Tugby 45 J7
Tugford 32 E2
Tullibody 86 B5
Tullich 84 C3
Tullich Muir 109 F6
Tulloch 93 J4
Tullynessle 100 E7
Tumble 27 K6
Tumby Woodside 57 G8
Tummel Bridge 91 J6
Tunbridge Wells, Royal 13 J3
Tunga 111 J4
Tunstall, Kent 14 E2
Tunstall, N. Yks 68 E7
Tunstall, Humbs 59 H3
Tunstall, Suff 39 J5
Tunstall, Lancs 61 K2
Tunstall, Staffs 43 K2
Tunstall, Norf 49 K7
Tunstead 49 H5
Tunworth 19 H6
Tupsley 29 K3
Tupton 55 G7
Turgis Green 20 A8
Turkdean 30 F6
Tur Langton 45 J8
Turnastone 29 H4
Turnberry 77 H7
Turnditch 44 D3
Turners Hill 13 G3
Turners Puddle 9 K5
Turnworth 9 K4
Turriff 101 G3
Turton Bottoms 53 J2
Turves 47 G8
Turvey 36 C5
Turville 20 B4
Turville Heath 20 B4
Turweston 35 H7
Tutbury 44 D5
Tutnall 34 A3
Tutshill 29 K8
Tuttington 49 H5
Tuxford 56 B6
Twatt, Orkney 116 B4
Twatt, Shetld 119 F3
Twechar 85 K7
Tweedmouth 81 H4
Tweedsmuir 79 J7
Twelveheads 2 F5
Twemloe Green 53 J7
Twenty 46 E5
Twerton 17 J4
Twickenham 21 F6
Twigworth 30 C5
Twineham 12 F5
Twinhoe 17 J5
Twinstead 38 D7
Twitchen, Shrops 32 C3
Twitchen, Devon 7 H2
Two Bridges 5 G4
Two Dales 55 F7
Two Gates 44 D7
Twycross 44 E7
Twyford, Berks 20 B6
Twyford, Hants 11 F2
Twyford, Norf 48 F5
Twyford, Bucks 35 H8
Twyford, Leic 45 J6
Twyford Common 29 K4
Twynholm 71 H6
Twyning 33 J7
Twyning Green 33 J7
Twynllanan 25 F2
Twyn-y-Sheriff 29 J7
Twywell 36 C3
Tyberton 29 H4
Tyburn 34 C1
Tycroes 27 L6
Tycrwyn 41 L2
Tydd Gote 47 H6
Tydd St Giles 47 H6
Tydd St Mary 47 H6
Ty-hen 50 A7
Tyldesley 53 J3
Tyler Hill 15 H2
Tylers Green 20 D4
Tylorstown 25 J5
Tylwch 41 J5
Ty-nant, Gwyn 41 J1
Ty-nant, Clwyd 51 J6
Tyndrum 84 F1
Tyneham 9 K6
Tynehead 80 B4
Tynemouth 75 K7
Tynewydd 25 H5
Tyninghame 87 K7
Tynron 72 D4
Tyn-y-ffridd 42 C4
Tyn-y-graig, Powys 28 E2
Tynygraig, Dyfed 41 F7
Ty'n-y-groes 51 G3
Ty Rhiw 25 K6
Tyringham 36 B6
Tythby 45 H4
Tythegston 25 G7
Tytherington, Avon 17 H2
Tytherington, Somer 17 J6
Tytherington, Ches 53 L6
Tytherington, Wilts 17 L6
Tytherleigh 8 E4
Tywardreath 3 J4
Tywyn, Gwyn 40 E3
Tywyn, Gwyn 51 G3

U

Uachdar 104 D6
Uags 96 C2
Ubbeston Green 39 J3
Ubley 17 G5
Uckerby 68 E6
Uckfield 13 H4
Uckington 30 D5
Uddingston 78 D3
Uddington 79 F6
Udimore 14 E7
Udny Green 101 H6
Udny Station 101 J6
Uffcott 18 C3
Uffculme 8 B3
Uffington, Lincs 46 D7
Uffington, Oxon 18 E2
Uffington, Shrops 43 G6
Ufford, Cambs 46 D7
Ufford, Suff 39 H5
Ufton 34 E4
Ufton Nervet 20 A7
Ugadale 76 C5
Ugborough 5 G6
Uggeshall 39 K2
Ugglebarnby 65 F2
Ugley 37 J8
Ugley Green 37 J8
Ugthorpe 69 K5
Uig, Highld 102 C3
Uig, Highld 103 E2
Uigshader 103 F4
Uisken 88 E7
Ulbster 115 J5
Ulceby, Humbs 59 F5
Ulceby, Lincs 57 J6
Ulcombe 14 E4
Uldale 66 E3
Uley 30 B8
Ulgham 75 J4
Ullapool 107 G2
Ullenhall 34 C4
Ullenwood 30 D6
Ulleskelf 63 J5
Ullesthorpe 35 G2
Ulley 55 H5
Ullingswick 29 K2
Ullinish 102 E5
Ullock 66 C4
Ulpha 66 D7
Ulsta 121 G4
Ultrome 65 J7
Ulverston 61 F2
Ulzieside 72 C3
Umberleigh 7 G3
Unapool 112 D5
Underbarrow 67 G7
Underriver 13 J1
Underwood, Gwent 16 E2
Underwood, Notts 45 F2
Undy 17 F2
Unifirth 118 E3

Union Mills West Green 181

Union Mills 60 Q4
Unstone 55 G6
Unthank 67 G3
Upavon 18 C5
Up Cerne 9 H4
Upchurch 14 E2
Upcott 29 H2
Upend 38 C5
Up Exe 7 K5
Uphall 86 D7
Uphall Station 86 D7
Upham, Hants 11 G2
Upham, Devon 7 J5
Up Hatherley 30 D5
Uphill 16 E5
Up Holland 53 G3
Uplawmoor 77 K2
Upleadon 30 B5
Upleatham 69 J5
Uploders 9 G5
Uplowman 8 B3
Uplyme 8 E5
Upminster 21 K5
Up Nately 19 H5
Upnor 14 D1
Upottery 8 D4
Upper Affcot 32 D2
Upper Ardchronie 108 E5
Upper Arley 33 G2
Upper Astrop 35 G7
Upper Basildon 19 G3
Upper Beeding 12 F5
Upper Benefield 36 C2
Upper Boddington 35 F5
Upper Borth 40 F5
Upper Breinton 29 J3
Upper Broughton 45 H5
Upper Bucklebury 19 G4
Upper Caldecote 36 E6
Upper Chapel 28 E3
Upper Chute 18 D5
Upper Clatford 18 E6
Upper Dallachy 100 C2
Upper Dean 36 D4
Upper Denby 55 F3
Upper Derraid 99 J5
Upper Dicker 13 J5
Upper Dunsforth 63 H3
Upper Elkstone 54 D8
Upper End 54 D6
Upper Ethie 99 F2
Upper Farringdon 11 J1
Upper Framilode 30 B6
Upper Froyle 19 J6
Upper Gravenhurst 36 E7
Upper Green 18 E4
Upper Hackney 55 F7
Upper Hale 19 K6
Upper Hambleton 46 C7
Upper Hardres Court 15 H3
Upper Hartfield 13 H3
Upper Heath 32 E2
Upper Helmsley 64 D7
Upper Heyford, Northnts 35 H5
Upper Heyford, Oxon 31 J5
Upper Hill 29 J2
Upper Hopton 54 E2
Upper Hulme 54 D7
Upper Inglesham 31 G8
Upper Killay 24 D5
Upper Knockando 100 A4
Upper Lambourne 18 E2
Upper Lochton 93 H2
Upper Longdon 44 B6
Upper Longwood 43 H7
Upper Lydbrook 29 L6
Upper Maes-coed 29 H4
Uppermill 54 C3
Upper Minety 18 B1
Upper North Dean 20 C4
Upper Poppleton 63 J4
Upper Quinton 34 C6
Upper Sanday 116 E6
Upper Sapey 33 F4
Upper Seagry 18 A2
Upper Shelton 36 C6
Upper Sheringham 49 G3
Upper Skelmorlie 77 G1
Upper Slaughter 31 F5
Upper Soudley 30 A6
Upper Stondon 36 E7
Upper Stowe 35 H5
Upper Street, Hants 10 C3
Upper Street, Norf 49 J6
Upper Sundon 36 D8
Upper Swainswick 17 J4
Upper Swell 31 F5
Upper Tean 44 B4
Upperthong 54 E3
Upper Tillyrie 86 E4
Upperton 12 C4
Upper Tooting 21 G6
Uppertown 115 J2
Upper Tysoe 34 E6
Upper Upham 18 D3
Upper Wardington 35 F6
Upper Weald 35 K7
Upper Weedon 35 H5
Upper Wield 19 H7
Upper Winchendon 20 B2
Upper Woodford 10 C1
Uppingham 46 B8
Uppington 43 G7
Upsall 63 H1
Upshire 21 J3
Up Smborne 10 E1
Upstreet 15 J2
Up Sydling 9 H4
Upton, Dorset 10 A5
Upton, Bucks 20 B2
Upton, Notts 56 B6
Upton, Lincs 56 C5
Upton, Mers 52 D5
Upton, Berks 20 D6
Upton, Cambs 36 E3
Upton, Hants 10 E3
Upton, Hants 18 E5
Upton, Cambs 46 E7
Upton, Leic 44 E8
Upton, Ches 52 F7
Upton, Oxon 19 G2
Upton, W. Yks 55 H2
Upton, Notts 45 J2
Upton, Northnts 35 J4
Upton, Norf 49 J6
Upton, Somer 7 K3
Upton Bishop 30 A5
Upton Cheyney 17 H4
Upton Cressett 33 F1
Upton Cross 4 C4
Upton Grey 19 H6
Upton Hellions 7 J5
Upton Lovell 18 A6
Upton Magna 43 G6
Upton Noble 17 J7
Upton Pyne 5 K2
Upton Scudamore 17 K6
Upton Snodsbury 33 J5
Upton St Leonards 30 C6
Upton upon Severn 33 H6
Upton Wrren 33 J4
Upwaltham 12 C5
Upware 37 J3
Upwell, Cambs 47 J7
Upwell, Norf 47 J7
Upwey 9 H6
Upwood 37 F2
Urafirth 120 F5
Urchfont 18 B5
Urdimarsh 29 K3
Urgha 105 G2
Urlay Nook 69 G5
Urmston 53 J4
Urquhart 100 B2
Urra 69 H6
Urray 98 D3
Urswick 60 F2
Ushaw Moor 68 E2
Usk 29 H7
Usselby 57 E4
Utkinton 53 G7
Utley 62 D5
Uton 5 J2
Utterby 57 H4
Uttoxeter 44 B4
Uwchmynydd 40 A1
Uxbridge 20 E5
Uyeasound 121 H2
Uzmaston 26 D6

V

Valleyfield 86 D6
Valsgarth 121 J1
Valtos, W. Isles 111 E4
Valtos, Highld 103 G2
Vange 22 D5
Varteg 29 G7
Vatersay 94 B6
Vatten 102 D4
Vauld, The 29 K3
Vaynor 25 J3
Vaynor Park 42 C7
Veensgarth 119 G4
Velindre 29 F4
Veness 116 E4
Vennington 42 E7
Venn Ottery 8 B5
Ventnor 11 G7
Vernham Dean 18 E5
Vernham Street 18 E5
Vernolds Common 32 D2
Verran Island 94 C2
Verwig 27 F3
Verwood 10 B4
Veryan 3 H6
Vicarage 8 D6
Vickerstown 60 E3
Victoria 3 H3
Vidlin 119 G2
Viewpark 78 E3
Village Abberley, The 33 G4
Village, The 33 H2
Vinehall Street 13 L4
Vines Cross 13 J5
Virginia Water 20 B2
Virginstow 4 D2
Vobster 17 J6
Voe 119 G2
Vowchurch 29 H4

W

Waberthwaite 66 D7
Wackerfield 68 D4
Wacton 39 G1
Wadborough 33 J6
Waddesdon 20 B2
Waddingham 56 D4
Waddington, Lincs 56 D7
Waddington, Lancs 61 L5
Wadebridge 3 H2
Wadeford 8 E3
Wadenhoe 36 D2
Wadesmill 21 H2
Wadhurst 13 K3
Wadshelf 55 G6
Wadworth 55 J4
Waen-fach 42 D6
Wainfleet All Saints 57 J8
Wainfleet Bank 57 J8
Wainhouse Corner 4 B2
Wainscott 14 D1
Wainstalls 62 D7
Waitby 67 K6
Wakefield 55 G1
Wakerley 46 C8
Wakes Colne 38 D8
Walberswick 39 K3
Walberton 12 C6
Walcot, Shrops 32 C2
Walcot, Warw 34 C5
Walcot, Lincs 46 D4
Walcot, Shrops 43 G6
Walcote 35 G2
Walcott, Lincs 46 E2
Walcott, Norf 49 J4
Walden 62 D1
Walden Head 62 C1
Walden Stubbs 55 J2
Walderslade 14 D2
Walderton 11 J3
Walditch 9 F5
Waldridge 68 E1
Waldringfield 39 H6
Waldron 13 J5
Wales 55 H5
Walesby, Notts 56 A6
Walesby, Lincs 57 F4
Walford, H. & W 32 C3
Walford, Shrops 42 F5
Walford, H. & W 29 K5
Walgherton 43 H3
Walgrave 35 K3
Walkden 53 J3
Walker 75 J7
Walkerburn 80 B6
Walker Fold 61 K5
Walkeringham 56 B4
Walkerith 56 B4
Walkern 37 F8
Walker's Green 29 K3
Walkhampton 5 F5
Walkington 58 D3
Walk Mill 62 B6
Wall, Staffs 44 C7
Wall, Northum 74 F7
Wallacetown 77 J5
Wallasey 52 D4
Wallingford 19 H2
Wallington, Herts 37 F7
Wallington, Hants 11 G4
Wallington, G. Lon 21 G7
Wallis 26 E5
Walliswood 12 E3
Walls 118 E4
Wallsend 75 J7
Wall under Heywood 32 E1
Wallyford 87 G7
Walmer 15 K3
Walmer Bridge 61 H7
Walmersley 53 K2
Walmley 44 C8
Walpole 39 J3
Walpole Highway 47 J6
Walpole St Andrew 47 J6
Walpole St Peter 47 J6
Walsall 44 B8
Walsall Wood 44 B7
Walsden 62 C7
Walsgrave on Sowe 34 E2
Walsham le Willows 38 F3
Walsoken 47 H6
Walston 79 H5
Walter's Ash 20 C4
Walterstone 29 H5
Waltham, Humbs 59 G6
Waltham, Kent 15 H4
Waltham Abbey 21 H3
Waltham Chase 11 G3
Waltham Cross 21 H3
Waltham on the Wolds 45 K5
Waltham St Lawrence 20 C6
Walthamstow 21 H5
Walton, Bucks 36 B7
Walton, Cumbr 74 B7
Walton, Warw 34 D5
Walton, Somer 9 F1
Walton, Leic 35 G2
Walton, W. Yks 55 G2
Walton, Powys 29 G2
Walton, Shrops 43 G6
Walton, Derby 55 G7
Walton, W. Yks 63 H5
Walton, Suff 39 H7
Walton Cardiff 30 D4
Walton East 26 E5
Walton Highway 47 H6
Walton-in-Gordano 17 F3
Walton-le-Dale 61 J7
Walton-on-Thames 21 F7
Walton-on-the-Hill, Staffs 44 A5
Walton on the Hill, Surrey 12 F1
Walton-on-the-Naze 23 J1
Walton on the Wolds 45 G6
Walton-on-Trent 44 D6
Walton West 26 C6
Walworth 68 E5
Walwyn's Castle 26 C6
Wambrook 8 D4
Wanborough 18 D2
Wandsworth 21 G6
Wangford 39 K3
Wanlip 45 G6
Wanlockhead 72 D2
Wansford, Cambs 46 D8
Wansford, Humbs 65 H7
Wanstead 21 J5
Wanstrow 17 J6
Wanswell 30 A7
Wantage 18 F2
Wapley 17 J3
Wappenbury 34 E4
Wappenham 35 H6
Warbleton 13 K5
Warborough 31 K8
Warboys 37 G2
Warbstow 4 C2
Warburton 53 J5
Warcop 67 K5
Warden 15 G1
Ward Green 38 F4
Wardington 35 F6
Wardle, Ches 5 H8
Wardle, G. Man 53 L2
Wardley 46 B7
Wardlow 54 E6
Wardy Hill 37 H2
Ware 21 H2
Wareham 9 L6
Warehorne 15 F5
Warenford 81 K7
Waren Mill 81 K6
Warenton 81 K6
Wareside 21 H2
Waresley 37 F5
Warfield 20 C6
Wargrave 20 B6
Warham 48 E3
Wark, Northum 74 E6
Wark, Northum 81 G6
Warkleigh 7 G3
Warkton 36 B3
Warkworth 75 J3
Warlaby 69 F7
Warland 53 L1
Warleggan 3 K3
Warlingham 21 H8
Warmfield 55 G1
Warmingham 53 J7
Warmington, Northnts 36 D1
Warmington, Warw 34 F6
Warminster 17 K6
Warmsworth 55 J3
Warmwell 9 J6
Warndon 33 H5
Warnford 11 H2
Warnham 12 E3
Warninglid 12 F4
Warren, Dyfed 26 D8
Warren, Ches 53 K6
Warren Row 20 C5
Warren Street 14 F3
Warrington, Bucks 36 B5
Warrington, Ches 53 H5
Warsash 11 F4
Warslow 54 D8
Warsop 55 J7
Warter 65 F7
Warthill 63 K4
Wartling 13 K6
Wartnaby 45 J5
Warton, Warw 44 D7
Warton, Northum 75 G3
Warton, Lancs 61 H7
Warton, Lancs 61 J2
Warwick, Warw 34 D4
Warwick, Cumbr 67 G1
Warwick Bridge 67 G1
Wasbister 116 C3
Wasdale Head 66 D6
Washaway 3 J3
Washbourne 5 H6
Washfield 7 K4
Washford 16 B6
Washford Pyne 7 J4
Washingborough 56 E6
Washington, W. Susx 12 E5
Washington, T. & W 68 F1
Wasing 19 G4
Waskerley 68 C2
Wasperton 34 D5
Wass 63 J2
Watchet 16 B6
Watchfield, Oxon 18 D1
Watchfield, Somer 16 E6
Watchgate 67 H7
Watendlath 66 E5
Water 62 B7
Waterbeach 37 H4
Waterbeck 73 H6
Waterden 48 D4
Water End, Herts 20 E2
Water End, Herts 21 G3
Waterfall 44 B2
Waterfoot, Lancs 62 B7
Waterfoot, Strath 78 C4
Waterford 21 H2
Waterhead, Cumbr 67 F6
Waterhead, Strath 77 L6
Waterhouses, Staffs 44 B2
Waterhouses, Durham 68 D2
Wateringbury 13 K1
Waterlip 17 H6
Waterloo, Dorset 10 B5
Waterloo, Tays 92 B8
Waterloo, Mers 52 E4
Waterloo, Strath 79 F4
Waterloo, Norf 49 H6
Waterlooville 11 H4
Watermeetings 72 E2
Watermillock 67 G4
Water Newton 46 E8
Water Orton 34 C1
Waterperry 20 A3
Waterrow 8 B2
Watersfield 12 D5
Waterside, Strath 85 J7
Waterside, Strath 77 K3
Waterside, Strath 77 K7
Waterside, Strath 77 L1
Waterstock 20 A3
Waterston 26 D7
Water Stratford 35 H7
Waters Upton 43 H6
Waterthorpe 55 H5
Water Yeat 66 E8
Watford, Herts 21 F4
Watford, Northnts 35 H4
Wath, N. Yks 62 E3
Wath, N. Yks 63 G2
Wath upon Dearne 55 H3
Watlington, Oxon 20 A4
Watlington, Norf 48 B6
Watnall 45 G3
Watten 115 H4
Watterow 8 B2
Wattisfield 38 F3
Wattisham 38 F5
Watton, Norf 48 E7
Watton, Humbs 65 H7
Watton at Stone 21 H2
Wattston 85 K8
Wattstown 25 J5
Wattsville 25 L5
Waunarlwydd 24 E5
Waunfawr 50 E5
Wavendon 36 C7
Waverton, Cumbr 66 E2
Waverton, Ches 52 F7
Wawne 59 E3
Waxham 49 K5
Waxholme 59 H4
Wayford 8 F4
Way Village 7 J4
Weachyburn 100 F2
Wealdstone 21 F5
Weare 16 F5
Weare Giffard 6 E3
Wearhead 67 L3
Weasdale 67 J6
Weasenham All Saints 48 D5
Weasenham St Peter 48 D5
Weaverham 53 H6
Weaverthorpe 65 G5
Webheath 34 B4
Wedderlairs 101 H5
Weddington 44 E8
Wedhampton 18 B5
Wedmore 17 F6
Wednesbury 44 A8
Wednesfield 44 A7
Wedon 20 C2
Weedon Bec 35 H5
Weedon Lois 35 H6
Weeford 44 C7
Week 7 H4
Weekley 36 B2
Week St Mary 4 C2
Weeley 23 H1
Weeley Heath 23 H1
Weem 91 K7
Weeping Cross 43 L5
Weeting 38 C2
Weeton, N. Yks 63 F5
Weeton, Lancs 61 G6
Weir 62 B7
Welbeck Abbey 55 J6
Welborne 48 F7
Welbourn 46 C2
Welburn 64 E6
Welbury 69 F6
Welby 46 C4
Welches Dam 37 H2
Welcombe 6 C4
Weldon 36 C2
Welford, Berks 18 F3
Welford, Northnts 35 H2
Welford-on-Avon 34 C5
Welham 35 J1
Welham Green 21 G3
Well, N. Yks 63 F1
Well, Lincs 57 J6
Well, Hants 19 J6
Welland 33 G6
Wellbank 93 F8
Wellesbourne 34 D5
Well Hill 21 J7
Wellingborough 36 B4
Wellingham 48 D5
Wellingore 46 C2
Wellington, Somer 8 C2
Wellington, Shrops 43 H6
Wellington, H. & W 29 J3
Wellington Heath 33 G6
Wellow, I. of W 10 E6
Wellow, Avon 17 J5
Wellow, Notts 55 K7
Wells 17 G6
Wellsborough 44 E7
Wells-next-the-Sea 48 E3
Wellwood 86 D6
Welney 47 J8
Welshampton 42 F4
Welsh Bicknor 29 K6
Welsh End 43 G4
Welsh Frankton 42 E4
Welsh Hook 26 D5
Welsh Newton 29 K6
Welshpool or Trallwng 42 D7
Welsh St Donats 25 J7
Welton, Humbs 58 D4
Welton, Lincs 56 E6
Welton, Cumbr 66 F2
Welton, Northnts 35 G4
Welton le Marsh 57 J7
Welton le Wold 57 G5
Welwick 59 H4
Welwyn 21 G2
Welwyn Garden City 21 G2
Wem 43 G5
Wembdon 8 D1
Wembley 21 F5
Wembury 4 F7
Wembworthy 7 G5
Wemyss Bay 84 D8
Wendens Ambo 37 J7
Wendlebury 31 K6
Wendling 48 E6
Wendover 20 C3
Wendron 2 E6
Wendy 37 G6
Wenhaston 39 K3
Wennington, Cambs 37 F3
Wennington, Lancs 61 K2
Wennington, G. Lon 21 K5
Wensley, N. Yks 68 C8
Wensley, Derby 55 F7
Wentbridge 55 H2
Wentnor 32 C1
Wentworth, S. Yks 55 G4
Wentworth, Cambs 37 H3
Wenvoe 25 K7
Weobley 29 J2
Weobley Marsh 29 J2
Wereham 48 B7
Wergs 43 K7
Wernrheolydd 29 H6
Werrington, Corn 4 D3
Werrington, Cambs 46 E7
Werrington, Staffs 43 L3
Wervin 52 F6
Wesham 61 H6
Wessington 55 G8
West Acre 48 C6
West Allerdean 81 H5
West Alvington 5 H7
West Anstey 7 J3
West Ashby 57 G6
West Ashling 11 K4
West Ashton 17 K5
West Aukland 68 D4
West Bagborough 8 C1
West Barns 87 K7
West Barsham 48 E4
West Bay 9 F5
West Beckham 49 G4
Westbere 15 H2
West Bergholt 38 E8
West Bexington 9 G6
West Bilney 48 C6
West Blatchington 13 F6
Westborough 46 B3
Westbourne, Dorset 10 B5
Westbourne, W. Susx 11 J4
West Bradford 61 L5
West Bradley 9 G1
West Bretton 55 F2
West Bridgford 45 G4
West Bromwich 34 B1
West Buckland, Somer 8 C2
West Buckland, Devon 7 G2
West Burrafirth 118 E3
West Burton, Lancs 62 C3
West Burton, W. Susx 12 C5
West Burton, N. Yks 62 D1
Westbury, Shrops 42 E7
Westbury, Bucks 35 H7
Westbury, Wilts 17 K5
Westbury Leigh 17 K5
Westbury-on-Severn 30 B6
Westbury-sub-Mendip 17 G6
Westby 61 G6
West Caister 49 L6
West Calder 79 H3
West Camel 9 G2
West Challow 18 E2
West Charleton 5 H7
West Chelborough 9 G4
West Chevington 75 J4
West Chiltington 12 D5
West Chinnock 9 F3
West Clandon 12 D1
West Cliffe 15 K4
Westcliff-on-Sea 22 E5
West Clyne 109 G3
West Coker 9 G3
Westcombe 17 H7
West Compton, Dorset 9 G5
West Compton, Somer 17 G6
Westcote 31 G5
Westcott, Bucks 20 B2
Westcott, Devon 8 B4
Westcott, Surrey 12 E2
Westcott Barton 31 J5
West Cross 24 E6
West Cullerley 101 G8
West Curthwaite 66 F2
West Dean, Hants 10 D2
Westdean, E. Susx 13 J7
West Dean, W. Susx 11 K3
West Deeping 46 E7
West Derby 52 E4
West Dereham 48 B7
West Ditchburn 75 H1
West Down 6 F1
West Drayton, Notts 56 B6
West Drayton, G. Lon 20 E6
West End, Beds 36 C5
West End, Humbs 58 D3
West End, Surrey 20 D7
West End, N. Yks 62 E4
West End, Hants 11 F3
West End, Avon 17 F4
West End, Oxon 31 J7
West End, Norf 49 K6
West End Green 20 A7
Westerdale, Highld 115 G4
Westerdale, N. Yks 69 J6
Westerfield, Shetld 119 F3
Westerfield, Suff 39 G6
Wester Fintray 101 H7
Westergate 12 C6
Wester Gruinards 108 D4
Westerham 13 H1
Westerleigh 17 J3
Wester Quarff 119 G5
Wester Skeld 118 E4
Westerton 93 H6
Westerwick 118 E4
West Farleigh 13 L1
West Felton 42 E5
Westfield, Lothn 86 C7
Westfield, Norf 48 E7
Westfield, E. Susx 14 E7
Westfield, Highld 115 F3
West Firle 13 H6
West Fleetham 81 K7
Westgate, Durham 68 B3
Westgate, Humbs 58 B6
Westgate, Norf 48 E3
Westgate on Sea 15 K1
West Gerinish 104 C7
West Ginge 19 F2
West Grafton 18 D4
West Green 19 J5

182 West Grimstead Wollaston, Shrops

West Grimstead 10 D2
West Grinstead 12 E4
West Haddlesey 63 J7
West Haddon 35 H3
West Hagbourne 19 G2
West Hall, Cumbr 74 B7
Westhall, Suff 39 K2
West Hallam 44 F3
West Halton 58 D4
Westham, Somer 16 F6
West Ham, G. Lon 21 J5
Westham, E. Susx 13 K6
Westhampnett 11 K4
West Handley 55 G6
West Hanney 18 F1
West Hanningfield 22 D4
West Hardwick 55 H2
West Harptree 17 G5
West Hatch 8 D2
Westhay 17 F6
Westhead 52 F3
West Heath 19 K5
West Helmsdale 109 J2
West Hendred 19 F2
West Heslerton 65 G5
Westhide 29 K3
West Hill, Devon 8 B5
Westhill, Grampn 101 H8
West Hoathly 13 G3
West Holme 9 K6
Westhope, Shrops 32 D2
Westhope, H. & W 29 J2
West Horndon 22 C5
Westhorpe, Suff 38 F4
Westhorpe, Lincs 46 F4
West Horrington 17 G6
West Horsley 12 D1
West Hougham 15 J4
Westhoughton 53 H3
Westhouse 61 K2
Westhouses 55 H8
Westhumble 12 E1
West Hyde 20 E4
West Ilsley 19 F2
Westing 121 H2
West Itchenor 11 J4
West Kennett 18 C4
West Kilbride 77 H3
West Kingsdown 21 K7
West Kington 17 K3
West Kirby 52 D5
West Knighton 9 J6
West Knoyle 9 K1
Westlake 5 G6
West Langdon 15 K4
West Langwell 113 H8
West Lavington, Wilts 18 B5
West Lavington, W. Susx 11 K2
West Layton 68 D6
West Leake 45 G5
Westleigh, Devon 8 B3
Westleigh, Devon 6 E3
Westleton 39 K4
West Lexham 48 D6
Westley, Suff 38 D4
Westley, Shrops 42 E7
Westley Waterless 38 B5
West Lilling 63 K3
Westlington 20 B2
West Linton, Border 79 J4
Westlinton, Cumbr 73 J7
West Littleton 17 J3
West Lulworth 9 K6
West Lutton 65 G6
West Malling 13 K1
West Malvern 33 G6
West Marden 11 J3
West Markham 56 B6
Westmarsh 15 J2
West Marton 62 B4
West Meon 11 H2
West Mersea 23 G2
Westmeston 13 G5
Westmill 37 G8
West Milton 9 G5
Westminster 21 G6
West Monkton 8 D2
West Moors 10 B4
Westmuir, Tays 92 E6
West Muir, Tays 93 G5
West Newton, Norf 48 B5
Westnewton, Cumbr 66 D2
West Newton, Humbs 59 F3
West Norwood 21 H6
West Ogwell 5 J4
Weston, Staffs 44 A5
Weston, Notts 56 B7
Weston, N. Yks 62 E5
Weston, N. Yks 64 E6
Weston, Brks 18 F3
Weston, Lincs 47 F5
Weston, Herts 37 F7
Weston, Ches 53 G5
Weston, Shrops 43 G5
Weston, Northnts 35 G6
Weston, Shrops 43 G8
Weston, Dorset 9 H7
Weston, Ches 43 J2
Weston, Hants 11 J2
Weston, Avon 17 J4
Weston Bampfylde 9 H2
Weston Beggard 29 K3
Westonbirt 17 K2
Weston by Welland 35 J1
Weston Colville 38 B5
Weston Green 38 B5
Weston Heath 43 J6
Weston Hills 47 F5
Westoning 36 D7
Weston-in-Gordano 17 F3
Weston Jones 43 J5
Weston Longville 49 G6
Weston Lullingfields 42 F5
Weston-on-the-Green 31 K6
Weston-on-Trent 44 F5
Weston Patrick 19 H6
Weston Rhyn 42 D4
Weston-sub-Edge 34 C6
Weston-super-Mare 16 E4
Weston Turville 20 C2
Weston-under-Lizard 43 K6
Weston under Penyard 29 L5
Weston under Wetherley 34 E4
Weston Underwood, Bucks 36 B5
Weston Underwood, Derby 44 D3
Westonzoyland 8 E1
West Overton 18 C4
West Parley 10 B5
West Peckham 13 K1
West Pennard 17 G7
West Pentire 2 F3
West Perry 36 E4
Westport 8 E2
West Putford 6 D4
West Quantoxhead 16 C6
West Rainton 68 F2
West Rasen 56 E5
West Raynham 48 D5
Westrigg 79 G3
West Row 38 B3
West Rudham 48 D5
West Runton 49 G3
Westruther 80 E4
Westry 47 G8
West Saltoun 80 C3
West Sandwick 121 G4
West Scrafton 62 D1
West Stafford 9 J6
West Stockwith 56 B4
West Stoke 11 K4
West Stonesdale 68 A6
West Stoughton 16 F6
West Stour 9 J2
West Stourmouth 15 J2
West Stow 38 D3
West Stowell 18 C4
West Street 14 F3
West Tanfield 63 F2
West Tarbert 76 D1
West Thorney 11 J4
West Thurrock 21 K6
West Tilbury 14 C1
West Tisted 11 H2
West Tofts 86 E1
West Torrington 57 F5
West Town 17 F4
West Tytherley 10 D2
West Tytherton 18 A3
West Walton 47 H6
Westward 66 E2
Westward o! 6 E3
Westwell, Kent 15 F4
Westwell, Oxon 31 G6
Westwell Leacon 14 F4
West Wellow 10 D3
West Wemyss 87 G5
West Wick, Avon 16 E4
Westwick, Cambs 37 H4
Westwick, Norf 49 H5
West Wickham, Cambs 38 B6
West Wickham, G. Lon 21 H7
West Winch 48 B6
West Winterslow 10 D1
West Wittering 11 J5
West Witton 62 D1
Westwood, Devon 8 B5
Westwood, Wilts 17 K5
West Woodburn 74 E5
West Woodhay 18 E4
West Woodlands 17 J6
Westwoodside 58 B7
West Worldham 11 J1
West Wratting 38 B5
West Wycombe 20 C4
West Yell 121 G4
Wetheral 67 G1
Wetherby 63 H5
Wetherden 38 F4
Wetheringsett 39 G4
Wethersfield 38 C7
Wethersta 119 F2
Wetherup Street 39 G4
Wetley Rocks 44 A3
Wettenhall 53 H7
Wetton 44 C2
Wetwang 65 G7
Wetwood 43 J4
Wexcombe 18 D5
Weybourne 49 G3
Weybread 39 H2
Weybridge 20 E7
Weydale 115 G3
Weyhill 18 E6
Weymouth 9 H7
Whaddon, Wilts 10 C2
Whaddon, Glos 30 C6
Whaddon, Cambs 37 G6
Whaddon, Bucks 35 K7
Whale 67 H4
Whaley 55 J6
Whaley Bridge 54 D5
Whaley Thorns 55 J6
Whalley 61 L6
Whalton 75 H5
Wham 62 A3
Whaplode 47 G5
Whaplode Drove 47 G6
Wharfe 62 A3
Wharles 61 H6
Wharncliffe Side 55 F4
Wharram le Street 64 F6
Wharton, Ches 53 H7
Wharton, H. & W 29 K2
Whashton 68 D6
Whatcombe 9 K4
Whatcote 34 E6
Whatfield 38 F6
Whatley 17 J6
Whatlington 13 L5
Whatstandwell 44 E2
Whatton 45 J4
Whauphill 70 F7
Wheatacre 49 K8
Wheathampstead 21 F2
Wheathill 33 F2
Wheatley, Hants 19 J6
Wheatley, Oxon 31 K7
Wheatley Hill 69 F3
Wheatley Lane 62 B6
Wheaton Aston 43 K6
Wheddon Cross 7 K2
Wheedlemont 100 D6
Wheelerstreet 12 C2
Wheelock 53 J8
Wheelton 61 K7
Wheldrake 58 A2
Whelford 31 F8
Whelpley Hill 20 D3
Whenby 63 K3
Whepstead 38 D5
Wherstead 39 G6
Wherwell 18 E6
Wheston 54 E6
Whetsted 13 K2
Whetstone 45 G8
Whicham 60 E1
Whichford 31 H4
Whickham 75 J7
Whiddon Down 5 G2
Whigstreet 93 F7
Whilton 35 H4
Whimple 8 B5
Whimpwell Green 49 J5
Whinburgh 48 F7
Whinnyfold 101 K5
Whippingham 11 G5
Whipsnade 20 E2
Whipton 5 K2
Whissendine 46 B6
Whissonsett 48 E5
Whistley Green 20 B6
Whiston, Staffs 44 B3
Whiston, Northnts 36 B4
Whiston, Mers 53 F4
Whiston, S. Yks 55 H4
Whiston, Staffs 43 K6
Whitbeck 60 E1
Whitbourne 33 G5
Whitburn, Lothn 79 G3
Whitburn, T. & W 75 L7
Whitby, Ches 52 E6
Whitby, N. Yks 65 F1
Whitchurch, Bucks 20 C1
Whitchurch, Dyfed 26 C5
Whitchurch, Devon 4 E4
Whitchurch, Hants 19 F6
Whitchurch, Shrops 43 G3
Whitchurch, Avon 17 H4
Whitchurch, S. Glam 25 K6
Whitchurch, H. & W 29 K6
Whitchurch Canonicorum 8 E5
Whitchurch Hill 20 A6
Whitchurch-on-Thames 20 A6
Whitcott Keysett 32 B2
Whitebridge 98 C7
Whitebrook 29 K7
Whitecairns 101 J7
Whitechapel 61 J5
White Coppice 53 H2
Whitecraig 87 G7
Whitecroft 29 L7
Whiteface 109 F5
Whitefield 53 K3
Whiteford 101 G6
Whitegate 53 H7
Whitehall 117 F4
Whitehaven 66 B5
Whitehill 11 J1
Whitehills 100 F2
Whitehouse, Strath 76 D1
Whitehouse, Grampn 100 F7
Whitekirk 87 J6
White Kirkley 68 C3
White Lackington 9 J5
White Ladies Aston 33 J5
Whiteley Village 20 E7
Whitemans Green 13 G4
Whitemire 99 H3
Whitemoor 3 H4
White Notley 22 D2
Whiteparish 10 D2
Whiterashes 101 H6
White Rocks 29 J5
White Roding or White Roothing 21 K2
White Roothing or White Roding 21 K2
Whiterow 115 J5
Whiteshill 30 C7
Whiteside 79 G3
Whitesmith 13 J5
Whitestaunton 8 D3
Whitestone 5 J2
White Waltham 20 C6
Whiteway 30 D6
Whitewell 61 K5
Whitewreath 100 B3
Whitfield, Northum 74 D8
Whitfield, Avon 17 H1
Whitfield, Northnts 35 H7
Whitfield, Kent 15 K4
Whitford, Clwyd 52 C6
Whitford, Devon 8 D5
Whitgift 58 C4
Whitgreave 43 K5
Whithorn 71 F7
Whiting Bay 76 F5
Whitland 27 G6
Whitletts 77 J5
Whitley, Berks 20 B6
Whitley, Ches 53 H6
Whitley, N. Yks 63 J7
Whitley, Wilts 17 K4
Whitley Bay 75 K6
Whitley Chapel 68 B1
Whitley Row 13 H1
Whitlock's End 34 C3
Whitminster 30 B7
Whitmore 43 K3
Whitnage 8 B3
Whitnash 34 E4
Whitney-on-Wye, H. & W 29 G3
Whitney-on-Wye, H. & W 29 G3
Whitrigg 66 E3
Whitsbury 10 C3
Whitsome 81 G4
Whitson 16 E2
Whitstable 15 H2
Whitstone 4 C2
Whittingham 75 G2
Whittingslow 32 D2
Whittington, Staffs 44 C7
Whittington, Norf 48 C8
Whittington, Shrops 42 E4
Whittington, Glos 30 E5
Whittington, Derby 55 G6
Whittington, Staffs 33 H2
Whittington, H. & W 33 H5
Whittington, Lancs 61 K2
Whittle-le-Woods 61 J7
Whittlebury 35 H6
Whittlesey 47 F8
Whittlesford 37 H6
Whitton, Powys 32 B4
Whitton, Humbs 58 D4
Whitton, Shrops 32 E3
Whitton, Cleve 69 F4
Whitton, Border 80 F7
Whitton, Northum 75 G3
Whitton, Suff 39 G6
Whittonditch 18 D3
Whittonstall 68 C1
Whitwell, Leic 46 C7
Whitwell, N. Yks 68 E7
Whitwell, Herts 21 F1
Whitwell, I. of W 11 G7
Whitwell, Derby 55 J6
Whitwell-on-the-Hill 64 E6
Whitwick 44 F6
Whitwood 63 H7
Whitworth 53 K2
Whixall 43 G4
Whixley 63 H4
Whorlton, Durham 68 D5
Whorlton, N. Yks 69 G6
Whyle 32 E4
Whyteleafe 21 H8
Wibdon 29 K8
Wibtoft 35 F2
Wichenford 33 G4
Wichling 14 F3
Wick, H. & W 34 A6
Wick, Wilts 10 C2
Wick, Dorset 10 C5
Wick, W. Susx 12 D6
Wick, M. Glam 25 H7
Wick, Avon 17 J3
Wick, Highld 115 J4
Wickham Street 38 C5
Wicken, Cambs 37 J3
Wicken, Northnts 35 J7
Wicken Bonhunt 37 J7
Wickenby 56 E5
Wickersley 55 H4
Wickford 22 D4
Wickham, Berks 18 E3
Wickham, Hants 11 G3
Wickham Bishops 22 E2
Wickhambreaux 15 J3
Wickhambrook 38 C5
Wickhamford 34 B6
Wickham Market 39 J5
Wickhampton 49 K7
Wickham Skeith 39 F4
Wickham St Paul 38 D7
Wickham Street 39 F4
Wicklewood 48 F7
Wickmere 49 G4
Wick St Lawrence 16 E4
Wickwar 17 J2
Widdington 37 J7
Widdrington 75 J4
Widecombe in the Moor 5 H4
Widegates 4 C6
Widemouth Bay 6 C5
Wide Open 75 J6
Widewall 116 D7
Widford, Essex 22 C3
Widford, Herts 21 J2
Widmerpool 45 H5
Widnes 53 G5
Wigan 53 G3
Wiggaton 8 C5
Wiggenhall St Germans 48 A6
Wiggenhall St Mary Magdalen 48 A6
Wiggenhall St Mary the Virgin 47 J6
Wiggington 63 J4
Wigginton, Herts 20 D2
Wigginton, Staffs 44 D7
Wigginton, Oxon 31 H4
Wigglesworth 62 B4
Wiggonby 66 F1
Wighill 63 H5
Wighton 48 E4
Wigmore, H. & W 32 D4
Wigmore, Kent 14 E2
Wigsley 56 C6
Wigsthorpe 36 D2
Wigston 45 H8
Wigtoft 47 F4
Wigton 66 E2
Wigtown 71 F6
Wilbarston 36 B2
Wilberfoss 64 E7
Wilburton 37 H3
Wilby, Northnts 36 B4
Wilby, Norf 38 F2
Wilby, Suff 39 H3
Wilcot 18 C4
Wildboarclough 54 C7
Wilden, Beds 36 D5
Wilden, H. & W 33 H3
Wildhern 18 E5
Wildsworth 56 C4
Wilford 45 G4
Wilkesley 43 H3
Wilkhaven 109 H5
Wilkieston 79 J3
Willand 8 B3
Willaston, Ches 52 E6
Willaston, Ches 43 H2
Willen 36 B6
Willenhall, W. Mids 44 A8
Willenhall, W. Mids 34 E3
Willerby, Humbs 58 E3
Willerby, N. Yks 65 H5
Willersey 34 C7
Willersley 29 H3
Willesborough Lees 15 G4
Willesden 21 G5
Willett 8 C1
Willey, Warw 35 F2
Willey, Shrops 43 H8
Williamscot 35 F6
Willian 37 F7
Willingale 22 B3
Willingdon 13 J6
Willingham 37 H3
Willingham by Stow 56 C5
Willington, Durham 68 D3
Willington, Derby 44 D5
Willington, Warw 34 D7
Willington, Beds 36 E6
Willington, T. & W 75 K7
Willington Corner 53 G7
Willitoft 58 B3
Williton 16 B6
Willoughby, Warw 35 G4
Willoughby, Lincs 57 J6
Willoughby-on-the-Wolds 45 H5
Willoughby Waterleys 35 G1
Willoughton 56 D4
Wilmcote 34 C5
Wilmington, Devon 8 D5
Wilmington, E. Susx 13 J6
Wilmington, Kent 21 K6
Wilmslow 53 K5
Wilnecote 44 D7
Wilpshire 61 K6
Wilsden 62 D6
Wilsford, Wilts 18 C5
Wilsford, Wilts 18 C7
Wilsford, Lincs 46 D3
Wilsill 62 E3
Wilson 44 F5
Wilstead 36 D6
Wilsthorpe 46 D6
Wilstone 20 D2
Wilton, Wilts 10 B1
Wilton, Wilts 18 D4
Wilton, N. Yks 64 F4
Wilton, Cleve 69 H5
Wilton Dean 73 K2
Wimbish 38 A7
Wimbish Green 38 B7
Wimbledon 21 G6
Wimblington 37 H1
Wimborne Minster 10 B4
Wimbotsham 48 B7
Wimpstone 34 D6
Wincanton 9 J2
Wincham 53 H6
Winchburgh 86 D7
Winchcombe 30 E5
Winchelsea 14 F7
Winchelsea Beach 14 F7
Winchester 11 F2
Winchfield 19 J5
Winchmore Hill, Bucks 20 D4
Winchmore Hill, G. Lon 21 H4
Wincle 54 C7
Windermere 67 G7
Winderton 34 E6
Windlesham 20 D7
Windley 44 E3
Windmill Hill, Somer 8 E3
Windmill Hill, E. Susx 13 K5
Windrush 31 F6
Windsor 20 D6
Windygates 87 G4
Wineham 12 F4
Winestead 59 H4
Winfarthing 39 G2
Winford 17 G4
Winforton 29 G3
Winfrith Newburgh 9 K6
Wing, Leic 46 B7
Wing, Bucks 20 C1
Wingate 69 G3
Wingates, Northum 75 G4
Wingates, G. Man 53 H3
Wingerworth 55 G7
Wingfield, Beds 36 D8
Wingfield, Suff 39 H3
Wingfield, Wilts 17 K5
Wingham 15 J3
Wingrave 20 C2
Winkburn 56 B8
Winkfield 20 D6
Winkfield Row 20 C6
Winkhill 44 B2
Winkleigh 7 G5
Winksley 63 F2
Winless 115 J4
Winmarleigh 61 H5
Winnersh 20 B6
Winscales 66 C4
Winscombe 17 F5
Winsford, Ches 53 H7
Winsford, Somer 7 K2
Winsham 8 E4
Winshill 44 D5
Winskill 67 H3
Winslade 19 H6
Winsley 17 K4
Winslow 35 J8
Winson 30 F7
Winster, Derby 55 F7
Winster, Cumbr 67 G7
Winston, Durham 68 D5
Winston, Suff 39 G4
Winstone 30 D7
Winswell 6 E4
Winterborne Clenston 9 K4
Winterborne Herringston 9 H6
Winterborne Houghton 9 K4
Winterborne Kingston 9 K5
Winterborne Monkton 9 H6
Winterborne Stickland 9 K4
Winterborne Whitechurch 9 K4
Winterborne Zelston 9 K5
Winterbourne, Berks 19 F3
Winterbourne, Avon 17 H2
Winterbourne Abbas 9 H5
Winterbourne Bassett 18 C3
Winterbourne Dauntsey 10 C1
Winterbourne Earls 10 C1
Winterbourne Gunner 10 C1
Winterbourne Monkton 18 C3
Winterbourne Steepleton 9 H6
Winterbourne Stoke 18 B6
Winterburn 62 C4
Winteringham 58 D4
Winterley 53 J8
Wintersett 55 G2
Wintershill 11 G3
Winterton 58 D5
Winterton-on-Sea 49 K6
Winthorpe, Notts 46 B2
Winthorpe, Lincs 57 K7
Winton, Dorset 10 B5
Winton, Cumbr 67 K5
Wintringham 65 F5
Winwick, Cambs 36 E2
Winwick, Northnts 35 H3
Winyates 34 B4
Wirksworth 44 D2
Wirswall 43 G3
Wisbech 47 H7
Wisbech St Mary 47 H7
Wisborough Green 12 D4
Wiseton 56 B5
Wishaw, Warw 44 C8
Wishaw, Strath 78 E4
Wispington 57 G6
Wissett 39 J3
Wistanstow 32 D2
Wistanswick 43 H5
Wistaston 43 H2
Wiston, W. Susx 12 E5
Wiston, Dyfed 26 E6
Wiston, Strath 79 G6
Wistow, Cambs 37 F2
Wistow, N. Yks 63 J6
Wiswell 61 L6
Witcham 37 H3
Witchampton 10 A4
Witchford 37 J3
Witham 22 E2
Witham Friary 17 J6
Witham on the Hill 46 D6
Witherenden Hill 13 K4
Witheridge 7 J4
Witherley 44 E8
Withern 57 J5
Withernsea 59 H4
Withernwick 59 F2
Withersdale Street 39 H2
Withersfield 38 B6
Witherslack 61 H1
Withiel 3 H3
Withiel Florey 7 K2
Withington, Glos 30 E6
Withington, Shrops 43 G6
Withington, H. & W 29 K3
Withington, G. Man 53 K4
Withington Green 53 K6
Withleigh 7 K4
Withnell 61 K7
Withybrook 34 F2
Withycombe 16 B6
Withyham 13 H3
Withypool 7 J2
Witley 12 C2
Witnesham 39 G5
Witney 31 H7
Wittering 46 D7
Wittersham 14 E6
Witton Bridge 49 J4
Witton Gilbert 68 E2
Witton-le-Wear 68 D3
Witton Park 68 D3
Wiveliscombe 8 B2
Wivelsfield 13 G4
Wivelsfield Green 13 G5
Wivenhoe 23 G1
Wiveton 48 F3
Wix 39 G8
Wixford 34 B5
Wixoe 38 C6
Woburn 36 C7
Woburn Sands 36 C7
Wokefield Park 20 A7
Woking 20 E8
Wokingham 20 C7
Woldingham 13 G1
Wold Newton, Humbs 59 G7
Wold Newton, Humbs 65 H5
Wolferlow 33 F4
Wolferton 48 B5
Wolfhill 86 E1
Wolf's Castle 26 D5
Wolfsdale 26 D5
Woll 80 C7
Wollaston, Northnts 36 C4
Wollaston, Shrops 42 E6

Name	Ref
Wollerton	43 H4
Wolsingham	68 C3
Wolston	34 F3
Wolvercote	31 J7
Wolverhampton	43 L8
Wolverley, Shrops	43 F4
Wolverley, H. & W	33 H3
Wolverton, Bucks	36 B6
Wolverton, Warw	34 D4
Wolveshewton	29 J8
Wolvetton	19 G5
Wolvey	34 F2
Wolviston	69 G4
Wombleton	63 K1
Wombourne	43 K8
Wombwell	55 G3
Womenswold	15 J3
Wonastow	29 J6
Wonersh	12 D2
Wonson	5 G3
Wonston, Hants	19 F7
Wonston, Dorset	9 J4
Wooburn	20 D5
Wooburn Green	20 D5
Woodale	62 D2
Woodbastwick	49 J6
Woodbeck	56 B6
Woodborough, Wilts	18 C5
Woodborough, Notts	45 H3
Woodbridge	39 H6
Woodbury	8 B6
Woodbury Salterton	8 B6
Woodchester	30 C7
Woodchurch	14 F5
Woodcote	20 A5
Woodcroft	29 K8
Wood Dalling	49 F5
Woodeaton	31 K6
Wood End, Warw	34 C3
Woodend, Cumbr	66 D7
Wood End, Warw	44 D8
Wood End, Herts	37 G8
Woodend, Northnts	35 H6
Wood Enderby	57 G7
Woodfalls	10 C2
Woodford, Northnts	36 C3
Woodford, Corn	6 C4
Woodford, Devon	5 H6
Woodford, G. Lon	21 J4
Woodford, G. Man	53 K5
Woodford Bridge	21 J4
Woodford Green	21 J4
Woodford Halse	35 G5
Woodgate, W. Mids	34 A2
Woodgate, H. & W	34 A4
Woodgate, W. Susx	12 C6
Woodgate, Norf	48 F6
Woodgreen, Hants	10 C3
Wood Green, G. Lon	21 H4
Woodhall	68 B7
Woodhall Spa	57 F7
Woodham	20 E7
Woodham Ferrers	22 D4
Woodham Mortimer	22 E3
Woodham Walter	22 E3
Woodhaven	87 H2
Woodhead	101 G5
Woodhill	33 G2
Woodhorn	75 J5
Woodhouse, Leic	45 G6
Woodhouse, S. Yks	55 H5
Woodhouse Eaves	45 G6
Woodhouselee	79 K3
Woodhurst	37 G3
Woodingdean	13 G6
Woodditton	38 B5
Woodland, Durham	68 C4
Woodland, Devon	5 H5
Woodlands, Dorset	10 B4
Woodlands, Hants	10 E3
Woodlands, Grampn	93 J2
Woodlands Park	20 C6
Woodlands St Mary	18 E3
Wood Lanes	53 L5
Woodleigh	5 H7
Woodlesford	63 G7
Woodley	20 B6
Woodmancote, Glos	30 D5
Woodmancote, Glos	30 E7
Woodmancote, W. Susx	12 F5
Woodmancote, W. Susx	11 J4
Woodmancott	19 G6
Woodmansey	58 F3
Woodmansterne	21 G7
Woodminton	10 B2
Woodnesborough	15 K3
Woodnewton	46 D8
Wood Norton	48 F5
Woodplumpton	61 J6
Woodrising	48 E7
Woodseaves, Shrops	43 H4
Woodseaves, Staffs	43 K5
Woodsend	18 D3
Woodsetts	55 J5
Woodsford	9 J5
Woodside, Berks	20 D6
Woodside, Tays	92 D8
Woodside, Herts	21 G3
Woodstock	31 J6
Wood Street	12 C1
Woodthorpe, Leic	45 G6
Woodthorpe, Derby	55 H6
Woodton	49 H8
Woodtown	6 E3
Woodville	44 E6
Woodwalton	36 F2
Woodyates	10 B3
Woofferton	32 E4
Wookey	17 G6
Wookey Hole	17 G6
Wool	9 K6
Woolacombe	6 E1
Woolage Green	15 J4
Woolaston	29 K8
Woolavington	16 E6
Woolbeding	11 K2
Wooler	81 H7
Woolfardisworthy, Devon	6 D3
Woolfardisworthy, Devon	7 J5
Woolfords Cottages	79 H4
Woolhampton	19 G4
Woolhope	29 L4
Woolland	9 J4
Woolley, Cambs	36 E3
Woolley, W. Yks	55 G2
Woolmer Green	21 G2
Woolpit	38 E4
Woolscott	35 F4
Woolsington	75 H6
Woolstaston	42 F8
Woolsthorpe	46 B4
Woolston, Shrops	32 D2
Woolston, Shrops	42 E5
Woolston, Hants	10 F3
Woolston, Ches	53 H5
Woolston, Devon	5 H7
Woolstone, Bucks	36 B7
Woolstone, Oxon	18 D2
Woolston Green	5 H5
Woolton	52 F5
Woolton Hill	18 F4
Woolverstone	39 G7
Woolverton	17 J5
Woolwich	21 J6
Woore	43 J3
Wootton	31 J6
Wootton, Staffs	44 C3
Wootton, Oxon	31 J7
Wootton, Hants	10 D5
Wootton, Beds	36 D6
Wootton, Humbs	59 G5
Wootton, Kent	15 J4
Wootton, Northnts	35 J5
Wootton, Oxon	31 J7
Wootton, Staffs	43 K5
Wootton Bassett	18 B2
Wootton Bridge	11 G5
Wootton Common	11 G5
Wootton Courtenay	7 K1
Wootton Fitzpaine	8 E5
Wootton Rivers	18 C4
Wootton St Lawrence	19 G5
Wootton Wawen	34 C4
Worcester	33 H5
Worcester Park	21 G7
Wordsley	33 H2
Worfield	43 J8
Workington	66 B4
Worksop	55 J6
Worlaby	58 E5
World's End	19 F3
Worle	16 E4
Worleston	43 H2
Worlingham	39 K2
Worlington, Cambs	38 B3
Worlington, Devon	7 H4
Worlingworth	39 H4
Wormbridge	29 J4
Wormegay	48 B6
Wormelow Tump	29 J4
Wormersley	55 J2
Wormhill	54 E6
Wormiehills	93 H3
Wormingford	38 E7
Worminghall	20 A3
Wormington	34 B7
Worminster	17 G6
Wormit	87 G2
Wormleighton	35 F5
Wormley	21 H3
Wormley West End	21 H3
Wormshill	14 E3
Wormsley	29 J3
Worplesdon	12 C1
Worrall	55 G4
Worsbrough	55 G3
Worsley	53 J3
Worstead	49 J5
Worsthorne	62 B6
Worston	62 A5
Worth, W. Susx	13 F3
Worth, Kent	15 K3
Wortham	39 F3
Worthen	42 E7
Worthenbury	42 F3
Worthing, Norf	48 E6
Worthing, W. Susx	12 E6
Worthington	44 F5
Worth Matravers	10 A7
Wortley	55 G4
Worton	18 A5
Wortwell	39 H2
Wotherton	42 D7
Wotter	5 F5
Wotton	12 E2
Wotton-under-Edge	30 B8
Wotton Underwood	20 A2
Woughton on the Green	36 B7
Wouldham	14 D2
Wraness	39 G7
Wrafton	6 E2
Wragby	57 F6
Wramplingham	49 G7
Wrangham	100 F5
Wrangle	47 H2
Wrangway	8 C3
Wrantage	8 E2
Wrawby	58 E6
Wraxall, Avon	17 F3
Wraxall, Somer	9 H1
Wraxall, Wilts	17 K4
Wray	61 K3
Wraysbury	20 E6
Wrea Green	61 G6
Wreay, Cumbr	67 G2
Wreay, Cumbr	67 G4
Wrekenton	75 J8
Wrelton	64 E4
Wrenbury	43 G3
Wreningham	49 G8
Wrentham	39 K2
Wressle	58 B3
Wrestlingworth	37 F6
Wretham	38 E1
Wretton	48 B8
Wrexham	42 E2
Wribbenhall	33 G3
Wrightington Bar	53 G2
Wrinehill	43 J3
Wrington	17 F4
Writtle	22 C3
Wrockwardine	43 H6
Wroot	58 B6
Wrotham	14 C3
Wrotham Heath	14 C3
Wroughton	18 C2
Wroxall, Warw	34 D3
Wroxall, I. of W	11 G7
Wroxeter	43 G7
Wroxham	49 J6
Wroxton	34 F6
Wyaston	44 C3
Wyberton	47 G3
Wyboston	36 E5
Wybunbury	43 H3
Wychbold	33 J4
Wych Cross	13 H3
Wyche	33 G6
Wyck	19 J7
Wyck Rissington	31 F5
Wycombe Marsh	20 C4
Wyddial	37 G7
Wye	15 G4
Wyke, W. Yks	62 E7
Wyke, Shrops	43 H7
Wyke, Dorset	9 J2
Wykeham, N. Yks	64 F5
Wykeham, N. Yks	65 G4
Wyke Regis	9 H7
Wyke, The	43 J7
Wykey	42 E5
Wylam	75 H7
Wylde Green	44 C8
Wylye	10 B1
Wymering	11 H4
Wymeswold	45 H5
Wymington	36 C4
Wymondham, Leic	46 B6
Wymondham, Norf	49 G7
Wyndham	25 H5
Wynford Eagle	9 G5
Wyre Piddle	34 A6
Wysall	45 H5
Wythall	34 B3
Wytham	31 J7
Wythenshawe	53 K5
Wyverstone	38 F4
Wyverstone Street	38 F4

Y

Name	Ref
Yaddlethorpe	58 C6
Yafford	11 F6
Yafforth	69 F7
Yalding	13 L1
Yanworth	30 E6
Yapham	64 E7
Yapton	12 C6
Yarburgh	57 H4
Yarcombe	8 D4
Yardley	34 C2
Yardley Gobion	35 J6
Yardley Hastings	36 B5
Yardro	29 G2
Yarkhill	29 L3
Yarlet	43 L5
Yarlington	9 H2
Yarm	69 G5
Yarmouth	10 E6
Yarnfield	43 K4
Yarnscombe	7 F3
Yarnton	31 J6
Yarpole	32 D4
Yarrow	80 B7
Yarrow Feus	80 B7
Yarsop	29 J3
Yarwell	46 D8
Yate	17 J2
Yateley	20 C7
Yatesbury	18 B3
Yattendon	19 G3
Yatton, H. & W	32 D4
Yatton, Avon	17 F4
Yatton Keynell	17 K3
Yaverland	11 H6
Yaxham	48 F6
Yaxley, Cambs	36 E1
Yaxley, Suff	39 G3
Yazor	29 J3
Yeading	21 F5
Yeadon	62 F5
Yealand Conyers	61 J2
Yealand Redmayne	61 J2
Yealmpton	5 F6
Yearsley	63 J2
Yeaton	42 F6
Yeaveley	44 C3
Yedingham	65 F5
Yelden	36 D4
Yelford	31 H7
Yelland	6 E2
Yelling	37 F4
Yelvertoft	35 G3
Yelverton, Devon	5 F5
Yelverton, Norf	49 H7
Yenston	9 J2
Yeoford	5 H2
Yeolmbridge	4 D3
Yeo Mill	7 J3
Yeovil	9 G3
Yeovil Marsh	9 G3
Yeovilton	9 G2
Yerbeston	26 E7
Yesnaby	116 B5
Yetlington	75 G3
Yetminster	9 G3
Yettington	8 B6
Yetts o' Muckhart	86 D4
Y Fan	41 J5
Y Felinheli	50 E4
Y Ffor	50 C7
Yieldshields	79 F4
Yiewsley	20 E5
Ynysboeth	25 J5
Ynysddu	25 K5
Ynyshir	25 J5
Ynyslas	40 F4
Ynysybwl	25 J5
Yockenthwaite	62 C2
Yockleton	42 F6
Yokefleet	58 C4
Yoker	85 H8
Yonder Bognie	100 F4
York	63 K4
Yorkletts	15 G2
Yorkley	29 L7
Yorton	43 G5
Youlgreave	54 F7
Youlstone	6 C4
Youlthorpe	64 E7
Youlton	63 H3
Young's End	22 D2
Yoxall	44 C6
Yoxford	39 J4
Ysbyty Ifan	51 H6
Ysbyty Ystwyth	41 G6
Ysceifiog	52 C6
Ystalyfera	25 F4
Ystrad	25 H5
Ystrad Aeron	27 K2
Ystradfellte	25 H3
Ystradffin	28 B3
Ystradgynlais	25 F4
Ystradmeurig	41 G7
Ystrad Mynach	25 K5
Ystradowen, Dyfed	25 F3
Ystradowen, S. Glam	25 J7
Ythanbank	101 J5
Ythanwells	100 F5
Ythsie	101 H5

Z

Name	Ref
Zeal Monachorum	7 H5
Zeals	9 J1
Zelah	3 G4
Zennor, Corn	2 C6

Road Signs

These signs are mostly circular and those with red circles are mostly prohibitive

SIGNS GIVING ORDERS

- **40** Maximum speed
- National speed limit applies
- **STOP** Stop and Give Way
- **GIVE WAY** Give way to traffic on major road
- **STOP** Manually operated temporary 'STOP' sign
- **STOP CHILDREN** School crossing patrol
- No vehicles
- No entry for vehicular traffic
- No motor vehicles except solo motorcycles, scooters or mopeds
- No motor vehicles
- No vehicles with over 12 seats except regular scheduled, school and works buses
- **32 feet** No vehicle or combination of vehicles over length shown
- **7.5** No goods vehicles over maximum gross weight shown (in tonnes)
- **2 T** Axle weight limit in tonnes
- **20 T** No vehicles including load over weight shown (in tonnes)
- **14'-6"** No vehicles over height shown
- **7'-6"** No vehicles over width shown
- No stopping (Clearway)
- No cycling
- No pedestrians
- No overtaking
- Give priority to vehicles from opposite direction
- No right turn
- No left turn
- No U turns
- **Meter ZONE** Mon-Fri 8:30 am-6:30 pm Saturday 8:30 am-1:30 pm — Entrance to controlled parking zone
- **Zone ENDS** End of controlled parking zone
- **URBAN CLEARWAY Monday to Friday** am 8:30 pm 4:30-6:30 — No stopping during times shown except for as long as necessary to set down or pick up passengers

Plates below some signs qualify their message

- **End** End of restriction
- **Except for loading** Exception for loading/unloading goods
- **Except buses and coaches** Exception for vehicles with over 12 seats
- **Except buses** Exception for stage and scheduled express carriages, school and works buses
- **Except for access** Exception for access to premises and land adjacent to the road where there is no alternative route

- Contra-flow bus lane
- With-flow bus and cycle lane

Signs with blue circles but no red border mostly give positive instruction

- Ahead only
- Turn left ahead (right if symbol reversed)
- Turn left (right if symbol reversed)
- Keep left (right if symbol reversed)
- Vehicles may pass either side to reach same destination
- Route to be used by pedal cycles only
- **30** Minimum speed
- End of minimum speed
- Mini-roundabout (roundabout circulation – give way to vehicles from the immediate right)
- One-way traffic (Note: compare circular "Ahead only" sign)
- Shared pedal cycle and pedestrian route

WARNING SIGNS

Mostly triangular

- Roundabout
- Cross roads
- T junction
- Staggered junction
- Dual carriageway ends
- Road narrows on both sides
- Road narrows on right (left if symbol reversed)
- **Humps for ½ mile** Distance over which road humps extend
- **School Patrol** Children going to or from school — School crossing patrol ahead (Some signs have amber lights which flash when patrol is operating)
- Change to opposite carriageway (may be reversed)
- Slippery road
- Two-way traffic straight ahead
- Two-way traffic crosses one-way road
- Traffic merges from left/right with equal priority
- Double bend first to left (may be reversed)
- Bend to right (or left if symbol reversed)
- **10%** Steep hill downwards
- **20%** Steep hill upwards — Gradients may be shown as a ratio i.e. 20% = 1:5
- Hump bridge
- Uneven road
- Traffic signals
- Failure of light signals
- Pedestrian crossing
- **No footway for 400 yds** Pedestrians in road ahead
- Elderly people Crossing point for elderly people (blind or disabled if shown)
- **Safe height 16'-6"** Overhead electric cable; plate indicates maximum height of vehicles which can pass safely
- Low-flying aircraft or sudden aircraft noise
- Loose chippings
- **Ford** Worded warning sign
- Cattle
- Wild animals
- Wild horses or ponies
- Accompanied horses or ponies crossing the road ahead
- Falling or fallen rocks
- **!** Fallen tree — Other danger; plate indicates nature of danger
- **14'-6"** Height limit (e.g. low bridge)
- **14'-6"** Available width of headroom indicated
- Opening or swing bridge ahead
- Quayside or river bank
- Cycle route ahead
- Road works
- **STOP 100 yds** Distance to "STOP" line ahead
- **1 mile** Distance to tunnel
- **REDUCE SPEED NOW** Plate below some signs
- **AUTOMATIC BARRIERS STOP when lights show** Plate to indicate a level crossing equipped with automatic barriers and flashing lights
- Level crossing with barrier or gate ahead
- Level crossing without barrier or gate ahead
- Level crossing without barrier (the additional lower half of the cross is used when there is more than one railway line)
- **Risk of Grounding** Risk of grounding of long low vehicles at level crossing
- Sharp deviation of route to left (or right if chevrons reversed)
- **GIVE WAY 50 yds** Distance to "Give Way" line ahead